本书为国家社会科学基金项目"施引者引用意向与文献计量视角的学术论文被引影响因素研究"（17BTQ014）的研究成果。

施引者引用意向与文献计量视角的学术论文被引影响因素研究

谢娟　成颖　著

南京大学出版社

图书在版编目(CIP)数据

施引者引用意向与文献计量视角的学术论文被引影响
因素研究 / 谢娟,成颖著. —南京：南京大学出版社,2023.10
ISBN 978 - 7 - 305 - 27234 - 9

Ⅰ.①施…　Ⅱ.①谢…②成…　Ⅲ.①论文－文献计
量学－研究　Ⅳ.①G350

中国国家版本馆 CIP 数据核字(2023)第 154968 号

出版发行　南京大学出版社
社　　址　南京市汉口路 22 号　　　邮编　210093
书　　名　施引者引用意向与文献计量视角的学术论文被引影响因素研究
　　　　　SHIYINZHE YINYONG YIXIANG YU WENXIAN JILIANG SHIJIAO DE XUESHU
　　　　　LUNWEN BEI YIN YINGXIANG YINSU YANJIU
著　　者　谢娟　成颖
责任编辑　陈蕴敏
照　　排　南京开卷文化传媒有限公司
印　　刷　常州市武进第三印刷有限公司
开　　本　787 mm×1092 mm　1/16　印张 29　字数 568 千
版　　次　2023 年 10 月第 1 版　2023 年 10 月第 1 次印刷
ISBN　978 - 7 - 305 - 27234 - 9
定　　价　98.00 元

网　　址　http://www.njupco.com
官方微博　http://weibo.com/njupco
微信服务　njupress
销售热线　025 - 83594756

前　言

　　建设科学的学术评价体系是推动科技创新和国家发展的关键问题之一。关于学术评价方法和评价指标，学界已经展开了广泛的争鸣与讨论。在科学家数量较少、学术成果数量适中的情况下，通过公正的同行评议来衡量其优劣无疑是最佳选择；当同行评议不具可行性时，定量的评价指标则可作为替代。当前，国际学界已经普遍认同以同行评议为主、定量指标为辅的做法。然而，在实践中，定量指标往往反客为主，成为学术评价的主要依据，这一问题在我国尤为明显。定量评价指标的误用、滥用，造成了我国学术界"论文灌水"、"操纵引用"、忽视学术成果质量等一系列问题，十分不利于科技创新。为此，2020 年 2 月，科技部出台了《关于破除科技评价中"唯论文"不良导向的若干措施（试行）》，从强化分类考核评价导向等 9 个方面提出了具体措施。国务院此前发布的《统筹推进世界一流大学和一流学科建设总体方案》中也明确指出，要"建立健全具有中国特色、中国风格、中国气派的哲学社会科学学术评价体系"。系列政策的出台反映了我国在科技评价体制改革方面的意志和决心，但政策的解读、落地与执行中难免会遇到各类问题，建设科学的学术评价体系仍任重道远。在此背景下，本书开展了施引者引用意向与文献计量视角的学术论文被引影响因素研究。

　　目前，学术界围绕引用的影响因素研究已经形成了丰硕的成果，Tahamtan 等[①] 2016 年的综述中已经包含了 198 项实证研究，其检索限定的时间跨度仅为 2000—2015 年。不过，这篇文章还是目前仅见的一篇综述，因此，有必要对该领域进行更为全面系统的梳理。另外，同一因素对引用频次影响的实证研究中，大多存在结论不一致的现象，考虑到 meta 分析是对不同原始研究中的效应强度及一致性进行定量整合的统计学方法，可通过不同亚组间的比较，识别对整体效应产生影响的调节变量，进而深入揭示变量间的关系。据此，本研究有必要对相关研究进行 meta 分析，以消解研究间的差异，获得一致结论。

　　影响被引的论文特征主要涉及论文本身（如题名、摘要、篇幅、可获取性）、作者（如作者数量、作者机构等级、作者发文量）及期刊（如期刊影响因子）三大类。

---

　　① TAHAMTAN I, AFSHAR A S, AHAMDZADEH K. Factors affecting number of citations: a comprehensive review of the literature[J]. Scientometrics, 2016, 107(33): 1195 - 1225.

除了已经探明的论文特征之外,参考文献特征、作者教育经历、跨学科性、论文下载量等因素尚未受到学界的有效关注。本书基于内容分析、文献计量等方法,力图发掘涉及论文本身、作者与期刊的深层影响因素。更进一步,由于被引频次的不足之处在于引用的产生需要时间的积淀,难以在论文发表的当下获取。因此,如何在较短时间内对论文未来的被引频次进行预测成为学界的研究热点,据此,本书基于学术论文被引的影响因素,开展了被引频次的回归与预测研究。

学术界采用引文语境分析、问卷与访谈等研究方法已经开展了多项引用行为的实证研究,从引用动机和引用功能等角度得到了较丰富的研究成果。这两种方法存在的共性问题是样本量较小,难以达到统计学所要求的信度与效度,比如,引文语境分析的引文量多在“百”这个数量级上(比如 10 篇论文中的引文),而访谈则多在“十”这个数量级上(比如 20 名访谈对象),该现象导致研究间稳定性差。引文语境分析法的优点是文献易于获得,研究易于开展,美中不足的是,学界就引用行为分类表尚未达成共识,因而难以对不同研究进行系统梳理。Willett[1] 采用调查与引文内容分析相结合的方法开展的研究显示,研究者的引用动机分析不能替代施引者动机,Case 和 Higgins[2] 也得到了相似的结论。与引文语境分析由第三方完成不同,访谈和问卷直接面对施引者,但是需要注意到该研究方法多为事后进行,而施引者当时为什么引用文献 A 而不引用 B,这有时表现为下意识的行为,因此通过事后访谈,要求其说出当时的原因,很难得到真实的回答。[3] 获得施引者真实引用动机的访谈最好与写作同时进行,但该思路在研究实践中难以开展。[4] 据此,研究施引者常态性的引用意向不但可行,而且显得十分必要。

通过以上几方面的考察,本书得到了一个更为系统、完整的被引影响因素集。通过文献计量研究得到的影响因素与被引之间的相关关系是否真实地反映了施引者的引用意向,回答这一问题的适合人选显然应该是施引者,然而,目前尚未见从施引者引用意向的视角探讨被引影响因素的研究。该主题的研究将有助于系统构建引用行为影响因素模型,有鉴于此,本书借助于扎根理论发掘科研人员引用时选择参考文献的判据,以及其他影响科研人员引用行为的因素,并结

① WILLETT P. Readers' perceptions of authors' citation behaviour[J]. Journal of documentation, 2013, 69(1): 145-156.

② CASE D O, HIGGINS G M. How can we investigate citation behaviour? A study of reasons for citing literature in communication[J]. Journal of the American Society for Information Science, 2000, 51(7): 635-645.

③ HJORLAND B. Relevance research: the missing perspective(s): "non-relevance" and "epistemological relevance"[J]. Journal of the American Society for Information Science, 2000, 51(2): 209-211.

④ BORNMANN L, DANIEL H-D. What do citation counts measure? A review of studies on citing behavior.[J]. Journal of documentation, 2008, 64(1): 45-80.

合前期理论构建引用意向影响因素结构模型;对被引影响因素指标开展了主成分分析,形成判据及其测量模型;最后,通过偏最小二乘法-结构方程模型对科研人员的引用意向影响因素模型进行了验证。

本书分为 8 章。第 1 章"绪论",阐述了施引者引用意向与文献计量视角的学术论文被引影响因素研究的背景、意义、思路、方法和创新点,由成颖撰写。第 2 章"文献综述",梳理了被引的影响因素、被引频次的回归与预测、引用动机和引用行为等相关研究,由谢娟、吕冬晴、阮选敏、张培、沈鸿权与牟象禹撰写。第 3 章"学术论文被引影响因素的 meta 分析",对论文篇幅、下载量及科研合作与被引频次相关性的实证研究进行了 meta 分析,由谢娟、沈鸿权和成颖撰写。第 4 章"跨学科性与被引量的关系探讨",深入揭示了主题跨学科性、参考文献跨学科性、作者跨学科性,以及施引文献跨学科性与论文被引量的相关关系,由张培撰写。第 5 章"论文被引影响因素拾遗及被引量预测"探讨了论文特征、下载量,以及作者文化资本与被引量的相关关系,并采用 BP 神经网络对被引量进行了预测研究,由谢娟、阮选敏撰写。第 6 章"施引者引用行为及引用判据研究",探讨了施引者的引用行为,发掘了施引者的引用判据,由谢娟撰写。第 7 章"基于判据的施引者引用意向影响因素模型",通过施引者引用行为和引用判据并基于信息采纳模型、信息技术接受模型建立研究假设,基于问卷调查和偏最小二乘-结构方程模型对假设模型进行验证,由谢娟撰写。第 8 章"结论",对本书的研究内容进行了归纳整理,提出理论启示和实践建议并提出了未来研究可能的方向,由成颖、谢娟、吕冬晴、阮选敏、张培、沈鸿权和牟象禹撰写。

本书为国家社会科学基金项目"施引者引用意向与文献计量视角的学术论文被引影响因素研究"(17BTQ014)的研究成果。其中,项目的选题与标书的撰写由成颖、谢娟、龚凯乐和牟象禹共同完成。项目的研究及各章内容的撰写由成颖、谢娟、龚凯乐、吕冬晴、阮选敏、张培、沈鸿权和牟象禹共同完成,全书的组织和统稿由谢娟与成颖完成。本书的顺利完成离不开学界同行、朋友在数据收集、研究开展及撰写等方面的帮助,在此一并致谢! 本书的出版得到了南京大学信息管理学院的支持! 由于时间仓促,作者水平有所限,本书难免存在一些不足,敬请专家与读者批评指正。

成颖　谢娟

2022 年 12 月

目　录

第1章　绪　论

1.1　研究背景

1.1.1　被引影响因素

学术论文出版之后,部分论文被学界频繁引用,成为高被引论文,而更多的则引用甚少甚至零被引。Garfield[1] 的研究表明,论文引用总体呈现出明显的20/80分化。针对其背后存在的原因,学界进行了大量的探索,综合现有的研究,影响学术论文被引的因素主要有以下几方面。

1.1.1.1　论文相关的因素

论文质量。Jabbour 等[2]、Callaham 等[3]的研究表明,论文质量对被引有积极的影响。Callaham 等采用 Delphi 法获得了较为主观的论文质量评价;Walters[4]采用可读性、相关性和新颖性三个指标度量论文质量。Bhat[5] 发现同行评议论文比非评议论文具有更高的引用频次。

论文长度。Stanek[6] 发现,论文的平均被引频次与论文长度存在正相关关

---

① GARFIELD E. The history and meaning of the journal impact factor[J]. Journal of the American Medical Association,2006,295(1):90 - 93.

② JABBOUR C J C,JABBOUR A B L D S,DE OLIVEIRA J H C. The perception of Brazilian researchers concerning the factors that influence the citation of their articles:a study in the field of sustainability[J]. Serials review,2013,39(2):93 - 96.

③ CALLAHAM M,WEARS R L,WEBER E. Journal prestige,publication bias,and other characteristics associated with citation of published studies in peer-reviewed journals[J]. Journal of the American Medical Association,2002,287(21):2847 - 2850.

④ WALTERS G D. Predicting subsequent citations to articles published in twelve crime-psychology journals:author impact versus journal impact[J]. Scientometrics,2006,69(3):499 - 510.

⑤ BHAT M H. Effect of peer review on citations in the open access environment[J]. Library philosophy and practice,2009,11,1 - 6.

⑥ STANEK K Z. How long should an astronomical paper be to increase its impact? [J]. arXiv preprint,2008,arXiv:0809. 0692.

系,该结果作为"新闻"在 *Nature* 上发布时,曾引起较大反响;肖红等[①]基于中外生态学期刊的分析也证实了该结论;不过,Royle 等[②]和 Walters[③] 等的研究则发现二者无关。除了上面提到的两个因素之外,多项研究还证实论文的文献类型、主题新颖性、研究领域、研究方法、研究设计、结果与讨论、图表与附录的使用情况、题名与文摘、参考文献、早期引用与引用速度、可获取性与可见性等都和论文的被引频次存在相关关系。

1.1.1.2 作者相关的因素

数量。Annalingam 等[④]数十项研究表明论文的作者数量及合作程度与论文的被引呈正相关关系,Bosquet 和 Combes[⑤]采用知识扩散理论对该现象进行了理论阐释;Biscaro 和 Giupponi[⑥] 的研究表明科学共同体的规模与被引呈正相关关系。不过,Antoniou 等[⑦]十多项研究的结果则显示二者之间没有关联。

声誉与先前的被引情况。Bjarnason 和 Stigfusdottir[⑧] 的研究表明著名学者和高被引作者能够获得更多的引用;ISI 列出的高被引作者的论文也能够带来更多的引用[⑨]。尽管多项研究证实了计量学领域的"马太效应",不过前述 Jabbour 等与 Wang[⑩] 的研究也显示,作者声誉对引用没有影响或者呈弱相关。除了上面提到的这两个因素之外,学者们还就作者的学衔、国别、自引、国内外合作、性

① 肖红,袁飞,邹建国.论文引用率影响因素:中外生态学期刊比较[J].应用生态学报,2009,20(5):1253-1262.

② ROYLE P, KANDALA N B, BARNARD K., et al. Bibliometrics of systematic reviews: analysis of citation rates and journal impact factors[J]. Systematic reviews, 2013, 2:74.

③ WALTERS G D. Predicting subsequent citations to articles published in twelve crime-psychology journals: author impact versus journal impact[J]. Scientometrics,2006, 69(3):499-510.

④ ANNALINGAM A, DAMAYANTHI H, JAYAWARDENA R, et al. Determinants of the citation rate of medical research publications from a developing country[J]. Springer plus, 2014, 3(1):1-6.

⑤ BOSQUET C, COMBES P P. Are academics who publish more also more cited? Individual determinants of publication and citation records[J]. Scientometrics,2013, 97(3):831-857.

⑥ BISCARO C, GIUPPONI C. Co-authorship and bibliographic coupling network effects on citations[J]. PLoS one, 2014, 9(6):e99502. doi:10.1371/journal.pone.0099502.

⑦ ANTONIOU G A, ANTONIOU, S A, GEORGAKARAKOS E I, et al. Bibliometric analysis of factors predicting increased citations in the vascular and endovascular literature[J]. Annals of vascular surgery, 2015, 29(2):286-292.

⑧ BJARNASON T, SIGFUSDOTTIR I D. Nordic impact: article productivity and citation patterns in sixteen Nordic sociology departments[J]. Acta sociologica,2002, 45(4):253-267.

⑨ BORNMANN L, DANIEL H D. Citation speed as a measure to predict the attention an article receives: an investigation of the validity of editorial decisions at *Angewandte Chemie International Edition* [J]. Journal of informetrics, 2010,4(1):83-88.

⑩ WANG J. Unpacking the matthew effect in citations[J]. Journal of informetrics, 2014, 8(2):329-339.

别、年龄和种族、是否高产作者、所在机构和组织及基金资助情况等因素与论文被引的关系进行了理论与实证研究①。此外,作者花在科研、教学和管理上的时间等因素也会直接或者间接地影响作者的生产率和被引。

1.1.1.3 期刊相关的因素

影响因子与声誉。Bornmann 等②、Jiang 等③、Meadows④、Moed⑤ 等多项研究表明,发表在高影响因子期刊中的论文能够获得更高的引用频次;不过,Roldán-Valadez 和 Rios⑥、Willis 等⑦以及 Leimu 和 Koricheva⑧ 等研究不支持上述结论。与期刊相关的被引影响因素还包括:期刊或论文的语言、发文范围和出版形式等。

1.1.2 引用行为

1.1.2.1 理论与方法

引用行为研究存在两个互相竞争的理论,分别是植根于科学社会学的规范理论(normative theory)和源于建构主义的社会建构观(social constructivist view)。两种理论对引用行为和引文本质提出了相异的解释:规范理论认为引文是引用者认同被引文献具有知识启迪价值的一种形式,因此可以依据被引频次对文献的学术价值进行评价;社会建构观则认为引文作为科学话语系统的有机组成部分,其本质不是知识传承,而仅仅是一种为了说服读者、增加自己作品可

① 邱均平,王菲菲.基于 SNA 的科学计量学领域作者互引网络分析[J].情报学报,2012,31(9):915-924.

② BORNMANN L, LEYDESDORFF L, WANG J. How to improve the prediction based on citation impact percentiles for years shortly after the publication date? [J]. Journal of informetrics, 2014, 8(1):175-180.

③ JIANG J, HE D, NI C. The correlations between article citation and references' impact measures:what can we learn[J]. Proceedings of the ASIST annual meeting, 2013,50(1):1-4.

④ MEADOWS A J. The citation characteristics of astronomical research literature[J]. Journal of documentation,2004, 60(6):597-600.

⑤ MOED H F. The effect of "open access" on citation impact:an analysis of ArXiv's condensed matter section[J]. Journal of the American Society for Information Science and Technology,2007, 58(13):2047-2054.

⑥ ROLDÁN-VALADEZ E, RIOS C. Alternative bibliometrics from impact factor improved the esteem ofa journal in a 2-year-ahead annual-citation calculation:multivariate analysis of gastroenterology and hepatology journals[J]. European journal of gastroenterology and hepatology,2015, 27(2):115-122.

⑦ WILLIS D L, BAHLER C D, NEUBERGER M M, et al. Predictors of citations in the urological literature[J]. BJU International, 2011, 107(12):1876-1880.

⑧ LEIMU R, KORICHEVA J. What determines the citation frequency of ecological papers? [J]. Trends in ecology & evolution,2005, 20(1):28-32.

信度和权威性的工具[①]，因此将其应用于学术评价缺乏理据。

1.1.2.2 实证研究

目前，学术界主要通过两种不同的研究方法开展引用行为的实证研究：一种是引文语境(citation context)分析法，即采用内容分析法对引文语境进行判读，就其在被引文献中的功能进行分类与归类，从而间接地解读施引者的引用行为；另一种则是采用问卷调查或者访谈直接探寻作者的引用动机，更直接地剖析施引者的引用行为。

现在公认最早开展引用行为研究的是 Garfield[②]，他的研究提出了被广泛引用的 15 种引用动机；其后，Lipetz[③] 以物理学文献为样本，开展了相似的研究，得到了 29 种引用动机。两项早期的引用行为研究的不足之处是，每种引用动机都没有记录频次信息，因而其学术贡献更多地体现在概念层面，更重要的作用则在于激发了后继丰富的引用行为实证研究。

引文语境分析法。较早采用引文语境分析法开展研究的是 Moravcsik 和 Murugesan[④]，他们的研究结果表明，证实、有机和改进三类正向引用分别占相应维度的 87%、60% 和 59%，而负向引用仅占 14%，这些数据在较大程度上支持规范理论的观点。后继的相关研究更多地支持规范理论的观点，但也存在部分对说明问题意义不大的敷衍引用。[⑤] Ahmed 等[⑥]对获诺贝尔奖的 DNA 双螺旋论文的引文进行了内容分析，结果表明 85% 的引用是出于历史或者背景等考虑，仅 13% 是基于数据、方法和理论的实质性引用，另外还有 2% 的批评性引用。该方法以前的工作主要通过手工完成，面对计算资源与信息服务方式的迅速发展，Ding 等[⑦]提出了基于内容的引文分析(Content-Based Citation Analysis, CCA)。

---

① 叶继元.引文的本质及其学术评价功能辨析[J].中国图书馆学报,2010,36(1)：35-39.

② GARFIELD E. Can citation indexing be automated? [J]. Essays of an information scientist, 1962, 1：84-90.

③ LIPETZ B A. Improvement of the selectivity of citation indexes to science literature through inclusion of citation relationship indicators[J]. American documentation, 1965, 16(2)：81-90.

④ MORAVCSIK M J, MURUGESAN P. Some results on the function and quality of citations[J]. Social studies of science, 1975, 5(1)：86-92.

⑤ 杨思洛.引文分析存在的问题及其原因探究[J].中国图书馆学报,2011,37(3)：108-117.

⑥ AHMED T, JOHNSON B, OPPENHEIM C, et al. Highly cited old papers and the reasons why they continue to be cited. Part II. The 1953 Watson and Crick article on the structure of DNA[J]. Scientometrics, 2004, 61(2)：147-156.

⑦ DING Y, ZHANG G, CHAMBERS T, et al. Content-based citation analysis：the next generation of citation analysis[J]. Journal of the Association for Information Science and Technology, 2014, 65(9)：1820-1833.

问卷与访谈。Brooks[1,2]是最早采用访谈方法开展引用动机研究的学者，通过对 20 位学者访谈结果的分析，他将引用动机分为 7 种，其中为了让读者相信其陈述的权威性和可靠性是主要的引用动机。Shadish 等[3]的问卷包含了 30 个题项，通过因子分析他们得到了支持引用、负性引用等 6 个因子。其后，Case 和 Higgins[4] 开展了一项相似的研究，探究了 55 位作者的引用动机，结果显示引用的主要动机是被引文献综述了领域先前的工作等。马凤和武夷山[5]的调查表明将某些参考文献剔除并不会影响原文的可靠性和完整性。

1.2 研究内容和意义

1.2.1 研究内容

本书涵盖五项具体的研究内容：学术论文被引影响因素的系统整理；学术论文被引影响因素的 meta 分析；论文特征与被引关系的深度发掘；施引特征与被引的关系研究；施引者引用意向影响因素模型研究。五者之间的关系见图 1-1。

研究内容 1 学术论文被引影响因素的系统整理

采用直接法、引文法和浏览等多种检索方法系统搜集学术论文被引影响因素的实证研究文献，对其进行系统梳理。本部分要回答的问题是：现有研究中已经发现的被引影响因素有哪些？将其作为整个研究的基础。

研究内容 2 学术论文被引影响因素的 meta 分析

对于论文长度等被引影响因素，已经形成了多项同主题的实证研究，其中部分研究支持该因素与被引的相关关系，但也有研究结果显示二者之间无关或呈弱相关关系。本研究采用 meta 分析方法对论文长度、下载量及科研合作等结论不一致的影响因素进行整合分析，以期得到更为明确的结论。本部分要回答的

① BROOKS T A. Private acts and public objects：an investigation of citer motivations[J]. Journal of the American Society for Information Science and Technology，1985，36(4)：223-229.

② BROOKS T A. Evidence of complex citer motivations[J]. Journal of the American Society for Information Science，1986，37(1)：34-36.

③ SHADISH W R，TOLLIVER D，GRAY M，et al. Author judgements about works they cite：three studies from psychology journals[J]. Social studies of science，1995，25(3)：477-498.

④ CASE D O，HIGGINS G M. How can we investigate citation behaviour? A study of reasons for citing literature in communication[J]. Journal of the American Society for Information Science，2000，51(7)：635-645.

⑤ 马凤，武夷山. 关于论文引用动机的问卷调查研究——以中国期刊研究界和情报学界为例[J]. 情报杂志，2009，28(6)：9-14,8.

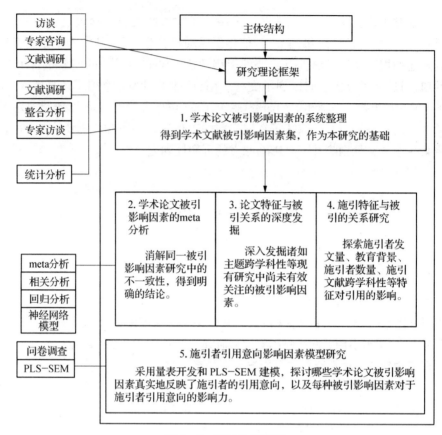

图 1-1 研究总体框架

问题是:在论文、被引者和期刊影响因子等特征中,哪些因素与被引之间存在明确的关系?

研究内容 3 论文特征与被引关系的深度发掘

除了已经探明的论文特征之外,对于跨学科性、参考文献国际化等尚未受到学界有效关注的影响因素,本部分采用文献计量、自然语言处理等方法,探索其与被引的关系。本部分力图发掘涉及论文本身、被引者和期刊等深层被引影响因素。

研究内容 4 施引特征与被引的关系研究

现有的被引影响因素主要涉及论文、期刊和被引作者三类。在具体的学术论文中,可以发现相似主题的论著,其参考文献列表差异明显,这启发了本部分的一个研究问题:施引特征是否影响引用?

研究内容 5 施引者引用意向影响因素模型研究

通过以上四项研究,可以得到一个较为完整的被引影响因素集。现在的问题是:通过文献计量或者内容分析等方法得到的影响因素与被引之间的相关关系是否真实反映了施引者的引用意向？回答该问题的适合人选显然应该是施引者。因此本研究将影响因素与被引之间的相关关系作为研究假设，通过问卷调查探索面向施引者引用意向的学术论文被引影响因素。本部分回答的问题是：哪些学术论文被引影响因素真实地反映了施引者的引用意向？每种被引影响因素对于施引者引用意向的影响力如何？

1.2.2　研究意义

（1）理论意义

现有的引用行为研究尚未见基于被引影响因素的研究成果，本书围绕被引影响因素进行引用意向研究的量表开发与建模，探索施引者常态性的引用意向，从而变文献计量的相关分析或者回归分析提供的可能影响因素为施引者的真实影响因素，变被引影响因素的简单列举为具有不同重要性的影响因素集。本书对现有的被引影响因素实证研究和引用行为研究可起到积极的推动作用，有利于整合被引影响因素与引用行为研究，推动后继引用行为研究的进一步深入开展，并且在理论上具有示范价值。

（2）方法论意义

本书采用的 meta 分析方法、结构方程模型方法在现有被引影响因素与引用行为研究中尚未见使用，可以为文献计量领域的被引影响因素研究和引用行为研究提供方法上的借鉴。

（3）实践意义

《统筹推进世界一流大学和一流学科建设总体方案》的建设任务中明确指出要"建立健全具有中国特色、中国风格、中国气派的哲学社会科学学术评价体系"。但由于规范理论与社会建构观的竞争性，学术界对目前普遍采用的基于引文分析的学术评价是否客观、合理提出过诸多质疑[①]。本书的研究结果为规范理论提供实证支持，也为破除科技评价中"唯论文"不良导向的具体实践提供强有力的理论支持。

1.3　研究思路和方法

1.3.1　基本思路

研究内容 1　学术论文被引影响因素的系统整理

---

① 叶鹰.国际学术评价指标研究现状及发展综述[J].情报学报,2014,33(2)：215 - 224.

（1）基本思路

充分调研、搜集现有的学术论文被引影响因素实证研究文献，利用元综合等方法从中发掘出所有可能的被引影响因素，从而获得作为本研究基础的被引影响因素集。

（2）文献搜集

① 直接检索。借鉴并修正 Tahamtan 等[①]的检索式，在 CNKI、万方、WoS、Springer、Wiley Online Library、PubMed、Scopus 等中外文学术数据库和搜索引擎中进行文献检索，搜集文献；通过题名、文摘甚或全文阅读获得候选文献集。② 引文法。以直接检索搜集到的文献和本课题组已经积累的文献为基础，采用滚雪球法搜集相关文献。Tahamtan 等的综述采用检索式结合阅读的方法完成文献甄别，该方法的缺点是会漏掉检索式中没有涵盖的检索词。因此，本书辅之以文献引用网络的滚雪球法完善文献搜集。③ 浏览。通过本学科核心期刊目录的浏览以获得相关的研究文献。④ 非正式网络。通过同学、同事和会议等途径搜集相关的研究文献。研究中将迭代使用上述四种文献搜集方法。

（3）元综合

本研究将扎根于学术论文被引影响因素的实证研究文献中，翔实地解析出文中明示和蕴含的各种被引影响因素。

研究内容 2　学术论文被引影响因素的 meta 分析

本部分采用 meta 分析方法完成。

（1）通过上述四种文献搜集方式全面获取涉及论文长度、下载量和科研合作等因素与被引相关关系的文献。

（2）根据相应的研究主题及效应量，制定纳入排除标准，对文献进行严格筛选。

（3）针对研究主题及原始研究提供的数据，制定数据编码表，提取作者、样本发表时间、样本来源学科、样本来源期刊、引用时间窗（citation windows）、相关系数及类型、显著性水平等数据，以及待研究的论文特征指标。

（4）对效应量进行数学转换，采用 Stata 12.0 软件的 metan 命令进行效应量的合并，得到综合效应值、标准误及置信区间。

（5）进行异质性检验。判断效应量的合并是否有意义；对发表偏倚进行检验，排除因无统计学意义的结果难以发表而造成综合效应不准确的现象。

（6）通过 meta 回归方法找到可能调节论文长度、下载量、科研合作等与被引之间相关关系的因素；将 meta 分析样本按照上述调节变量进行分组，对每一

① TAHAMTAN I, AFSHAR A S, AHAMDZADEH K. Factors affecting number of citations：a comprehensive review of the literature[J]. Scientometrics,2016，107(33)：1195 - 1225.

个亚组的效应量进行 meta 合并,得到各组的综合效应值。

(7) 将综合效应值转换为论文长度、下载量、科研合作等论文特征指标与被引频次的相关系数,阐释上述指标对学术论文被引的影响。

研究内容 3 论文特征与被引相关关系的深度发掘

通过研究内容 1、2 可以归纳出现有研究中论文、作者和期刊特征的被引影响因素,不过仍有少部分论文深层特征尚未受到学界的有效关注。

(1) 特征发掘

在科学问题日益复杂化和知识生产模式转变的双重驱动下,越来越多的科学家认为跨学科研究是实现突破和创新的催化剂,强调将各学科知识的渗透和融合作为解决现实社会复杂问题的重要手段。跨学科的重要作用及其在各领域的快速发展,使其成为科学计量学领域的关注点,并推动学者展开对跨学科与学术影响力的关系研究。但通过对现有研究的梳理可发现,各项研究存在指标选择多样、分析单元多样、研究领域多样及未考虑论文被引影响因素等问题。

(2) 计算相关性

为了对跨学科性与被引间关系有更深入的认识,有必要从作者、主题、参考文献和施引文献的角度,探究跨学科性与被引间的相关性。其中,作者跨学科性从论著的学科特征判定,主题跨学科性从论文主题的学科属性测度,参考文献与施引文献跨学科性则利用参考文献和施引文献的多样性测度。进而通过相关分析,计算跨学科性与被引频次间的相关关系。

研究内容 4 施引特征与引用的相关关系研究

(1) 选定数据集

图书情报学领域期刊较其他学科领域更注重作者信息的著录,因此作者特征更易于获得。本研究选择 CSSCI 中图书情报领域的 18 种期刊 2005—2015 年间的所有全文数据共 55 720 篇。

(2) 抽样

根据样本量公式:

$$n = \frac{P(1-P)}{\dfrac{e^2}{Z^2} + \dfrac{P(1-P)}{N}} \qquad (公式 1.3-1)$$

其中 P 为样本差异程度,本研究取最大值 0.5;e 为误差,取 0.05;当调查结果置信区间为 95% 时,Z 值为 1.96;N 为样本总量 55 720,则共抽样 382 篇论文即可代表总体。而在商业市场调研中,对于大样本(>50 000),通常抽取其中 1%～1.5%,即认定结果有效。据此,综合这两项依据,本研究最终随机抽样 600 篇全文。

（3）特征编码

从论文原文中抽取施引者及参考文献特征，并通过网页信息检索完善施引者和参考文献特征。其中施引者特征主要包括论文作者特征（施引者数量、是否有跨地域合作、是否有跨学科合作）、作者基本特征（性别、年龄）、作者工作特征（省份、单位、职业、职称）、作者学历特征（学历、学科、毕业院校、毕业时间）、作者学术特征（学术生涯起始时间、学术生产力、被引频次、h 指数）。参考文献特征主要包括整体特征（参考文献数量、参考文献各类型占比、参考文献国际化占比、自引占比）、期刊特征（影响因子、期刊分区）、量化特征（参考文献期刊影响因子总和、平均值，参考文献期刊分区总和、平均值等）。

（4）数据清洗与量化

清洗掉一些不符合要求的论文，如编辑部发布的活动通知等。根据数据量化标准对论文的特征编码进行量化，该过程分为两步。一是同化，即将具有类似水平的不同称谓进行同化，如研究员＝教授等。二是按照规则对各特征进行量化，如定义施引者毕业院校：专科学历＝1，普通本科＝2，211 院校＝3，985 院校＝4，等等。最终得到施引者特征向量矩阵与参考文献特征向量矩阵。

（5）多因素分析

以施引者特征向量为基础，与参考文献特征向量矩阵中逐列组成新的向量矩阵，进行多因素分析。

研究内容 5　基于施引者引用意向视角的被引影响因素研究

本部分采用结构方程模型方法完成研究工作。由于被引影响因素主要是形成性指标，反映性指标甚少，因此后继研究中采用更适合于形成性指标的基于偏最小二乘法（PLS）的结构方程模型。

（1）潜变量提炼，建立单因子测量模型

① 量表初稿——扎根理论研究

本研究基于对科研人员的深度访谈语料开展扎根理论研究，对科研人员在选择引用文献时采用的判据和影响引用的因素进行编码。通过三级编码，逐步提炼出构念，并以访谈语料中的初级代码和文献计量指标共同形成各构念量表的初稿。

信息含量。被引影响因素中的主题多样性表明，论文涉及的主题越多，则其信息含量越丰富，同理，标题长度、标题类型、摘要长度、关键词数、不同的文献类型、公式数量、图表数量、附录、致谢、脚注数量、参考文献数量和论文长度等因素也都清晰地指向了信息含量，据此，以这些因素测度潜变量信息含量。

影响力。作者 h 指数越高通常意味着作者的学术声誉越高，同理，作者声望、作者媒体热度、机构排名、机构声望、机构媒体热度、期刊影响因子、期刊声望、期刊媒体热度、会议级别、会议声望和会议媒体热度都与"影响力"有直接的关联,据此,提炼出构念"影响力"。

采用类似的解读方法,本研究还初步提取了可读性、可靠性、新颖性、全面性、可获取性、学术质量和引用意向等构念。

② 量表形成

汇总上面工作的结果,形成本研究量表的初稿,分发给多位文献计量领域学有所成的学者,在综合专家意见的基础上,完成量表修订;然后再分发给样本超过100人的科研人员(包括教师、博士生和硕士生)进行预调查,完成项目分析和探索性因子分析,通过反馈完成量表的进一步精化。

(2) 建构研究模型

潜变量之间的关系通过三种途径形成:一是基于经典理论或正式文件,二是从文献计量的结果中获得启发,三是源于对科研人员访谈的扎根理论研究。

① 源于经典文献或正式文件。就"论著质量"而言,研究者详细阅读了 *Nature*、*Science*、*British Medical Journal* 等著名期刊的审稿指南,以及《国家科学技术奖励条例实施细则》有关评审范围和标准的文本,提炼出了原创性、新颖性、实用性和可信度等四个具体指标,同时根据 Walters[①] 对论著质量的评估,将信息容量和可读性纳入论著质量的评估。双路径模型揭示了个体认知和行为决策的过程,可从中心路径和边缘路径两个方面发掘学术用户在引用论文的过程中受到哪些因素的影响,常见的双路径模型主要有系统-启发式模型(systematic-heuristic model)、精细加工可能性模型(elaboration likelihood model)及信息采纳模型(information adoption model)。

② 源于文献计量结果。丰富的文献计量研究成果为研究模型的构建提供了较为可靠的研究假设,比如,多项研究表明论文质量与引用频次呈正相关关系,从而可以提出假设:论著质量对引用意向存在显著的正向影响,其他构念间的关系通过类似的方法形成。

③ 扎根理论研究结果。本研究对科研人员进行深度访谈,从他们的回答中可以提取出可能的研究假设。比如,如科研人员认为研究方法严谨规范的论文具有较高的质量,从中可以提取出规范性、学术质量及引用意向之间的假设路径。

(3) 实证研究

本研究问卷的发放对象是至少发表过一篇学术论文的研究生和专家学者。实证研究中的共同方法偏差、测量模型检验和研究假设检验等将按照 PLS-SEM 的推荐方法完成。

---

① WALTERS G D. Predicting subsequent citations to articles published in twelve crime-psychology journals:author impact versus journal impact[J]. Scientometrics,2006,69(3):499-510.

1.3.2 研究方法

（1）文献调研法。用于文献梳理、研究方法借鉴、研究路线制定、理论解释模型构建、研究假设的提出、问卷编制与调查对象的选定等。

（2）问卷调查法。针对结构变量和观测变量所对应的指标，设计结构化的调查问卷，通过向用户发放调查问卷，收集研究数据。

（3）专家咨询法。协助问卷的设计与修改、研究模型的修订与精化、参与研究结论的讨论与分析。

（4）统计分析方法。使用 SPSS 进行样本数据的描述性统计分析、相关分析、回归分析、主成分分析、信度检验、效度检验、探索性因子分析和单因素方差分析等；使用 Smart PLS 3.0 进行测量模型和结构模型分析，综合运用各种统计方法，获得模型的解释力和假设检验。

（5）meta 分析法。选取同主题被引影响因素结论不一致的研究，采用 meta 分析法消解研究间的差异，以得到明确的研究结论。

（6）扎根分析法。通过开放编码获取科研人员访谈语料中明示和隐含的判据与被引影响因素，通过主轴编码完成判据的分类，借助于选择性编码为后继的建模提供依据。

1.4 创新点

（1）基于施引者引用行为和引用意向视角开展文献计量研究

通过文献计量或内容分析等方法得到的影响因素与被引之间的相关关系是否真实反映了施引者的引用意向，回答该问题的适合人选显然应该是施引者。本研究从施引者引用意向视角开展学术论文被引影响因素研究，通过量表开发和建模，探索性地发掘被引影响因素集中真实反映施引者引用意向的部分，并区分不同影响因素的重要性。

（2）揭示跨学科性与论文被引的相关性

现有研究尚未考虑跨学科性与论文被引影响因素的关系。本研究选取作者、主题、参考文献和施引文献作为分析单元，以研究较少的人文社会科学领域作为研究对象，采用不同方法对 4 种跨学科性进行测度，发掘跨学科性与被引的关系。

（3）深入发掘参考文献特征与论文被引的相关性

已有大量研究探索了影响论文被引的论文相关、期刊相关和作者相关因素。关于参考文献特征，目前涉及的指标仅包括参考文献数量、参考文献平均年龄等少数几个。本研究采用以人工编码为主的方式对参考文献特征进行深入分析,探讨了引用外文期刊论文的数量、引用外文期刊论文的平均学术质量、引用外文期刊论文的学科专属度、引用外文期刊论文的平均时效性、参考文献总被引量、参考文献篇均被引量、参考文献影响因子、作者自引比、期刊自引比、期刊论文占比、会议论文占比、著作占比、网络资源占比及学位论文占比等 10 余个指标与被引量的关系。

（4）在信息计量主题中采用 meta 分析方法

与在心理学、教育学及医学等领域的广泛应用相比,meta 分析法在近几年才引起图书情报学者的关注;现有的图书情报学 meta 分析主要涉及信息行为研究,而信息计量研究甚少。本研究探索性地采用 meta 分析法解决信息计量学中存在争议的研究问题,并通过蒙特卡洛模拟解释了异质性检验的经验准则在大样本信息计量研究中的不适用性,破除了该方法在信息计量主题应用中的障碍,推动了该方法的应用。

（5）采用 BP 神经网络预测被引量

学术论文影响力的预测具有重要意义。目前,被引频次的预测研究可分为两类。一类是将其视为分类问题,采用决策树、支持向量机(SVM)等机器学习方法对被引所属类别进行预测,该做法的局限在于分类的结果往往是离散的,类别之间的边界模糊不清。另一类则将其视为回归问题,直接预测被引频次的具体值,其中,线性回归、负二项回归等统计模型在该思路的研究中应用广泛。然而两种模型都存在被引数据不符合正态分布和负二项分布的局限性。深度神经网络相关研究的进步为被引频次的预测提供了新方法。据此,本研究采用 4 层 BP 神经网络模型,对学术论文的 5 年被引进行了预测。实验结果表明,BP 神经网络的表现显著优于其他 6 个基线模型,模型具有较好的泛化能力。

第 2 章　文献综述

本研究涉及学术论文被引的影响因素、预测和引用行为等主题,本章综述学界对这些问题的相关研究。

2.1　学术论文被引影响因素

Tahamtan 等[①]将影响单篇论文被引的因素归纳为三大类:与论文本身相关的因素、与期刊相关的因素、与作者相关的因素。本节依据该分类进行综述。

2.1.1　论文本身相关因素

关于该类影响因素的研究数量较多,提取出来的特征丰富,同一特征不同学者实证得到的结果也各不相同,下面对其中几个重要的影响因素进行梳理。

2.1.1.1　参考文献特征

多项实证研究表明,引文数量、引文质量和引文种类均与论文被引频次成正相关关系。比如:Chakraborty 等[②]于 2014 年提出的引文多样性指数(reference diversity index)综合考虑了参考文献中的引文种类和引文所涉及的领域;Didegah 和 Thelwall[③] 提出的引文国际化(internationality of reference)指标采用了引文所在期刊国际化(internationality of journal)的平均值进行量化;两项研究的结论均显示所提指标与论文被引频次存在显著的正相关关系。不过,也

---

① TAHAMTAN I, AFSHAR A S, AHAMDZADEH K. Factors affecting number of citations: a comprehensive review of the literature[J]. Scientometrics, 2016, 107(3): 1195 - 1225.

② CHAKRABORTY T, KUMAR S, GOYAL P, et al. Towards a stratified learning approach to predict future citation counts[C]. //Proceedings of the 14th ACM/IEEE-CS Joint Conference on Digital Libraries. London: IEEE Press, 2014: 351 - 360.

③ DIDEGAH F, THELWALL M. Determinants of research citation impact in nanoscience and nanotechnology[J]. Journal of the American Society for Information Science and Technology, 2013, 64 (5): 1055 - 1064.

有研究得到了不同的结论。比如,Wallace 等[①]对 1900—2006 年间 WoS(Web of Science)的 2 500 万篇论文及 6 亿篇引文的数据集进行了分析,重点关注了其中的零被引论文(uncitedness),结果却发现零被引论文的平均参考文献数量更大。Biscaro 和 Giupponi[②] 发现一篇论文的研究内容如果建立于该领域的经典基础论文之上,则有更大的机会收获更高的被引频次。此外,Roth 等[③]还专门对引文的年龄进行了研究,结果表明,论文参考文献的平均年龄较低时有利于获得更高的被引频次,反之则被引频次显著减少。

2.1.1.2　论文篇幅

多位学者对论文篇幅与被引量的相关关系进行了实证研究。研究中通常以期刊或论文为对象,以页数量化论文篇幅,以被引量的绝对频次或年均频次作为因变量,运用相关分析、回归分析等统计学方法探寻两者间的关系。也有学者从标题长度、摘要长度、图表数量及参考文献数量等局部篇幅的细粒度视角探讨论文篇幅与被引量的相关性。

不同学科领域的多项研究发现了论文篇幅与被引量的强正相关关系。比如,肖学斌和柴艳菊[④]发现论文篇幅与被引量强相关($r = 0.754 \sim 0.872$)。Falagas 等[⑤]为探讨论文篇幅对未来被引量的影响,以影响因子前 5 的综合性医学期刊所发表的论文为对象,发现论文篇幅与被引量呈强相关关系($r = 0.70$);作者通过多元回归分析还发现:论文平均增加 1 页,被引频次的对数值增加 0.079。Ronda-Pupo[⑥] 按照不同合作者数分别对被引量与论文篇幅的幂律关系进行函数拟合,发现拟合程度 R^2 高达 $0.86 \sim 0.98$。Robsona 和 Mousquès[⑦] 采用基于随机森林的回归分析方法也证实了上述结论。

---

① WALLACE M L,LARIVIÈRE V,GINGRAS Y. Modeling a century of citation distributions[J]. Journal of informetrics,2009,3(4):296 - 303.

② BISCARO C, GIUPPONI C. Co-authorship and bibliographic coupling network effects on citations[J]. PLoS one,2014,9(6):e99502.

③ ROTH C, WU J, LOZANO S. Assessing impact and quality from local dynamics of citation networks[J]. Journal of informetrics, 2012, 6(1):111 - 120.

④ 肖学斌,柴艳菊.论文的相关参数与被引频次的关系研究[J].现代图书情报技术,2016(6):46 - 52.

⑤ FALAGAS M E, ZARKALI A, KARAGEORGOPOULOS D E,et al. The impact of article length on the number of future citations:a bibliometric analysis of general medicine journals[J]. PLoS one:e49476.

⑥ RONDA-PUPO G A. The effect of document types and sizes on the scaling relationship between citations and co-authorship patterns in management journals[J]. Scientometrics, 2017, 110(3):1 - 17.

⑦ ROBSON B J, MOUSQUÈS A.Predicting citation counts of environmental modelling papers [C]. //Proceedings of the 7th International Congress on Environmental Modelling and Software:Bold Visions for Environmental Modeling, iEMSs,2014,3:1390 - 1396.

部分研究报告了两者间的中度相关关系。Haslam 等[①]在心理学领域进行的研究表明论文篇幅与被引频次呈中度相关($r=0.420$),作者认为当论文具有更多原创内容时,需要更长的篇幅以深入阐释,因而篇幅越长,论文质量越高,被引量也越大。Hegarty 和 Walton[②]对 9 种高影响力的心理学期刊论文的篇幅与被引进行分析,得到两者间相关系数为 0.310。Kostoff[③]的研究支持了上述两篇文献的观点。Van Wesel 等[④]在医学领域进行了类似研究,也得到了相似结果($r=0.435$)。肖红等[⑤]的研究发现生态学部分期刊中论文长度与年均被引频次间存在显著的中度正相关关系,即随着论文长度的增加,年均被引频次随之增加。

另外有一些研究表明,虽然论文篇幅的增加也能带来被引频次的增加,但程度较弱。如 Antoniou 等[⑥]的研究发现高质量的血管外科期刊中,论文篇幅与被引量具有正相关关系,但相关系数仅为 0.214。Frogel[⑦]对天文学领域中论文被引量等级与篇幅的相关性进行分析,发现两者的相关系数为 0.21。Bornmann 和 Leydesdorff[⑧]试图通过比较 20 个负二项回归模型的拟合程度以建立被引量的影响因素预测模型,模型中,论文页数对被引量影响的回归系数 β 介于 0.01 和 0.02 之间。

也有研究显示,二者间的相关系数小于 0.1 或者 p 值大于 0.05。Hodge 等[⑨]对

① HASLAM N, BAN L, KAUFMANN L, et al. What makes an article influential? Predicting impact in social and personality psychology[J]. Scientometrics, 2008, 76(1): 169-185.

② HEGARTY P, WALTON Z. The consequences of predicting scientific impact in psychology using journal impact factors[J]. Perspectives on psychological science, 2012, 7(1): 72-78.

③ KOSTOFF R N. The difference between highly and poorly cited medical articles in the journal *Lancet*[J]. Scientometrics, 2007, 72(3): 513-520.

④ VAN WESEL M, WYATT S, HAAF J T. What a difference a colon makes: how superficial factors influence subsequent citation[J]. Scientometrics, 2014, 98(3): 1601-1615.

⑤ 肖红,袁飞,邹建国.论文引用率影响因素:中外生态学期刊比较[J].应用生态学报,2009,20(5): 1253-1262.

⑥ ANTONIOU G A, ANTONIOU S A, GEORGAKARAKOS E I, et al. Bibliometric analysis of factors predicting increased citations in the vascular and endovascular literature[J]. Bibliometric analysis, 2015, 29(2): 286-292.

⑦ FROGEL J A. Astronomy's greatest hits: the 100 most cited papers in each year of the first decade of the 21st Century (2000—2009)[J]. Publications of the Astronomical Society of the Pacific, 2010, 122(896): 1214-1235.

⑧ BORNMANN L, LEYDESDORFF L. Does quality and content matter for citedness? A comparison with para-textual factors and over time[J]. Journal of informetrics, 2015, 9(3): 419-429.

⑨ HODGE D R, VICTOR B G, GROGAN-KAYLOR A, et al. Disseminating high-impact social work scholarship: a longitudinal examination of 5-year citation count correlates[J]. Journal of the Society for Social Work and Research, 2017, 8(2): 211-231.

社会工作类期刊的研究发现,两者的相关系数仅为 0.09,So 等[1]得到的相关系数更低($r=0.03$),根据强弱准则,上述两研究已无法支持两者相关的结论。Slyder 等[2]在对地理学、林学论文的初步研究中,发现论文长度与被引量的相关关系较弱($r=0.19$),但在删去一篇长 75 页、被引 524 次的论文后,二者已不再相关($r=-0.05,p=0.48$),该研究认为,较短的论文表述更清晰,结论更简洁,且容易获取,因而在引用过程中具有独特的优势。Foley 和 Della[3] 的研究发现,短篇幅论文和长篇幅论文在被引量上的差异不具有统计学显著性,但短篇幅论文的页均被引频次高于后者。

部分研究还报告了二者间的负相关关系。Lokker 等[4]的结论显示:论文篇幅、是否为结构化摘要、是否为综述与被引量呈负相关;在删除数据集中的 Cochrane 评价和卫生技术评估报告(HTA)两类综述性的长篇幅论文后,论文篇幅、是否为综述与被引量之间的关系不再显著。Royle 等[5]和 Uthman 等[6]对系统评价和元分析(Systematic Reviews and Meta-analysis,SRM)类论文进行分析,结果显示篇幅与被引量的相关系数为负值($r=-0.052$ 和 $r=-0.002$),绝对值小于 0.1,这表明二者不相关。Bornmann 和 Leydesdorff[7]采用百分位数比例(percentile shares)分析法得到了相似的结论。

少量研究从标题、摘要、图表及参考文献等局部篇幅的视角探讨了篇幅与被引量的相关性。Kostoff[8]通过实证研究发现摘要较长的医学论文被引的可能

① SO M, KIM J, CHOI S, et al. Factors affecting citation networks in science and technology: focused on non-quality factors[J]. Qual quant, 2015,49(4): 1513 – 1530.

② SLYDER J B, STEIN B R, SAMS B S, et al. Citation pattern and life span: a comparison of discipline, institution, and individual[J]. Scientometrics, 2011, 89(3): 955 – 966.

③ FOLEY J A, DELLA S S. Do shorter *Cortex* papers have greater impact? [J]. Cortex, 2011, 47 (6): 635 – 642.

④ LOKKER C, MCKIBBON K A, MCKINLAY R J, et al. Prediction of citation counts for clinical articles at two years using data available within three weeks of publication: retrospective cohort study[J]. BMJ 2008,336(7645): 655 – 657.

⑤ ROYLE P, KANDALA N B, BARNARD K, et al. Bibliometrics of systematic reviews: analysis of citation rates and journal impact factors[J]. Systematic reviews, 2013, 2:74.

⑥ UTHMAN O A, OKWUNDU C I, WIYSONGE C S, et al. Citation classics in systematic reviews and meta-analyses: who wrote the top 100 most cited articles? [J]. PLoS one, 2013, 8(10): e78517.

⑦ BORNMANN L, LEYDESDORFF L. Skewness of citation impact data and covariates of citation distributions: a large-scale empirical analysis based on Web of Science data[J]. Journal of informetrics, 2017, 11(1): 164 – 175

⑧ KOSTOFF R N. The difference between highly and poorly cited medical articles in the journal *Lancet*[J]. Scientometrics, 2007, 72(3): 513 – 520.

性更大,而标题较长的论文所获被引却较少①。Peters 等②的研究表明论文的参考文献越多,其被引频次越高;Adair 和 Vohra③ 以及 Vieira 和 Gomes④ 的研究结论与之不谋而合。Cleveland⑤ 发现,由于图表具有较好的可读性及解释能力,其数量对被引量的预测也具有一定价值,作者强调,图作为"硬科学"(hard science)的特征,在增加被引中的作用不容小觑。Onodera 和 Yoshikane⑥ 将被引影响因素进行多元建模,以预测 6 年、11 年的被引情况,结果发现论文篇幅变量的系数在大部分学科中均不显著,但由于篇幅与图表数、公式数、参考文献数等强相关,因此在负二项回归模型中采用这几个变量进行预测效果较篇幅更优。

综上,学界对于论文篇幅与被引量的相关关系尚无明确、一致的结论;样本在诸如学科领域、文献类型、论文质量等方面的差异可能是两者间关系的调节变量。目前,尚缺乏对上述相关关系的系统、定量梳理,这为本书统合分析论文篇幅与被引量的相关关系提供了研究问题和数据源。

2.1.1.3　下载量

下载量是出版数字化的直接产物。作为科学计量学的新秀——使用指标之一——下载量记录了论文在期刊网站或出版商中被保存、下载的次数⑦,它与直接反映论文被引的引用指标有异,也有别于以社交媒体影响力为基础的替代计量学指标⑧。

关于下载量分布规律、峰值出现的时间及老化规律的研究,引起了学者的广泛兴趣。Wang 等⑨发现,使用数据呈现明显的偏态分布,幂律函数可以较好地

①　HASLAM N, BAN L, KAUFMANN L, et al. What makes an article influential? Predicting impact in social and personality psychology[J]. Scientometrics, 2008,76(1): 169 - 185.

②　PETERS H P F, VAN RAAN A F J. On determinants of citation scores: a case study in chemical engineering[J]. Journal of the American Society for Information Science, 1994, 45(1): 39 - 49.

③　ADAIR J G, VOHRA N. The explosion of knowledge, references, and citations: psychology's unique response to a crisis[J]. American psychologist, 2003, 58(1): 15 - 23.

④　VIEIRA E S, GOMES J A N F. Citations to scientific articles: its distribution and dependence on the article features[J]. Journal of informetrics, 2010, 4(1): 1 - 13.

⑤　CLEVELAND W S. Graphs in Scientific publications[J]. American statistician, 1984, 38(4): 261 - 269.

⑥　ONODERA N, YOSHIKANE F. Factors affecting citation rates of research articles[J]. Journal of the Association for Information Science and Technology, 2015, 66(4): 739 - 764.

⑦　NAUDE F. Comparing downloads, mendeley readership and Google Scholar citations as indicators of article performance [J]. The electronic journal on information systems in developing countries, 2017, 78(4): 1 - 25.

⑧　GLÄNZEL W, GORRAIZ J. Usage metrics versus altmetrics: confusing terminology? [J]. Scientometrics, 2015, 102(3): 2161 - 2164.

⑨　WANG X W, FANG Z C, SUN X L. Usage patterns of scholarly articles on Web of Science: a study on Web of Science usage count[J]. Scientometrics, 2016, 109(2): 917 - 926.

拟合其分布曲线,该研究表明,仅少数论文被大量阅读和下载,这说明论文的使用也具有马太效应。方红玲[①]和 Schloegl 等[②]分别对国内外论文下载量达到峰值的时间进行探讨,得到了一致结论,即论文在发表后 1～2 年获得的下载最多,且数年后下载量会再次增加,这提示论文被引频次的增加一定程度上也影响了下载量。Moed[③] 对单本期刊的下载量进行了历时和共时分析,发现其下载量在 6 个月之内即可达总下载量的 40%,下载半衰期为 12.6 个月,明显短于被引半衰期;Wan 等[④]提出了下载即年指数(Download Immediacy Index,DII),将之定义为期刊论文出版一年内的下载量与该刊当年发表的论文总数之比,该研究显示 DII 可以作为独立指标使用,且对期刊 h 指数等指标具有一定的预测价值。

目前,被引量作为科研评价的重要指标,反映了基于文献的传统学术交流过程。随着网络的普及,许多学科的学术影响力已经扩散至社交媒体和 Research Gate 等非正式学术交流平台。[⑤] 使用指标和替代计量学指标的出现弥补了传统学术交流模式下评价不全面、不及时的缺陷,而下载量指标相较于替代计量学指标的稳定性,使其备受推崇。于是,下载量与被引量的相关关系研究引起了学界的关注。

部分研究从论文层面对下载量与被引量的相关关系进行了探讨。Schloegl 等[⑥]研究发现,图书情报学领域论文的下载量与被引频次呈强相关关系($r=$ 0.770和$r=$0.760),而 Moed[⑦] 以 *Tetrahedron Letters* 为例的研究发现该刊论文的下载量与被引量间的关系较弱($r=$0.220)。Botting 等[⑧]试图根据下载量预测论文的被引量,发现论文发表年内所获得的下载量可以预测其 3 年后的被引($r=$

① 方红玲.我国科技期刊论文被引量和下载量峰值年代:多学科比较研究[J].中国科技期刊研究, 2011,22(5):708-710.

② SCHLOEGL C, GORRAIZ J, GUMPENBERGER C, et al. Comparison of downloads, citations and readership data for two information systems journals[J]. Scientometrics, 2014, 101(2): 1113-1128.

③ MOED H F. Statistical relationships between downloads and citations at the level of individual documents within a single journal[J]. Journal of the American Society for Information Science and Technology, 2005, 56(10): 1088-1097.

④ WAN J K, HUA P H, ROUSSEAU R, et al. The journal download immediacy index (DII): experiences using a Chinese full-text database[J]. Scientometrics, 2010, 82(3): 555-566.

⑤ GLÄNZEL W, GORRAIZ J. Usage metrics versus altmetrics: confusing terminology? [J]. Scientometrics, 2015, 102(3): 2161-2164.

⑥ SCHLOEGL C, GORRAIZ J, GUMPENBERGER C, et al. Comparison of downloads, citations and readership data for two information systems journals[J]. Scientometrics, 2014, 101(2): 1113-1128.

⑦ MOED H F. Statistical relationships between downloads and citations at the level of individual documents within a single journal[J]. Journal of the American Society for Information Science and Technology, 2005, 56(10): 1088-1097.

⑧ BOTTING N, DIPPER L, HILARI K. The effect of social media promotion on academic article uptake[J]. Journal of the Association for Information Science amnd Technology, 2017, 68(3): 795-800.

0.450)。牛昱昕等[①]却发现单篇论文的下载量与被引频次间的相关性不显著。

也有学者从期刊层面进行了相关研究。Bollen 和 Herbert[②]仿照 ISI 期刊影响因子的定义,率先提出使用影响因子指标。Gorraiz 等[③]的研究选取了 4 个领域的 362 本期刊,分别比较了期刊使用因子(JUF)、Garfield's 影响因子(GIF)和总影响因子(TIF)间的关系。庞景安[④]探讨了中文科技期刊被引与下载指标间的关系,发现总下载量与总被引量的相关系数为 0.545,而影响因子前 100 名期刊的总下载量与总被引量的相关性更强($r=0.659$)。

少部分研究以作者、机构为单位探讨下载量与被引量的关系。Kurtz 和 Henneken[⑤]采集美国天文学领域中 922 位博士的论文数据,试图明确论文下载量与被引量的相关关系并预测其未来成就。Boukacem-Zeghmouri 等[⑥]则从机构层面展开了类似研究。

上述研究发现,下载量与被引量间的相关关系会受到学科、期刊类型和文献类型等变量的调节。(1)学科。Wan 等[⑦]发现,农学论文的被引量与下载量具有较强的相关关系($r=0.635$);Subotic 和 Mukherjee[⑧]的研究数据取自心理学的高下载量论文,结果显示下载量与被引量之间的相关系数仅为 0.220,研究认为该结果可能是心理学的学科性质造成的。(2)期刊类型。Nieder 等[⑨]根据 BMC 期刊网站中 5 本肿瘤学期刊的论文数据,发现下载与被引之间关系较弱

① 牛昱昕,宗乾进,袁勤俭.开放存取论文下载与引用情况计量研究[J],中国图书馆学报,2012,38(4):119 - 127.

② BOLLEN J, HERBERT V D S. Usage impact factor: the effects of sample characteristics on usage-based impact metrics[J]. Journal of the American Society for Information Science and Technology, 2008, 59(1): 136 - 149.

③ GORRAIZ J, GUMPENBERGER C, SCHLÖGL C. Usage versus citation behaviours in four subject areas[J]. Scientometrics, 2014, 101(2): 1077 - 1095.

④ 庞景安.中文科技期刊下载计量指标与引用计量指标的比较研究[J].情报理论与实践,2006,29(1):44 - 48.

⑤ KURTZ M J, HENNEKEN E A. Measuring metrics a 40-year longitudinal cross-validation of citations, downloads, and peer review in astrophysics[J]. Journal of the Association for Information Science amnd Technology, 2017, 68(3): 695 - 708.

⑥ BOUKACEM-ZEGHMOURI C, BADOR P, LAFOUGE T, et al. Relationships between consumption, publication and impact in French universities in a value perspective: a bibliometric analysis[J]. Scientometrics, 2016, 106(1): 263 - 280.

⑦ WAN J K, HUA P H, ROUSSEAU R, et al. The journal download immediacy index (DII): experiences using a Chinese full-text database[J]. Scientometrics, 2010, 82(3): 555 - 566.

⑧ SUBOTIC S, MUKHERJEE B. Short and amusing: the relationship between title characteristics, downloads, and citations in psychology articles[J]. Journal of information science, 2014, 40(1): 115 - 124.

⑨ NIEDER C, DALHAUG A, AANDAHL G. Correlation between article download and citation figures for highly accessed articles from five open access oncology journals[J]. SpringerPlus, 2013, 2: 261.

（$r=0.230$），而 Liu 等[①]以 5 本中国眼科学期刊发表的论文为研究对象，发现被引量与下载量的相关系数为 0.491，呈中度相关。Schloegl 和 Gorraiz[②] 的研究则发现 SCI 一区的药学期刊 *Drug Discovery Today* 中论文下载量与被引量呈强相关关系（$r=0.560\sim0.770$）。（3）文献类型。Ketcham[③] 探讨了 Lab. Invest 期刊网站中论文的下载与被引间的相关关系，发现其中被下载最多的是技术报告而非综述，且技术报告与被引的相关性较综述低。Moed[④] 认为其研究中被引量与下载量相关性较低的原因与期刊 *Tetrahedron Letters* 上发表的短讯（short communications）较多有关。牛昱昕等[⑤]的研究显示应用型、综述型论文更容易出现"高下载低引用"现象。（4）时间。Schloegl 和 Gorraiz[⑥] 比较了论文发表后 $1\sim5$ 年下载量与被引量的关系，结果发现论文发表 2 年后所获得的下载和被引之间的相关系数为 0.510，而发表 5 年后的下载量与被引量的相关关系更强（$r=0.630$）。（5）数据源。Liu 等[⑦]以 PLoS 网站的论文为研究对象，发现其被引量与下载量的相关系数为 0.402，该结果与 Brody 等[⑧]和 Xin 等[⑨]对 arXiv.org 中论文下载与被引的分析结果相近（$r=0.440$ 和 $r=0.387$）。O'Leary[⑩] 将单个期刊中下载量最高的 25 篇论文分别与其在 SSCI、Scopus 和 Google 中获得的被引量

① LIU X L，FANG H L，WANG M Y. Correlation between Download and Citation and Download-citation Deviation Phenomenon for Some Papers in Chinese Medical Journals[J]. Serials review，2011，37（3）：157 – 161.

② SCHLOEGL C，GORRAIZ J. Global usage versus global citation metrics：the case of pharmacology journals[J]. Journal of the American Society for Information Science and Technology，2011，62(1)：161 – 170.

③ KETCHAM C M. The proper use of citation data in journal management[J]. Archivum immunologiae et therapiae experimentalis，2008，56(6)：357 – 362.

④ MOED H F. Statistical relationships between downloads and citations at the level of individual documents within a single journal[J]. Journal of the American Society for Information Science and Technology，2005，56(10)：1088 – 1097.

⑤ 牛昱昕，宗乾进，袁勤俭.开放存取论文下载与引用情况计量研究[J]，中国图书馆学报，2012，38（4）：119 – 127.

⑥ SCHLOEGL C，GORRAIZ J. Comparison of citation and usage indicators：the case of oncology journals[J]. Scientometrics，2010，82(3)：567 – 580.

⑦ LIU C L，XU Y Q，WU H，et al. Correlation and interaction visualization of altmetric indicators extracted from scholarly social network activities：dimensions and structure[J]. Journal of medical internet research，2013，15(11)：e259.

⑧ BRODY T，HARNAD S，CARR L. Earlier Web usage statistics as predictors of later citation impact[J]. Journal of the American Society for Information Science and Technology，2006，57(8)：1060 – 1072.

⑨ XIN S，PEPE A，BOLLEN J. How the scientific community reacts to newly submitted preprints：article downloads，Twitter mentions，and citations[J]. PLoS One，2012，7(11)：e47523.

⑩ O'LEARY D E. The relationship between citations and number of downloads in *Decision Support Systems*[J]. Decision support systems，2008，45(4)：972 – 980.

进行比较,结果表明尽管被引数据源不同,但所得相关系数差异不大($r=0.839$,0.820,0.784)。

可以看出,上述研究以单篇论文的下载量与被引量为基础数据,汇总并衍生出期刊、作者、机构等层面的下载与被引间的相关性分析,研究结论的明显差异为本书从单篇论文层面统合分析下载量与被引量的相关关系提供了新的研究思路。

2.1.1.4 跨学科性

目前,学术界尚未就跨学科(Interdisciplinary)的定义形成一致的理解。1926年,美国哥伦比亚大学的心理学家 Woodorth 在美国社会科学研究理事会上首次提出"跨学科"一词,并认为跨学科是"超越一个已知学科的边界而进行的涉及两个或两个以上学科的实践活动",不过,当时并未引起足够重视。[1] 20世纪60年代后,随着跨学科研究(Interdisciplinary Research, IDR)的深入,学界开始关注跨学科概念并进行了深入探讨。OECD[2](Organization for Economic Cooperation and Development)将跨学科定义为"两门或两门以上不同学科之间的相互联系,从思想的简单交流到较大领域内教育与研究的概念、方法、程序、认识论、术语、数据乃至组织之间的联系"。Klein[3] 从历史、教育和实践的角度,将跨学科理解为"源于统一科学、一般知识和知识整合等一系列思想的共振"。美国国家科学院、国家工程院等[4]将跨学科定义为"为了增进根本性认知或解决单学科范畴或研究领域无法解决的问题,由个人组成的团队研究模式,该研究模式集成了两个或两个以上学科/专业领域的知识、数据、方法、工具、观点、概念或理论"。Larivière 和 Gingras[5] 认为"跨学科是不同学科围绕同一个目标的整合"。Rhoten 和 Pfirman[6] 将跨学科理解为"两个及以上不相关的学科、知识体系与思维模型的整合或综合"。综合上述定义可知,跨学科跳出了单一学科的藩篱,学科整合是其重要标志。

---

[1] 章成志,吴小兰.跨学科研究综述[J].情报学报,2017,36(5):523-535.

[2] OECD. Interdisciplinary: problems of teaching and research in universities. Paris: Organization for Economic Cooperation and Development[R]. 1972.

[3] KLEIN J T. Interdisciplinarity: history, theory, and practice[M]. Detroit: Wayne State University Press, 1990.

[4] National Academy of Sciences, National Academy of Engineering, Institute of Medicine. Facilitating interdisciplinary research[M]. Washington DC: The National Academies Press, 2004.

[5] LARIVIÈRE V, GINGRAS Y. On the relationship between interdisciplinarity and scientific impact[J]. Journal of the American Society for Information Science and Technology, 2010, 61(1): 126-131.

[6] RHOTEN D, PFIRMAN S. Women in interdisciplinary science: exploring preferences and consequences[J]. Research policy, 2007, 36(1): 56-75.

随着跨学科概念的日益普及,学界也诞生了多个与跨学科相近的概念,如"横学科"(Crossdisciplinary)、"多学科"(Multidisciplinary)及"超学科"(Transdisciplinary)等,尽管这些概念具有广义上的共同点,但在狭义上,它们分别强调了学科发展的不同进路和演化,属于跨学科活动的不同层次。① 跨学科比多学科更能实现深层次整合。Birnbaum[①] 认为"IDR 是一种独特的团队研究形式,不同领域的学者为研究一个共同问题聚集在一起,他们的努力被整合成一个有凝聚力的整体;而多学科研究是指将不同学科研究人员聚集在一起,但每个研究人员只需研究与自己专业相关的问题,具体研究结果无须整合"。该观点得到多数学者[②]的认可,Repko[③]指出"多学科同时从若干学科的视野研究某个课题,但并不试图整合其见解,且研究方法易受主学科所偏爱的方法与理论支配"。因此,多学科的本质仍然是单一的学科研究,而跨学科则打破了学科壁垒,实现理论整合。② 超学科相较于跨学科跳出了学术系统,目标在于解决社会问题。Pohland 等提出:"当有关社会问题领域的知识不确定时,当问题的具体性质有争议时,当有大量关注问题的利益相关者及介入者并与之打交道时,就需要超学科。"[④]因此,超学科在解决社会问题中具有重要的现实意义。目前,学界对"超学科"也尚无明确定义,但对于其研究目标已达成共识。Rosenfield 认为"超学科方法在界定和分析影响人类健康和福利的社会、经济、政治、环境和制度因素时可以提供系统、综合的理论框架"[⑤]。超学科跨越纯粹的学术界限,站在经济社会发展的整体高度,解决现实社会中的复杂问题,因此,超学科是传统学科和跨学科的延伸和补充。

区分"跨学科""多学科"和"超学科"的关键在于不同学科之间的作用强度,依据作用强度的差异可以将跨学科分为三个层次:① 多学科为最低层次,它同时提供多种学科,但没有明确学科关系,且不涉及任何学科的相互作用,仅限于研究结果的汇总;② 跨学科为第二层次,该层次的各学科之间相互作用促成了各学科范式之间的相互碰撞,学科间的数据、技术、理论和方法等互相融通,产生新的内容;③ 超学科为最高层次,它彻底打破了学科之间的壁垒,所研究的问题不受特定学科的束缚,研究人员共同开发、使用同一个概念框架,通过整合学科和非学科的观点,来获得对整体现实世界的认识。相较于上述三个概念,目前学

①　BIRNBAUM P H. Academic contexts of interdisciplinary research[J]. Educational administration quarterly, 1978, 14(2): 80 - 97.

②　DANIEL S, JULIANA F, JENNIFER G, et al. Evaluating transdisciplinary science[J]. Nicotine & tobacco research, 2003, 5(Suppl-1): S21 - S39.

③　REPKO A F. Interdisciplinary research: process and theory[M]. California: Sage, 2008.

④　转引自蒋逸民.作为一种新的研究形式的超学科研究[J].浙江社会科学,2009(1): 8 - 16,125.

⑤　转引自刘小宝. 论"跨学科"的谱系[D].合肥:中国科学技术大学,2013.

术界对"横学科"的研究较少。Jantsch[①] 从系统和整体的角度将不同学科间的合作关系分为多学科、横学科、群学科、跨学科和超学科,认为横学科是介于多学科与跨学科之间的一种学科研究,并将其定义为"在同一层次,一门学科的原理对其他学科施加影响,因此围绕着这门特定学科的原理,各学科发生了固定的极化"[②]。由此可知,横学科相较于多学科突破了单一学科的研究,但只产生单向影响,且影响的幅度较小,并未在学科间实现双向融合。

在明确"跨学科"与上述概念的区别后,还需强调的是,由于中英翻译的差异,"interdisciplinary"在国内也有被翻译为"交叉学科""交叉科学""学科交叉"等。"交叉学科"是"跨学科"的另一种说法[③],二者在内涵的丰富性上相同,而"跨学科"的说法更符合国际惯例[④]。钱学森先生指出,"交叉科学是指自然科学和社会科学相互交叉地带生长出来的一系列新生学科"[⑤],可以认为"交叉科学"是"交叉学科"的集合体和统称,因此,学科交叉是一种动态融合过程,而交叉学科则强调融合的结果。

除了前面探讨的 IDR 概念之外,学界还对 IDR 进行了多视角的定量研究。李江指出"研究成果的学科属性是最直接、最贴近本质的现状表征"[⑥],因而测度学者发表论著的学科属性成为量化科研人员跨学科性的有效方式。据此,学界多基于论文的学科多样性,分别从论文的作者特征、主体和引文三个方面对 IDR 展开研究。

(1) 作者特征

Pierce[⑦] 的研究发现,当一个学科的信息出现在另一个学科的文献中时,信息传递的方式有三种:① 合作,研究人员与其他学科成员合著发表文献;② 借鉴,研究人员借鉴其他学科的理论或方法,将其融入自己的学科文献中;③ 跨界,研究人员在其他学科发表作品,向其他学科领域输出理论或方法。

在 IDR 中,研究人员具有跨学科的知识需求,科研合作必然成为 IDR 的重要途径。合作实现了知识在个体间的多维度整合,有助于完成单一个体难以企及的任务。具体到学术领域,学者间的合作拓宽了学科的研究领域,提高了科研成果的水平,实现了 1+1>2。引文分析、网络分析并不能直接反映跨学科合作

① 参见汤晓蒙,刘晖.从"多学科"研究走向"跨学科"研究:高等教育学科的方法论转向[J].教育研究,2014,35(12):24-29.

② 转引自章成志,吴小兰.跨学科研究综述[J].情报学报,2017,36(5):523-535.

③ 李江."跨学科性"的概念框架与测度[J].图书情报知识,2014(3):87-93.

④ 魏巍."跨学科研究"评价方法与资助对策[D].合肥:中国科学技术大学,2011.

⑤ 钱学森.交叉科学:理论和研究的展望[J].机械工程,1985(3):48.

⑥ 李江."跨学科性"的概念框架与测度[J].图书情报知识,2014(3):87-93.

⑦ PIERCE S J. Boundary crossing in research literatures as a means of interdisciplinary information transfer[J]. Journal of the American Society for Information Science,1999,50(3):271-279.

的结构特征,而学术论文的合著者信息,如作者所属机构、教育背景、地域分布等,却可以对 IDR 提供指引。Grant 等[1]指出,跨机构、地域和国家的合作有助于产出更高水平的跨学科研究成果,基于此,国内外学者开展了一系列合作视角的 IDR。张琳等[2]以 2014—2016 年连续入选 ESI 社会科学领域 33 位高被引学者的成果为研究对象,从论文合著作者机构的地址信息探究机构和学者合作的跨学科属性,发现跨学科的机构合作对交叉科学成果的产出具有一定的促进作用。杨良斌[3]采用多学科度、专业度、学科交叉度和合作度四个测度指标,对 WoS 中生物传感器 8 个领域的无合作论文、国内合作论文和国际合作论文进行了跨学科性研究,结果发现跨学科指标与不同合作类型关系不大。除机构合作视角的研究外,也有学者从学者研究领域的学科背景进行 IDR。Schummer[4] 分析了 2002—2003 年在纳米期刊上发表的 600 多篇论文的合著作者信息,通过论文合作者所属机构的学科获取作者的研究领域,并利用可视化方法描述不同研究的合作模式。Abramo 等[5]从 WoS 中选取自然科学领域 2004—2008 年间意大利学者发表的论文,依据作者的研究领域将所选论文分为三类:第一类是“特定”IDR,即作者分属于不同学科,学科间合作紧密;第二类是“普通”IDR,即作者分属于不同学科,但学科间合作较少;第三类是“非”IDR,即作者属于同一学科。以论文的被引频次和论文所在期刊的影响因子为因变量,结果显示,除地球科学外的其他学科,IDR 比非 IDR 能取得更优的绩效,且“特定”IDR 的表现优于“普通”IDR。

　　科学合作视角有助于了解跨学科的活动模式和运行规律,但由于合作者的学科背景信息获取较为困难,因此基于该视角展开的 IDR 有待改进,部分研究结果值得商榷,如:Bhat 等[6]利用学者在各个期刊上发表论文的熵值量化跨学科程度,学者虽在多个期刊上发文,但对跨学科性较弱的大部分学者来说,这些期刊可能都属于一个学科,若此,则难以区分期刊分布在量方面相似学者的跨学科

---

① GRANT J, HOPKINS M, RAFOLS I, et al. The value of structural diversity: assessing diversity for a sustainable research base[R]. London: Digital Science and the Science Policy Research Unit, 2015.

② 张琳,孙蓓蓓,黄颖.跨学科合作模式下的交叉科学测度研究:以 ESI 社会科学领域高被引学者为例[J].情报学报,2018,37(3):231-242.

③ 杨良斌.科研论文合作在跨学科研究中的作用分析[J].情报杂志,2013,32(6):80-84.

④ SCHUMMER J. Multidisciplinarity, interdisciplinarity, and patterns of research collaboration in nanoscience and nanotechnology[J]. Scientometrics, 2004, 59(3): 425-465.

⑤ ABRAMO G, D'ANGELO C A, DI COSTA F. Do interdisciplinary research teams deliver higher gains to science? [J]. Scientometrics, 2017, 111(1): 317-336.

⑥ BHAT H S, HUANG L H, RODRIGUEZ S, et al. Citation prediction using diverse features [C]. //CUI P, DY J, AGGARWAL C, et al. IEEE International Conference on Data Mining Workshop. New York: IEEE, 2016: 589-596.

性；Abramo 等[①]选取意大利学者作为研究对象，但意大利科研系统有明确的立法规定，即所有大学教授都必须被划分到唯一的学科领域中，考虑到部分学者会在多个学科耕耘，这种生硬的做法掩盖了学者自身的跨学科性；Schummer[②] 将作者的工作机构作为学者学科划分依据的做法存在的问题是，作者的工作机构比如院系有一定的学科属性，不过，一个院系往往有多个学科，因此，该做法不能如实地反映学者的学科归属；Leahey 等[③]按照学者最后学历的学科确定学科归属的做法虽有理据，但也不能充分反映学者的科研实践，同时该做法需要大量的人工编码，作为计量研究来说，限制了样本量。因此，从产出维度测度学者的学科归属，即通过学者论著的学科分类量化其所属学科是作者层面 IDR 的有效方式。

除了"合作"之外，作者自身的"借鉴"和"跨界"也是 IDR 的重要研究对象。邱均平和余厚强[④]利用论文专业度指标测度了学者的跨学科性，并从跨学科发文的视角探索了图书情报领域的 IDR 态势；张云和杨建林[⑤]利用 CNKI 中2008—2017 年的情报学与计算机科学的期刊论文，通过考察各学科学者对单个学科的发文贡献度，得出情报学对计算机科学贡献度极低，而计算机科学对情报学贡献度较高的结论。这些研究为从作者角度进行 IDR 提供了有力参考。

（2）论文主体特征

论文主体的学科多样性是衡量跨学科最直接的来源，主要包括论文的文本内容特征和学科信息两类。

基于论文主体的文本内容信息研究跨学科性的主要途径是识别文献主题。主题识别在学术信息挖掘和分析中是一项重要的研究任务，在跨学科领域，主要通过信息计量、文本挖掘或网络挖掘等方法，从论文标题、摘要、关键词和正文等文本出发，主要采用聚类方法识别研究主题。[⑥] 两个学科共现的主题词越多，则这两个学科在研究主题和内容上的交叉度越大，因此，通过对主题词的统计分

① ABRAMO G, D'ANGELO C A, DI COSTA F. Do interdisciplinary research teams deliver higher gains to science？[J]. Scientometrics, 2017, 111(1)：317 - 336.

② SCHUMMER J. Multidisciplinarity, interdisciplinarity, and patterns of research collaboration in nanoscience and nanotechnology[J]. Scientometrics, 2004, 59(3)：425 - 465.

③ LEAHEY E, BECKMAN C, STANKO T. Prominent but less productive：the impact of interdisciplinarity on scientists' research[J]. Administrative science quarterly, 2017, 62(1)：105 - 139.

④ 邱均平, 余厚强. 跨学科发文视角下我国图书情报学 IDR 态势分析[J]. 情报理论与实践, 2013, 36(5)：5 - 10.

⑤ 张云, 杨建林. 从学科交叉视角看国内情报学的学科地位与发展思考[J]. 情报理论与实践, 2019, 42(4)：18 - 23.

⑥ 商宪丽. 基于 LDA 的交叉学科潜在主题识别研究：以数字图书馆为例[J]. 情报科学, 2018, 36(6)：57 - 62, 125.

析,可以揭示不同研究在主题层面之间的关系。魏建香等通过对文献关键词分类和共词聚类,提出了学科交叉文献发现模型和学科交叉知识发掘模型[①],并从学科研究热点和学科增长点角度为 IDR 提供新的思路[②]。李长玲等[③]以在情报学与计算机科学交流中起桥梁作用的 6 本期刊为样本,对样本中的交叉文献利用关键词共词矩阵进行核心-边缘模型分析,找出 IDR 的重点;同时,分别对两学科的共词网络可视化,从中挖掘两学科的主要交叉研究领域与潜在研究主题。Wang 等[④]利用关键词挖掘方法,对 5 个纳米研究领域 1998—2009 年间的 723 356篇文献的主题词进行共词分析,揭示了 5 个领域跨学科的聚合趋势。许海云等[⑤]采用一种新的测度指标 TI,挖掘跨学科主题词间的交叉程度,并基于该指标提出TI 指标序列,结合社会网络分析和时序分析探析了情报学领域的跨学科态势。

　　基于论文所属的学科类别信息研究文献集合层次上的跨学科问题是目前最常用的方法之一。邱均平和曹洁[⑥]以 WoS 中 2000—2012 年图书情报领域的 12种影响因子较高的核心期刊为代表,通过引文分析研究了图书情报学与其他学科间知识扩散的跨学科特征,发现图情领域与计算机科学、经济贸易、医学信息学、医疗保健和服务领域有着密切联系。王璐等[⑦]基于学科分类体系构建学科树,并利用论文所属学科分类来量化学科交叉规模和学科交叉难度,提出交叉指数算法和 TOP-K 学科组合算法,综合两种算法发现国内外热门交叉学科等。虽然利用该方法量化跨学科性简单高效,但目前大部分文献数据库并未对单篇文献进行学科标引,仅少部分论文提供了学科分类,且分类的粒度差异较大,因此学界的常用做法是将文献所在期刊的学科分类等价于文献的学科类别。使用期刊进行 IDR 的基本前提是期刊有明确的学科分类[⑧],不过,学界尚未就诸如WoS 等不同来源数据库提供的分类形成共识,如魏建香等[⑨]指出"中图分类号由编辑人为制定,主观性强,所以采用这种方法识别跨学科文献存在缺陷"。

　　综上所述,基于文本内容的主题识别为跨学科文献发现提供了更加客观的

　　①　魏建香,孙越泓,苏新宁.学科交叉知识挖掘模型研究[J].情报理论与实践,2012(4):80-84.

　　②　魏建香,孙越泓,苏新宁.基于聚类分析的学科交叉研究[J].情报学报,2010,29(6):1066-1073.

　　③　李长玲,郭凤娇,支岭.基于 SNA 的学科交叉研究主题分析:以情报学与计算机科学为例[J].情报科学,2014,32(12):61-66.

　　④　WANG L,NOTTEN A,SURPATEAN A. Interdisciplinarity of nano research fields:a keyword mining approach[J]. Scientometrics, 2013, 94(3):877-892.

　　⑤　许海云,郭婷,岳增慧,等.基于 TI 指标系列的情报学学科交叉主题研究[J].情报学报,2015,34(10):1067-1078.

　　⑥　邱均平,曹洁.不同学科间知识扩散规律研究:以图书情报学为例[J].情报理论与实践,2012,35(10):1-5.

　　⑦　王璐,马峥,潘云涛.基于论文产出的学科交叉测度方法[J].情报科学,2019,37(4):17-21.

　　⑧　韩普,王东波.跨学科性的理论与实践研究综述[J].情报学报,2014(11):1222-1232.

　　⑨　魏建香,孙越泓,苏新宁.学科交叉知识挖掘模型研究[J].情报理论与实践,2012(4):80-84.

视角。在跨学科的微观主题研究中,对学科交叉主题提取的信息主要源自标题、关键词、摘要、正文和引文等,其中,关键词是论文研究主题的高度概括和凝练,可以直接准确地揭示论文核心内容[①],多数研究将其直接用于表征主题。

(3) 引文信息

"合作"是跨学科性测度的方式之一,不过,作者在合著过程中是否进行了知识整合,成果是否具备跨学科性,这些在具体实践中仍难以衡量。[②] 考虑到"借鉴"和"跨界"也是 IDR 的重要研究对象,如果将学术论文作为 IDR 对象,参考文献可以体现各领域对论文的信息与知识输入,且有效避免了基于"合作"的度量方法中存在的问题。Porter 等[③]认为"从逻辑上来说,参考文献多样性是知识整合的最好测度,可以很好地测度该领域知识与信息的融合情况",参考文献的学科分布规律是测度论文跨学科性的最佳依据之一,利用参考文献分析来源文献和被引文献的关系,可以揭示不同学科之间相互影响的程度和交叉渗透的模式。

对单篇论文而言,参考文献的学科属性及组合状态可反映论文吸收整合其他学科知识的程度,即知识输入的跨学科性;施引文献的学科属性可以体现知识贡献方的学科跨度,即知识输出的跨学科性。目前在基于引文的 IDR 中,学者常聚焦于单向的知识流动,且多以"引用"为研究切入点。例如,Chakraborty[④]选取计算机科学的 200 万篇论文作为研究样本,将论文参考文献多样性指标 RDI 作为跨学科性测度的指标之一;Larivière 和 Gingras[⑤]获取 2000 年 WoS 收录的所有来源文献及其参考文献,并将跨学科程度定义为参考文献中引用其他学科论文的比例;张金柱等[⑥]以图书情报领域 12 种期刊为数据源,从论文参考文献学科分类的数量、平均分布程度和学科分类间的差异性三个维度分析了图书情报领域的跨学科性,发现其具备跨学科性较强的特点。柯青和朱婷婷[⑦]利

① 叶春蕾.基于 Web of Science 学科分类的主题研究领域跨学科态势分析方法研究[J].图书情报工作,2018,62(2):127 - 134.

② 吕冬晴,谢娟,成颖,等.我国人文社会科学间跨学科模式研究[J].图书情报知识, 2018,186(6):37 - 49,14.

③ Porter A L, Cohen A S, Roessner J D, et al. Measuring researcher interdisciplinarity[J]. Scientometrics, 2007, 72(1):117 - 147.

④ CHAKRABORTY T. Role of interdisciplinarity in computer sciences:quantification, impact and life trajectory[J]. Scientometrics, 2017, 114(3):1011 - 1029.

⑤ LARIVIÈRE V, GINGRAS Y. On the relationship between interdisciplinarity and scientific impact[J]. Journal of the American Society for Information Science and Technology, 2010, 61(1):126 - 131.

⑥ 张金柱,韩涛,王小梅.利用参考文献的学科分类分析图书情报领域的学科交叉性[J].图书情报工作,2013,57(1):108 - 111,146.

⑦ 柯青,朱婷婷.图书情报学跨学科期刊引用及知识贡献推进效应——基于 JCR 社会科学版的分析[J].情报资料工作,2017(2):12 - 21.

用《期刊引证报告（社会科学版）》2007—2014 年图书情报学科的引文数据，采用直接引用率、布里渊指数和逐年弹性系数三个指标，多角度分析图书情报学科的跨学科引用，把握图书情报学科的主要知识来源。从"引用"的学科多样性角度探索跨学科有明显优点，但有学者认为当面对相近参考文献的学科分布时，仅依靠参考文献多样性有时很难区分更细微的跨学科差异[①]。为此，Rafols 和 Meyer[②] 引入网络凝聚性概念，虽然该方法在识别 IDR 中具有一定的优越性，但在大样本环境下工作量较大，因此在具体使用中效用有限。

从"施引"视角，国内外学者也展开少量研究。例如 Levitt 等[③]以观测学科被其他学科引用百分比量化跨学科性；于洋等[④]以 9 种情报学核心期刊为研究对象，从被引期刊所属学科分布，确定情报学与图书馆学、科学学和计算机等学科的联系最为紧密。

鉴于"引用"和"施引"对于 IDR 并无明显优劣之分，有学者将二者结合以探讨跨学科模式和演化规律。Kwon 等[⑤]利用论文的引用和被引信息，将跨学科知识流动分为汇聚型（aggregating）、扩散型（diffusing）和桥接型（bridging）；冯志刚等以图书情报学科为研究对象，从引用与被引计算其跨学科性，研究发现图书情报学知识输入与输出表现为社会科学与自然科学并重；吕冬晴等[⑥]收集 CSSCI 中 1999—2009 年间 23 个学科的所有来源文献，采用 RDI、SCI 和 CDI（施引文献跨学科性）三个指标分别测度观测学科的知识输入、知识内化和知识输出，并通过聚类分析发现我国人文社会科学学科总体上表现为"内聚型""收敛型""平衡型"和"开放型"四类跨学科模式。总之，"引用"和"施引"丰富了跨学科知识流动的测度视角，二者的结合是 IDR 切实可行的方法。

随着 IDR 向纵深的不断推进，IDR 与学术影响力的关系研究成为新的研究热点：IDR 更容易获得高学术影响力吗？为回答此问题，学界展开了一系列研究。然而，有学者指出，诸如同行评议等传统评价方法并不完全适用于跨学科，

---

① 黄颖，张琳，孙蓓蓓，等.跨学科的三维测度：外部知识融合、内在知识会聚与科学合作模式[J].科学学研究，2019，37(1)：25-35.

② RAFOLS I, MEYER M. Diversity and network coherence as indicators of interdisciplinarity：case studies in bionanoscience[J]. Scientometrics, 2010, 82(2)：263-287.

③ LEVITT J M, THELWALL M, OPPENHEIM C. Variations between subjects in the extent to which the social sciences have become more interdisciplinary[J]. Journal of the American Society for Information Science and Technology, 2011, 62(6)：1118-1129.

④ 于洋，张睿军，杨亚楠.以情报学为视角的学科交叉研究[J].情报杂志，2013，32(2)：1-5,33.

⑤ KWON S, SOLOMON G, YOUTIE J, et al. A measure of knowledge flow between specific fields：implications of interdisciplinarity for impact and funding[J]. PLoS One, 2017, 12(10)：e0185583.

⑥ 吕冬晴，谢娟，成颖，等.我国人文社会科学间跨学科模式研究[J].图书情报知识，2018，186(6)：37-49,14.

其评价结果很难准确和全面[1]，故引文分析成为现行 IDR 的主流方法，并获得了一些探索性成果。

① 正相关关系

多数研究显示 IDR 与被引之间呈正相关关系，比如，Levitt 和 Thelwall[2] 从 WoS 中选取 2007 年以前信息科学与图书馆学(IS & LS)学科的 82 篇高被引论文(被引的前 0.1%)作为研究对象，根据 JCR 的期刊分类将其分为跨学科论文(78 篇)和 IS & LS 单一学科论文(4 篇)，将二者除以各自的论文总数，再乘以 100 000 之后，分别得到 185.1 和 9.9，结果表明仅属于 IS & LS 学科的高被引论文占比远小于跨学科论文，即 IDR 比单一学科研究更有可能获得高被引。Kwon 等[3]从"引用"和"被引"双重角度，将跨学科知识流动分为汇聚型、扩散型桥接型，选取了认知科学、教育学和边缘领域(border field)的 177 种期刊共计 32 121篇论文为研究数据集，将其分为单一学科、汇聚型等三类跨学科论文，结果显示汇聚型论文的被引频次显著高于非跨学科论文。Leahey 等[4]选取 IUCRCs 中心发表过论文并具有博士学位的 854 位科学家为研究对象，采用 Porter 提出的整合度指标计算单篇论文的跨学科性，回归分析结果证实了 IDR 与论文可见性(即被引)之间显著的正相关关系，回归系数达 0.341，即 IDR 能获得更高的引用。Bhat 等[5]下载了 WoS 中 2005—2010 年间影响因子排名前 250 的 247 本自然科学期刊和 248 本社会科学的论文(D1)；提取论文中的所有作者，分别遍历每位作者 2000 至 2006 年间发表的论文(D2)，根据数据集 D2 中论文发表的期刊分布计算香农熵，以作为作者跨学科性的间接测度；定义作者香农熵的均值为数据集 D1 中每篇论文的跨学科程度，并采用 Jensen-Shannon 散度测算多作者论文的期刊分布广度；据此探讨跨学科性与论文被引间的关系，实证结果展示了二者间的正相关关系。Chen 等[6]选用 2000 年 WoS 中的来源文献，采用基于秩的 Simpson 期望值(Simpson Expected Value，SEV)测度每篇论文

① 王前,李丽,高成锴.跨学科同行评议的合理性研究[J].科学学研究,2013,31(12)：1792－1795.

② LEVITT J M, THELWALL M. The most highly cited library and information science articles：interdisciplinarity, first authors and citation patterns[J]. Scientometrics, 2009, 78(1)：45－67.

③ KWON S, SOLOMON G, YOUTIE J, et al. A measure of knowledge flow between specific fields：implications of interdisciplinarity for impact and funding[J]. PLoS One, 2017, 12(10)：e0185583.

④ LEAHEY E, BECKMAN C, STANKO T. Prominent but less productive：the impact of interdisciplinarity on scientists' research[J]. Administrative science quarterly,2017, 62(1)：105－139.

⑤ BHAT H S, HUANG L H, RODRIGUEZ S, et al. Citation prediction using diverse features [C]. //CUI P, DY J, AGGARWAL C, et al. IEEE International Conference on Data Mining Workshop. New York：IEEE, 2016：589－596.

⑥ CHEN S, ARSENAULT C, LARIVIÈRE V. Are top-cited papers more interdisciplinary？[J]. Journal of informetrics, 2015, 9(4)：1034－1046.

的跨学科性,因变量为引文百分比;研究发现,在学科层面上,除了地球和空间科学外的其他学科高被引论文(引用排名前 1%),其跨学科性领先于其他论文,在专业层面上,超过 90% 的专业也存在上述关系,这表明 IDR 在产生高影响成果方面起着更重要的作用。邵瑞华等[①]以 SSCI 中图书情报领域 37 年中的 85 种期刊为研究对象,通过布里渊指数、学科种数测度论文跨学科性,采用了论文被引频次和学科规范化的引文影响力 CNCI 两种学术影响力指标,相关分析结果显示,总体上图书情报学的跨学科性程度越高,越有利于文献学术影响力的提高。

② 不相关与负相关关系

Rinia 等[②]选取了 1985—1994 年间发表的 185 个科研项目的 15 000 多篇论文(其中大部分来自物理学)作为研究对象。该研究以物理学作为主学科,将物理学之外的论文百分比定义为跨学科程度,将其与期刊平均被引、领域平均被引和论文的引用率相结合后分析发现:期刊平均被引与跨学科程度间的关系不显著,领域平均被引与跨学科程度间呈弱相关关系。Ponomarev 等[③]将跨学科性用于突破性论文的预测,研究选取 WoS 化学学科(包括诺贝尔奖得主)的 51 篇高被引论文(被引的前 0.1%)作为候选论文,利用丰富度、香农熵、Simpon 指数和 Rao-String-Porter 指数等多样性指标测度论文的跨学科性,研究未发现跨学科性与被引间的显性相关关系。Wang 等[④]对香农熵、Simpon 指数、Rao-Stirling 及 1-Gini 等 7 个跨学科指标进行了因子分析,得到的三个因子分别是丰富度(variety)、平衡度(balance)及差异性(disparity),测试数据集选择了 2001 年 WoS 中的所有期刊论文,基于泊松模型的回归分析显示:长期被引量(13 年)与平衡度为负线性相关;短期被引量(3 年)与丰富度及差异性为负相关关系。Levitt 和 Thelwall[⑤]选取 WoS 和 Scopus 中不同学科的期刊,将发表在隶属于多学科期刊上的论文定义为跨学科论文,结果发现,社会科学的跨学科论文与单一学科论文的被引频次没有显著差异;生物医学和物理学领域源于 Scopus 的数据却显示,单一学科论文的被引频次约为跨学科论文的两倍,即跨学科与被引呈

① 邵瑞华,李亮,刘勍.学科交叉程度与文献学术影响力的关系研究:以图书情报学为例[J].情报杂志,2018,37(3):146-151.

② RINIA E J, LEEUWEN T N V, RAAN A F J V. Impact measures of interdisciplinary research in physics[J]. Scientometrics,2002,53(2):241-248.

③ PONOMAREV I V, LAWTON B K, WILLIAMS D E, et al. Breakthrough paper indicator 2.0: can geographical diversity and interdisciplinarity improve the accuracy of outstanding papers prediction? [J]. Scientometrics,2014,100(3):755-765.

④ WANG J, THIJS B, GLÄNZEL W. Interdisciplinarity and impact: distinct effects of variety, balance, and disparity[J]. PLoS One,2015,10(5):e0127298.

⑤ LEVITT J M, THELWALL M. Is multidisciplinary research more highly cited? A macrolevel study[J]. Journal of the American Society for Information Science and Technology,2008,59(12):1973-1984.

负相关关系。李东等①以 200 位国家自然科学基金杰出青年项目入选者发表在WoS 中的论文为例,将不同学科作者的合著关系视为跨学科合作,将不同学科的引用关系视为跨学科引用,利用布里渊指数测度跨学科性,并采用 H 指数、H5 指数测度科学家学术影响力,通过相关分析发现:200 个学者所在的 8 个学部中,仅生物学部的跨学科合作与学术影响力存在相关关系;仅生物学部和医学部在不同分类体系中的跨学科引用与学术影响力具有相关关系,其余学科均未发现相关性。

③ 倒 U 形关系

Chakraborty②选取计算机科学的 200 万篇论文,利用论文参考文献多样性指标(RDI)和关键词多样性指标(KDI)计算每个领域的跨学科性,分析了跨学科性与单篇论文 5 年被引频次、期刊影响因子和被引前 5％论文的领域分布;研究发现,跨学科性中等的论文可以吸引更多的引用,处于跨学科性两端的论文被引较低,两者间的曲线呈明确的倒 U 形。Larivière 和 Gingras③、Enduri 等④以及Yegros-Yegros 等⑤的研究也发现了类似的现象,如 Larivière 等选取 2000 年WoS 的所有论文,将跨学科程度定义为参考文献中引用其他学科论文的比例,结果也发现了跨学科性与被引间的倒 U 形关系,不过,学科对该关系存在调节效应。Enduri⑥等选取了 1985 年至 2012 年间美国物理学会(APS)发表的论文,利用 Weitzman 多样性指标测度论文和作者的多样性,结果发现论文的多样性指数与被引之间存在相关关系,且多样性适中论文的被引频次更高。

通过文献梳理可以发现,总的来看 IDR 与被引的关系并未取得一致的结论,究其原因可能为:

---

① 李东,童寿传,李江.学科交叉与科学家学术影响力之间的关系研究[J].数据分析与知识发现,2018,2(12):1－11.

② CHAKRABORTY T. Role of interdisciplinarity in computer sciences: quantification, impact and life trajectory[J]. Scientometrics, 2017, 114(3): 1011－1029.

③ LARIVIÈRE V, GINGRAS Y. On the relationship between interdisciplinarity and scientific impact[J]. Journal of the American Society for Information Science and Technology, 2010, 61(1): 126－131.

④ ENDURI M K, REDDY I V, JOLAD S. Does diversity of papers affect their citations? Evidence from American Physical Society journals[C]. //YETONGNON K, DIPANDA A. International Conference on Signal-Image Technology & Internet-Based Systems. New York: IEEE, 2016: 505－511.

⑤ YEGROS-YEGROS A, RAFOLS I, D'ESTE P. Does interdisciplinary research lead to higher citation impact? The Different effect of proximal and distal interdisciplinarity[J]. PLoS One, 2015, 10(8): e0135095.

⑥ ENDURI M K, REDDY I V, JOLAD S. Does diversity of papers affect their citations? Evidence from American Physical Society journals[C]. //YETONGNON K, DIPANDA A. International Conference on Signal-Image Technology & Internet-Based Systems. New York: IEEE, 2016: 505－511.

第一,在指标选择上,研究采用了不同的跨学科测度指标,从学科多样性角度来看,大部分研究的跨学科性指标只涉及学科多样性的一到两个维度,而学科多样性的不同维度对被引的影响程度存在显著差异;

第二,在分析单元选择上,多数研究从论文引用和被引的角度衡量跨学科性,如多样性指标、香农熵等,少量研究从作者视角判别跨学科性[1],论文主题视角的 IDR 甚少;

第三,在研究领域选择上,大多数研究以自然科学为研究对象,少量研究涉及社会科学,尚未发现人文科学的 IDR,而人文社会科学随着学科知识体系的不断发展,研究领域也逐渐向交叉性、综合性的方向发展,因此对人文社会科学的跨学科性研究有其必要性;

第四,文献被引受诸多因素的影响,Tahamtan 等[2]众多被引影响因素的研究已经阐明,论著质量是被引的内在因素,其他诸如作者特征、参考文献特征等对被引也存在显著影响,而现有的大多数研究常忽略这些要素或只考虑部分要素的影响。

2.1.1.5　学科领域

不同学科领域论文的被引概率不同,相应的高被引论文的被引频次也不同。Bornmann 等[3]研究表明,研究主题或领域宽广的论文能获得更高的被引频次,比如,化学学科中的分析化学、有机化学和物理化学论文的篇均被引频次高于生物化学(biochemistry)。Skilton[4] 对 1999—2004 年间 WoS 中的 126 本特刊进行了分析,发现社会科学特刊论文的被引频次明显高于自然科学。此外,热门学科或领域研究论文的被引频次也更高[5],不过,论文中包含的主题数与被引频次的相关关系并不显著。

2.1.1.6　文献类型

期刊上发表的论文类型主要有综述、实证研究、书信、短评等,不同类型期刊论文的被引频次存在差异。研究发现,综述类论文的被引频次高于研究型论文,

① ABRAMO G, D'ANGELO C A, DI COSTA F. Do interdisciplinary research teams deliver higher gains to science? [J]. Scientometrics, 2017, 111(1): 317 - 336.

② TAHAMTAN I, AFSHAR A S, AHAMDZADEH K. Factors affecting number of citations: a comprehensive review of the literature[J]. Scientometrics, 2016, 107(3): 1195 - 1225.

③ BORNMANN L, SCHIER H, MARX W, et al. What factors determine citation counts of publications in chemistry besides their quality? [J]. Journal of informetrics, 2012, 6(1): 11 - 18.

④ SKILTON P F. A comparative study of communal practice: assessing the effects of taken-for-granted-ness on citation practice in scientific communities[J]. Scientometrics, 2006, 68(1): 73 - 96.

⑤ FU L D, ALIFERIS C F. Using content-based and bibliometric features for machine learning models to predict citation counts in the biomedical literature[J]. Scientometrics, 2010, 85(1): 257 - 270.

不过,该结论在质量较差或者匆忙完成的综述中未能复现。①

2.1.2　作者相关因素

2.1.2.1　作者数量与合作

作者数量能够在一定程度上表征学术合作的程度,研究发现高被引论文比普通论文的学术合作更密切②。Adusumilli 等③提出了作者密度(authors' diversity)指标,认为除了作者数量以外,作者来自不同学科即各有所长的作者会影响被引频次,结果显示,作者密度越大,被引频次越高,反之亦然;该研究还发现,某些学科的论文在出现特定学科知识背景的作者时会更受施引者的欢迎,比如,当普通外科期刊上的论文中出现基础医学的作者时论文的被引频次会增加。

科研合作是一项研究人员以产生新科学知识为共同目标而协同工作的活动④。目前,学界普遍认为科研合作与论文被引频次之间存在显著的正相关关系⑤、⑥,Tahamtan 等⑦对探讨二者间关系的实证研究进行的定性总结也得出了类似的结论,显示了科研合作对提高学术成果影响力的重要价值。该研究结论对研究活动的各个环节都产生了深远影响,比如:科研管理部门出台了促进科研合作的相关政策以提高成本效率和责任分配⑧;研究人员之间自发加强合作以期提高研究质量⑨;资助者也将研究人员之间的合作活动作为获得资助的条件之一⑩;其直接

---

①　VANCLAY J K. Factors affecting citation rates in environmental science [J]. Journal of informetrics, 2013, 7(2): 265 – 271.

②　AKSNES D W. Characteristics of highly cited papers[J]. Research evaluation, 2003, 12(3): 159 – 170.

③　ADUSUMILLI P S, CHAN M K, BEN-PORAT L, et al. Citation characteristics of basic science research publications in general surgical journals[J]. Journal of surgical research, 2005, 128(2): 168 – 173.

④　KATZ J S, MARTIN B R. What is research collaboration? [J]. Research policy, 1997, 26(1): 1 – 18.

⑤　Asubiaro T. How collaboration type, publication place, funding and author's role affect citations received by publications from Africa: a bibliometric study of LIS research from 1996 to 2015 [J]. Scientometrics, 2019, 120(3): 1261 – 1287.

⑥　MOLDWIN M B, LIEMOHN M W. High-Citation papers in space physics: examination of gender, country, and paper characteristics[J]. Journal of geophysical research-space physics, 2018, 123 (4): 2557 –2565.

⑦　TAHAMTAN I, AFSHAR A S, AHAMDZADEH K. Factors affecting number of citations: a comprehensive review of the literature[J]. Scientometrics, 2016, 107(3): 1195 – 1225.

⑧　CULLEN P W, NORRIS R H, Resh V H, et al. Collaboration in scientific research: a critical need for freshwater ecology[J]. Freshwater biology, 1999, 42(1): 131 – 142.

⑨　ROSENKRANTZ A B, PARIKH U, DUSZAK R. Citation impact of collaboration in radiology research[J]. Journal of the American College of Radiology, 2018, 15(2): 258 – 261.

⑩　DEFAZIO D, LOCKETT A, WRIGHT M. Funding incentives, collaborative dynamics and scientific productivity: evidence from the EU framework program[J]. Research policy, 2009, 38(2): 293 – 305.

结果是科研合作逐渐成为研究活动的常态[1]。例如，多项研究发现合著论文数量迅速增加[2,3]，且论文的合著规模也呈上升趋势[4,5]。Bosquet 和 Combes[6]发现多作者合作的论文更容易出现在学术会议、研讨会等学术网中，而知识信息在学术网中分布得越广泛，收获的关注越多，最终获得的被引也越多；合作者多，论文会更易于被其合作者网络中的其他合作者引用，学术研究团体规模也存在类似效应[7]。

目前，学界虽已就科研合作与论文被引间的相关关系取得了系列成果，但现有研究显示二者间关系并不一致，表现为关系强度仍不明确，这使得学界缺少关于二者间关系确切且普遍的定量证据[8]；此外，部分研究还发现二者间的相关关系不显著[9,10,11]，甚至得到了负相关关系的结果[12,13,14]。鉴于学界对科学合作

① RONDA-PUPO G A, DIAZ-CONTRERAS C, RONDA-VELAZQUEZ G, et al. The role of academic collaboration in the impact of Latin-American research on management[J]. Scientometrics, 2015, 102(2): 1435 – 1454.

② AGUILAR I N, GANESH V, MANNFELD R, et al. Authorship trends over the past 30-years in the *Annals of Biomedical Engineering*[J]. Annals of biomedical engineering, 2019, 47(5): 1171 – 1180.

③ WANG L, THIJS B, GLÄNZEL W. Characteristics of international collaboration in sport sciences publications and its influence on citation impact[J]. Scientometrics, 2015, 105(2): 843 – 862.

④ BORDONS M, APARICIO J, COSTAS R. Heterogeneity of collaboration and its relationship with research impact in a biomedical field[J]. Scientometrics, 2013, 96(2): 443 – 466.

⑤ HENRIKSE D. The rise in co-authorship in the social sciences (1980—2013)[J]. Scientometrics, 2006, 107(2): 455 – 476.

⑥ BOSQUET C, COMBES P P. Are academics who publish more also more cited? Individual determinants of publication and citation records[J]. Scientometrics, 2013, 97(3): 831 – 857.

⑦ BISCARO C, GIUPPONI C. Co-authorship and bibliographic coupling network effects on citations[J]. PLoS one, 2014, 9(6): e99502.

⑧ BEAVER D D. Does collaborative research have greater epistemic authority? [J]. Scientometrics, 2004, 60(3): 399 – 408.

⑨ BARTNECK C, HU J. The fruits of collaboration in a multidisciplinary field[J]. Scientometrics, 2010, 85(1): 41 – 52.

⑩ HART R L. Collaboration and article quality in the literature of academic librarianship[J]. Journal of academic librarianship, 2007, 33(2): 190 – 195.

⑪ BORNMANN L, SCHIER H, MARX W, et al. What factors determine citation counts of publications in chemistry besides their quality? [J]. Journal of informetrics, 2012, 6(1): 11 – 18.

⑫ AHMED A, ADAM M, GHAFAR N A, et al. Impact of article page count and number of authors on citations in disability related fields: a systematic review article[J]. Iranian journal of public health, 2016, 45(9): 1118 – 1125.

⑬ FU H Z, HO Y S. Collaborative characteristics and networks of national, institutional and individual contributors using highly cited articles in environmental engineering in Science Citation Index Expanded[J]. Current science, 2018, 115(3): 410 – 421.

⑭ FU H Z, FANG K, FANG C L. Characteristics of scientific impact of *Resources Conservation and Recycling* in the past 30 years[J]. Resources conservation and recycling, 2018, 137: 251 – 259.

和被引频次关系的广泛关注,进一步探明科研合作在提升学术影响力方面的积极作用,将有助于研究人员有意识、深层次地开展合作以提高研究质量,进而加大成果的影响力[①],也可供科研管理者、资助者和期刊在机制设计时全面参考[②]。此外,论文被引具有明显的时滞,通过探讨二者关系的强度及一致性,还能够进一步揭示科研合作在论文被引早期预测中的价值[③]。

2.1.2.2 作者声望

作者声望可以通过多项指标进行量化,比如职称、h 指数等。有学者对不同职称作者的论文被引进行了比较研究,发现被引频次的排序为:主席、正教授、副教授、助理教授、讲师[42]。也可以通过作者先前论文的被引进行衡量,比如:曾经发表过高被引论文的作者其后发表论文被引用的概率也更大[④];论文的第一作者或通讯作者之前发表的论文曾经被引,则被引用的概率要高于尚无被引者[⑤]。Hurley 等[⑥]将 h 指数用于量化作者声望,通过 PubMed 数据库中 98 000 篇论文的数据分析发现,作者的 h 指数越大,被引频次越高,如果论文中有多位作者,则呈现出木桶效应,即论文被引受作者中 h 指数最小者的影响最大。不过,Wang[⑦] 基于马太效应(Matthew Effect)提出了作者声望与被引频次正相关的假设,实证结果却显示二者的关系不显著。

2.1.2.3 作者生产力

作者生产力(author's productivity)是指作者的科研产出能力,常用作者之前发表的论文篇数进行衡量。有些学者认为,发表论文较多的作者,其个人学术网络更为强大,该网络中的成员节点引用其论文的概率会增大,进而可以提升其

① HASLAM N, BAN L, KAUFMANN L, et al. What makes an article influential? Predicting impact in social and personality psychology[J]. Scientometrics,2008, 76(1): 169 - 185.

② POLYAKOV M, POLYAKOV S, IFTEKHAR M S.Does academic collaboration equally benefit impact of research across topics? The case of agricultural, resource, environmental and ecological economics[J]. Scientometrics,2017, 113(3): 1385 - 1405.

③ LOUSCHER B M, ALLAREDDY A, ELANGOVAN S. Predictors of citations of systematic reviews in oral implantology: a cross-sectional bibliometric analysis [J]. Sage open, 2019, 9 (1): 2158244019835941.

④ BORNMANN L, DANIEL H D.Citation speed as a measure to predict the attention an article receives: an investigation of the validity of editorial decisions at *Angewandte Chemie International Edition* [J]. Journal of informetrics, 2010, 4(1): 83 - 88.

⑤ FU L D, ALIFERIS C F.Using content-based and bibliometric features for machine learning models to predict citation counts in the biomedical literature[J]. Scientometrics, 2010, 85(1): 257 - 270.

⑥ HURLEY L A, OGIER A L, TORVIK V I. Deconstructing the collaborative impact: article and author characteristics that influence citation count[J]. Proceedings of the American Society for Information Science and Technology, 2013, 50(1): 1 - 10.

⑦ WANG J. Unpacking the Matthew effect in citations[J]. Journal of informetrics,2014,8(2): 329 - 339.

论文的被引频次。[①] Bornmann 和 Daniel[②] 指出，围绕同一研究项目发表的论文越多，则该项目在其学术领域内的影响会越大，结果显示其总被引频次与发表的论文数量呈线性相关。不过，Jabbour 等[③]的研究表达了不同的观点。

2.1.2.4　作者文化资本

文化资本的概念最早是作为一种理论假定出现的，该假定通过联系学术上的成功来解释不同社会阶层的孩子取得不同学术成就的原因[④]。传统观点通常认为学术上的成功或失败是理解力、记忆力等自然能力的结果，却没有关注到教育投资在文化资本形成中的决定性影响。越来越多的学者关注到了文化资本独立于教育之外的作用，认为文化资本不能简化为教育水平[⑤]、[⑥]。

父母的教育水平通过代际传递，可以影响子女的教育成就，这种传递既可以理解为文化资本再生产的过程，也离不开亲子沟通和家庭沟通的具体作用。Lundywagner 等[⑦]利用从十所高校收集的学生数据和学生就读中学的相关数据，分析了学生所读中学的社会经济层次与其能否进入本科教育的关系，研究发现，前期教育水平较低会阻碍学生本科学位的获取。一项关于韩国学生的研究[⑧]表明，该国学生去美国高校攻读学位的目的是追逐文化资本以实现社会阶层的流动；古继保等[⑨]通过探讨优秀博士论文作者与其本科毕业院校的关系，强调了本科阶段的教育对科研人员学术成功的作用。上述研究揭示了文化资本的

① BJARNASON T,SIGFUSDOTTIr I D.Nordic impact：article productivity and citation patterns in sixteen Nordic sociology departments[J]. Acta sociologica,2002,45(4)：253 - 267.

② BORNMANN L, DANIEL H D. Multiple publication on a single research study：does it pay? The influence of number of research articles on total citation counts in biomedicine[J]. Journal of the American Society for Information Science and Technology，2007，58(8)：1100 - 1107.

③ JABBOUR C J C, JABBOUR A B L S, DE OLIVEIRA J H C. The perception of brazilian researchers concerning the factors that influence the citation of their articles：a study in the field of sustainability[J]. Serials review, 2013, 39(2)：93 - 96.

④ 布尔迪厄.文化资本与社会炼金术：布尔迪厄访谈录[M].包亚明，译.上海：上海人民出版社，1997.

⑤ 金桥.上海居民文化资本与政治参与——基于上海社会质量调查数据的分析[J].社会学研究，2012(4)：84 - 104.

⑥ NOBLE J，DAVIES P. Cultural capital as an explanation of variation in participation in higher education[J]. British journal of sociology of education，2009，30(5)：591 -605.

⑦ LUNDYWAGNER V C, VEENSTRA C P, ORR M K, et al. Gaining access or losing ground? socioeconomically disadvantaged students in undergraduate engineering，1994—2003[J]. Journal of higher education，2014，85(3)：339 - 369.

⑧ KIM J. Aspiration for global cultural capital in the stratified realm of global higher education：why do Korean students go to US graduate schools? [J]. British journal of sociology of education，2011，32(1)：109 - 126.

⑨ 古继宝，彭莉君，张淑林.全国优博论文作者与其本科毕业院校的关系研究[J].学位与研究生教育，2010(1)：14 - 18.

核心要素,即教育在学术成就中的作用。

　　研究发现文化资本不局限于上层社会阶层,也不仅仅包含教育水平。[1] 英语能力也被认为是文化资本最重要的表现形式之一[2],Pherali[3] 通过文化资本理论解释了科研人员从非英语国家向英语国家的流动,分析了科研人员国际流动过程中的优势和挑战。Cotterall[4] 基于活动理论,通过访谈,证实了博士生所在的管理团队、他们的文化资本和学术写作是影响其学术生涯发展的关键因素;其中,博士生在进入博士阶段之前积累的文化资本表现在前期学术论文发表、科研项目参与、期刊审稿经历、与其他学者的社交关系、共同指导低年级研究生的经历等方面。有学者提出,在高层次机构学习的博士生科研成果产出更高,其原因可能是:一方面,高层次机构能够吸引水平较高的博士生,另一方面,高层次机构能提供更多的人力、社交和文化资本,使得他们具备成为优秀科研人员的条件。[5] Valle 和 Schultz[6] 也认为,高层次机构中的科研人员在积累社交、人力、文化资本上具有优势,因此他们能产出高水平的学术成果。

　　综上所述,教育背景是文化资本的核心之一,通过教育可以形成个人的知识、技能、思维等方面的优势,这些优势又可促进学术成就,形成可再次获得优势和收益的能力;同时,科研人员的语言能力、前期科研经历、所在机构的等级等也使其形成了文化资本并具有了进行文化再生产的能力,文化资本的持有量越丰富,科研人员赢得学术资格和学术话语权的机会也就越大,就越可能提升其学术地位及影响力。[7] 既有研究侧重于初、中等教育文化资本对学生学术成就的影响,并未充分关注高等教育及科学研究过程中文化资本的积累,更少涉及科研人

　　① 金桥.上海居民文化资本与政治参与——基于上海社会质量调查数据的分析[J].社会学研究,2012(4):84-104.

　　② LICCARDO S, BRADBURY J. Black women scientists: outliers in South African universities [J]. 2017, 21(1): 1-11.

　　③ PHERALI T J. Academic mobility, language, and cultural capital: the experience of transnational academics in British Higher education institutions. [J]. Journal of studies in international education, 2012, 16(4): 313-333.

　　④ COTTERALL S. The rich get richer: international doctoral candidates and scholarly identity[J]. Innovations in education and teaching international, 2015, 52(4): 360-370.

　　⑤ LONG R G, BOWERS W P, BARNETT T, et al. Research productivity of graduates in management: effects of academic origin and academic affiliation[J]. Academy of management journal, 1998, 41(6): 704-714.

　　⑥ VALLE M, SCHULTZ K. The etiology of top-tier publications in management: a status attainment perspective on academic career success[J]. Career development international, 1996, 16(3): 220-237(18).

　　⑦ BUCHANAN A L, GOEDEKEN E A. Scholarly communication among academic librarians[J]. Behavioral & social sciences librarian, 1996, 14(2): 1-15.

员文化资本对其论文影响力的促进作用。因而本书有必要探讨文化资本能否提升论文影响力，并分析不同形态文化资本的作用。

此外，许多学者也论证了作者所在的单位特征、作者自引情况、国家、性别、年龄等因素对于被引频次的影响，并进行了大量的实证研究。

2.1.3　期刊相关因素

涉及期刊的被引影响因素研究中，讨论最多的是期刊影响因子。影响因子是引文的结果，也可以是引文的原因。在较长的一段时间内，影响因子常被当作论文质量的一个重要衡量指标。换言之，一篇论文的学术质量决定了其能否在优秀的期刊中发表，进而决定了其能否进入更多学者的视野，从而影响其被引频次[1]；一本优秀期刊中排名靠后的论文，也常比一本普通期刊的被引频次高[2]。Vanclay[3] 曾在论文中指出，*Nature* 杂志上的论文平均每年被引 14 次，该值在全球所有论文中处于前 3%。Bornmann 和 Williams[4] 对 WoS 中的 2 200 万篇文献进行了统计分析，其中高被引论文中有 70% 来自影响因子高的期刊，仅有 9% 的高被引论文其期刊影响因子较低，研究还发现学科领域对被引频次的影响要大于期刊影响因子。目前，大部分的研究支持期刊影响因子与被引频次的正相关结论，不过，Roldán-Valadez 和 Rios[5] 在探究期刊影响因子数学本质的基础上，以胃和肝脏领域的医学论文作为数据集，最终得出了影响因子与论文最终的总被引频次并没有什么关系的结论。

此外，期刊的语言、覆盖范围、出版形式、期刊编委会与被引频次之间也都存在着一定的相关关系。

---

① BUELA-CASAL G, ZYCH I. Analysis of the relationship between the number of citations and the quality evaluated by experts in psychology journals[J]. Psicothema, 2010, 22(2): 270 - 276.

② CALLAHAM M, WEARS R L, WEBER E. Journal prestige, publication bias, and other characteristics associated with citation of published studies in peer-reviewed journals[J]. Journal of the American Medical Association, 2002, 287(21): 2847 - 2850.

③ VANCLAY J K. Factors affecting citation rates in environmental science [J]. Journal of informetrics, 2013, 7(2): 265 - 271.

④ BORNMANN L, WILLIAMS R. How to calculate the practical significance of citation impact differences? An empirical example from evaluative institutional bibliometrics using adjusted predictions and marginal effects[J]. Journal of informetrics, 2013, 7(2): 562 - 574.

⑤ ROLDÁN-VALADEZ E, RIOS C. Alternative bibliometrics from impact factor improved the esteem of a journal in a 2-year-ahead annual-citation calculation: multivariate analysis of gastroenterology and hepatology journals[J]. European journal of gastroenterology & hepatology, 2015, 27(2): 115 - 122.

2.2 被引的预测研究

2.2.1 分类问题

一些学者将论文被引频次的预测视为分类问题,采用机器学习算法对论文被引频次所属类别进行预测,属于粗粒度的引文预测研究。例如 Fu 和 Aliferis[①] 采用 SVM 对生物医学领域论文 10 年被引进行二分类预测,分别依据被引频次是否大于 20、50、100 或 500,将其被引分为正类和负类,不同分类的 AUC 值介于 0.85 到 0.92 之间。Ibanez 等[②]将论文被引分为少(最多 1 次)、一些(被引为 2～4 次)、许多(被引大于 4 次)三类,采用朴素贝叶斯、逻辑回归、决策树、KNN 等机器学习方法对 1～4 年的被引进行预测,结果表明朴素贝叶斯分类方法的准确率最高。Wang 等[③]将 219 篇天文学和天体物理学领域的论文根据被引平均分成高、中、低三组,采用多个决策树算法投票的方式进行预测,获得了较高的分类准确性。Wang 等[④]采用 BP 神经网络模型预测 ESI 高被引论文,得到了较高的预测准确性。除了上述类别定义之外,一些学者根据论文对作者 h 指数的贡献程度进行分类,例如 Dong 等[⑤]将被引超过作者 h 指数的论文设为正类,反之设为负类,采用逻辑回归、随机森林、决策树(bagged decision trees)等分类算法对论文进行分类,研究发现内容特征对预测的贡献最大,其次是期刊特征。

论文被引频次的分类预测研究简化了引文预测任务,将论文依据其影响力分为两类或多类,操作上较为简洁且往往分类准确度较高,在识别高被引论文等特殊任务上能够满足需求。然而,这种粗粒度的分类方式有以下两点不足:一方

① FU L D, ALIFERIS C F. Using content-based and bibliometric features for machine learning models to predict citation counts in the biomedical literature[J]. Scientometrics, 2010, 85(1): 257 - 270. doi: DOI 10.1007/s11192 - 010 - 0160 - 5.

② IBANEZ A, LARRANAGA P, BIELZA C. Predicting citation count of *Bioinformatics* papers within four years of publication [J]. Bioinformatics, 2009, 25 (24): 3303 - 3309. doi: 10.1093/bioinformatics/btp585.

③ WANG M Y, YU G, YU D R. Mining typical features for highly cited papers [J]. Scientometrics, 2011, 87(3): 695 - 706. doi: 10.1007/s11192 - 011 - 0366 - 1.

④ WANG P, LI X. Assessing the quality of information on Wikipedia[J]. Journal of the Association for Information Science and Technology, 2020, 71(1): 16 - 28.

⑤ DONG Y X, JOHNSON R A, CHAWLA N V. Will this paper increase your *h*-index? [C]. // Proceedings of the European Conference on Machine Learning and Knowledge Discovery in Databases, 2015, Part Ⅲ: 259 - 263. doi: 10.1007/978 - 3 - 319 - 23461 - 8_26.

面,对于被引类别的分类尚没有一个科学标准,比如部分研究分为高、中、低三类,另一些研究分为高、低两类,这使得不同研究间难以比较,限制了引文分类预测的应用;另一方面,分类结果是对被引数据的简化处理,难以对隐藏在被引频次背后的规律、内涵和应用进行更深入的研究。

2.2.2　回归问题

引文预测的另一研究路线是将其视为回归问题,即直接预测论文被引的数值。线性回归模型是其中较为常用的方法,例如 Lokker 等[①]选取参考文献数等 17 个文献相关特征及 3 个期刊相关特征对临床(clinical)领域论文的 2 年被引进行预测,在训练集上的 R^2 为 0.60,测试集上的 R^2 为 0.56;Yu 等[②]根据回归系数大小判断特征的重要程度,由高至低依次为论文前 2 年的被引、参考文献数量、期刊 5 年影响因子、初次被引时间的倒数、作者数量和第一作者的被引总数;Bornmann 等[③]利用论文前 1~30 年的被引百分位数对其第 31 年的被引百分位数进行预测,通过 R^2 变化情况发现前两年的论文被引及 JIF 是相对重要的特征;Abramo 等[④]仅采用前几年的被引频次与 JIF 两个特征预测论文 10 年被引,发现利用前 2 年的被引预测论文长期被引准确率已经较高,随着引文时间窗的延长,JIF 的作用逐渐下降,直至几乎可以忽略。由于引文数据的偏态分布、非负整数性,以及方差大于均值的分布特征[⑤],负二项回归模型成为引文预测的另一个常用模型,例如 Onodera 和 Yoshikane[⑥] 对心理学等 6 个学科 6 年和 11 年的被引频次进行拟合,R^2 在 0.23~0.54,发现 Price 指数(论文被引前 5 年内的参考文献数量所占比例)是最重要的影响因素,另外,参考文献数量对被引也有重要影响。

与线性回归模型不同,BP 神经网络对数据的分布没有严格的要求,其预测

①　LOKKER C, MCKIBBON K A, MCKINLAY R J, et al. Prediction of citation counts for clinical articles at two years using data available within three weeks of publication: retrospective cohort study[J]. British medical journal, 2008,336(7645): 655 - 657. doi: 10.1136/bmj.39482.526713.BE.

②　YU T, YU G, LI P Y, WANG L. Citation impact prediction for scientific papers using stepwise regression analysis[J]. Scientometrics, 2014,101(2): 1233 - 1252. doi: 10.1007/s11192 - 014 - 1279 - 6.

③　BORNMANN L, LEYDESDORFF L, WANG J. How to improve the prediction based on citation impact percentiles for years shortly after the publication date? [J]. Journal of informetrics, 2014, 8(1): 175 - 180. doi: 10.1016/j.joi.2013.11.005.

④　ABRAMO G, D'ANGELO C A, FELICI G. Predicting publication long-term impact through a combination of early citations and journal impact factor[J]. Journal of informetrics, 2019,13(1): 32 - 49. doi: 10.1016/j.joi.2018.11.003.

⑤　ONODERA N, YOSHIKANE F. Factors affecting citation rates of research articles[J]. Journal of the Association for Information Science and Technology, 2015,66(4): 739 - 764. doi: 10.1002/asi.23209.

⑥　ONODERA N, YOSHIKANE F. Factors affecting citation rates of research articles[J]. Journal of the Association for Information Science and Technology, 2015, 66(4): 739 - 764. doi: 10.1002/asi. 23209.

结果通常较为稳健。此外,浅层机器学习模型(如 SVM 和 LR)的性能取决于特征工程的质量。然而,对于人类专家来说,设计有用的特性并不容易。相比之下,深度神经网络在特征学习方面具有优势,即可以将初始的"底层"特征表示通过多层非线性变换自动转换为"高级"特征。理论上,一个全连通前馈神经网络能够以任意精度逼近所有的连续函数[1]。同时,多项研究证实了 BP 神经网络在预测方面的优势。例如,Wong 和 Chan[2] 发现 BP 神经网络的性能明显优于线性回归和 SVR 模型。Lee 和 Choeh[3] 以及 Wong 等[4]也发现 BP 神经网络模型的预测性能优于线性回归模型。

除上述模型外,一些机器学习算法也被用于解决回归性质的引文预测问题。例如,Bai 等[5]通过 GBDT(Gradient Boosting Decision Trees)算法,利用多种特征开展了论文被引的预测研究。Chakraborty 等[6]使用 SVR 模型预测论文的 5 年被引,模型预测的 R^2 为 0.71,MSE 达 4.08。Li 等[7]同样采用 SVR 算法预测论文 10 年、11 年和 12 年的总被引,论文采用了两种预测途径,一种是直接预测被引,另一种是先对被引模式进行分类然后再进行被引的预测,实验结果表明采用多种特征组合直接预测的 R^2 在 0.67~0.68 之间,后者的 R^2 在不同被引模式上的表现差异较大。Yan 等采用线性回归、KNN 算法、SVR 模型、GRP(Gaussian Process Regression)模型等分别对论文 1 年、5 年和 10 年被引进行预测,实验结果表明非线性算法(SVR、GRP 等)的表现优于线性模型,GRP 模型

① HORNIK K, STINCHCOMBE M, WHITE H. Multilayer feedforward networks are universal approximators[J]. Neural networks, 1989,2(5): 359 – 366. doi: Doi 10.1016/0893 – 6080(89)90020 – 8.

② WONG T C, CHAN A H S. A neural network-based methodology of quantifying the association between the design variables and the users' performances[J]. International journal of production research, 2015,53(13): 4050 – 4067. doi: 10.1080/00207543.2014.988886.

③ LEE S, CHOEH J Y. Predicting the helpfulness of online reviews using multilayer perceptron neural networks[J]. Expert systems with applications, 2014,41(6): 3041 – 3046. doi: 10.1016/j.eswa. 2013.10.034.

④ WONG T C, CHAN H K, LACKA E. An ANN-based approach of interpreting user-generated comments from social media[J]. Applied soft computing, 2017,52:1169 – 1180. doi: 10.1016/j.asoc.2016. 09.011.

⑤ BAI X M, ZHANG F L, LEE I. Predicting the citations of scholarly paper[J]. Journal of informetrics, 2019,13(1): 407 – 418. doi: 10.1016/j.joi.2019.01.010.

⑥ CHAKRABORTY T, KUMAR S, GOYAL P, et al. Towards a stratified learning approach to predict future citation counts[C]. //2014 Ieee/Acm Joint Conference on Digital Libraries (JCDL),2014: 351 – 360.

⑦ LI C T, LIN Y J, YAN R, et al. Trend-based citation count prediction for research articles [C]. //Advances in Knowledge Discovery and Data Mining: 19th Pacific-Asia Conference, May 19 – 22, 2015,Ho Chi Minh City, Vietnam. Springer International Publishing, 2015,Part I: 659 – 671. doi: 10. 1007/978 – 3 – 319 – 18038 – 0_51.

在 5 年被引预测上的 R^2 高达 0.869。Robson 和 Mousquès[1] 采用随机森林模型预测环境建模（environmental modelling）领域论文的被引频次，所选特征仅能预测被引的较小部分（小于 30%）。

此外，Wang 等[2]基于优先偏好（preferential attachment）、老化（aging）和适合度（fitness）三个基本特征提出了动态被引频次预测模型。该模型准确地预测了某篇论文未来的引用量，其性能优于 logistic 等基线模型。Abrishami 和 Aliakbary[3] 将其视为一个"序列到序列"的问题，采用 RNN 模型并利用前几年的被引频次"序列"预测后几年的被引"序列"。Xu 等[4]利用文献异构网络特征及卷积神经网络（Convolutional Neural Network，CNN）模型预测单篇论文的 10 年被引，研究发现与基线模型相比，他们提出的模型预测精度提高了 5%。

2.3　引用动机：元综合

2.3.1　文献收集

2.3.1.1　数据库检索

确定检索词。 通过前期对引用动机主题的文献调研，简要分析并记录相关文献中对"引用动机"的不同表述，形成如下检索词：citing reason * OR citation motivation * OR citer motivation * OR citing motives OR citation function OR citation purpose OR citation classif * OR citation taxonomy OR citation type OR citation behavio * OR citation practice，检索词中包括"引用行为"的两种英文表述 citation behavio * 与 citation practice 目的在于将"引用动机"的上位概念包括进来，以提高查全率；中文检索词选择"引用动机 OR 引文动机 OR 引文功能 OR 引文类型 OR 引文分类"。

① ROBSON B J, MOUSQUÈS A. Can we predict citation counts of environmental modelling papers? Fourteen bibliographic and categorical variables predict less than 30% of the variability in citation counts[J]. Environmental modelling & software, 2016, 75: 94-104. doi: 10.1016/j.envsoft.2015.10.007.

② WANG D S, SONG C M, BARABASI A L. Quantifying long-term scientific impact[J]. Science, 2013, 342(6154): 127-132. doi: 10.1126/science.1237825.

③ ABRISHAMI A, ALIAKBARY S. Predicting citation counts based on deep neural network learning techniques[J]. Journal of informetrics, 2019, 13(2): 485-499. doi: 10.1016/j.joi.2019.02.011.

④ XU J, LI M, JIANG J, et al. Early prediction of scientific impact based on multi-bibliographic features and convolutional neural network[C]. Ieee Access, 2019, 7: 92248-92258. doi: 10.1109/access. 2019.2927011.

数据库选择。 本研究选取了 4 个英文数据库（WoS、Elsevier、ScienceDirect、LISA、PQDT 全球硕博论文文摘库）和 3 个中文电子资源数据库（CNKI、维普、万方），采用上述关键词进行标题检索，以提高查准率。

2.3.1.2 参考文献追踪

筛选数据库检索结果文献集，得到初始目标文献集合，随后依次浏览目标文献的参考文献列表，进行后向检索（backward chaining）；将目标文献作为种子，进行前向检索（forward chaining）；弥补因检索词在部分论文标题中没有出现而造成的样本缺失，以保证样本的查全率。

2.3.1.3 文献纳入标准

就施引者的引用动机开展的实证研究，研究结果中须明确报告具体的引用动机，并给出明确定义；样本收集不仅限于定性研究，而且包括混合研究或者定量研究中本研究关注的定性部分；需要明确报告样本数量，该纳入标准排除了对引用动机仅做简单归纳的文献；出于研究者的语言限制，仅纳入中文与英文文献；文献类型仅限于期刊论文、会议论文与硕博士论文。

2.3.1.4 文献排除标准

剔除依据引文"情感极性"（sentiment polarity）或者引文"形式"（form）进行引文分类的相关工作；剔除完全继承他人框架开展的引文动机自动分类等研究工作。

基于上述文献收集与筛选方法（图 2.3 - 1），有 39 篇文献可以纳入本元综合，进入后继的 EBL 质量评估。

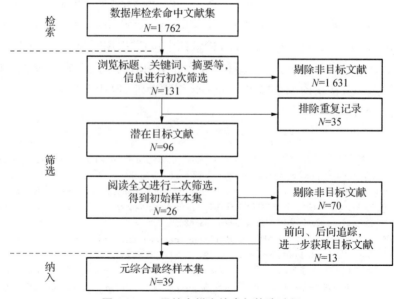

图 2.3 - 1 元综合样本检索与筛选过程

2.3.1.5　样本质量评价

采用 Glynn[①]2006 年提出的针对图书情报领域的 EBL(Evidence-based Librarianship)质量评价清单(critical appraisal checklist)进行样本质量评估。EBL 质量评价清单主要包含对人口样本、数据收集、研究设计和结果四个部分的检查,共 26 组问题,若原始研究的有效性得分高于 75%,则认为原始研究可靠。Glynn 指出,进行质量评估时有些题项并非适用于所有研究,例如,针对本元综合而言,采用引文内容分析方法开展引用动机研究的论文,不涉及"人口样本"的评估。整体而言,39 份样本的总体有效性均不低于 75%,这表明所有样本都通过了质量检验,可以保证本元综合结论的可靠性。

2.3.2　文献整合

在开展元综合时,需要从原始研究中提取两类数据:(1)定性研究发现;(2)原始研究的调查特征。原始研究中报告的定性研究发现是元综合的主要数据来源,用于后续的开放编码和核心概念的建构;原始研究的调查特征(例如数据来源、研究方法等)可帮助编码者熟悉样本,并将定性研究的发现置于相应的研究语境中。本研究提取了上述两类数据,包括:作者、发表年、数据收集方法、研究方法,以及与引用动机相关的研究子主题;具体引用动机。

根据 Finfgeld-Connett[②] 的建议,为了保证元综合结果的信度与效度,研究采取多位编码者协同工作的方式进行。在元综合分析过程中,研究者保持同步,不断对话,减少了偏见,提高了严谨性,最大化了交叉测量。具体分为 5 个步骤:(1)阅读并标注原始研究中经过充分调查分析得到的引用动机,该阶段要注意的问题是,初级描述性主题应尽可能接近原始数据;(2)以格式化的编码表记录每个原始研究中的引用动机——内部备忘录;(3)对不同原始研究中论述的引用动机进行比较、分析,依据其概念相似性与关联性进行聚类,使用更具抽象性的"隐喻"(metaphor)定义新的类别(范畴),并以格式化的表格记录结果——交叉备忘录;(4)不断迭代上述过程,同时反思"隐喻"的有效性,重点关注其是否具有内聚性,即能否清晰表征调查对象的特殊性;(5)得到一般性的引用动机分类框架并报告结果。

39 篇样本中,有 22 项研究采用了内容分析法,17 项采用了问卷调查或访谈法。18 项研究以自然科学领域的文献或学者为样本;13 项聚焦于人文社会科学

---

① GLYNN L. A critical appraisal tool for library and information research[J]. Library hi tech, 2006,24(3):387-399.

② FINFGELD-CONNETT D. A Guide to qualitative meta-synthesis[M]. New York:Routledge, 2018.

领域；其余 8 项同时覆盖了自然科学与人文社会科学的部分学科。多数研究首先确定施引文献(施引者)，然后对施引文献的引文内容逐条进行内容分析或者直接向施引者询问每条参考文献的引用动机；仅有 5 项研究首先确定被引文献集，分析样本在施引文献中的引用动机。就研究主题而言，主要以探索性研究为主，个别学者进行了验证性研究，部分学者还就该主题同时开展了多项研究。[①]

元综合的原始研究中，部分研究在回答施引者"引用动机"的同时，也探索了施引者的参考文献选择原因(selecting reasons)，即施引者在信息过载的背景下选择参考文献的判据。相关研究与 Tahamtan 和 Bornmann[②] 的引用过程论观点一致，后者强调引用行为是一个"从选择文献到引用文献的过程"，即引用包含"选择判据"和"引用动机"两个环节。考虑到本研究的目标是建立一个综合性的引用动机分类框架，因此仅聚焦于"施引动机"，对于样本中涉及的少量"筛选判据"在结果部分不予展示。

本元综合共解析出了 35 个引用动机概念，并将其归纳为 13 个范畴。根据 Petrić 和 Harwood[③] 对引用动机的定义，施引者的引用意图通常包含两层含义：一是指在文本中透露出的与论文体裁、写作主题等相关的学术目的，体现了引文的学术功能；二是指那些较为不透明、超脱于文本之外的内在需求或外在诱因等。13 个范畴均可归置于上述两个维度，形成"学术性动机"和"策略性动机"两个主范畴(图 2.3-2)。结果显示，多达 27 个样本支持了 5 个或以上的范畴，同时每个范畴也均有 4～31 项不等的研究予以了支持。

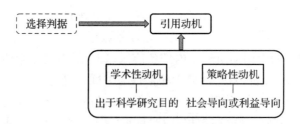

图 2.3-2 文献选择判据与引用动机分类框架

---

① LYU D, RUAN X, XIE J, et al. The classification of citing motivations: a meta-synthesis[J]. Scientometrics, 2021, 126(4): 3243-3264.

② TAHAMTAN I, BORNMANN L. Core elements in the process of citing publications: Conceptual overview of the literature[J]. Journal of informetrics, 2018, 12: 203-216.

③ PETRIĆ B, HARWOOD N. Task requirements, task representation, and self-reported citation functions: an exploratory study of a successful L2 student's writing[J]. Journal of English for academic purposes, 2013, 12(2): 110-124.

2.3.3　学术性动机

2.3.3.1　背景

近半数研究显示,施引者的引用动机之一是总结研究主题的一般背景(general background)。例如,作者会出于论文完整性的考虑[1],对现有相关工作进行梳理[2],或者直接引用现有的综述论文[3],从而向读者提供当前研究主题的背景知识与相关理论[4],以助其了解领域知识[5]。其中,追溯历史和展示现阶段的主流观点与研究发现是两类最常见的具体动机。前者主要是指施引者的引用是为了追踪特定学者或某一领域内伴随着时间推移的思想演变,或研究方法的技术发展路线[6],展现引文功能的动态性。后者则聚焦于领域前沿,致力于向读者展示特定主题当下各种不同的学术观点或具有代表性的研究发现[7],通常出现于论文的引言或者相关研究部分[8]。当施引者在背景阐述中详细描述某个观点或某项工作时,通常会对被引工作进行进一步评述,即表达研究者对相关内容的认同或质疑[9],此时还会伴随着背景之外的其他动机。

部分研究发现,施引者还可能提及与当前研究问题并不直接相关、内容更广泛的信息。例如在当前研究中并未被使用的替代性理论或研究方法,或者其他领域中的相关研究[10],以及在其他研究中得到应用的相关信息[11]等,上述引文更

① VINKLER P. A quasi-quantitative citation modeL[J]. Seientometrics, 1987, 12(1-2): 47-72.

② 马凤,武夷山.关于论文引用动机的问卷调查研究——以中国期刊研究界和情报学界为例[J]. 情报杂志,2009,28(6): 9-14,8.

③ SHADISH W R, TOLLIVER D, GRAY M, et al. Judgements about works they cite: three studies from psychology journals[J]. Social science of science, 1995, 25(3): 477-498.

④ SHI L. Textual appropriation and citing behaviors of university undergraduates[J]. Applied linguistics, 2010, 31(1): 1-24.

⑤ HERNÁNDEZ-ALVAREZ M, SORIANO J M G, MARTÍNEZ-BARCO P. Citation function, polarity and influence classification[J]. Natural language engineering, 2017, 23(4): 561-588.

⑥ OPPENHEIM C, RENN S P. Highly cited old papers and the reasons why they continue to be cited[J]. Journal of the American Society for Information Science, 1978, 29(5): 225-231.

⑦ SHI L. Textual appropriation and citing behaviors of university undergraduates[J]. Applied linguistics, 2010, 31(1): 1-24.

⑧ 马凤,武夷山.关于论文引用动机的问卷调查研究——以中国期刊研究界和情报学界为例[J].情报杂志,2009,28(6): 9-14,8.

⑨ FROST C O. The use of citations in literacy research: a preliminary classification of citation functions[J]. Library quarterly, 1979, 49(4): 399-414.

⑩ PERITZ B C. A classification of citation roles for the social sciences and related fields[J]. Scientometrics, 1983, 5(5): 303-312.

⑪ HERNÁNDEZ-ALVAREZ M, SORIANO J M G, MARTÍNEZ-BARCO P. Citation function, polarity and influence classification[J]. Natural language engineering, 2017, 23(4): 561-588.

多地展示了一种非核心的边缘信息,虽然并未紧扣研究主题,但对当前研究而言仍然具有一定的辅助意义。

2.3.3.2 研究空间

如 White 和 Wang[①] 等 12 项研究的结果表明,施引者的引用意图在于向读者展示当前研究主题进展,即指明领域内已经开展和/或尚未涉猎的方面,从而为当前研究建立空间[②]。Samraj[③] 特别指出,当施引者期望对整个研究领域的现状进行评价时,领域内的研究空白不辩自明。事实上,当施引者识别出了领域内的研究空白时,他也为其研究主题的选择提供了解释,此时被引文献的另一作用即为说明研究主题的合理性。[④]

就科学论文的组织结构而言,当作者明确其研究空间与研究主题时,具体的研究问题往往也随之跃然纸上,施引者会进一步通过一系列的引用激发出当前研究问题。[⑤]

2.3.3.3 基础

有 14 项研究报告了被引文献对当前研究工作而言具有突出的学术贡献,就粒度而言,可以细分为两种情形。一是较为宏观的视角,即被引文献是当前研究的出发点,也即被引文献为当前研究的开展奠定了基础,强调了被引文献对当前工作的重要价值。例如:被引文献强烈地影响了施引者对研究内容的思考,是当前研究思路的主要来源[⑥];或者围绕被引工作中提出的某种思路开展了进一步的工作,成为当前研究的智力源泉[⑦],如可将其应用于解决其他研究问题;甚至可将当前研究视为被引工作的延续,后继研究几乎完全建立在被引工

① WHITE M D, WANG P. A qualitative study of citing behavior: contributions, criteria, and metalevel[J]. The library quarterly: information, community, policy, 1997, 67(2): 122-154.

② FAZEL I, SHI L. Citation behaviors of graduate students in grant proposal writing[J]. Journal of English for academic purposes, 2015, 20: 203-214.

③ SAMRAJ B. Form and function of citations in discussion sections of master's theses and research articles[J]. Journal of English for academic purposes, 2013, 12(4): 299-310.

④ CASE D O, MILLER J B. Do bibliometricians cite differently from other scholars? [J]. Journal of the American Society for Information Science and Technology, 2011, 62(3): 421-432.

⑤ KWAN B S C, CHAN H. An investigation of source use in the results and the closing sections of empirical articles in information systems: in search of a functional-semantic citation typology for pedagogical purposes[J]. Journal of English for academic purposes, 2014, 14: 29-47.

⑥ CASE D O, MILLER J B. Do bibliometricians cite differently from other scholars? [J]. Journal of the American Society for Information Science and Technology, 2011, 62(3): 421-432.

⑦ TEUFEL S, SIDDHARTHAN A, TIDHAR D. Automatic classification of citation function [C]. //Proceedings of the 2006 Conference on Empirical Methods in Natural Language Processing. Sydney, Australia: Association for Computational Linguistics, 2006: 103-110.

作的基础之上①。二是相对微观的视角，即被引工作是当前研究中某个核心要素的基础。例如，研究结果中借鉴了被引工作中的方程推导或实验条件的详细描述，"……引用参考文献的原因在于其是形成论点的基础"②。总的来说，宏观视角聚焦于整项工作，而微观视角则着眼于工作中的某个关键点。

2.3.3.4　比较

超过半数的样本解析出了比较动机，依据比较的形式可将其分为两类：一是将被引工作与当前研究进行对比，二是在多项被引工作之间进行比较。

有 22 项研究涉及被引工作与当前研究的对比，其中，有 9 项研究阐述了施引与被引工作结果的对比，用以说明二者间的一致性或相矛盾之处，例如将施引文献的实验结果与被引工作中理论方程的推导结果进行比较③，多出现在论文的讨论部分④。除此之外，部分研究提炼出了其他成分的比较，比如研究方法、研究领域、概念、算法、实验数据等，以说明其间的相似性或差异性，或者通过比较指出被引工作某方面的不足，达到强调自身研究先进性的目的。

仅少量研究关注了被引工作之间的比较，比较的内容包括研究方法、研究领域、研究结果或者学术观点等，从而在各项孤立的被引工作间建立关联。⑤

2.3.3.5　应用

24 项研究提到施引者为了凸显自身的研究而直接应用了被引工作中的某种方法或技术，具体包括调查问卷等数据采集工具、研究方法、算法和数学方程等。⑥ 该类动机定位于施引者对于方法或技术的"照搬使用"，而非为了修改、优化，或出于比较等目的。⑦

另有 10 项研究发现被引文献也可以作为数据源而被引用，即施引者使用了被引文献中包含的数据，并对其进行了后续的测试与分析。例如：被引工作是一

①　BONZI S, SNYDER H W. Motivations of citation: a comparison of self citation and citation to others[J]. Scientometrics, 1991, 21(2): 245 - 254.

②　SHI L. Textual appropriation and citing behaviors of university undergraduates[J]. Applied linguistics, 2010, 31(1): 1 - 24.

③　OPPENHEIM C, RENN S P. Highly cited old papers and the reasons why they continue to be cited[J]. Journal of the American Society for Information Science, 1978, 29(5): 225 - 231.

④　PETRIĆ B. Rhetorical functions of citations in high-and low-rated master's theses[J]. Journal of English for academic purposes, 2007, 6(3): 238 - 253.

⑤　MANSOURIZADEH K, AHMAD U K. Citation practices among non-native expert and novice scientific writers[J]. Journal of English for academic purposes, 2011, 10(3): 152 - 161.

⑥　CHANG Y W. The influence of Taylor's paper, question-negotiation and information-seeking in libraries[J]. Information processing & management, 2013, 49(5): 983 - 994.

⑦　TUAROB S, MITRA P, GILES C L. A classification scheme for algorithm citation function in scholarly works[C]. Proceedings of the ACM/IEEE Joint Conference on Digital Libraries, 2013: 367 - 368.

项统计报告,施引者使用了其中的统计数据[1];或者将被引文献中发现的实验数据分析结果作为诸如 meta 分析等二手研究的数据。

2.3.3.6 改进/修改

除了"照搬使用"之外,另有 8 项研究指出施引者会依据自身研究情景对被引文献中的方法、实验技术、算法等进行优化或拓展。[2] 也有研究发现,施引者会对被引工作中的数据进行调整,例如调整数据的精度、适用范围,或者对实验数据给出新的解释。[3]

2.3.3.7 证据

施引者将被引工作视为一种证据,从而为当前研究提供支持,这是最普遍的引用动机之一,样本中的多数研究报告了该类动机。

证据型动机的主要形式有支撑观点、论点或假设。其中,部分研究发现被引文献支持了施引者提出的研究观点/论点或研究假设,同时施引者也会为自身认同的观点寻找依据。另外,施引者还期望通过引用帮助其定义或解释当前工作中涉及的概念[4]。

另一种相对普遍的证据型动机是向读者说明当前研究设计的合理性。例如,说明方法决策的科学性[5]、实验程序或实验材料选择的合理性[6]等。

被引工作还可用于解释、证实当前研究的发现。例如:施引者通过引用为研究结果寻找证据,说明研究结果的可靠性;或者对研究结果的原因做出解释,尤其是预期之外的部分发现。[7] 部分研究对该动机的解读较为微观,例如对数值

---

① WHITE M D, WANG P. A Qualitative study of citing behavior: contributions, criteria, and metalevel[J]. The library quarterly: information, community, policy, 1997, 67(2): 122 - 154.

② HARWOOD N. An interview-based study of the functions of citations in academic writing across two disciplines[J]. Journal of pragmatics, 2009, 41(3): 497 - 518.

③ SPIEGEL-ROSING I. Science studies: bibliometric and content analysis[J]. Social studies of science, 1977, 9(1): 97 - 113.

④ PETRIĆ B, HARWOOD N. Task requirements, task representation, and self-reported citation functions: an exploratory study of a successful L2 student's writing[J]. Journal of English for academic purposes, 2013, 12(2): 110 - 124.

⑤ TANG R, SAFER M A. Author-rated importance of cited references in biology and psychology publications[J]. Journal of documentation, 2008, 64(2): 246 - 272.

⑥ KWAN B S C, CHAN H. An investigation of source use in the results and the closing sections of empirical articles in information systems: in search of a functional-semantic citation typology for pedagogical purposes[J]. Journal of English for academic purposes, 2014, 14: 29 - 47.

⑦ SAMRAJ B. Form and function of citations in discussion sections of master's theses and research articles[J]. Journal of English for academic purposes, 2013, 12(4): 299 - 310.

型结果的剖析①。

此外,多项研究还分别报告了诸如通过引用说明当前工作的局限性或研究贡献②,为后续研究的开展提供建议,指明未来的研究计划③等散在于样本研究献中的证据型动机。还有研究发现,部分证据型动机常具有鲜明的语言特征,比如当被引文献作为一种"示例"(provide example)证据时,引文通常衔接在"例如"等文字之后。④

2.3.3.8　溯源

13 项研究中提及了该动机,其中的 6 项表现为向读者提供原始出版物,比如施引者在讨论某个概念、理论或方法的定义与内涵时,或者对其进行应用时,引用了首次提出上述内容的相关研究。White 和 Wang⑤ 研究中的访谈对象解释了其引用原始出版物的部分原因,即力图表明其所引用的概念、理论或方法所具有的长期影响力。

6 项研究可归纳为向开拓者致敬。例如,Oppenheim 和 Renn⑥ 明确指出:施引者引用领域创始人的工作有时仅仅是为了向其致敬;此外,也包括对那些具有光环效应(高被引)的工作或者极具学术威望的前辈表示尊重,这些学者虽不一定是开拓者,但也可视其为推动学科发展的领头人。

此外,部分研究中还解析出了承认优先权(acknowledge priority)这一动机,即施引者出于承认被引工作中术语、观点或方法等知识成果的目的而引用,以明确相关工作的优先顺序。另外,Frost⑦ 提出,施引者明确表明其知识债务也体现了被引文献对其而言具有特殊价值;Harwood⑧ 则认为这种知识债务不仅表

①　KWAN B S C, CHAN H. An investigation of source use in the results and the closing sections of empirical articles in Information Systems: In search of a functional-semantic citation typology for pedagogical purposes[J]. Journal of English for academic purposes, 2014, 14: 29 - 47.

②　KWAN B S C, CHAN H. An investigation of source use in the results and the closing sections of empirical articles in information systems: in search of a functional-semantic citation typology for pedagogical purposes[J]. Journal of English for academic purposes, 2014, 14: 29 - 47.

③　HARWOOD N. An interview-based study of the functions of citations in academic writing across two disciplines[J]. Journal of pragmatics, 2009, 41(3): 497 - 518.

④　PETRIĆ B. Rhetorical functions of citations in high-and low-rated master's theses[J]. Journal of English for academic purposes, 2007, 6(3): 238 - 253.

⑤　WHITE M D, WANG P. A Qualitative study of citing behavior: contributions, criteria, and metalevel[J]. The library quarterly: information, community, policy, 1997, 67(2): 122 - 154.

⑥　OPPENHEIM C, RENN S P. Highly cited old papers and the reasons why they continue to be cited[J]. Journal of the American Society for Information Science, 1978, 29(5): 225 - 231.

⑦　FROST C O. The use of citations in literacy research: a preliminary classification of citation functions[J]. Library quarterly, 1979, 49(4): 399 - 414.

⑧　HARWOOD N. An interview-based study of the functions of citations in academic writing across two disciplines[J]. Journal of pragmatics, 2009, 41(3): 497 - 518.

达了施引者的尊重之心,而且体现了其"自卫"心理,即向读者说明自己并非相关知识的原创者。

2.3.3.9 阅读指引

阅读指引型动机主要是指向读者提供进一步的阅读材料,此类动机在语言形式上通常具有鲜明特征,常见于"详见"等术语之后。具体而言,主要包括三类。一是针对不同读者的需要向其推荐更丰富的文献资源。例如向非专业的读者提供有助于其掌握相关领域知识的指导性材料,或者在文中提及有趣的观点,引起读者的阅读兴趣,等等。二是向读者提供当前研究中所涉及的相关内容的细节。例如,向读者提供了解当前研究中所使用的分析数据完整信息的渠道,为读者提供特定版本的书目信息,等等。[①] 三是节约篇幅。当施引者由于篇幅受限而无法列举详尽信息时,往往会通过引用以避免繁冗。

2.3.3.10 评价

多数研究提及了施引者欲对现有研究进行评价的动机,即就某一工作的理论、观点、方法或研究结果等表达自己的意见,该引用可用于增强正面或负面的评价效果。按照评价的结果,该类动机有三种具体的形式。

施引者对被引工作的批评,其主要目的通常是:① 对被引工作中的数据、异常结果与优先权提出疑问;② 对相关论点表示异议;③ 指出被引工作中的不正确、不合理之处,包括重要错误或细微错误,有时施引者会对其指明的错误进行校正;④ 指出被引研究中的局限性;⑤出于信念的批评。[②] Harwood[③] 特别指出,依据作者对被引工作批评程度的不同,其在措辞上也会表现出由温和到严厉等不同的语言风格。

施引者对被引工作的肯定评价,主要包含两个层面的动机:一是说明被引工作的正确性,例如被引工作中所使用的材料的合理性;二是表达施引者自身对被引作者观点的认同。

除此之外,Frost[④]与Wang等[⑤]还提出了一种混合型评价动机,即施引者为

① PERITZ B C. A classification of citation roles for the social sciences and related fields [J]. Scientometrics,1983,5(5):303-312.

② PETRIĆ B, HARWOOD N. Task requirements, task representation, and self-reported citation functions: an exploratory study of a successful L2 student's writing[J]. Journal of English for academic purposes,2013,12(2):110-124.

③ HARWOOD N. An interview-based study of the functions of citations in academic writing across two disciplines[J]. Journal of pragmatics,2009,41(3):497-518.

④ FROST C O. The use of citations in literacy research: a preliminary classification of citation functions[J]. Library quarterly,1979,49(4).

⑤ WANG X, WEAVER D B, LI X R, et al. In Butler (1980) We trust? Typology of citer motivations[J]. Annals of tourism research,2016,61:213-267.

了表明其仅仅认同被引工作中的某一部分,而对其他内容持保留意见。

2.3.4　策略性动机

策略性动机是一类"轻学术"的引用动机,即施引者主要关注引文学术功能之外的其他方面,比如构建人际网络等目的。不过,这一动机与学术性动机并非对立关系,部分出于策略性动机的引文对施引文献也具有一定的学术贡献,只不过非科学目的是其被引的主要原因。

2.3.4.1　主观规范

少量围绕学生群体开展的引用动机研究表明,学生认为符合导师的期望至关重要,因此在引用时往往会遵循导师的建议或者选择导师偏好的引文,尽管有时学生并未仔细阅读相关内容。①

另外,Ma 和 Wu 发现,施引者也会因为遵循"科技期刊编辑的要求"而引用特定文献,比如"一些期刊为了提高本期刊的影响因子"而要求投稿者引用该刊的文献。

除了上述来自导师、期刊的影响之外,施引者还会感受到来自学术规范或责任的影响,从而形成一种自我约束。例如,施引者意识到自己肩负着向读者提供阅读资料的责任,或者通过引用以避免被同行指控抄袭。

理性行为理论中的主观规范是指个体在决策是否执行特定行为时所感知的社会压力,反映了社会成员对个体行为的影响。具体到本研究,施引者所感知到的来自导师、期刊编辑、审稿人和读者等的压力契合主观规范的内涵,因此本研究用该范畴对此类动机进行归纳。

2.3.4.2　宣传

7 项研究将施引者的引用动机指向展现其自身的领域知识或者研究能力。例如,施引者倾向于引用当下最新的研究成果以显示其对研究热点的敏感性和当前研究的前沿性,或者通过引用相关主题的核心、权威研究表明自身对领域知识的熟悉程度和阅读广度等。特别地,当施引者同时引用一系列文献时,其目的在于体现自身对知识的整合能力和开展研究的专业能力。②

另有少量研究提到,施引者倾向于通过引用来分享自己的前期工作,或者向读者介绍其他学者的高质量却鲜为人知的研究成果,例如建议读者对当前研究

①　FAZEL I, SHI L. Citation behaviors of graduate students in grant proposal writing[J]. Journal of English for academic purposes, 2015, 20: 203-214.

②　FAZEL I, SHI L. Citation behaviors of graduate students in grant proposal writing[J]. Journal of English for academic purposes, 2015, 20: 203-214.

中所提及的被引工作开展进一步验证性研究。[①]

2.3.4.3 趋利

部分施引者期望从引用中获得专业或私人利益,本研究将其命名为趋利性动机。

少部分研究指出,施引者有时会为了增加自己论文发表的可能性而采取某些引用策略。例如:"没有参考文献的论文一般不易发表"[②],故施引者通常会为纳入更多的参考文献而引用实际上并不必要的文献,或者出于迎合潜在审稿人的目的而引用其工作;对于学生群体而言,他们希望通过引用课堂上的知识向导师表明其听讲认真,从而增加其取得高分的可能性[③]。

有 4 项研究发现,施引者的引用动机之一是为了掩饰其对领域知识的不熟悉。例如,通过引用领域内权威作者的论著或者曾被他人引用的文献,甚至是通过模仿他人的工作等手段进行掩饰。值得注意的是,模仿他人的工作本质上是一个学习行为,是一种合理的科学行为,但当施引者不是以学习为目的,而仅仅为了通过模仿他人的做法而对相关论文进行简单堆砌时,则应当视其为一种为了掩饰对领域知识不熟悉的非学术性目的。

还有少量研究提及了施引者的社交动机,该动机旨在扩大自身的学术社交网络。例如,施引者期望通过引用向被引作者"示好"[④],或者与被引作者建立/维系某种关系,以避免疏远。当施引者在专业或经济等方面依赖于被引作者时,该动机尤为显著。此外,还存在一些更为直接的趋利引用,例如,施引者为了提高自身工作的被引量而引用自己的文献。

2.3.5 述评

2.3.5.1 研究方法

在引用动机的相关研究中,部分学者采用引文内容分析法对施引者的引用动机进行分析,通过解读引文在特定位置所执行的修辞功能形成引用动机的分类框架。然而,由于编码者难以准确解析施引者的部分真实引用意图,因此其得

---

① WANG X, WEAVER D B, LI X R, et al. In Butler (1980) We trust? Typology of citer motivations[J]. Annals of tourism research, 2016, 61: 213-267.

② 马凤,武夷山.关于论文引用动机的问卷调查研究——以中国期刊研究界和情报学界为例[J].情报杂志,2009,28(6): 9-14,8.

③ PETRIĆ B, HARWOOD N. Task requirements, task representation, and self-reported citation functions: an exploratory study of a successful L2 student's writing[J]. Journal of English for academic purposes, 2013, 12(2): 110-124.

④ 马凤,武夷山.关于论文引用动机的问卷调查研究——以中国期刊研究界和情报学界为例[J].情报杂志,2009,28(6): 9-14,8.

到的结论会受到主观推测性的影响,存在归纳片面性的风险。部分研究显示,仅依据语言措辞解读施引者的真实引用动机会产生一定的偏差,例如,编码者无法从引文上下文中判读出施引文献与被引文献的直接关联,从而判定其为一种有碍于知识发展的、无根据的"断言引用"(assertion)和"错误引用"(miscitation)。① 若编码者缺乏对领域知识和施引者的深入了解,则更加难以捕捉超脱于学术修辞功能之外的策略性动机。Petrić②将施引文献与被引文献间关系较为模糊、不易从字面明辨的引用实例归结为"其他"(others)类别,Teufel等③则统一为"中性"(neutral)引用。事实上,"中性"引用类别的存在也说明了引文内容法在动机研究中的局限性。多数研究的"中性"引用是引文情感研究中相对于"积极""消极"情感而言的一种未明确体现的施引者情感倾向。目前,辨析施引者情感态度的研究也采用以作者措辞(语义或句式特征)为基础的方法,因此将"中性"引用与引文修辞功能并列的做法有改进的必要。

采用问卷或访谈直接向施引者询问被视为一种更加合理的引用动机研究方法,除了能够改善引文内容分析法存在的主观偏见问题之外,还能捕捉到更多的策略性动机,很大程度上保证了引用动机的真实性,然而,这两种方法同样也存在一定局限性。Bonzi 和 Snyder④ 以及 Shadish 等⑤在调查问卷中分别列举了"政治压力"和 4 类"社会"动机,不过其调查统计结果均为 0。该现象反映了三个问题。其一是被试作答的诚实性问题:Bonzi 和 Snyder 认为,统计结果为 0 的引用动机本质上是"不讨人喜欢"的(unflattering),即使施引者内心视其为真实引用动机也不会在问卷中如实回答。其二是研究者的主观推测性问题:Bonzi和 Snyder 在此研究的样本中提及的"政治压力",在其他研究中均未出现,同时该动机也未在其研究中得到验证。其三是完整性问题:正如 Bonzi 和 Snyder 所言,虽然上述非学术性动机少量存在,且通过问卷法不易获得,但他们出于完整性的考虑在问卷中仍逐一列举了可能的引用动机以避免遗漏;部分学者则采用

①　WANG X, WEAVER D B, LI X R, et al. In Butler (1980) we trust? Typology of citer motivations[J]. Annals of tourism research,2016,61:213 - 267.

②　PETRIĆ B. Rhetorical functions of citations in high-and low-rated master's theses[J]. Journal of English for academic purposes,2007,6(3):238 - 253.

③　TEUFEL S, SIDDHARTHAN A, TIDHAR D. Automatic classification of citation function [C]. //Proceedings of the 2006 Conference On Empirical Methods In Natural Language Processing. Stroudsburg PA:Association for Computational Linguistics,2006:103 - 110.

④　BONZI S, SNYDER H W. Motivations of citation: a comparison of self citation and citation to others[J]. Scientometrics,1991,21(2):245 - 254.

⑤　SHADISH W R, TOLLIVER D, GRAY M, et al. Judgements about works they cite: three studies from psychology journals[J]. Social science of science,1995,25(3):477 - 498.

"其他"选项或者开放式问题以规避受访者无法做出选择的风险[①]。采用访谈法的研究同样面临受访者是否诚实的问题,且诚实的程度要弱于问卷调查,主要原因在于,受访者的"叙事惯性"和对采访者的迎合心理会加剧研究结果的失真风险;另外,当受访者面对诸如"展示学科中重要的知识"等问题时,可能会由于谦虚而造成回答失之偏颇。

受访者回答的准确性还会受到时间因素的影响。采用问卷或访谈法所获得的引用动机多为受访者回顾性描述的结果,行为决策和数据收集之间的时间差导致受访者在一定程度上的遗忘,而未能给出全部准确的回答,故对结果的真实性构成了威胁。因此合理选择调研时间是研究者开展相关工作时需要考虑的重要问题。White 和 Wang[②] 在被试刚刚完成写作或即将完成时即对其引用动机进行了调研,但由于写作周期较长等因素,仍存在遗忘风险。因此有学者建议尝试深入被访者的写作过程,采用行为观察等方式来揭示施引者的真实引用动机,但因实施难度过大,尚未见之于具体的研究中。[③]

总而言之,上述问题的存在对动机研究结果的可靠性构成了威胁,也为后续致力于真实还原施引者引用动机的相关工作从研究方法和研究设计两个层面提出了更高的要求。考虑到访谈法可避开引文内容分析法的编码者主观偏见和问卷的主观推测等不足,三种研究方法中,研究者宜优先选择访谈法,对于行为观察难以实施的处理可采取在作者的写作之初即介入,比如要求作者在引用的同时或一日内备注引用动机,以此获得即时性数据,该方法可规避遗忘风险并在一定程度上减少面对面访谈的相关问题。

2.3.5.2 分析视角

施引者引用行为的全过程涉及从文献选择到引用两个核心阶段。引用动机研究聚焦于回答"参考文献为什么被引用"这一基本问题,而文献选择环节则是对"作者为何选择特定论文而非其他文献"的应答。当施引者搜集的信息足以支撑其将潜在参考文献与其他替代文献进行比较或评估时,施引者的文献选择行为得以实施,且往往只会选择其一;随之进入文献引用阶段。潜在参考文献的感知价值是施引者在文献选择过程中遵循的核心判据,具体包括"消除"

---

① CASE D O, MILLER J B. Do bibliometricians cite differently from other scholars? [J]. Journal of the American Society for Information Science and Technology, 2011, 62(3): 421 - 432.

② WHITE M D, WANG P. A qualitative study of citing behavior: contributions, criteria, and metalevel[J]. The library quarterly: information, community, policy, 1997, 67(2): 122 - 154.

③ 刘宇,李武.引文评价合法性研究:基于引文功能和引用动机研究的综合考察[J].南京大学学报(哲学·人文科学·社会科学版):2013,50(6):137 - 148,157.

(elimination)、"多判据"(multiple-criteria)和"稀缺"(scarcity)等决策原则[①];施引者期望通过引用实现的学术或非学术目的即为引用动机。

本书在元综合的过程中发现,合著等部分特征既可以作为施引者在文献选择过程中的筛选依据,也可能是驱使施引者引用的主要原因。例如,施引者与被引作者的关系对文献选择行为和引用行为都会产生影响。当文献作者与施引者具有较为亲密的社会关系时,施引者阅读其论文的可能性更大[②],在某些情况下,施引者也会出于示好或者投机等目的而引用导师或其他在专业、经济等方面有所依赖的学者的论文[③]。期刊或作者的权威性也是施引者在文献选择阶段和引用阶段都会考虑的因素。知名、享有专业信誉的作者或者发表于权威期刊的论文往往更容易引起读者的注意,也更有可能被施引者出于致敬或掩饰不熟悉等目的而引用。

研究样本中,部分工作同时探索了施引者的文献筛选判据和引用动机。例如,Bonzi 和 Snyder[④]采用问卷调查法对 51 位学者从筛选至引用过程中的自引和非自引原因进行了调研,得出了"展现对重要工作的了解""建立作者权威"等引用动机,以及"没有其他数据来源""被引工作的易访问性"等筛选判据。Shadish 等[⑤]围绕施引者如何评价参考文献这一研究问题,基于筛选-引用视角提出了 6 类评价维度,包括"个人影响""社会因素"等引用动机量表,以及"创新性""经典性"等筛选量表。与聚焦于引用动机或筛选判据单一主题的实证研究相比,从宏观视角同时对二者进行研究的工作往往在结果完整性上有待加强;另外,由于施引者的部分文献选择判据与引用动机有相似之处,不加区分地报告筛选判据与引用动机结果,也容易使读者产生混淆;最后,虽然文献选择与引用是引用行为过程中息息相关的两个环节,但二者的实施场景不同,例如文献筛选判据对于评价引文科学价值的意义有限,引用动机才是揭示基于引文数据建立的评价指标有效性的决定性因素。因此,本书建议后续研究者宜围绕两个主题独

① TAHAMTAN I, BORNMANN L. Core elements in the process of citing publications: conceptual overview of the literature[J]. Journal of informetrics, 2018, 12: 203 - 216.

② WANG P L, SOERGEL D. A cognitive model of document use during a research project. Study I: document selection [J]. Journal of the American Society for Information Science, 1998, 49 (2): 115 - 133.

③ PETRIĆ B, HARWOOD N. Task requirements, task representation, and self-reported citation functions: an exploratory study of a successful L2 student's writing[J]. Journal of English for academic purposes, 2013, 12(2): 110 - 124.

④ BONZI S, SNYDER H W. Motivations of citation: a comparison of self citation and citation to others[J]. Scientometrics, 1991, 21(2): 245 - 254.

⑤ SHADISH W R, TOLLIVER D, GRAY M, et al. Judgements about works they cite: three studies from psychology journals[J]. Social science of science, 1995, 25(3): 477 - 498.

立地开展工作,这有利于全面深入地挖掘筛选的判据与引用的动机。

2.3.5.3 轻学术

策略性动机具有"轻学术"的特点,不过,部分类别也有合理的学术性成分,比如,围绕硕士、博士研究生等学生群体开展的引文实践工作发现,学生倾向于引用导师推荐的相关材料。[1] 有必要指出,研究生导师作为领域专家,依据自身知识储备与科研经验向学生提供参考文献引用建议,通常并无私心。对于学生而言,虽然其直接引用动机在于"满足导师的期望",但相关文献对施引者的工作也具有实际的学术贡献,是一种合理的引文实践,而非不必要、无意义的滥引。

策略性动机中更多地是以趋利为代表的非学术性动机。Petrić 和 Harwood[2] 在研究中提到,受访者认为"以广泛阅读为基础""展现了丰富的文献知识"是优秀论文应具备的特点,因此被试会采取大量引用导师推荐的阅读清单上的文献或者其他高水平工作的方式以取得更好的成绩,虽然这些引文对其研究工作可能没有实质性的帮助。Fazel 和 Shi[3] 通过对博士研究生在书写资助申请书时引用动机的调研发现,其引用行为实质上是一种"身份"行为。作为学术新人,其科研生涯尚处起步阶段,尚未"得到学界认可",因此通常会采取引用权威论文等一系列策略,力图向读者展示其良好的专业形象。此类引用动机与规范理论所解释的科学家引用行为受科学精神约束相背离,施引者投机式的引用行为一定程度上透露出其功利目的。

部分研究探讨施引者的"自引"动机,主要包括自我推销(self-promotion)、建立自身在领域内的权威,或者更直接地期望提高自身论文的被引量,等等。自引行为的存在致使基于引文的科学评价指标易被操纵:例如,Taşkin 和 Al[4] 列举了三个由于"高自引率"暴露出来的学术不端行为案例;Boyack 等[5] 在研究施引文献的多次引用行为时发现自引文献更有可能在施引文献中被多次提及;为此,有学者在开展引用动机研究时特意排除了自引文献。不过,也有学者认为自

---

① FAZEL I, SHI L. Citation behaviors of graduate students in grant proposal writing[J]. Journal of English for academic purposes, 2015, 20: 203 - 214.

② PETRIĆ B, HARWOOD N. Task requirements, task representation, and self-reported citation functions: an exploratory study of a successful L2 student's writing[J]. Journal of English for academic purposes, 2013, 12(2): 110 - 124.

③ FAZEL I, SHI L. Citation behaviors of graduate students in grant proposal writing[J]. Journal of English for academic purposes, 2015, 20: 203 - 214.

④ TAŞKIN Z, AL U. A content-based citation analysis study based on text categorization[J]. Scientometrics, 2017, 114(1): 335 - 357.

⑤ BOYACK K W, VAN ECK N J, COLAVIZZA G, et al. Characterizing in-text citations in scientific articles: a large-scale analysis[J]. Journal of informetrics, 2018, 12(1): 59 - 73.

引对于引文评价方法有效性的损害影响甚微：Garfield[①] 认为,期望通过自引以增大总被引量并达到显著非常困难,因为这样做的前提是频繁地公开发表成果,同时,知名期刊审稿过程中严格的质量控制使得他们不得不长期在低影响力的期刊中发表论文,长此以往,其不纯的动机必然会暴露,反而弄巧成拙。Tahamtan 和 Bornmann[②] 在综述中也指出自引数量只能对整体引用率的小部分增长做出解释,即自引在总引用率的增长中仅起非常次要的作用。多数学者会将自己的研究聚焦于某个或者少数几个主题,自引工作多为自身前期工作的延续,随着时间推移,当其成为领域内的主要贡献者时,自引也会成为一种必然。

总而言之,部分不良动机的存在并不能全然否定引文的科学贡献。Nicolaisen[③] 指出,科学家会因害怕受到同行批判,并为了保护科学通信系统不致崩溃,而尽全力避免粗心、不诚实的引用。Baldi[④] 曾尝试对规范理论和社会建构理论对于引用动机的解释力进行检验,其研究结果支持了规范理论中引文是对知识贡献的工具性承认的观点,同时也否定了作者间的熟悉程度会对引用行为产生正向影响的假设。多数实证研究的调查结果也说明上述动机仅仅是少量的。[⑤] 基于引用动机对引文进行分类,有利于改善现有引文分析与引文评价方法的不足,由此也凸显了引用动机综合研究的重要性与必要性。

2.3.5.4　集群引用

"集群引用"是一种在形式上与其他引文类型有显著差异的引文类别,具体表现为一个引文上下文伴随着一系列参考文献,例如：

Apart from studies that have examined the generic or move structures of grant proposals (Feng & Shi,2004；Connor,2000；Connor & Mauranen,1999；Connor & Upton,2004；Feng,2008), a small number of studies have explored the social dimension of grant writing and/or the use of citations in relation to the moves (e. g.,Cheng,2014；Connor & Wagner,1998；Ding,2008；Feng,2011；Mehlenbacher,1994；Myers,1990；Tardy,2009；Tseng,2011).

---

① GARFIELD E. Is Citation analysis a legitimate evaluation tool? [J]. Scientometrics, 1979, 1(4)：359 - 375.

② TAHAMTAN I, BORNMANN L. Core elements in the process of citing publications：conceptual overview of the literature[J]. Journal of informetrics, 2018, 12：203 - 216.

③ NICOLAISEN J. Citation analysis[J]. Annual review of information science and technology, 2007, 41：609 - 641.

④ BALDI S. Normative versus social constructivist processes in the allocation of citations：a network-analytic model[J]. American sociological review, 1998, 63(6)：829 - 846.

⑤ BONZI S, SNYDER H W. Motivations of citation：a comparison of self citation and citation to others[J]. Scientometrics, 1991, 21(2)：245 - 254.

在"引文串"中,就单篇文献而言,其动机可以是背景、证据等学术性或策略性动机;就整个"引文串"而言,其整体性动机可解读为"建立信息来源之间的关联",具体含义是,为具有相似研究主题、论点或研究结果的各项独立工作建立关联。由于集群引用在形式上的特殊性,对于该类引文在表征"参考文献重要性"或者"施引者研究态度、能力"时所具有的作用,学者们持不同观点。Chubin 和 Moitra[①] 将上述"没有附加评论"的引用定义为"机械引用"(perfunctory citation),其作用仅仅是表明同一领域内存在的相关工作而已,或者说被引工作并不具备实质性的科学贡献,而仅仅是因其论文主题相对时髦,被引作者遂"搭便车"成了高被引作者;此类引文还可能表现为"冗余"引用或者与核心问题非紧密相关,体现了施引者漫不经心的引用态度。Petrić[②] 则持截然不同的观点,认为这种引用形式展现了施引者熟知领域内的知识,是施引者专业素养的体现;Mansourizadeh 和 Ahmad[③] 也认为这种对知识高度整合的引用形式恰恰表明了施引者对相关知识的综合归纳能力,有利于增强其论点的可接受性。"集群引用"到底是无意义的还是作者能力的体现,需要进一步考察施引者的引用态度是否谨慎。由此可见,对于引用动机的探索绝不能仅止步于分类体系的建构,更重要的是对各类引用类型的理论与应用价值进行深入挖掘。

2.4 引用行为的特征、模式与影响因素

引用行为特征指科研人员在学术写作时所引用的参考文献数量、新旧(年龄)、文献类型等特征;对学科和期刊等所发表的文献集合中的上述特征进行分析,也可揭示其宏观的引用模式。此外,学界也对引用行为的规范与失范进行了反思与探讨。

2.4.1 科研人员的引用行为特征研究

根据研究对象的不同,可将科研人员的引用行为特征研究分为两类:以个体科研人员及其发表的出版物为研究对象;以具有某类共同特征的科研人员及所发表的出版物集合为研究对象。

---

① CHUBIN D E, MOITRA S D. Content analysis of references: adjunct or alternative to citation counting? [J]. Social studies of science, 1975, 5(4): 423 - 441.

② PETRIĆ B. Rhetorical functions of citations in high-and low-rated master's theses[J]. Journal of English for academic purposes, 2007, 6(3): 238 - 253.

③ MANSOURIZADEH K, AHMAD U K. Citation practices among non-native expert and novice scientific writers[J]. Journal of English for academic purposes, 2011, 10(3): 152 - 161.

第一类研究多采用问卷、访谈法,并结合对个体科研人员所发表出版物的内容分析展开研究。比如,Thornley 等[①]对 87 名来自美国和英国的科研人员进行了半结构化访谈,经过质性分析,发掘了科研人员引用、不引用及自引的原因,并揭示了其引用行为特征,比如:科研人员倾向于引用经过同行评议的正式出版物而非社交媒体上的资源;此外,采用数学方法的科研人员会对参考文献中所用数学方法的准确性进行仔细阅读和判断,而社会科学领域的科研人员则能在一定程度上容错。

Jamali 等[②]对 3650 名科研人员进行了问卷调查,考察其对不同引用行为的认同程度,并基于人类发展指数(HDI)比较了不同国家科研人员的引用行为差异。该研究发现:(1) 低 HDI 国家的科研人员更倾向于引用高被引的信息源及开放同行评议论文;(2) 高 HDI 国家学者则更倾向于不引用自己的文献,不引用投稿期刊所发表的文献;(3) 高 HDI 国家学者不以期刊影响因子为引用判据(criterion),也更认可社交媒体上的提及数(mentions)仅说明文献的传播特性而与质量无关。Abrizah 等[③]在 Jamali 等的问卷基础上增加了两个与马来西亚科研人员相关的问题,并在该国科研人员中开展了类似调查,调查发现,该国科研人员倾向于引用最新的、最经典的、被引最多的、最有声誉的学者发表的质量最高的学术文献,但他们不倾向于仅引用本国的文献;同时,该国科研人员更信任期刊影响因子高、经过同行评议和信任的作者所发表的文献,而非开放存取论文与会议论文。一项针对印度本地治里大学的 100 名老师开展的问卷调查也揭示了老师们如何判断所引信息资源的权威性与可信赖性,以及其引用行为是否因数字环境(digital environment)而改变,此外,该研究虽试图探讨性别、所处学科对引用行为的影响,但结果显示并无显著差异。[④]

刘庆荣和邓鹂鸣[⑤]对 10 名英语专业的硕士生进行了两轮访谈并对其学位论文进行了文本分析,揭示他们引用文献时的习惯,如参考文献的数量、语种、文

①　THORNLEY C, WATKINSON A, NICHOLAS D, et al. The role of tust and authority in the citation behaviour of researchers[J]. Information research, 2015, 20(3).

②　JAMALI H R, NICHOLAS D, WATKINSON A, et al. How scholars implement trust in their reading, citing and publishing activities: geographical differences[J]. Library & information science research, 2014, 36:192-202.

③　ABRIZAH A, NICHOLAS D, ZOHOORIAN-FOOLADI N, et al. Gauging the quality and trustworthiness in the citation practices of Malaysian academic researchers[J]. Pakistan journal of information management & libraries,2016(17): 126-136.

④　SINGSON M, SUNNY S K, THIYAGARAJAN S, et al. Citation behavior of Pondicherry University faculty in digital environment: a survey[J]. Global knowledge, memory and communication, 2020, 69 (4/5): 363-375.

⑤　刘庆荣,邓鹂鸣.中国硕士学生引用行为身份构建(英文)[J].中国应用语言学(英文),2019,42(3): 365-385,401.

献类型、有效参考文献的比例及信息源。孙厌舒[1]以 26 名英语语言学专业一、二年级研究生为研究对象也开展了类似研究,深入分析了两个年级学生课程论文中的引用形式(融入式和非融入式)、引用类型(直引、借用、阐释)、引用强度(频次)和不同年级间的差异等。该研究认为二年级研究生与一年级研究生的学术适应程度具有差异,因而其引用行为不同。为探讨马来西亚某大学同一学科的非英语母语专家与非英语母语学术新人在论文写作时引用形式的差异,Mansourizadeh 和 Ahmad[2]对其发表的 14 篇研究论文进行内容分析,通过编码发现学术新人的引文通常独立出现,而专家则更擅长于整合多种信息资源并且更好地利用非融入式引用。

以个体科研人员为对象,分析其所引用的全部作者,即形成了该科研人员的引用认同(citation identity)或引证形象(citation image)。[3] 对科研人员所引作者集合中不同作者的被引频次和排序进行统计,可用于特定学者的评价及科学交流的广度分析。基于引用认同的思想,周春雷[4]提出了引荐分析法,并进一步发展为学术授信评价法,认为学术授信是一个学者用自身的学术信誉和知识判断作为保证,向除自己之外的学者推荐某学者或学术成果的行为,该过程可理解为信任的传递。

该主题的第二类研究则多采用参考文献分析法(cited reference analysis)探索不同类别科研人员引用行为的特征。比如,Larivière 等[5]基于大规模的学术文献比较博士生与教师的引用行为差异,包括参考文献数量、类型、新旧、自引、期刊影响因子等特征。研究发现:(1) 博士生引用的参考文献数量更多,时间更新;(2) 相较于教师,健康领域、社会科学与人类学领域的博士生更多地引用会议论文,而自然科学与工程领域的结果则相反;(3) 教师自引及引用本国作者的情况更多见。类似的研究生与教师间引用行为差异的比较研究也已在哲学领域开展[6]。Ashman等[7]选择来自路易斯维尔大学五个学科的 100 篇博士论文,对将博士论文上传

① 孙厌舒.硕士生英语学术写作中的文献使用研究:文本借用、引用行为与学术适应[D].济南:山东大学,2016.

② MANSOURIZADEH K, AHMAD U K. Citation practices among non-native expert and novice scientific writers[J]. Journal of English for academic purposes, 2011, 10(3): 152 - 161.

③ 苏芳沥.引用认同和引证形象研究[D].南京:南京大学,2012.

④ 周春雷.基于 h 指数的学术授信评价研究[D].武汉:武汉大学,2010.

⑤ LARIVIÈRE V, SUGIMOTO C R, BERGERON P. In their own image? A comparison of doctoral students' and faculty members' referencing behavior[J]. Journal of the American Society for Information Science and Technology,2013, 64(5): 1045 - 1054.

⑥ BELTER C W, KASKE N K. Alignment of citation behaviors of philosophy graduate students and faculty[J]. College & research libraries, 2016, 77(4): 410 - 422.

⑦ ASHMAN, ALLEN B. A Citation analysis of ETD and Non-ETD producing authors[J]. Reference librarian, 2013, 54(4): 297 - 307.

至本校图书馆线上发表与未线上发表的博士生的引用行为进行比较,该研究发现,两者在参考文献数量、每节及每页的参考文献数量、参考文献新旧三种引用行为特征上均无差异,同时两者所引用的电子资源类及期刊类参考文献所占比例也相当。

为比较互联网普及时代与前互联网时代 IT 领域科研人员的引用行为差异,Wu 等[1]随机抽取了 2038 篇 IT 领域的学术论文,通过对其参考文献的分析发现,相较于前互联网时代,互联网普及时代科研人员:(1)引用的文献话题相似度更高;(2)对中层次机构学者发表论文的引用更多;(3)引用的参考文献期刊影响因子排名增大,即影响因子降低;(4)引用的参考文献年龄增加,即参考文献发表时间更久远。Li 等[2]基于 LDA(Latent Dirichlet Allocation)模型对美国物理学会期刊集中 1893—2009 年间所有论文的摘要进行分析,以发掘科研人员的引用行为随时间变化的情况。研究发现:科研人员自己先前开展的研究与当前研究的相似性较大,科研活动具有连贯性;其参考文献的相似度区间也较为固定,而非无限制增大;此外,该领域科研人员对名家论文具有明显的引用偏好。也有研究对某大气和海洋研究机构所有作者引用的文献集合进行了分析,揭示了该机构学者引用的参考文献数量、新旧、期刊类型及其共被引网络(co-citation network),以期为该机构图书馆的文献资源建设提供参考。[3]

2.4.2　学科、期刊的引用模式研究

基于学术出版物集合,在宏观层面对参考文献进行分析,其分析单元往往是整个学科或多个学科,且共时、历时分析皆已开展。宏观层面的大量研究表明,总体上,不同学科具有不同的引用习惯,从而其参考文献中体现出不同的特征。[4] 这些差异反映了某一学科的传统和习惯,也在很大程度上支持了"科学是一个社会过程(Science is a social process)"[5]。这一社会过程也提示,引用模式

① WU L L, HUANG M H, CHEN C Y. Citation patterns of the pre-web and web-prevalent environments:the moderating effects of domain knowledge[J]. Journal of the American Society for Information Science and Technology, 2012, 63(11):2182 – 2194.

② LI B J, GU W W, LU Y H, et al. Exploring scientists' research behaviors based on LDA[C]. Intelligent Computing, Proceedings of the 2019 Computing Conference, Volume 2. Springer International Publishing, 2019:178 – 189.

③ BELTER C W, KASKE N K. Using bibliometrics to demonstrate the value of library journal collections[J]. College & research libraries, 2016, 77(4):410 – 422.

④ MILOJEVIC S. How are academic age, productivity and collaboration related to citing behavior of researchers? [J]. PLoS one, 2012, 7(11):e49176.

⑤ CRONIN B. The citation process:the role and significance of citations in scientific communication [M]. London:Taylor Graham, 1984. 转引自 MILOJEVIC S. How are academic age, productivity and collaboration related to citing behavior of researchers? [J]. PLoS one, 2012, 7(11):e49176.

随时间发生变化。

基于学科层面,杨思洛等[①]从文献计量学的历时分析视角,比较了网络环境下国内科研人员引证行为的变化,该研究发现:(1)随着科技进步和科学交流的加速,总体上发文量和篇均参考文献数量逐年增加,且国内学者更倾向于引用最新的研究成果;(2)相较于哲学、物理学和机械工程,图书情报学的论文在发表1~3年后篇均被引量最大,而发表10年后平均被引量最小,但物理学和机械工程则相反,其领域内发表的论文10年后获得最大篇均被引量;(3)在这四个学科中,论文未被引率呈现相近趋势,即论文发表1年后,未被引率保持稳定,发表2年后下降明显且在5年后急剧下降;(4)在物理学与机械工程领域,早期发表的论文一直具有较高的被引量,这表明早期论文的价值经久不衰。一项基于英国各学科2003—2008年发表的各类型出版物的研究则表明,该国出版物的平均参考文献数量并未随时间发生明显变化,但在学科间存在差异;同时,参考文献中期刊论文的比例明显增加,而书籍、灰色文献的比例则明显降低。[②]Hammarfelt[③]以一本文学期刊发表的论文和瑞典研究院的基金项目申请书为例,分析了瑞典文学领域的引用模式,研究发现:该领域的参考文献类型主要是专著和文选;英语是最主要的参考文献语种,其次是瑞典语;此外,性别也可能影响引用模式,比如在项目申请书中引用女性作者的情况显著多于期刊论文。

在心理学领域,对1985年、1995年、2005年发表在高被引心理学期刊上论文进行的内容分析发现,新发表的论文引用较老文献的趋势显著增强,此外,参考文献数量和自引数量也随时间增加,但自引比例始终保持在10%左右。[④]类似的研究也在历史学领域开展,该研究表明,人文学科内部的各个学科领域也具有相异的引用模式,比如在历史学中,对独著型专著的引用就显著多于期刊论文。[⑤]也有研究基于JCR的学科数、期刊数、学科期刊发文量、学科期刊被引量等各项计量指标,侧面揭示各学科科研人员的学术交流和引用行为。[⑥]

① 杨思洛,邱均平,丁敬达,等.网络环境下国内学者引证行为变化与学科间差异:基于历时角度的分析[J].中国图书馆学报,2016,42(2):18-31.

② CREASER C, OPPENHEIM C, SUMMERS M A C. What do UK academics cite? An analysis of references cited in UK scholarly outputs[J]. Scientometrics,2011,86(3):613-627.

③ HAMMARFELT B. Harvesting footnotes in a rural field: citation patterns in Swedish literary studies[J]. Journal of documentation,2012,68(4):536-558.

④ GÜNTER K. Acceleration of citing behavior after the millennium? Exemplary bibliometric reference analyses for psychology journals[J]. Scientometrics,2010,83(2):507-513.

⑤ MUST U. Alone or together: examples from history research[J]. Scientometrics,2012,91:527-537.

⑥ 罗力,张嫄.基于JCR的科研人员交流学术信息与引用研究成果行为的比较研究[J].图书情报知识,2008(5):56-61.

此外,部分学者就期刊层面开展了引用模式研究。比如,索传军和王雪艳[①]选择《哲学研究》《物理学报》两本期刊,以 10 年为间隔抽取论文样本,并对这些施引文献的引用特征随时间的演变进行了分析。该研究发现:两本期刊的篇均参考文献数量随时间增加,且后者的增长幅度更大;但两者参考文献载体类型为期刊论文和图书的总比重始终在 90% 左右。该研究还探讨了引用模式的变化对基于引文的学术评价可靠性的影响:采用被引频次、影响因子等对期刊及其所发表的论文进行评价,导致了包括自引、互引在内的期刊操纵引用行为。孙建军等[②]采用 CART 决策树算法,根据期刊自引率、被引年代分布、被引密度比、引用密度比 4 个指标,对期刊操纵引用行为进行识别。

2.4.3 规范/失范引用行为研究

引用行为在科学研究中具有普遍性和重要性,针对引用行为中的失范现象和如何建立规范的引用行为,学界开展了反思与探讨。比如,朱大明[③]认为目前科学研究中存在着用而不引、引而无用、随意转引及不当自引等 11 类引用失范现象,并呼吁权威部门和科技部、教育部、编辑学会等学术机构联合制订"科研引证行为准则"。邓履翔等[④]提出了一种新的不当引用行为——欺诈引用,认为其表现为高校为尽快提升排名,通过改变教师考核方式等行政手段,鼓励教师提高论文被引频次。该文指出高校、科研管理部门、编辑、作者自身和读者都对这一行为具有揭露和规范义务。

此外,也有研究对具体的失范引用现象进行了深入分析。Liang 等[⑤]从一篇 1970 年发表的论文卷期被错误标注的现象出发,揭示了引用错误沿着引文网络的传播形式,包括:(1) 引用了该论文但直接从其他施引文献中复制著录格式到自己文献中;(2) 没有引用该论文却复制著录格式到自己文献中;(3) 直接从自己以前的施引文献中复制著录格式而未重新核实著录格式的正确性。这些不当的做法导致了一篇论文的著录错误在科研交流中随时间和空间传播,该研究表明,科研人员、外审专家及期刊编辑都应避免参考文献著录错误的产生和扩散。

① 索传军,王雪艳.引用行为的演变趋势及其对引文评价的影响分析[J].图书情报工作,2019,63(24):97-106.

② 孙建军,鞠秀芳,裴雷,等.基于 CART 分类方法的期刊操纵引用行为识别建模研究[J].情报学报,2013,32(10):1058-1067.

③ 朱大明.关于制定"科学引证行为准则"的探讨[J].科技导报,2007,25(14):72-74.

④ 邓履翔,王维朗,陈灿华.欺诈引用——一种新的不当引用行为[J].中国科技期刊研究,2017,29(3):237-241.

⑤ LIANG L M, ZHONG Z, ROUSSEAU R. Scientists' referencing (mis)behavior revealed by the dissemination network of referencing errors[J], Scientometrics, 2014,101:1973-1986.

Davenport 和 Synder[①] 从社会学期刊中选择 100 篇论文,对这些论文的作者性别及其参考文献作者性别进行编码,研究发现,第一作者为女性的论文被女性作者引用的比例明显高于其被男性作者引用的比例,且女性作者被男性作者引用的情况更少见。该研究认为,在引用行为中存在的性别偏倚(bias)对科学研究不利。McCusker[②] 也详细阐述了性别偏倚的引用行为所带来的危害,认为性别偏倚的引用行为造成了认知不公(epistemic injustice),也给女性科研人员个人和整个学术界带来了认知伤害(epistemic harm),这种伤害对于个人和学术界存在累积效应。

2.4.4　引用行为影响因素

引用动机揭示作者引用的原因,但引用时为什么选择该论文而非另一篇论文仍受到较多因素的影响。引用行为影响因素的研究主要有两个路径:基于论文集的参考文献分析,以及基于施引者个人的访谈或问卷研究,分别对应两种研究对象。科研人员在学术研究中对文献的使用可以认为是一个三阶段的决策过程,即筛选、阅读、引用。[③] 关于决策制定的大量研究表明,决策判据(decision criteria)、个人知识(personal knowledge)和决策语境(decision context)将影响决策行为。[④]

判据是信息行为领域经典的研究主题。已有研究揭示了科研人员在检索相关性(relevance)评估(如成颖[⑤])、阅读决策(如 Wang 和 Soergel[⑥])、信息质量评估(如 Zhang 等[⑦])等过程中采用的判据。Zhang 等将信息质量评估判据定义为评价信息质量的抽象规则,这反映了评价者对哪些重要的方面能决定信息质量这一问题所持有的价值观;判据与指标(indicator)存在区别,后者指与信息源或

---

①　DAVENPORT E, SNYDER H. Who cites women? Whom do women cite?: an exploration of gender and scholarly citation in sociology[J]. Journal of documentation,1995,51(4):404-410.

②　MCCUSKER D. What is the harm of gendered citation practices[J]. Philosophy of science,2019,86:1041-1051.

③　WANG P, WHITE M D. A cognitive model of document use during a research project. Study Ⅱ: decisions at the reading and citing stages[J]. Journal of the American Society for Information Science,1999,50(2):98-114.

④　WANG P, SOERGEL D. A cognitive model of document use during a research project. Study I: document selection[J]. Journal of the American Society for Information Science,1998,49(2):115-133.

⑤　成颖.信息检索相关性判据及应用研究[D].南京:南京大学,2011.

⑥　WANG P, SOERGEL D. A cognitive model of document use during a research project. Study I: Document selection[J]. Journal of the American Society for Information Science[J],1998,49(2):115-133.

⑦　ZHANG Y, SUN Y, XIE B. Quality of health information for consumers on the web[J]. Journal of the Association for Information Science and Technology,2015,66:2071-2084.

信息内容有关的、可直接观察的属性,为评价信息源或信息内容是否满足某一判据提供线索。也就是说,客观存在的信息线索引起了评价者主观的感知,后者即判据。在决定是否引用某一论文的过程中,用户也需要对引文进行认知评估。本书将用户在评估是否引用论文时的抽象规则定义为引文选择判据(citation selecting criteria)。这些判据由学术论文及其来源(如作者、出版物)等直接线索引发,因此,本书将其整理为学术论文类影响因素。

关于语境(context)的含义,学界展开了广泛探讨。Dervin[①]认为,语境是一个包含时间、地点、任务、情景(situation)、过程、组织及不同类型参与者等在内的多维概念。Zhang[②]的语境模型也涉及人口统计学、认知、情感、情景及社会环境五个层次。由此可见,目前学界基本认同语境具有丰富的内涵,不仅包括事件或活动发生的情景及社会文化环境,而且涉及行动者个人的人口统计学特征、兴趣、能力及动机等。鉴于语境与情景含义范围的不同,且引用行为研究中与科研人员相关的影响因素已得到了充分关注与探索,本书将科研人员类因素单独考量。

故而,借鉴决策理论,本书将影响科研人员学术论文引用行为的因素分为三大类:学术论文类影响因素、科研人员类影响因素及情景类影响因素(表2.4-1)。

表 2.4-1　引用行为影响因素研究概况

研究对象	数据收集方法	数据分析方法	涉及的影响因素类别	举例
施引者	访谈、问卷	描述性统计、二元分析、结构方程模型	学术论文类影响因素、科研人员类影响因素、情景类影响因素	Tenopir 等[③];张 敏等[④];邱均平 等[⑤];Wang 和 White[⑥]

① DERVIN B. Given a context by any other name: methodological tools for taming the unruly beast [M]. //DERVIN B, FOREMAN-WERNET L, LAUTERBACH E. Sense-making methodology reader: selected writings of Brenda Dervin. Cresskill, NJ: Hampton Press, 2003: 111-132.

② ZHANG Y. Toward a layered model of context for health information searching: an analysis of consumer-generated questions[J]. Journal of American Society of Information Science and Technology, 2013, 64: 1158-1172.

③ TENOPIR C, LEVINE K, ALLARD S, et al. Trustworthiness and authority of scholarly information in a digital age: results of an international questionnaire[J]. Journal of the American Society for Information Science and Technology, 2016, 67(10): 2344-2361.

④ 张敏,赵雅兰,张艳.从态度、意愿到行为:人文社会科学领域引文行为的形成路径分析[J].现代情报,2017,37(9): 23-29.

⑤ 邱均平,陈晓宇,何文静.科研人员论文引用动机及相互影响关系研究[J].图书情报工作,2015(9): 36-44.

⑥ WANG P, WHITE M D. A cognitive model of document use during a research project. Study II: decisions at the reading and citing stages[J]. Journal of the American Society for Information Science, 1999, 50(2): 98-114.

（续表）

研究对象	数据收集方法	数据分析方法	涉及的影响因素类别	举例
论文集		参考文献分析、二元分析、回归分析	科研人员类影响因素	谢娟 等①；Larivière 等②；Milojevic③；Costas 等④

2.4.4.1 学术论文类影响因素

质量与可信赖性。一项国际性调查研究收集了来自全球 3600 多名科研人员的信息，并分析了科研人员如何判断所阅读、引用的学术信息及渠道的质量与可信赖性（trustworthiness）。⑤ 该研究表明，科研人员倾向于引用经同行评议的期刊论文，同时，科研人员倾向于仅在无法找到可替代的期刊论文时才引用会议论文，因为他们认为会议论文是投机性的（speculative）且可靠性较低；在不同的学科中，由于信任度更高，物理学领域的科研人员更倾向于引用他们熟识的人。采用该调查问卷，在马来西亚科研人员中开展的一项调查显示，各学科的科研人员倾向于引用高质量的参考文献，且不少科研人员认为 OA 期刊上的论文质量较低；该国科研人员认为发表于高影响因子期刊、经同行评议及发表自所信任的作者的论文可信赖性更高。⑥ Jamali 等⑦也开展了相似研究，并进行了发达国家与发展中国家科研人员间的比较。一项访谈研究发现，当科研人员无法确定信息源是否权威、值得信任时，他们会通过该信息源的被引情况来辅助判断是否需

---

① 谢娟,成颖,孙建军,等.基于信息使用环境理论的引用行为研究:参考文献分析的视角[J].中国图书馆学报,2018,44(5):59-75.

② LARIVIÈRE V, SUGIMOTO C R, BERGERON P. In their own image? A comparison of doctoral students' and faculty members' referencing behavior[J]. Journal of the American Society for Information Science and Technology, 2013, 64(5):1045-1054.

③ MILOJEVIC S. How are academic age, productivity and collaboration related to citing behavior of researchers? [J]. PLoS one, 2012, 7(11):e49176.

④ COSTAS R, LEEUWEN T N V, BORDONS M. Referencing patterns of individual researchers: do top scientists rely on more extensive information sources? [J]. Journal of the American Society for Information Science and Technology, 2012, 63(12):2433-2450.

⑤ TENOPIR C, LEVINE K, ALLARD S, et al. Trustworthiness and authority of scholarly information in a digital age: results of an international questionnaire[J]. Journal of the American Society for Information Science and Technology, 2016, 67(10):2344-2361.

⑥ ABRIZAH A, NICHOLAS D, ZOHOORIAN-FOOLADI N, et al. Gauging the quality and trustworthiness in the citation practices of Malaysian academic researchers[J]. Pakistan journal of information management & libraries,2016(17):126-136.

⑦ JAMALI H R, NICHOLAS D, WATKINSON A, et al. How scholars implement trust in their reading, citing and publishing activities: geographical differences[J]. Library & information science research, 2014, 36:192-202.

要进行引用。① 部分研究将质量进一步量化为准确性、新颖性、相关性、可理解性、及时性②、③、④,或将其视为理论、方法及主题上的参考价值⑤,从而验证质量对引用行为的影响。李力⑥基于精细加工可能性模型将中心路径变量定义为科学文献质量,采用结构方法模型方法,也证实了质量影响对文献有用性的感知,进而影响科研人员的引用意向。

全面性。全面性反映了学术论文的深度,即是否综合、全面、提供了足够的细节。科研人员在阅读学术文献后没有进行引用,而只是将该文献作为背景性知识,因为其过于宽泛而缺少细节信息。⑦

声誉。部分研究也证实了学术论文的声誉对科研人员引用行为的影响。比如,张敏等⑧通过作者、期刊、机构声誉来衡量学术文献声誉,通过问卷调查和结构方程模型分析他们发现,文献声誉正向影响科研人员的引文态度,进而正向影响其引用意愿和引用行为。除引文态度外,该课题组的系列研究基于态度多组分模型和社会认知理论,分别证实了上述三种文献声誉指标对科研人员的情感反应⑨、情感结果预期⑩的显著促进作用。Wang 和 White⑪ 通过访谈也发现,声誉是科研人员阅读和引用文献的主要判据之一,包括对作者、组织机构及期刊是否具有较高声誉的判断,该判据被参与访谈的 15 名科研人员中的 5 人提及了20 次。除期刊声誉外,该研究还发现,科研人员在决定是否引用时也会考虑期刊在领域内的地位,即其是否出自学术交流的中心,是否主流。有研究证实参考

---

① THORNLEY C, WATKINSON A, NICHOLAS D, et al. The role of trust and authority in the citation behaviour of researchers[J]. Information research, 2015, 20(3):1 - 12.

② 张敏,赵雅兰,张艳.从态度、意愿到行为:人文社会科学领域引文行为的形成路径分析[J].现代情报,2017,37(9):23 - 29.

③ 张敏,夏宇,刘晓彤.科技引文行为的影响因素分析[J].情报理论与实践,2017,40(4):72 -77.

④ 张敏,刘盈,严炜炜.科研工作者引文行为的影响因素及认知过程——基于情感结果预期和绩效结果预期的双路径分析视角[J].图书馆杂志,2018,37(6):74 -84.

⑤ 张敏,夏宇,刘晓彤,等.科技引文行为的影响因素及内在作用机理分析:以情感反应、认知反应和社会影响为研究视角[J].图书馆,2017(5):77 - 84.

⑥ 李力.学术信息自我效能调节下科学文献引用行为规律研究[D].武汉:武汉大学,2017.

⑦ WANG P, WHITE M D. A cognitive model of document use during a research project. Study II:decisions at the reading and citing stages[J]. Journal of the American Society for Information Science, 1999,50(2):98 - 114.

⑧ 张敏,赵雅兰,张艳.从态度、意愿到行为:人文社会科学领域引文行为的形成路径分析[J].现代情报,2017,37(9):23 - 29.

⑨ 张敏,夏宇,刘晓彤.科技引文行为的影响因素分析[J].情报理论与实践,2017,40(4):72 - 77.

⑩ 张敏,刘盈,严炜炜.科研工作者引文行为的影响因素及认知过程——基于情感结果预期和绩效结果预期的双路径分析视角[J].图书馆杂志,2018,37(6):74 - 84.

⑪ WANG P, WHITE M D. A cognitive model of document use during a research project. Study Ⅱ:decisions at the reading and citing stages[J]. Journal of the American Society for Information Science, 1999, 50(2): 98 - 114.

文献所在期刊声誉与施引者对参考文献的感知必要性具有正向相关关系,但该效应在回归分析中不显著。[①] Hu 等[②]通过期刊的口碑、影响因子、是否被收录及年龄来测度期刊的学术地位,并采用结构方程模型方法证实了期刊的学术地位对科研人员的不引用行为具有最大的贡献(路径系数为 0.83)。

可获取性。一项问卷调查研究发现,70％的科研人员认为获取文献并不困难,不过,当他们遇到障碍时也会借助于机构图书馆的服务。[③] 但也有研究表明可获取性与文献使用并无关系。[④]

此外,科研人员在选择是否引用学术论文时也会判断论文作者在相关主题的发文量:一般来说,科研人员倾向于不重复引用同一作者在同一领域发表的多篇论文,这是因为他们认为这些论文中将很少出现新的信息。[④]其他的论文表面特征(作者数、篇幅、作者母语、参考文献数)也能一定程度上促使科研人员不进行引用。[⑥]决定引用的判据还包括学术论文是否为经典文献、是否为学界的基础共识等。[④]知识声明(knowledge claim)和价值感知(value perception)作为学术文献内部因素,将影响施引者的参考文献数量及对参考文献重要性的感知,同时,科研人员对不同语种的参考文献感知重要性也不同。[⑤] 然而,社交媒体中的各项指标,如提及数、点赞数及下载量仅与学术文献的流行度(popularity)有关,而不影响科研人员对论文质量的感知。[⑥]

2.4.4.2 科研人员类影响因素

年龄与学术年龄。科研人员的年龄可能是影响其引用行为的因素之一。有研究表明,在决定是否值得引用时,年轻学者更重视外部线索(cues)和指标,如期刊影响因子、作者国籍、是否被权威数据库编入索引及下载量等,而年长的学

① LIU M. A study of citing motivation of Chinese scientists[J]. Journal of information science, 1993, 19(1): 13 - 23.

② HU Z, WU Y, SUN J. A survey-based structural equation model analysis on influencing factors of non-citation[J]. Current science, 2018, 114(11): 2302 - 2312.

③ KLITZING N, HOEKSTRA R, STRIJBOS J W. Literature practices: processes leading up to a citation[J]. Journal of documentation, 2019, 75(1): 62 - 77.

④ PRABHA C G. Some aspects of citation behavior: a pilot study in business administration[J]. Journal of the American Society for Information Science, 1983, 34(3): 202 - 206.

⑤ LIU M. A study of citing motivation of Chinese scientists[J]. Journal of information science, 1993, 19(1): 13 - 23.

⑥ TENOPIR C, LEVINE K, ALLARD S, et al. Trustworthiness and authority of scholarly information in a digital age: results of an international questionnaire[J]. Journal of the American Society for Information Science and Technology, 2016, 67(10): 2344 - 2361.

者更倾向于用自己的知识判断论文的质量和可信赖性。[1] 谢娟等[2]的研究也支持了这一结论：年龄越大的科研人员所引用的参考文献数量、外文文献和网络资源均越少，且科研人员的自引随着其年龄与学术年龄而增加，这表明年龄较大的学者科研经验丰富，成果丰硕，其自身的学术水平已经积累到了较高的水平。但也有研究表明，虽然年长者更多利用早期文献，但年长学者与年轻学者使用参考文献的数量相当[3]；甚至有研究发现了年龄与职业的交叉效应，即年龄大的博士生引用的参考文献数量反而更多[4]。

性别。对 LIS 领域期刊论文的参考文献进行分析发现，男性学者倾向于引用较多的参考文献且对外文文献和 1 区期刊论文具有较大的引用偏好；此外，男性作者的自引比例也明显高于女性作者。Wang 等[5]采用指数随机图模型（Exponential Random Graph Models），以大样本论文为数据构建网络，发现施引者更倾向于引用与自己性别相同的科研人员。对 LIS 领域两本电子期刊进行分析则发现，男性、女性施引者都更倾向于引用男性作者的论文，且男性学者引用男性比女性学者引用女性更多。[6] 但也有研究表明不同性别的学者间引用行为没有显著差异。[7]

所属学科。一项问卷调查研究显示，生命科学领域的科研人员更重视数据来源可信度，而人类学领域则对信息源、作者、出版商、期刊等更为重视；此外，社会科学领域科研人员认为最重要的引用判据是被引频次，而自然科学领域则认为初次提出相关成果的论文最重要。在马来西亚各学科的科研人员中进行同样的问卷调查也发现，在 16 种引用行为特征中，有 5 种的重要性程度存在明显的学科差异，比如倾向于引用高影响因子的期刊论文、倾向于引用 OA 期刊论文、

---

①　TENOPIR C，LEVINE K，ALLARD S，et al. Trustworthiness and authority of scholarly information in a digital age：results of an international questionnaire[J]. Journal of the American Society for Information Science and Technology，2016，67(10)：2344 - 2361.

②　谢娟,成颖,孙建军,等.基于信息使用环境理论的引用行为研究：参考文献分析的视角[J].中国图书馆学报,2018,44(5):59 - 75.

③　MILOJEVIC S. How are academic age，productivity and collaboration related to citing behavior of researchers？[J]. PLoS one，2012，7(11)：e49176.

④　KOLER-POVH T，TURK Z. Information literacy of doctoral students in engineering and the librarian's role[J]. Journal of librarianship and information science，2020，52(1)：27 - 39.

⑤　WANG B L，BU Y，XU Y. A quantitative exploration on reasons for citing articles from the perspective of cited authors[J]. Scientometrics，2018，116：675 - 687.

⑥　REECE-EVANS L. Gender and citation in two LIS e-journals：a bibliometric analysis of LIBRES and information research[J]. Libres，2010，20(1)：1 - 18.

⑦　SINGSON M，SUNNY S K，THIYAGARAJAN S，et al. Citation behavior of Pondicherry University faculty in digital environment：a survey[J]. Global knowledge，memory and communication，2020，69 (4/5)：363 - 375.

倾向于引用本国论文等行为。[①] 类似的研究还有 Thornley 等[②]。在对心理学和生物学领域科研人员的调查中发现,施引文献中引文位置的分布具有显著的学科差异,心理学领域的引言中引用更多,而生物学中讨论部分引用更多;该研究还表明引文位置显著影响施引者对参考文献的感知重要性,但后者与学科并无明显关系。[③] 在健康领域及社会科学与人文领域,科研人员引用会议论文更多,而在自然科学与工程领域则相反;科研人员引用的参考文献期刊影响力水平也因学科领域而不同。[④]

自我效能。张敏等[⑤]的研究发现,科研人员的引用自我效能对其引用意愿和引用行为都有正向影响,该研究将引文自我效能定义为科研人员对自身完成引用行为能力的评估与感知,并从信息检索和信息甄别两个方面进行测度。该课题组在另一项研究中也证实了自我效能对引用行为的影响,同时,学术信息素养和团队领导支持能显著提升科研人员的引用自我效能。[⑥] 李力[⑦]通过访谈构建了学术信息自我效能量表,并基于问卷调查和结构方程模型证实了学术信息自我效能对质量、信源可信度、声誉与感知文献有用性间关系的调节作用。

学术等级。Mansourizadeh 和 Ahmad[⑧] 的研究对比了学术新人与专家的引用行为,发现学术新人在引用时以通过引文归因为主,而专家则会充分利用引文来支持、证明自己的观点;相比于学术新人,有经验的学者所进行的实质性引用(organic citations)更多[⑨]。Kafes[⑩] 对学术新人与专家引用行为进行比较也得到

①　ABRIZAH A, NICHOLAS D, NOORHIDAWATI A, et al. Not so different after all: Malaysian researchers' cross-discipline view of quality and trustworthiness in citation practices [J]. Learned publishing, 2016, 29: 165 - 172.

②　THORNLEY C, WATKINSON A, NICHOLAS D, et al. The role of trust and authority in the citation behaviour of researchers[J]. Information research, 2015, 20(3): 1 - 21.

③　TANG R, SAFER M A. Author-rated importance of cited references in biology and psychology publications[J]. Journal of documentation, 2008, 64(2): 246 - 272.

④　LARIVIÈRE V, SUGIMOTO C R, BERGERON P. In their own image? A comparison of doctoral students' and faculty members' referencing behavior[J]. Journal of the American Society for Information Science and Technology, 2013, 64(5): 1045 - 1054.

⑤　张敏,赵雅兰,张艳.从态度、意愿到行为:人文社会科学领域引文行为的形成路径分析[J].现代情报,2017,37(9):23 - 29.

⑥　张敏,刘盈,严炜炜.科研工作者引文行为的影响因素及认知过程——基于情感结果预期和绩效结果预期的双路径分析视角[J].图书馆杂志,2018,37(6):74 - 84.

⑦　李力.学术信息自我效能调节下科学文献引用行为规律研究[D].武汉:武汉大学,2017.

⑧　MANSOURIZADEH K, AHMAD U K. Citation practices among non-native expert and novice scientific writers[J]. Journal of English for academic purposes, 2011, 10(3): 152 - 161.

⑨　TANG R, SAFER M A. Author-rated importance of cited references in biology and psychology publications[J]. Journal of documentation, 2008, 64(2): 246 - 272.

⑩　KAFES H. Citation practices among novice and expert academic writers [J]. Education and science, 2017, 42: 441 - 462.

了类似结论。除上述二元分类外,也有研究采用职称衡量学术等级,并发现:正高职称的学者自引较多,而中级职称的学者较其他学者而言,明显偏好引用外文文献,且对 1、2 区期刊论文的引用偏好最大;此外,不同学衔的科研人员在期刊论文、专著、网络资源和学位论文引用率上也具有一定差异。① 在西班牙国家科研机构中,顶尖科学家的篇均参考文献数量明显更多,且在排除了合作和自引的影响后,该优势依然存在。②

引用动机。引用动机也被证实是影响引用行为的重要因素。比如,邱均平等③通过结构方程模型研究证实了科研人员的内在引用动机对其引用行为的影响,以及内在动机通过外在动机对引用行为的间接影响。研究生在学术写作时最重要的引用动机是为了完成学业要求,因而他们多通过引文来表示对权威专家和高质量成果的尊重,并未能通过引文构建自己的学术身份。④ Liu⑤、Tang 和 Safer⑥ 及 Klitzing 等⑦的研究也支持了引用动机的影响。

所属机构。处在不同机构的科研人员也呈现出不同的引用行为。比如,有研究发现,高校、研究所和公共图书馆的学者对参考文献数量的偏好逐次降低,且就职于高校的学者比研究所、公共图书馆的学者更倾向于使用高质量期刊论文;将机构等级进一步细分可知,985 高校就职的学者引用参考文献较多,学者们对 1 区期刊论文的引用偏好也随着高校层次依次降低。⑧ 一项问卷调查研究发现,来自非精英机构的学者在其引言中进行更频繁的引用,而精英机构的学者则更倾向于在结果部分进行引用,这说明引文位置的分布也具有显著的机构差异。⑨

---

① 谢娟,成颖,孙建军,等.基于信息使用环境理论的引用行为研究:参考文献分析的视角[J].中国图书馆学报,2018,44(5):59 – 75.

② COSTAS R, LEEUWEN T N V, BORDONS M. Referencing patterns of individual researchers: do top scientists rely on more extensive information sources? [J]. Journal of the American Society for Information Science and Technology, 2012, 63(12): 2433 – 2450.

③ 邱均平,陈晓宇,何文静.科研人员论文引用动机及相互影响关系研究[J].图书情报工作,2015(9):36 – 44.

④ 王俊菊,杨凯,孙田丰.英语研究生学术写作的文献引用特征研究[J].外语界,2017(5):56 – 64.

⑤ LIU M. A study of citing motivation of Chinese scientists[J]. Journal of information science, 1993, 19(1): 13 – 23.

⑥ TANG R, SAFER M A. Author-rated importance of cited references in biology and psychology publications[J]. Journal of documentation, 2008, 64(2): 246 – 272.

⑦ KLITZING N, HOEKSTRA R, STRIJBOS J W. Literature practices: processes leading up to a citation[J]. Journal of documentation, 2019, 75(1): 62 – 77.

⑧ 谢娟,成颖,孙建军,等.基于信息使用环境理论的引用行为研究:参考文献分析的视角[J].中国图书馆学报,2018,44(5):59 – 75.

⑨ TANG R, SAFER M A . Author-rated importance of cited references in biology and psychology publications[J]. Journal of documentation, 2008, 64(2): 246 – 272.

教育背景。Taylor 的信息使用环境理论认为,教育是影响行为的最重要因素,而科研人员所接受的主要是正式教育,体现为其学科背景、学历及毕业院校等级。对 LIS 领域论文的参考文献进行分析发现:(1)具有交叉学科背景会影响科研人员对参考文献的选择,比如具有中国语言文学背景的 LIS 学者更倾向于引用经典的文献且引用外文文献较少;(2)国外院校或 985 高校毕业的学者和具有博士学历的学者,倾向于引用较多的参考文献,且更注重参考文献的质量及文献类型的多样性①;(3)回归分析结果显示,毕业于普通本科的学者倾向于引用质量较低的文献。导师的学科背景也将影响其博士生的引用行为,比如,对于具有 LIS 领域以外学科背景的导师,其博士生引用非 LIS 领域的参考文献更多。②

职业。有研究对学生、教师、研究员、工程师、图书馆员的引用行为进行了比较,发现教师与博士生的引用行为相近,且学生、教师与研究员对各种类型参考文献的使用率和偏好普遍高于图书馆员和工程师,这可能与他们能投入更多的时间、精力进行科学研究有关。另一项博士生与教师的引用行为对比研究③也表明,博士生引用的参考文献数量更多,时间更新,而教师更倾向于自引及引用本国的同事。Knievel④也对哲学领域的研究生与教师间引用的参考文献语种、文献类型、购买方式等引用行为进行了比较。

与被引者的关系。Tang 和 Safer⑤将施引者与被引者的关系分为三类:自引、与被引者为同事或具有合作关系、对被引者有一定的了解。该研究通过 t 检验发现,施引者认为自引的参考文献比非自引的参考文献重要性更高,而不了解被引者则显著降低参考文献的重要性感知。Milard 和 Tanguy⑥通过访谈将施引者与被引者的关系细分为 6 类,并通过相关分析发现,社会关系与引文的位

① 谢娟,成颖,孙建军,等.基于信息使用环境理论的引用行为研究:参考文献分析的视角[J].中国图书馆学报,2018,44(5):59-75.

② CRAIG FINLAY S, NI C, SUGIMOTO C. Different mysteries, different lore: an examination of inherited referencing behaviors in academic mentoring[J]. Library & information science research, 2018, 40: 277-284.

③ LARIVIÈRE V, SUGIMOTO C R, BERGERON P. In their own image? A comparison of doctoral students' and faculty members' referencing behavior[J]. Journal of the American Society for Information Science and Technology,2013, 64(5): 1045-1054.

④ KNIEVEL J. Alignment of citation behaviors of philosophy graduate students and faculty[J]. Evidence based library and information practice, 2013, 8:19-33.

⑤ TANG R, SAFER M A. Author-rated importance of cited references in biology and psychology publications[J]. Journal of documentation, 2008, 64(2): 246-272.

⑥ MILARD B, TANGUY L. Citations in scientific texts: do social relations matter? [J]. Journal of the Association for Information Science amnd Technology, 2018, 69(11): 1380-1395.

置、频率、文本特征等具有相关性。Costas 等①的研究也提示自引是可能的引用行为影响因素。此外,部分研究表明合作水平也可能是影响引用行为的重要因素。②、③从社会资本理论的视角出发,若学者 A 引用过 B,则他们之间存在着认知资本,若 A 与 B 合作过,表明两人存在关系资本,Tang 等④基于论文数据证实了这两类资本显著影响了 A 是否引用 B 的行为,且控制了国家、性别和互引等因素的影响;同时,该研究也证实,当 A 与 B 隶属于同一机构时存在竞争关系,这种竞争关系会弱化合作、过往引用关系对当前引用行为的影响。

发文量与被引量。有研究将科研人员的学术经验量化为发文量、学术声誉量化为被引量,以此探讨学术经验和声誉对科研人员引用参考文献数量的影响,经过参考文献分析与回归分析,研究发现:对于没有写过综述的学者,其学术经验与参考文献数量呈正相关,学术声誉与参考文献数量呈负相关。⑤ Wu 等⑥将以第一作者和通讯作者身份发表两篇及以上论文的学者定义为高知识水平学者,通过对其发文的研究发现,高知识水平学者更倾向于引用话题相关度高的、中等层次机构发表的、发表年份较早的论文。科研人员的专业性也可量化为发文量,研究发现低专业性的学者引用新查询到的文献显著多于引用已有文献,但专业性与参考文献类型间的相关关系并不显著。⑦ Milojevic⑧的研究也支持了施引者的发文量对其引用行为的影响。

---

① COSTAS R, LEEUWEN T N V, BORDONS M. Referencing patterns of individual researchers: do top scientists rely on more extensive information sources? [J]. Journal of the American Society for Information Science and Technology, 2012, 63(12): 2433 – 2450.

② MILOJEVIC S. How are academic age, productivity and collaboration related to citing behavior of researchers? [J]. PLoS one, 2012, 7(11): e49176.

③ COSTAS R, LEEUWEN T N V, BORDONS M. Referencing patterns of individual researchers: do top scientists rely on more extensive information sources? [J]. Journal of the American Society for Information Science and Technology, 2012, 63(12): 2433 –2450.

④ TANG X, WANG L, KISHORE R. Why do is scholars cite other scholars? an empirical analysis of the directand moderating effects of cooperation and competition among IS scholars on individual citation behavior [C]. //Proceedings of the Thirty Fifth International Conference On Information Systems. Auckland, New Zealand: Association for Information Systems, 2014: 1 – 18.

⑤ FRANDSEN T F, NICOLAISEN J. Effects of academic experience and prestige on researchers' citing behavior[J]. Journal of The American Society For Information Science And Technology, 2012, 63(1): 64 – 71.

⑥ WU L L, HUANG M H, CHEN C Y. Citation patterns of the pre-web and web-prevalent environments: the moderating effects of domain knowledge [J]. Journal of the American Society for Information Science and Technology, 2012, 63(11): 2182 – 2194.

⑦ COOPER H M. Literature-searching strategies of integrative research reviewers: a first survey [J]. Science communication, 1986, 8(2): 372 – 383.

⑧ MILOJEVIC S. How are academic age, productivity and collaboration related to citing behavior of researchers? [J]. PLoS one, 2012, 7(11): e49176.

除上述因素外,施引者与被引者研究兴趣的相似性也能促进前者对后者的引用①;一项 logistics 回归分析则表明学术工作经验与科研人员的不良引用习惯(二手引用与选择性阅读)并无显著关系②。还有研究提示是否使用母语写作③及施引者所在国家④都可能影响其引用行为。

2.4.4.3　情景类影响因素

主观规范。科研人员的引用意愿与引用行为可能受到所属科研团队重要成员的影响,张敏等⑤通过群体氛围和领导支持来衡量这种影响,却发现主观规范对科研人员引用意愿的影响并不显著。李力⑥也探讨了规范型因素对引用意愿的作用,却发现人际规范具有显著影响而社会规范的影响不显著。科研领域内对学位论文的要求、对博士生答辩的要求也影响了施引者在阅读、引用文献时的选择。⑦

此外,影响科研人员引用行为的情景类因素还包括感知领导意愿⑧、投稿过程中编辑或外审的意见⑨等。

---

① WANG B L, BU Y, XU Y. A quantitative exploration on reasons for citing articles from the perspective of cited authors[J]. Scientometrics, 2018, 116: 675 – 687.

② KLITZING N, HOEKSTRA R, STRIJBOS J W. Literature practices: processes leading up to a citation[J]. Journal of documentation, 2019, 75(1): 62 – 77.

③ FARNIA M, BAGHERI Z, SAEEDI M. Comparative citation analysis of applied linguistics research articles' introduction sections[J]. Brno studies in english, 2018, 44(1): 27 – 42.

④ DIDEGAH F, THELWALL M, GAZNI A. An international comparison of journal publishing and citing behaviours[J]. Journal of informetrics, 2012, 6(4): 516 – 531.

⑤ 张敏,赵雅兰,张艳.从态度、意愿到行为:人文社会科学领域引文行为的形成路径分析[J].现代情报,2017,37(9):23 – 29.

⑥ 李力.学术信息自我效能调节下科学文献引用行为规律研究[D].武汉:武汉大学,2017.

⑦ WANG P L, WHITE M D. A cognitive model of document use during a research project. Study Ⅱ: decisions at the reading and citing stages[J]. Journal of the American Society for Information Science, 1999, 50(2): 98 – 114.

⑧ 张敏,夏宇,刘晓彤,等.科技引文行为的影响因素及内在作用机理分析:以情感反应、认知反应和社会影响为研究视角[J].图书馆,2017(5):77 – 84.

⑨ KLITZING N, HOEKSTRA R, STRIJBOS J W. Literature practices: processes leading up to a citation[J]. Journal of documentation, 2019, 75(1): 62 – 77.

第 3 章 学术论文被引影响因素的 meta 分析

3.1 论文篇幅与被引量相关性的 meta 分析

3.1.1 问题的提出

关于论文篇幅与被引量的关系,不同学者得出了不同的结论。根据 Cohen[①]相关性强弱的判断准则,相关关系可分为:不相关($r=0.00\sim0.09$)、弱相关($r=0.10\sim0.29$)、中度相关($r=0.30\sim0.49$)及强相关($r=0.50\sim1.00$)四类。论文篇幅与被引量相关关系研究结论的不一致增加了学界深入理解被引量指标的模糊性和不确定性,因此对两者相关关系的综合效应进行研究十分必要。基于此,本研究采用 meta 分析方法,统合分析 18 项原始研究中的 24 个效应量,探讨论文篇幅与被引量的相关关系并发掘两者间关系的调节变量,为构建更具科学性的科研评价指标体系提供支持,同时为 meta 分析方法在文献计量学领域的应用提供参考。

3.1.2 研究设计

3.1.2.1 数据收集

第一步,浏览。浏览涉及论文篇幅与被引量研究的重点期刊(如 *Scientometrics*、*Journal of informetrics*、*Journal of the Association for Information Science and Technology*,以及《中国图书馆学报》《情报学报》等)的目录与参考文献,初步确定有关论文篇幅与被引量相关关系研究可能涉及的检索词。

第二步,检索。于 2017 年 6 月中旬完成,检索范围为 Web of Science、Scopus、EBSCO LISTA、Springer、Wiley、Emerald、PubMed、CNKI 和万方数据库。检索词为("Citation * ") AND ("number of page * " OR "length of

---

① COHEN J. Statistical power analysis for the behavioral sciences[M]. New York: Psychology Press, 1988.

paper * " OR "length of article * " OR "article length * " OR "number of print page * " OR "paper length * "),以及相应中文检索词,将上述检索词输入主题字段进行检索,无语种限制和时间限制。文献类型包括期刊论文、会议论文、学位论文等。通过检索结果标题与摘要的阅读,没有发现更多的检索词。对检索结果中的相关论文进行全文下载,获得可能纳入 meta 分析的研究 71 篇。

第三步,扩展检索。对第二步中检索到的 71 篇文献通过其引用与被引进行扩展检索,另外获得了 1 篇论文,合计 72 篇文献。

3.1.2.2　纳入排除标准

本研究选取相关系数作为原始效应量(Effect Size,ES)。为确定 meta 分析研究样本,本研究制定了以下 3 条纳入标准。

(1)以论文页数作为自变量,以总被引频次或年均被引频次作为因变量。

(2)报告了 Pearson 相关系数或 Spearman 相关系数。Hunter 和 Schmidt[1]指出,Spearman 等级相关系数与 Pearson 相关系数具有相同的抽样误差方差(sampling error variance),在 meta 分析中应同时考虑这两种相关系数。因此,本研究同时纳入结局指标为 Pearson 相关系数或 Spearman 相关系数的研究。

(3)报告了 t 统计量、F 统计量等可以转换为相关系数的统计量。Rosenthal[2] 提出,相关系数 r 可以由 t 统计量(公式 3.1 - 1)和一个自由度的 F 统计量(公式 3.1 - 2)转换得到:

$$r = \sqrt{\frac{t^2}{v + t^2}} \qquad (公式\ 3.1 - 1)$$

公式 3.1 - 1 中,v 为 t 检验的自由度。

$$r = \sqrt{\frac{F}{F + v_e}} \qquad (公式\ 3.1 - 2)$$

公式 3.1 - 2 中,v_e 为 F 检验的误差自由度。

同时,为排除内容不相关的研究,本研究制定了以下 5 条排除标准:

(1)计量报告、探讨论文篇幅与其他因素的相关性;

(2)标题长度、摘要长度、参考文献数量等局部篇幅指标与被引量的相关性;

(3)被引等级与论文篇幅相关性;

---

① HUNTER J E, SCHMIDT F L. Methods of meta-analysis: correcting error and bias in research findings[M]. 2nd ed. Thousand Oaks, CA: Sage, 2004.

② ROSENTHAL R. Meta-analytic procedures for social research[M]. Thousand Oaks, CA: Sage, 1991.

（4）未报告统计量或统计量不符合转换要求；

（5）未报告样本量。

经过全文筛选，大量研究不符合上述纳入排除标准因而没有纳入，最终得到了 18 篇相关研究。

3.1.2.3　变量编码

针对研究问题及原始研究提供的数据，对以下变量进行编码：作者（发表年份）、样本量、样本论文来源学科、样本论文来源期刊、样本论文质量、样本文献类型、引用时间窗（citation windows）及相关系数。

（1）引用时间窗：样本论文发表年份与该原始研究被引数据的收集年份之差，在 meta 回归中将引用时间窗按照年均、1～2 年、3～5 年、≥6 年分为四类，分别用数字 1～4 表示。

（2）样本文献类型：主要分为研究论文、综述和两者皆有，在 meta 回归中不考虑两种文献类型皆有的研究。

（3）样本论文质量：用样本论文来源期刊的质量表示，按样本论文来源期刊的 JCR 等级标识。1 区、2 区为高质量，3 区、4 区为一般；若研究中明确使用"leading""highly cited""major"等词来描述样本论文或其来源期刊，则相应样本论文质量编码为高质量。

（4）样本论文来源学科：依据 Web of Science 数据库的分类准则完成。

类别型变量在 meta 回归中直接用数字表示。Haslam 等[1]指出，自引量只是被引量中很小的一部分，对被引频次的影响很小，可以不予考虑。而且，18 项原始研究中，接近一半的研究没有报告其是否考虑自引，故本 meta 分析不考虑自引的影响。

若原始研究中未提供相关信息，本研究尝试通过电子邮件的方式联系作者，若仍未果，则在相应编码栏目中标"—"。对于未直接提供相关系数的研究，按照上节公式进行转换，例如 Fox 等[2]进行了 ANOVA 分析，Di Bitetti 和 Ferreras[3]则进行了独立样本 t 检验，根据相应公式计算，分别获得相关系数 r 为 0.147 和 0.269。

编码由两位研究者经过培训后独立完成。遇到编码不一致则通过协商解决。若协商未果，则寻求第三位研究者的意见，以获得一致编码，确保可靠性。

① HASLAM N, BAN L, KAUFMANN L, et al. What makes an article influential? Predicting impact in social and personality psychology[J]. Scientometrics, 2008,76(1): 169-185.

② FOX C W, PAINE C E T, SAUTEREY B. Citations increase with manuscript length, author number, and references cited in ecology journals[J]. Ecology & evolution, 2016, 6(21): 7717-7726.

③ DI BITETTI M, FERRERAS J A. Publish (in English) or Perish: the effect on citation rate of using languages other than English in scientific publications[J]. Ambio, 2016:1-7.

3.1.3　研究结果

3.1.3.1　编码

经过详细的编码与校验,从 18 项原始研究中提取了数据,其中英文文献 17 篇,中文文献 1 篇;各原始研究的样本数量范围为 100～1 339 279 篇,样本发表时间为 1975—2014 年。在收集到的 18 项研究中,Didegah 和 Thelwall[①] 分别进行了多项独立研究,可以获得多个不同的效应量(用字母区分)。由此,本研究一共获得了 24 个效应量,保证了 meta 分析结果的可靠性。

由编码结果可知:4 项研究发现论文篇幅与被引频次具有强相关关系;3 项研究呈中度相关;11 项研究结果呈弱相关;4 项研究显示两者不相关;2 项研究报告了二者间的负相关关系。24 个效应量中有 15 个报告了样本来源论文的质量,其中,11 项研究选择了高影响因子期刊,另外 4 项研究所选样本论文的质量为一般;8 项研究报告了样本的文献类型,Royle 等[②]和 Uthman 等[③]对 meta 分析和系统评价论文进行了研究,而 Falagas 等[④] 6 项研究探讨了研究论文的篇幅与其被引量的关系;7 项研究以年均被引量作为因变量,其他 17 项研究分别设置了引用时间窗。[⑤]

3.1.3.2　主效应

本研究采用随机效应模型对结果进行合并。当数据来自同一整体时,理论上不同研究的结果应该是一致的,这时对不同研究进行合并可以获得真实效应的最佳估计,但文献计量学中通常不满足这一假设[⑥]。因此,本研究采用随机效应模型,该模型同时考虑研究内部和研究间的差异,能降低犯 I 型错误的概率,更好地估计真实效应。根据 Lipsey 和 Wilson[⑦] 的研究,须将原始效应量转化为最终效应量 S_z 值(公式 3.1 - 3):

① DIDEGAH F, THELWALL M. Which factors help authors produce the highest impact research? Collaboration, journal and document properties[J]. Journal of informetrics 2013, 7: 861 - 873.

② ROYLE P, KANDALA N B, BARNARD K, et al. Bibliometrics of systematic reviews: analysis of citation rates and journal impact factors[J]. Systematic reviews, 2013, 2: 74.

③ UTHMAN O A, OKWUNDU C I, WIYSONGE C S, et al. Citation classics in systematic reviews and meta-analyses: who wrote the top 100 most cited articles? [J]. PLoS one, 2013, 8(10): e78517.

④ FALAGAS M E, ZARKALI A, KARAGEORGOPOULOS D E, et al. The impact of article length on the number of future citations: a bibliometric analysis of general medicine journals[J]. PLoS one 2013, 8(2): e49476.

⑤ XIE J, GONG K, CHENG Y, et al. The correlation between paper length and citations: a meta-analysis[J]. Scientometrics, 2019, 118(3): 763 - 786.

⑥ BORNMANN L. Alternative metrics in scientometrics: a meta-analysis of research into three altmetrics[J]. Scientometrics, 2015, 103(3): 1123 - 1144.

⑦ LIPSEY M W, WILSON D B. Practical meta-analysis[M]. Thousand Oaks, CA: Sage, 2001.

$$S_Z = \frac{1}{2}\ln\left(\frac{1+r}{1-r}\right) \qquad (公式\ 3.1-3)$$

S_Z 的标准误差 σ_{S_Z} 计算公式为:

$$\sigma_{S_Z} = \frac{1}{\sqrt{N-3}} \qquad (公式\ 3.1-4)$$

公式 3.1-4 中,N 表示原始研究的样本量。

在报告 meta 分析结果时,应将 S_Z 转换回标准相关系数 r:

$$r = \frac{e^{2S_Z}-1}{e^{2S_Z}+1} \qquad (公式\ 3.1-5)$$

公式 3.1-5 中,e 为自然对数。

图 3.1-1 为论文篇幅与其被引量相关系数的 meta 分析结果。由图 3.1-1 可知,24 个最终效应量的合并结果为 0.32,置信区间为 (0.19,0.46),通过公式 3.1-5 转换,得到标准相关系数 r 的合并值为 0.310,根据 Cohen 法则,论文篇幅与被引量具有中度的正相关关系。

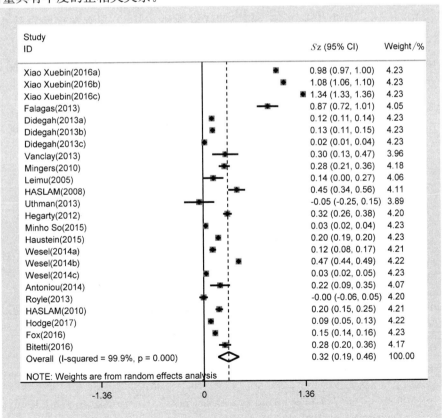

图 3.1-1　论文篇幅与被引量相关性 meta 分析结果

3.1.3.3 异质性检验

本研究的异质性检验采用 I^2 统计量。I^2 以 Q 统计量(公式 3.1 - 6)为基础,Q 服从 $k-1$ 个自由度的卡方分布(χ^2_{k-1},k 为效应量的个数)。

$$Q = \sum \omega_i S_{Zi}^2 - \frac{\left(\sum \omega_i S_{Zi}^2\right)^2}{\sum \omega_i} \qquad (公式\ 3.1 - 6)$$

公式 3.1 - 6 中,

$$\omega_i = \frac{1}{\sigma_i^2} = N_i - 3 \qquad (公式\ 3.1 - 7)$$

Q 统计量检验效能较低,检验结果不可靠。因而构造 I^2 统计量以描述研究间变异占总变异的百分比(公式 3.1 - 8):

$$I^2 = \begin{cases} \dfrac{Q - v}{Q} & Q > v \\ 0 & Q \leqslant v \end{cases} \qquad (公式\ 3.1 - 8)$$

公式 3.1 - 8 中,v 为 Q 统计量的自由度(即 $k-1$)。

Higgins 等[①]认为 $I^2 = 0\%$ 时,研究间无异质性;$I^2 \leqslant 25\%$ 存在轻度异质性;$I^2 \leqslant 50\%$ 存在中度异质性;$I^2 \leqslant 75\%$ 存在高度异质性;$I^2 > 75\%$ 时不适合进行 meta 分析。本研究的 I^2 值为 99.9%,表明研究间异质性较大。与本研究同类型的工作——Bornmann[②] 的研究中 I^2 值也高达 99.9%。为了更好地阐释异质性检验结果,本研究依据 Q 与 I^2 的计算公式进行了蒙特卡洛模拟分析。蒙特卡洛模拟法以概率和统计理论为基础,通过构造符合一定规则的随机数来解决计算问题。表 3.1 - 1 为模拟分析中随机数的设置规则。

表 3.1 - 1　异质性检验模拟分析参数设置

参　　数	取值区间	说　　明
S_Z(效应量)	0.01~0.99	进行 meta 分析的前提是原始研究间的效应量存在显著差异。
ω_i（原始研究样本量—3)	10~30;10~50;10~100;50~100;10~1 000;10~30 000	取医学、行为科学、心理学、商学和文献计量学中常见的样本区间;下文分析时,认为 ω_i 与原始研究样本量近似相等。
v（meta 分析效应量个数—1)	1~99	meta 分析研究中效应量的个数甚少超过 100,同时不少于 2。

---

① HIGGINS J P T, THOMPSON S G, DEEKS J J, et al. Measuring inconsistency in meta-analyses[J]. British med, 2003, 327: 557 - 560.
② BORNMANN L. Alternative metrics in scientometrics: a meta-analysis of research into three altmetrics[J]. Scientometrics, 2015, 103(3): 1123 - 1144.

表 3.1 - 2　meta 分析中 ω_i 与 I^2 关系的模拟结果

I^2 区间	meta 分析中各原始研究的权重 ω_i					
	$10 \leqslant \omega_i \leqslant 30$	$10 \leqslant \omega_i \leqslant 50$	$10 \leqslant \omega_i \leqslant 100$	$50 \leqslant \omega_i \leqslant 100$	$10 \leqslant \omega_i \leqslant 100$	$10 \leqslant \omega_i \leqslant 3000$
[0, 0.25]	11 181	1 039	217	98	9	2
[0.25, 0.5]	7 941	9 727	360	94	11	0
[0.5, 0.75]	288	8 624	13 747	1 916	25	1
[0.75, 0.99]	1	61	5 071	17 471	19 382	19 501

　　模拟结果见表 3.1 - 2 根据公式 3.1 - 6，Q 值与 ω_i 和 S_z 存在直接关系，其中 σ 的取值区间较窄，因此，Q 值受原始研究样本量的影响更为明显。由表 3.1 - 2 的数据可见，根据 Higgins 等的判断准则，对于行为科学研究中的常见样本量 (10~30)，I^2 普遍在可接受的范围内 (≤50%)，当样本量介于 50~100 时，已有 89% 的研究不适宜进行 meta 分析 (>75%)，随着样本量的进一步增大，I^2 基本在 0.8 以上，已不符合 Higgins 等准则的要求。据此可以认为，Higgins 等的 $I^2 = 50\%$ 之经验判断标准仅在样本量较小的医学、心理学、行为科学等领域适用，而对于单个样本量非常大的文献计量学研究，该准则很难适用。只能根据各研究的样本来源、研究设计等做定性的判断，这也是 Bornmann 的 meta 分析研究能够发表的原因。据此，可以认为本 meta 分析合并得到的效应量可靠。

3.1.3.4　发表偏倚检验

　　发表偏倚是一类较普遍的现象，指在同类研究中，有统计学意义的研究结果比无统计学意义的研究更容易被接受和发表[①]。本研究首先通过漏斗图 (Funnel Plot) 对发表偏倚进行定性检验。由图 3.1 - 2 可知，各研究的分布并不对称，多数研究分布于上方，个别研究分布于下方，这表明本 meta 分析可能存在一定的发表偏倚。进一步进行定量检验，Egger 回归检验的截距为 11.262 ($P = 0.265$)，此时应授受原假设，表明本研究不存在发表偏倚。Rosenthal 失安全系数法计算结果 N 为 2.5×10^5，远大于 $130(5k + 10, k$ 为效应量个数)，这说明至少需要再纳入 2.5×10^5 个效应量才能使 meta 分析结果发生逆转，因此 Rosenthal's 法也未检测出发表偏倚。

　　综合上述三项检验结果可以认为，本研究不存在明显的发表偏倚，meta 分析结果具有较好的可靠性。

---

① 张天嵩，董圣杰，周支瑞，等.高级 meta 分析方法：基于 Stata 实现[M].上海：复旦大学出版社，2015.

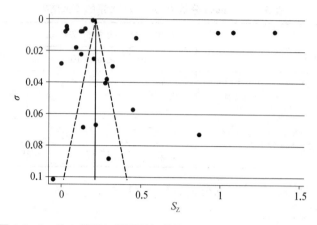

图 3.1 - 2　论文篇幅与被引量相关性 meta 分析发表偏倚漏斗图

3.1.3.5　调节效应

meta 回归。通过 meta 回归可以找到可能的调节变量。Higgins 等[①]认为,纳入效应量数大于 10 时可进行 meta 回归分析。由于只有 8 项研究明确报告了所选样本的文献类型,所以对样本文献类型这一变量不适合进行 meta 回归。因每项纳入研究均未涉及所有的调节变量,所以各调节变量与 S_z 进行回归分析时的样本数存在差异(表 3.1 - 3)。根据 t 值与 p 值,可以发现:样本论文质量和引用时间窗对论文篇幅与被引量的相关关系具有显著影响,而样本来源学科的调节效应不具有统计学显著性。

表 3.1 - 3　论文篇幅与被引量相关性 meta 回归结果

变量	样本数	回归系数	t	$P > \lvert t \rvert$
样本来源学科	21	0.004 6	0.09	0.931
论文质量	15	0.660 4	3.60	0.003**
引用时间窗	24	−0.111 7	−1.96	0.062*

注:** 表示 $p < 0.01$;* 表示 $p < 0.1$。

样本来源学科对两者相关关系调节作用不显著的原因可能有二:其一,纳入 meta 分析的原始研究多以生命科学与生物医学、应用科学为主,仅少量研究样本来自社会科学和自然科学领域,甚至未有人文与艺术科学的研究,这导致 meta 分析样本过于单一,无法揭示该变量的真实效应;其二,隶属同一学科的各

---

① HIGGINS J, THOMPSON S, DEEKS J, et al. Statistical heterogeneity in systematic reviews of clinical trials:a critical appraisal of guidelines and practice[J]. Journal of health services research & policy, 2002,7(1):51 - 61.

原始研究在样本选择、统计方法等方面的差异仍然较大,仅区分学科不足以降低原始研究间的异质性,因而 meta 回归结果不显著。

虽然本研究未对样本文献类型的调节效应进行 meta 回归检验,但深入分析原始研究发现:Falagas 等[1]选择影响因子前 5 的医学期刊中的研究论文为对象,发现论文篇幅与被引量呈强相关关系($r=0.700$),而 Uthman 等[2]探讨医学领域被引最高的 100 篇 meta 分析和系统评价论文,却发现两者不相关($r=-0.052$),上述结论存在较大差异,这表明文献类型可能对篇幅与被引量的关系具有调节作用。

亚组分析。围绕 meta 回归发现的两个调节变量及样本文献类型,对原始研究进行亚组分析,探讨各组的合并效应量(表 3.1-4)。

表 3.1-4 论文篇幅与被引量相关性亚组分析结果

调节变量	变量类别	S_Z	r	I^2
样本质量	高质量	0.259	0.2534	99.4%
	一般	0.925	0.7283	99.8%
样本文献类型	研究论文	0.285	0.2775	99.6%
	综述	-0.006	-0.0060	0.0%
引用时间窗	年均	0.668	0.5837	99.7%
	1~2	0.173	0.1713	98.3%
	3~5	0.150	0.1489	96.5%
	≥6	0.254	0.2487	99.3%

(1) 样本论文质量

该分组中,高质量和一般质量的论文其篇幅与被引之间的相关性差异明显。高质量论文篇幅与被引量的相关系数较低,为 0.253,这说明该层次论文的被引量主要受质量等因素影响,而与篇幅的相关性较低;质量一般的论文两者呈强相关关系,为 0.728,这说明当论文整体质量一般时,被引随篇幅的增长而增长。

(2) 样本文献类型

该分组中,I^2 值出现明显的降低,组内异质性减弱,这表明文献类型对论文篇

① FALAGAS M E, ZARKALI A, KARAGEORGOPOULOS D E, et al. The impact of article length on the number of future citations: a bibliometric analysis of general medicine journals[J]. PLoS one 2013,8(2): e49476.

② UTHMAN O A, OKWUNDU C I, WIYSONGE C S, et al. Citation classics in systematic reviews and meta-analyses: who wrote the top 100 most cited articles? [J]. PLoS one, 2013, 8(10): e78517.

幅与被引量相关关系的调节效应较强。研究论文的篇幅与被引具有弱正相关关系($r=0.278$),即对于研究论文而言,篇幅越长越有可能被引用;而综述则呈负弱相关($r=-0.006$),由于绝对值甚小,也可以认为综述文献中两者无相关关系。

(3) 引用时间窗

引用时间窗对两者的相关性也具有显著影响。部分效应量揭示的是论文篇幅与年均被引量的关系,合并发现这两者具有强相关关系($r=0.584$);从整体上看,随着时间窗的增加,篇幅与被引量的相关性呈上升趋势,当时间窗大于 6 年时($r=0.249$)该趋势表现得更为明显,而 1～4 年间被引量与篇幅的相关系数普遍较低($r=0.171$ 和 $r=0.149$)。

3.1.4　讨论

已有多项研究探讨了论文篇幅与被引量的相关关系,研究结果存在着较大的不一致性,相关系数 r 介于 -0.052 到 0.872 之间。本研究采用 meta 分析方法,统合分析了论文篇幅与被引量之间的相关关系,并探讨了文献类型、论文质量等变量的调节效应。

主效应分析结果显示:论文篇幅与被引量具有中度的正相关关系($r=0.310$),这表明论文篇幅越长,其被引量越大。该结论支持了其他论文文体特征与被引量相关性的研究。随着全球每年发表学术论文的增多,研究人员更关注阅读论文所需的时间且对论文阅读具有选择性,因而理想情况下,读者需要简洁的文件来传达重要信息,这也是期刊编辑需考虑是否要接受较长篇幅论文的原因[1]。但显然,论文中的重要信息("insight")往往未被学界熟知,通常需要更多的篇幅进行详细阐释,这些重要信息的存在使论文质量增加,因而论文篇幅与被引具有一定的正相关关系。Leimu 和 Koricheva[2] 也对两者的正相关关系进行了解释:论文篇幅可在一定程度上暗示论文质量,只有在该论文的篇幅与信息内容之"性价比"受到同行评议者和编辑的认可后,它才能争取到更大的发表空间。

另有研究表明,论文篇幅与期刊影响因子也具有显著的正相关关系[3],这进一步说明了篇幅对被引的影响不仅局限于单篇论文层面,在期刊层面,篇幅仍然是影响引用的重要因素之一。然而,也不能一味强调长篇大论,事实上,仍有很

---

① LAPERCHE S, PILLONEL J. Data envelopment analysis of OR/MS journals [J]. Scientometrics, 2005, 64(2): 133-150.

② LEIMU R, KORICHEVA J. What determines the citation frequency of ecological papers? [J]. Trends in ecology and evolution, 2005, 20(1): 28-32.

③ BIELINSKA-KWAPISZ A. Published, not perished, but has anybody read it? Citation success of finance research articles[J]. Applied financial economics, 2012, 22(20): 1679-1695.

多重大的学术发现是以简洁、明确的方式呈现出来的[①]。

论文质量。 高质量论文(JCR 1 区与 2 区)的篇幅与被引量的相关性较弱,这表明质量在论文被引的影响因素中占主要地位,影响论文被引的质量因素包括可读性、原创性及新颖性等,因而高质量论文被引与其篇幅的相关性不大,比如,*Science* 和 *Nature* 发表的论文通常篇幅较短,但依然是学界公认的顶级期刊。相反,一般质量论文(JCR 3 区与 4 区)的篇幅与被引呈强相关关系,可能的原因是:这类论文虽然整体上质量不突出,但由于篇幅长,所含信息更丰富,读者发现其引用价值的可能性也较大,此时篇幅长更容易形成引用。Leimu 和 Koricheva[②] 的研究也表明,论文篇幅越长,则拥有的可供引证的信息越多,在期刊中的可见性越高,因而被引量越大。

随着近 40 年来学术文献量的指数级增长,期刊编辑不得不考虑录用页数较少的论文以保证尽可能多的论文得以刊出,且已有部分期刊明确限制了论文页数、字数。而本研究结果提示:对于诸如 JCR 1 区的高质量期刊,可以限制论文的篇幅,以发表更多原创性强的论文,进一步形成马太效应;对于中低质量的期刊,在确保论文质量的前提下,可适当放宽对篇幅的限制,录用较长篇幅的论著,以增加期刊被引,从而实现良性循环。

文献类型。 文献类型的不同带来论文篇幅与被引量相关程度的差异。Royle 等[③]以医学领域为例给出了可能的解释:综述(meta 分析和系统评价)的篇幅通常较长,有的甚至多达几十页,而这些论文又多采用一定的篇幅报告 meta 分析方法、步骤和数据结果列表等必要的内容,通常这部分内容所含新信息较少,没有发挥与其占用篇幅相当的价值,从而使得该类型论文的影响力受限。此外,有研究表明简短的新闻可读性高[④],而较长的综述可读性差[⑤],因而后者被引的可能性较低。而对于研究论文,篇幅越长,阐述越具体,能引起读者共鸣之处也越多,因而越有可能被引用。

该项结果表明,科研人员在撰写综述时,不宜过于冗长,而应条理清晰,一目

---

①　FALAGAS M E, ZARKALI A, KARAGEORGOPOULOS D E, et al. The impact of article length on the number of future citations: a bibliometric analysis of general medicine journals[J]. PLoS one 2013, 8(2): e49476.

②　LEIMU R, KORICHEVA J. What determines the citation frequency of ecological papers? [J]. Trends in ecology and evolution, 2005, 20(1): 28-32.

③　ROYLE P, KANDALA N B, BARNARD K, et al. Bibliometrics of systematic reviews: analysis of citation rates and journal impact factors[J]. Systematic reviews, 2013, 2: 74.

④　邹永利,冯静娴,郑荃.学术文献的文体特征及其检索意义:计算机科学文献与相关新闻报道文体的比较研究[J].中国图书馆学报,2014,40(2):33-40.

⑤　HARTLEY J, SOTTO E, PENNEBAKER J. Style and substance in psychology: are influential articles more readable than less influential ones? [J]. Social studies of science, 2002, 32(2): 321-334.

了然,提升可读性以增加被引;撰写研究论文时,则应详细地阐述相关方法和技术,深入分析并充分讨论,使读者更全面地理解研究内容,从而增加引用。

引用时间窗。引用时间窗的增加使论文篇幅与被引量的相关关系增强。被引量是论文发表一段时间之后被正式引证的产物,论文需要经过 2~3 年的同行评议直至发表,因而引用存在滞后。随着时间不断增加,被引量的累积效应增大,故引用时间窗对两者的相关性具有调节效应。本研究发现,随着时间的推移,篇幅与被引量的相关关系随之增强,这种增强在 6 年后的表现愈发明显,而 1~2 年和 3~5 年间变化不大。该结论的启示是文献计量研究在考虑引用时间的同时,需要进一步考虑论著篇幅的可能影响:长篇论文的半衰期可能较现在普遍认同的引证半衰期(如 2 年、3 年、5 年)更长,这一点在图书引证半衰期的研究中已得到了初步证实①。

也应该注意到,与总被引频次和篇幅之间的中度相关不同,年均被引频次与论文篇幅之间具有强正相关关系,该结果提示:应考虑被引量的时间累积效应,从更微观的视角进行计算、拟合,以充分揭示该指标的特点,更科学地使用该指标进行评价。

meta 分析的质量和广度受到原始研究质量和可获取性的限制。首先,meta 分析具有严格的纳入排除标准,限制了用以合并的原始研究数量,本研究最初获得的 72 篇相关论文,经过筛选只剩下 18 篇符合要求,这说明原始研究者宜报告必要且翔实的数据以进一步增强 meta 分析研究。其次,本研究暂未发现学科对论文篇幅与被引量相关关系的影响,今后可进一步通过实证研究进行探讨。

3.2　下载量与被引量相关性的 meta 分析

3.2.1　问题的提出

目前,绝大多数学术期刊都可以在线获取,这使得国内外许多学术数据库(如 WoS、Elsevier 和 CNKI 等)能够以更为及时而便捷的渠道记录、存储并提供以浏览量和下载量为代表的使用指标(usage metrics)信息。本质上,使用数据反映了读者对文献的关注度,而其中的部分读者可转化为施引者。据此可以认为,使用数据相较于引用数据具有更加广泛的影响力。

已有学者对下载量的分布规律、峰值时间及老化规律进行了揭示。多项研究探讨了下载量与被引量之间的相关性:部分研究中二者呈强相关关系,进而学

---

① 宋雯斐,刘晓娟.基于 BKCI 的图书半衰期分析:以图书情报学学科为例[J].图书情报工作,2016,60(12):124-129.

者们探索了通过下载量预测被引量的可行性；也有学者观察到两者间的相关关系较弱，甚至也有负相关关系的报告。

相关研究中下载量与被引量相关关系的较大差异给使用指标的开发和应用造成了较大障碍。基于此，本研究采用 meta 分析方法，统合 29 项实证研究中的 85 个效应量数据，探讨下载量与被引量的综合效应，以及影响两者关系的调节变量，以消解研究间的不一致性，为科研评价替代指标的探索提供新思路。

3.2.2　研究设计

3.2.2.1　检索策略

第一步，浏览。浏览涉及下载量与被引量研究的重点期刊（如 *Scientometrics*、*Journal of informetrics*、*Journal of the Association for Information Science and Technology* 和《情报学报》等）的目录与参考文献，初步确定有关下载量与被引量相关关系研究可能涉及的检索词。

第二步，检索。于 2017 年 5 月初完成，检索范围为 Web of Science、Scopus、Pubmed、EBSCO LISTA、Springer、Wiley、Emerald，以及 CNKI 和万方数据库。检索词为（"download＊"）AND（"citation＊"OR"quotation＊"OR"cited paper＊"OR"cited document＊"OR"cited data＊"），以及相应中文检索词，将上述检索词输入主题字段进行检索。文献类型包括期刊论文、会议论文、学位论文等。通过检索结果标题和摘要的阅读，没有发现更多的检索词。对检索结果中的相关论文进行全文下载，获得可能纳入 meta 分析的研究 77 篇。

第三步，扩展检索。对第二步中检索到的 77 篇文献通过其引用与被引进行扩展检索，另外获得了 4 篇论文，合计 81 篇文献。

3.2.2.2　纳入排除标准

本研究探讨论文下载量与被引量的相关性，选取相关系数 r 作为效应量。由于 Spearman 等级相关系数与 Pearson 相关系数具有相同的抽样误差方差[①]，据此，本 meta 分析将少数报告 Spearman 等级相关系数的研究也予以纳入。部分研究在探讨下载量与被引量的相关关系时，采用回归分析、参数检验等方法，鉴于标准化回归系数 β、t 统计量、F 统计量等统计量可以转换为相关系数，一并纳入。考虑到样本量是 meta 分析研究中权重计算的依据，据此，本研究制定了以下 2 条纳入标准：

（1）报告了论文下载量与被引量相关系数（包括 Pearson 和 Spearman），或

---

① HUNTER J E, SCHMIDT F L. Methods of meta-analysis: correcting error and bias in research findings[M]. 2nd ed. Thousand Oaks, CA: Sage, 2004.

报告了其他可转换为相关系数的统计量；

（2）报告了样本量。

同时，为排除内容不相关的研究，本研究制定了以下 5 条排除标准：

（1）综述、述评、编者的话等非实证研究；

（2）探讨开放存取、社交媒体曝光、论文刊载顺序、语种等因素分别对下载量和被引量具有何种影响，未涉及二者相关关系的论文；

（3）本研究 meta 分析的对象是论文层面的下载量与被引量间相关关系，排除从期刊、个人、机构等集合层面探讨二者关系的研究；

（4）讨论下载量衍生指标的相关研究；

（5）中英文之外的研究。

最终共得到 29 篇 meta 分析样本。

3.2.2.3 编码

针对研究问题及原始研究提供的数据，制定数据编码表。编码变量包括：作者及论文发表年份、样本论文发表年份、样本量、样本论文来源学科、样本论文来源期刊、样本论文质量、引用时间窗、下载时间窗（download windows）、被引数据源、下载数据源及相关系数。

作者及论文发表年份：纳入 meta 分析的原始研究的作者及其发表年份，若同一作者同一年份有多篇论文纳入，用小写字母标识；若同一论文中存在多项独立研究，用数字和括号标识，例如，"O'Leary2008a(1)"。

样本论文发表年份：各原始研究中所选样本的发表年份。

样本论文来源学科：各原始研究中所选样本的来源学科，按 Web of Science 数据库的标准分为生命科学与生物医学、自然科学、应用科学、艺术与人文科学、社会科学五类，在 meta 回归中分别用数字 1～5 标识。

样本论文来源期刊：各原始研究中所选样本的来源期刊。

样本论文质量：各原始研究中所选样本论文的质量等级，用样本论文来源期刊在发表年份被 SCI 或 SSCI 收录的 JCR 分区标识。若其在发表年份未被 SCI 或 SSCI 收录，数年后被收录，按被收录后的分区编号进行标识。未被 SCI 收录的中外文自然科学期刊统一编为 4 级，未被 SSCI 收录的外文社会科学期刊编为 4 级，未被 SSCI 收录的中文社会科学期刊编码规则为：属于南京大学学科一流期刊目录的编为 3 级，其他 CSSCI 收录期刊编为 4 级。若所选样本来源于多年份、多期刊，则用各年份期刊分区的秩平均数标识。例如，Schloegl 等[①]从 *Journal of Strategic Information Systems* 期刊 2002—2011 年发表的论文中

---

① SCHLOEGL C, GORRAIZ J, GUMPENBERGER C, et al. Comparison of downloads, citations and readership data for two information systems journals[J]. Scientometrics, 2014, 101(2): 1113-1128.

抽取 150 篇进行研究,这 10 年间,该刊的 JCR 分区分别为:1 区、3 区、3 区、3 区、2 区、3 区、2 区、1 区、1 区、2 区,于是有,(1+3+3+3+2+3+2+1+1+2)/10＝2.1,四舍五入后则该研究对应的样本质量编为 2。

引用时间窗:各原始研究中获取被引量的年份与所选样本论文的发表年份之差。

下载时间窗:各原始研究中获取下载量的年份与所选样本论文的发表年份之差。

被引数据源:各原始研究获取被引量的平台,分为 Web of Science、Scopus、CNKI、期刊网站(如 PLoS 网站、BMC 网站)、搜索引擎及开放存取平台(如 arXiv.org、RePEc 数字图书馆)六类,在 meta 回归中分别用数字 1~6 标识。

下载数据源:各原始研究获取下载量的平台,分为 ScienceDirect、CNKI、期刊网站、搜索引擎及开放存取平台五类,在 meta 回归中分别用数字 1~5 标识。

若原始研究中未报告相关信息,本研究尝试以电子邮件的方式联系作者,若仍无法获取缺失信息,则在相应编码栏目中标"-"。上述步骤由研究者经过培训后独立完成。遇到编码不一致则通过协商解决。

3.2.2.4　meta 分析方法

当不同研究的数据来自同一整体时,理论上其结果应该一致,这时对其进行合并可以获得真实效应的最佳估计,但文献计量学研究通常不满足该假设。因此,本研究采用随机效应模型,该模型可同时考虑研究内部和研究间的差异,能降低犯 I 型错误的概率,更好地估计真实效应。本研究选择相关系数 r 经过 Fisher 转化后的值作为最终效应量。对于未直接提供相关系数的研究,按照相应公式进行转换,比如,Jahandideh 等[①]对 2006 年 ScienceDirect 数据库下载最多的 25 篇和最少的 25 篇论文与其被引量进行了 t 检验,得到统计量 $t＝2.212$,根据参考文献[②]提供的公式进行转换,得到相关系数 $r＝0.304$。在报告结果时,再将 z 转换回相关系数 r。异质性检验通过 I^2 统计量完成。发表偏倚通过漏斗图、Rosenthal 失安全系数法和 Egger 回归法进行检验。通过 meta 回归找到可能的调节变量,并进行亚组分析。上述过程均通过 Stata 15.0 完成。

3.2.3　研究结果

3.2.3.1　编码结果

经过详细的编码与校验,从 29 个原始研究中提取了数据。其中英文文献 22 篇,中文文献 7 篇;各原始研究的样本量范围为 10~33 128 篇、样本论文发表时间跨度为 1994—2014 年。13 篇研究选择特定时间段内发表的论文,探讨其

---

①　JAHANDIDEH S，ABDOLMALEKI P，ASADABADI E B. Prediction of future citations of a research paper from number of its internet downloads[J]. Medical hypotheses，2007，69(2)：458－459.

②　Rosenthal R. Meta-analytic procedures for social research[M]. Thousand Oaks，CA：Sage，1991.

数年后下载量与被引量的关系,其他研究则采用随机取样。部分研究中存在多项研究,相应地可获得多个独立的相关系数,最终得到85个效应量。

获得的85个效应量中,53项研究发现论文下载量与被引量具有强相关关系;20项研究结果显示下载与被引中度相关;6项研究结果则呈弱相关;两项未发现两者间存在相关关系;4项研究报告了二者间的负相关关系。[①]

3.2.3.2 主效应

表3.2-1为运用meta分析对论文下载量与被引量相关系数进行合并的结果。结果显示:85个效应量最终合并结果的z为0.682(CI:0.624～0.740),通过Fisher转换,得到整体相关系数$r=0.593$,表明论文下载量与被引量具有正性强相关关系,即论文下载量越多,其被引频次也越高。

表3.2-1 下载量与被引量相关性meta分析结果

原始研究序号	效应量(S_z)	95%置信区间	权重 %
Jamali2011	0.618	0.576,0.660	1.580
Schloegl2010(1)	0.563	0.398,0.727	1.420
Schloegl2010(2)	0.741	0.633,0.850	1.510
Schloegl2010(3)	0.709	0.594,0.824	1.500
Schlogl2014(1)	1.020	0.859,1.182	1.420
Schlogl2014(2)	0.996	0.911,1.082	1.540
Liu2011	0.537	0.489,0.586	1.580
Liu2013	0.477	0.466,0.488	1.590
Xin2012	0.408	0.169,0.648	1.260
Brody2006	0.472	0.456,0.489	1.590
Moed2005	0.224	0.167,0.281	1.570
Botting2016	0.485	0.108,0.862	0.960
Wan2010	0.750	0.658,0.841	1.530
Schloegl2011(1)	1.020	0.832,1.209	1.370
Schloegl2011(2)	0.929	0.735,1.123	1.360
Schloegl2011(3)	0.775	0.544,1.006	1.280

① 谢娟,龚凯乐,成颖,等.论文下载量与被引量相关关系的元分析[J].情报学报,2017,36(12):1255-1269.

（续表）

原始研究序号	效应量（S_z）	95％置信区间	权重 ％
Schloegl2011（4）	0.633	0.397,0.869	1.270
Schloegl2011（5）	0.829	0.670,0.988	1.430
Nieder2013	0.234	0.109,0.359	1.490
O'Leary2009	0.469	0.176,0.761	1.140
Chu（1）	0.709	0.569,0.849	1.460
Chu（2）	0.604	0.465,0.744	1.460
O'Leary2008a（1）	0.375	−0.043,0.793	0.880
O'Leary2008a（2）	0.499	0.081,0.917	0.880
O'Leary2008a（3）	0.618	0.200,1.036	0.880
Subotic2013	0.224	0.101,0.346	1.490
O'Leary2008b（1）	1.217	0.800,1.635	0.880
O'Leary2008b（2）	1.157	0.739,1.575	0.880
O'Leary2008b（3）	1.056	0.638,1.474	0.880
Avello2015	0.727	0.528,0.926	1.350
Jahandideh2007	0.314	0.028,0.600	1.150
Naude2017	0.793	0.692,0.894	1.520
Thelwall2016（1）	0.150	−0.002,0.302	1.440
Thelwall2016（2）	0.183	−0.070,0.436	1.230
Vaughan2017（1）	0.867	0.817,0.918	1.580
Vaughan2017（2）	0.908	0.857,0.958	1.580
Vaughan2017（3）	0.693	0.642,0.744	1.580
Vaughan2017（4）	1.188	1.137,1.239	1.580
Vaughan2017（5）	0.973	0.922,1.024	1.580
Wang Yaqi2016	0.918	0.889,0.947	1.590
Du Xiujie2009（1）	1.808	1.302,2.314	0.730
Du Xiujie2009（2）	0.766	0.374,1.158	0.930
Du Xiujie2009（3）	0.594	0.224,0.965	0.970

（续表）

原始研究序号	效应量（S_z）	95％置信区间	权重 ％
Du Xiujie2009(4)	0.421	0.037,0.806	0.940
Du Xiujie2009(5)	0.008	−0.370,0.385	0.960
Xin Xing2013(1)	0.922	0.875,0.970	1.580
Xin Xing2013(2)	0.918	0.793,1.043	1.490
Xin Xing2013(3)	0.711	0.646,0.775	1.560
Xin Xing2013(4)	0.616	0.585,0.646	1.590
Xin Xing2013(5)	1.118	1.083,1.154	1.590
Xin Xing2013(6)	0.842	0.754,0.931	1.540
Xin Xing2013(7)	0.975	0.922,1.029	1.570
Xin Xing2013(8)	0.786	0.758,0.813	1.590
Xin Xing2013(9)	1.118	1.089,1.147	1.590
Xin Xing2013(10)	0.763	0.692,0.834	1.560
Xin Xing2013(11)	0.950	0.903,0.998	1.580
Xin Xing2013(12)	0.745	0.720,0.770	1.590
Xin Xing2013(13)	0.679	0.657,0.702	1.590
Xin Xing2013(14)	0.603	0.533,0.672	1.560
Xin Xing2013(15)	0.837	0.797,0.876	1.580
Xin Xing2013(16)	0.471	0.443,0.499	1.590
Kong Qiuli2015(1)	1.385	1.187,1.583	1.350
Kong Qiuli2015(2)	1.074	0.810,1.338	1.200
Kong Qiuli2015(3)	0.692	0.531,0.852	1.420
Ma Yuntong2012(1)	0.355	0.069,0.641	1.150
Ma Yuntong2012(2)	0.549	0.263,0.835	1.150
Ma Yuntong2012(3)	0.348	0.063,0.634	1.150
Ding Zuoqi2010(1)	0.344	−0.131,0.819	0.780
Ding Zuoqi2010(2)	0.012	−0.463,0.487	0.780
Jie Yali2011(1)	0.412	−0.329,1.153	0.450

（续表）

原始研究序号	效应量(S_z)	95%置信区间	权重 %
Jie Yali2011(2)	−0.375	−1.116,0.365	0.450
Jie Yali2011(3)	0.456	−0.285,1.197	0.450
Jie Yali2011(4)	−0.235	−0.976,0.506	0.450
Jie Yali2011(5)	0.194	−0.547,0.934	0.450
Jie Yali2011(6)	0.766	0.025,1.506	0.450
Jie Yali2011(7)	−0.079	−0.820,0.662	0.450
Jie Yali2011(8)	−0.128	−0.869,0.613	0.450
Jie Yali2011(9)	0.661	−0.079,1.402	0.450
Jie Yali2021(10)	0.402	−0.339,1.143	0.450
Jie Yali2021(11)	0.598	−0.143,1.339	0.450
Jie Yali2021(12)	0.509	−0.231,1.250	0.450
Jie Yali2021(13)	0.502	−0.239,1.242	0.450
Jie Yali2021(14)	0.541	−0.200,1.282	0.450
Jie Yali2021(15)	0.328	−0.413,1.069	0.450
Jie Yali2021(16)	0.431	−0.310,1.172	0.450
D+L pooled ES	0.682	0.624,0.740	100.00

注:异质性检验卡方＝5 747.16(df＝84);p<0.001;I^2＝98.5%;Tau-squared＝0.055 6;效应量 z 检验:z＝22.90,p<0.001.

3.2.3.3　异质性检验

Higgins 等[1]认为 I^2＝0%时,表明研究间无异质性;$I^2 \leqslant 25\%$存在轻度异质性;$I^2 \leqslant 50\%$存在中度异质性;$I^2 \leqslant 75\%$存在高度异质性;$I^2 > 75\%$时不适合进行 meta 分析。本研究的 I^2 值为 98.5%,表明研究间异质性较大。与本研究同类型的工作——Bornmann[2] 的研究中 I^2 值也高达 99.9%。为了更好地阐释异质性检验结果,本研究依据 Q 与 I^2 的计算公式(公式 3.1 - 6,公式 3.1 - 8),再次进行了蒙特卡洛模拟分析。

---

[1]　HIGGINS J P, THOMPSON S G, DEEKS J J, et al. Measuring inconsistency in meta-analyses. [J]. British medical journal, 2003, 327(7414): 557 - 560.

[2]　BORNMANN L. Alternative metrics in scientometrics: a meta-analysis of research into three altmetrics [J]. Scientometrics, 2015, 103(3): 1123 - 1144.

考虑到进行 meta 分析的前提是原始研究间的效应量存在显著差异,在模拟分析中,S_z 在 0.01～0.99 之间随机取值。

ω_i 是原始研究中的样本量,在模拟分析中分别取医学、行为科学、心理学、商学和文献计量学中常见的样本区间,使其在 10～30,10～50,50～100,10～1 000,10～30 000 内随机取值。

考虑到不同 meta 分析研究中效应量的数量甚少超过 100,同时不少于 2,在模拟分析中,效应量的数量在 2～100 之间随机取值。

模拟结果见表 3.2 - 2,其中第一行表示原始研究中的样本量区间,第一列表示 meta 分析中 I^2 的区间,中间数据表示模拟得到的相应 meta 分析的数量。

表 3.2 - 2　下载量与被引量相关性 meta 分析 I^2 模拟结果

I^2 区间	meta 分析中各原始研究的权重 ω_i					
	$10 \leqslant \omega_i \leqslant 30$	$10 \leqslant \omega_i \leqslant 50$	$10 \leqslant \omega_i \leqslant 100$	$50 \leqslant \omega_i \leqslant 100$	$10 \leqslant \omega_i \leqslant 100$	$10 \leqslant \omega_i \leqslant 3000$
[0,0.25]	31	8	0	1	0	0
[0.25,0.5]	152	27	0	0	0	0
[0.5,0.75]	10	156	70	5	1	0
[0.75,0.99]	0	2	134	193	196	196

根据公式 3.1 - 8,Q 值与样本量 ω_i 和 S_z 存在直接关系,其中 S_z 的取值区间较窄,因此,Q 值受 ω_i 的影响更为明显。由表 3.2 - 2 的数据可见,对于行为科学研究中的常见样本量(10～30),I^2 普遍在可接受的范围内,当样本量介于10～100 时,根据 Higgins 等的判断准则,已有 69% 的研究不适宜进行 meta 分析,当样本量介于 50～100 时,已有 97% 的研究不适宜进行 meta 分析,随着样本量的进一步增大,I^2 基本在 0.9 以上,已不符合 Higgins 等的准则。据此,可以认为 Higgins 等的判断准则更多地适用于行为科学、医学等小样本研究,对于诸如文献计量等大样本研究,Higgins 等的准则很难适用,这也是 Bornmann 的 meta 分析研究能够发表的原因。

3.2.3.4　发表偏倚检验

通过漏斗图对发表偏倚进行定性检验。由图 3.2 - 1 可知,各研究的分布并不对称,多数研究分布于上侧、右侧,这表明本 meta 分析可能存在一定的发表偏倚。进一步进行定量检验,Egger 回归检验的截距为 1.893($p = 0.095$),此时应接受原假设,即发表偏倚问题不严重。Rosenthal 失安全系数法计算结果 N 为 6.8×10^5,远大于 435($5k + 10$,k 为效应量个数),说明至少需要再纳入 6.8×10^5 个效应量才能使 meta 分析结果发生逆转,因此 Rosenthal 检验表明本 meta 分析不存在发表偏倚。

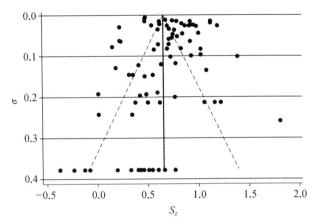

图 3.2‑1　下载量与被引量相关性 meta 分析发表偏倚漏斗图

综合上述三项检验结果可以认为,本研究不存在明显的发表偏倚,meta 分析结果具有较好的可靠性。

3.2.3.5　调节效应

meta 回归。采用 meta 回归方法,发现可能的调节变量并从整体上对调节效应进行分析(表 3.2‑3)。由表 3.2‑3 可见,因每项纳入研究未涉及所有的调节变量,所以各调节变量与 S_z 进行回归分析时的样本数存在差异。根据 t 值与 p 值,可以发现:样本论文质量、引用时间窗、下载时间窗和下载数据源对下载量与被引量的相关关系具有显著影响;样本来源学科与被引数据源的调节效应不具有统计学显著性。

亚组分析。围绕 meta 回归发现的 4 个具有显著调节效应的变量进行亚组分析(表 3.2‑4),探讨组间效应量的差异从而深入分析各变量的调节效应。表 3.2‑4 结果显示:

表 3.2‑3　下载量与被引量相关性 meta 回归结果

变量	样本数	回归系数 β	t	$P > \lvert t \rvert$
样本来源学科	85	−0.023 7	−1.00	0.322
样本论文质量	49	−0.078 8	−1.87	0.068*
引用时间窗	41	0.017 3	2.03	0.050*
下载时间窗	40	0.015 2	1.83	0.075*
被引数据源	85	0.001 9	0.06	0.955
下载数据源	85	−0.070 3	−2.26	0.026**

注:** 表示 $p < 0.05$;* 表示 $p < 0.1$。

表 3.2 - 4   下载量与被引量相关性亚组分析结果

调节变量	组别	效应量个数	S_z	r	组内 I^2	Q 统计量	p
样本论文质量	1 级	10	0.674	0.588	93.9%	147.07	0.000
	2 级	8	0.707	0.609	95.8%	164.85	0.000
	3 级	6	0.664	0.581	18.3%	6.12	0.295
	4 级	25	0.472	0.440	69.5%	78.70	0.000
引用时间窗	1 年	2	0.629	0.557	87.9%	8.24	0.004
	2 年	11	0.557	0.506	98.4%	622.83	0.000
	3 年	3	0.798	0.663	84.2%	12.62	0.002
	4 年	6	0.649	0.571	96.0%	123.71	0.000
	5 年	7	0.911	0.722	97.1%	204.70	0.000
	7 年	4	0.895	0.714	99.2%	382.30	0.000
	12 年	4	0.931	0.731	98.6%	216.27	0.000
	17 年	4	0.788	0.657	97.6%	125.77	0.000
下载时间窗	1 年	3	0.689	0.597	76.7%	8.6	0.014
	2 年	9	0.570	0.515	98.6%	577.36	0.000
	3 年	3	0.798	0.663	84.2%	12.62	0.002
	4 年	6	0.649	0.571	96.0%	123.71	0.000
	5 年	7	0.911	0.722	97.1%	204.70	0.000
	7 年	4	0.895	0.714	99.2%	382.30	0.000
	12 年	4	0.931	0.731	98.6%	216.27	0.000
	17 年	4	0.788	0.657	97.6%	125.77	0.000
下载数据源	Science Direct	19	0.725	0.620	95.4%	387.22	0.000
	CNKI	53	0.739	0.629	97.8%	2376.54	0.000
	期刊网站	5	0.529	0.485	95.6%	91.49	0.000
	开放存取	8	0.476	0.443	83.8%	43.23	0.000

（1）论文质量

在样本论文质量分组中，I^2 值出现了明显降低，这表明论文质量对两者关系的调节作用显著。总体上，meta 回归系数 $\beta = -0.0788$，回归系数为负值说明随着论文质量等级的降低，下载量与被引量的相关性随之减弱。分组情况则存在细微的差异：质量等级为 2 级的论文下载量与被引量的相关系数最高，为 0.609，这说明该层次论文的质量最为接近；质量等级为 4 级的相关系数最低，为 0.440，这说明该组论文的质量差异最大；但质量等级为 1 级的相关系数略低于 2 级，与回归趋势稍有差异，导致该现象的引用行为与引用动机拟另文探究。

（2）引用时间窗和下载时间窗

引用时间窗和下载时间窗对两者的相关性也具有显著影响，且回归系数 β 均大于 0，这表明整体上论文发表时间越长，其下载与被引的相关程度越高。各原始研究引用时间窗和下载时间窗的取值除 2 项外一致，故一并分析：表 3.2 - 5 显示，论文发表后，下载量与被引量的相关性逐渐增加，并在发表后第三年达到第一个高峰（$r=0.663$），随后其相关关系略有回调，但在发表五年后，两者的相关关系又继续上升且基本稳定于 0.7 左右。

（3）下载数据源

下载数据源对两者的相关性存在负向的调节效应（$\beta=-0.070\ 3$，$p=0.026$），回归拟合的结果显示从 ScienceDirect、CNKI、期刊网站到开放存取平台，下载量与被引量的相关关系依次递减。亚组分析表明，下载数据源为 ScienceDirect 和 CNKI 的论文下载量与被引量具有强相关关系，而期刊网站及开放存取平台仅中度相关（$r=0.485$ 和 $r=0.443$）。

3.2.4　讨论

学界已经形成了多项下载量与被引量的相关关系研究，研究间存在着较大的不一致性，r 介于 -0.359 到 0.948 之间。本研究采用 meta 分析方法，统合分析了下载量与被引量之间的相关关系，并探讨了论文质量等变量的调节效应。

主效应分析结果表明：单篇论文下载量与被引量具有较强的正相关关系（$r=0.593$），即论文下载量越大，其被引频次越高。多项研究发现期刊、个人以及机构粒度的二者关系研究也呈强正相关关系。文献[①]提供了可能的答案：Web 2.0 环境下，学术文献的下载与阅读是合理引用的必要前提，只有先获取并阅读之后，才能充分了解并理解论文所蕴含的信息与学术价值，并在成果中予以引证。

二者的强正相关关系，为其作为科研评价指标提供了有力论证。相较于引用，下载量具有实时、易获取等特点，弥补了引文指标存在时滞的缺陷。对于高被引论文，下载量可在早期发挥预测功能，对于低被引和零被引论文则具有从"使用"角度进行评价的功能。围绕引用与下载数据，学者们提出了从全局与局

---

① 曹艺，王曰芬，丁洁. 面向学术影响力评价的科技文献引用与下载的相关性研究[J].图书情报工作，2012，56(8)：56 - 64.

部两种视角进行学术评价的思路。考虑到 Web of Science、Scopus 和 CSSCI 等引文数据库的存在,可以从全局视角提供论文、期刊、学者和机构等多层次的评价数据。而 ScienceDirect 和 CNKI 等数字图书馆、PLoS 等期刊网站与机构库提供的下载量数据都仅仅是学术文献集合的真子集,仅具有局部、微观的评价功能。[①]

不过,也有学者指出,下载数据容易受到恶意自动下载程序的干扰而失真,所以在实践中应注意保障该数据的可靠性。[②] 此外,同一使用者可能多次下载论文导致下载数据膨胀,这也是其存在的问题之一。[③]

本研究发现论文质量对二者相关关系存在较强的调节效应,论文质量越高,其下载后被引用的可能性也越大。引证时间窗、下载时间窗及下载数据源也存在一定的调节效应。

样本论文质量。 本研究用样本来源期刊的影响因子代表样本论文的质量,发现论文质量对下载量与被引量的相关关系具有显著调节效应。论著质量越高,下载后就越有可能被引用,相反,质量较低的论著,由于不能为研究者提供相应的方法借鉴或观点支撑等原因而被搁置。庞景安[④]的研究发现影响因子前100 名的期刊总下载量与总被引量的相关性较一般期刊更强,这与本研究的结论不谋而合。

下载数据源的调节效应也部分支持了样本论文质量的结论。ScienceDirect和 CNKI 数据库中的论文经过了同行评议,因而论文质量有保证;而搜索引擎和开放存取平台的论文多未经同行评议,整体的高质量难以保证;也就是说,学术数据库中的论文质量总体高于后者,从前者到后者相关关系逐次递减的内在原因更多的是样本论文质量的体现,当然也不能排除学术数据库易于访问、对期刊的覆盖更为全面等因素在起作用。

本研究结论的启示是:科研人员应严把论文质量关,选题新颖,方法严谨,逻辑缜密,则读者可以很快发现其学术价值,从而将潜在的、间接的"使用",转换为

① BOLLEN J, HERBERT V D S. Usage impact factor: the effects of sample characteristics on usage-based impact metrics[J]. Journal of the American Society for Information Science and Technology, 2008, 59(1): 136 - 149.

② NEYLON C, WU S. Article-level metrics and the evolution of scientific impact [J]. PLoS biology, 2009, 7(11): e1000242.

③ TARABORELLI D. Soft peer review: social software and distributed scientific evaluation[C]. // HASSANALY P, RAMRAJSINGH A, RANDALL D, et al. Proceedings of the 8th International Conference on the Design of Cooperative Systems. Aix-en-Provence, France: Institut d'Etudes Politiques d'Aix-en-Provence, 2008: 99 - 110.

④ 庞景安.中文科技期刊下载计量指标与引用计量指标的比较研究[J].情报理论与实践,2006,29(1):44 - 48.

实质的、直接的"引用"。目前,尚未见不同质量论文的下载量与被引量相关性的实证研究,这可作为下一步的研究课题。

引用时间窗和下载时间窗。下载量信息具有实时性,而被引量则是论文发表一段时间之后被正式引证的产物,论文需要经过 2～3 年的同行评议直至发表,因而引用较下载滞后。[①] 可见,论文发表早期下载量增长快,随着时间不断增加,被引量的累积效应更大,故引用时间窗和下载时间窗对两者的相关性具有调节效应。本研究表明,论文发表后,下载量与被引量的相关性逐渐增加,并在发表后第三年达到第一个高峰,随后其相关关系降低,但在发表五年后,两者的相关关系再次回升,该结论与方红玲[②]和 Schloegl 等[③]的研究一致。时间窗≥7 年之后,下载量与被引量的相关系数趋于稳定(0.7 左右),其原因可以从 JCR 的 IF2 和 IF5 得到启示,即这是大部分论文已跃过半衰期而鲜有新的下载与引用所致。

下载数据源。学术数据库或期刊网站等平台学科覆盖范围的不同,题录、文摘或者全文等服务方式的不同,PDF、html 和 XML 等下载格式的不同,这些影响了信息用户的访问与存取,从而导致不同平台被引量与下载量相关关系的差异。本研究发现,学术数据库(如 ScienceDirect 和 CNKI)中论文的下载与被引具有较强的相关关系,而期刊网站和开放存取平台中两者的相关性较弱。为了引导使用数据从局部走向全局,论文下载数据统一记录平台的建立将是必要的,将大大增加其作为学术评价指标的可行性。本研究说明,科研人员努力提高论文在学术检索系统中的可见性,可达增大下载量及增加被引和学术影响力之效。目前,还未见比较不同数据源中下载数据特点与性质的实证研究,相关研究工作可据此展开。

本研究没有发现样本来源学科和被引数据源对下载量与被引量相关关系的影响。Vaughan 等[④]的研究虽发现不同学科论文间下载量与被引量的相关关系具有差异,但由于研究的样本选择范围大,涉及调节变量多,学科的调节效应可能由其他变量所引起。O'Leary[⑤] 通过研究发现,SSCI、Elsevier 和 Google Scholar 搜索引擎的被引量高度相关($r=0.890～0.990$),这表明被引数据源的差

① O'LEARY D E. The relationship between citations and number of downloads in *Decision Support Systems*[J]. Decision support systems,2008,45(4):972-980.

② 方红玲.我国科技期刊论文被引量和下载量峰值年代:多学科比较研究[J].中国科技期刊研究,2011,22(5):708-710.

③ SCHLOEGL C,GORRAIZ J,GUMPENBERGER C,et al. Comparison of downloads,citations and readership data for two information systems journals[J]. Scientometrics,2014,101(2):1113-1128.

④ VAUGHAN L,TANG J,YANG R. Investigating disciplinary differences in the relationships between citations and downloads[J]. Scientometrics,2017,111(3):1533-1545.

⑤ O'LEARY D E. The relationship between citations and number of downloads in *Decision Support Systems*[J]. Decision support systems,2008,45(4):972-980.

异对下载量与被引量相关关系的影响可以忽略。

meta 分析的质量受到原始研究质量和可获取性的限制。在本 meta 分析中，超过半数的原始研究没有报告样本的文献类型，因而本研究难以探讨文献类型对下载量与被引量相关关系的调节效应。

3.3　科研合作与被引量相关性的 meta 分析

3.3.1　问题的提出

本研究采用 meta 分析方法综合考量科研合作与论文被引频次的关系。成果的发表是科研合作的重要组成部分[1]，因此，合著被视为科研合作的直观产出（output），具有可验证（verifiability）、随时间稳定（stability over time）、数据可用（data availability）且易测量（ease of measurement）等特性[2]，已成为科研合作研究中最常用的量化方式，本研究即采用合著这一量化方式。

3.3.2　研究设计

3.3.2.1　检索策略

文献检索分四步进行，以期系统获取与本研究相关的文献。

（1）预检索

根据本研究的关键概念——科研合作和被引频次，构造预检索式为：（collaborat* OR cooperat* ）AND "number of citation* "。在 Web of Science 数据库中进行主题字段检索，浏览检索结果的题名、摘要并对密切相关文献进行全文阅读，以获得科研合作和被引频次可能涉及的检索词。

（2）正式检索

在预检索的基础上，构造正式检索式为：（collaborat* OR cooperat* OR co-author* OR multi-author* OR multi-nation* OR multi-institution* OR "number of author* " OR "number of institut* " OR "number of countr* "）AND （"citation impact* " OR "citation count* " OR "number of citation* " OR "citation rate* " OR "cited time* "）。检索的数据库范围为 4 个英文摘要数据

---

①　KRAUT R E, GALEGHER J, EGIDO C. Relationships and tasks in scientific research collaboration[J]. Human-computer interaction,1987, 3(1): 31 - 58.

②　BOZEMAN B, FAY D, SLADE C P. Research collaboration in universities and academic entrepreneurship: the-state-of-the-art[J]. Journal of technology transfer,2013, 38(1): 1 - 67.

库，即 Web of Science、Scopus、PubMed 和 Library & Information Science Abstracts(LISA)，文献类型包括期刊论文、会议论文和学位论文，检索时间为 2019 年 12 月。对正式检索返回结果的题名和摘要进行阅读，去重并删除明显不相关的文献，获得可能的相关文献 332 篇并全文下载。其中 5 篇文献因无法获取全文而被剔除。

(3) 参考文献回溯

阅读各相关文献的参考文献列表以尽可能提高查全率，另获得了 21 篇可能相关的文献。

(4) 补充检索

为避免遗漏在研究进行阶段新发表的论文，于 2020 年 5 月再次执行了上述第(2)、(3)步检索过程，获得了 13 篇可能相关的文献。最终获得可能纳入 meta 分析的文献 361 篇。

3.3.2.2　纳入排除标准

本研究的主效应为科研合作与论文被引频次的相关关系，两个目标变量——由合著指标衡量的科研合作和论文被引频次，均为连续型变量，因此本 meta 分析采用 Pearson 相关系数作为效应量。Spearman 相关系数与 Pearson 相关系数提供相似的信息，因此本研究不对二者进行区分并将其统称为相关系数。部分研究在探讨科研合作与论文被引频次的关系时，采用了参数检验、非参数检验、回归分析等方法，鉴于 t 检验、F 检验、Mann-Whitney 检验、卡方检验、Kruskal Walis 检验和一元线性回归的决定系数 R^2 等统计量均可向相关系数转换，本研究将其一并纳入。

综上，本研究制定以下纳入标准：

(1) 以作者数、机构数和国家数三类论文合著指标作为自变量或预测变量，以论文被引频次为因变量；

(2) 报告了论文合著指标与被引频次的相关系数、上述可转换为相关系数的统计量或可计算出上述统计量的原始数据；

(3) 报告了原始研究的样本量。

为保证 meta 分析主效应的可靠性，制定以下排除标准：

(1) 给编者的信、综述等非实证研究；

(2) 本研究从单篇论文层面探讨科研合作与被引频次间的相关关系，排除从个人、机构或国家等论文集合层面探讨二者关系的研究，例如 Bornmann 和 Daniel[1] 以

---

[1]　BORNMANN L,DANIEL H D. Multiple publication on a single research study：does it pay？The influence of number of research articles on total citation counts in biomedicine[J]. Journal of the American Society for Information Science and Technology，2007,58(8)：1100 - 1107.

Boehringer Ingelheim Fonds(BIF)奖学金的申请者为研究对象,探讨申请者发表的论文集合的平均作者数对其总被引频次的影响;

(3) 论文合著与被引情况的计量报告、合著作者的被引频次分配、合著论文被引频次的"马太效应"等内容无关的研究;

(4) 撰写语言非英文的研究。

经过纳入排除,最终纳入 92 篇文献进行 meta 分析。

3.3.2.3　编码

本研究根据 meta 分析的主效应及拟验证的调节变量设计编码规则,对纳入 meta 分析的 92 篇文献进行编码。主效应的编码字段包括原始研究直接报告或通过转换得到的相关系数和样本量。

根据前期研究,对科研合作与被引频次间关系产生影响的潜在调节变量可以归为三类:(1) 科研合作类型;(2) 原始研究的样本特征,包括学科、国家、期刊和文献类型;(3) 原始研究的引用特征,包括引用源、引用时间窗和引用类型。

科研合作类型影响了科研合作与论文被引频次的相关关系,比如,有研究[①]发现机构、国际合作与被引频次的相关关系显著,而个体合作不显著;不过,Gazni 和 Didegah[②] 通过回归分析得到了国际合作对被引频次的影响不显著的结论;Asubiaro[③] 的数据显示本地合作和国内合作论文的被引频次无显著差异,而国际合作论文具有更高的被引频次。这些研究表明,合作类型对二者间的关系存在调节效应。有关合作类型的分类,一种方案是根据合作伙伴的地域分布,将其分为本地(合作伙伴来自同一机构)、国内(合作伙伴来自同一国家不同机构)和国际合作(合作伙伴来自不同国家)[④];另一种方案是根据合作伙伴的粒度将其分为个体、机构和国家合作三类[⑤]。考虑到前期研究中多采用作者数、机构数和国家数对科研合作进行量化,在仅以作者数为自变量的研究中将不同地域分布的合作研究一并纳入统计,据此,本研究难以采用前一种分类方案进行编

① IRIBARREN-MAESTRO T, LASCURAIN-SANCHEZ M, SANZ-CASADO E. Are multi-authorship and visibility related? Study of ten research areas at Carlos III University of Madrid[J]. Scientometrics, 2009,79(1): 191 - 200.

② GAZNI A, DIDEGAH F. Investigating different types of research collaboration and citation impact: a case study of Harvard University's publications[J]. Scientometrics, 2011,87(2): 251 - 265.

③ ASUBIARO T. How collaboration type, publication place, funding and author's role affect citations received by publications from Africa: a bibliometric study of LIS research from 1996 to 2015[J]. Scientometrics, 2019,120(3): 1261 - 1287.

④ BORRONS M, GOMEZ I, FERNANDEZ M T. Local, domestic and international scientific collaboration in biomedical research[J]. Scientometrics, 1996, 37(2): 279 - 295.

⑤ DIDEGAH F, THELWALL M. Which factors help authors produce the highest impact research? Collaboration, journal and document properties[J]. Journal of informetrics, 2013, 7(4): 861 - 873.

码,三种量化方式却可以自然地与后一种分类建立起——映射,因此,本研究拟采用第二种分类方案。

部分研究显示,样本特征与科研合作和论文被引频次相关性的差异存在密切联系,比如,学科[①]、国家[②]、期刊[③]和文献类型[④]等,这说明其在合作与被引频次的相关关系中存在调节效应。(1)学科。Puuska 等[⑤]与 Shehatta 和 Mahmood[⑥] 将其分为人文科学、自然科学和社会科学等研究领域(research domains);Van Wesel 等[⑦]则在社会学、内科学和应用物理学等学科范围(subject areas)层面开展研究。将学科范围归入研究领域的编码具有可行性,反之则难以操作。多数实证研究采用了 WoS 数据源,据此,本研究的学科分类参照 Web of Science 数据库的学科分类,将其划分为应用科学、自然科学、人文与艺术科学、生命科学与生物医学、社会科学五个大类。原始研究如果同时涉及上述多个学科类别则该字段编码为空值。(2)国家。Chi 和 Glanzel[⑧] 以及 Thelwall 和 Maflahi[⑨] 的研究定位于具体的国家,比如伊朗、以色列和比利时等,Leimu 和 Koricheva[⑩] 将其分为北美洲和欧洲。国家的经济发展水平与科学实力之间存

---

① SHEHATTA I, MAHMOOD K. Research collaboration in Saudi Arabia 1980—2014: bibliometric patterns and national policy to foster research quantity and quality[J]. Libri,2016,66(1): 13 – 29.

② THELWALL M, MAFLAHI N. Academic collaboration rates and citation associations vary substantially between countries and fields[J]. Journal of the Association for Information Science and Technology, 2020, 71(8): 968 – 978.

③ ROUSSEAU R, DING J L.Does international collaboration yield a higher citation potential for US scientists publishing in highly visible interdisciplinary journals? [J]. Journal of the Association for Information Science and Technology, 2016, 67(4): 1009 – 1013.

④ SIN S C J. International coauthorship and citation impact: a bibliometric study of six LIS journals, 1980—2008[J]. Journal of the American Society for Information Science and Technology, 2011, 62(9): 1770 – 1783.

⑤ PUUSKA H M, MUHONEN R, LEINO Y.International and domestic co-publishing and their citation impact in different disciplines[J]. Scientometrics, 2014, 98(2): 823 – 839.

⑥ SHEHATTA I, MAHMOOD K. Research collaboration in Saudi Arabia 1980—2014: bibliometric patterns and national policy to foster research quantity and quality[J]. Libri,2016,66(1): 13 – 29.

⑦ VAN WESEL M, WYATT S, TEN HAAF J. What a difference a colon makes: how superficial factors influence subsequent citation[J]. Scientometrics,2014,98(3): 1601 – 1615.

⑧ CHI P S, GLANZEL W.An empirical investigation of the associations among usage, scientific collaboration and citation impact[J]. Scientometrics, 2017, 112(1): 403 – 412.

⑨ THELWALL M, MAFLAHI N. Academic collaboration rates and citation associations vary substantially between countries and fields[J]. Journal of the Association for Information Science and Technology, 2020; 71(8): 968 – 978.

⑩ LEIMU R, KORICHEVA J. Does scientific collaboration increase the impact of ecological articles? [J]. Bioscience,2005,55(5): 438 – 443.

在正相关关系①,而大洲内各国的经济发展水平不一,据此,本研究不采用按照大洲划分的国家分类,而是根据国际货币基金组织认定的发达经济体名单,将其划分为发达国家和发展中国家两类。原始研究如果同时涉及发达国家和发展中国家,则该字段编码为空值。(3)期刊。部分研究采用了 JCR 的期刊分区;Rousseau 和 Ding② 以 *PNAS*、*Science* 和 *Nature* 三种具体期刊为对象。鉴于具体的期刊也可以映射入相应的 JCR 分区且文献计量研究的数据源多为 Web of Science,本研究使用 Web of Science 的 JCR 分区代表期刊影响因子。JCR 的版本可以以论文发表年为准,也可以指定特定的年份。Web of Science 仅公布了1997 年后的 JCR,但本 meta 分析中有相当数量的原始研究涉及 1997 年之前的样本,因此本研究采用第二种做法,参照 2018 年版 JCR 期刊影响因子分区,采用反向计分,将 Q4—Q1 分区的期刊依次记为 1—4 分。可归属于多个学科的期刊,以其所在原始研究的样本来源学科为准。若原始研究样本来源于多个期刊,则取各期刊影响因子分区评分的算术均值。JCR 未收录的期刊,该字段记为空值。(4)文献类型。纳入本 meta 分析中的大部分原始研究以 Web of Science 上的 Article 或 Review 为样本进行研究。有鉴于此,文献类型的选项有"论文""综述"和"两者兼有"(论文和审阅)。有研究将文档类型归类为期刊论文和会议③,它们将被视为"两者兼有",因为论文和评论都可以在其中发表。

在对科研合作和论文被引频次关系研究的文献调研中我们发现,引用特征对二者的关系存在调节效应,具体涉及:引用源④,即用于收集论文被引频次的数据来源;引用时间窗⑤,即收集被引频次的年份与论文发表年份的间隔;引用类型⑥。有关三个变量的分类,本研究拟直接采集自原始研究。(1)将引用源分

① KUMAR R R, STAUVERMANN P J, PATEL A. Exploring the link between research and economic growth: an empirical study of China and USA[J]. Quality & quantity, 2016, 50(3): 1073 - 1091.

② ROUSSEAU R, DING J L. Does international collaboration yield a higher citation potential for US scientists publishing in highly visible interdisciplinary journals? [J]. Journal of the Association for Information Science and Technology, 2016, 67(4): 1009 - 1013.

③ IBANEZ A, BIELZA C, LARRANAGA P. Relationship among research collaboration, number of documents and number of citations: a case study in Spanish computer science production in 2000—2009 [J]. Scientometrics, 2013, 95(2): 698 - 716.

④ GARCIA-AROCA M A, PANDIELLA-DOMINIQUE A, NAVARRO-SUAY R, et al. Analysis of production, impact, and scientific collaboration on difficult airway through the Web of Science and Scopus (1981—2013)[J]. Anesthesia and analgesia, 2017, 124(6): 1886 - 1896.

⑤ ONODERA N, YOSHIKANE F. Factors affecting citation rates of research articles[J]. Journal of the Association for Information Science and Technology, 2015, 66(4): 739 - 764.

⑥ CLEMENTS J C. Open access articles receive more citations in hybrid marine ecology journals[J]. Facets, 2017, 2: 1 - 14.

为 Web of Science、Scopus、Google Scholar 和 Other。仅有 8 项原始研究采用 CNKI、PubMed 或期刊网站等引用源,因数量过少,故将其均归为 Other。(2) 关于引用时间窗,有研究结果表明 2 年或 3 年的引用时间窗足以保证被引频次在影响测度时的稳健性[①],Liu 等[②]的研究也发现论文在发表后第 3 年达到被引高峰。上述研究表明 3 年是引用时间窗的重要节点,基于此,本研究将引用时间窗划分为年均、1～3 年和 4 年及以上,部分原始研究的引用时间窗跨度较大无法归为上述三类,则编码为空值。特别地,若收集被引频次的时刻在 1—6 月则作为上一年,7—12 月则以当前年份计算。例如,Muniz 等[③]于 2017 年 4 月 6 日收集了 2000—2015 年发表文献的被引频次,故以 2016 年为截止年,得到其引用时间窗为 2～17 年。(3)引用类型则分为他引、自引及总引(同时包含前两者),若原始研究未对引用类型进行强调,则默认编码为总引。

上述字段除引用类型外,若原始研究未报告上述字段的相关内容,则认定为空值。上述编码过程由两位研究者分别独立完成,并对编码结果进行比对。编码结果不一致则协商探讨,协商后仍有分歧则向第三位研究者咨询意见以获得一致编码。

3.3.2.4　meta 分析方法

本研究 meta 分析纳入的各原始研究相互独立而非来源于同一整体的同质研究,假定各原始研究具有相同的真实效应不具合理性。因此,本研究采用随机效应模型计算平均效应量。使用相关系数作为效应量时,需先通过公式 (3.1-3)进行 Fisher 转换得到 meta 分析中实际运算的效应量 S_z,并通过公式 (3.1-4)计算出各效应量的研究内标准误。在获取平均效应量后再进行逆 Fisher 转换即公式(3.1-5)得到最终的综合相关系数 r[④]。

发表偏倚检验采用漏斗图、Egger 回归、p 曲线和失安全系数等方法完成。异质性通过 Cochran Q 检验、I^2、漏斗图及预测区间进行评估,并简要分析了前两者在异质性评价上的不足。根据潜在的调节变量对亚组进行划分,并使用亚组间方差分析和 z 检验矩阵探讨调节变量的显著性。上述过程均通过 Stata 16.0 完

①　ABRAMO G, CICERO T, D'ANGELO C A. Assessing the varying level of impact measurement accuracy as a function of the citation window length[J]. Journal of informetrics, 2011, 5(4): 659 - 667.

②　LIU X L, GAI S S, ZHANG S L, et al. An analysis of peer-reviewed scores and impact factors with different citation time windows: a case study of 28 ophthalmologic journals[J]. PLoS one, 2015, 10 (8): e0135583.

③　MUNIZ F, CELESTE R K, OBALLE H, et al. Citation analysis and trends in review articles in dentistry[J]. Journal of evidence-based dental practice, 2018, 18(2): 110 - 118.

④　BORENSTEIN M, HEDGES L V, HIGGINS J P T, et al. Introduction to meta-analysis[M]. West Sussex: John Wiley & Sons Ltd, 2009.

成,统计学显著性水平认定为 0.050。

3.3.3 研究结果

3.3.3.1 编码结果

经过编码与校验,从纳入的 92 篇文献中提取了所有编码字段的信息。一篇文献可同时报告多个原始研究,例如 Thelwall 和 Sud[1] 在 30 个不同学科中,利用 Mann-Whitney 检验探讨了合著论文与独著论文的被引频次差异,因而可获得 30 个相关系数。最终本 meta 分析共获得 340 个相关系数,由相关系数 Fisher 转换得到的效应量范围为 $-0.400 \sim 0.838$。各原始研究的样本量范围为 $38 \sim 12\ 021\ 209$,样本文献的发表时间跨度为 1975—2020 年。[2]

3.3.3.2 主效应

基于随机效应模型合并 340 个效应量后得到的平均效应量为 0.147,置信区间为 $[0.136, 0.158]$。平均效应量的 z 检验结果显著($z = 25.77, p < 0.001$),将平均效应量逆 Fisher 转换得到整体相关系数为 0.146。根据 Cohen 的相关性强度法则,科研合作与论文被引频次之间具有正向低相关关系。

3.3.3.3 发表偏倚检验

发表偏倚是 meta 分析中普遍存在的现象,传统发表偏倚的起因是统计学结果显著的原始研究更易发表,而公开发表的原始研究被纳入 meta 分析的可能性更大,因此效应量和样本量均较小的原始研究较易被遗漏,从而使 meta 分析高估平均效应量。发表偏倚过大的 meta 分析,其平均效应量不可靠。[3]

采用漏斗图对本 meta 分析的发表偏倚做定性判断。由图 3.3-1 可知,各原始研究的效应量分布不完全对称,漏斗图右上方聚集了较多的样本点,这表明存在一定的发表偏倚。但漏斗图下部并无明显不对称,这表明效应量和样本量均较小的原始研究缺失不严重,发表偏倚的程度不大。为定量分析发表偏倚是否存在,采用 Egger 回归检验。Egger 回归的偏倚系数为 2.167,偏倚系数的 t 检验结果显著($t = 3.56, p < 0.001$),此时应拒绝原假设,接受发表偏倚存在的备择假设。

---

① THELWALL M, SUD P. No citation advantage for monograph-based collaborations? [J]. Journal of informetrics, 2014, 8(1): 276-283.

② SHEN H, XIE J, LI J, et al. The correlation between scientific collaboration and citation count at the paper level: a meta-analysis[J]. Scientometrics, 2021, 126: 3443-3470.

③ BORENSTEIN M, HEDGES L V, HIGGINS J P T, et al. Introduction to meta-analysis[M]. West Sussex: John Wiley & Sons Ltd, 2009.

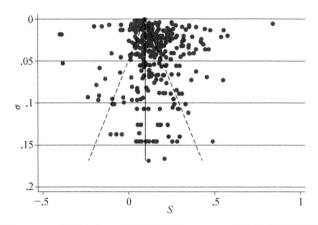

图 3.3 - 1　科研合作与被引量相关性 meta 分析发表偏倚漏斗图

　　确定发表偏倚存在后，进一步探讨 meta 分析得到的平均效应量是否为由发表偏倚引起的假象。本研究绘制了 meta 分析的 p 曲线（p-curve），即各效应量 z 检验的 p 值的直方图（图 3.3 - 2）。图 3.3 - 2(A)显示，当 p 值下降时，原始研究的出现频次呈增加趋势且多数效应量的 p 值小于 0.05；图 3.3 - 2(B)进一步表明多数效应量的 p 值聚集在 0 附近。根据 Simonsohn 等[①]的建议，p 值聚集在 0.05 附近表明发表偏倚的影响较大，而 p 值聚集在 0 附近则表明结果接近真实。此外，Rosenthal 失安全系数的计算结果为 2 755 856.94，这表明至少需再纳入约 2 755 857 项原始研究才能使 meta 分析的平均效应量不再显著，远大于其参照值 1 710 项（$5k + 10$，k 为效应量个数）。综上，本 meta 分析存在发表偏倚，但发表偏倚的影响不大，得到的平均效应量仍较稳健。

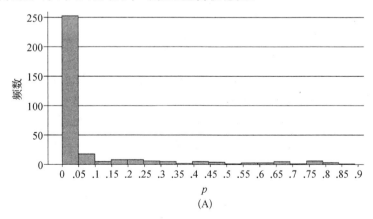

(A)

　　① SIMONSOHN U，NELSON L D，SIMMONS J P. P-curve：a key to the file-drawer[J]. Journal of experimental psychology，2014，143(2)：534 - 547.

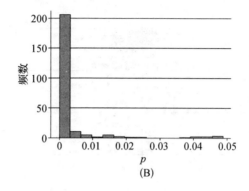

注:(A)所有效应量的 p 值分布,包括 253 个显著效
应量与 87 个不显著效应量;(B) 253 个显著效应量
的 p 值分布。

图 3.3‑2　p 曲线分析

3.3.3.4　异质性检验

异质性检验一般通过 Cochran Q 检验和 I^2 进行,二者的计算如公式
(3.1‑6)和公式(3.1‑8)所示。Higgins 等[1]提出:$I^2=0\%$ 时,研究间无异质性;
$I^2\leqslant25\%$ 时,存在轻度异质性;$I^2\leqslant50\%$ 时,存在中度异质性;$I^2\leqslant75\%$ 时,存在
高度异质性;$I^2>75\%$ 时,不适合进行 meta 分析。

本 meta 分析的 Q 值为 40 271.11,异质性检验结果显著($p<0.001$);I^2 值
为 99.2%,根据 Higgins 准则,表明存在极大异质性,不宜进行 meta 分析。联立
公式(3.1‑4)和(3.1‑6)可得

$$Q=\sum_{i=1}^{k}\left[(n_i-3)(S_i-U)^2\right] \qquad （公式 3.3‑1）$$

据此可知,Q 值和原始研究的样本量正相关。本 meta 分析纳入的原始研究
中,去掉样本量的最大和最小值后,其平均值依然高达 7 266.71,Q 值必然很大。
鉴于异质性是原始研究间的效应量差异而与样本量无关,故本 meta 分析中较大
的 Q 值应视为假设检验在大样本情况下检验效能过大所致。

I^2 本质上是研究间方差与总方差之比,后者包括研究间方差和研究内方
差[2]。由公式(3.1‑8)可知,当各原始研究样本量极大时,研究内方差接近 0,从

---

① HIGGINS J P T, THOMPSON S G, DEEKS J J, et al. Measuring inconsistency in meta-analyses
[J]. British medical journal,2003,327(7414):557‑560.

② BORENSTEIN M, HIGGINS J P T, HEDGES L V. Basics of meta-analysis:I2 is not an
absolute measure of heterogeneity[J]. Research synthesis methods,2017,8:5‑18.

而使 I^2 值接近 100%。Xie 等[①]通过模拟分析也发现,当原始研究样本量范围为 50~100 时,多数模拟 meta 分析的 I^2 会大于 75%,且随着样本量的进一步增大,I^2 基本在 80% 以上。综上,Cochran Q 检验和 I^2 均不适用于原始研究样本量过大的 meta 分析。

异质性可通过漏斗图进行定性判断:若异质性不存在,即效应量差异完全由随机误差导致,则当研究内标准误(SE)下降时,漏斗图中各效应量将向平均效应量聚集。[②] 由图 3.3-2 可知,当标准误下降时,效应量呈明显的聚集趋势,但仍有部分效应量与平均效应量离散较大,这说明本 meta 分析存在一定异质性。依据 Parr 等[③]的建议,使用预测区间定量评估真实效应的离散程度。本 meta 分析中,置信水平为 95% 的预测区间为[−0.039,0.333],逆 Fisher 转换得到相应的相关系数预测区间为[−0.039,0.321],即在关于科研合作和被引频次相关性的原始研究全集中,95% 以上的研究得到的相关系数取值应在 −0.039 和 0.321 之间,呈现无相关性或低相关性,这表明各原始研究效应量的离散程度不大。综上,本 meta 分析存在一定程度的异质性,但合并后的平均效应量仍然可靠。

3.3.3.5　调节效应分析

调节效应分析有助于深入解释异质性。基于各调节变量的取值进行亚组划分,以描述性分析其对效应量产生的影响(表 3.3-1)。

表 3.3-1　科研合作与被引量相关性 meta 分析亚组划分结果

调节变量	变量组别	效应量个数	S_z	r	T^2	z	P
学科	社会科学	55	0.167	0.166	0.011 5	10.32	<0.000*
	应用科学	67	0.107	0.107	0.032 0	4.71	<0.000*
	自然科学	37	0.110	0.110	0.006 0	7.80	<0.000*
	生命科学与生物医学	127	0.167	0.166	0.010 0	16.56	<0.000*
	人文与艺术科学	11	0.109	0.109	0.005 6	4.41	<0.000*

① XIE J, GONG K, CHENG Y, et al. The correlation between paper length and citations: a meta-analysis[J]. Scientometrics, 2019, 118(3): 763-786.
② WAKE S, WORMWOOD J, SATPUTE A B. The influence of fear on risk taking: a meta-analysis[J]. Cognition and emotion, 2020, 34(6): 1143-1159. doi: 10.1080/02699931.2020.1731428.
③ PARR N J, SCHWEER-COLLINS M L, DARLINGTON T M, et al. meta-analytic approaches for examining complexity and heterogeneity in studies of adolescent development [J]. Journal of adolescence, 2019, 77: 168-178.

（续表）

调节变量	变量组别	效应量个数	S_Z	r	T^2	z	P
国家	发达国家	106	0.113	0.112	0.008 0	11.49	<0.000*
	发展中国家	75	0.182	0.180	0.060 6	6.27	<0.000*
期刊影响因子	4	58	0.146	0.145	0.009 6	9.25	<0.000*
	3	40	0.141	0.140	0.024 6	5.33	<0.000*
	2	12	0.162	0.161	0.007 9	5.63	<0.000*
	1	7	−0.006	−0.006	0.132 3	0.04	0.965
文献类型	综述	16	0.142	0.141	0.005 2	5.53	<0.000*
	两者兼有	181	0.137	0.136	0.009 5	16.72	<0.000*
	论文	80	0.173	0.171	0.011 1	13.85	<0.000*
引用源	WoS	284	0.147	0.146	0.017 7	17.48	<0.000*
	Scopus	38	0.175	0.173	0.009 7	9.45	<0.000*
	Google Scholar	6	0.017	0.017	0.002 2	0.67	0.502
	其他数据源	8	0.069	0.069	0.002 9	3.11	0.002*
引用类型	自引	7	0.192	0.190	0.002 5	7.09	<0.000*
	他引	39	0.173	0.171	0.007 7	10.74	<0.000*
	总引	294	0.143	0.142	0.009 0	23.22	<0.000*
引用时间窗	年均	29	0.138	0.137	0.025 4	4.45	<0.000*
	1~3	50	0.166	0.165	0.104 5	3.59	<0.000*
	≥4	135	0.167	0.166	0.005 9	21.26	<0.000*
合作类型	国际合作	56	0.181	0.179	0.047 4	6.07	<0.000*
	机构合作	43	0.121	0.120	0.003 6	10.75	<0.000*
	个体合作	241	0.141	0.140	0.013 4	17.45	<0.000*

注："*"表明具有统计学显著性。

采用亚组间方差分析进一步探讨各调节变量是否对平均效应量具有显著影响。亚组间方差分析的统计量构造方式如公式(3.3-2)所示,其中,Q 为 meta 分析整体的 Q 值,Q_i 为第 i 个亚组的 Q 值,j 为亚组数。在异质性不存在的前提下,亚组间的 Q 值即 Q_{bet} 将服从自由度为 $j-1$ 的 χ^2 分布。

$$Q_{\text{bet}} = Q - \sum_{i=1}^{j} Q_i \qquad （公式 3.3-2）$$

由于原始研究数据可获取性的限制,每项潜在调节变量对应的效应量个数存在差异(表 3.3-2)。由 Q_{bet} 值及其 p 值可知,"学科""国家""文献类型"和"引用源"显著影响科研合作和被引频次的相关性,其他变量则无显著调节效应。需要强调的是,亚组间方差分析的结果会受到各亚组内原始研究的限制。比如,"期刊影响因子"的调节效应不显著是评分为 1 的亚组内较大的研究间方差($T^2 = 0.1323$)和较少的效应量个数($n=7$)(表 3.3-3)所致。

表 3.3-2　亚组间方差分析结果

调节变量	效应量个数	Q_{bet}	v	p
学科	297	17.91	4	0.001*
国家	181	5.01	1	0.025*
期刊影响因子	117	1.53	3	0.676
文献类型	277	6.01	2	0.050*
引用类型	340	5.68	2	0.058
引用源	336	37.89	3	<0.000*
引用时间窗	214	0.85	2	0.654
合作类型	340	4.55	2	0.103

注:"*"表明具有统计学显著性。

表 3.3-3　"学科"亚组间 z 检验结果

学科	自然科学	应用科学	人文艺术	生命科学	社会科学
自然科学		0.11(0.910)	0.04(0.972)	3.29(0.001)*	2.65(0.008)*
应用科学			0.06(0.952)	2.42(0.015)*	2.15(0.031)*
人文艺术				2.18(0.029)*	1.97(0.049)*
生命科学					0(0.999)
社会科学					

注:括号内为 p 值;"*"表明具有统计学显著性。

亚组间方差分析仅说明各亚组的平均效应量是否存在显著差异,因此,针对可划分成多个亚组的调节变量"学科""类型"和"引用源",本研究采用亚组间 z 检验揭示各亚组平均效应量的强弱关系。调节变量"国家"仅有两个亚组,不必进行 z 检验。z 检验统计量的构造方式如公式(3.3-3)所示,其中,S_a 和 S_b 为亚组的平均效应量,σ_a^2 和 σ_b^2 为亚组平均效应量的方差。

$$z = \frac{S_a - S_b}{\sqrt{\sigma_a^2 + \sigma_b^2}}$$ （公式 3.3 - 3）

国家。发达国家和发展中国家均有显著的平均效应量（表 3.3 - 2）且二者差异也显著（表 3.3 - 3），在发达国家中，科研合作与论文被引频次的相关性较低（$r = 0.112$），而在发展中国家二者间的相关系数数值较高（$r = 0.180$），这与 Chi 和 Glanzel[①] 的研究结果相符。

学科。各学科均具有显著的正向平均效应量（表 3.3 - 2）。结合表 3.3 - 4 可知，生命科学与生物医学亚组的平均效应量显著高于应用科学、自然科学和人文与艺术科学；对于较依赖专业知识和技能的应用科学与自然科学，其科研合作与被引频次的相关性反而显著低于社会科学。生命科学与生物医学亚组和社会科学亚组的平均效应量在数值上相等，应用科学、自然科学和人文与艺术科学之间的平均效应量差异不显著。

文献类型。各亚组均具有显著的正向效应且科研合作与论文的被引频次的相关系数最大（$r = 0.171$）（表 3.3 - 2）。由表 3.3 - 4 可知，科研合作和论文被引频次的相关性显著高于两者兼有（$r = 0.136$）；综述的平均效应量低于论文，但二者的差异不显著（$p = 0.279$）。

表 3.3 - 4　"文献类型"亚组间 z 检验结果

文献类型	研究	综述	两者兼有
研究		1.08(0.279)	2.41(0.016)*
综述			0.18(0.853)
两者兼有			

注：括号内为 p 值；"*"表明具有统计学显著性。

引用源。由表 3.3 - 1 可知，当原始研究使用 Google Scholar 作为引用源时，科研合作与被引频次的关系不显著（$p = 0.502$）。当采用 Web of Science 和 Scopus 作为引用源时，科研合作与被引频次的相关性显著高于 Google Scholar 和其他引用源（表 3.3 - 5）。Web of Science 亚组的相关系数（$r = 0.146$）在数值上小于 Scopus（$r = 0.173$），但两者差异并不显著；Google Scholar 和其他数据源的平均效应量也无显著差异。

---

① CHI P S，GLANZEL W. Do usage and scientific collaboration associate with citation impact? [C]. //RAFOLS I，MOLAS GALLART J，CASTRO MARTINEZ E，et al. Proceedings of the 21st International Conference on Science and Technology Indicators. Valencia，Spain：Editorial Universitat Politecnica de Valencia，2016：1223 - 1228.

表 3.3 - 5　"引用源"亚组间 z 检验结果

引用源	Web of Science	Scopus	Google Scholar	Other
Web of Science		1.45(0.148)	4.88(0.000)*	3.29(0.001)*
Scopus			5.10(0.000)*	3.73(<0.001)*
Google Scholar				1.55(0.122)
Other				

注:括号内为 p 值;"*"表明具有统计学显著性。

3.3.4　讨论

本研究使用 meta 分析对现有结果进行了量化总结,发现科研合作和被引频次间的相关系数为 0.146,呈正向低相关关系。基于漏斗图、失安全系数和预测区间等结果可知,本 meta 分析的平均效应量可靠。

科研合作与被引频次的正向关系可视为科研合作益处的证据。科研合作能够给研究者个人、所在团队及其科研成果带来的优势包括:(1) 科研合作允许知识、技能和技术的共享与转移,从而促进研究者学术水平的提升;(2) 科研合作可以增加研究团队的科技人力资本,带来更多的资助[1],且有利于在团队内部形成严格的内部审查[2];(3) 科研合作带来的观点冲突与思想融合有助于知识重组与研究成果创新[3]。这些收益有助于学者个人及其团队开展高水平研究,从而产生高质量论文并被广泛引用。多项研究也证实合著论文较独著论文具有更高的同行评议得分[4]、期刊录用率[5]、期刊影响因子[6]和方法学质量[7]。除质量因素

---

[1]　BOZEMANA B,CORLEY E. Scientists' collaboration strategies:implications for scientific and technical human capital[J]. Research policy,2004,33(4):599 - 616.

[2]　VAN WESEL M,WYATT S,TEN HAAF J. What a difference a colon makes:how superficial factors influence subsequent citation[J]. Scientometrics,2014,98(3):1601 - 1615.

[3]　TALKE K,SALOMO S,KOCK A. Top management team diversity and strategic innovation orientation:the relationship and consequences for innovativeness and performance[J]. Journal of product innovation management,2011,28(6):819 - 832.

[4]　FRANCESCHET M,COSTANTINI A. The effect of scholar collaboration on impact and quality of academic papers[J]. Journal of informetrics,2010,4(4):540 - 553.

[5]　TREGENZA T.Gender bias in the refereeing process? [J]. Trends in ecology & evolution,2002, 17(8):349 - 350.

[6]　SAHU S R,ANDA K C. Does the multi-authorship trend influence the quality of an article? [J]. Scientometrics,2014,98(3):2161 - 2168.

[7]　CARTES-VELASQUEZ R,MANTEROLA C.Impact of collaboration on research quality:a case analysis of dental research[J]. International journal of information science and management,2017,15(1): 89 - 93.

外,有学者指出由于社交网络联系扩大而引起的可见度增大[1]和自引机会的增加也是使得合著论文被引频次增加的原因[2]。

然而前期研究也发现,科研合作与被引频次之间不是线性相关,而是呈现为倒 U 形关系[3],这表明合作活动中存在"最优团队规模",可以解释本研究中科研合作与被引频次的低相关关系。"最优团队规模"与科研合作的成本有关:参与科研合作的伙伴间具有差异,包括作为合作基础的有利差异及可能导致冲突的附属差异,对上述差异进行管理将产生协调成本,而协调成本已被证实是导致科研合作产生负向影响的中介变量[4]。团队规模增加使得团队内有利差异和附属差异均增加[5],从而需投入更多的协调成本进行差异管理,因此团队规模过大将导致科研合作的收益有限甚至产生负向影响。此外,科研合作占用研究者有限的时间和资源且可能导致成果和责任分配不明确[6],降低研究者的效率和动机,这也是科研合作与被引频次低相关的原因。

本研究通过亚组间方差分析发现了学科、国家、文献类型和引用源四个显著的调节变量,而合作类型、引用类型等变量对科研合作与被引频次间关系的影响不显著。

学科的调节效应来源于不同学科的特征差异。Puuska 等[7]的理论解释了社会科学领域较高的平均效应量:社会科学领域的论文独著较多[8],因而合著对提高成果可见性具有重要作用;同时,社会科学领域的研究通常是多范式的且主要进行论证和解释,因而当作者人数较多时,论文的感知可信度更高,从而被引频次增加。科研合作在生命科学与生物医学领域与被引频次的相关性也较大,其

① KATZ J S, MARTIN B R.What is research collaboration? [J]. Research policy, 1997, 26(1): 1－18.

② LIN W Y C, HUANG M H. The relationship between co-authorship, currency of references and author self-citations[J]. Scientometrics, 2012, 90(2): 343－360.

③ LARIVIÈRE V, GINGR A S Y, SUGIMOTO C R, et al. Team size matters: collaboration and scientific impact since 1900[J]. Journal of the Association for Information Science and Technology, 2015, 66(7): 1323－1332.

④ CUMMINGS J N, KIESLER S. Coordination costs and project outcomes in multi-university collaborations[J]. Research policy, 2007, 36(10): 1620－1634.

⑤ BAMMER G. Enhancing research collaborations: three key management challenges[J]. Research policy, 2008, 37(5): 875－887.

⑥ WRAY K B.Scientific authorship in the age of collaborative research[J]. Studies in history and philosophy of science, 2006, 37(3): 505－514.

⑦ PUUSKA H M, MUHONEN R, LEINO Y. International and domestic co-publishing and their citation impact in different disciplines[J]. Scientometrics, 2014, 98(2): 823－839.

⑧ SHEHATTA I, MAHMOOD K. Research collaboration in Saudi Arabia 1980—2014: bibliometric patterns and national policy to foster research quantity and quality[J]. Libri, 2016, 66(1): 13－29.

原因有两点：首先，生物医学对工具、思想、分析和解释需求较大①，更依赖于科研合作以提高研究质量；其次，生物医学相关学科的发文量大约占世界总发文的30％，远大于其他学科②，因此具有更多来自学科内部的施引者，论文被引用的机会更高。科研合作在人文艺术科学领域收益较低的原因与合作匮乏有关，部分研究发现其科研合作的程度在所有学科中最低③。而自然科学和应用科学领域平均效应量较低则是因为其团队规模普遍较大④，如前所述，团队规模超过最佳临界值后，由于协调成本过高，科研合作的收益反而会下降。

发达国家的平均效应量显著低于发展中国家。国家的经济水平与科学实力正相关⑤，这意味着经济水平较高的发达国家能够在研究活动中投入更多的资金与资源，以获得高质量的科学出版物⑥，因此来自发达国家的出版物被引用的主要原因是高质量而非研究合作。国家的调节效应也与国家间的文化差异有关，个人主义在发达国家尤其是西方发达家盛行，而发展中国家则更推崇集体主义。个人主义程度较高的国家，其研究人员通过科研合作完成共同目标的意愿较低。⑦

本研究发现科研合作与综述被引频次的相关性较小。文献类型反映了研究的性质，综述强调对特定主题的已有文献进行回顾，而论文则旨在呈现新的成果，因而科研合作所带来的知识重组与成果创新对论文的贡献更大。此外，论文平均效应量较高的原因也与施引习惯有关，即在综述中发现了值得引用的内容时，施引者一般倾向引用相应的原始论文，而不是直接引用综述。⑧

---

① SHEHATTA I，MAHMOOD K. Research collaboration in Saudi Arabia 1980—2014：bibliometric patterns and national policy to foster research quantity and quality[J]. Libri, 2016,66(1)：13 - 29.

② CHINCHILLA-RODRIGUEZ Z，BENAVENT-PEREZ M，DE MOYA-ANEGON F, et al. International collaboration in medical research in Latin America and the Caribbean（2003—2007）[J]. Journal of the American Society for Information Science and Technology，2012,63(11)：2223 - 2238.

③ FRANCESCHET M，COSTANTINI A. The effect of scholar collaboration on impact and quality of academic papers[J]. Journal of informetrics，2010，4(4)：540 - 553.

④ WUCHTY S，JONES B F，UZZI B. The increasing dominance of teams in production of knowledge[J]. Science，2007，316(5827)：1036 - 1039.

⑤ KUMAR R R，STAUVERMANN P J，PATEL A. Exploring the link between research and economic growth：an empirical study of China and USA[J]. Quality & quantity，2016，50(3)：1073 - 1091.

⑥ ALLIK J，LAUK K，REALO A. Factors predicting the scientific wealth of nations[J]. Crosscultural research，2020，54(4)：364 - 397.

⑦ THELWALL M，Maflahi N. Academic collaboration rates and citation associations vary substantially between countries and fields[J]. Journal of the Association for Information Science and Technology，2019，1 - 11.

⑧ LACHANCE C，POIRIER S，LARIVIÈRE V. The kiss of death? The effect of being cited in a review on subsequent citations[J]. Journal of the Association for Information Science and Technology，2014，65(7)：1501 - 1505.

不同引用源在文献的收录范围上存在的差异,将使得其记录的引文网络规模发生变化,进而对科研合作与被引频次的关系产生调节效应。Web of Science和 Scopus 的文献收录范围涵盖各个学科,因而使用二者作为引用源时,论文被引频次往往较高。此外,Scopus 对社会科学与人文艺术科学领域论文的收录范围大于 Web of Science[1],这造成了 Scopus 相较于 Web of Science 较大的平均效应量。其他引用源的文献收录范围则较为局限,导致平均效应量较小,例如 PubMed 主要收录生物医学领域的论文。Google Scholar 具有比 Web of Science 和 Scopus 更大的收录范围,其平均效应量却显著低于后两者,这与 Google Scholar 引用数据的准确性不足且数据来源缺乏透明度有关。[2]

合作类型不显著的调节效应验证了部分学者的观点,即国际合作不会产生更高的研究收益[3],这与科研合作的成本增加有关。虽然来自不同国家的研究人员在知识、技能、经验、想法和科学社交网络等方面更为互补[4],但调和国际合作的附属差异会带来大量的协调成本从而限制其收益。首先,地理邻近性对合作伙伴之间的信息交流和工作协调具有重要意义,当合作伙伴来自不同国家时则需要更多的旅行和通信成本以完成合作活动。同时,不同国家的机构在管理文化、财务体系和知识产权规则等方面均存在差异[5]。此外,国际合作还存在语言障碍和跨时区等问题。Wagner 等[6]的研究还显示,由于较大的协调成本,国际合作成果的新颖性往往较低,这进一步表明对国际合作应持谨慎态度。综上可知,与"最优团队规模"现象类似,合作类型不显著的调节效应本质上仍然源于科研合作收益与成本的平衡。

目前学界普遍认为科研合作能够提升自引频次,但自引的增加是不是被引频次增加的主要原因尚存在争议[7]。本研究中引用类型的调节效应不显著,这

① MONGEON P, PAUL-HUS A. The journal coverage of Web of Science and Scopus: a comparative analysis[J]. Scientometrics, 2015,106(1): 213 - 228.

② JACSO P. Metadata mega mess in Google Scholar[J]. Online information review, 2010,34(1): 175 - 191.

③ SUD P,THELWALL M.Not all international collaboration is beneficial: the mendeley readership and citation impact of biochemical research collaboration[J]. Journal of the Association for Information Science and Technology, 2016,67(8): 1849 - 1857.

④ HE Z L, GENG X S, CAMPBELL-HUNT C. Research collaboration and research output: a longitudinal study of 65 biomedical scientists in a New Zealand university[J]. Research policy, 2009,38(2): 306 - 317.

⑤ KATZ J S,MARTIN B R. What is research collaboration? [J]. Research policy, 1997,26(1): 1 - 18.

⑥ WAGNER C S,WHETSELL T A,MUKHERJEE S[J]. International research collaboration: novelty, conventionality, and atypicality in knowledge recombination[J]. Research policy, 2019,48(5): 1260 - 1270.

⑦ AKSNES D W. A macro study of self-citation[J]. Scientometrics, 2003,56(2): 235 - 246.

说明科研合作与自引频次的相关性并不显著高于他引频次,不支持自引对合著论文被引频次提升的主要作用。

Egger 回归显示本 meta 分析存在发表偏倚,但偏倚存在的原因不同于典型的发表偏倚,且与文献计量研究自身的特点有关。一方面,源于研究数据的偏倚可忽略。文献计量研究的样本量通常较大,以本 meta 分析为例,纳入的原始研究中的样本量均值为 7 266.71,即使是样本量最小的原始研究也达到了统计学意义上的大样本要求(>30)[①]。因此,由于检验效能不足(如样本量过小)使统计学结果不显著,无法发表的文献计量研究相对较少。另一方面,纳入研究方法的多样性是本研究存在偏倚的主要原因。尽管本研究采用了诸多统计量与相关系数的转换方式,还是有相当数量的原始研究结果因无法转换为相关系数而被剔除,例如,多元线性回归分析和广义回归模型被广泛应用于被引频次影响因素的探讨,但目前尚未发现将其研究结果转换为相关系数的合理方式。

本研究的结果对科研管理者和科研人员均有启示。一方面,科研管理者,尤其是来自发展中国家的科研管理者,应鼓励和促进科研合作以提高本国学者的知识、技能及科研水平。科研合作在各学科均具有显著的正向效应,因此科研管理者不应仅侧重于平均效应量较大的社会科学和生命科学与生物医学,对于其他学科尤其是依赖专业知识与技能的自然科学和应用科学,也应同样支持甚至投入更多的资源。使用被引频次进行科研评价时,仍应采取当前主流的 Web of Science 和 Scopus 作为引用源,避免低估科研合作的绩效,同时,应接受研究人员合理的自引行为,不必刻意剔除自引的影响。另一方面,各学科、各国的科研人员均应积极参与科研合作,特别是探索性和创新性的研究。同时,科研人员也应注意科研合作的效率,合理选择合作伙伴,不宜盲目追求大团队或高成本的科研合作。

本研究的结果也可为 meta 分析的异质性评估方法提供借鉴,即在评估异质性时应计算多个提供不同信息的异质性指标,包括 Q(效应量离散与研究内方差的比值)、I^2(研究间方差与总方差的比值)和预测区间(相关研究全集的效应量离散)等,从而对异质性进行全面揭示。

meta 分析质量受原始研究质量和可获取性的限制。在本研究中,系统检索获取的 361 篇文献中仅有 92 篇报告了必需的数据,这也是导致本 meta 分析发表偏倚的主要原因。此外,"期刊影响因子"各亚组平均效应量的显著性具有差异,其方差分析结果却不显著,后继研究有深入探讨的必要。

---

① LI K,HE J. Medical Statistics[M].Beijing:People's Medical Publishing House,2013.

第4章 跨学科性与被引量的关系探讨

4.1 跨学科性与被引量:相关分析

4.1.1 问题的提出

随着科学研究复杂性的不断增强,大量研究已非个体所能及,科研合作已成为现代科学研究的必然之选。Schrage 将合作定义为"共同创造的过程,即两个或多个拥有互补技能的个体通过交互达成对过程、产品或事件的共识"[①]。合作实现了知识在个体间的多维度整合,完成了单一个体难以企及的任务。具体到学术领域,学者间的合作拓宽了学科的研究领域,提升了科研成果的水平。在科学系统发展的内在逻辑和外在动力驱使之下,科学研究脉络向两个方向演进:学科分化基础上的学科交叉融合和科研团队之间的合作。跨学科研究(Interdisciplinary Research,IDR)是前者的基本表现形式,也是后者的重要支点。随着 IDR 向纵深的不断推进,已经形成了丰硕的研究成果,比如,IDR 的主题识别、知识扩散与知识交流、动态演化、合作、信息行为、引文网络分析及其对科研产出与论著被引的影响等。

在研究对象方面,早期研究者多选择跨学科性较强的特定学科进行实证研究,如天文物理学、生物化学、信息科学与图书馆学等;近年来,随着共词、共类(co-category)、引文分析和合著等方法的采用,对实证研究的学科已无特别要求。在分析单元的选择上,主要有期刊、论文和学者等,其中期刊是多数研究的首选。使用期刊进行 IDR 的基本前提是期刊有明确的学科分类,不过,学界尚未就诸如 WoS 等不同来源数据库提供的分类形成共识,这引发了基于不同学科分类标准得出的 IDR 间存在较大差异的问题。选择论文作为分析单元的研究,主要障碍是仅少部分论文提供了学科分类,且分类的粒度差异较大,不利于分析的实施。少部分学者采用论文作者完成了该主题的研究工作,主要做法有:将作

---

① SCHRAGE M. No more teams! Mastering the dynamics of creative collaboration [M]. New York: Currency and Doubleday, 1995: 7.

者的工作机构作为学者学科划分的依据,采用作者论文发表期刊的分布作为学者所属学科的间接测度,采用行政手段简单地将学者划分到某一学科,按照学者最后学历的学科确定其学科归属。

在 IDR 的众多主题中,学界就跨学科性对论著被引的影响已经开展了 20 多项研究。Levitt 和 Thelwall[①] 的研究证实了跨学科性对被引的正向影响,Rinia 等[②]发现二者间的关系不显著,Chakraborty[③] 则发现了二者间的倒 U 形关系。实证研究中学者多选择自然科学,少量涉及社会科学,尚未发现针对人文科学的研究。考虑到二者间关系在多项研究中的不一致性,本书拟探讨跨学科性对先前研究者甚少涉猎的人文社会科学论著被引的影响,将力图回答以下 4 个研究问题:

(1) 主题跨学科性与被引量的相关关系;

(2) 参考文献跨学科性与被引量的相关关系;

(3) 作者跨学科与被引量的相关关系;

(4) 施引文献的跨学科性与被引量的相关关系。

4.1.2　研究设计

4.1.2.1　变量及量化

(1) 独著作者跨学科性测度指标——专业度

Leahey[④] 在研究性别差异对科研产出的影响时,首次提出了研究专业度(Research Specialization)的概念,并采用(1－[单一关键词发文量／作者总发文量])进行测度。Leahey 在提出研究专业度概念时,并未阐明所依据的思想,实际上,研究专业度的思路与投票理论十分契合。

投票是生活中常见的一种选举方法,也是社会选择理论的重要基础。美国著名数理经济学家 Arrow[⑤] 将投票定义为:一种纯粹的社会选择行为,社会按照选定的投票规则和总选票做出选择。随着投票方法的日趋成熟,投票思想在其他领域也得到非常广泛的应用,如,在计算机科学领域,投票就被运用于诸如

① LEVITT J M, THELWALL M. The most highly cited Library and information science articles: interdisciplinarity, first authors and citation patterns[J]. Scientometrics, 2009, 78(1): 45-67.

② RINIA E J, LEEUWEN T N V, RAAN A F J V. Impact measures of interdisciplinary research in physics[J]. Scientometrics, 2002, 53(2): 241-248.

③ CHAKRABORTY T. Role of interdisciplinarity in computer sciences: quantification, impact and life trajectory[J]. Scientometrics, 2017, 114(3): 1011-1029.

④ LEAHEY E. Gender differences in productivity: research specialization as a missing Link[J]. Gender & society, 2006, 20(6): 754-780.

⑤ ARROW K J. Social choice and individual value ition [M]. 2nd ed. New York: Wiley, 1963: 1-8.

KNN 及 SVM 等多种分类算法上。考虑到本研究的第一个分析单元是从作者发文角度判别跨学科性,故投票思想可以指导后继的数据处理与分析。首先,本研究问题采用的投票规则是将每位作者的一次发文记为一次投票;其次,将每位作者在各个学科的发文总数记为在该学科的总投票数。因此,对于每位作者,可以按照如下步骤,依次对其学科归属进行划分。

① 识别样本期刊文献中的所有作者,然后遍历每位作者在 CSSCI 上的全部发文。

② 将每位作者的全部发文按论文所在期刊的学科归属进行投票。若文献属于 A 学科,则 A 的票数加 1;若文献属于 B 学科,则 B 的票数加 1,以此类推。

③ 当每位作者的所有发文都统计完成后,计算每位作者在各个学科上的投票数。

通过以上三个步骤,可以得到一组向量,每个向量对应每位作者的跨学科投票结果,本研究称之为作者投票向量。那么如何依据该向量计算作者的跨学科性呢? Leahey 通过关键词代表了学者的研究子领域,Porter 等[①]吸收了 Leahey 的想法,将关键词放大到学科,提出了基于投票结果向量的单一作者跨学科性测度指标——专业度,用于测度作者在指定时间窗内发表论文的学科分布多样性程度(公式 4.1 - 1):

$$S = \frac{\sum (P_{SC_1}^2 + P_{SC_2}^2 + \cdots + P_{SC_i}^2)}{\sum (P_{SC_1} + P_{SC_2} + \cdots + P_{SC_i})^2} \qquad (公式\ 4.1 - 1)$$

其中,S 表示专业度,P_{SC_i} 表示作者在学科 i 的发文数,$S \in [0,1]$。S 越低,表明作者专业度越低,也即跨学科程度越高,反之亦然。当作者只在一个学科发表论文时,S 值为 1。

(2) 合著作者跨学科性测度

本研究原先考虑将专业度应用于合著作者,不过实证过程中发现了该做法的不足,比如,采用向量加法,2 人合著投票向量的跨学科数 5,而 3 人或者 4 人合著的结果向量如果也恰好是前面的 5 个学科,则无法展开本研究多作者问题的研究。

另一个选择是计算论文作者间投票向量的余弦相似度或者欧氏距离。由图 4.1 - 1 可见,如果采用余弦相似度,那么 $\cos AOB$ 与 $\cos AOC$ 相等,

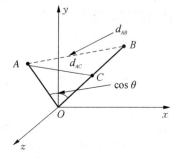

图 4.1 - 1　三维坐标系

① PORTER A L, COHEN A S, ROESSNER J D, et al. Measuring researcher interdisciplinarity [J]. Scientometrics, 2007, 72(1): 117 - 147.

而 d_{AB} 与 d_{AC} 则差异明显,故本研究采用欧氏距离(公式 4.1-2)。

$$d_{(x,y)} = \sqrt{(x_1 - y_1)^2 + (x_2 - y_2)^2 + \cdots + (x_m - y_m)^2} \quad \text{(公式 4.1-2)}$$

其中,$d(x,y)$ 表示两作者间的欧氏距离,x 和 y 分别表示两个不同作者,x_m,y_m 分别表示作者 x、y 在学科 m 上发表的论文数量。当计算多作者(作者数$\geqslant$3)的欧氏距离时,则采用平均欧氏距离(公式 4.1-3)。

$$\overline{d_{(x_1,x_2\cdots x_n)}} = \frac{(d_{(x_1,x_2)} + d_{(x_1,x_3)} + \cdots + d_{(x_{n-1},x_n)})}{\dfrac{n(n-1)}{2}}$$

$$= \frac{2(d_{(x_1,x_2)} + d_{(x_1,x_3)} + \cdots + d_{(x_{n-1},x_n)})}{n(n-1)} \quad \text{(公式 4.1-3)}$$

其中,$\bar{d}$ 表示多作者间的平均欧氏距离,x_n 表示第 n 个作者。$\bar{d}$ 越大,表示合作作者整体欧氏距离越大,也即合作作者整体的跨学科性越强。

(3) 主题跨学科性的测度

本研究从主题角度判别论文跨学科性。由于目前尚无主题跨学科性的直接测度指标,故本研究参考作者跨学科性测度方法,将投票思想应用到主题跨学科性的测度。具体而言,将每篇论文的一个主题记为一次投票;其次,将每个主题在各个学科的共现频次记为该学科的总投票数。因此,对于每个主题,可以按照如下步骤,依次对其学科归属进行划分。

① 通过关键词确定样本期刊文献中每篇论文的主题。

② 将论文主题按其在所有学科出现的频次进行投票。若主题在 A 学科出现,则 A 的票数加 1;若主题在 B 学科出现,则 B 的票数加 1,以此类推。

③ 当所有论文的主题都统计完成后,计算每篇论文中的主题在各个学科上的投票数。

通过以上三个步骤,可以得到一组向量,每个向量对应每个主题的跨学科投票结果,本研究称之为主题投票向量。由于本研究中大多数论文关键词的数量大于 1,仅 10 篇论文只包含一个关键词,可忽略不计,故直接选取欧氏距离测度主题跨学科性(见公式 4.1-4)。

$$d_{(a,b)} = \sqrt{(a_1 - b_1)^2 + (a_2 - b_2)^2 + \cdots + (a_m - b_m)^2} \quad \text{(公式 4.1-4)}$$

其中,$d(a,b)$ 表示两主题间的欧氏距离,a 和 b 分别表示两个不同主题,a_m,b_m 分别表示主题 a,b 在学科 m 上出现的论文数量。当计算多主题(主题数$\geqslant$3)的欧氏距离时,则采用平均欧氏距离(公式 4.1-5)。

$$\overline{d_{(a_1,a_2\cdots a_n)}} = \frac{(d_{(a_1,a_2)} + d_{(a_1,a_3)} + \cdots + d_{(a_{n-1},a_n)})}{\dfrac{n(n-1)}{2}}$$

$$= \frac{2(d_{(a_1,a_2)} + d_{(a_1,a_3)} + \cdots + d_{(a_{n-1},an)})}{n(n-1)} \qquad \text{(公式 4.1-5)}$$

其中,$\bar{d}$ 表示多主题间的平均欧氏距离,a_n 表示第 n 个主题。$\bar{d}$ 越大,表示主题间整体欧氏距离越大,也即论文主题整体的跨学科性越强。

(4) 参考文献跨学科性测度指标——RDI

从"引用"角度测度跨学科性是目前 IDR 的常用方法,并衍生出一系列测度指标。具体包括:① 跨领域引用指数(Citations Outside Category,COC)[①],通过某学科引用/被引文献中来自其他学科的比例来衡量该学科的跨学科性;② 布里渊指数(Brillouin Index,BI)[②],用于测度知识在传播过程中的信息熵或不确定性,参考文献分布的学科类别越多,且在不同类别中分布得越均匀,则跨学科性越强;③ Rao-Stirling 指标[③],同时度量论文参考文献的学科分布和学科间的距离;④ 参考文献多样性指数(Reference Diversity Index,RDI)[④],通过参考文献中的学科分布比例来衡量。

为了尽可能统一测量引文层面的知识输入、知识输出的跨学科性,本研究采用 Chakraborty 等提出的参考文献多样性指数(RDI):观测文献 X,它引用了不同学科$(1,2,3,\cdots,j)$的文献,那么该篇文献 X 的 RDI 可按公式 4.1-6 进行计算。

$$I_{\text{RD}}(X) = -\sum_{i=1}^{j} p_i \log\,(p_i) \qquad \text{(公式 4.1-6)}$$

$I_{\text{RD}}(X)$ 表示观测文献 X 的参考文献多样性;j 表示观测文献的参考文献学科数量;p_i 表示属于学科 i 的参考文献数占总参考文献数的比例。

(5) 施引跨学科性测度指标——CDI

目前,有学者从"施引"角度提出跨学科性测度指标,如:① PCDCD,通过计算观测学科被其他学科引用与总被引的比例来评价跨学科强度;② 施引文献多

---

① PORTER A L, CHUBIN D E. An indicator of cross-disciplinary research[J]. Scientometrics, 1985,8(3):161-176.

② BRILLOUIN L. Science and information theory[M]. New York:Academic Press, 1956, 313-329.

③ RAFOLS I, MEYER M. Diversity and network coherence as indicators of interdisciplinarity:case studies in bionanoscience[J]. Scientometrics, 2010, 82.

④ CHAKRABORTY T, GANGULY N, MUKHERJEE A. Rising popularity of interdisciplinary research:an analysis of citation networks[C]. //IEEE. Sixth International Conference on Communication Systems and Networks, Bangalore, India, 2014:1-6.

样性指数（Citation Diversity Index,CDI）[①],结合引用观测学科论文的文献数量及其学科多样性衡量跨学科性。为保证研究方法的一致性,本研究借鉴Chakraborty 等提出的 CDI 指标。考虑观测文献 X,在引文时间窗 t 内,被来自不同学科领域（$1,2,3,\cdots,j$）的文献所引用,那么该学科 X 的 CDI 可按公式4.1-7计算。

$$I_{CD}(X_t) = -\sum_{i=1}^{j} p_i \log p_i \qquad (公式\ 4.1-7)$$

$I_{CD}(X_t)$ 表示观测文献 X 在引文时间窗 t 年内施引文献多样性;j 表示观测文献X 施引文献的学科数量;p_i 表示来自学科 i 的施引文献数量占观测文献 X 总施引文献数量的比例。

4.1.2.2　数据收集

本研究的数据采集自我国的专业引文数据库——中国社会科学引文索引（CSSCI）。为了减小论著质量对被引的影响,本研究选取人文社会科学的一流期刊和非一流期刊作为研究样本。

一流期刊选择:选取人文社会科学的 31 本一流期刊作为研究样本,考虑到"社科综合"不具有单一学科属性,因此删去属于该学科的三本一流期刊。由于南京大学社科处的学科分类与 CSSCI 稍有不同,本研究将剩下的 28 本一流期刊对应到 CSSCI 的 20 个学科中。

非一流期刊选择:参考《北大中文核心期刊要目总览（第八版）》（以下简称《总览》）及《中国人文社科学期刊 AMI 综合评价报告（2018 年）》（以下简称《报告》）,本研究选取在《总览》及《报告》中等级排名靠后但长期属于 CSSCI 来源期刊的 20 本非一流期刊纳入研究。

据此,本研究的研究样本共包含 48 本期刊,具体见表 4.1-1。本研究的因变量是论文被引,存在时间窗问题,参考 JCR 影响因子 IF2 和 IF5 的计算方法,2年时间窗对于人文社科来说都离其引用半衰期尚远,借鉴 IF5 和多数研究的做法,选择 5 年作为被引量计算的时间窗;考虑到 CSSCI 的数据生产有一定时滞,综合考本研究将 2013 年作为数据采集的结束时间,为避免样本量过小的问题,本研究通过延长数据的年份跨度以获得大样本的数据集。CSSCI 创建于1998 年,考虑到数据的稳定性,本研究的数据采集自 2000 年开始,14 年时间共计 100 180 篇论文（一流期刊 53 312 篇,非一流期刊 46 868 篇）,具体的数据项包括作者名、作者所属机构、研究所属学科类别、论文发表时间及论文被引频次等。

---

① CHAKRABORTY T, GANGULY N, MUKHERJEE A. Rising popularity of interdisciplinary research: an analysis of citation networks[C]. //IEEE. Sixth International Conference on Communication Systems and Networks, Bangalore, India, 2014: 1-6.

表 4.1－1　期刊列表

一级学科名称	一流期刊名称	非一流期刊名称
语言学	《中国语文》《外语教学与研究》	《民族语文》
体育学	《体育科学》	《天津体育学院学报》
哲学	《哲学研究》	《孔子研究》
中国文学	《文学评论》	《明清小说研究》
宗教学	《世界宗教研究》	《宗教学研究》
外国文学	《外国文学评论》	《国外文学》
经济学	《经济研究》《中国工业经济》	《亚太经济》
新闻学与传播学	《新闻与传播研究》	《中国出版》
法学	《法学研究》《中国法学》	《政治与法律》
艺术学	《文艺研究》	《音乐艺术(上海音乐学院学报)》
政治学	《政治学研究》《世界经济与政治》	《理论探讨》
历史学	《近代史研究》《世界历史》	《西域研究》
社会学	《社会学研究》	《人口与经济》
考古学	《考古》	《敦煌研究》
民族学与文化学	《民族研究》	《中国藏学》
管理学	《管理科学学报》《管理世界》《中国行政管理》	《科学管理研究》
马克思主义理论	《马克思主义研究》	《国外理论动态》
图书馆、情报与文献学	《中国图书馆学报》《情报学报》	《情报杂志》
教育学	《教育研究》	《教育科学》
心理学	《心理学报》	《心理科学》

注:不包含 CSSCI 中统计学、高校学报、人文经济地理、综合社科、自然资源与环境 5 个学科。

4.1.2.3　数据处理

(1) 数据删除

为从作者论著的学科归属界定跨学科性,需要作者机构辅助作者身份筛选,故删除机构为空的数据 3 836 条(一流期刊 1 616,非一流期刊 2 220)。同时,由于国外学者和港澳台学者的大部分学术贡献并非集中于 CSSCI 来源期刊,利用 CSSCI 的论文信息判别这类学者的跨学科性可行性较低,且这部分数据计 4 274 (一流期刊 2 876,非一流期刊 1 398)篇,量相对较小,直接删除对整体的影响可忽略。从 48 本期刊论文中提取出作者所在机构合计 142 564(一流期刊 74 768,

非一流期刊 67 796)组数据;其中部分作者的机构为 NULL,难以进行后继处理,遂予以删除,计 1 335(一流期刊 620,非一流期刊 715)组。

(2) 作者去重及同名消歧

同名作者有如下几种情况:① 同一作者在一个大机构的多个部门兼职,比如艾华以北京大学第三临床医学院、北京大学附属第三医院运动医学研究所及北京大学运动医学研究所为所在机构发表过多篇论文;② 同一作者先后在不同机构工作,比如,研究生期间在一所高校,毕业后到另一机构工作,其后可能有次数不等的工作单位变换等,比如柯青就先后发表过所在单位为武汉大学信息管理学院和南京大学信息管理系的论文;③ 多个作者同名,比如分别有复旦大学、广东移动通信有限责任公司、四川大学、南京财经大学、南京大学及上海师范大学等多个机构的同名学者"李刚";④ 机构改名,比如原先多所学院改为大学等。本研究对①的处理方法是,取机构名的前四个字作为作者机构,如果作者名相同且截断后机构名相同,即视为同一作者;后面几种情况由于目前尚未有可用的作者机构库,难以处理,本研究的处理方法是将其删除;至此,本研究将未重名的60 048(一流期刊 29 914,非一流期刊 30 134)名作者作为本研究的分析单元。

(3) 样本量

遍历未重名的 60 048 名作者在 CSSCI 中发表的论文,形成作者投票向量,将学科类别属于"高校综合性学报""综合社科期刊"的论文删除,共获得 60 048 位作者发表的 505 200 篇论文(一流期刊 291 683,非一流期刊 213 517);本研究有效样本量篇 51 390(一流期刊 27 419,非一流期刊 23 911);查询篇来源文献在 CSSCI 中的被引数据,其中一流期刊 5 年总被引频次 77 618 条,非一流期刊 5 年总被引频次 18 594 条。

(4) 参考文献和施引文献纳入

为了便于区分论文参考文献和施引文献的学科归属,本研究只选择了 CSSCI 收录的来自 20 个人文社会科学学科的参考文献;类似地,非 CSSCI 收录的施引文献也被排除在本数据集之外。至此,本研究获取一流期刊的参考文献 51 692 篇,施引文献 77 440 篇;非一流期刊的参考文献篇 40 865 篇,施引文献18 555 篇。

(5) 数据预处理对信效度无影响

前两步数据预处理删除了部分数据,这是否影响研究的信度与效度? 根据 Neuman 确定样本容量的经验法则,对于中等规模的总体(比如10 000),抽样比例需要达到 10%,据此,本研究所需的样本量约等于 10 000 篇,而本研究纳入研究的样本量为 51 390,远大于所需样本,因此可以认为前面的数据处理不影响研究的信度与效度。

4.1.2.4　分析方法

由于引文数据的偏态分布,本研究使用非参数检验方法判断作者、主题、参考文献和施引文献跨学科性与论文被引间的关系。具体而言,针对全体及各学科论文是否跨学科,使用 Mann-Whitney U 检验判断两组论文被引是否存在显著差异;针对论文跨学科数量,使用 Kruskal Wallis 检验判断多组论文被引是否存在显著差异;采用 Spearman 相关分析判断专业度、欧氏距离、RDI 和 CDI 与被引间的关系。

4.1.3　研究结果

4.1.3.1　主题跨学科性与被引量的相关性

（1）描述性统计

本研究的数据共覆盖了 20 个学科,一流期刊有效样本共 27 419 篇,非一流期刊有效样本共 23 911 篇。

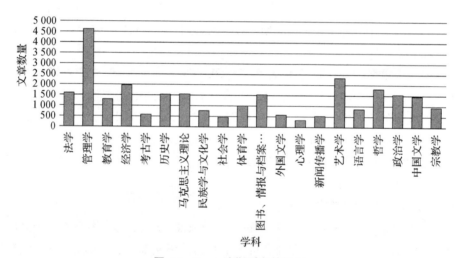

图 4.1-2　一流期刊有效样本

由图 4.1-2 和 4.1-3 可知,在一流期刊中,管理学的论文量最多,共 4 634 篇,心理学的论文最少,仅 351 篇。在论文被引频次上,各个学科间也存在显著区别,经济学的单篇论文平均被引频次高达 11.608,而宗教学的单篇论文平均被引频次最低,仅为 0.314。

由图 4.1-4 和 4.1-5 可知,在非一流期刊中,图书、情报与档案管理的论文量最多,共 4 196 篇,语言学的论文最少,仅 468 篇。在论文被引频次上,社会学的单篇论文平均被引频次最高,为 1.655;而考古学、历史学、马克思主义、民族学与文化学、外国文学等 11 个学科的单篇论文平均被引频次甚至低于 0.5。

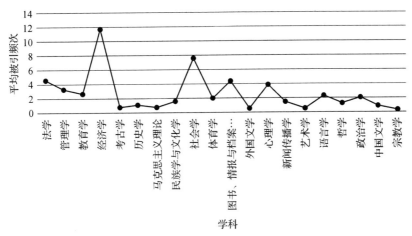

图 4.1 - 3 一流期刊论文的平均被引频次

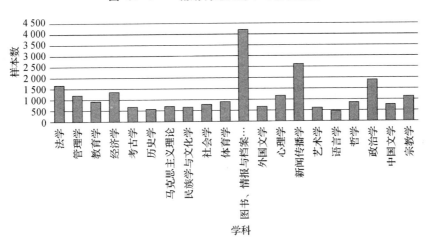

图 4.1 - 4 非一流期刊有效样本

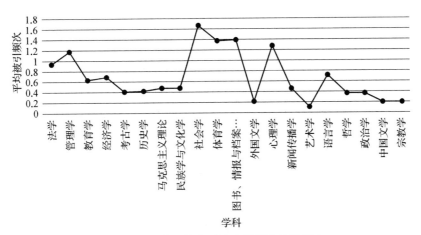

图 4.1 - 5 非一流期刊论文的平均被引频次

（2）跨学科与否对学科整体以及各学科的影响

为了减少计算的复杂性，本研究选取主题数介于 1～5 的论文。将一流期刊论文根据主题的跨学科性分为"跨"与"不跨"两类。由 Mann-Whitney 秩和检验结果可见，整体上主题的跨学科性对被引频次存在显著影响（$p < 0.01$），主题跨学科论文的被引频次明显更高（表 4.1-2）。本研究进一步分析了跨学科性对各个学科论文被引的影响，由表 4.1-3 可知，仅跨学科性对管理学、民族学与文化学、体育学、心理学、新闻学与传播学 5 个学科的影响与整体相同。

表 4.1-2 主题跨学科与否对被引频次的影响

期刊类型	跨学科情况	论文数	被引均值	显著性水平
一流期刊	不跨学科	6 130	2.183	0.000**
	跨学科	20 503	3.005	
非一流期刊	不跨学科	6 345	0.633	0.000**
	跨学科	16 622	0.815	

注："**"表示 $p < 0.01$。

表 4.1-3 不同学科主题跨学科与否对被引频次的影响

学科	期刊类型	论文量		被引均值		显著性水平
		跨学科	不跨学科	跨学科	不跨学科	
法学	一流	1 021	549	4.246	4.676	0.079
	非一流	1 012	619	0.909	0.924	0.971
管理学	一流	3 885	624	3.387	2.407	0.025*
	非一流	1 085	105	1.211	0.771	0.008**
教育学	一流	1 074	178	2.661	2.590	0.919
	非一流	766	123	0.590	0.846	0.046*
经济学	一流	1 710	209	11.742	11.928	0.190
	非一流	1 079	283	0.660	0.735	0.750
考古学	一流	214	355	0.612	0.670	0.463
	非一流	454	201	0.419	0.363	0.605
历史学	一流	1 025	483	1.081	0.905	0.162
	非一流	328	199	0.454	0.286	0.003**
马克思主义	一流	1 475	64	0.755	0.547	0.902
	非一流	495	186	0.529	0.339	0.038*

（续表）

学科	期刊类型	论文量		被引均值		显著性水平
		跨学科	不跨学科	跨学科	不跨学科	
民族学与文化学	一流	583	179	1.652	0.989	0.004**
	非一流	415	228	0.431	0.539	0.995
社会学	一流	390	62	7.505	7.435	0.785
	非一流	549	216	1.780	1.361	0.162
体育学	一流	587	369	2.354	1.499	0.000**
	非一流	517	365	1.569	1.016	0.000**
图书馆、情报与文献学	一流	1 001	406	4.493	3.722	0.156
	非一流	3 084	733	1.441	0.997	0.000**
外国文学	一流	431	155	0.522	0.445	0.256
	非一流	421	234	0.223	0.188	0.207
心理学	一流	220	118	3.827	3.246	0.175
	非一流	736	411	1.287	1.192	0.124
新闻学与传播学	一流	388	123	1.536	1.008	0.004**
	非一流	1 668	854	0.495	0.383	0.001**
艺术学	一流	1 431	826	0.617	0.286	0.000**
	非一流	215	331	0.084	0.121	0.438
语言学	一流	363	466	2.052	2.427	0.121
	非一流	184	275	0.685	0.709	0.623
哲学	一流	1 472	297	1.204	1.202	0.839
	非一流	629	211	0.377	0.327	0.923
政治学	一流	1 377	170	1.964	1.982	0.223
	非一流	1 690	196	0.365	0.378	0.400
中国文学	一流	1 144	273	0.952	0.842	0.814
	非一流	478	277	0.218	0.141	0.070
宗教学	一流	712	224	0.295	0.353	0.234
	非一流	817	298	0.197	0.215	0.997

注："*"代表 $p < 0.05$，"**"代表 $p < 0.01$。

类似的,将非一流期刊论文根据主题的跨学科性分为"跨"与"不跨"两类。由Mann-Whitney 秩和检验结果可见,整体上论文主题跨学科性对被引频次同样存在显著影响,且跨学科论文的平均被引频次略高于不跨学科论文(表 4.1-2)。在各学科中,跨学科对管理学、教育学和历史学等 7 个学科有显著影响(表4.1-3)。

(3) 主题跨学科数量对被引的影响

在一流期刊论文中,主题跨学科数量介于 1~20 之间。Kruskal-Wallis 非参数检验的结果表明,主题跨学科数量对论文被引频次的影响组间存在显著差异(表 4.1-4)。按照被引均值可以把主题跨学科数分为三组:1,2~8,9~20。随着主题跨学科数的增长,主题跨学科数与被引均值之间呈倒 U 形曲线,即跨学科数处于 2~8 时,论文的被引频次达峰值。

表 4.1-4　一流期刊主题跨学科数量对论文被引频次的影响

跨学科数	论文数	被引均值	显著性水平
1	6 130	2.183	
2	4 112	3.061	
3	3 152	3.256	
4	2 311	3.305	
5	1 960	4.069	
6	1 510	2.764	
7	1 164	3.083	
8	1 151	3.436	
9	918	2.779	
10	874	2.640	
11	775	2.636	0.000**
12	540	2.648	
13	542	1.616	
14	381	1.822	
15	224	1.406	
16	428	0.911	
17	275	1.945	
18	113	1.619	
19	63	1.714	
20	10	0.700	

注:"*"代表 $p<0.05$,"**"代表 $p<0.01$。

在非一流期刊论文中,主题跨学科数介于 $1 \sim 19$ 之间,其中跨学科数大于 18 的论文仅有 6 篇。对一流期刊展开同样的研究,结果发现主题跨学科数量对论文被引频次的影响与一流期刊结论一致,即主题跨学科数量与论文被引频次呈倒 U 形曲线(表 4.1-5)。

表 4.1-5　非一流期刊主题跨学科数量对论文被引频次的影响

跨学科数	论文数	被引均值	显著性水平
1	6 345	0.633	
2	4 307	0.728	
3	2 825	0.750	
4	2 030	0.898	
5	1 608	0.902	
6	1 410	0.884	
7	1 179	0.831	
8	935	0.918	
9	686	1.022	0.000**
10	569	1.007	
11	304	0.773	
12	267	0.655	
13	247	0.494	
14	112	0.420	
15	75	0.533	
16	41	0.659	
17	21	0.333	

注:"*"代表 $p < 0.05$,"**"代表 $p < 0.01$。

(4) 主题欧氏距离对被引的影响

一流期刊和非一流期刊主题平均欧氏距离对论文被引频次的 Spearman 相关分析结果也显示了二者显著的正相关关系,即主题间的平均欧氏距离越大(主题整体跨学科程度越高),论文的被引频次也相应地越高。对比表 4.1-6 可以看出,一流期刊和非一流期刊的主题欧氏距离与论文被引频次之间的相关关系均为弱相关,但后者相关性略高。

表 4.1-6 主题平均欧氏距离与论文被引频次相关性分析

期刊类型	参数	被引频次
一流期刊	相关系数	0.023**
	显著性（双尾）	0.000
非一流期刊	相关系数	0.106**
	显著性（双尾）	0.000

注："*"代表 $p < .05$，"**"代表 $p < .01$。

4.1.3.2 参考文献跨学科性与被引量的相关性

（1）跨学科与否对学科整体以及各学科的影响

抽取纳入本轮研究的 12 801 篇一流期刊论文和 11 574 篇非一流期刊论文。在一流期刊中，按照参考文献跨学科性将论文分为"跨"与"不跨"两类，其中前者 3 981 篇，后者 8 820 篇。进行如下分析：① Mann-Whitney 非参数检验结果显示，两类论文在被引频次上存在显著差异，前者的被引频次显著高于后者（表 4.1-7）；② 探讨跨学科对 20 个学科被引的影响，仅 8 个学科存在前述①的效应，8 个学科中，前者的被引频次均显著高于后者（表 4.1-8）。

表 4.1-7 参考文献跨学科与否对被引频次的影响

期刊类型	跨学科情况	论文数	被引均值	显著性水平
一流期刊	不跨学科	8 820	3 981	0.000**
	跨学科	3 981	6.492	
非一流期刊	不跨学科	8 252	1.010	0.000**
	跨学科	3 321	1.492	

注："**"代表 $p < 0.01$。

类似地，将非一流期刊论文根据参考文献的跨学科性分为"跨"与"不跨"两类。由 Mann-Whitney 秩和检验结果可见，整体上论文参考文献跨学科性对被引频次同样存在显著影响，且跨学科论文的平均被引频次略高于不跨学科论文（表 4.1-7）。在各学科中，跨学科对法学、管理学、教育学与社会学等 8 个学科存在显著影响（表 4.1-8）。

对比表 4.1-7 可以看出：一流期刊论文与非一流期刊论文中，均存在显著影响的学科有 5 个，分别是法学、管理学、社会学、体育学和中国文学；仅对一流期刊论文有影响的学科有经济学、心理学和政治学 3 个学科；仅对非一流期刊论文有影响的也有 3 个学科，分别为教育学、民族学与文化学，以及图书、情报与档案管理。

表 4.1－8　不同学科参考文献跨学科与否对被引频次的影响

学科	期刊类型	论文量		被引均值		显著性水平
		跨学科	不跨学科	跨学科	不跨学科	
法学	一流	209	807	6.646	5.404	0.036*
	非一流	154	723	1.526	1.158	0.002**
管理学	一流	946	1 307	7.104	3.998	0.000**
	非一流	387	470	1.512	1.160	0.005**
教育学	一流	143	550	3.231	3.258	0.522
	非一流	111	421	1.054	0.696	0.002**
经济学	一流	676	651	16.636	13.346	0.001**
	非一流	205	461	1.078	0.800	0.363
考古学	一流	138	268	0.891	0.765	0.155
	非一流	84	245	0.679	0.404	0.065
历史学	一流	137	411	1.759	1.443	0.167
	非一流	97	152	0.608	0.526	0.319
马克思主义	一流	228	331	1.281	1.091	0.290
	非一流	15	61	1.467	0.607	0.132
民族学与文化学	一流	163	211	2.405	2.009	0.080
	非一流	76	170	1.197	0.476	0.001**
社会学	一流	131	165	11.687	7.994	0.000**
	非一流	218	242	2.606	1.860	0.008**
体育学	一流	194	506	3.216	2.119	0.000**
	非一流	175	463	1.989	1.387	0.012*
图书馆、情报与文献学	一流	211	819	4.137	5.093	0.475
	非一流	998	2 256	2.042	1.367	0.000**
外国文学	一流	21	123	0.429	0.480	0.676
	非一流	43	130	0.349	0.331	0.844
心理学	一流	51	201	6.569	3.567	0.003**
	非一流	143	484	1.350	1.475	0.707
新闻学与传播学	一流	79	171	1.987	1.684	0.629
	非一流	151	549	1.060	0.791	0.019

（续表）

学科	期刊类型	论文量		被引均值		显著性水平
		跨学科	不跨学科	跨学科	不跨学科	
艺术学	一流	113	366	1.327	1.046	0.219
	非一流	20	192	0.150	0.193	0.677
语言学	一流	53	541	3.340	2.921	0.334
	非一流	54	243	0.944	0.815	0.604
哲学	一流	43	331	1.535	1.758	0.802
	非一流	46	147	0.391	0.435	0.952
政治学	一流	241	450	3.241	2.300	0.000**
	非一流	208	422	0.639	0.509	0.605
中国文学	一流	119	438	1.849	1.089	0.004**
	非一流	27	166	0.333	0.217	0.043*
宗教学	一流	85	173	0.671	0.439	0.096
	非一流	109	255	0.284	0.302	0.708

注:"*"代表 $p < 0.05$,"**"代表 $p < 0.01$。

（2）参考文献跨学科数量对被引的影响

在一流期刊论文中,对参考文献跨学科数量介于 1~6 之间的论文展开分析。Kruskal-Wallis 非参数检验的结果表明,参考文献跨学科数量对论文被引频次的影响组间存在显著差异(表 4.1－9)。按照被引均值可以看出,整体上随着参考文献跨学科数的增长,参考文献跨学科数与被引均值之间呈倒 U 形曲线,参考文献跨学科数为 3 时,论文的被引频次达峰值。

表 4.1－9　参考文献跨学科数量对论文被引频次的影响

期刊类型	跨学科数	论文数	被引均值	显著性水平
一流	1	8 819	3.788	0.000**
	2	2 996	6.097	
	3	735	7.937	
	4	174	6.868	
	5	55	6.927	
	6	16	7.688	

（续表）

期刊类型	跨学科数	论文数	被引均值	显著性水平
非一流	1	8 252	1.010	0.000**
	2	2 511	1.370	
	3	642	1.835	
	4	125	2.152	
	5	34	1.647	
	6	8	1.500	

注:"*"代表 $p < 0.05$,"**"代表 $p < 0.01$。

在非一流期刊论文中,同样对参考文献跨学科数量介于 1~6 之间的论文展开分析,结果发现参考文献跨学科数量及参考文献多样性对论文被引频次的影响与一流期刊结论一致,即参考文献跨学科数量与论文被引频次呈倒 U 形曲线,当参考文献跨学科数量为 4 时,论文平均被引频次最高。

（3）参考文献多样性对被引的影响

在一流期刊和非一流期刊中,参考文献多样性对论文被引频次的 Spearman 相关分析结果也显示了二者显著的正相关关系(表 4.1 - 10),即参考文献多样性越大(即参考文献整体跨学科程度越高),论文的被引频次也相应地越高。对比表 4.1 - 10 可以看出,一流期刊和非一流期刊的参考文献多样性与论文被引频次之间的相关关系均为弱相关,但前者相关性略高。

表 4.1 - 10　参考文献多样性与论文被引频次相关性分析

期刊类型	参数	被引频次
一流期刊	相关系数	0.121**
	显著性（双尾）	0.000
非一流期刊	相关系数	0.089**
	显著性（双尾）	0.000

注:"*"代表 $p < 0.05$,"**"代表 $p < 0.01$。

4.1.3.3　作者跨学科性与被引量的相关关系

（1）单作者跨学科性与被引的相关分析

① 跨学科与否对学科整体和各学科的影响

抽取 28 本一流期刊的独著论文共 21 083 篇,根据作者的跨学科性将论文分为"跨"与"不跨"两类。由 Mann-Whitney 秩和检验结果可见,整体上作者的跨学科性对被引频次存在显著影响($p < 0.01$),跨学科论文的被引频次明显更高

（表4.1-11）。本研究进一步分析了跨学科性对各个学科论文被引的影响，由表4.1-12可知，跨学科性对包括管理学、考古学、马克思主义、民族学与文化学等在内的11个学科的影响与整体相同。

表4.1-11　单一作者跨学科与否对被引频次的影响

期刊类型	跨学科情况	论文数	被引均值	显著性水平
一流期刊	不跨学科	7 960	1.761	0.000**
	跨学科	13 123	2.423	
非一流期刊	不跨学科	9 717	0.589	0.000**
	跨学科	7 915	0.670	

注：" ** "代表 $p < 0.01$。

表4.1-12　不同学科单一作者跨学科与否对被引频次的影响

学科	期刊类型	论文量		被引均值		显著性水平
		跨学科	不跨学科	跨学科	不跨学科	
法学	一流	739	678	4.625	4.506	0.186
	非一流	557	846	0.978	0.904	0.959
管理学	一流	1 975	820	2.601	0.838	0.000**
	非一流	360	201	1.083	0.706	0.010*
教育学	一流	407	576	2.826	2.495	0.143
	非一流	181	508	0.724	0.583	0.065
经济学	一流	809	160	10.326	6.275	0.272
	非一流	528	448	0.725	0.482	0.002**
考古学	一流	227	241	0.780	0.498	0.005**
	非一流	298	304	0.483	0.289	0.040*
历史学	一流	757	639	1.085	1.058	0.185
	非一流	343	196	0.414	0.372	0.516
马克思主义	一流	1 088	237	0.827	0.316	0.000**
	非一流	409	203	0.579	0.330	0.081
民族学与文化学	一流	474	216	1.485	1.324	0.018*
	非一流	257	308	0.615	0.351	0.039*
社会学	一流	270	120	7.170	6.058	0.704
	非一流	302	184	1.659	0.984	0.000**

（续表）

学科	期刊类型	论文量		被引均值		显著性水平
		跨学科	不跨学科	跨学科	不跨学科	
体育学	一流	112	405	2.598	2.217	0.003**
	非一流	78	396	1.372	1.354	0.373
图书馆、情报与文献学	一流	312	497	5.301	4.664	0.133
	非一流	595	1 715	1.550	1.127	0.001**
外国文学	一流	349	231	0.544	0.450	0.335
	非一流	365	295	0.222	0.203	0.330
心理学	一流	55	15	3.964	2.733	0.328
	非一流	273	154	1.040	0.987	0.099
新闻学与传播学	一流	210	215	1.333	1.153	0.007**
	非一流	727	1 572	0.484	0.359	0.002**
艺术学	一流	1 304	917	0.768	0.131	0.000**
	非一流	53	533	0.170	0.099	0.127
语言学	一流	216	523	2.407	2.163	0.859
	非一流	287	137	0.648	0.774	0.341
哲学	一流	1 252	406	1.287	0.906	0.000**
	非一流	480	342	0.463	0.240	0.000**
政治学	一流	1 057	284	2.098	1.324	0.001**
	非一流	878	535	0.358	0.279	0.055
中国文学	一流	919	480	1.081	0.602	0.000**
	非一流	295	427	0.176	0.194	0.667
宗教学	一流	591	300	0.374	0.200	0.000**
	非一流	649	413	0.219	0.165	0.026*

注:"*"代表 $p < 0.05$,"**"代表 $p < 0.01$。

抽取 20 本非一流期刊的独著论文共 17 632 篇。由 Mann-Whitney 秩和检验结果可见,整体上作者跨学科性对被引频次同样存在显著影响,且跨学科论文的平均被引频次略高于不跨学科论文(表 4.1-11)。在各学科中,除语言学和中国文学外,其他 18 个学科中跨学科论文被引均值均高于不跨学科论文;跨学科对管理学、经济学与考古学等 9 个学科有显著影响(表 4.1-12)。

② 作者跨学科数对被引的影响

除了以跨学科性对论文被引进行定性分析之外,作者的跨学科数和专业度也是衡量跨学科性的重要定量指标。在一流期刊所有独著论文中,作者跨学科数介于 1~11 之间。考虑到跨学科数大于 8 的论文仅有 7 篇,统计意义甚小。本研究对跨学科数 8 以内的论文采用 Kruskal-Wallis 非参数检验分析其对被引是否有差异,结果显示跨学科数与被引存在组间差异(表 4.1－13);本研究还利用 Spearman 相关分析了跨学科数与论文被引频次间的相关关系,结果表明一流期刊中跨学科数与论文被引频次间存在显著正相关。按照被引均值可以把作者跨学科数分为三组:1,2~5,6~8。随着作者跨学科数的增长,二者呈现明确的正相关关系,这进一步证实了表 4.1－11 的结论,即作者是否跨学科对于被引存在显著的正向影响。

表 4.1－13　单一作者跨学科数量对论文被引频次的影响

期刊类型	跨学科数	论文数	被引均值	显著性水平
一流	1	7 960	1.761	0.000**
	2	5 727	2.230	
	3	3 800	2.349	
	4	2 078	2.664	
	5	914	2.584	
	6	401	3.988	
	7	134	2.485	
	8	62	3.806	
非一流	1	9 717	0.589	0.000**
	2	4 391	0.632	
	3	1 978	0.633	
	4	895	0.782	
	5	391	0.862	
	6	162	0.840	
	7	58	1.379	

注:"*"代表 $p<0.05$,"**"代表 $p<0.01$。

类似的,对非一流期刊所有独著论文展开研究,结果显示整体上结论与一流期刊一致。对跨学科数 8 以内的论文采用 Kruskal-Wallis 非参数检验分析,发现跨学科数与被引存在组间差异(表 4.1－13),且随着作者跨学科数的增长,二者呈现明确的正相关关系。

③ 作者专业度对被引的影响。

作者专业度对论文被引频次影响的 Spearman 相关分析显示,在一流期刊与非一流期刊中,作者专业度与论文被引频次均呈显著的负相关关系,即作者专业度越高(作者跨学科程度越低),论文的被引频次相应地越低,该分析也再次证实了作者跨学科性对被引的正向影响(表 4.1 - 14)。

表 4.1 - 14　作者专业度与论文被引频次相关性分析

期刊类型	参数	被引频次
一流	相关系数	0.018**
	显著性(双尾)	0.008
非一流	相关系数	0.016**
	显著性(双尾)	0.029

注:"*"代表 $p < 0.05$,"**"代表 $p < 0.01$。

(2) 多作者跨学科性对被引的相关分析

① 跨学科与否对学科整体和各学科的影响

抽取 28 本一流期刊中的多作者合著论文计 6 336 篇,按照作者跨学科性将论文分为"跨"与"不跨"两类,其中前者 5 031 篇,后者 1 305 篇,进行如下分析:(A) Mann-Whitney非参数检验结果显示,两类论文在被引频次上存在显著差异,前者的被引频次显著高于后者,该结果同独著论文(表 4.1 - 15);(B) 探讨跨学科对 20 个学科被引的影响,仅 8 个学科存在前述(A)的效应,8 个学科中,前者的被引频次均显著高于后者(表 4.1 - 16)。由表 4.1 - 16 与表 4.1 - 12 的对比可知:独著与合著论文中,均存在显著影响的学科仅 6 个,分别是管理学、考古学、马克思主义、体育学、艺术学和中国文学;仅对独著论文有影响的学科有民族学和文化学、新闻学与传播学、哲学、政治学和宗教学;仅对合著论文有影响的仅 2 个,即心理学和历史学。

表 4.1 - 15　多作者跨学科与否对被引频次的影响

期刊类型	跨学科情况	论文数	被引均值	显著性水平
一流	不跨学科	1 305	2.312	0.000**
	跨学科	5 031	5.722	
非一流	不跨学科	1 689	0.858	0.000**
	跨学科	4 590	1.333	

注:"**"代表 $p < 0.01$。

抽取 20 本非一流期刊中的多作者合著论文,按照作者跨学科性将论文分为"跨"与"不跨"两类,其中前者 4 590 篇,后者 1 689 篇。Mann-Whitney 非参数检验结果显示:两类论文在被引频次上存在显著差异,前者的被引频次显著高于后者;在 20 个学科中,仅法学、管理学和社会学等 6 个学科的论文在被引频次上存在显著差异(表 4.1 - 15)。由表 4.1 - 16 与表 4.1 - 12 的对比可知,独著与合著论文中,均存在显著影响的学科仅 3 个,分别是管理学、社会学和图书、情报与档案管理;仅对独著论文有影响的学科有经济学、考古学、民族学与文化学、新闻学与传播学、哲学和宗教学;仅对合著论文有影响的仅 3 个,即法学、心理学和政治学。

表 4.1 - 16　不同学科多作者跨学科与否对被引频次的影响

学科	期刊类型	论文量		被引均值		显著性水平
		跨学科	不跨学科	跨学科	不跨学科	
法学	一流	131	58	4.321	2.310	0.197
	非一流	147	130	1.197	0.662	0.008**
管理学	一流	1 711	128	5.382	1.766	0.000**
	非一流	587	66	1.409	0.833	0.031*
教育学	一流	190	129	3.153	2.380	0.254
	非一流	147	93	0.707	0.538	0.220
经济学	一流	952	50	13.645	10.620	0.113
	非一流	331	65	0.882	0.615	0.196
考古学	一流	50	61	1.080	0.393	0.002**
	非一流	38	36	0.553	0.417	0.995
历史学	一流	93	38	0.624	0.237	0.021*
	非一流	28	7	0.643	0.286	0.505
马克思主义	一流	220	12	0.809	0.167	0.064*
	非一流	74	16	0.311	0.250	0.933
民族学与文化学	一流	73	11	2.205	1.091	0.273
	非一流	59	33	0.458	0.394	0.666
社会学	一流	59	9	12.136	9.444	0.497
	非一流	235	53	2.315	1.038	0.001**

(续表)

学科	期刊类型	论文量		被引均值		显著性水平
		跨学科	不跨学科	跨学科	不跨学科	
体育学	一流	169	337	2.361	1.558	0.000**
	非一流	208	229	1.572	1.218	0.065
图书馆、情报与文献学	一流	490	228	3.843	3.281	0.306
	非一流	1 340	546	1.759	1.145	0.000**
外国文学	一流	6	4	0.667	0.250	0.762
	非一流	8	4	0.125	0.000	0.808
心理学	一流	234	47	3.833	3.319	0.010*
	非一流	628	123	1.482	1.024	0.016*
新闻学与传播学	一流	80	32	2.288	1.563	0.096
	非一流	183	146	1.027	0.521	0.072
艺术学	一流	83	33	0.614	0.091	0.003**
	非一流	7	15	0.429	0.000	0.123
语言学	一流	55	61	2.745	2.295	0.147
	非一流	34	10	0.971	0.400	0.354
哲学	一流	134	18	1.388	0.944	0.359
	非一流	31	6	0.129	0.167	0.888
政治学	一流	191	21	2.183	1.857	0.260
	非一流	416	83	0.526	0.181	0.002**
中国文学	一流	51	18	1.294	0.444	0.043*
	非一流	26	14	0.385	0.071	0.154
宗教学	一流	59	10	0.339	0.000	0.075
	非一流	63	14	0.222	0.214	0.886

注:"*"代表 $p < 0.05$,"**"代表 $p < 0.01$。

② 作者跨学科数量对被引的影响

在一流期刊合著论文中,作者跨学科数量介于 1~13 之间。由于合著作者跨 11、12 和 13 个学科的论文仅 4 篇,样本量偏少。Kruskal-Wallis 非参数检验的结果表明:合著作者跨学科数量对论文被引频次的影响组间存在显著差异;但是与独著论文结果不同的是,合著作者的跨学科研究发现了先前研究中①发现的倒 U 形曲线,即跨 7 个学科时,论文的被引频次达峰值;Spearman 相关分析的结果表明合著作者跨学科数与论文被引频次存在显著的正相关关系(表 4.1 - 17)。

表 4.1 - 17 多作者跨学科数量对论文被引频次的影响

期刊类型	跨学科数	论文数	被引均值	显著性水平
一流	1	1 305	2.312	0.000**
	2	1 402	4.765	
	3	1 262	5.715	
	4	1 049	5.989	
	5	552	5.917	
	6	360	7.361	
	7	211	7.758	
	8	118	5.814	
	9	46	5.848	
	10	27	3.481	
非一流	1	1 892	0.899	0.000**
	2	1 485	1.081	
	3	1 058	1.327	
	4	819	1.375	
	5	450	1.542	
	6	280	1.779	
	7	135	2.170	
	8	91	1.538	
	9	43	1.442	
	10	21	1.619	

注:"*"代表 $p < 0.05$,"**"代表 $p < 0.01$。

在非一流期刊所有合著论文中,作者跨学科数介于 1~12 之间,其中跨学科数大于 10 的论文仅有 5 篇,结果发现合著作者跨学科数量与一流期刊结论一

———

① RINIA E J, LEEUWEN T N V, RAAN A F J V. Impact measures of interdisciplinary research in physics[J]. Scientometrics,2002,53(2):241 - 248.

致,即合著作者跨学科数量与论文被引频次呈倒 U 形曲线,跨 7 个学科时,论文的被引频次达峰值。

③ 作者欧氏距离对被引的影响

在一流期刊和非一流期刊中,合著作者平均欧氏距离对论文被引频次的 Spearman 相关分析结果均显示了二者显著的正相关关系,即合作作者间的平均欧氏距离越大(即合作作者整体跨学科程度越高),论文的被引频次也相应地越高。

表 4.1 - 18　作者平均欧氏距离与论文被引频次相关性分析

期刊类型	参数	被引频次
一流	相关系数	0.295**
	显著性(双尾)	0.000
非一流	相关系数	0.206**
	显著性(双尾)	0.000

注:"*"代表 $p < 0.05$,"**"代表 $p < 0.01$。

4.1.3.4　施引文献的跨学科性与被引量的相关关系

(1) 跨学科与否对学科整体和各学科的影响

抽取纳入本轮研究的 13 322 篇一流期刊论文,8 458 非一流期刊论文。在一流期刊中,按照施引文献跨学科性将论文分为跨与不跨两类,其中前者 4 645 篇,后者 8 676 篇,进行如下分析:① Mann-Whitney 非参数检验结果显示,两类论文在被引频次上存在显著差异,前者的被引频次显著高于后者(表 4.1 - 19);② 探讨跨学科对 20 个学科被引的影响,发现在所有学科中,施引文献跨学科对论文被引均存在显著影响(表 4.1 - 20)。

表 4.1 - 19　施引文献跨学科与否对被引频次的影响

期刊类型	跨学科情况	论文数	被引均值	显著性水平
一流	不跨学科	8 676	2.832	0.000**
	跨学科	4 645	10.983	
非一流	不跨学科	6 182	1.810	0.000**
	跨学科	1 423	4.500	

注:"**"代表 $p < 0.01$。

类似地,将非一流期刊论文根据施引文献的跨学科性分为"跨"与"不跨"两类,其中前者 1 423 篇,后者 6 182 篇。由 Mann-Whitney 秩和检验结果可见,整体上论文施引文献跨学科性对被引频次同样存在显著影响,且跨学科论文的平均被引频次高于不跨学科论文(见表4.1-19)。在各学科中,除中国文学外,跨学科对其他19个学科都有显著影响(见表4.1-20)。

表4.1-20 不同学科施引文献跨学科与否对被引频次的影响

学科	期刊类型	论文量		被引均值		显著性水平
		跨学科	不跨学科	跨学科	不跨学科	
法学	一流	370	821	9.619	4.308	0.000**
	非一流	99	498	4.091	1.938	0.000**
管理学	一流	1 222	1 237	10.040	2.187	0.000**
	非一流	158	396	4.291	1.816	0.000**
教育学	一流	189	649	8.328	2.874	0.000**
	非一流	36	260	3.667	1.562	0.000**
经济学	一流	1 175	410	18.503	2.700	0.000**
	非一流	99	323	4.040	1.449	0.000**
考古学	一流	25	173	3.600	1.491	0.000**
	非一流	22	132	3.273	1.318	0.000**
历史学	一流	121	493	4.017	2.004	0.000**
	非一流	15	128	2.733	1.258	0.000**
马克思主义	一流	106	357	4.123	1.641	0.000**
	非一流	30	117	4.000	1.359	0.000**
民族学与文化学	一流	87	260	5.989	2.265	0.000**
	非一流	21	126	4.143	1.452	0.000**
社会学	一流	229	118	13.572	2.568	0.000**
	非一流	171	217	5.082	1.737	0.000**
体育学	一流	56	598	6.464	2.923	0.000**
	非一流	18	479	5.722	2.390	0.000**
图书馆、情报与文献学	一流	156	1 004	10.288	4.970	0.000**
	非一流	407	1 763	5.246	2.088	0.000**
外国文学	一流	22	119	3.273	1.504	0.000**
	非一流	10	62	2.500	1.290	0.000**

（续表）

学科	期刊类型	论文量		被引均值		显著性水平
		跨学科	不跨学科	跨学科	不跨学科	
心理学	一流	104	166	7.894	2.916	0.000**
	非一流	174	401	4.230	1.763	0.000**
新闻学与传播学	一流	70	189	5.257	1.958	0.000**
	非一流	52	552	4.250	1.668	0.000**
艺术学	一流	82	308	5.024	1.821	0.000**
	非一流	0	47	0	1.340	0.000**
语言学	一流	43	417	7.372	3.789	0.000**
	非一流	30	129	3.200	1.729	0.000**
哲学	一流	189	428	5.021	2.002	0.000**
	非一流	11	110	4.273	1.455	0.000**
政治学	一流	318	480	6.145	2.010	0.000**
	非一流	60	228	3.467	1.500	0.000**
中国文学	一流	59	309	5.068	2.307	0.000**
	非一流	1	77	3.000	1.221	0.051
宗教学	一流	22	140	3.182	1.314	0.000**
	非一流	9	137	2.889	1.190	0.000**

注：" * "代表 $p < 0.05$，" ** "代表 $p < 0.01$。

（2）施引文献跨学科数量对被引的影响

在一流期刊论文中，对施引文献跨学科数量介于 $1 \sim 8$ 之间的论文展开分析。Kruskal-Wallis 非参数检验的结果表明，施引文献跨学科数量对论文被引频次的影响组间存在显著差异（表 4.1 - 21）。按照被引均值可以看出，整体上，随着施引文献跨学科数的增长，被引均值也呈线性增长。

表 4.1 - 21　施引文献跨学科数量对论文被引频次的影响

期刊类型	跨学科数	论文数	被引均值	显著性水平
一流	1	8 676	2.832	
	2	2 891	6.612	
	3	1 065	12.878	

（续表）

期刊类型	跨学科数	论文数	被引均值	显著性水平
一流	4	394	18.472	0.000**
	5	168	25.179	
	6	75	42.080	
	7	31	59.677	
	8	11	47.636	
非一流	1	6 182	1.180	.000**
	2	1 138	3.820	
	3	216	6.093	
	4	56	10.214	
	5	9	11.000	

注:"*"代表 $p<0.05$,"**"代表 $p<0.01$。

在非一流期刊论文中,对施引文献跨学科数量介于1~5之间的论文展开分析,结果发现施引文献跨学科数量及施引文献多样性对论文被引频次的影响与一流期刊结论一致:施引文献跨学科数量与论文被引频次呈正相关关系;施引文献多样性与论文被引频次间存在显著的正相关关系。

（3）施引文献多样性对被引的影响

施引文献多样性对论文被引频次的 Spearman 相关分析结果也显示了二者显著的正相关关系:施引文献多样性越大(即施引文献整体跨学科程度越高),论文的被引频次也相应地越高。对比表4.1-22和表4.1-10可以看出,施引文献多样性与论文被引频次之间的相关关系显著高于参考文献多样性与论文被引频次之间的相关关系。

表 4.1–22　施引文献多样性与论文被引频次相关性分析

期刊类型	参数	被引频次
一流	相关系数	0.588**
	显著性(双尾)	0.000
非一流	相关系数	0.529**
	显著性(双尾)	0.000

注:"*"代表 $p<0.05$,"**"代表 $p<0.01$。

4.1.4　讨论

本书从作者、主题、参考文献和施引文献四个分析单元探讨跨学科性(IDR)与被引的关系。从整体上来看,人文社会科学跨学科性对论文被引存在正相关关系,且跨学科性强的论文更容易获得高被引。在不同分析单元中,跨学科性对被引的影响存在差异。不过,研究也发现学科和期刊质量对两者间的关系有调节效应,同时发现了多项研究中已经发现的倒 U 形曲线。

从整体角度考虑,① 在作者跨学科性分析中,无论论文是由单一作者撰写还是多作者合著完成,论文是否跨学科,在被引频次上均存在显著差异。李江[1]认为作者发文的学科范围广泛说明学者拥有多个学科的专业知识,掌握了多个学科的理论和方法,而这些学科知识的交叉和融合使得论文的引用范围得以拓宽,进而影响论文的被引。② 在主题跨学科性分析中,主题跨学科性对被引也存在显著影响。董坤等[2]在研究中指出"IDR 主题可以视为两种或多种学科交叉过程中形成共有的、核心的研究内容,是不同学科知识汇聚与融合的重要枢纽",知识的相互渗透增加了 IDR 主题的可见性,同样可以影响论文的被引。③ 参考文献跨学科性测度的跨学科性与被引也存在显著关系。由于一篇文献需要建立在阅读和参考若干篇文献基础上,因此,从科学计量学角度来说,文献之间最直接的联系就是参考文献,很多学者在研究中论证了参考文献对测度跨学科性的有效性[3]。一篇文献引用其他学科的参考文献越多,其对其他学科的依赖性就越强,学科间的知识流动也就越频繁。④ 从施引文献角度测度跨学科性显示了跨学科性与被引的显著正相关关系。被引用是学科被动行为,直观反映一篇文献对其他学科的知识输出,一篇文献的施引文献跨学科性越强,其对其他学科的影响力也越大。

虽然总体上跨学科性对被引存在正向影响,不过,不同学科跨学科性与被引关系研究结果也显示,20 个学科中存在多个学科两者间关系的不显著现象,这说明学科对两者间关系存在调节效应,表现为部分学科通过了显著性检验,没有通过检验学科的被引均值存在较大差别。这也说明虽然总体上跨学科性与被引间存在显著的正相关关系,但是各个不同学科自身的研究传统、引用偏好等可能

① 李江."跨学科性"的概念框架与测度[J].图书情报知识,2014(3):87-93.
② 董坤,许海云,罗瑞,等.基于科技文献内容分析的多维学科交叉主题识别方法研究[J].情报理论与实践,2018,41(5):131-136.
③ 冯志刚,李长玲,刘小慧,等.基于引用与被引用文献信息的图书情报学跨学科性分析[J].情报科学,2018,36(3):105-111.

会淹没跨学科性的影响,比如 Abramo 等[①]的工作揭示了在地球科学中未能证实跨学科性的正向影响,Chen 等[②]也发现在地球和空间科学中不存在跨学科性的被引优势,Levitt 和 Thelwall[③] 在生物医学和物理学中竟然发现了负相关关系,Larivière 和 Gingras[④] 同样探明了学科的调节效应。

以在作者、主题、参考文献和施引文献四个分析单元中均通过显著性检验的管理学为例,管理学跨学科性对被引存在显著影响,该结果与管理学自身的学科特征密不可分。管理学是一门系统研究管理过程的普遍规律、基本原理和一般方法的学科,而一个学科越是偏向理论和方法,它为其他学科研究提供借鉴的成果也会越成熟。[⑤] 同时,相较于其他人文社会科学学科,管理学本身就具有多学科交叉的特点,而研究对象的交叉、知识体系的融合使得管理学成为一门开放的学科。[⑥] 综合这两个角度,管理学的跨学科属性使其既能为其他学科提供启发,也能集各家之所长,为管理学研究提供指引。

(1)期刊质量的调节作用

从整体上看,一流期刊和非一流期刊的论文跨学科性与被引之间存在正相关关系。从上述的研究结果可知,一流期刊单作者专业度、多作者欧氏距离、参考文献多样性和施引文献多样性对论文被引的影响均强于非一流期刊,如一流期刊多作者欧氏距离和论文被引间相关系数为 0.295,非一流期刊仅为0.206;一流期刊参考文献跨学科性和论文被引间相关系数为 0.121,非一流期刊仅为0.089。一流期刊主题欧氏距离对论文被引的影响会弱于非一流期刊,其中一流期刊主题欧氏距离和论文被引间相关系数为 0.023,非一流期刊为0.106。因此,从跨学科性整体视角来看,期刊质量对研究结果会产生调节作用,这一结果在先前研究中也得到证实。

(2)学科的调节

在没有通过统计检验的学科中,本文尝试通过跨学科与否进一步揭示被引的均值差。① 负效应。语言学学者的合著与独著论文均显示出跨学科性的负

① ABRAMO G, D'ANGELO C A, DI COSTA F. Do interdisciplinary research teams deliver higher gains to science? [J]. Scientometrics, 2017, 111(1): 317-336.

② CHEN S, ARSENAULT C, LARIVIÈRE V. Are top-cited papers more interdisciplinary? [J]. Journal of informetrics, 2015, 9(4): 1034-1046.

③ LEVITT J M, THELWALL M. Is multidisciplinary research more highly cited? A macrolevel study [J]. Journal of the American Society for Information Science and Technology, 2008, 59(12): 1973-1984.

④ LARIVIÈRE V, GINGRAS Y. On the relationship between interdisciplinarity and scientific impact[J]. Journal of the American Society for Information Science and Technology, 2010, 61(1): 126-131.

⑤ 卓可秋.基于论文计量学的管理学学科半衰期研究[J].图书与情报,2014(4):55-60.

⑥ 王迎军,陆岚,崔连广.实践视角下的管理学学科属性[J].管理学报,2015,12(12):1733-1740.

效应,外国文学尽管在独著论文中通过了统计检验,在合著论文却发现了跨学科性的微弱负面影响。② 微弱的正效应。主要表现为均值差小于 0.5,主要学科有:合著中的新闻学与传播学、民族学与文化学、宗教学、马克思主义、中国文学,独著中的历史学、考古学、民族学与文化学及教育学。其中多数学科的被引均较低,除了教育学、新闻学与传播学之外,平均被引都在 1.5 以下,有的样本量较小,比如外国文学仅为 6。③·弱正效应。主要表现为均值差在0.5~1.0 之间,主要有合著的教育学、图书馆、情报与文献学及政治学,如果按照 0.1 作为显著性阈值的话,则前两者已经可以通过检验,后者也仅略高于0.1。④ 中等正效应。主要表现为均值差大于 1,学科有法学、经济学、社会学,除了法学的平均被引介于 2~3 之外,社会学与经济学的平均被引在独著论文中已达 5 以上,合著竟高达 10 以上,统计上虽未通过检验,但可以看到跨学科性对被引的正向影响。

(3)论文质量

本书通过选取 CSSCI 中的一流期刊论文为分析对象,以此控制论文质量,获得了跨学科性与被引正相关的结论。通过分析不难发现,先前的研究中,如果控制了分析对象的质量,往往获得正向的结果,而如果没有控制该变量的研究,则得到不显著甚至负相关的结论。如 Levitt 和 Thelwall[1] 选取了 IS & LS 学科引用前 0.1% 的论文,根据现行的评价准则,该数据集属于学科的高质量论文,具有基本一致的学术质量;Chen 等[2]的分析数据来源于被引排名前 1%;Bhat 等[3]选取的是影响因子排名前 250 的期刊,其中的论文质量虽不及前两者那么一致,但差异不大;Leahey 等[4]选取的对象是有博士学位的作者,排除了硕士及以下学位的研究人员,从而通过作者间接地控制了论文的质量;前述四项研究通过不同方法控制了论文质量,都得到了二者正相关的结论。而诸如 Rinia 等[5]、Levitt 和 Thelwall[6] 等研究未控制影响被引的主要因素——论文质量,结果显示二者

①　LEVITT J M, THELWALL M. The most highly cited Library and information science articles: interdisciplinarity, first authors and citation patterns[J]. Scientometrics, 2009, 78(1): 45 - 67.

②　CHEN S, ARSENAULT C, LARIVIÈRE V. Are top-cited papers more interdisciplinary? [J]. Journal of informetrics, 2015, 9(4): 1034 - 1046.

③　BHAT H S, HUANG L H, RODRIGUEZ S, et al. Citation prediction using diverse features [C]. //CUI P, DY J, AGGARWAL C, et al. IEEE International Conference on Data Mining Workshop. New York: IEEE, 2016:589 - 596.

④　LEAHEY E, BECKMAN C, STANKO T. Prominent but less productive: the impact of interdisciplinarity on scientists' research[J]. Administrative science quarterly,2017, 62(1): 105 - 139.

⑤　RINIA E J, LEEUWEN T N V, RAAN A F J V. Impact measures of interdisciplinary research in physics[J]. Scientometrics, 2002, 53(2): 241 - 248.

⑥　LEVITT J M, THELWALL M. Is multidisciplinary research more highly cited? A macrolevel study[J]. Journal of the American Society for Information Science and Technology, 2008, 59(12): 1973 - 1984.

间关系不显著或者呈负相关。前述几项研究通过不同方法控制了论文质量,都得到了二者正相关的结论,也印证了 Tahamtan 等及其他被引影响因素研究中得到的论著质量是主要因素的结论。而诸如 Rinia 等、Wang 等、Levitt 和 Thelwall 等研究未控制影响被引的主要因素——论文质量,结论显示二者间关系不显著或者负相关。Ponomarev 等选取了包括诺贝尔奖等在内的 51 篇突破性论文为分析对象,没有发现二者间的显著影响,可能的原因是 Ponomarev 等的工作表面看与 Levitt 和 Thelwall 相似,都选取被引的前 0.1%,但 Levitt 和 Thelwall 的数据源于 IS & LS,达到诺贝尔奖层次的希望非常渺茫,而 Ponomarev 等的数据作者都是诺贝尔奖获得者等顶尖科学家,对于这个层次的学者来说,突破的主要因素源于学者自身,是否合作和是否跨学科合作已经很难对该层次的工作有广泛的显性影响。

(4)倒 U 形曲线

本研究在单作者跨学科数被引的影响、施引文献跨学科数对被引的影响研究中,均发现正向线性关系;在探讨合著作者的跨学科数对被引的影响、主题跨学科数对被引的影响和+参考文献跨学科数对被引的影响时,却发现先前研究中出现的倒 U 形曲线。该发现与 Chakraborty[①]、Larivière 和 Gingras[②]、Enduri 等[③]及 Yegros-Yegros 等[④]提到的倒 U 形曲线结果相同。对于倒 U 形曲线,Yegros-Yegros 等[⑤]认为该结果的产生源于跨学科性对被引的影响存在某个阈值,超过该值之后,跨学科性对被引的影响将成为负效应;Larivière 和 Gingras[⑥]也认为跨学科性应该有最优的区间(比如跨学科性介于 5% ~ 95%),如位于该区间,则跨学科性与被引间呈线性正相关关系,若否则对被引

---

① CHAKRABORTY T. Role of interdisciplinarity in computer sciences: quantification, impact and life trajectory[J]. Scientometrics, 2017, 114(3): 1011 - 1029.

② LARIVIÈRE V, GINGRAS Y. On the relationship between interdisciplinarity and scientific impact[J]. Journal of the American Society for Information Science and Technology, 2010, 61(1): 126 - 131.

③ ENDURI M K, REDDY I V, JOLAD S. Does diversity of papers affect their citations? Evidence from American Physical Society journals [C]. //YETONGNON K, DIPANDA A: International Conference on Signal-Image Technology & Internet-Based Systems. New York: IEEE, 2016: 505 - 511.

④ YEGROS-YEGROS A, RAFOLS I, D'ESTE P. Does interdisciplinary research lead to higher citation impact? The Different effect of proximal and distal interdisciplinarity[J]. PLoS One, 2015, 10 (8): e0135095.

⑤ YEGROS-YEGROS A, RAFOLS I, D'ESTE P. Does interdisciplinary research lead to higher citation impact? The different effect of proximal and distal interdisciplinarity[J]. PLoS One, 2015, 10(8): e0135095.

⑥ LARIVIÈRE V, GINGRAS Y. On the relationship between interdisciplinarity and scientific impact[J]. Journal of the American Society for Information Science and Technology, 2010, 61(1): 126 - 131.

没有正面影响。Chakraborty 与 Enduri 等仅报告了结论,未就其机理做出必要阐释。

虽然目前在 IDR 领域尚未见对倒 U 形曲线的分析,但倒 U 形曲线在经济学领域是研究的重点,如探讨经济发展水平和收入分配差别关系的库兹涅茨倒 U 形曲线理论。在国内外学者从不同视角展开库兹涅茨倒 U 形曲线的理论和实证分析后,陈宗胜[①]指出:"分析经济发展水平与收入分配差别倒 U 曲线关系时,必须更加着重深入研究同收入水平相联系,但同时更直接地制约收入差别倒 U 曲线的其他因素……倒 U 曲线一定是多重因素共同作用的结果,或者说是多重曲线汇集的结果。"因此,借鉴陈宗胜的想法,本研究以一流期刊合著作者跨学科数与被引的倒 U 形曲线为例,进一步探讨倒 U 形曲线出现的可能原因。由 Tahamtan 等[②]的研究可知,制约被引的影响因素众多,论著质量是最直接的要素。对于本研究来说,一流期刊是同行评议的结果,极大程度地确保了论文质量。由于本研究的数据集涉及人文社会科学的所有学科,在一流和非一流期刊中,不同学科间的被引频次差别甚大,因此可以考虑学科对倒 U 形曲线的影响。对此,本研究针对各个学科展开跨学科数与被引的分析,结果表明几个有代表性的学科都存在倒 U 形曲线,区别在于峰值出现的点及峰值的大小有所不同,多数学科在跨学科数为 6 时,被引均值达到峰值。此外,在考虑跨学科数在 6 或以上的论文是否主要出现在被引频次偏低的学科时,由于跨学科数为 9 或 10 的样本较小,本研究选择跨学科数为 6~8 进行论文数的学科分布分析。结果显示显著性水平都为 0.000(表 4.1 - 23),三

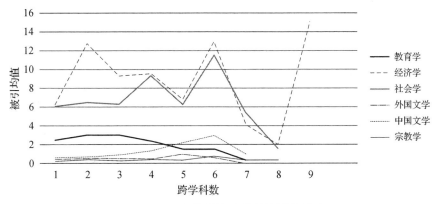

图 4.1 - 6　跨学科数对学科被引的影响

①　陈宗胜.关于收入差别倒 U 曲线及两极分化研究中的几个方法问题[J].中国社会科学,2002(5):78 - 82,205.

②　TAHAMTAN I, AFSHAR A S, AHAMDZADEH K. Factors affecting number of citations:a comprehensive review of the literature[J]. Scientometrics,2016,107(3):1195 - 1225.

表 4.1－23　跨学科数的学科论文分布分析

成对样本	跨学科数	相关系数	显著性水平
对 1	6 & 7	0.932 235	0.000
对 2	6 & 8	0.904 684	0.000
对 3	7 & 8	0.951 694	0.000

者间的 Pearson 相关系数都在 0.9 以上,为强相关,也就是说,倒 U 形曲线下降段的论文学科分布与峰值高度相似,这进而说明其下降是被引的降低所致。也就是说,倒 U 形曲线在总体上的存在是论文被引在跨学科数两端较低所致。

　　本研究的结论表明整体上跨学科性对被引有显著的正向影响,但跨学科数对被引的影响往往存在一个最优区间,通过对一流期刊合著作者的倒 U 形曲线分析可发现,学科对倒 U 形曲线的出现存在一定的影响。而由于影响论文被引的影响因素众多,因此后继研究中可进一步展开作者数、参考文献数、期刊影响因子等论文被引影响因素对倒 U 形曲线的影响。

　　(5) 作者数

　　多作者合作是一个集思广益的过程,各位学者围绕一个共同的目标(科研课题或项目)相互配合,相互协调,相互促进,其本质就是学者之间的资源共享,共享的资源既可以是智力、知识、声誉等,也可以是资金和设备。进行 IDR 的学者会有更多不同的观点和思考模式,有利于其从各个学科整合思想,因此,IDR 一方面可以提高论文的整体质量,另一方面也可以增加论文被不同学科关注的概率,进而潜在提高其被引的可能性。Tahamtan 等[1]的综述论文阐明作者数量与论文被引间存在正相关关系,论文的作者数越多,被引的概率越大;Mingers 和 Xu[2] 以及 Gazni 和 Didegah[3] 也在各自工作中证实作者数量会增加单篇论文的被引频次,即论文的作者数和被引频次之间存在显著正相关关系。

　　[1]　TAHAMTAN I, AFSHAR A S, AHAMDZADEH K. Factors affecting number of citations: a comprehensive review of the literature[J]. Scientometrics, 2016, 107(3): 1195－1225.

　　[2]　MINGERS J, XU F. The drivers of citations in management science journals[J]. European journal of operational research, 2010, 205(2): 422－430.

　　[3]　GAZNI A, DIDEGAH F. Investigating different types of research collaboration and citation impact: a case study of Harvard University's publications[J]. Scientometrics, 2011, 87(2): 251－265.

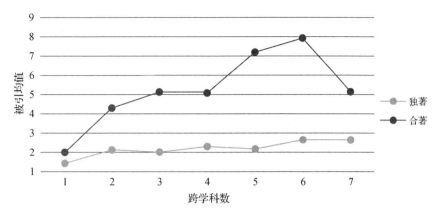

图 4.1 - 7　跨学科数对被引影响的折线图

先前的研究多集中于作者数与被引间的直接效应,由图 4.1 - 7 可见,作者数不仅改变了独著与合著对被引影响的截距,而且改变了斜率,这表明作者数对跨学科数与被引间关系可能存在调节效应。研究以被引的对数作为因变量,跨学科数、作者数和二者的交互项作为解释变量进行回归分析,发现:交互项的显著性为 0.000,这说明作者数存在调节效应,同时作者数的显著性亦为 0.000(表 4.1 - 24),这表明作者数对被引也存在直接效应,进一步证实了 Mingers 等先前的工作,也就是说,论文作者数既对被引具有直接影响,也对跨学科数与被引间的关系具有调节效应。

表 4.1 - 24　被引的回归分析结果

参数	未标准化系数		标准化系数	t	显著性水平
	β	标准误差	β		
常量	0.465	0.013		36.339	0.000
跨学科数	0.058	0.005	0.091	10.968	0.000
作者数	0.174	0.027	0.085	6.430	0.000
交互项	0.074	0.009	0.120	8.134	0.000

4.2 跨学科性与被引量的关系:回归分析

4.2.1 研究设计

由 Tahamtan 等[①]众多被引影响因素的研究可知,作者特征、期刊特征、参考文献特征等对被引存在显著影响。为避免这些特征对研究结果产生潜在影响,本研究参考 Xie 等[②]的工作,选取论文相关因素、作者相关因素、参考文献相关因素和引文相关因素等变量为控制变量,从作者、主题、参考文献和施引文献四个层面获得跨学科性对被引的"净效应"。

4.2.1.1 变量及量化

为便于后续统计分析,本研究将单作者专业度和多作者欧氏距离统一为作者专业度。因此,本研究的自变量仍然是作者专业度、主题欧氏距离、RDI 和 CDI,因变量为五年被引频次。

借鉴 Xie 等[③]在研究中汇总的与论文被引相关的 66 个特征,本研究选取部分特征作为控制变量。控制变量的筛选过程如下。

(1)删除 CSSCI 来源数据库未纳入的变量,如"图表数量""附录数量""公式数量""是否同行评议"等。

(2)删除同质性强的变量,如"论文一年被引""论文两年被引"和"论文五年被引",由于本研究的因变量是"论文五年被引",故本研究仅选取"论文两年被引"作为"引文相关因素"的控制变量;同理,"一年期刊引用数""两年期刊引用数"和"五年期刊引用数"中,仅选取"两年期刊引用数"。

(3)删除需加入大量人工编码的变量,如表征第一作者在观测文献发表前的论文被引数的变量"先前被引数"(previous citation),由于判别论文作者与观测文献第一作者是否为同一位作者,涉及大量消歧、去重等处理,故本研究予以删去。

(4)将论文所属期刊是不是一流期刊作为控制变量,将其归类于"论文相关因素",记为"期刊类型"。

① TAHAMTAN I, AFSHAR A S, AHAMDZADEH K. Factors affecting number of citations: a comprehensive review of the literature[J]. Scientometrics,2016,107(3):1195 - 1225.

② XIE J, GONG K, LI J, et al. A probe into 66 factors which are possibly associated with the number of citations an article received[J]. Scientometrics,2019.

③ XIE J, GONG K, LI J, et al. A probe into 66 factors which are possibly associated with the number of citations an article received[J]. Scientometrics,2019.

（5）据此，本研究获得 23 个特征作为本研究的控制变量（见表 4.2-1）。其中，"论文相关因素"包含 10 个变量，"作者相关因素"包含 5 个变量，"参考文献相关因素"包含 6 个变量，"引文相关因素"包含 2 个变量。

表 4.2-1　控制变量

变量类别	变量名称	变量取值来源
论文相关因素	X_1:文献类型	包括论文、综述、评论、报告、传记资料、其他
	X_2:论文出版年龄	论文出版年龄（以 2020 年为截止年份）
	X_3:论文篇幅	论文的页数
	X_4:题名长度	论文题名的字数（不包含标点符号）
	X_5:关键词数量	论文关键词数量
	X_6:分类号	在中图分类号中的所属类别
	X_7:期刊影响因子	期刊影响因子（2017 年）
	X_8:期刊年出版数	期刊年出版论文数量（2017 年）
	X_9:基金	基金类别，包括国家级、省部级、市厅级、其他和无基金
	X_{10}:期刊类型	一流期刊或非一流期刊
作者相关因素	X_{11}:作者数	论文作者数量
	X_{12}:长江学者	论文第一作者是否为长江学者
	X_{13}:机构类别	第一作者所属机构类别，包括 985、211 和其他
	X_{14}:发表论文数	第一作者发表论文数
	X_{15}:跨机构合作	作者是否来自不同的一级机构
参考文献相关因素	X_{16}:参考文献数量	论文参考文献的数量
	X_{17}:期刊论文百分比	参考文献列表中期刊论文百分比
	X_{18}:会议论文百分比	参考文献列表中会议论文百分比
	X_{19}:图书百分比	参考文献列表中图书百分比
	X_{20}:线上资源百分比	参考文献列表中线上资源百分比
	X_{21}:学位论文百分比	参考文献列表中学位论文百分比
引文相关因素	X_{22}:两年被引数	论文发表前两年被引数
	X_{23}:两年期刊引用数	论文发表两年内施引期刊数

4.2.1.2 数据处理

为确保数据的质量,需对控制变量进行如下清洗与编码。

(1) 文献类型:将未标明文献类型的论文与标注为"其他"的论文均编码为"其他",即 0(其他)、1(论文)、2(评论)、3(综述)、4(报告)和 5(传记资料)。

(2) 论文出版年龄:以论文发表年份作为起始年,2020 年为终止年,计算论文发表的时间跨度。

(3) 论文篇幅:存在页码标注不规范问题。① 页码只标注首页,未标注尾页,如《学科对话、视域融合与当代中国哲学创新——"全球化语境中的文明冲突与哲学对话"学术研讨会综述》一文中,数据库只标注首页页码"88",但真实页码为"88—90";② 页码标注错误,如《论日本绘本的发展历程》论文中,数据库标注的页码是"62—64",但真实页码为"62—64";③ 未标注页码,即页码字段数据为空。对第②类问题,本研究通过人工去除异常值。对①③类问题,此类论文共 15 007 篇,难以靠人工识别,故本研究将此类论文的页码记为"0"。

(4) 题名长度:删去提名中包含的标点符号,如"《》""<>"";""[""?"等,计算标题中的有效字符数。

(5) 分类号:存在论文包含两个分类号的情况,本研究仅采用第一个分类号。根据中图分类号和《中华人民共和国学科分类与代码国家标准》,将论文分类号划分为 CSSCI 的 20 个学科和"其他"类,其中"其他"类包括 910(统计学)、930(综合社科期刊)、940(军事)、960(人文经济地理)、970(自然资源与环境科学)、0(自然科学大类)等。

(6) 期刊影响因子:参考中国科学技术信息研究所发布的《中国科技期刊引证报告(扩展版)》2017 年版,选取"扩展影响因子"作为期刊影响因子。

(7) 期刊年出版数:参考中国科学技术信息研究所发布的《中国科技期刊引证报告(扩展版)》2017 年版,选取"来源文献量"作为期刊年出版数。

(8) 基金:将基金分为"国家级""省部级""市厅级""其他"和"无"五类。其中:国家级包括"国家社会科学基金""国家自然科学基金""国家杰出青年科学基金项目"等;"省部级"包括"教育部人文社会科学研究项目""教育部科学技术研究项目""＊＊省自然科学基金项目"等;"市厅级"包括"＊＊市教育科学规划课题""＊＊教育厅项目"等;不属于上述类的基金编码为"其他"。当一篇论文包含多个基金时,只编码最高级别的基金项目。具体编码如下:0(无)、1(国家级)、2(省部级)、3(市厅级)和 4(其他)。

(9) 长江学者:参考"1998—2016 长江学者名单",共 3 514 名长江学者。将长江学者姓名与第一作者精确匹配,长江学者机构/单位与第一作者机构模糊匹配,仅 1 496 篇论文匹配成功。具体编码如下:0(否)、1(是)。

(10) 机构类别:将第一作者所属机构分为"985""211"和"其他"三类。其中:"985"包含 985 高校、国家级图书馆、国家级研究所等;"211"包括 211 高校、省级图书馆、省级研究所等;"其他"包括非 985/211 类院校、省级以下的机构或单位等。具体编码如下:0(其他)、1(985)、2(211)。

(11) 跨机构合作:按合作类型分为"跨机构合作""非跨机构合作"和"无合作"三类。当合作作者所属一级单位不同时才视为"跨机构合作"。

(12) 两年被引数:论文发表第二年和第三年的被引总数。

作者、主题、参考文献和施引文献四个分析单元的研究样本存在差异,为了确保后续研究的准确性,本研究选取四个分析单元中均包含的样本论文。据此,本研究的有效样本量共 15 345 篇。

4.2.1.3 分析方法

本研究首先对五年被引与控制变量 X_1—X_{23} 中每个变量之间的关系进行两两分析。由于论文的被引量呈偏态分布,因此在分析因变量与 X_1—X_{23} 中的连续变量之间的关系时,采用 Spearman 相关分析;在分析因变量与 X_1—X_{23} 中的分类变量之间的关系时,采用 Kruskal-Wallis 非参数检验。然后对四个自变量进行多重共线性分析。如果自变量间存在严重的多重共线性,则分别对四个自变量和论文被引进行回归;如果自变量间不存在多重共线性,则变量之间相关性较弱,那么将四个自变量和所有控制变量一起纳入回归,并比较自变量对因变量影响的大小。具体回归分析中,采取"进入"策略,构建多元线性回归方程;然后剔除回归系数不显著的自变量,再次构建多元线性回归方程。

4.2.2 控制变量与被引的相关分析

X_1—X_{23} 中的连续型变量与五年被引的 Spearman 相关分析结果见表 4.2-2。虽然控制变量与被引的相关系数普遍较低,但可以看出所有连续型控制变量与被引均具有显著的相关关系($p<0.01$)。其中,论文出版年龄、期刊年出版数与参考文献图书百分比与被引呈负相关关系,这说明论文发表时间越长,期刊年出版数越多,参考文献图书占比越大,则论文的五年被引量越低。比较控制变量的相关系数可以看出,与引文相关的控制变量——两年被引量和两年被期刊引用量——与五年被引的相关性最强。期刊影响因子与论文被引间的关系仅次于引文相关控制变量。

表 4.2-2　X_1—X_{23}中连续变量与五年被引的 Spearman 相关分析

类别	变量	相关系数
论文相关因素	X_2:论文出版年龄	-0.133**
	X_3:论文篇幅	0.236**
	X_4:题名长度	0.056**
	X_5:关键词数量	0.100**
	X_7:期刊影响因子	0.460**
	X_8:期刊年出版数	-0.101**
作者相关因素	X_{11}:作者数	0.166**
	X_{14}:发表论文数	0.290**
参考文献相关因素	X_{16}:参考文献数量	0.305**
	X_{17}:期刊论文百分比	0.278**
	X_{18}:会议论文百分比	0.127**
	X_{19}:图书百分比	-0.071**
	X_{20}:线上资源百分比	0.128**
	X_{21}:学位论文百分比	0.097**
引文相关因素	X_{22}:两年被引数	0.764**
	X_{23}:两年被期刊引用数	0.755**

注:"**"代表 $p<0.01$。

控制变量 X_1—X_{23}中的分类变量与五年被引的 Kruskal-Wallis 非参数检验见表 4.2-3。由表可知因变量在各控制变量的组间均存在显著性差异($p<0.01$)。就论文相关因素而言,不同的文献类型中,研究性论文样本量和被引均值都显著高于其他类别;不同学科的期刊论文中,经济学和社会学的被引均值高于其他学科;有基金的论文,其被引均值高于没有基金的论文,且国家级基金论文明显高于省部级和市厅级基金论文;期刊的质量越高,论文被引量也越高。在作者相关因素中,虽然由长江学者撰写的论文样本较少,但其被引量显著高于普通学者发表的论文;第一作者所属机构的级别越高,论文的被引频次也越多;在机构合作中,合作论文的被引明显高于无合作论文,但同一机构的合作往往能获得更高的被引。

表 4.2 - 3　X_1—X_{23} 中分类变量与五年被引的 Kruskal-Wallis 非参数检验

类别	变量	类别	样本量	被引均值	渐进显著性
论文相关因素	X_1：文献类型	论文	14 547	3.914	0.000**
		综述	240	2.650	
		评论	340	1.376	
		报告	139	3.252	
		传记资料	15	0.600	
		其他	64	0.859	
	X_6：分类号	法学	1 485	4.207	0.000**
		管理学	2 033	5.644	
		教育学	946	2.743	
		经济学	2 240	7.527	
		考古学	261	1.598	
		历史学	386	1.891	
		马克思主义	154	1.357	
		民族学与文化学	162	2.494	
		社会学	314	6.605	
		体育学	760	2.646	
		图书馆、情报与文献学	1 859	3.523	
		外国文学	234	0.833	
		心理学	467	2.910	
		新闻学与传播学	535	1.221	
		艺术学	351	0.564	
		语言学	574	2.953	
		哲学	585	1.810	
		政治学	775	2.489	
		中国文学	693	1.430	
		宗教学	312	0.827	
		其他	219	2.982	

（续表）

类别	变量	类别	样本量	被引均值	渐进显著性
论文相关因素	X_9：基金	国家级	2 755	7.022	0.000**
		省部级	1 642	3.702	
		市厅级	976	4.034	
		其他	9 972	2.928	
	X_{10}：期刊类型	流期刊	8 632	5.501	0.000**
		非一流期刊	6 713	1.650	
作者相关因素	X_{12}：长江学者	长江学者	457	11.687	0.000**
		非长江学者	14 888	3.575	
	X_{13}：机构类别	985	7 083	5.010	0.000**
		211	3 109	3.433	
		其他	5 153	2.406	
	X_{15}：跨机构合作	无合作	10 407	3.104	0.000**
		非跨机构合作	3 518	5.643	
		跨机构合作	1 420	4.508	

注："***"代表 $p < 0.001$。

4.2.3 自变量的多重共线性分析

在开展自变量、控制变量与因变量的回归分析前,对四个自变量展开多重共线性分析。

表 4.2-4 自变量共线性诊断

维度	特征值	条件指数	施引文献跨学科性	作者跨学科性	参考文献跨学科性	主题跨学科性
1	2.394	1.000	0.06	0.05	0.06	0.05
2	0.851	1.677	0.03	0.42	0.00	0.47
3	0.780	1.752	0.10	0.40	0.30	0.19
4	0.636	1.940	0.61	0.05	0.48	0.00
5	0.338	2.660	0.19	0.09	0.16	0.29

由表 4.2-4 可知,多个维度特征值均大于 0,且条件指数均小于 10,因此自变量间存在多重共线性的可能性很小。同时,由表 4.2-5 可知,自变量的容差都接近 1,方差膨胀因子(VIF)小于 10。高辉[①]在研究中提出"当某个自变量的容差小于 0.1 时,则可能存在共线性问题"。因此,由上述结果可以认为,自变量间不存在多重共线性问题。

表 4.2-5 自变量共线性统计

参数	容差	方差膨胀因子 F_{VI}
I_{CD}	0.976	1.024
作者专业度	0.992	1.008
I_{RD}	0.983	1.017
主题欧氏距离	0.997	1.003

4.2.4 跨学科性与论文被引的回归模型

本部分研究的重点旨在分析当控制影响论文被引的若干特征时,跨学科性与被引之间的关系。因此,在判定自变量之间不存在多重共线性问题后,本研究利用 SPSS 对五年被引量做对数变换,取 $\lg(5 年被引+1)$ 为因变量,以 4 个跨学科性变量、控制变量 $X_1—X_{23}$ 为自变量进行多元线性回归分析。

在初次构建自变量、控制变量与因变量的回归方程后,研究发现回归系数不显著的控制变量有:参考文献图书论文百分比、参考文献会议论文百分比、参考文献学位论文百分比、期刊年出版数、作者数量和跨机构合作。同时,2 年被引和 2 年被期刊引用数的方差膨胀因子分别为 15.163 和 16.176,均大于 10,存在共线性问题。故,在对应方程中剔除上述系数不显著和存在共线性问题的控制变量后得到最终的回归模型(见表 4.2-6)。

表 4.2-6 多元线性回归分析

类别	变量	标准化系数 β	方差膨胀因子 F_{VI}
自变量	作者专业度	−0.009	1.106
	主题欧氏距离	0.030***	1.204
	I_{RD}	−0.009	1.070
	I_{CD}	0.221***	1.117

---

① 高辉.多重共线性的诊断方法[J].统计与信息论坛,2003,18(1):73-76.

（续表）

类别	变量	标准化系数 β	方差膨胀因子 F_{VI}
论文相关因素	X_1:综述	-0.023^{***}	1.039
	X_1:评论	-0.050^{***}	1.030
	X_2:论文出版年龄	-0.053^{***}	1.435
	X_3:论文篇幅	0.040^{***}	1.660
	X_4:题名长度	-0.029^{***}	1.134
	X_5:关键词数量	0.028^{***}	1.055
	X_6:管理学	0.017^{*}	2.645
	X_6:教育学	-0.018^{**}	1.699
	X_6:考古学	-0.012^{*}	1.360
	X_6:历史学	-0.031^{***}	1.596
	X_6:马克思主义	-0.035^{***}	1.243
	X_6:民族学与文化学	-0.010^{*}	1.199
	X_6:社会学	0.019^{***}	1.285
	X_6:体育学	0.029^{***}	1.890
	X_6:图书馆、情报与文献学	0.029^{***}	2.929
	X_6:外国文学	-0.042^{***}	1.364
	X_6:心理学	0.021^{**}	1.559
	X_6:新闻学与传播学	-0.016^{**}	1.499
	X_6:艺术学	-0.055^{***}	1.349
	X_6:语言学	0.015^{*}	1.759
	X_6:哲学	-0.040^{***}	1.719
	X_6:政治学	-0.023^{***}	1.651
	X_6:中国文学	-0.068^{***}	1.878
	X_6:宗教学	-0.038^{***}	1.383
	X_7:期刊影响因子	0.306^{***}	2.701
	X_9:国家级	0.034^{***}	1.343
	X_{10}:一流期刊	0.144^{***}	1.990

（续表）

类别	变量	标准化系数 β	方差膨胀因子 F_{VI}
作者相关因素	X_{12}：长江学者	-0.013^{*}	1.208
	X_{13}：985	0.034^{***}	1.509
	X_{13}：211	0.012^{*}	1.324
	X_{14}：发表论文数	0.086^{***}	1.355
参考文献相关因素	X_{16}：参考文献数量	0.092^{***}	1.634
	X_{17}：期刊论文百分比	0.089^{***}	1.700
	X_{20}：线上资源百分比	0.028^{***}	1.159

注：" $***$ "代表 $p<0.001$ ，" $**$ "代表 $p<0.01$ ，" $*$ "代表 $p<0.05$ 。$N=14\,358$ ，$R_2=0.446$ ，$F=241.284$ ，$P=0.001$ 。

由表 4.2 - 6 可知，该回归模型具有统计显著性（$F=241.284$ ，$p<0.01$ ），且论文 5 年被引有大约 44.6% 的变异可由跨学科性相关变量、文献类型、论文篇幅、题名长度等 19 个变量解释（$R^2=0.446$ ）。修正后的所有自变量与控制变量的方差膨胀因子 F_{VI} 均小于 10，该模型无多重共线性问题。

4.2.4.1　自变量的回归分析

由表 4.2 - 6 可知，在控制了纳入回归模型的论文、作者、参考文献等众多因素影响后，主题和施引文献的跨学科性与被引之间依然存在显著的相关关系，而作者和参考文献跨学科性与被引量没有显著性差异。具体而言：论文主题跨学科性越强，其被引量越高；论文施引文献跨学科性越强，其被引量越高。

对比自变量和控制变量的标准化系数，可以看出 CDI 的标准化系数不仅高于主题欧氏距离，而且高于大多数控制变量，这说明施引文献的跨学科性对论文被引的正向影响极强，在控制其他条件不变的情况下仅次于期刊影响因子对论文被引的影响；主题跨学科性对被引的影响力与关键词数量、题名长度相当，区别在于论文被引量会随着主题跨学科性增强、关键词数量增多而增多，会随着题名长度的增加而减少。

4.2.4.2　控制变量的回归分析

对表 4.2 - 6 中的控制变量展开分析。总体上看，在所有控制变量中，期刊影响因子和期刊类型对论文被引的影响最大，标准化系数分别为 0.306 和 0.144，体现了论文质量对被引的重要作用。

在论文相关因素的控制变量中，论文出版年龄和题名长度对被引均为负向影响，论文篇幅和关键词数量对论文被引存在正向影响，但论文出版年龄的 β 绝对值在四者中最高,这说明在其他条件不变的情况下,论文出版年龄对被引量的影响程度要大于论文篇幅、题名长度和关键词数量;文献类型、分类号和基金类别三个分类变量对论文被引的影响存在差异,但整体上比较意义不大。

在作者相关因素的控制变量中,第一作者发表论文数的 β 值明显高于长江学者和第一作者机构类别,这说明在其他条件不变的情况下,第一作者发表论文数对被引量的影响程度要大于长江学者和第一作者机构类别。

在参考文献相关因素的控制变量中,参考文献总数、参考文献期刊百分比和参考文献线上资源百分比均对被引存在正向影响,且参考文献总数和参考文献期刊百分比对被引的影响程度大于参考文献线上资源百分比。

4.2.5　讨论

本研究在控制影响论文被引的 23 个变量后,通过对作者专业度、主题欧氏距离、参考文献多样和施引文献多样性与论文被引的回归分析发现,作者跨学科性和参考文献的跨学科性对被引量未见显著影响,主题跨学科性和施引文献跨学科性有助于提高论文的学术影响力。

在控制其他被引影响因素后,作者跨学科性对被引无显著影响。目前,已经有部分研究从作者视角探讨跨学科性对被引的影响,从这类研究结论中可以发现,作者相关因素对研究结果有调节作用。如果未控制作者相关因素,往往得出正向的结果;而若控制了该因素,则得出不显著的结论。Abramo 等[1]直接选取自然科学 2004 至 2008 年间所有意大利学者发表的论文,未区分学者的权威性,得出跨学科性与被引正相关的结论。而邱均平和余厚强[2]将第一作者在核心期刊发表两篇以上论文的作者定义为学者,从跨学科发文的角度测度作者跨学科性,发现图书情报学者总体学术影响力与跨学科程度无必然联系;类似地,李东等[3]以国家自然科学基金杰出青年项目入选者为研究对象,即控制作者是顶尖人才,得出结论,即除生物学部外,其他学部科学家跨学科合作程度与学术影响力均不存在相关关系。因此,可以推测,当作者在学术领域的影响力较大时,该作者一般也具备扎实的专业知识和良好的学术素养,故产出高质量论著的可能性更大。在这种情况下,作者自身能力是影响论文被引的重要因素,跨学科性对被引的影响可忽略。

①　ABRAMO G, D'ANGELO C A, DI COSTA F. Do interdisciplinary research teams deliver higher gains to science? [J]. Scientometrics, 2017, 111(1): 317-336.

②　邱均平,余厚强.跨学科发文视角下我国图书情报学跨学科研究态势分析[J].情报理论与实践,2013,36(5):5-10.

③　李东,童寿传,李江.学科交叉与科学家学术影响力之间的关系研究[J].数据分析与知识发现,2018,2(12):1-11.

在控制其他被引影响因素后,主题的跨学科性越强,论文被引频次越高。虽然目前尚未发现主题跨学科性与论文被引的影响研究,但科学计量领域已有研究针对主题与零被引的关系,并发现论文主题是零被引的重要影响因素,其结论包括:论文被引与论文主题的相关性较强,论文选题太偏或冷门往往造成零被引[①];在主题分布中,零被引论文的研究主题具有分散、陈旧等特点[②]。由于本研究采用投票思想并利用欧氏距离量化主题跨学科性,充分考虑了跨学科性的深度和广度,故可以认为主题跨学科性越强,主题在各学科间更具热度和关注度。周晓英等[③]在实证中发现,"大约 1/3 左右的高影响力论文所研究的内容是论文发表 1~5 年内有其他学者研究过"的,因此可以认为主题的关注度越高,越易产出高影响力论文。然而由回归分析结果可知,主题跨学科性的回归系数仅为0.03,对被引的影响力较低。王连喜和曹树金[④]在探讨图书情报学和新闻传播学中网络舆情的研究共性与差异性时指出,虽然学科间部分研究主题相同,但关注视角有所差异,如对于研究主题"网络舆情",图书情报学主要关注舆情,而新闻传播学更侧重舆论研究。因此,虽然主题在各个学科间共现的次数多,跨学科性强,但由于针对同一主题存在研究视角的差异,故论文被引用的可能性会变小。

在控制其他被引影响因素后,参考文献跨学科性对被引未见显著影响。由先前研究可知,虽然从参考文献视角展开的跨学科性与被引的关系研究结论不一致,但多数研究显示了参考文献跨学科性与被引的相关关系,区别仅在于相关关系的正负或区间差异,如 Chakraborty[⑤] 以及 Larivière 和 Gingras[⑥] 均发现参考文献跨学科性与被引间的倒 U 形关系;Leahey 等[⑦]的研究发现二者间存在正相关关系。其中,Chakraborty 选择的研究对象是计算机科学,Leahey 等选择的是 IUCRCs 的博士生,而该机构内的研究主要是土木和环境工程与建筑科学等自然科学;Larivière 和 Gingras 的研究虽然选取了 WoS 所有学科论文,但研究

---

① 魏瑞斌,王炎.国外图书情报学期刊的零被引现象研究[J].情报杂志,2015,34(7):29-33.

② 赵越,肖仙桃.基于主题因素分析的图书情报领域零被引现象研究[J].中国科技期刊研究,2017,28(7):641-646.

③ 周晓英,董伟,朱小梅,隋鑫.图书馆学情报学高影响力论文特征及所反映的学科差异分析[J].中国图书馆学报,2012,38(4):99-109.

④ 王连喜,曹树金.学科交叉视角下的网络舆情研究主题比较分析:以国内图书情报学和新闻传播学为例[J].情报学报,2017,36(2):159-169.

⑤ CHAKRABORTY T. Role of interdisciplinarity in computer sciences: quantification, impact and life trajectory[J]. Scientometrics, 2017, 114(3): 1011-1029.

⑥ LARIVIÈRE V, GINGRAS Y. On the relationship between interdisciplinarity and scientific impact[J]. Journal of the American Society for Information Science and Technology, 2010, 61(1): 126-131.

⑦ LEAHEY E, BECKMAN C, STANKO T. Prominent but less productive: the impact of interdisciplinarity on scientists' research[J]. Administrative science quarterly, 2017, 62(1): 105-139.

结论也指出学科对于结果存在调节效应。据此,本研究认为参考文献跨学科性对被引的影响可能会受到学科或其他诸多因素的调节作用,具体原因有待后继的相关研究进行深入探讨。

在控制其他被引影响因素后,施引文献跨学科性对被引仍存在显著正向影响,且回归系数仅低于期刊影响因子。冯志刚等[①]在研究中指出基于引文的跨学科实证研究目前多限于参考文献角度,忽视了施引文献角度的分析,并通过实证作者验证了图书情报学领域知识输出学科分布广泛、跨学科性强的结论。本研究的研究结论同样证实施引文献(即知识输出)可以有效测度跨学科性,并且从该角度展开的跨学科性与被引的影响研究结果最优,其中的原因可能在于:(1)施引文献来源于观测文献的被引数据,与因变量被引频次存在内在联系;(2)施引文献跨学科性体现了观测文献对其他学科的学术影响力,施引文献跨学科性越强,表明观测文献被引用的学科数和学科内引用频次越多,观测学科的学术影响力越大。

对23个控制变量进行相关性分析后,本研究发现这些控制变量均对被引产生显著影响。将控制变量纳入多元线性回归后,部分控制变量对被引的影响消失,甚至出现负向影响效应。对此,本研究针对控制变量展开讨论。

(1)论文相关因素

在论文相关因素中,论文篇幅、关键词数量和期刊影响因子等特征对论文被引影响的结论在现有文献中都得到证实。① 论文篇幅。本研究发现论文篇幅对被引存在正向影响。该结论在现有研究中已得到多次证实。Robson 和 Mousques[②]指出论文篇幅较长时,其对现有研究的总结往往越详尽,因此对后继研究的参考价值更大。同时,篇幅长的论文内容越翔实,涵盖的知识量越丰富,因此获得被引的可能性也越大[③],如张立等[④]以 CSSCI 中 16 种新闻学与传播学的期刊论文为样本,发现页码数多的论文被引频次比页码少的论文被引频次高 102.27%。② 期刊影响因子。通过本研究回归分析结果不难发现,期刊影响因子是所有变量中对被引影响最大的变量。其原因可能在于:第一,期刊影响因子在计算时将期刊论文被引纳入公式中,故二者之间具有强相关关系;第二,由

① 冯志刚,李长玲,刘小慧,等.基于引用与被引用文献信息的图书情报学跨学科性分析[J].情报科学,2018,36(3):105-111.

② ROBSON B J, MOUSQUES A. Can we predict citation counts of environmental modelling papers? Fourteen bibliographic and categorical variables predict less than 30% of the variability in citation counts[J]. Environmental Modelling & Software, 2016, 75:94-104.

③ VIEIRA E S, GOMES J A N F. Citations to scientific articles: its distribution and dependence on the article features[J]. Journal of informetrics, 2010, 4 (1):1-13.

④ 张立,杨文涛,尤瑜,等.新闻传播类期刊论文被引频次影响因素的模糊评判与验证:基于 16 本 CSSCI 源刊的实证分析[J].出版发行研究,2018(5):65-69.

于期刊影响因子是论文质量的重要表征[1]，论文质量是被引最直接且最重要的影响因素[2]，因此，论文发表在高影响力的期刊上可以增加其可见性，获得更高的关注度。

而文献类型和题名长度等变量与被引关系的结论和现有研究存在差异。① 文献类型。不同文献类型的被引均值有如下关系：论文＞报告＞综述＞评论＞传记资料，且综述类文献对被引的影响小于报告类文献。这一结论与现有的多项研究结果相悖。多数研究表明综述类篇均被引频次明显高于其他类[3]，因为综述具有内容丰富、覆盖范围全面和结论明确等特点[4]，有利于其他学者把握主题演化的整体趋势。本研究产生不一致结论可能的原因在于本研究各文献类型的样本量存在较大差异，综述类文献占总样本的比例仅为 1.6％，样本的不均衡分布导致结论产生较大差异。② 论文题名长度。本研究在相关分析中发现题名长度对被引存在正向影响，即名越长，其被引频次越高；在回归分析中，却发现负向效应。目前，针对题名长度对被引影响的研究结论存在较大差异，有研究认为标题长度与被引呈正相关关系。论文标题越长，标题中包含的信息越丰富，这一方面，能提高论文检索命中的概率[5]，另一方面，有利于读者对论文研究内容的理解，使得这样的论文更可能得到更多的引用[6]。也有学者认为，标题越长，题名中包含的独立概念越多，所研究的内容越具体，故被引用的受众范围变窄[7]。本研究在相关分析和回归分析中的结论差异，表明标题长度对被引存在影响，但该影响会受到其他变量的调节，如 Van Wesel 等[8]在研究中发现在社会学及应用物理学中，短标题更易获得高被引，而在内科学论文中结论相反，这表明学科对标题长度与被引的调节效应。

（2）作者相关因素

通过回归分析结果发现，长江学者、机构类别和发表论文数对被引均存在显著的正向影响。① 长江学者。与论文题名长度类似，第一作者是不是长江学者

①　TAHAMTAN I, AFSHAR A S, AHAMDZADEH K. Factors affecting number of citations：a comprehensive review of the literature[J]. Scientometrics, 2016, 107(3)：1195 - 1225.

②　孙书军, 朱全娥. 内容质量决定论文的被引频次[J]. 编辑学报, 2010, 22(2)：141 - 143.

③　VANCLAY J K. Factors affecting citation rates in environmental science [J]. Journal of informetrics, 2013, 7(2)：265 - 271.

④　牟象禹, 龚凯乐, 谢娟, 等. 论文被引频次的影响因素研究——以国内图书情报领域为例[J]. 图书情报知识, 2018(4)：43 - 52.

⑤　FENG G, CHAO M, QINGLING S, et al. Succinct effect or informative effect：the relationship between title length and the number of citations[J]. Scientometrics, 2018, 116：1531 - 1539.

⑥　魏瑞斌. 论文标题特征与被引的关联性研究[J]. 情报学报, 2017, 36(11)：1148 - 1156.

⑦　肖学斌, 柴艳菊. 论文的相关参数与被引频次的关系研究[J]. 现代图书情报技术, 2016(6)：46 - 53.

⑧　VAN WESEL M, WYATT S, TEN HAAF J. What a difference a colon makes：how superficial factors influence subsequent citation[J]. Scientometrics, 2014, 98 (3)：1601 - 1615.

对被引的影响在相关分析和回归分析中结论相悖。在相关分析中,长江学者发表论文的平均被引频次高达 11.687,远大于非长江学者;回归分析中,却发现长江学者对被引存在负向影响。众所周知,"长江学者奖励计划"是我国设立的高水平科研人才专项计划,入选者一般都具有较高的学术影响力,故其发表的文献在学术价值、内容质量等方面较好,被引量也较大。回归显示相反的结论,可能的原因有:本研究长江学者发表论文样本量过小,仅 457 篇,这使得研究结论出现偏差;其他变量对长江学者对论文被引的影响存在调节效应。② 机构类别。机构类别与论文被引显著相关,表现为第一作者机构为"985",如 985 高校等,其被引频次高于"211"及以下单位。一般来说,高质量的论文多产生于高水平学者,高水平学者的高质量科研产出进而提高其所属机构的学术地位;相应地,排名越高的机构越能够提供有利于提升学术影响力的物质、智力和社会激励措施等资源①,其科研环境、科研水平越能够吸引高层次人才,并促进高层次人才产出高水平的科研论著,学者和机构之间存在互惠互利的关系。因此,归属"985"机构的学者更易于发表高质量的论文。③ 发表论文数。学者发表论文数与被引的正相关关系在先前研究中已被证实②。邱均平和周春雷③认为高发文量是作者影响力的基础,非高产作者获得高影响力的可能性极低。科学计量学领域评价科研工作者影响力的 h 指数正是以发文量为基础,因此,当作者有较为丰富的科研产出时,作者的学术影响力也会有相应变化,进而影响论文被引。

(3) 参考文献相关因素

由回归分析结果可知,参考文献数量、参考文献期刊论文百分比和参考文献线上资源百分比对论文被引的影响显著。① 参考文献数量。参考文献是论文不可或缺的一部分,代表着研究人员在前期工作的深度和广度④。就目前研究而言,很多学者认为参考文献数量对被引存在正向影响,如 Webster 等⑤指出"引用参考文献较多的文献被引频次也较多"。参考文献越多,作者在研究时查找、阅读并学习的时间越长,对研究领域的理解越全面、准确,这一方面可以提高论文选题的新颖性和必要性,另一方面有利于增强研究结论的可靠性,故论文被

---

① AMARA N, LANDRY R, HALILEM N. What can university administrators do to increase the publication and citation scores of their faculty members? [J]. Scientometrics, 2015, 103 (2): 489 - 530.

② BOSQUET C, COMBES P P. Are academics who publish more also more cited? Individual determinants of publication and citation records[J]. Scientometrics, 2013, 97(3): 831 - 857.

③ 邱均平,周春雷.发文量和 h 指数结合的高影响力作者评选方法研究:以图书情报学为例的实证分析[J].图书馆论坛,2008,28(6):44 - 49.

④ 姜磊,林德明.参考文献对论文被引频次的影响研究[J].科研管理,2015,36(1):121 - 126.

⑤ WEBSTER G D, JONASON P K, SCHEMBER T O. Hot topics and popular papers in evolutionary psychology: analyses of title works and citation counts in Evolution and human behavior, 1979 - 2008[J]. Evolutionary psychology, 2009, 7(3): 348 - 362.

引用的可能性更大。② 参考文献期刊论文百分比。相较于图书等资源,期刊论文具有创新性、前瞻性等特点①。此外,期刊论文在正式发表前往往需要同行评议,领域内学者科学、专业的评审,可以一定程度上保证论文的质量。基于此,对期刊论文的引用有利于研究紧跟热点,提高论著质量,进而提高被引。③ 参考文献线上资源百分比。基于互联网资源的学习和交流,为研究人员提供重要信息和有效参考。虽然有学者认为网络资源引用存在出处不可查考,机构权威性难以判断,以及信息新颖性、真实性、准确性不易把握等问题②,但姚瑞卿等③通过对图书情报领域的实证研究发现,2014—2018 年间,学术期刊网络资源引用量呈波动上升趋势,且学术型网络资源占据网络资源的主流,这表明学术期刊在一定程度上认可网络资源的权威性和可靠性。因此,在线资源中诸如学术型社区和开放存储等,有利于扩大研究成果在不同渠道的传播,进而提高论文被引的可能。

---

① 陈芳.国际期刊论文的言据性分析:认知功能视角[D].杭州:浙江大学,2018.

② 储节旺,郭春侠.网上信息资源引用的现状、问题及对策[J].情报理论与实践,2000(3):230-231.

③ 姚瑞卿,王嘉昀,许洁.中文核心期刊网络资源引文分析研究(2014—2018):以 10 种图情核心期刊为例[J].情报科学,2020,38(4):171-176.

第5章　论文被引影响因素
拾遗及被引量预测

5.1　论文被引影响因素拾遗

5.1.1　研究问题

现有研究对论文被引量的影响因素进行了梳理,大量实证研究表明作者数、期刊影响因子、篇幅及早期引文等对被引存在显著影响。研究者们也通过多元线性回归及负二项回归模型就各种影响因素构建了不同的模型[①]。在众多的回归模型中,逐步回归模型被认为是从大量潜在影响因素中选择显著因素的合适方法[②]。

针对单一类别影响因素的研究能深入解释特定场景下的引用,却无法对不同类别影响因素进行比较。同时,尽管前期研究已经探讨了期刊、作者及论文本身相关的影响因素,他们涉及的因素仍大多为可从数据库直接获取的指标,关于作者教育背景等定性因素还关注较少。此外,部分研究梳理了影响因素与被引量的相关性,却忽视了他们对被引影响的重要性差异。基于上述原因,本研究提出了以下研究问题:

(1) 还存在哪些目前尚未被发现的影响学术论文被引的因素?

(2) 这些已经被研究的或新发现的因素对被引量的影响大小如何?

5.1.2　研究设计

5.1.2.1　数据收集

由于图书情报学领域期刊较其他学科领域更注重作者信息的编著且参考文

---

① YU T, YU G, LI P Y, et al. Citation impact prediction for scientific papers using stepwise regression analysis[J]. Scientometrics, 2014, 101(2): 1233 - 1252.

② VANCLAY J K. Factors affecting citation rates in environmental science [J]. Journal of informetrics, 2013, 7(2): 265 - 271.

献著录更规范一些,相对而言更容易获得论文的作者特征、引文特征,所以本研究选择国内图书情报领域的论文。为保证论文的质量,本研究选取 CSSCI 中所包含的 18 种期刊[①]作为数据来源。由于在后面的研究中要用到期刊影响因子这个重要特征,而根据影响因子的计算方法,目前能够获得的数据仅到 2015 年,所以本书选取 2005—2015 年的所有论文作为数据集,共得到 55 720 篇。其中《情报学报》期刊原文从万方数据库获得,其他期刊原文均从 CNKI 获得。学术资源搜索平台百度学术(xueshu.baidu.com)涵盖了各出版商、各学科的海量文献。通过百度学术,研究者统计了样本文献被收录的数据库数量及是否开放获取两项计量指标。此外,研究者通过其他网络资源(如机构网站、作者主页),收集论文作者相关的指标,如教育背景、年龄及毕业院校等。

5.1.2.2 抽样

抽样采用随机抽样的方式,至于样本数量的确定,研究者有两种不同的考虑。(1) 根据统计学公式:

$$n = \frac{P(1-P)}{\dfrac{e^2}{Z^2} + \dfrac{P(1-P)}{N}} \qquad\qquad (公式 5.1 - 1)$$

其中:P 为样本差异程度,这里取最大值 0.5;e 为误差,本研究取 0.05;当调查结果置信区间为 95% 时,Z 的值为 1.96;N 为样本总量55 720。计算可知本研究共须抽样选取 382 篇论文。(2) 在商学领域抽样调研时,对于大样本量(>50 000),一般抽取其中 1%~1.5%,即认定结果有效。综合这两条结论,最终随机抽样 600 篇。其中抽样结果如表 5.1 - 1 所示:

表 5.1 - 1 期刊抽样结果

期　　刊	论文总数	样本数量	样本占比
《大学图书馆学报》	1 425	17	1.19%
《国家图书馆学刊》	1 034	15	1.45%
《情报科学》	4 366	43	0.98%
《情报理论与实践》	3 154	32	1.01%
《情报学报》	1 308	14	1.07%
《情报杂志》	5 893	65	1.10%

---

① 这 18 种期刊分别是:《大学图书馆学报》《国家图书馆学刊》《情报科学》《情报理论与实践》《情报学报》《情报杂志》《情报资料工作》《图书馆》《图书馆工作与研究》《图书馆建设》《图书馆论坛》《图书馆学研究》《图书馆杂志》《图书情报工作》《图书情报知识》《图书与情报》《现代图书情报技术》《中国图书馆学报》。

（续表）

期　刊	论文总数	样本数量	样本占比
《情报资料工作》	1 807	11	0.61%
《图书馆》	3 085	32	1.03%
《图书馆工作与研究》	3 897	41	1.05%
《图书馆建设》	3 355	39	1.16%
《图书馆论坛》	3 952	50	1.27%
《图书馆学研究》	4 558	58	1.27%
《图书馆杂志》	2 823	20	0.71%
《图书情报工作》	8 181	88	1.08%
《图书情报知识》	1 442	17	1.18%
《图书与情报》	1 934	15	0.78%
《现代图书情报技术》	2 345	27	1.15%
《中国图书馆学报》	1 161	16	1.38%
总　和	55 720	600	1.08%

由表中数据可以看出,虽然是随机抽样,但是各个期刊均有论文被抽中,且样本百分比较为平均,没有出现差异很大的情况。在对样本全文进行编码的过程中,研究者进一步剔除了 34 篇非学术性文献,最终得到 566 篇论文样本。

5.1.2.3　变量编码

从前期文献计量研究中共梳理出了 66 个论文被引影响因素指标,将其分为论文特征、作者特征、参考文献特征及引文特征四类。[①]　其中,Larivière 等[②]认为论文作者的排序体现了其对论文的贡献,第一作者被认为是论文内容的主要责任人,有鉴于此,本研究涉及的部分指标仅考虑第一作者。两名研究者(图书情报博士生、硕士生各一名)经过培训后对样本论文进行编码。在预实验阶段,两名研究者抽取 10 篇样本论文根据初始编码手册共同编码,对出现的问题进行讨论并修改编码手册(表 5.1-2)。

---

① XIE J, GONG K, LI J, et al. A probe into 66 factors which are possibly associated with the number of citations an article received[J]. Scientometrics, 2019, 119: 1429 - 1454.

② LARIVIÈRE V, SUGIMOTO C R, BERGERON P. In their own image? A comparison of doctoral students' and faculty members' referencing behavior[J]. Journal of the American Society for Information Science and Technology, 2013, 64(5): 1045 - 1054.

表 5.1 - 2　编码手册

序号	指标分组	指标名称	编码说明	变量类型
X_1	论文特征	刊载顺序	该论文在期刊中刊载的顺序,按照期刊当期发文量的三等分点将论文刊载顺序分为前、中、后三类	无序多分类
X_2	论文特征	文献类型	该论文的文献类型,分为实证研究、理论研究、案例分析、综述及其他(包括系统设计、评论、工作研究、政策分析、文献研究、人物传记和翻译等)五类	无序多分类
X_3	论文特征	论文年龄	该论文发表年份与本研究数据收集年份之差	连续
X_4	论文特征	论文长度	该论文刊出时的起止页码之差	连续
X_5	论文特征	标题长度	该论文的标题字数	连续
X_6	论文特征	关键词数	该论文的关键词个数	连续
X_7	论文特征	摘要字数	该论文的摘要字数	连续
X_8	论文特征	结构化摘要	该论文的摘要是否为结构化摘要	二分类
X_9	论文特征	分类号	该论文在中图分类法中的类别,精确到一级类目,用以区分研究领域,有多个分类号的按第一分类号,包括 G、TP、F、D 及其他(B、C、H、I、J、K 和 R)五类	无序多分类
X_{10}	论文特征	期刊影响因子	该论文所在期刊 2015 年的影响因子,获取自《中国科技期刊引证报告》(2016版)	连续
X_{11}	论文特征	期刊发文量	该论文所在期刊当年的发文量	连续
X_{12}	论文特征	图表数量	该论文中的图表数量	连续
X_{13}	论文特征	脚注数量	该论文中的脚注数量	连续
X_{14}	论文特征	附录数量	该论文中的附录数量	连续
X_{15}	论文特征	公式数量	该论文中的公式数量	连续
X_{16}	论文特征	是否同行评议	该论文是否经过同行审稿	二分类
X_{17}	论文特征	稿件处理时间	该论文收稿时间和刊出时间之差,按月数标识,不足一月按一月计算	连续

（续表）

序号	指标分组	指标名称	编码说明	变量类型
X_{18}	论文特征	基金支持	该论文是否获得基金支持及基金等级，分为国家、教育部、省部级（除教育部以外的其他部门）、地市（校级）、其他（企业、国外、期刊、大学生创新项目、国家图书馆）及无基金六类	有序多分类
X_{19}	论文特征	致谢	该论文是否有致谢	二分类
X_{20}	论文特征	下载量	该论文被下载的次数	连续
X_{21}	论文特征	数据库索引	该论文被多少个资源库索引，通过百度学术检索获得的有效来源链接数来表示	连续
X_{22}	论文特征	开放存取	该论文的全文能否免费获取	二分类
X_{23}	作者特征	作者数	该论文的作者人数	连续
X_{24}	作者特征	性别	该论文第一作者的性别，分为男、女两类	二分类
X_{25}	作者特征	年龄	该论文发表时第一作者的年龄	连续
X_{26}	作者特征	国别	该论文第一作者的国别，分为中、外两类	二分类
X_{27}	作者特征	教育背景	该论文第一作者的教育背景，按教育部一级学科标准划分为图书情报与档案管理、管理科学与工程、工商管理、经济学、计算机科学与技术、中国语言文学及其他七类	无序多分类
X_{28}	作者特征	学历	该论文第一作者的最高学历，分为专科、学士、硕士、博士四类	有序多分类
X_{29}	作者特征	毕业院校等级	该论文第一作者毕业院校的等级，按985高校、211高校、普通本科、国外院校及其他划分为五类	无序多分类
X_{30}	作者特征	职业	该论文第一作者的职业，分为教师、图书馆员、研究员、学生、行政人员、工程师六类	无序多分类
X_{31}	作者特征	职称	该论文第一作者的职称，分为正高、副高、中级、初级四类	有序多分类
X_{32}	作者特征	声誉	该论文所有作者中是否有"长江学者""杰青""优青"等声誉	二分类

序号	指标分组	指标名称	编码说明	变量类型
X_{33}	作者特征	学术生涯	第一作者至发表该论文时从事学术研究的年限,将发表第一篇论文的时间视为学术生涯开始的第一年	连续
X_{34}	作者特征	工作时间	第一作者至发表该论文时的工作年限,将开始研究生学习的时间视为工作时间的第一年	连续
X_{35}	作者特征	就职机构等级	该论文第一作者所在机构的等级,按985高校、211高校、普通本科、大专院校、国家图书馆、省级图书馆、市级图书馆、区级图书馆、军事图书馆及国外机构划分为十类	无序多分类
X_{36}	作者特征	生产力	该论文第一作者在该论文发表之前的总发文量	连续
X_{37}	作者特征	前期被引量	该论文第一作者在该论文发表之前的总被引量	连续
X_{38}	作者特征	前期篇均被引量	该论文第一作者在该论文发表之前的篇均被引量	连续
X_{39}	作者特征	H指数	该论文第一作者的 h 指数	连续
X_{40}	作者特征	H max	该论文所有作者中 h 指数的最大值	连续
X_{41}	作者特征	H min	该论文所有作者中 h 指数的最小值	连续
X_{42}	作者特征	H avg	该论文所有作者的平均 h 指数	连续
X_{43}	作者特征	机构合作	该论文的作者是否来自多机构,以一级机构计算	二分类
X_{44}	作者特征	跨省合作	该论文的作者是否来自多省份	二分类
X_{45}	作者特征	国家合作	该论文的作者是否来自多国家	二分类
X_{46}	作者特征	学科合作	该论文的作者是否来自多学科	二分类
X_{47}	参考文献特征	参考文献数量	该论文的参考文献总数	连续
X_{48}	参考文献特征	参考文献总被引量	该论文参考文献的总被引频次	连续

序号	指标分组	指标名称	编码说明	变量类型
X_{49}	参考文献特征	参考文献篇均被引量	该论文参考文献篇均被引频次	连续
X_{50}	参考文献特征	参考文献影响因子	该论文参考文献所在期刊的影响因子的平均值,基于 2015 年的影响因子,重复出现的期刊重复计数	连续
X_{51}	参考文献特征	参考文献年龄	该论文参考文献的平均年龄,按发表年份计算,没有年龄的参考文献不计	连续
X_{52}	参考文献特征	国际化程度	该论文参考文献中外文论文所占的比例	连续
X_{53}	参考文献特征	作者自引	该论文的参考文献中属于各作者自己发表的论文所占的比例	连续
X_{54}	参考文献特征	期刊自引	该论文的参考文献中属于该论文所在期刊发表的论文的比例	连续
X_{55}	参考文献特征	期刊论文占比	该论文的参考文献中期刊论文所占比例	连续
X_{56}	参考文献特征	会议论文占比	该论文的参考文献中会议论文所占比例	连续
X_{57}	参考文献特征	著作占比	该论文的参考文献中著作所占比例	连续
X_{58}	参考文献特征	网络资源占比	该论文的参考文献中网络资源所占比例	连续
X_{59}	参考文献特征	学位论文占比	该论文的参考文献中学位论文所占比例	连续
X_{60}	引文特征	首次被引年龄	该论文获得第一次被引的年份与发表年份之差,0 表示发表当年即被引,未被引文献取空值	连续
X_{61}	引文特征	发表 1 年内被引量	该论文发表 1 年内被引的频次	连续
X_{62}	引文特征	发表 2 年内被引量	该论文发表 2 年内被引的频次	连续
X_{63}	引文特征	发表 5 年内被引量	该论文发表 5 年内被引的频次	连续

（续表）

序号	指标分组	指标名称	编码说明	变量类型
X_{64}	引文特征	1 年内引证期刊数	该论文发表 1 年内被多少期刊所引用	连续
X_{65}	引文特征	2 年内引证期刊数	该论文发表 2 年内被多少期刊所引用	连续
X_{66}	引文特征	5 年内引证期刊数	该论文发表 5 年内被多少期刊所引用	连续

研究者间的编码信度通过百分比一致性及 Kappa 系数计算。两名编码者间整体的百分比一致性为 0.952，大于 0.90 的阈值[1]。在本研究涉及的文献计量指标中，所有的参考文献、引文相关指标和部分论文、作者相关指标可从数据库提供的元数据中直接抽取。因此，本研究仅计算其余 18 个需要编码者进行主观判断的论文、作者相关指标的编码 Kappa 系数（表 5.1－3）。

由表 5.1－3 可知，17 个指标的 Kappa 系数均大于 0.70，符合编码一致性的要求[2]；剩下一个指标的 Kappa 系数也接近 0.70（X_1＝0.697）；总的来说，本研究的数据编码具有较好的信度。编码过程中出现的不一致通过两名研究者的协同解决。对 11 个含有缺失值的连续型指标（关键词数、摘要长度、稿件处理时间、下载量、作者年龄、学术生涯、工作时间、参考文献年龄、参考文献平均影响因子、作者自引、期刊自引），本研究采用线性插值法补充缺失值。

表 5.1－3　编码者一致性：Kappa 系数

序号	指标名称	Kappa 系数	序号	指标名称	Kappa 系数
X_1	刊载顺序	0.697	X_{27}	教育背景	0.873
X_2	文献类型	0.848	X_{28}	学历	0.966
X_8	结构化摘要	0.725	X_{29}	毕业院校等级	0.828
X_{24}	性别	0.976	X_{30}	职业	0.847
X_{25}	年龄	0.986	X_{31}	职称	0.784

[1] LOMBARD M, SNYDER-DUCH J, BRACKEN C C. Content analysis in mass communication: assessment and reporting of intercoder reliability[J]. Human communication research, 2002, 28(4): 587-604.

[2] LOMBARD M, SNYDER-DUCH J, BRACKEN C C. Content analysis in mass communication: assessment and reporting of intercoder reliability[J]. Human communication research, 2002, 28(4): 587-604.

（续表）

序号	指标名称	Kappa 系数	序号	指标名称	Kappa 系数
X_{32}	声誉	0.908	X_{43}	跨机构合作	0.746
X_{33}	学术生涯	0.959	X_{44}	跨省合作	0.917
X_{34}	工作时间	0.909	X_{45}	国际合作	1.000
X_{35}	就职机构等级	0.893	X_{46}	跨学科合作	0.799

5.1.2.4　数据分析方法

由于被引数据的偏态分布,本研究采用的二元分析方法包括 Spearmann 相关分析和非参数检验。对于定序变量和名义变量,本研究采用 Mann-Whitney U 检验考察两类样本是否来源于同一分布,采用 KW 检验考察三个及以上类别的样本。KW 检验提示至少有一个类别与其他类别具有显著差异。鉴于显著的结果也可能具有有限的意义,本研究根据 Cohen 的标准比较相关分析的效应量大小:r 为 0.10～0.29 时为弱相关;r 为 0.30～0.49 时为中度相关;r 为 0.50～1.00 时为高度相关。

为了探讨影响因素的相对重要性,本研究将二元分析中具有显著效应的所有变量纳入以年均被引量为因变量的回归模型中。除了与引文相关的影响因素,具有缺失值的 7 个变量采用线性插值法补充缺失值,这是因为基于数理分布补充早期引文值会带来结果的误差。在 10 个分类变量上存在缺失值的数据记录由软件在运算时自动删除。本研究采用虚拟变量并对标度变量进行对数转换后再进行标准化处理。本研究采用选择最能降低残差平方和的因素并逐步纳入的方法,将因变量后加 1 取对数后,进行了前向逐步多元线性回归分析。显著性水平设为 0.10。二元分析和回归分析过程均采用 SPSS 23.0 软件。

5.1.3　研究结果

5.1.3.1　二元分析结果

（1）论文相关因素

由表 5.1-4 可知,刊载顺序、分类号、脚注数、公式数及同行评议时间与论文被引量均无显著相关性。此外,论文是否开放获取、是否采用结构化摘要也不影响被引量。不过,不同类型的文献类型所获得的被引量显著不同,且收录论文的数据库数与被引量具有正向相关关系。被引量与下载量具有强相关关系($r=$0.74),被引量与图表数、关键词数、摘要字数、篇幅及期刊影响因子的相关性较弱。而期刊每年的发文量与论文的被引量甚至呈现微弱的负相关关系。所有样本论文的附录数均为 0,故附录数与被引量的二元关系无法计算。

表 5.1－4 论文相关因素的二元分析结果

序号	变量名	频数	统计值	p
X_1	刊载顺序:前	177	5.83	0.054
	刊载顺序:中	188		
	刊载顺序:后	201		
X_2	文献类型:实证研究	185	45.98***	0.000
	文献类型:理论研究	179		
	文献类型:案例研究	56		
	文献类型:综述	37		
	文献类型:其他	109		
X_3	论文年龄	566	−0.07	0.124
X_4	论文篇幅	566	0.27***	0.000
X_5	标题长度	566	0.04	0.401
X_6	关键词数	563	0.15***	0.000
X_7	摘要长度	563	0.14**	0.001
X_8	有结构化摘要	4	1 364.00	0.447
	无结构化摘要	559		
X_9	分类号:G	435	4.18	0.383
	分类号:TP	54		
	分类号:F	44		
	分类号:D	23		
	分类号:其他	10		
X_{10}	期刊影响因子	566	0.13**	0.001
X_{11}	期刊年发文量	566	−0.13**	0.003
X_{12}	图表数	566	0.12**	0.004
X_{13}	脚注数	566	0.02	0.674
X_{14}	附录数	566	—	
X_{15}	公式数	566	0.07	0.092
X_{16}	同行评议	509	16 582.00	0.076
	非同行评议	57		
X_{17}	同行评议时间	421	−0.07	0.131
X_{18}	基金等级:国家级	97	23.47***	0.000
	基金等级:教育部	40		
	基金等级:省级	64		
	基金等级:地市级	37		
	基金等级:其他	8		
	无基金资助	320		

（续表）

序号	变量名	频数	统计值	p
X_{19}	有致谢	3	1 566.50*	0.010
	无致谢	563		
X_{20}	下载量	552	0.77***	0.000
X_{21}	收录数据库数	566	0.14**	0.001
X_{22}	开放获取	122	28 605.50	0.341
	非开放获取	444		

注：统计值为 Spearman 相关系数或 MW、KW 检验的统计量；"***"代表 $p<0.001$；"**"代表 $p<0.01$；"*"代表 $p<0.05$。

（2）作者相关因素

由表 5.1-5 可知，教育背景、学历、从事科研的年限、工作年限、合作者中 h 指数的平均值及作者职业与论文被引量具有显著的相关性。不过，第一作者是否获得学术头衔、毕业院校等级、是否跨学科合作及是否跨省合作与论文被引量无关。同时，研究发现，论文被引量与作者性别、发文量、前期被引量、前期篇均被引量、就职机构等级及职称具有显著的相关关系。其中，作者前期被引量和前期篇均被引量与新发表的论文被引量为中度相关（$r=0.42$ 和 $r=0.49$）。第一作者的 h 指数及合作者中 h 指数的最大值与论文被引量也呈中度相关（$r=0.38$ 和 $r=0.35$），高于其与合作者中 h 指数最小值的相关性（$r=0.20$）。此外，作者数与被引量的相关性显著但较弱，仅为 0.16。在本研究的样本中，跨机构合作与被引量有关，而与跨国合作无关。研究也未证实作者年龄或国籍与被引量的关系。

表 5.1-5　作者相关因素的二元分析结果

序号	变量名	频数	统计值	p
X_{23}	作者数	566	0.16***	0.000
X_{24}	性别：男	268	34 339.50*	0.021
	性别：女	289		
X_{25}	作者年龄	548	0.04	0.388
X_{26}	国籍：中国	565	106.00	0.279
	国籍：美国	1		
X_{27}	教育背景：图书情报与档案管理	202	16.57*	0.011
	教育背景：管理科学与工程	24		
	教育背景：工商管理	21		
	教育背景：经济学	10		

(续表)

序号	变量名	频数	统计值	p
X_{27}	教育背景:计算机科学与技术	15		
	教育背景:中国语言文学	20		
	教育背景:其他	52		
X_{28}	学历:博士	165	15.20**	0.002
	学历:硕士	190		
	学历:学士	105		
	学历:专科	1		
X_{29}	毕业院校等级:985	226	4.00	0.406
	毕业院校等级:211	47		
	毕业院校等级:普本	65		
	毕业院校等级:国外院校	3		
	毕业院校等级:其他	2		
X_{30}	职业:教师	150	18.89**	0.002
	职业:图书馆员	295		
	职业:研究员	19		
	职业:学生	86		
	职业:行政人员	2		
	职业:工程师	13		
X_{31}	职称:正高级	75	10.62**	0.014
	职称:副高级	167		
	职称:中级	47		
	职称:初级	2		
X_{32}	学术头衔	6	2 400.00	0.070
	无学术头衔	560		
X_{33}	从事科研的年限	564	0.17***	0.000
X_{34}	工作年限	218	0.18**	0.008
X_{35}	就职机构等级:985	193		
	就职机构等级:211	60		

(续表)

序号	变量名	频数	统计值	p
X_{35}	就职机构等级:普本	192	29.93**	0.000
	就职机构等级:专科	22		
	就职机构等级:国家图书馆	9		
	就职机构等级:省级图书馆	23		
	就职机构等级:市级图书馆	21		
	就职机构等级:区级图书馆	11		
	就职机构等级:军事图书馆	9		
	就职机构等构等级:国外机构	1		
X_{36}	发文量	566	0.23***	0.000
X_{37}	前期被引量	566	0.42***	0.000
X_{38}	前期篇均被引量	566	0.49***	0.000
X_{39}	h 指数	566	0.38***	0.000
X_{40}	合作者中 h 最大值	566	0.35***	0.000
X_{41}	合作者中 h 指数最小值	566	0.20***	0.000
X_{42}	合作者 h 指数的平均值	566	0.35***	0.000
X_{43}	跨机构合作	78	21 928.50*	0.031
	非跨机构合作	488		
X_{44}	跨省合作	79	21 602.00	0.079
	非跨省合作	487		
X_{45}	跨国合作	1	106.00	0.279
	非跨国合作	565		
X_{46}	跨学科合作	32	9 556.00	0.259
	非跨学科合作	534		

注:统计值为 Spearman 相关系数或 MW、KW 检验的统计量;"***"代表 $p<0.001$;"**"代表 $p<0.01$;"*"代表 $p<0.05$。

(3) 参考文献相关因素

表 5.1-6 显示,论文的参考文献中,会议论文占比、网络资源占比、学位论文占比及专著占比与论文的被引量呈弱相关关系,而期刊论文占比与被引量无关。有趣的是,参考文献中外文文献的占比与被引量呈弱正相关关系($r=0.17$,

$p<0.001$)。此外,参考文献的影响力,比如参考文献被引量,与论文的被引量相关,同时,新近发表的参考文献数量越多的论文也倾向于获得越多的被引($r=-0.15,p<0.001$)。在参考文献相关的所有因素中,参考文献数量与被引量的相关系数最高,但其效应仍然为弱相关($r=0.25$)。

表 5.1－6　参考文献相关因素二元分析结果

序号	变量名	频数	Spearman 相关系数	p
X_{47}	参考文献数	566	0.25***	0.000
X_{48}	参考文献总被引量	566	0.18***	0.000
X_{49}	参考文献篇均被引量	566	0.12**	0.004
X_{50}	参考文献平均期刊影响因子	565	0.12**	0.005
X_{51}	参考文献年龄	547	−0.15***	0.000
X_{52}	外文参考文献的比例	566	0.17***	0.000
X_{53}	作者自引比例	564	0.06	0.146
X_{54}	期刊自引比例	564	0.14**	0.001
X_{55}	参考文献中期刊论文占比	566	0.06	0.167
X_{56}	参考文献中会议论文占比	566	0.10*	0.023
X_{57}	参考文献中专著占比	566	−0.18***	0.000
X_{58}	参考文献中网络资源占比	566	0.15***	0.000
X_{59}	参考文献中学位论文占比	566	0.12**	0.005

注:"***"代表 $p<0.001$;"**"代表 $p<0.01$;"*"代表 $p<0.05$。

（4）引用相关因素

表 5.1－7 显示,论文首次被引年龄的倒数与论文被引量的相关系数为0.31,表明论文第一次被引越晚,其获得的总被引量越少。论文发表后第一年所获得的的被引量与其总被引量具有强相关关系($r=0.76$),且这种相关性随着引用时间窗的增加而增大。就施引期刊数量而言,也能发现类似的规律,即随着论文发表时间增长,施引期刊数与被引量的相关性更大。

表 5.1－7　引用相关因素的二元分析结果

序号	变量名	频数	Spearman 相关系数	p
X_{60}	首次被引年龄的倒数	497	0.31***	0.000
X_{61}	第一年被引量	566	0.76***	0.000

（续表）

序号	变量名	频数	Spearman 相关系数	p
X_{62}	两年被引量	521	0.87***	0.000
X_{63}	5 年被引量	379	0.97***	0.000
X_{64}	第 1 年施引期刊数	566	0.66***	0.000
X_{65}	2 年施引期刊数	521	0.78***	0.000
X_{66}	5 年施引期刊数	379	0.90***	0.000

注:"***"代表 $p < 0.001$;"**"代表 $p < 0.01$;"*"代表 $p < 0.05$。

5.1.3.2 回归分析结果

表 5.1-8 展示了多元线性逐步回归结果。在 46 个二元相关分析显著的变量中,只有 6 个变量通过了回归分析,回归模型的 R^2 为 0.948。本研究得到的回归模型 R^2 比 Yu 等($R^2 = 0.676$)、Vanclay 等($R^2 = 0.450$)及 Haslam 等($R^2 = 0.360$)更优。

表 5.1-8　逐步回归分析结果

变量	系数	标准误差	β	t	显著性水平	F_{VI}
下载量	0.258	0.037	0.26	7.055	0.000	2.670
5 年被引量	0.807	0.040	0.74	20.270	0.000	2.555
职业:研究员	0.787	0.189	0.10	4.156	0.000	1.039
教育背景:计算机科学与技术	−0.300	0.110	−0.06	−2.719	0.008	1.018
参考文献中专著占比	0.075	0.029	0.06	2.570	0.012	1.072
就职机构等级:211	−0.139	0.078	−0.04	−1.778	0.079	1.032
常量	−0.124	0.029		−4.321	0.000	

注:$R = 0.974$,$R^2 = 0.948$,调整后 $R^2 = 0.945$,$d_1 = 1$,$d_2 = 99$。

论文发表后前 5 年内的被引量对年均被引量的影响最大($\beta = 0.74$),下载量也显著影响论文的年均被引量($\beta = 0.26$)。有趣的是,本研究发现作者相关特征,比如作者职业、教育背景及就职机构等级也具有正向显著效应。身为研究员的作者所获得的被引量相对更多($\beta = 0.10$);而就职于 211 高校($\beta = -0.04$)或教育背景为计算机科学与技术($\beta = -0.06$)的科研人员在 LIS 期刊上发文时所获得的被引量相对较少。本研究还发现,参考文献中专著占比也能正向影响论文所获得的被引量($\beta = 0.06$)。

5.1.4　讨论

研究发现,在逐步回归模型中,46 个二元分析结果显著的变量,只有 6 个被回归模型筛选出,成为具有显著影响的变量,这 6 个变量来自 4 类影响因素。通过考察与被引量相关的因素,研究者可以相应地扩大其论文的影响力,而读者也可以更有效地选择高质量和高影响力的论文进行阅读。由于回归分析前对变量进行了标准化,本研究因而可以比较不同变量与因变量年均被引量的系数大小。

论文发表后 5 年的被引量在回归模型中具有最强的影响效应,呼应了前文提到的被引量累积优势。随着数字出版的迅速发展,下载量成为检索结果排序的一个重要特征,前期研究也发现了下载量与被引量具有显著的相关关系①。本研究首先比较下载量与其他变量的影响大小。除了 5 年被引量外,下载量对被引量的影响最大。结果表明,吸引人的标题、翔实的摘要有助于鼓励读者下载,从而增加引用的机会。②

专著在艺术与人文科学中具有中心地位,在大多数社会科学中也具有重要作用。参考文献中专著占比影响论文的被引量。根据 Crossick③ 的观点,专著为某一个研究主题的详细梳理提供了充足的空间和篇幅,并且包含丰富的、高价值的思想理念,这是期刊论文所远不及的。

回归模型也发现了 3 个作者特征对被引量的影响。研究员相对于其他职业的 LIS 学者来说获得的被引量更多。高校教师的研究时间经常被引教学、管理及专业咨询活动等占据④,而研究员可以集中精力于开展研究工作。该结果表明,科研人员应该尽可能多地增加从事研究的视角,从而增加其学术生涯中获得成功的概率。同时,中国的 39 所 985 高校拥有丰富的财政资源以发展高质量、高声誉的高等教育,在各个方面均较 211 高校具有优势。因此,高层级高校的作者所发表的论文获得的被引量更大⑤。本研究也发现,具有计算机科学与技术背景的学者在 LIS 期刊上的发文较难获得 LIS 领域学者的引用,原因可能是两个学科的学术习惯不同。当然,计算机科学与技术背景的学者在 LIS 期刊上的发文量总体来说还比较少。

---

① SCHLÖGL C, GORRAIZ J, GUMPENBERGER C, et al. Comparison of downloads, citations and readership data for two information systems journals[J]. Scientometrics, 2014, 101(2): 1113-1128.

② JAMALI H R, NIKZAD M. Article title type and its relation with the number of downloads and citations[J]. Scientometrics, 2011, 88(2): 653-661.

③ CROSSICK G. Monographs and open access[J]. Insights, 2016, 29(1): 14-19.

④ AMARA N, LANDRY R, HALILEM N. What can university administrators do to increase the publication and citation scores of their faculty members? [J]. Scientometrics, 2015, 103(2): 489-530.

⑤ MINGERS J, XU F. The drivers of citations in management science journals[J]. European journal of operational research, 2010, 205(2): 422-430.

尽管本研究的数据集仅包含 18 本中文 LIS 期刊,但本研究的发现与其他采用国际期刊论文为样本的研究相似。比如,前期研究通过回归分析也发现就职机构等级[1]、下载量[2]及早期被引量[3]对论文被引量具有显著影响。同时,也有研究发现了文献类型、论文篇幅、图表数、期刊影响因子、出版年、合作、早期发文量、参考文献数量[4,5]等因素与被引量的相关性。不过,中文期刊中也存在一些与国际期刊不同的特殊现象。比如,本研究没有发现国际合作与被引量的关系[6],这是因为在中文期刊中国际合作的论文非常少,在西班牙文期刊中也存在类似现象[7]。

5.2　作者文化资本与论文被引的相关性

5.2.1　问题的提出与研究假设

文化资本的概念最早由布尔迪厄提出,他认为,文化资本就是一切与文化活动相关的有形或无形的资产,是对上层阶级文化的熟悉度和掌握程度。[8] 广义的文化资本理论则认为,所有地位群体都拥有文化资本且以此能实现地位流动[9]。也有学者认为文化资本其实是一种信息资本[10],拥有某些类型的知识就会在社会中占有更为杰出的地位,产生更大的影响力。前期研究已经证实文化资本在社会地位获得、政治参与、经济收入等方面的重要作用,例如:文化资本能显

---

①　STREMERSCH S, CAMACHO N, VANNESTE, S. et al. Unraveling scientific impact: citation types in marketing journals[J]. International journal of research in marketing, 2015, 32(1): 64 - 77.

②　SCHLÖGL C, GORRAIZ J, GUMPENBERGER C, et al. Comparison of downloads, citations and readership data for two information systems journals[J]. Scientometrics, 2014, 101(2): 1113 - 1128.

③　YU T, YU G, LI P Y, et al. Citation impact prediction for scientific papers using stepwise regression analysis[J]. Scientometrics, 2014, 101(2): 1233 - 1252.

④　TAHAMTAN I, AFSHAR A S, AHAMDZADEH K. Factors affecting number of citations: a comprehensive review of the literature[J]. Scientometrics, 2016, 107(3): 1195 - 1225.

⑤　TAHAMTAN I, BORNMANN L. Core elements in the process of citing publications: conceptual overview of the literature[J]. Journal of informetrics, 2018, 12(1): 203 - 216.

⑥　SIN S C J. International coauthorship and citation impact: a bibliometric study of six LIS journals, 1980 - 2008[J]. Journal of the American Society for Information Science and Technology, 2011, 62(9): 1770 - 1783.

⑦　JESÚS R R, JOSÉ M S M. Patterns of the foreign contributions in some domestic vs. international journals on earth sciences[J]. Scientometrics, 2004, 59(1): 95 - 115.

⑧　布尔迪厄.文化资本与社会炼金术:布尔迪厄访谈录[M].包亚明,译.上海:上海人民出版社, 1997.

⑨　仇立平,肖日葵.文化资本与社会地位获得:基于上海市的实证研究[J].中国社会科学,2011(6): 121 - 135,223.

⑩　张小军.象征资本的再生产:从阳村宗族论民国基层社会[J].社会学研究,2001,16(3):51 - 62.

著促进公民的制度内政治参与和制度外政治参与,即拥有文化资本越多的人,越愿意通过多种渠道参与政治活动,表达自身的观点和意见①;文化资本对地位获得和社会流动具有积极影响,且不同类型的文化资本影响的程度不同②。

同时,已有研究也涉及了文化资本对教育成就的影响。通过代际传递的家庭文化资本越丰富,儿童在基础教育和中级教育中取得学术成就的可能性越大,其接受成人教育的可能性也越大③。有学者指出,在高等教育和其他基于知识的领域中,文化资本也具有决定性地位④。然而,前期研究多关注高等教育中学生的国际性学术流动⑤、获得高等教育入学资格等如何受到文化资本的影响,较少关注文化资本在科研活动中的作用。学术成果影响力通常指学术成果在转变对世界的理解,以及促进科学方法、理论和应用的进步等方面所做出的贡献,当前,学界尚未涉及文化资本积累与学术成果影响力形成的关系。而论文又是学术成果最重要的形式之一,基于此,本研究提出问题:文化资本能提高论文影响力吗?

前期研究普遍将文化资本分为三类加以讨论:具体形态文化资本、客观形态文化资本及制度形态文化资本。具体形态文化资本指的是身体、精神上的持久"性情",体现为个人性情、气质和能力方面的培养。科研人员作为上层知识分子群体之一,拥有着前沿的知识,掌握着特定的能力,这些知识和能力资产是科研人员开展高质量研究、形成学术影响力的必要基础。因此,本研究提出假设 1:

H1:科研人员的具体形态文化资本能提高论文影响力。

客观形态文化资本是个人生产出来的书籍、绘画等物质性文化财富。具体到学术情境,个体在过去一段时间内所积累的学习能力及科研能力可物化为具体的科研成果⑥,而前期科研成果的发表经历是促进研究者科研生涯发展的重要因素之一⑦。因此,本研究提出假设 2:

---

① 金桥.上海居民文化资本与政治参与——基于上海社会质量调查数据的分析[J].社会学研究,2012(4):84-104.

② 布尔迪厄.文化资本与社会炼金术:布尔迪厄访谈录[M].包亚明,译.上海:上海人民出版社,1997.

③ CINCINNATO S, DE WEVER B, VAN KEER H, et al. The influence of social background on participation in adult education:applying the cultural capital framework[J]. Adult education quarterly,2016,66(2):143-168.

④ HU W C, THISTLETHWAITE J E, WELLER J, et al. 'It was serendipity':a qualitative study of academic careers in medical education[J]. Medical education,2015,49(11):1124.

⑤ PHERALI T J. Academic mobility, language, and cultural capital: the experience of transnational academics in british higher education institutions[J]. Journal of studies in international education,2012,16(4):313-333.

⑥ 潘婉茹,林栋."场域—惯习—资本"理论视角下博士研究生入学考试浅析[J].研究生教育研究,2016(5):33-37.

⑦ COTTERALL S. The rich get richer:international doctoral candidates and scholarly identity[J]. Innovations in education and teaching international,2015,52(4):360-370.

H2：科研人员的客观形态文化资本能提高论文影响力。

制度形态文化资本通常指文凭和技术执照等被制度化的资本，反映学术资格和文化能力的学历证书能够赋予其拥有者一种约定俗成的、有合法保障的价值。有学者认为，学历可以作为能力的显示器发生作用，在求职过程中可形成"文凭筛选"[1]。少量研究也提示学者的学历对其科研生涯的表现具有预测作用[2]。因此，本研究提出假设3：

H3：科研人员的制度形态文化资本能提高论文影响力。

5.2.2 研究设计

5.2.2.1 数据集

本研究采用文献计量分析，从文献样本中获取作者文化资本及其论文影响力的相关数据。图书情报学期刊较其他学科而言，作者信息的著录更全面且参考文献更规范。据此，本研究选取时间跨度在2005—2015年的18种CSSCI图书情报学来源期刊的所有论文为数据源，共55 720篇。根据公式(5.1-1)，计算得到最小样本量382篇；为进一步保证样本多样性，本研究决定随机抽取600篇，并在随后的筛选中剔除了34篇非学术论文；同时，为保证被引频次数据源的一致性，剔除未被CNKI收录、刊载在《情报学报》上的14篇论文，本研究最终获得552篇样本论文，仍然满足最小样本量的要求。

5.2.2.2 变量及操作化

（1）自变量

文化资本是本研究的自变量。受过良好教育、有能力、有教养的人具有较高的文化资本[3]。在关于文化资本的相关研究中，研究者通常根据文化资本的三种形态将其操作化为具体、可测量的指标。

具体形态文化资本是指个体持久的性情和气质等，蕴含于布尔迪厄所谓"惯习"之中，是最重要的一类文化资本。[4] "惯习"是个体因处在特定的社会位置而特有的行为方式和思维方式，是社会化性情系统的内化。[5] 以往关于具体形态文化资本的研究多聚焦于家庭文化环境，认为青少年时期家庭文化的熏陶对子

---

① 孟大虎，王硕.文凭筛选、人力资本与大专毕业生就业[J].北京社会科学,2005(4):121-127.

② RIED L D, MCKENZIE M. A preliminary report on the academic performance of pharmacy students in a distance education program[J]. American journal of pharmaceutical education, 2011, 68(3): 65.

③ 李煜.文化资本、文化多样性与社会网络资本[J].社会学研究,2001(4):52-63.

④ 布尔迪厄.文化资本与社会炼金术：布尔迪厄访谈录[M].包亚明,译.上海：上海人民出版社,1997.

⑤ 洪岩璧,赵延东.从资本到惯习：中国城市家庭教育模式的阶层分化[J].社会学研究,2014,29(4):73-93,243.

女的思维、知觉和行为具有持久性影响,例如金桥①的研究。本研究主要关注科研人员在学术活动过程中的文化资本积累,其早期家庭教育环境相关的数据较难获得,且就学术能力而言,科研人员形成学术思维、养成学术习惯的环境应该是其就读和就职的环境。相同的研究机构会带来相同或类似的学术环境,使得科研人员在其中形成相同的"惯习"。因而,本研究通过科研人员的就职机构等级(X_7)、学科背景(X_8)和毕业院校等级(X_9)来对具体形态文化资本进行测度。其中,学科背景是科研人员接受最高学历教育时所学的专业,本研究根据教育部一级学科名录进行分类;毕业院校等级是其获得最高学历时所在院校的层次,分为 985 高校、211 高校、普本及国外院校;就职机构等级是科研人员发表该论文时所在机构的层次,机构层次可根据不同类型来确定,如:高校,分为 985 高校、211 高校、普本、专科;研究所,分为国家级、省级、市级、区级;公共图书馆,分为国家图书馆、省级图书馆、市级图书馆、区级图书馆。

客观形态文化资本是指个人生产出来的书籍、绘画、古董、器具等可直接转换为经济资本的文化产品。在学术情境下,文化资本主要指个体在过去一段时间内所积累的学习能力及科研能力,可物化为具体的科研成果。② 累积自物质成果(如学术出版物)的文化资本可以转换为以科研基金为形式的经济资本和学术共同体中的象征资本③,从而使学者具有更高的学术地位和影响力。学者的科研成果包括学术论文、专著、项目投标书等多种形式,其中学术论文是最主要的科研成果形式。因此,本研究通过科研人员在发表该篇论文之前所发表学术论文的数量(X_{10})来对客观形态文化资本进行操作化。

制度形态文化资本指的是通过某种制度渠道使得个体关于文化知识、技能、素养的等级差异得以合法化的凭证,包括各类正式教育文凭和资格证书等。前期研究主要通过受教育年限④、学历层次⑤、是否获得执业资格证书⑥等作为制度形态文化资本的衡量指标。从事学术活动与其他职业活动有所不同,科研人员从事学术活动的过程与其受教育过程存在重叠,因而衡量受教育年限可能存在

① 金桥.上海居民文化资本与政治参与——基于上海社会质量调查数据的分析[J].社会学研究,2012(4):84-104.

② 潘婉茹,林栋."场域—惯习—资本"理论视角下博士研究生入学考试浅析[J].研究生教育研究,2016(5):33-37.

③ HU W C, THISTLETHWAITE J E, WELLER J, et al. 'It was serendipity': a qualitative study of academic careers in medical education[J]. Medical education, 2015, 49(11): 1124.

④ 吴愈晓.中国城乡居民的教育机会不平等及其演变(1978—2008)[J].中国社会科学,2013(3):4-21,203.

⑤ 罗楚亮,刘晓霞.教育扩张与教育的代际流动性[J].中国社会科学,2018(2):121-140,207.

⑥ 金桥.上海居民文化资本与政治参与——基于上海社会质量调查数据的分析[J].社会学研究,2012(4):84-104.

误差;从广义上讲,学历即学习经历,但我国实行的学历学位制度将个体受教育程度的差异合法化,使学历具有了特定的含义和价值[1],因而学历层次可以作为衡量科研人员制度形态文化资本的指标之一;同时,学界存在的职称评定体系也是科研人员文化资本的制度化体现。因此,本研究通过学历和职称来衡量科研人员的制度形态文化资本。其中,学历(X_{11})指作者的最高学历,分为本科、硕士及博士;职称(X_{12})则分为正高、副高及中级。

本研究借鉴 Larivière 等的做法,考虑到论文作者的排序体现了其对论文的贡献,第一作者被视为论文内容的主要责任人[2],因此自变量的操作化指标仅考虑第一作者。以 CNKI 等数据库、学者个人主页、所在机构网站及搜索引擎等为数据源,对上述各变量进行编码。

(2) 因变量

论文影响力是本研究的因变量。对于如何测度学术论文影响力,目前学界并无统一结论,但在实际操作过程中,往往通过学术论文的量化影响力,即学术论文的被引频次来衡量。因而,要验证科研人员文化资本的累积是否会提高论文影响力,即验证科研人员的文化资本积累是否会增大论文的被引量。为消除引用的时间累积效应,本研究采用年均被引频次作为论文影响力的测度。具体做法为:通过 CNKI 数据库获取样本论文截至 2017 年底获得的被引频次总量,再除以其发表年限(2017—发表年份)。

(3) 控制变量

既然本研究选择了单篇论文的被引量作为论文影响力的测度,就需要通过控制变量来排除其他论文被引影响因素的干扰。前期研究充分讨论并证实了作者数、论文篇幅、期刊影响因子、参考文献数、文献类型、作者年龄对学术论文被引频次的影响,为排除这些因素的影响而探讨文化资本的作用,本研究选择上述6 个指标为控制变量。其中论文篇幅用论文的页数表示,期刊影响因子为该论文所在期刊 2015 年的影响因子,文献类型分为实证研究、思辨研究、综述及其他。

5.2.2.3 统计方法

负二项回归模型被认为是偏态分布数据的标准回归模型,鉴于被引量分布的高度偏态性,本研究采用负二项回归分析探讨自变量及控制变量对被引频次

---

① 李春玲.文化水平如何影响人们的经济收入——对目前教育的经济收益率的考查[J].社会学研究,2003(3):64-76.

② LARIVIÈRE V, SUGIMOTO C R, BERGERON P. In their own image? A comparison of doctoral students' and faculty members' referencing behavior[J]. Journal of the American Society for Information Science and Technology, 2013, 64(5): 1045-1054.

的作用。对分类变量进行虚拟变量处理,选择合适类别作为基准组。统计分析过程如下:首先,通过作者数、论文篇幅、期刊影响因子、参考文献数、文献类型及作者年龄 6 个控制变量构建模型 1,对模型 1 进行检验并计算 McFadden's 伪 R^2(pseudo R^2),该指标可对计数模型的模型拟合度进行度量[1]。然后,分别添加 3 种形态文化资本的 6 个操作化指标构建模型 2、3、4,对模型 2、3、4 分别进行检验并计算新的 McFadden's 伪 R^2,比较模型回归系数的显著性及拟合度。若模型 2、3、4 的拟合度分别较模型 1 高,且各自变量的系数具有统计学显著性,则证明文化资本对学术论文的影响力产生作用。

5.2.3　研究结果

5.2.3.1　描述性统计

表 5.2 - 1 展示了本研究样本中各变量的描述性统计结果。可以看出,CSSCI 收录的图书情报领域论文平均有 1.79 个作者,平均页数为 4.54 页。前期关于 5 本高影响因子医学期刊的研究发现该领域论文平均有 9.88 个作者,平均页数为 7.88 页,均大于本数据集,这可能与医学研究中内容和方法的复杂性有关。[2] 虽然本数据集中单篇论文最多有 60 篇参考文献,但全部论文的平均参考文献数不到 11 篇,文献计量数据均呈现出明显的偏态分布。第一作者的年龄从 20 岁到 71 岁,涵盖了本科生到资深教授在内的丰富的作者群。数据集中文献最多的类型是思辨研究,思辨研究的作者主要针对特定问题进行深入思考、逻辑演绎,阐明自己的观点。数据集中的综述论文最少,仅 33 篇(6.3%),综述是对特定研究问题进行深入、全面的梳理,以发现现有研究中存在的问题,为未来研究提供新的思路。[3]

表 5.2 - 1　各变量描述性统计结果

编号	变量名称	变量属性	频数	最大值	最小值	均值
X_1	作者数	控制变量	552	7	1	1.79
X_2	论文篇幅	控制变量	552	12	1	4.54
X_3	期刊影响因子	控制变量	552	4.61	1.30	1.85

---

① 古扎拉蒂,波特.计量经济学基础[M].北京:中国人民大学出版社,2011.

② FALAGAS M E, ZARKALI A, KARAGEORGOPOULOS D E, et al. The impact of article length on the number of future citations: a bibliometric analysis of general medicine journals[J]. PLoS One, 2013, 8(2): e49476.

③ MINGERS J, XU F. The drivers of citations in management science journals[J]. European journal of operational research, 2010, 205(2): 422 - 430.

(续表)

编号	变量名称		变量属性	频数	最大值	最小值	均值
X_4	参考文献数		控制变量	552	60	0	10.78
X_5	文献类型	实证研究	控制变量	178	—	—	—
		思辨研究		234			
		综述		33			
		其他		107			
X_6	作者年龄		控制变量	536	71	20	38.44
X_7	作者就职机构	国家级、国图、985	自变量	205	—	—	—
		省级、省图、211		85			
		市级、市图、普本		223			
		区级、区图、专科		33			
X_8	作者专业背景	工商管理	自变量	20	—	—	—
		管理科学与工程		23			
		计算机科学与技术		14			
		经济学		9			
		图书情报与档案管理		198			
		中国语言文学		20			
		其他		49			
X_9	作者毕业院校等级	985	自变量	215	—	—	—
		211		45			
		普本		68			
		国外		5			
X_{10}	作者前期发文量		自变量	552	661	1	22.86
X_{11}	作者学历	博士	自变量	155	—	—	—
		硕士		189			
		本科		105			

（续表）

编号	变量名称		变量属性	频数	最大值	最小值	均值
X_{12}	作者职称	正高	自变量	66	—	—	—
		副高		170			
		中级		45			
Y	年均被引频次		因变量	552	40.2	0	1.80

$X_7 \sim X_{12}$可以反映当前图书情报领域科研人员的文化资本累积程度。就职机构方面,更多的研究者就职于市级研究所、市级图书馆及普通本科院校,也有很多研究者就职于国家级研究所、国家图书馆及985高校。就作者的专业背景而言,传统图书情报领域的学者占大多数,此外还有接受过管理科学与工程、中国语言文学及其他学科教育的学者。本数据集中毕业于985高校的学者最多,这说明我国985高校较好地承担了人才培养的任务,而211高校和普通本科毕业的学者数量相差并不明显;同时,有5位学者在国外高校取得了最高学位。科研人员前期发文量具有较大差异,反映了客观形态文化资本累积程度的不同,前期发文最多的学者发表了661篇论文,而本数据集中作者的平均发文量仅为23篇。学历方面,具有硕士学历的作者比博士学历和本科学历的作者多,这表明本领域科研人员的学历结构尚未呈现出明显的金字塔形,而是呈现钟形。同样地,具有副高职称的学者多于正高和中级职称的学者,这表明制度形态文化资本呈钟型分布。

5.2.3.2 回归分析结果

表5.2-2展示了控制变量回归结果(模型1)和加入具体形态文化资本自变量后的回归结果(模型2)。从模型1可以看出,期刊影响因子和篇幅对学术论文被引具有显著的正向效应,参考文献数目多也在一定程度上提高了被引。上述结果得到了Bornmann等[①]、Haslam和Koval[②]、Van Wesel等[③]研究的支持。模型1显示,作者年龄越大,其发表学术论文被引用的可能性越高,但作者人数无显著影响。可能的原因是本数据集中大部分论文只有1~2个作者,这也从侧

① BORNMANN L, LEYDESDORFF L, WANG J. How to improve the prediction based on citation impact percentiles for years shortly after the publication date? [J]. Journal of informetrics, 2014, 8(1): 175-180.

② HASLAM N, KOVAL P. Predicting long-term citation impact of articles in social and personality psychology[J]. Psychol Rep, 2010, 106(3): 891-900.

③ VAN WESEL M, WYATT S, HAAF J T. What a difference a colon makes: how superficial factors influence subsequent citation[J]. Scientometrics, 2014, 98(3): 1601-1615.

面反映了我国 LIS 领域学者交流合作的程度仍较低。就文献类型而言,相较于综述文献,思辨研究、实证研究及短讯、科技报告、政策文件等其他类型的文献获得被引的可能性都降低,其中其他类型的文献在被引频次上的劣势具有统计学显著性。

表 5.2－2　模型 1 和模型 2 回归分析结果

编号	变量名	模型 1 参数值			模型 2 参数值		
		回归系数	Z	$P>Z$	回归系数	Z	$P>Z$
X_1	作者数	0.020 8	0.44	0.660	0.018 5	0.21	0.836
X_2	论文篇幅	0.112 5***	3.03	0.002	0.079 0	1.02	0.308
X_3	期刊影响因子	0.153 2**	2.29	0.022	0.326 3***	2.76	0.006
X_4	参考文献数	0.022 0***	3.08	0.002	0.027 7**	2.07	0.039
X_5	实证研究	−0.028 0	−0.14	0.887	−0.029 4	−0.09	0.929
	思辨研究	−0.037 0	−0.20	0.844	0.189 8	0.61	0.540
	综述	—	—	—	—	—	—
	其他	−0.704 5***	−3.23	0.001	−1.012 0**	−2.41	0.016
X_6	作者年龄	0.010 1**	2.08	0.037	0.001 9	0.12	0.901
X_7	国家级、国图、985				0.175 4	0.43	0.669
	省级、省图、211				0.205 6	0.48	0.634
	市级、市图、普本				0.324 1	0.83	0.406
	区级、区图、专科				—	—	—
X_8	工商管理				−0.841 6**	−2.14	0.032
	管理科学与工程				−0.223 1	−0.60	0.550
	计算机科学与技术				−0.860 1*	−1.86	0.063
	经济学				−0.687 2	−1.43	0.152
	图书情报与档案管理				−0.526 6*	−1.68	0.094
	其他				−0.474 0	−1.63	0.102
	中国语言文学				—	—	—

（续表）

编号	变量名	模型 1 参数值			模型 2 参数值		
		回归系数	Z	$P>Z$	回归系数	Z	$P>Z$
X_9	985				0.185 1	0.68	0.499
	211				0.188 8	0.83	0.406
	普本				—	—	—
	国外				−0.324 1	−0.83	0.406
	观测值数量	536			298		
	LR χ^2	106.02			90.81		
	$P>\chi^2$	0.000			0.000		
	伪 R^2	0.054 5			0.077 7		

注：表中"***"表示 $p<0.01$；"**"表示 $p<0.05$；* 表示 $p<0.1$。LR χ^2 为回归模型的卡方检验量。

在模型中加入作者的就职机构层次、专业背景及毕业院校层次后，伪 R^2 从 0.054 5 提高至 0.077 7，三个自变量的加入提高了模型拟合度；同时，具有不同专业文化资本的学者在获得被引上具有显著性差异，而作者就读和就职的机构却没有显著作用。上述两方面结果证明了科研人员的具体形态文化资本在学术论文被引的过程中起到了显著作用，假设 1 成立。需要指出的是，在两个模型中，伪 R^2 的绝对值都较低，该现象可由 McFadden's 伪 R^2 的计算原理来解释。在线性回归模型中，通过最小二乘估计可得到拟合值和实际值之间的差距，计算出 R^2，该值越大说明模型的拟合度越高；但计数模型，如 logistics 模型和负二项模型中，通常采用极大似然估计，计算常用的 R^2 指标没有意义，因而统计学家提出了伪 R^2。[①] Bornmann 和 Leydesdorff[②] 的研究中，除期刊影响因子之外，十年间其他因素与论文被引量的负二项回归模型拟合度都低于 0.05，也是这个原因。同时，有统计学者指出，在计数模型中拟合度是次要，而回归系数的期望符号及它们在统计上和实际上的显著性才是首要。[③] 故本研究重点分析回归模型与各回归系数的统计学显著性。可以看出两个模型都通过了卡方统计检验（LR χ^2），这证明虽然伪 R^2 的绝对值较低，但两个回归模型都具有显著性。

下面分析模型 2 中具体形态文化资本的作用，如果将专业背景为中国语言

①　古扎拉蒂，波特.计量经济学基础[M].北京：中国人民大学出版社，2011.

②　BORNMANN L，LEYDESDORFF L. Does quality and content matter for citedness? A comparison with para-textual factors and over time[J]. Journal of informetrics，2015，9(3)：419-429.

③　古扎拉蒂，波特.计量经济学基础[M].北京：中国人民大学出版社，2011.

文学的作者作为基准组,那么具有工商管理、计算机科学与技术、图书情报与档案管理背景的研究者被引的可能性会显著降低,也就是说具有中国语言文学的知识背景会显著增加科研人员的论文影响力。前期研究证明了具有交叉学科背景的论文在获得被引上具有优势[①],而 LIS 领域中学者的中国语言文学的教育背景,将有助于个人性情、思维、语感、理解力的培养,从而有利于具体形态文化资本的积累;此外,由于我国 LIS 领域包含较多文献学、目录学及历史学的研究,具有中国语言文学的知识资本也能发挥积极作用。就毕业院校等级而言,以普通本科高校毕业的科研人员为基准组,并没有发现其获得被引的能力显著低于其他高层次高校毕业的科研人员;在国外获得学位甚至可能产生降低学术论文影响力的效应;考虑到这一变量回归结果的不显著可能源自国外组的样本量过低,而非参数检验要求分类变量中的每一组具有不少于 5 个样本即可,故本研究尝试进行 KW 非参数检验。毕业院校等级组的 KW 检验统计量为 3.560,P 值为 0.313,没有通过检验,这表明不同等级院校毕业的科研人员在获得被引上确实没有明显差异。该结果说明,科研人员的就读机构对其具体形态文化资本积累的作用不明显,可为高等教育人才培养带来一定启示。就作者的就职机构而言,在高层级机构就职的科研人员获得被引的可能性更大,但该差异没有通过统计学检验,这可能说明科研人员的学术"惯习"主要通过高等教育阶段养成,而在就职后,他们基本保持原有的学术思维和学术习惯,不会因工作环境的不同而改变。

表 5.2-3 展示了模型 3 和模型 4 的回归结果。在模型 3 中,科研人员前期发文量这一指标的加入使基准模型 1 的伪 R^2 有了一定的上升,且该指标对论文影响力的提升具有微弱但显著的增加效益,证明了客观形态文化资本对论文影响力的提升作用,假设 2 成立。模型 4 相较于模型 1 加入了科研人员的学历和职称这两个制度形态文化资本指标,结果发现伪 R^2 提升为 0.085;而且,学历的不同能带来论文被引的显著差异,这证明了制度形态文化资本对论文影响力的提升作用,假设 3 成立。如果把具有本科学历的科研人员作为基准组,那么具有博士和硕士学历的科研人员则具有获得更多被引的显著优势。相反,职称的高低不能影响学术论文的被引。该结果也进一步说明了制度形态文化资本的积累主要是在接受教育的过程中完成,而与工作后等级差异的合法化关系不大。

① ABRAMO G, D'ANGELO C A, DI COSTA F. Do interdisciplinary research teams deliver higher gains to science? [J]. Scientometrics,2017,111(1):317-336.

表 5.2 - 3 模型 3 和模型 4 回归结果

编号	变量名	模型 3 参数值			模型 4 参数值		
		回归系数	Z	$P > Z$	回归系数	Z	$P > Z$
X_1	作者数	0.022 8	0.48	0.628	−0.052 4	−0.73	0.467
X_2	论文篇幅	0.092 0**	2.44	0.015	0.086 9	1.41	0.159
X_3	期刊影响因子	0.131 7**	1.96	0.050	0.258 0***	2.87	0.004
X_4	参考文献数	0.017 4**	2.35	0.019	0.030 5***	2.94	0.003
X_5	实证研究	−0.035 4	−0.18	0.857	−0.036 1	−0.14	0.890
	思辨研究	−0.037 6	−0.20	0.841	0.074 3	0.30	0.761
	综述	—	—	—	—	—	—
	其他	−0.688 1***	−3.17	0.002	−0.846 0***	−2.73	0.006
X_6	作者年龄	0.003 3	0.59	0.553	0.011 0	0.87	0.386
X_{10}	作者前期发文量	0.002 8**	2.43	0.015			
X_{11}	博士				0.410 6*	1.88	0.061
	硕士				0.456 8*	2.06	0.040
	学士				—	—	—
X_{12}	正高				−0.144 4	−0.48	0.634
	副高				−0.156 1	−0.77	0.442
	中级				—	—	—
	观测值数量	536			229		
	LR χ^2	112.69			78.40		
	$P > \chi^2$	0.000			0.000		
	伪 R^2	0.057 9			0.085 0		

注:表中"***"表示 $p < 0.01$;"**"表示 $p < 0.05$;"*"表示 $p < 0.1$。

5.2.4 讨论

本研究从文化资本的视角出发,着眼于学术情境,重点分析了三种形态文化资本对形成论文影响力的重要作用。研究发现:具体形态、客观形态及制度形态文化资本都能提高论文的影响力;从各类型文化资本的量化指标来看,科研人员的专业背景、前期发文量及学历发挥了显著影响。由此看出,本研究既支持了教育作为文化资本核心元素的作用,又将文化资本的表现形式扩展为前期学术成果的数量,呼应了关于广义文化资本的研究。下面,本研究将从整体上探讨为什么文化资本能提高论文影响力。根据 Randic[①] 的观点,影响学术论文被引影响力的因素可分为认知内容和出版媒介及其他文本特征两部分。本研究认为,文化资本可以同时通过这两部分发挥作用。

5.2.4.1 文化资本与论文质量

从引用的规范理论出发,通常认为一篇论文的智力质量(intellectual quality)在决定长期被引率中是越来越重要的,但研究者往往难以测量智力质量及其对被引率的影响[②]。本研究认为,科研人员积累的文化资本可以从多方面提高论文的质量,从而增加论文的被引。

学校是传授系统性专业化知识与技能的场所[③],专业化是学术共同体成员在教学和科研上的决定性权力[④]。学生能从学校获得各个领域的系统、深入的知识及技能等,形成特定的习惯和逻辑(即具体形态文化资本)并将其反映在撰写的论著中。经济学的观点也认为,专业化的人力资本积累是促进经济增长的决定因素[⑤],可见专业化知识的重要性。也有学者从文化多样性的角度看待文化资本的效用,Erickson[⑥] 认为文化资本的有效性在于文化资本的多元化程度,个人在不同领域中涉及得越多,熟悉度越大,其具有的文化资本越多。[⑦] 因而具有交叉学科的知识背景也可以促进文化资本的累积,提高论文质量,形成被引的优势。相反,毕业于不同等级的院校对科研人员论文影响力的形成并没有显著影响,这表明对于 LIS 学科而言,国内高校在教学、科研水平上的梯度不明显,高层次教育机构没有充分体现应有的教育水平。综合水平一般的高校也能培养出高水平的 LIS 人才,而综合水平较高的高校也不乏水平一般的学者。有观点认为,中国 985 高校中,学生参与高影响力教育活动的程度存在显著的校际、年纪差异[⑧]。这表明 985 高校要保持自身长期以来形成的优势,更要积极鼓励学生

---

① RANDIC, M. Citations versus limitations of citations:beyond Hirsch index[J]. Scientometrics, 2009,80(3):809-818.

② SMALL H. On the shoulders of robert merton:towards a normative theory of citation[J]. Scientometrics,2004,60(1):71-79.

③ 朱伟珏.文化资本与人力资本:布迪厄文化资本理论的经济学意义[J].天津社会科学,2007(3):84-89.

④ 晏成步.大学教师学术职业转型:基于知识资本的审视[J].教育研究,2018,39(5):148-153.

⑤ 杜育红,赵冉.教育在经济增长中的作用:要素积累、效率提升抑或资本互补[J].教育研究,2018(5):27-35.

⑥ ERICKSON B H. Culture, class, and connections[J]. American journal of sociology, 1996, 102(1):217-251.

⑦ 李煜.文化资本、文化多样性与社会网络资本[J].社会学研究,2001(4):52-63.

⑧ 文雯,初静,史静寰."985"高校高影响力教育活动初探[J].高等教育研究,2014(8):92-98.

参与教育活动,使学校的教学和科研实力助益于学生个人的文化资本积累,从而加大学生在科研活动中的影响力。从专业背景和毕业院校层次对学术影响力形成的不同结果也可以看出,教育资源的优化配置应重在学校与学科并进,为科研人员提供养成良好学术素养的宏观环境。

前期发文量的多少也代表着科研人员学术经验的丰富与否。正所谓熟能生巧,在一次次学术研究和论文发表的过程中,科研人员的学术经验增加、学术能力增强,能开展更高质量的研究;不断积累着的文化资本促进后续学术成果影响力的提升。Yu 等[1]的研究支持了这一结论,也印证了马太效应“成功推出成功”的理论解释。

学历所反映的制度形态文化资本也可体现为论文的质量。义务教育阶段,教育投入相对较低;而进入高等教育则须加大对教育的时间、经济投资,科研人员在学术时间上的投入越多,其学术成果影响力越大。[2] 本研究结果发现,博士和硕士研究者在论文被引上的表现显著高于学士研究者。本科教育阶段重点在于使学生获得基本知识和基本技能,以便为进一步的学习或生活打好基础,研究生教育则更强调学习如何开展科学探究和如何创造知识[3]。从本科阶段进入研究生阶段,学生不仅具备了接受已知知识的能力,也积累了发现未知知识的经验和技能;因而具有不同学历水平的研究者在学术成果的创新性上存在差异,其被引优势也不同。就本研究结果来看,我国博士学历的学者在文化资本的累积上并没有拉开和硕士学者的差距。打造特色、有效的博士生培养模式,为培养优质的科研人员做好铺垫,这应成为未来各界努力的方向。

5.2.4.2 文化资本与科研人员的声誉

知识分子受到教育的整体逻辑的培养,正因为如此,教育也赋予了知识分子某种威望。[4] 通过文化资本进行累积,科研人员可以形成威望即声誉,并将其转换为学术论文影响力的优势。

学术声誉产生作用的过程受到读者(也就是潜在的施引者)对领域熟悉程度的调节。首先,通过个人知识和技能的优势,具体形态文化资本直接赋予了某作者较高声望,或者通过该作者已经发表的学术成果,客观形态文化资本间接赋予

---

① YU T, YU G, LI P Y, et al. Citation impact prediction for scientific papers using stepwise regression analysis[J]. Scientometrics, 2014, 101(2): 1233-1252.

② AMARA N, LANDRY R, HALILEM N. What can university administrators do to increase the publication and citation scores of their faculty members? [J]. Scientometrics, 2015, 103(2): 489-530.

③ 李金碧.硕士研究生课程设置的反思与范式重构——基于后现代主义课程理论的视角[J].教育研究,2017(4):49-54.

④ BOURDIEU P. Distinction: a social critique of the judgment of taste[M]. Cambridge, Mass: Harvard University Press, 1984.

了某作者知名度,此后,具有丰富领域经验的读者在阅读论文时,看到该作者的名字便联想到其学术成就,从而对该论文的知识水平形成了预判,引用该文的可能性增加。其次,假设读者是"领域新人",未能直接识别出高声望的作者,但他对该领域内的高校、学科排名有一定了解。通过论文首页或末尾展示的作者受教育情况,如毕业院校等,读者可以间接地判断该论文的水平。最后,若读者是"学术新人",也能够通过论文中展示的作者学历这一制度形态文化资本对该作者、论文的水平推知一二。在上述三种情况中,由教育背景、社会地位、威望等产生的象征性价值,也被布尔迪厄称为"象征资本"①。

上述分析也表明,在论文中出现作者的受教育情况及附属机构、职务等信息有其弊端:读者可通过这些信息产生论文具有较高或较低质量的预判,这阻碍了读者正确认识科学研究的价值,不利于科学的交流和发展。正如审稿时候应采用"双盲"制度一样,评审人和读者都不应该带有价值预判,而应以"质量"为唯一评判标准,促进科学研究的公平性和公正性。

此外,作者接受优质、系统的教育后,个人知识水平和素质得到提高,通过一篇被高度肯定的学术成果转换为累积被引优势,这种质量带来的优势也可以转换到年轻的、依然不为人知的作者身上②,这说明论文质量也可以有助于形成科研人员的学术声誉。

5.3 下载量与被引量的相关性

5.3.1 问题的提出

出版数字化给学术信息扩散模式带来了全新的变革。读者可以在任何时间、任何地点获取自己想要的学术资源。由期刊出版商、资源整合商、机构资源库等提供的大规模、全面化、细节化的数字论文使用数据(usage data)成为文献计量学中冉冉升起的新星③,吸引了越来越多的关注。使用事件(usage event)是某时刻用户对特定信息资源请求的记录,而使用数据则是一段时间内所记录的使用事件的集合。使用数据具有下载量、阅读量、点击量等形式,它与直接反映论文被引的引用指标有异,也有别于以社交媒体影响力为基础的 Altmetrics

---

① 张小军.象征资本的再生产:从阳村宗族论民国基层社会[J].社会学研究,2001,16(3):51-62.

② 布尔迪厄.文化资本与社会炼金术:布尔迪厄访谈录[M].包亚明,译.上海:上海人民出版社,1997.

③ KURTZ M J, BOLLEN J. Usage bibliometrics[J]. Annual review of information science and technology, 2010, 44(1): 1-64.

指标。

基础指标的繁荣和可获取增加了学术评价的复杂性和完备性,学界相继提出基于使用数据的各项评价指标。目前关于被引指标评价的标准和准则已趋于完善,但对于使用数据与引用数据的关系及其在学术评价中的地位,学界存在三种不同的观点:其一,许多学者基于使用数据与被引量之间的强正相关关系,认为其可作为被引量的预测和影响因素[①];其二,认为使用数据可作为被引量的补充(complementary)[②];其三,认为使用数据可代替(alternative)被引量指标直接用于评价[③]。

本研究试图对使用数据的作用提供一个较为明确的答案,即到底是代替还是补充。为此,本研究选取 SSCI 收录的 85 本 LIS 期刊 2013 年发表的所有论文,获取其在 2017 年的使用和被引数据,通过相关分析揭示两者的关系,实现对上述问题的回答。此外,本研究还探讨了论文质量、文献类型、子学科等维度下使用与被引相关关系的差异,进一步揭示使用数据的实质及其用于评价的范围。

5.3.2　研究设计

本研究选取 SSCI 收录的 85 本 LIS 期刊 2013 年发表的所有论文,获取其在 2017 年的使用次数和被引数据,其他数据还包括学科、文献类型及来源出版物等字段。本研究的时间窗为 4 年,消除了使用数据和被引数据时间累积效应的影响。在 SSCI 收录的 LIS 期刊中,*Journal of the American Society for Information Science and Technology* 2014 年更名为 *Journal of the Association for Information Science and Technology*、*ASLIB Proceedings* 2014 年更名为 *Aslib Journal of Information Management*。

在调节效应分析中,分别按论文质量、文献类型、子学科对数据集进行分组。论文质量通过论文来源期刊在 JCR 中的分区将论文分为 1—4 级,1 级表示质量最高,4 级表示质量最低。由于 JCR 中的期刊具有明确的学科归属,可按论文来源期刊是否跨学科及所跨学科的名称分为 9 类。本研究采用 Spearman 等级相关系数计算二者的相关关系。

---

①　BOTTING N, DIPPER L, HILARI K. The effect of social media promotion on academic article uptake[J]. Journal of the Association for Information Science and Technology, 2017, 68(3): 795 - 800.

②　SCHLOEGL C, GORRAIZ J. Global usage versus global citation metrics: the case of pharmacology journals[J]. Journal of the American Society for Information Science and Technology, 2011, 62(1): 161 - 170.

③　BOLLEN J, Sompel H V. Usage impact factor: the effects of sample characteristics on usage-based impact metrics[J]. Journal of the American Society for Information Science and Technology, 2008, 59(1): 136 - 149.

5.3.3 研究结果

5.3.3.1 整体情况

2016 年 SSCI 共收录 LIS 期刊 85 本,这些期刊在 2013 年共发文 5 137 篇。其中,*Information Systems Research* 中的一篇论文使用次数最多,为 552 次;被引最多的论文发表在 *MIS Quarterly* 上,为 161 次。图 5.3 - 1 为被引和使用的分布图,横轴表示论文的被引或使用频次,纵轴表示相应被引或使用频次。由图可知,两者均呈明显的偏态分布,少数论文获得了绝大多数的引用和使用,表明使用和引用都存在马太效应。该结果与 Jung 等[①]和 Wang 等[②]的研究一致。同时亦可见,使用和被引的分布存在差异,零被引论文数远多于零使用论文数,而最大使用次数是最大被引频次的数十倍,这说明使用数据记录的内容更全面,更细化[③]。计算得到被引与使用的整体相关系数为 0.712($P < 0.01$),这表明两者具有较强的正相关关系。

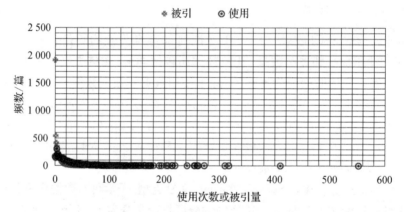

图 5.3 - 1 使用数据和被引量的分布

5.3.3.2 论文质量的影响

根据 2016 年 JCR 分区,本研究将论文分为 4 个质量等级,分别计算各等级论

① JUNG Y, KIM J, KIM H. STM e-journal use analysis by utilizing KESLI usage statistics consolidation platform[J]. Collnet journal of scientometrics and information management,2013,7(2):205 - 215.

② WANG XW, FANG Z C, SUN X L. Usage patterns of scholarly articles on Web of Science:a study on Web of Science usage count[J]. Scientometrics,2016,109(2):917 - 926.

③ BOLLEN J, SOMPEL H V. Usage impact factor:the effects of sample characteristics on usage-based impact metrics[J]. Journal of the American Society for Information Science and Technology,2008,59(1):136 - 149.

文被引和使用的相关系数(表 5.3 - 1)。由表 1 可知,就均值、中位数而言,质量越高,使用和被引的频次也越多。1 级论文平均被使用 40 次,接近 4 级论文平均使用次数的 5 倍;1 级论文平均被引 9.98 次,为 4 级论文的 20 倍,从均值来看,质量所致被引数据间的差异更大。4 级论文被引量的中位数为 0,使用数据中位数为 4,表明最低质量的论文基本不被引,但其题录或全文仍然被下载、阅读、使用过。

表 5.3 - 1 不同质量论文使用与被引的相关性

质量排序	发文量 n	U_{mean}	U_{median}	C_{mean}	C_{median}	Spearmann 相关系数 r	p
1	1 787	40.18	31.00	9.98	6.00	0.517	0.000**
2	1 279	21.13	15.00	4.33	2.00	0.599	0.000**
3	956	16.83	12.00	1.77	1.00	0.552	0.000**
4	1 115	8.86	4.00	0.48	0.00	0.435	0.000**

注:"**"表示 $p < 0.01$。

各级质量的论文被引量与使用频次的相关系数都具有统计学显著性。质量等级为 2 的论文中,被引与使用的相关性最高($r = 0.599$),其次是质量为 3 级的论文($r = 0.552$),而 1 级论文下载或浏览后被引的概率反而较低,仅为 0.517,该结论可能与用户信息使用行为和引用行为的差异有关。除最高质量论文外,2—4 级论文使用与被引的相关程度随质量降低,4 级论文两者相关系数最低,为 0.435。

5.3.3.3 文献类型的影响

本研究对数据集中的研究论文、综述和会议论文展开分析,探讨这三种类型的论文使用、被引情况及两者间的相关关系。5 137 篇论文中,排除编辑材料、著作书评、勘误及来信等,分别获得研究论文、会议论文和综述 3 596 篇、79 篇和 86 篇(表 5.3 - 2)。表 5.3 - 2 数据显示,就均值和中位数而言,综述论文的使用次数和被引频次均最高,其次是研究论文,会议论文的使用量和被引量均最低。其中,会议论文的被引中位数为 0,这表明大部分会议论文基本零被引,但仍具有一定的下载和阅读($U_{mean} = 13.90$ 和 $U_{median} = 13.00$),这可能与会议的影响力和特定关注群体有关,该结果再次证明了使用数据较被引数据在测度范围和记录内容上的优势[1]。综述论文的使用次数和被引频次均最高,这一点在计算机科学和肿瘤学的论文中也得到了证实[2]。

---

[1] DUY J, VAUGHAN L. Can electronic journal usage data replace citation data as a measure of journal use? An empirical examination[J]. The Journal of academic librarianship, 2006, 32(5): 512 - 517.

[2] GORRAIZ J, GUMPENBERGER C, SCHLÖGL C. Usage versus citation behaviours in four subject areas[J]. Scientometrics, 2014, 101(2): 1077 - 1095.

表 5.3 - 2 不同类型论文使用与被引的相关性

文献类型	发文量 n	U_{mean}	U_{median}	C_{mean}	C_{median}	Spearmann 相关系数 r	p
研究论文	3 596	30.81	22.00	6.54	4.00	0.582	0.000**
会议论文	79	13.90	13.00	1.11	0.00	0.088	0.443
综述	86	41.48	30.00	13.47	5.50	0.671	0.000**

注:"**"表示 $p<0.01$。

综述论文中使用与被引的相关性最强($r=0.671$),研究论文中两者相关系数较综述论文低,为 0.582,而会议论文使用和被引的相关系数不显著($r=0.088,p=0.443$)。

5.3.3.4 子学科的影响

根据 JCR 中期刊的所属学科将 85 本期刊分类,包括纯图情期刊 62 本、交叉学科期刊 23 本(其中管理学 12 本、传播学 3 本、社会科学交叉学科 3 本,以及法律、社会科学史、伦理学、地理学及教育学各 1 本),分别统计和计算(表 5.3 - 3)。由表 5.3 - 3 可见,管理学期刊论文的平均被引频次和平均使用次数均最高,分别为 11.75 和 51.55;而图书情报学期刊在使用和被引的绝对值上都不占优势,其平均使用情况与传播学论文相当,为 21.65 次,平均被引情况与伦理学论文相当,为 3.97 次。但就相关性而言,纯图情期刊中论文使用和被引的相关性强弱与管理学论文基本无差异($r=0.713$ 和 $r=0.720$)。此外,教育学和社会科学史交叉的论文被引与使用没有显著的相关关系,其他各期刊论文中两者的相关系数也较整体相关系数低($r=0.362\sim0.688$)。

表 5.3 - 3 不同子学科论文使用与被引的相关性

学科	发文量 n	U_{mean}	U_{median}	C_{mean}	C_{median}	Spearmann 相关系数 r	p
图书情报学	3 913	21.65	13.00	3.97	1.00	0.713	0.000**
管理学	463	51.55	42.00	11.75	7.00	0.720	0.000**
传播学	260	22.64	16.00	7.33	4.00	0.622	0.000**
社会科学交叉学科	232	19.91	15.00	5.65	4.00	0.362	0.000**
教育学	22	24.55	19.50	6.73	5.00	0.113	0.617
地理学	137	27.71	22.00	7.67	5.00	0.593	0.000**
伦理学	29	25.59	21.00	3.03	2.00	0.688	0.000**

（续表）

学科	发文量 n	U_{mean}	U_{median}	C_{mean}	C_{median}	Spearmann 相关系数 r	p
法律	58	7.98	2.50	1.09	0.00	0.432	0.000**
社会科学史	23	6.22	5.00	1.43	1.00	0.060	0.785

注："**"表示 $p<0.01$。

5.3.4　讨论

5.3.4.1　引用与使用的传播价值

论文、著作等科研成果作为复杂的正式和非正式交流的产物，在学术信息传播（dissemination）过程中起着关键作用。[1] "dissemination"一词源于传播学，近年来，文献计量、信息计量中也出现了"dissemination"的说法。相关的研究有，Macduff[2]提出了电子学位论文传播的四阶段模型，并采用点击量、浏览量及下载量等定量指标对传播过程和效果进行评价。Buckarma 等[3]以网页浏览量为指标，探讨社交媒体对外科学研究论文传播的影响。

根据米哈依洛夫的广义科学交流系统图，科学交流过程可分为正式过程和非正式过程[4]。具体到目前的网络环境下：使用行为是正式交流产物的非正式交流过程[5]，引用数据形成于正式交流过程（图 5.3-2）。也就是说，使用数据与引用数据是广义科学交流系统的产物，因此本质上二者均可以测度科学交流与传播，从这个角度看，二者首先是相互补充的关系。

通常，施引者点击、下载、浏览了相应的文献后，方可决定该文献是否被引用，从这个角度看，正式交流过程形成的引用数据集要小于非正式交流过程的使用数据集，即前者是后者的子集，也就是说使用数据能更全面地衡量科研成果的

① BROWN C. Communication in the sciences[J]. Annual review of information science and technology，2010，44(1)：285-316.

② MACDUFF C. An evaluation of the process and initial impact of disseminating a nursing e-thesis[J]. Journal of advanced nursing，2009，65(5)：1010-1018.

③ BUCKARMA E H，THIELS C A，GAS B L，et al. Influence of social media on the dissemination of a traditional surgical research article[J]. Journal of surgical education，2017，74(1)：79-83.

④ 米哈依洛夫，А.И.科学交流与情报学[M].徐新民，译.北京：科学技术文献出版社，1980.

⑤ MOED H F. Statistical relationships between downloads and citations at the level of individual documents within a single journal[J]. Journal of the American Society for Information Science and Technology，2005，56(10)：1088-1097.

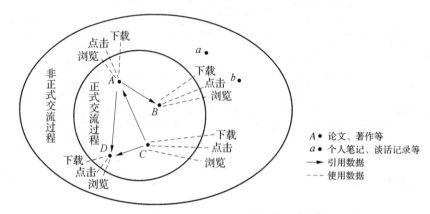

图 5.3 - 2　网络环境下的广义科学交流模式图

影响和传播。[1] 该结论还可以从科研成果的用途得到解释,用户使用科研成果的目的除了"publish or perish"外,还有纯信息(pure information)、学习及教育等多种。[2] 如果科研成果的使用目的是"publish or perish",则可能转换为引用,其他目的则更多地体现在下载量、点击量、浏览量等使用数据中。[3]

　　本研究的结果契合了 Gorraiz 等[4]的工作。质量最高的论文被大量下载、使用,却没有获得与其下载、使用相当的被引量($r=0.517$)。科学交流中传播的信息内容大致可分为知识性信息和新闻性信息两类[5],整个学术界最前沿的科研成果同时扮演着前述的两种角色。以医学领域尖端成果"抗肿瘤新药"为例,非生物医学领域的学者下载、阅读此类科研成果,更多的是将其作为新闻性信息,满足用户纯信息的需求,通常不会形成学术引用;专业学者跟踪前沿的、高质量的科研成果,则更多的是将其作为知识性信息,给予科研启发和帮助。[6] 由此可以说明,使用数据能更全面地反映学术传播过程,而非仅限于正式交流过程中的"publish or perish"。

　　① DE SORDI J O, CONEJERO M A, MEIRELES M. Bibliometric indicators in the context of regional repositories: proposing the D-index[J]. Scientometrics, 2016, 107(1): 235 - 258.

　　② GORRAIZ J, GUMPENBERGER C, SCHLÖGL C. Usage versus citation behaviours in four subject areas[J]. Scientometrics, 2014, 101(2): 1077 - 1095.

　　③ BOLLEN J, DE SOMPEL H V, SMITH J A, et al. Toward alternative metrics of journal impact: a comparison of download and citation data[J]. Information processing & management, 2005, 41(6): 1419 - 1440.

　　④ GORRAIZ J, GUMPENBERGER C, SCHLÖGL C. Usage versus citation behaviours in four subject areas[J]. Scientometrics, 2014, 101(2): 1077 - 1095.

　　⑤ 倪延年.知识传播学[M].南京:南京师范大学出版社,1999.

　　⑥ MOED H F. Statistical relationships between downloads and citations at the level of individual documents within a single journal[J]. Journal of the American Society for Information Science and Technology, 2005, 56(10): 1088 - 1097.

综上可见,以使用和引用为代表的"dissemination"涵盖了读者与作者群体,可反映学术信息的传播范围、覆盖率及关注度等。科研成果的题录、参考文献甚至全文信息被读者下载、阅读,一部分读者转换为施引者,产生了引文数据,因而使用数据揭示了更广泛的科学交流过程。简言之,引用数据和使用数据可以相互补充作为科学传播的测度,后者更是网络环境下对前者的补充。

5.3.4.2　使用数据可以代替被引量?

对该问题的回答牵涉到使用与引用的相关关系、引用与同行评议的相关关系,以及使用与同行评议的相关关系。

（1）使用与引用的相关关系

本研究通过分析使用数据与被引量的相关性,揭示其代替引文分析对科学传播进行测度的可行性。整体上,LIS 领域论文使用与被引的相关系数为0.712。由于本研究被引和使用数据都来自 ISI,与其他研究相比[1,2],本研究得到的相关系数较高;用户结构和用户种类对学术资源的使用情况会产生影响[3],而本研究的数据都由 Web of Science 数据库的用户群产生,具有良好的内部一致性。该结果也高于数据源亦为 Web of Science 的研究[4]（$r=0.667$）,其原因可能是本研究的时间窗更大。本课题组先前采用 meta 分析方法统合了 85 个独立效应量,发现论文下载量与被引量的相关系数为 0.592。[5] 根据 Cohen 的相关性判断准则,前期 meta 分析研究与本研究的实证分析都表明使用数据与被引量具有强正相关关系。据此,从宏观层面看使用数据可以代替引用数据对科学传播进行测度。

从微观层面看,通过论文质量、文献类型、子学科等调节变量对样本进行分组后,使用数据和被引量相关系数降低,甚至出现不相关的情况。就论文质量而言,本研究发现 1—3 区论文使用与被引的相关性强,但仍低于整体相关系数,同时本研究注意到 4 区论文中两者相关强度降为中等。通过对文献类型的分析发

①　BOTTING N，DIPPER L，HILARI K. The effect of social media promotion on academic article uptake[J]. Journal of the Association for Information Science and Technology，2017，68(3)：795-800.

②　MOED H F. Statistical relationships between downloads and citations at the level of individual documents within a single journal[J]. Journal of the American Society for Information Science and Technology，2005，56(10)：1088-1097.

③　BOLLEN J，SOMPEL H V. Usage impact factor：the effects of sample characteristics on usage-based impact metrics[J]. Journal of the American Society for Information Science and Technology，2008，59(1)：136-149.

④　CHI P S，GLÄNZEL W. An empirical investigation of the associations among usage，scientific collaboration and citation impact[J]. Scientometrics，2017，112(1)：403-412.

⑤　谢娟,龚凯乐,成颖,等.论文下载量与被引量相关关系的元分析[J].情报学报,2017,36(12)：1255-1269.

现,不同类型的论文使用与被引的相关性差异明显,这表明两者在不同文献类型中所反映的科学交流模式存在差异,Ketcham[①] 和 Moed[②] 的研究支持了该结论。学科间的相关系数差异则更大($r=0.362\sim0.720$)。赵星[③]分别计算 Web of Science 中物理学、计算机、经济学和图书情报学论文使用次数与被引量的相关系数,结果表明物理学、计算机、经济学中两者仅呈中度相关,而图书情报学中两者相关系数稍高($r=0.516$)。其他研究也发现了不同学科间下载量与被引量的弱相关关系[④]。

微观层面的相关性较总体相关性弱,使用数据呈现局部无序、整体有序的状态。局部变异互相补偿,导致整体相关程度较高。整体的强相关性掩盖了使用数据的实质,在微观层面上,使用与被引存在较大差异。也就是说,使用数据可以从整体上代替引用数据对科学传播进行测度,但微观上前者不能代替后者。

(2) 使用、引用与同行评议的相关关系

Garfield 创立 ISI 的初衷是为学术界提供一个以引用作为标引词的检索系统,在同行评议作为主要的学术评价手段在特定的语境下失效之后[⑤],学界开始探索基于客观数据的评价体系。文献计量学界发现了引用与同行评议结果间的强相关性,于是引用分析被选中。目前,引文分析已经在论文、学者、机构等的学术评价中发挥了积极的作用。实践中,通常要求引文计量与同行评议结果具有强正相关关系($r>0.5$),甚至要求相关系数高于 0.9 才能将前者作为后者的合适替代。[⑥]

论文下载量与被引量相关关系 meta 分析研究的结果,以及本研究的实证分析结果都显示了使用与引用之间的强相关性,先前的研究证实了引用与同行评议的强相关性。根据统计学的基本原理,相关关系不具备传递性,因此从前述两个强相关关系,无法推演出使用与同行评议的强相关性。因而先前基于相关关系的传递性这一不合理的逻辑开展的部分研究,其结论的可靠性也值得商榷。

---

① KETCHAM C M. The proper use of citation data in journal management [J]. Archivum immunologiae et therapiae experimentalis, 2008, 56(6): 357 - 362.

② MOED H F. Statistical relationships between downloads and citations at the level of individual documents within a single journal [J]. Journal of the American Society for Information Science and Technology, 2005, 56(10): 1088 - 1097.

③ 赵星.学术文献用量级数据 Usage 的测度特性研究[J].中国图书馆学报,2017(3):44 - 57.

④ SUBOTIC S, MUKHERJEE B. Short and amusing: the relationship between title characteristics, downloads, and citations in psychology articles[J]. Journal of information science, 2014, 40(1): 115 - 124.

⑤ BORNMANN L. Scientific peer review[J]. Annual review of information science and technology, 2011, 45(1): 197 - 245.

⑥ MRYGLOD O, KENNA R, HOLOVATCH Y, et al. Absolute and specific measures of research group excellence[J]. Scientometrics, 2013, 95(1): 115 - 127.

此外,在实践中,引文分析与同行评议间的关系主要是相互补充,远非前者替代后者。因此,在未进行使用与同行评议的相关分析之前,考虑将使用代替引文统计进行学术评价的想法缺乏科学依据。

5.3.4.3　质量的调节作用

在论文质量分组中,使用和被引的绝对值指标随质量等级而降低,这表明论文的使用和被引都受到质量的影响。除质量等级为 1 区的论文外,随着质量降低,论文使用与被引的相关程度也逐渐减弱,这表明论文下载或浏览后是否被引用也受到论文质量的影响,质量越低的论文,使用后形成引用的可能性越低。尽管 Duy 和 Vaughan[①] 没有发现期刊质量对期刊影响因子和使用频次相关关系的影响,但本研究和前期 meta 分析研究皆证实了论文质量对使用和被引相关性的调节作用。

不同学科期刊的论文中,使用和被引的相关程度差异较大。该结果得到 Bollen 和 Sompel[②] 的支持。使用行为因用户人群而不同,使用数据则存在学科差异。此外更应该注意到,子学科分组中出现了相关系数较低甚至相关关系不显著的情况,如法学期刊 *Law Library Journal* 中报告的相关系数为 0.432。从数量上而言,这些期刊和论文仅是其所属学科的冰山一角,并不能代表该学科的整体,不足以反映该学科的使用行为和引用习惯。为此,本研究深入其所属学科的期刊引证报告,以探究其低相关系数的原因。*Law Library Journal* 作为仅有的一本跨 LIS 和法学的期刊,其在两个学科中的 JCR 排名都是 3 区,这表明该期刊中论文的质量普遍不高,相关系数在学科中差异的更深层次原因是论文质量的差异。同样地,*Information & Culture* 也是社会科学史与 LIS 交叉的唯一期刊,该期刊在两个学科的 JCR 排名中都位于 4 区,如此也就不难理解为何其论文使用与被引无显著相关关系了。

回归结果表明,综述论文被大量下载、阅读后,获得引用的可能性越大,而研究论文则较低。Ketcham[③] 的研究结果与本研究相同:Lab. Invest 期刊网站中综述论文下载与被引的相关性高于技术报告中两者的相关性。综述论文中使用与被引的相关性较研究论文强的原因可以解释为:综述汇集了多个独立的实证研究,相较于独立实证研究等其他文献类型,其知识量更为丰富,从而可以获得

---

① DUY J,VAUGHAN L. Can electronic journal usage data replace citation data as a measure of journal use? An empirical examination[J]. The journal of academic librarianship,2006,32(5):512－517.

② BOLLEN J,SOMPEL H V. Usage impact factor:the effects of sample characteristics on usage-based impact metrics[J]. Journal of the American Society for Information Science and Technology,2008,59(1):136－149.

③ KETCHAM C M. The proper use of citation data in journal management[J]. Archivum immunologiae et therapiae experimentalis,2008,56(6):357－362.

更多的引用,在科学交流中则充当了知识性信息的角色。同时有学者认为,综述相较于其他文献类型可以获得更高的被引,但质量较低的综述则不能得到相同的待遇。①

由此看来,下载、阅读后是否引用,受到科研成果质量的调节。只有真正具有学术价值的论文,才能在引文指标上表现优异,即使是知识性信息丰富的综述,如果不具备较高的学术质量,亦不能提高被引。

5.4 被引量的预测

5.4.1 问题的提出

学术论文作为知识记录、传播与交流的载体,其影响力通常是基金分配、人才招聘、评奖等资源配置任务的重要参考指标,也是科研人员从海量数据中筛选高质量论文的重要依据。在影响力的量化指标中,被引频次被广泛认为是最重要、简洁、标准且客观的测度方式。不过,被引频次的不足之处在于:引用的产生需要时间的积淀,难以在论文发表的当下获取。因此,如何在较短时间内对论文未来的被引频次进行预测成为学界的研究热点。

目前,论文被引频次的预测研究大体上可分为两类:其一是将其视为分类问题,采用决策树、SVM 等机器学习方法对被引所属类别进行预测;另一则将其视为回归问题,其中,线性回归、负二项回归模型在该思路的研究中应用广泛。此外,虽然相关研究已发现众多影响论文被引频次的因素,但是这些因素对被引频次预测的相对重要尚未确定。

近年来,神经网络的再度兴起,特别是深度神经网络相关研究的进步,为被引频次的预测提供了新的方法。然而,针对 BP 神经网络在引文预测中表现的研究较少,且使用的模型层数较浅,模型的输入特征较少,相关研究有待进一步深入。BP 神经网络是最常见的神经网络之一,已经在多个学科与领域中被广泛应用于拟合及预测研究,并证实比线性回归等模型具有更好的效果②。因此,本研究采用 BP 神经网络提高引文预测的准确性,同时找出在预测中起关键作用的特征,具体研究问题如下。

---

① TAHAMTAN I, AFSHAR A S, AHAMDZADEH K. Factors affecting number of citations: a comprehensive review of the literature[J]. Scientometrics, 2016, 107(3): 1195 - 1225.

② GENG R B, BOSE I, CHEN X. Prediction of financial distress: an empirical study of listed Chinese companies using data mining[J]. European journal of operational research, 2015, 241(1): 236 - 247. doi: 10.1016/j.ejor.2014.08.016.

（1）BP 神经网络预测学术论文被引的效果如何？

（2）相较于线性回归等基础模型，BP 神经网络是否具有更优的预测效果？

（3）所选特征在预测被引频次时的重要性如何？

本研究的具体做法是：选取中文社会科学引文索引（CSSCI）数据库 2000—2013 年间图书馆、情报与文献学学科收录的 49 834 篇论文为数据集，提取论文的标题长度等 6 个论文特征、期刊发文量等 2 个期刊特征、作者篇均被引等 9 个作者特征、参考文献数等 8 个参考文献特征和论文前 2 年的被引等 5 个文献被引特征，采用 4 层 BP 神经网络模型对学术论文 5 年的被引频次进行预测。

5.4.2　研究设计

5.4.2.1　数据集

CSSCI 是中国人文社会科学领域最重要的引文索引数据库之一，收录了 28 个学科的期刊论文。本研究选取 CSSCI 数据库收录的 2000—2013 年间图书馆、情报与文献学领域发表的"综述"及"研究"两种类型的论文构建本研究的数据集，从中提取相关特征，开展论文被引的预测研究。考虑到 CSSCI 数据库每两年进行一次期刊筛选，为保证特征数据的连续性，本研究选择了 2000—2013 年间均入选 CSSCI 的 15 本 LIS 领域的来源期刊。数据截至 2013 的原因是本研究的因变量为论文的 5 年被引，2019 年的数据尚不完整，故须从 2018 年前推 5 年。此外，由于部分论文的"第一作者"及"作者机构"字段缺失，影响作者相关特征的提取，故剔除上述字段缺失的论文，最终获取论文 49 834 篇。本研究按照训练集：测试集＝4：1 的方式随机划分得到训练集和测试集。

5.4.2.2　特征与预测变量

早期的研究认为，论文发表后 5 年的学术影响力是论文质量的重要体现[①]，5 年的间隔时间足以在被引层面形成明显的两极分化，故本研究选取论文的 5 年被引作为预测目标。

目前，对论文被引影响因素的研究成果较为丰硕，Tahamtan 等[②]对相关研究进行了翔实的综述，系统地梳理出 28 种可能影响论文被引的特征，是当下这

---

①　WANG M Y, YU G, AN S, et al. Discovery of factors influencing citation impact based on a soft fuzzy rough set model[J]. Scientometrics, 2012, 93(3): 635 - 644. doi: 10.1007/s11192 - 012 - 0766 - x.

②　TAHAMTAN I, AFSHAR A S, AHAMDZADEH K. Factors affecting number of citations: a comprehensive review of the literature[J]. Scientometrics, 2016, 107(3): 1195 - 1225. doi: 10.1007/s11192 - 016 - 1889 - 2.

一研究主题中能检索到的内容最全面的综述；Xie 等[①]探讨了 66 个特征对论文被引的影响，所选特征集合较为全面且所选数据为中文论文，对本研究的借鉴意义较大。故本研究依据以下两点原则选取 Tahamtan 等和 Xie 等两项研究中提及的特征：(1)特征不能依赖人工编码；(2)特征可以从 CSSCI 数据库获取。基于上述原则，本研究最终选取了 30 个特征(表 5.4‑1)。

表 5.4‑1　特征与预测变量编码表

序号	分类	特征	编码
X_1	论文特征	论文类型	两类：研究论文(0)、综述(1)
X_2		论文长度	论文页数
X_3		标题长度	论文标题字符数
X_4		基金类别	四类：国家级(3)、省部级(2)、其他(1)、无(0)
X_5		出版月份	论文发表月份(1—12)
X_6		题名标点有无	两类：有(1)、无(0)
X_7	期刊特征	期刊影响因子	期刊前两年发表论文在当年的被引总数除以期刊前两年发表论文数
X_8		期刊发文	期刊当年的发文量
X_9	作者特征	作者数	论文的作者数
X_{10}		作者生产力	第一作者该论文之前的累计发文量
X_{11}		作者累积被引	第一作者该论文之前的累计被引量
X_{12}		作者篇均被引	第一作者该论文之前的篇均被引量
X_{13}		作者 h 指数	第一作者该论文之前的 h 指数
X_{14}		论文机构数	论文的机构数
X_{15}		机构发文总数	第一作者机构该论文之前发表的论文总数
X_{16}		机构成员最大 h 指数	第一作者机构中该论文之前所有成员的最大 h 指数
X_{17}		机构成员平均 h 指数	第一作者机构中该论文之前所有成员的平均 h 指数

①　XIE J，GONG K L，LI J，et al. A probe into 66 factors which are possibly associated with the number of citations an article received[J]. Scientometrics，2019，119(3)：1429‑1454. doi：10.1007/s11192‑019‑03094‑z.

（续表）

序号	分类	特征	编码
X_{18}	参考文献特征	参考文献数	参考文献数量
X_{19}		参考文献平均年龄	参考文献平均年龄
X_{20}		期刊自引率	期刊自引比例
X_{21}		期刊论文比例	参考文献中的期刊论文比例
X_{22}		会议论文比例	参考文献中的会议论文比例
X_{23}		图书比例	参考文献中的图书比例
X_{24}		电子资源比例	参考文献中的电子资源比例
X_{25}		学位论文比例	参考文献中的学位论文比例
X_{26}	被引特征	初次被引倒数	论文初次被引时间倒数
X_{27}		第 1 年被引	论文第 1 年被引量
X_{28}		前 2 年被引	论文前 2 年被引量
X_{29}		第 1 年被引期刊	论文第 1 年施引期刊数
X_{30}		前 2 年被引期刊数	论文前 2 年施引期刊数
Y	预测目标	5 年被引	论文前 5 年被引量

（1）论文特征

论文的外部特征是影响被引频次的重要因素。多数研究表明标题短、标题包含标点符号、篇幅长、受到基金资助、年初发表的论文，其被引更高。此外，不同类型的论文被引存在显著差异，综述的被引频次通常较高。[①] 据此，本研究选取上述 6 个论文相关的特征（X_1—X_6）作为预测被引的指标。

（2）期刊特征

多数研究表明在 JIF 较高的期刊上发表的论文能得到更多的被引。期刊发文总量也常作为引文预测的重要指标[②]。故本研究选取了 JIF（X_7）和期刊发文量（X_8）两个期刊相关特征。

（3）作者特征

作者的声誉对论文被引有重要的影响，研究人员通常追随生产力较高或声

① VANCLAY J K. Factors affecting citation rates in environmental science ［J］. Journal of informetrics，2013,7(2)：265 - 271. doi：10.1016/j.joi.2012.11.009.

② WANG M Y, YU G, YU D R. Mining typical features for highly cited papers ［J］. Scientometrics，2011,87(3)：695 - 706. doi：10.1007/s11192 - 011 - 0366 - 1.

誉良好的学者的研究工作,因此高声誉的作者比低声誉的作者获得更多的引用[1]。作者机构特征对其论文的被引也存在显著影响,例如,机构的生产力及声誉,可能会影响引用。此外,作者之间的合作也会对论文被引产生作用,论文的作者数及机构数越多,其发表的论文被引频次可能越高。综上,本研究选取了 9 个作者相关特征(X_9—X_{17})。

(4) 参考文献特征

研究表明,参考文献数量越多或参考文献中图书比例越高[2]的论文,其被引越高。此外,参考文献越新,论文的被引用频次通常越高[3]。此外,期刊的自引率[4]也是影响被引频次的因素之一。基于此,本研究选取参考文献数量(X_{18})、平均年龄(X_{19})、期刊自引率(X_{20})和不同类型的参考文献比例(X_{21}—X_{25})作为参考文献相关特征。

(5) 早期被引特征

论文的早期被引与后续被引有密切的联系,早期被引越高,论文的后续被引通常也越多。因此,本研究选取了初次被引倒数(X_{26})、第 1 年及前 2 年的被引频次(X_{27}—X_{28})以及被引的期刊数(X_{29}—X_{30})作为论文的早期被引特征。

5.4.2.3　模型参数与评估

在其他参数固定的情况下,本研究分别采用不同的层数及结点数,采取五折交叉验证的方式,根据验证集的平均 MSE 值选择层数和结点数。如图 5.4 - 1 所示,只包含一个隐藏层的网络的最佳性能比包含有多个隐藏层的结构差。具有两个或两个以上隐藏层的神经网络的最佳性能差异不大。因此,本研究选择了具有两层隐藏层的神经网络,每层节点数设置为 30 - 15 - 45 - 1。

学习速率的设置对模型的性能有较大影响:较高的学习速率会加速模型的训练,但可能导致模型收敛到局部最优解;相反,较低的学习速率会使模型收敛到全局最优解,但是会降低训练速度。为兼顾模型的训练速度和效果,本研究采用动态学习速率:在训练初始采用较大的学习速率(0.01),在训练后期根据损失函数的值逐步降低学习速率(表 5.4 - 2)。L2 正则化是防止过拟合的一种有效

---

① XIE J, GONG K L, LI J, et al. A probe into 66 factors which are possibly associated with the number of citations an article received[J]. Scientometrics,(2019,119(3):1429 - 1454. doi:10.1007/s11192 - 019 - 03094 - z.

② XIE J, GONG K L, LI J, et al. A probe into 66 factors which are possibly associated with the number of citations an article received[J]. Scientometrics,(2019,119(3):1429 - 1454. doi:10.1007/s11192 - 019 - 03094 - z.

③ ROTH C, WU J, LOZANO S. Assessing impact and quality from local dynamics of citation networks[J]. Journal of informetrics, 2012,6(1):111 - 120. doi:10.1016/j.joi.2011.08.005.

④ VANCLAY J K. Factors affecting citation rates in environmental science[J]. Journal of informetrics, 2013,7(2):265 - 271. doi:10.1016/j.joi.2012.11.009.

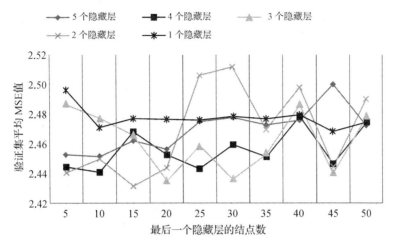

图 5.4-1　具有不同隐藏层层数及隐藏层神经元个数模型的五折交叉验证 MSE

手段,通过在损失函数中增加正则项的方式降低模型的复杂度(公式 5.4-1),通过试验,本研究设置正则化系数 $\lambda = 0.003$。

表 5.4-2　BP 神经网络模型参数表

参数	值
各层神经元个数	30-15-45-1
隐藏层激活函数	Leaky-ReLU
正则化系数(λ)	0.001 5
学习速率(r_1)	初始值:0.01;loss<2.5,$r_1=0.005$;loss<2.3,$r_1=0.001$; loss<2.1,$r_1=0.000\ 5$;loss<2.0,$r_1=0.000\ 1$;
优化器	Adam($\beta_1=0.9$,$\beta_2=0.999\ 9$)
批次大小	64

注:loss 为损失函数。

$$\text{loss} = \frac{1}{m}\sum_{i=1}^{m}(y_i - \hat{y_i})^2 + \lambda\sum_j w_j^2 \qquad (\text{公式 5.4-1})$$

其中 y_i 表示论文被引的真实值;$\hat{y_i}$ 表示论文被引的预测值;w_j 表示权重;j 的取值范围为 $1 \sim n_w$,n_w 为权重的数量。

优化器的选择会显著影响模型的训练时间及效果,最基础的优化算法是传统的梯度下降法,即沿着梯度下降的方向更新参数。但是该方法有两大缺点:首先,容易陷入局部最优解;其次,对每个参数的更新均采用同样的学习速率。针对上述不足,学界提出了多种改进的优化算法,其中 Adam[1] 的综合表现在现有的众多优化器中脱颖而出。Adam 是一种"自适应学习率"的优化算法,可以不同的速率更新各参数,其训练效果在相关研究中得到了广泛的印证。本研究选择该优化器进行网络训练,其中,批次大小设置为 64。

激活函数将线性输入转化为非线性输出,对于增强网络的表达能力十分重要。早期的神经网络多采用 *sigmoid* 或 *tanh* 函数,然而二者均存在梯度弥散问题,从而限制了网络深度。Krizhevsky 等[2]在 2012 年提出了 ReLU 激活函数,解决了该问题,被广泛应用于深度学习领域。ReLU 函数的不足之处在于负值的梯度恒为 0,可能造成神经元的"坏死",故针对 ReLU 函数的变体相继出现。Leaky ReLU 作为变体之一,在解决梯度弥散、神经元"坏死"以及加速模型收敛等方面有着突出表现,本实验选择其作为激活函数。

为比较 BP 神经网络模型在引文预测方面的效果,本研究选取在前人研究中使用较多或者效果较好的算法作为基线模型,分别是线性回归模型(Linear Regression,LR)、XGBoost(eXtreme Gradient Boosting)[3]、随机森林(Random Forest,RF)[4]、SVR(Support Vector Regression,SVR)[5]和 K 近邻(K-Nearest-Neighbors,KNN),5 个模型的训练及预测过程通过 scikit-learn[6] 中封装的算法库实现。为保证基线模型的效果,采用 Bergstra 和 Bengio[7] 提出的随机搜索方法确定相关参数,即对给定分布的参数采用随机抽样,对给定数值范围的参数采用等概率抽样,对得到的指定组抽样结果进行遍历,在训练集上采用五折交叉验证的方式确定最优参数组合。LR 模型没有需要调整的参数,对于其他 4 个模型,选择调整的参数、参数含义、搜索范围及最终设置值如表 5.4-3 所示。本研究的研究过程如图 5.4-2 所示。

① KINGMA D P, BA J. Adam: a method for stochastic optimization[C]. //The 3rd International Conference for Learning Representations, 2015, San Diego: arXiv:1412.6980ss.

② KRIZHEVSKY A, SUTSKEVER I, HINTON G. ImageNet classification with deep convolutional neural networks[C]. //Proceedings of the 25th International Conference on Neural Information Processing Systems - Volume 1, December 3 - 6, 2012, Lake Tahoe, Nevada: Curran Associates Inc:1097-1105.

③ GENG Q, JING R, JIN J, et al. Citation prediction and influencing factors analysis on academic papers[J]. Library and information service, 2018, 62(14): 29-40.

④ ROBSON B J, MOUSQUES A. Can we predict citation counts of environmental modelling papers? Fourteen bibliographic and categorical variables predict less than 30% of the variability in citation counts[J]. Environmental modelling & software, 2016,75: 94-104. doi: 10.1016/j.envsoft.2015.10.007.

⑤ CHAKRABORTY T, KUMAR S, GOYAL P, et al. Towards a stratified learning approach to predict future citation counts[C]. //2014 IEEE/ACM Joint Conference on Digital Libraries (Jcdl), September 8-12,2014,London, United Kingdom: IEEE Computer Society: 351-360.

⑥ 参见 https://scikit-learn.org/stable/.

⑦ BERGSTRA J, BENGIO Y. Random search for hyper-parameter optimization[J]. Journal of machine learning research, 2012, 13: 281-305.

表 5.4-3　基础模型的参数设置

模型	软件参数	含义	默认值	搜索范围	设置
XG-Boost	n_estima-tors	树的数量	100	(10,300)	71
	min_child_weight	拆分节点权重和阈值	1	(1,30)	3
	max_depth	每个基本树的最大深度	3	(1,30)	2
RF	n_estima-tors	估计器的数量	10	(10,300)	98
	max_depth	树的最大深度。如果是 None,则直到所有叶子都纯粹或者包含小于 min_samples_split 样例时停止展开节点。	None	(1,30)	18
	min_sam-ples_split	分割内部节点所需的最小样本数。	2	(1,30)	17
	min_sam-ples_leaf	叶子节点所需的最小样本数	1	(1,30)	9
KNN	n_neigh-bors	用于邻居查询的邻居数	5	(1,30)	9
	weights	用于预测的权重函数。可能的值:均匀′,距离′,距离′	uniform	"uniform", "distance"	"distance"
	leaf_size	传递给 BallTree 或 KDTree 的叶子大小。可能会影响构造和查询的速度,以及存储树所需的内存。	30	(5,50)	29
SVR	C	错误惩罚参数 C	1	(1,30)	28
	gamma	"rbf""poly"和"sigmoid"的核系数。如果 gamma 是"auto",那么将使用 1 / n_features。	"auto"	(0,1)	0.703
	kernel	核函数	rbf	"rbf","linear"	"rbf"
	学习速率	控制模型学习速度的参数			0.0001
	批量大小	一次训练批次中样本的数量			64
	隐藏层的神经元数	隐藏层的神经元数			512

（续表）

模型	软件参数	含义	默认值	搜索范围	设置
	dropout rate	随机丢弃神经元概率			0.2
	优化器	训练网络的方法			Adam

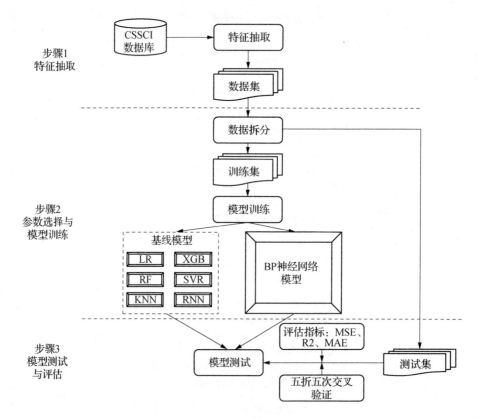

图 5.4 - 2　实验过程图

此外,本研究还选取了 RNN[①] 作为比较模型之一,原因在于,同样作为一种人工神经网络方法,它的表现优于当前最先进的引文预测方法。值得注意的是,本研究的预测目标是一个具体数值,而不是被引频次的序列值。因此,本研究将

---

① ABRISHAMI A,ALIAKBARY S. Predicting citation counts based on deep neural network learning techniques [J]. Journal of informetrics,2019,13(2):485 - 499. doi:10.1016/j.joi.2019.02.011.

Abrishami 和 Aliakbary[1] 提出的序列到序列 RNN 模型简化为多对一 RNN 模型，只使用两个序列相关的特征，即"第 1 年的引文"（X_{27}）和"第 2 年的引文"（$X_{28} \sim X_{27}$）来训练和测试模型。RNN 模型参数如表 5.4 - 3 所示。

本次模型评价涉及两方面内容：对模型在训练集上拟合度的评价，以及在测试集上预测效果的评价。采用均方误差（Mean Square Error，MSE）、平均绝对误差（Mean Absolute Error，MAE）和 R^2（公式 5.4 - 2 至 5.4 - 4）三个指标进行模型评价。

$$MSE = \frac{1}{N} \sum_{i=1}^{N} (y_i - \hat{y_i})^2, \qquad （公式 5.4 - 2）$$

$$MAE = \frac{1}{N} \sum_{i=1}^{N} |y_i - \hat{y_i}|, \qquad （公式 5.4 - 3）$$

$$R^2 = 1 - \frac{\sum_{i=1}^{N} (y_i - \hat{y_i})^2}{\sum_{i=1}^{N} (y_i - \bar{y_i})^2} \qquad （公式 5.4 - 4）$$

其中，$\bar{y_i}$ 表示论文被引的均值；N 表示样本数量。

5.4.3　研究结果

5.4.3.1　特征描述

连续变量的描述统计结果见表 5.4 - 4。

表 5.4 - 4　连续特征描述统计

特征	最大值	最小值	中位数	平均值	标准差
论文长度（X_2）	23	1	4	3.843	1.932
标题长度（X_3）	76	3	17	18.109	6.595
出版月份（X_5）	12	1	7	6.73	3.432
期刊影响因子（X_7）	2.037	0.017	0.403	0.471	0.277
期刊发文（X_8）	830	79	322	344.337	191.266
作者数（X_9）	7	1	1	1.706	0.93
作者生产力（X_{10}）	327	0	1	5.889	17.571

① ABRISHAMI A, ALIAKBARY S. Predicting citation counts based on deep neural network learning techniques [J]. Journal of informetrics, 2019, 13(2): 485 - 499. doi: 10.1016/j.joi.2019.02.011.

(续表)

特征	最大值	最小值	中位数	平均值	标准差
作者累积被引(X_{11})	1 527	0	0	11.01	63.285
作者篇均被引(X_{12})	30	0	0	0.466	1.11
作者 h 指数(X_{13})	17	0	0	0.754	1.641
论文机构数(X_{14})	6	1	1	1.139	0.392
机构发文总数(X_{15})	29 174	0	750	3 409.626	5 502.636
机构成员最大 h 指数(X_{16})	23	0	3	4.604	4.173
机构成员平均 h 指数(X_{17})	3	0	0.308	0.33	0.234
参考文献数(X_{18})	145	0	8	9.537	8.315
参考文献平均年龄(X_{19})	89.333	0	4	5.266	5.258
期刊自引率(X_{20})	1	0	0	0.049	0.113
期刊论文比例(X_{21})	1	0	0.6	0.548	0.338
会议论文比例(X_{22})	1	0	0	0.026	0.091
图书比例(X_{23})	1	0	0.091	0.196	0.268
电子资源比例(X_{24})	1	0	0	0.13	0.233
学位论文比例(X_{25})	1	0	0	0.013	0.05
初次被引倒数(X_{26})	1	0	0.333	0.413	0.408
第 1 年被引(X_{27})	26	0	0	0.447	1.021
前 2 年被引(X_{28})	54	0	0	0.978	1.89
第 1 年被引期刊数(X_{29})	11	0	0	0.405	0.847
前 2 年被引期刊数(X_{30})	16	0	0	0.825	1.354
5 年被引(Y)	104	0	1	2.011	3.685

（1）文献特征

一篇论文的页数从 1 页到 23 页不等,平均每篇论文包含 3.843 页。论文的标题长度包含 3~76 个字符,平均值为 18.109,中位数为 17。

（2）期刊特征

期刊的影响因子在 0.017~2.037 之间。平均每本期刊每年发表 344 篇论文。

（3）作者特征

论文的作者数量呈偏态分布,每篇论文包含 1~7 位作者,平均值为 1.706;

作者特征 $X_{10}-X_{13}$ 的值较为稀疏的,表现为超过半数的论文的相关特征值为 0,这表明仅少数学者具有较强的学术影响力;机构数量(X_{14})也存在偏态分布,每篇论文包含从 1~6 个作者机构;特征 $X_{15}-X_{17}$ 的值标准差较大,这表明其值与其均值相差较大。

（4）参考文献特征

参考文献数量介于 0~145 之间,平均值为 8;参考文献年龄的平均值为 4;期刊的自引率均值较小,平均每篇论文中仅 4.9% 的文献属于期刊自引;在各类参考文献类型中,期刊论文所占比例最大,图书次之,其他参考文献类型所占比例较小。

（5）早期被引特征

5 个早期被引特征呈现明显的偏态分布,即大多数论文在早期被引频次不高。

所选特征中包含三个分类变量(表 5.4-5)。其中:研究类论文的比例显著高于综述论文;各基金类别所占比例由高至低依次为无>国家级>省部级>其他;题名中无标点符号的论文明显多于包含标点符号的论文。

表 5.4-5　分类特征描述统计

特征	取值	频数	百分比
论文类型(X_1)	研究论文	48 703	97.73%
	综述	1 131	2.27%
基金类别(X_4)	国家级	7 010	14.07%
	省部级	4 599	9.23%
	其他	3 305	6.63%
	无	34 920	70.07%
标点有无(X_6)	无	38 776	77.81%
	有	11 058	22.19%

5.4.3.2　预测结果

模型在训练过程中损失函数的变化如图 5.4-3 所示,采用批量训练的方式,模型在训练集上的 MSE 波动下降(图 5.4-3),经过 500 轮训练后,MSE 的值几乎不再下降,停止训练。选取训练过程中在测试集上的 MSE 最小的模型为最优模型,进行进一步研究。

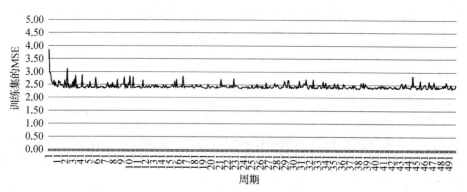

图 5.4 - 3 模型训练过程图

最优模型在训练集和测试集上的 MSE 分别为 2.357 及 2.584,对应 R^2 分别为 0.819 和 0.837。为进一步分析 BP 神经网络模型的预测效果,根据被引预测与真实结果的误差绝对值,从测试集中分别选取预测误差最小的 100 个预测样本(图 5.4 - 4)及预测误差最大的 100 个预测样本(图 5.4 - 5)绘制折线图。如图 5.4 - 4 所示,预测效果最优的 100 个样本被引频次在 0~6 之间,其中 0 被引的样本有 89 个。在这些样本中,BP 神经网络的预测结果与真实被引频次完美匹配,几乎一致;预测效果较差的 100 个样本被引介于 8~104 之间,随着被引的增加,预测值呈现波动上升,与真实值的趋势较为接近。

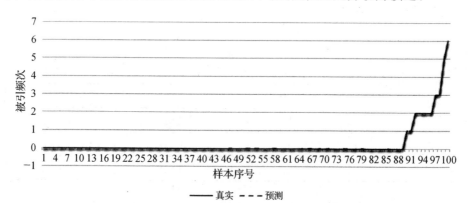

图 5.4 - 4 预测效果最优的 100 个样本

如图 5.4 - 5 所示,BP 神经网络倾向于"低估"论文的被引频次值。但是,如图 5.4 - 6 所示,"高估"和"低估"的样本数在整个测试集中所占的比例大致相等,其中论文被引的预测值大于实际值的样本占总数的 40.4%。

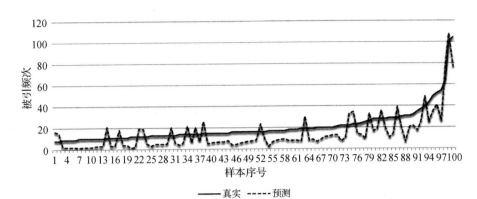

图 5.4 - 5　预测效果最差的 100 个样本

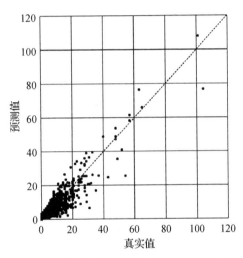

图 5.4 - 6　论文被引预测值与真实值的散点图

5.4.3.3　特征重要性

本研究采用下述三个步骤来比较所选特征的相对重要性。首先,本研究按照 4 ∶ 1 的比例,将数据随机分为训练数据集和测试数据集,重复划分 10 次,得到 10 对训练集和测试集。然后,在每组测试集-训练集中,依次删除其中一个特征,采用其余的 29 个特征(leave-one-out model)在训练集上进行训练,并计算该模型在测试集的 MSE。将采用所有特征的模型作为比较的基础(30-feature model)。通过这一步骤,本研究获得 10 组实验结果,每组包含 31 个模型在测试集上的 MSE。最后,使用配对样本 t 检验确定每一个"leave-one-out model"与"30-feature model"之间是否存在统计学上的显著差异。如表 5.4 - 6 所示,"前 2

年被引"(X_{28})、"初次被引倒数"(X_{26})、"论文长度"(X_2)、"出版月份"(X_5)和"期刊自引率"(X_{20})等 5 个"leave-one-out model"的 MSE 值显著高于"30-feature model",即上述 5 个特征对模型的预测性能存在有显著影响,而其他特征对预测的贡献不大。

表 5.4 - 6　"leave-one-out model"和"30-feature model"预测效果差异的显著性检验

删除特征的编号	预测效果差值	删除特征的编号	预测效果差值
X_1	0.004	X_{16}	−0.004
X_2	0.036**	X_{17}	0.003
X_3	0.006	X_{18}	0.004
X_4	0.000	X_{19}	0.006
X_5	0.031**	X_{20}	0.028*
X_6	−0.003	X_{21}	−0.001
X_7	0.005	X_{22}	0.013
X_8	−0.002	X_{23}	−0.005
X_9	0.007	X_{24}	0.013
X_{10}	−0.002	X_{25}	20.002
X_{11}	−0.004	X_{26}	0.261***
X_{12}	−0.003	X_{27}	−0.002
X_{13}	0.003	X_{28}	0.599***
X_{14}	0.012	X_{29}	−0.002
X_{15}	−0.001	X_{30}	−0.005

注:"*"表明 $p<0.05$;"**"表明 $p<0.01$;"***"表明 $p<0.001$。

5.4.3.4　对比

各模型的拟合与预测效果如表 5.4 - 7 所示。与基线模型相比,BP 神经网络模型对训练集的拟合效果略逊色于 RF、SVR 和 XGB,优于 LR 和 RNN;该模型的测试集 MSE 低于其余模型。BP 神经网络模型测试集的 MSE 相较于 XGB 降低了 8.76%,相较于 RF 降低了 17.26%,相较于 SVR 降低了 26.67%,相较于 LR 降低了 11.29%,相较于 KNN 降低了 60.60%,相较于 RNN 降低了 16.21%。此外,LR、BP、SVR、XGB、RF 及 RNN 模型在测试集和训练集之间 R^2 的变化分别为 2.5%、1.8%、6.1%、0.1%、7.4%和 1.8%,这说明模型具有良好的泛化能力(适用于其他数据集)。

此外,为检验对预测性能有显著影响的 5 个特征的预测效果,本研究仅采用该 5 个特征,训练得到模型 BP_five_features,并将其预测效果与其他模型进行了对比。如表 5.4－7 所示,BP_five_features 模型在测试集上的表现略逊于 BP 模型,但优于其他 6 个基线模型。

表 5.4－7　模型拟合与预测效果

模型	训练集		测试集	
	MSE	R^2	MSE	R^2
KNN			6.559	0.587
SVR	2.094	0.839	3.524	0.778
RF	1.595	0.877	3.123	0.803
LR	2.710	0.817	2.913	0.792
XGB	2.305	0.823	2.832	0.822
RNN	2.895	0.776	3.084	0.802
BP_five_features	2.455	0.811	2.600	0.836
BP	2.357	0.819	2.584	0.837

为比较上述模型在预测高被引论文时的表现,本研究将被引大于 17 的 104 篇论文(前 1.0%)选为高被引论文,观察不同模型的预测结果。由表 5.4－8 可以看出,BP 神经网络的 MAE 和 MSE 均略低于 LR,显著低于其他 4 个模型,这说明 BP 在预测高被引文献方面也优于其他模型。

表 5.4－8　不同模型在预测被引位于前 1.0%的论文时的表现

模型	MAE	MSE
XGB	8.227	107.715
RF	8.486	138.254
SVR	8.467	155.223
KNN	15.437	348.900
LR	7.417	88.554
RNN	7.550	97.550
BP_five_features	7.411	83.870
BP	7.370	84.635

为了进一步确定 BP 神经网络的优势是否显著,本研究采用五折五次交叉验

证,共得到了 25 组实验结果。如图 5.4 - 7(①—⑦)所示,BP 神经网络模型的 MSE 在每个结果组中均最小。XGBoost、RF、LR、SVR、RNN 和 BP 的 MSE 值差异较小,而 KNN 的预测性能明显低于其他模型。如表 5.4 - 9 所示,配对样本 t 检验的结果表明,BP 神经网络模型的测试集上的 MSE 明显小于 6 个基线模型。此外,BP_five_features 模型比 BP 模型要显著且略差一些,优于其余 6 个基线模型。

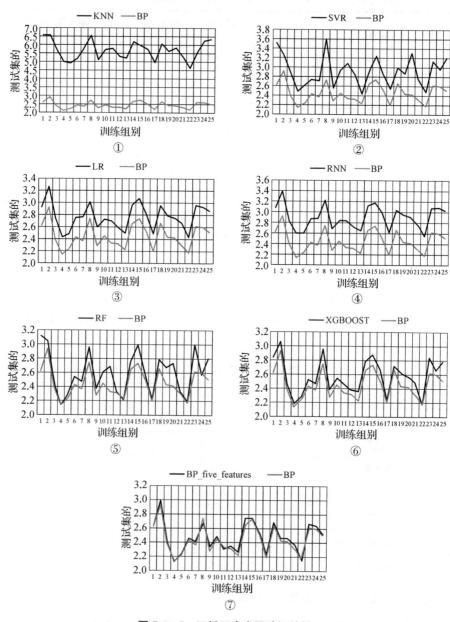

图 5.4 - 7　五折五次交叉验证结果

表 5.4 - 9 模型结果的配对样本 t 检验

模型	均值(标准差)	相较于 BP(t)	相较于 BP_five_features(t)
BP	2.451(0.204)	/	-4.342***
XGBoost	2.570(0.244)	8.589***	6.106***
RF	2.597(0.291)	5.289***	4.031***
SVR	2.913(0.320)	11.448***	9.976***
LR	2.763(0.214)	40.198***	34.633***
KNN	5.670(0.556)	40.782***	40.219***
RNN	2.898(0.220)	48.371***	38.558***
BP_five_features	2.477(0.042)	-4.342***	/

注:"***"表明 $p < 0.001$。

5.4.4 讨论

本研究采用 4 层 BP 神经网络模型,基于 6 个论文特征、2 个期刊特征、9 个作者特征、8 个参考文献特征和 5 个被引相关特征对 CSSCI 数据库 2000—2013 年间收录的图书馆、情报与文献学学科的 49 834 篇论文的 5 年被引进行了预测。本研究的贡献之一在于通过采用 BP 神经网络提高了引文预测的准确性。实证结果表明,BP 神经网络在整体数据集和高被引论文两个方面的预测表现均优于 6 个基线(XGBoost、RF、LR、SVR、KNN 和 RNN)。本研究认为 BP 神经网络的优异表现可能源于其善于通过多层提取及非线性变换以自动学习特征的优势。

另一方面,本研究发现了对于被引预测有显著影响的 5 个基本特征:"前 2 年被引""初次被引倒数""论文长度""出版月份"和"期刊自引率"。研究表明基于该 5 个特征、采用 2 年的引文窗期足以预测一篇论文的中期影响力。早期引文特征("前 2 年被引"和"初次被引倒数")对引文预测的重要作用已在相关研究中得到证实[1],而其余 3 个特征在前人研究中关注度相对较弱。

需要特别指出,本研究仅采用了中文论文作为数据,因此得到了一些与基于英文文献研究相异的结果。例如,本研究发现期刊特征对于论文被引的预测作

---

① ABRAMO G, D'ANGELO C A, FELICI G. Predicting publication long-term impact through a combination of early citations and journal impact factor[J]. Journal of informetrics, 2019, 13(1): 32 - 49. doi: 10.1016/j.joi.2018.11.003.

用较小,与 Yu 等[①]、Bornmann 等[②]以及 Didegah 和 Thelwall[③] 的研究不一致,这些研究主要以 Web of Science 数据库收录期刊的论文为数据。尽管 JIF 已被广泛用于衡量科学论文和学者的影响,本研究结果仍表明,JIF 等期刊特征在预测中文数据库中发表期刊论文的被引频次时作用甚微。此外,本研究对 Abrishami 和 Aliakbary[④] 提出的 RNN 模型进行了简化,仅使用论文被引前 2 年的被引频次对模型进行了训练,且本研究的预测目标与其不尽相同,因此,RNN 模型的性能可能被低估,BP 神经网络模型与其的比较有待进一步探索。

实验结果表明,采用 BP 神经网络预测中文学术论文发表 5 年后的被引频次是可行的。与以往研究中用于英语论文预测的其他机器学习方法相比,该方法性能更好,且泛化能力较好。此外,该方法具有较高的预测精度,这表明该方法具有帮助文献检索和科学评价等应用场景潜力。本研究的结果还表明,BP、XGBoost、RF 等非线性模型的性能优于线性模型(LR),这与对英文学术论文被引预测的研究结果一致[⑤]。

本研究的不足主要有以下两点:一方面,限于数据库的数据,本研究无法获取论文内容方面的特征,这限制了进一步深入研究;另一方面,BP 神经网络的"黑箱"特质制约了特征对预测变量更为精细的探索,例如观察某一特征是正面影响还是负面影响等。

① YU T, YU G, LI P Y, WANG L. Citation impact prediction for scientific papers using stepwise regression analysis[J]. Scientometrics, 2014,101(2): 1233 – 1252. doi: 10.1007/s11192 – 014 – 1279 – 6

② BORNMANN L, LEYDESDORFF L, WANG J. How to improve the prediction based on citation impact percentiles for years shortly after the publication date? [J]. Journal of informetrics, 2014, 8(1): 175 – 180. doi: 10.1016/j.joi.2013.11.005.

③ DIDEGAH F, THELWALL M. Determinants of research citation impact in nanoscience and nanotechnology[J]. Journal of the American Society for Information Science and Technology, 2013, 64(5): 1055 – 1064. doi: 10.1002/asi.22806.

④ ABRISHAMI A, ALIAKBARY S. Predicting citation counts based on deep neural network learning techniques[J]. Journal of informetrics, 2019,13(2): 485 – 499. doi: 10.1016/j.joi.2019.02.011.

⑤ YAN R, HUANG C, TANG J, ZHANG Y, er al. To better stand on the shoulder of giants [C]. //Proceedings of the 12th ACM/IEEE-CS Joint Conference on Digital Libraries (JCDL' 12). New York, NY: Association for Computing Machinery, 2012:51 – 60.

第6章 施引者引用行为及引用判据研究

6.1 不同特征施引者的引用行为

6.1.1 问题的提出

信息行为和文献计量是当前情报学研究的两大主题,根据 Case[1] 的统计,信息行为领域的实证研究文献已经超过一万篇研究工作;文献计量研究目前也已经有了 *Scientometrics* 和 *Journal of Informetrics* 两个主要的阵地,其他诸如 *JASIST* 等期刊也发表了大量的计量学研究成果。不过,现有研究中将两者加以融合的工作甚少。[2] 作为信息行为研究主题之一的引用动机,揭示了学者引用的原因及参考文献在论文中所发挥的功能等,为引文分析提供了理论基础。复杂的引用动机影响了施引者的引用行为,关于后者的研究却少有开展。[3] Larivière 等[4]学者开展的文献计量视角的引用行为研究是有价值的尝试。

近年来,文献计量领域开展的参考文献分析(cited references analysis)逐渐受到关注,该方法旨在分析参考文献列表中被引文献的作者、题名和来源等信

---

① CASE D. Looking for information[M].2nd. UK:Academic Press,2007:14.

② LARIVIÈRE V, SUGIMOTO C R, BERGERON P. In their own image? A comparison of doctoral students' and faculty members' referencing behavior[J]. Journal of the American Society for Information Science and Technology,2013, 64(5): 1045 – 1054.

③ MILOJEVĆS. How are academic age, productivity and collaboration related to citing behavior of researchers? [J]. PLoS One, 2012, 7(11): e49176.

④ LARIVIÈRE V, SUGIMOTO C R, BERGERON P. In their own image? A comparison of doctoral students' and faculty members' referencing behavior[J]. Journal of the American Society for Information Science and Technology, 2013, 64(5): 1045 – 1054.

息。目前,参考文献分析已经成功地用于科研评价①和施引者的引用模式画像②等研究主题,比如,对科学家进行参考文献分析可以揭示他对文献新旧的偏好程度③、对期刊论文或专著的偏好程度④等。当下,鲜有研究通过参考文献分析全面揭示学者的引用行为。基于此,本部分开展基于参考文献分析视角的引用行为研究,该思路可以作为文献计量学与信息行为融合的有益探索。

成熟的理论框架对于全面揭示引用行为特征具有重要意义。鉴于引用行为是信息行为的有机组成部分,选择基于信息行为理论的分析框架有其内在的合理性。当前,近百种信息行为理论多针对信息搜寻行为,比如 Wilson、Ellis 等提出的模型。考虑到引用是学者对信息资源的正式使用方式之一,因而引用行为应属于信息使用行为的范畴。在众多信息行为理论中,Taylor⑤ 提出的信息使用环境理论(theory of Information Use Environment,IUE)直接面向用户的信息使用行为。IUE 由四类要素构成:用户及其特征、组织环境和条件、待解决的问题,以及问题的解决方式。目前 IUE 已经用于分析工程师、立法人员、临床实践者等的信息行为,另有少量研究利用 IUE 解释社会学家、物理学家如何搜寻和使用信息⑥。IUE 同时考虑了人与环境等四类因素的效应,有助于清晰、全面地描绘学者的引用行为,可以作为本部分研究的理论框架,为本部分研究确定研究变量、解释研究结果提供基础。

本部分研究将基于 IUE 理论,采用参考文献分析法探讨学者特征、组织环境及论题对引用行为的影响。具体研究问题为:① 学者特征、组织环境及论题对引用文献数量偏好的影响;② 学者特征、组织环境及论题对引用文献年龄偏好的影响;③ 学者特征、组织环境及论题对引用文献语种偏好的影响;④ 学者特征、组织环境及论题对自引行为的影响;⑤ 学者特征、组织环境及论题对引用信息资源类

① BORNMANN L, MARX W. The proposal of a broadening of perspective in evaluative bibliometrics by complementing the times cited with a cited reference analysis[J]. Journal of informetrics, 2013, 7(1): 84 – 88.

② COSTAS R, LEEUWEN T N V, BORDONS M. Referencing patterns of individual researchers: do top scientists rely on more extensive information sources? [J]. Journal of the Association for Information Science amnd Technology, 2012, 63(12): 2433 – 2450.

③ COSTAS R, LEEUWEN T N V, BORDONS M. Referencing patterns of individual researchers: do top scientists rely on more extensive information sources? [J]. Journal of the Association for Information Science amnd Technology, 2012, 63(12): 2433 – 2450.

④ SILVERMAN R J. Higher education as a maturing field? Evidence from referencing practices[J]. Research in higher education, 1985, 23(2): 150 – 183.

⑤ TAYLOR R S. Information use environments, in progress in communication science [M]. Norwich, NJ: Ablex, 1991: 217 – 255.

⑥ SHIM J, PARK J H. Scholarly uses of TV content: bibliometric and content analysis of the information use environment[J]. Journal of documentation, 2015, 71(4): 667 – 690.

型偏好的影响;⑥ 学者特征、组织环境及论题对引用信息质量偏好的影响。

6.1.2　信息使用环境理论

Taylor 认为信息行为是使信息变得有用的一系列活动的总和。IUE 的四个要素能影响信息在任何实体间的流入和流出,决定信息价值判断的准则。① IUE 对信息使用影响因素的识别,为当前基于情境的信息行为研究提供了重要思路。② 除了 Taylor 的研究,有学者基于 IUE 分析了 183 位高中校长进行决策制定的过程并探讨了影响决策制定的因素③,也有学者证实了 IUE 可作为日常信息行为研究的理论框架④。

就学术信息行为而言,科学家进行研究的实验室、办公室或基于网络的环境等都可以作为一种信息使用环境。Shim 和 Park⑤基于 IUE 探讨了科学家对电视节目信息的学术性使用情况,并解释了 IUE 在学术信息行为语境下的含义:对于学术信息行为而言,用户及其特征具体化为学者的特征;组织环境和条件则是具有特定话题和知识结构的学术团体,包括正式和非正式团体;待解决的问题为学者在科研工作中的特定信息需求;最后,解决问题的方式即学者对信息的使用模式。

IUE 理论已经在医护人员、管理者、学者和社区工作人员等社会角色的信息行为研究中通过了实证检验,证实其可以为情境性信息行为研究提供完整的分析框架。⑥ 很多信息行为研究者也在他们的工作中吸收了 IUE 的概念⑦。IUE

---

① TAYLOR R S. Information use environments, in progress in communication science[M]. Norwich, NJ: Ablex, 1991: 217 – 255.

② OLATOKUN W M, AJAGBE E. Analyzing traditional medical practitioners' information-seeking behaviour using taylor's information-use environment model[J]. Journal of librarianship & information science, 2010, 42(2): 122 – 135.

③ LUO M. Structural equation modeling for high school principals' data-driven decision making: an analysis of information use environments.[J]. Educational administration quarterly, 2008, 44(5): 603 – 634.

④ DURRANCE J C, SOUDEN M, WALKER D, et al. Community problem-solving framed as a distributed information use environment: bridging research and practice.[J]. Information research: an international electronic journal, 2006, 11(4): 262 – 262.

⑤ SHIM J, PARK J H. Scholarly uses of TV content: bibliometric and content analysis of the information use environment[J]. Journal of documentation, 2015, 71(4): 667 – 690.

⑥ OLATOKUN W M, AJAGBE E. Analyzing traditional medical practitioners' information-seeking behaviour using taylor's information-use environment model.[J]. Journal of librarianship & information science, 2010, 42(2): 122 – 135.

⑦ CHOO C W. The knowing organization: how organizations use information to construct meaning, create knowledge, and make decisions[J]. International journal of information management, 1995, 16(5): 329 – 340.

在诸多领域尤其是学术领域的成功应用,说明其可以作为学术信息行为的研究框架。据此,本研究尝试通过 IUE 对学者的引用行为进行分析,同时考虑人与环境等四要素的相互作用,以更全面地描绘引用行为的特征和影响因素。

6.1.3　研究设计

6.1.3.1　变量的操作化定义

借鉴 Shim 和 Park[①] 的工作,学术引用行为语境下 IUE 各要素将操作化定义为引用行为的特征和影响因素。本研究借鉴 Larivière 等[②] 的做法,考虑到论文作者的排序体现了其对论文的贡献,第一作者被视为论文内容的主要责任人,因此本研究的前三类变量仅考虑第一作者(表 6.1－1)。

表 6.1－1　引用行为影响因素及其操作化定义规则

序号	变量	指标	编码说明
X_1	学者特征	性别	第一作者的性别
X_2		年龄	第一作者发表该论文时的年龄
X_3		教育背景	第一作者接受最高学历教育时所学专业,根据教育部一级学科名录进行分类
X_4		学历	第一作者的最高学历,分为专科、学士、硕士及博士
X_5		毕业院校层次	第一作者获得最高学历所在院校的层次,分为 985 高校、211 高校、普本、国外院校
X_6		职业角色	第一作者的职业,分为教师、图书馆员、研究人员、博士生、硕士生、本科生及工程师
X_7		学术年龄	第一作者至发表该论文时从事学术研究的年限,将发表第一篇论文的时间视为学术生涯开始的第一年
X_8		学衔	第一作者发表该论文时的学术头衔,分为正高、副高及中级

---

①　SHIM J, PARK J H. Scholarly uses of TV content: bibliometric and content analysis of the information use environment[J]. Journal of documentation, 2015, 71(4): 667－690.

②　LARIVIÈRE V, SUGIMOTO C R, BERGERON P. In their own image? A comparison of doctoral students' and faculty members' referencing behavior[J]. Journal of the American Society for Information Science and Technology, 2013, 64(5): 1045－1054.

（续表）

序号	变量	指标	编码说明
X_9	组织环境	所属机构类型	第一作者发表该论文时所属机构的类型,分为高校、研究所、公共图书馆
X_{10}		所属机构层次	第一作者发表该论文时所属机构的层次:高校分为985高校、211高校、普本、专科;公共图书馆分为国家图书馆、省级图书馆、市级图书馆、区级图书馆;研究所分为国家级、省级、市级
X_{11}	论题	研究主题	该论文的研究主题,通过主题分析对研究主题进行分类
X_{12}		文献类型	该论文的文献类型,分为实证研究、思辨研究、综述及其他

（1）用户及其特征

在 IUE 中 Taylor 将用户及其特征界定为用户的人口学特征和非人口学特征,并将前者操作化定义为年龄、性别、教育水平等;Gingras 等[1]证实了年龄对学者科研成果和引用行为的影响;Sugimoto 等[2]的研究提示作者的学科背景将影响参考文献的选择;Larivière 等[3]的研究证实了学术年龄、职业角色、资历等对引用行为的影响。综合现有的研究,本研究将其该变量操作化定义为性别、年龄、教育背景、学历、毕业院校层次、职业角色、学术年龄和学衔。

（2）组织环境和条件

其在 IUE 中的含义为用户所处组织机构的重要性、用户所在工作单元的利益、获取信息的环境与条件,以及用户所在组织的历史与经验。引文实际上是作者群体在学术共同体认同的学术理念和规则影响下产生的、可以考察分析的一种学术交流现象。[4] Taylor 认为组织尤其是具体工作场所的条件影响了信息使用,结合本研究即施引者所在机构,也就是说信息的引用会受到学者所在机构的影响。本研究将其影响程度的不同操作化定义为机构的类型和层次。

---

① GINGRAS Y, LARIVIÈRE V, MACALUSO B, et al. The effects of aging on researchers' publication and citation patterns.[J]. PLoS One, 2008, 3(12): e4048.

② SUGIMOTO C R, NI C, RUSSELL T G, et al. Academic genealogy as an indicator of interdisciplinarity: an examination of dissertation networks in library and information science[J]. Journal of the Association for Information Science amnd Technology, 2011, 62(9): 1808 – 1828.

③ LARIVIÈRE V, SUGIMOTO C R, BERGERON P. In their own image? A comparison of doctoral students' and faculty members' referencing behavior[J]. Journal of the American Society for Information Science and Technology,2013, 64(5): 1045 – 1054.

④ 杨思洛.引文分析存在的问题及其原因探究[J].中国图书馆学报,2011,37(3):108 – 117.

（3）待解决的问题

Taylor 认为该因素主要涉及用户所关注的问题，该问题是否会随时间和情境的变化而改变，等等。Taylor 提出可以从三个角度进行分析：问题是静态的还是动态的；问题形成于 IUE 中的组织和职业等特征；问题的维度形成了相关性判据。结合到学术论文中，一篇论文的论题基本呈静态，因而本研究宜聚焦于问题的不同维度，具体来说，本研究将其操作化定义为研究主题和论文类型。

（4）问题的解决方式

该因素涉及用户如何解决问题，用户选择了哪些类型的信息，等等。具体到学术论文，解决问题的方式包括论文的写作和参考文献的引用，信息的选择体现在论文的参考文献列表中。本研究借助参考文献分析法对学者引用行为的特征进行提取。前期参考文献分析研究主要考虑了引用行为的部分特征，如数量和年龄[1]、对信息资源类型[2]的偏好等，而对语种、自引、质量等偏好少有关注。本研究在综合先前研究的基础上，纳入了更多的引用行为特征变量。具体言之，本研究通过参考文献中外文论文所占比例，探讨学者是否对论文的语种存在偏好，同时探讨作者自引和期刊自引行为分别受哪些因素的影响。信息质量是影响学术信息行为的主要因素之一。总体上，参考文献中期刊论文所占比重最大（研究结果也证实了这一点），且学界对其他类型论文质量的评价暂无共识，本研究通过参考文献中期刊论文的质量来测量学者对信息质量的偏好。学界对采用被引频次表示期刊论文质量历来多有诟病；实践中通行的做法是用期刊影响因子测量其中论文的质量，但有研究指出该做法存在忽略了学科差异等不足。综合考虑，本研究用论文所在期刊的等级分区来衡量论文质量，具体做法为：国外期刊直接按照 JCR（2015 年版）进行分区，没有被 SCI、SSCI 收录的外文期刊归为普通期刊；国内期刊统一映射到国外期刊中去，南京大学根据期刊的学术质量制定了学术成果业绩点奖励标准[3]，该标准中《中国社会科学》大致与 SSCI2 区期刊水平相当，其他一流期刊[4]和国家自科基金 A 类期刊[5]大致与 3 区相当，普通CSSCI（2015—2016 年版）和 CSCD（2015—2016 版）收录的期刊则与 4 区相当；

① MILOJEVIĆ S. How are academic age, productivity and collaboration related to citing behavior of researchers？［J］. PLoS One, 2012, 7(11)：e49176.

② LARIVIÈRE V, SUGIMOTO C R, BERGERON P. In their own image？A comparison of doctoral students' and faculty members' referencing behavior［J］. Journal of the American Society for Information Science and Technology, 2013, 64(5)：1045 - 1054.

③ 有关南京大学关于调整业绩点奖励标准的通知，参见 https：//oa. nju. edu. cn/oa2/_ web/fusionportal/teacherIndex.jsp？_p＝YXM9MSZwPTEmbT1OJg_。

④ 有关南京大学文科一流期刊目录，参见. http：//skch.nju.edu.cn/regulation/1954966425。

⑤ 参见国家自然科学基金委员会相关网页：http：//www. nsfcms. org/index. php？r＝site/journalList。

没有被 CSSCI、CSCD 收录的中文期刊归为普通期刊(表 6.1 - 2)。

表 6.1 - 2 学者引用行为特征及其操作化规则

序号	变量	指标	编码说明
Y_1	数量偏好	参考文献数量(篇)	该论文参考文献的数量
Y_2	年龄偏好	参考文献年龄(年)	该论文参考文献的平均年龄
Y_3	语种偏好	外文论文占比(%,下同)	该论文参考文献中非汉语文献所占比例
Y_4	自引行为	作者自引	该论文参考文献中作者自引所占比例
Y_5		期刊自引	该论文参考文献中期刊自引所占比例
Y_6	信息资源类型偏好	期刊论文占比	该论文参考文献中期刊论文所占的比例
Y_7		会议论文占比	该论文参考文献中会议论文所占比例
Y_8		专著占比	该论文参考文献中专著所占比例
Y_9		网络资源占比	该论文参考文献中网络资源所占比例
Y_{10}		学位论文占比	该论文参考文献中学位论文所占比例
Y_{11}	信息质量偏好	1 区期刊论文所占比例	该论文参考文献中属于1区期刊发表的论文比例
Y_{12}		2 区期刊论文所占比例	该论文参考文献中属于2区期刊发表的论文比例
Y_{13}		3 区期刊论文所占比例	该论文参考文献中属于3区期刊发表的论文比例
Y_{14}		4 区期刊论文所占比例	该论文参考文献中属于4区期刊发表的论文比例
Y_{15}		普通期刊论文所占比例	该论文参考文献中属于普通期刊发表的论文比例

6.1.3.2 数据采集和编码

本研究共采集 566 篇论文样本,采集方式同 5.1.2 节。以 CNKI 等数据库、学者个人主页、所在机构网站及搜索引擎等为数据源,考虑到编码工作量较大,先由两名研究者共同对 10 篇论文进行预编码,提取影响因素和引用行为特征数据,协商讨论后修改编码规则。随后,两名研究者根据表 6.1 - 1 和表 6.1 - 2 的编码规则分别对全部论文进行正式编码,并计算得到编码者一致性为 93.64%,大于 90%,达到了信度要求。

之后,由一名情报学博士生和一名图书馆学博士生共同对样本论文进行分析,提取研究主题。具体操作如下:两人共同根据 30 篇论文主题预编码的结果制定编码规则(实际操作中,对 30 篇论文进行预编码后,编码规则已趋近完善,并无新的编码规则产生），之后共同对余下的样本论文进行编码。根据分析结果，本研究将样本论文的研究主题分为 9 类，分别为：信息组织、信息分析（包括数据挖掘、知识发现）与竞争情报、信息管理与信息资源建设、图书馆管理、信息服务、信息检索、用户信息行为、信息计量与评价，以及文献学与目录学。

6.1.3.3 统计分析

二元分析。由于文献计量数据的偏态分布，本研究采用 Spearman 相关系数和非参数检验分析学者特征、组织环境及论题对引用行为的影响。Kruskal-Wallis(简称 KW)检验，是一种常用的比较多组间差异的方法，KW 检验显著表示多组样本中至少有一组的分布具有明显差异。需要指出的是，本研究抽样得到的样本中在研究所就职的学者较少，其中仅 1 人在市级研究所工作，3 人在省级研究所工作（组内样本量<5），对该组进行的非参数检验不具有统计学意义，故对该类学者的引用行为特征无法深入探究。二元分析的显著性水平为 $P=0.05$，采用 SPSS 23.0 完成。

回归分析。本研究采用回归分析法进一步探讨显著影响学者信息质量偏好的因素。具体做法如下：对信息质量的偏好程度借鉴图像处理等领域中的做法，采用梯度倒数加权，即 1、2、3、4、5 级论文分别对应权值 1、1/2、1/3、1/4、1/5。于是根据 $C=\sum_{i=1}^{5}\omega_i p_i$(公式 6.1 - 2)，计算得到信息质量偏好的量化值 C。公式 6.1 - 2 中，p_i 为参考文献中各级期刊论文的比例，ω_i 为其对应权值。对因变量 C 的分布进行 K-S 检验，显示 C 属于非正态分布，因而将因变量 C 取自然对数后再进行多元线性回归。自变量中的分类变量设置为虚拟变量，同时，对变量进行标准化后得到标准化回归系数。回归分析的显著性水平为 $P=0.10$，采用 SPSS 23.0 完成。

6.1.4 研究结果与讨论

表 6.1 - 3 为相关性分析和非参数检验的结果。其中灰色行 X_2 和 X_8 为相关系数，其他灰色行为 KW 检验的统计量，白色行为各变量的平均值。表 6.1 - 4 为信息质量引用偏好的影响因素回归分析结果，该回归模型的 R^2 为 51%；回归结果显示，学者特征、组织环境特征和论题三类变量中的 6 个指标（共 10 个虚拟变量）对学者引用信息质量的偏好具有显著影响。

6.1.4.1 学者特征对引用行为的影响

如表 6.1 - 3 结果所示，学者的性别（X_1）显著影响其引用行为，从表 6.1 - 3 的平均值分析可以看出，男性学者倾向于引用较多文献，且对外文文献和 1 区期

表 6.1－3 各影响因素与引用行为特征的分析结果

特征	说明	样本量	Y_1	Y_2	Y_3	Y_4	Y_5	Y_6	Y_7	Y_8	Y_9	Y_{10}	Y_{11}	Y_{12}	Y_{13}	Y_{14}	Y_{15}
X_1 性别			**21.189**	**0.589**	**7.926**	**20.328**	0.006	0.588	5.398	1.659	4.267	0.091	**7.691**	1.400	3.374	2.331	1.942
	男	268	12.01	—	0.255	0.041	—	—	—	—	—	—	0.065	—	—	—	—
	女	290	10.19	—	0.235	0.021	—	—	—	—	—	—	0.040	—	—	—	—
X_2 年龄		550	**−0.115**	0.066	**−0.181**	**0.149**	**0.112**	0.078	−0.066	0.062	**−0.203**	−0.075	−0.065	**−0.115**	−0.026	0.015	−0.031
			42.861	**40.456**	**46.614**	**9.839**	**8.877**	**42.266**	**14.784**	**36.858**	**32.101**	**14.564**	**59.836**	**44.258**	**8.445**	**12.142**	**6.639**
X_3 教育背景	经济学	10	14.900	6.533	0.328			0.783	0.000	0.087	0.101	0.028	0.130	0.075	—	—	—
	工商管理	21	14.524	5.544	0.276			0.701	0.018	0.145	0.085	0.036	0.103	0.058	—	—	—
	管理科学与工程	24	12.958	5.125	0.410			0.689	0.041	0.125	0.096	0.021	0.171	0.121	—	—	—
	图书情报与档案管理	205	12.424	4.810	0.316			0.521	0.044	0.139	0.250	0.021	0.062	0.043	—	—	—
	中国语言文学	20	11.250	18.962	0.051			0.234	0.002	0.673	0.032	0.000	0.000	0.000	—	—	—
	计算机科学与技术	15	8.800	4.366	0.310			0.518	0.067	0.161	0.207	0.039	0.049	0.051	—	—	—
	其他	52	10.904	5.057	0.173			0.619	0.035	0.145	0.143	0.011	0.043	0.025	—	—	—

（续表）

特征	说明	样本量	Y_1	Y_2	Y_3	Y_4	Y_5	Y_6	Y_7	Y_8	Y_9	Y_{10}	Y_{11}	Y_{12}	Y_{13}	Y_{14}	Y_{15}
X_4 学历			63.563	16.875	87.683	0.339	6.382	26.519	28.554	5.317	20.152	8.185	52.841	29.232	6.486	8.573	2.462
	博士	167	14.006	6.178	0.394	—	—	0.538	0.053	—	0.199	0.021	0.099	0.064	0.079	0.461	—
	硕士	191	10.780	5.106	0.252	—	—	0.522	0.030	—	0.226	0.026	0.045	0.032	0.064	0.519	—
	学士	105	9.015	4.380	0.088	—	—	0.688	0.005	—	0.115	0.009	0.014	0.011	0.063	0.575	—
X_5 毕业院校层次			38.459	3.588	55.953	1.921	2.755	7.737	31.556	3.464	12.385	7.857	41.860	25.663	3.438	6.785	1.291
	985	227	12.991	—	0.347	—	—	—	0.049	—	0.216	—	0.087	0.052	—	—	—
	211	47	10.149	—	0.228	—	—	—	0.022	—	0.191	—	0.042	0.061	—	—	—
	普本	69	10.261	—	0.128	—	—	—	0.016	—	0.151	—	0.008	0.019	—	—	—
	国外院校	5	17.600	—	0.387	—	—	—	0.133	—	0.242	—	0.029	0.067	—	—	—
X_6 职业角色			69.890	16.356	90.304	10.803	3.709	13.770	33.725	8.484	7.204	17.456	84.621	43.315	13.645	17.168	4.173
	教师	152	13.862	6.385	0.353	—	—	0.558	0.048	—	—	0.024	0.108	0.056	0.079	0.436	—
	研究人员	19	11.579	5.767	0.281	—	—	0.495	0.034	—	—	0.034	0.022	0.009	0.064	0.567	—
	博士生	27	13.852	5.132	0.461	—	—	0.572	0.097	—	—	0.007	0.110	0.086	0.063	0.510	—
	硕士生	53	12.660	5.024	0.359	—	—	0.500	0.047	—	—	0.031	0.075	0.040	0.090	0.480	—
	本科生	6	10.500	4.332	0.231	—	—	0.869	0.023	—	—	0.033	0.074	0.052	0.083	0.531	—
	图书馆员	296	8.997	4.956	0.148	—	—	0.602	0.014	—	—	0.013	0.018	0.019	0.052	0.566	—
	工程师	13	8.692	3.780	0.063	—	—	0.620	0.000	—	—	0.045	0.000	0.019	0.077	0.442	—
X_7 学术年龄		565	0.070	0.043	0.017	0.231	0.057	0.050	0.068	−0.003	−0.075	−0.017	0.080	0.009	0.072	−0.017	−0.073

（续表）

特征	说明	样本量	Y_1	Y_2	Y_3	Y_4	Y_5	Y_6	Y_7	Y_8	Y_9	Y_{10}	Y_{11}	Y_{12}	Y_{13}	Y_{14}	Y_{15}
X_8 学衔			**9.495**	**11.881**	**23.196**	**30.200**	**12.923**	**14.112**	**3.397**	**8.255**	**13.946**	**8.300**	**17.412**	**9.892**	**1.928**	**19.376**	**2.570**
	正高	75	13.053	6.215	0.274	0.058	0.056	0.478	—	0.194	0.180	0.020	0.074	0.027	—	0.447	—
	副高	170	10.635	5.675	0.193	0.041	0.038	0.623	—	0.185	0.117	0.014	0.044	0.032	—	0.551	—
	中级	47	13.106	6.528	0.420	0.033	0.012	0.500	—	0.178	0.220	0.033	0.112	0.077	—	0.330	—
X_9 所属机构类型			**37.914**	**0.898**	**26.083**	**1.446**	**4.198**	**6.779**	**6.728**	**4.624**	**6.479**	**8.796**	**14.669**	**9.912**	**4.306**	**1.940**	**4.463**
	高校	481	11.507	—	0.262	—	—	—	—	—	—	0.020	0.059	0.038	—	—	—
	研究所	15	10.200	—	0.297	—	—	—	—	—	—	0.031	0.039	0.022	—	—	—
	公共图书馆	64	7.359	—	0.084	—	—	—	—	—	—	0.004	0.003	0.007	—	—	—
X_{10a} 高校层次			**49.687**	**2.792**	**70.024**	**3.490**	**4.688**	**15.075**	**28.918**	**6.239**	**23.292**	**10.849**	**32.442**	**33.321**	**5.726**	**9.426**	**8.253**
	985	195	13.282	—	0.361	—	—	0.551	0.057	—	0.221	0.022	0.083	0.053	—	—	—
	211	60	11.233	—	0.285	—	—	0.554	0.029	—	0.235	0.039	0.067	0.079	—	—	—
	普本	204	10.023	—	0.170	—	—	0.637	0.014	—	0.129	0.014	0.039	0.017	—	—	—
	专科	22	10.227	—	0.175	—	—	0.665	0.007	—	0.207	0.007	0.011	0.000	—	—	—
X_{10b} 图书馆层次			**34.830**	**5.044**	**25.122**	**2.194**	**7.196**	**23.174**	**5.590**	**9.040**	**6.582**	**8.630**	**14.706**	**7.853**	**4.935**	**19.453**	**5.399**
	国图	9	7.111	—	0.056	—	—	0.160	—	—	—	—	0.000	—	—	0.222	—
	省图	23	7.348	—	0.114	—	—	0.402	—	—	—	—	0.009	—	—	0.329	—
	市图	21	8.191	—	0.068	—	—	0.671	—	—	—	—	0.000	—	—	0.708	—
	区图	11	6.000	—	0.074	—	—	0.476	—	—	—	—	0.000	—	—	0.497	—

（续表）

特征	说明	样本量	Y_1	Y_2	Y_3	Y_4	Y_5	Y_6	Y_7	Y_8	Y_9	Y_{10}	Y_{11}	Y_{12}	Y_{13}	Y_{14}	Y_{15}
X_{10} 研究所层次			4.528	1.721	5.458	4.624	1.683	0.318	7.868	3.348	7.529	2.559	5.902	9.404	0.674	2.651	1.679
	国家级	11	—	—	—	—	—	—	0.048	—	—	—	—	0.000	—	—	—
	省级	3	—	—	—	—	—	—	0.000	—	—	—	—	0.000	—	—	—
	市级	1	—	—	—	—	—	—	0.100	—	—	—	—	0.333	—	—	—
			34.645	96.225	74.672	12.336	21.907	46.688	70.941	65.989	16.742	37.466	112.322	84.030	22.748	26.986	12.883
X_{11} 研究主题	信息组织	49	8.878	5.547	0.303	—	0.024	0.418	0.070	0.299	0.190	0.018	0.086	0.035	0.067	0.457	—
	信息分析与竞争情报	48	13.292	5.853	0.356	—	0.022	0.526	0.106	0.148	0.114	0.032	0.096	0.056	0.106	0.361	—
	信息管理与资源建设	85	10.635	4.207	0.215	—	0.051	0.611	0.015	0.132	0.180	0.018	0.062	0.026	0.050	0.507	—
	图书馆管理	105	10.323	4.682	0.135	—	0.065	0.599	0.008	0.122	0.210	0.006	0.004	0.023	0.058	0.599	—
	信息服务	158	9.741	3.837	0.208	—	0.057	0.632	0.017	0.103	0.202	0.015	0.023	0.014	0.059	0.562	—
	信息检索	27	11.074	4.200	0.464	—	0.027	0.525	0.065	0.097	0.270	0.043	0.062	0.074	0.095	0.503	—
	用户信息行为	31	15.774	6.758	0.376	—	0.030	0.665	0.050	0.124	0.102	0.059	0.130	0.094	0.115	0.454	—
	信息计量与评价	36	14.556	5.853	0.388	—	0.076	0.697	0.022	0.092	0.142	0.018	0.156	0.088	0.056	0.538	—
	文献学与目录学	27	11.074	17.938	0.037	—	0.015	0.274	0.001	0.658	0.039	0.000	0.000	0.000	0.014	0.409	—

（续表）

特征	说明	样本量	Y_1	Y_2	Y_3	Y_4	Y_5	Y_6	Y_7	Y_8	Y_9	Y_{10}	Y_{11}	Y_{12}	Y_{13}	Y_{14}	Y_{15}
			44.322	**31.221**	**58.369**	**3.419**	**5.162**	**23.708**	**44.828**	**23.744**	**2.692**	**12.602**	**67.952**	**63.701**	**33.198**	**17.301**	**2.756**
X_{12} 文献类型	实证研究	186	11.032	5.006	0.315	—	—	0.628	0.042	0.108	—	0.031	0.097	0.059	0.073	0.498	—
	思辨研究	235	10.136	4.328	0.182	—	—	0.600	0.019	0.136	—	0.013	0.020	0.016	0.056	0.581	—
	综述	36	20.889	6.007	0.499	—	—	0.628	0.117	0.088	—	0.012	0.126	0.089	0.137	0.403	—
	其他	109	9.404	8.010	0.157	—	—	0.434	0.008	0.316	—	0.012	0.019	0.011	0.045	0.449	—

注：加粗表示该值统计显著。

表 6.1 - 4　学者的信息质量引用偏好回归分析结果

指　　标	非标准化系数 B	标准化系数 β	t 统计量	P 值	VIF
X_3 教育背景—经济学	0.196	0.131	1.776	0.074	1.263
X_3 教育背景—管理科学与工程	0.368	0.307	3.886	0.000	1.439
X_5 毕业院校层次—普本	−0.197	−0.159	−1.759	0.091	1.866
X_6 职业角色—研究人员	−0.218	−0.154	−1.664	0.086	1.991
X_{10a} 高校层次—普本	0.131	0.171	1.824	0.067	2.070
X_{11} 研究主题—信息管理与资源建设	0.278	0.307	3.347	0.001	1.912
X_{11} 研究主题—信息检索	0.276	0.147	1.960	0.060	1.289
X_{11} 研究主题—用户信息行为	0.284	0.228	2.860	0.008	1.496
X_{11} 研究主题—信息计量与评价	0.272	0.234	2.654	0.016	1.852
X_{12} 文献类型—思辨研究	−0.234	−0.324	−3.923	0.000	1.479

注：$R=0.714, F=3.178, R^2=0.510, P=0.001$,调整 $R^2=0.349, V=146$。

刊论文具有较大的引用偏好。这可能是因为女性在信息选择中更倾向于风险规避且女性对知识的态度更保守。[①] 男性学者自引比例也明显高于女性(4.1%和2.1%)。

　　年龄(X_2)越大的学者所引用的参考文献数量、外文文献和网络资源均减少($r=−0.115, −0.181$ 和$−0.203$)。年龄会影响学者对创新、风险行为的态度[②],比如年长的学者引用网络资源、外文文献比例往往降低。另外,科研经验也是原因之一:经验丰富、受人尊敬的学者会感觉自己不需要借鉴、参考其他文献因而引用的文献数量减少[③,④];相反,年轻学者则需要引用更多的文献来解释自己的

① LIM S, KWON N. Gender differences in information behavior concerning Wikipedia, an unorthodox information source? [J]. Library & information science research, 2010, 32(3): 212 - 220.

② TAYLOR R S. Information use environments, in progress in communication science [M]. Norwich, NJ: Ablex, 1991: 217 - 255.

③ COSTAS R, LEEUWEN T N V, BORDONS M. Referencing patterns of individual researchers: do top scientists rely on more extensive information sources? [J]. Journal of the Association for Information Science amnd Technology, 2012, 63(12): 2433 - 2450.

④ FRANDSEN T F, NICOLAISEN J. Effects of academic experience and prestige on researchers' citing behavior[J]. Journal of the Association for Information Science amnd Technology, 2012, 63(1): 64 -71.

正确性,增加说服力①。同时,随着年龄(X_2)和学术年龄(X_7)的增加,学者的自引增加($r=0.149$ 和 $r=0.231$),这可能是因为其学术成果丰硕且研究具有一定的连续性,后续研究以前期研究为基础。②

Taylor③ 认为在人口学特征中,教育是影响行为的最重要因素,这一观点受到了很多信息行为研究的肯定。而科研人员所接受的教育是 Taylor 所言之正式教育,可体现为教育背景(X_3)、学历(X_4)和毕业院校层次(X_5)。① 具有交叉学科背景会影响参考文献选择,Sugimoto 等④的工作可以解释本研究发现的这种现象:计算机背景的学者引用较多会议论文,而中国语言文学背景的学者倾向于引用专著;具有管理科学与工程与经济学背景的学者倾向于引用更多高质量的论文($\beta=0.307$ 和 0.131);具有中国语言文学背景的学者则更倾向于引用更经典的文献,且引用外文文献较少;具有图书情报学和计算机背景的学者对网络资源的引用率明显高于其他学科。② 国外院校或 985 高校毕业的学者,以及具有博士学历的学者,在参考文献数量、质量及会议论文、外文论文和网络资源上的偏好,可由其学术素养解释。高层次院校对学术素养教育的支持,使其能够培养出遵循学术规范,具有批判性思维、创新思维和较高实践能力的学者⑤;同时,这部分学者也因受到了正规的信息素养教育,而具有良好的搜寻、评价、管理信息的能力,对信息技术的接受程度较高,善于利用各种信息资源解决问题。相比之下,具有学士学位的作者引用 4 区期刊论文较多,回归结果中,毕业于普通本科的学者倾向于引用质量较低的信息($\beta=-0.159$)。

不同职业角色的学者具有不同的引用行为。教师与博士生引用的参考文献较多(近 14 篇),且前者更倾向于引用较老的文献;博士生引用外文文献(46.1%)、会议论文(9.7%)和1、2 区期刊论文最多;工程师偏好于引用学位论文(4.5%),且工程师和图书馆员对高质量论文的使用率较低。职业训练和职业活

① COSTAS R, LEEUWEN T N V, BORDONS M. Referencing patterns of individual researchers: do top scientists rely on more extensive information sources? [J]. Journal of the Association for Information Science amnd Technology,2012,63(12):2433-2450.

② LARIVIÈRE V, SUGIMOTO C R, BERGERON P. In their own image? A comparison of doctoral students' and faculty members' referencing behavior[J]. Journal of the American Society for Information Science and Technology,2013,64(5):1045-1054.

③ TAYLOR R S. Information use environments, in progress in Communication Science[M]. Norwich,NJ: Ablex, 1991:217-255.

④ SUGIMOTO C R, NI C, RUSSELL T G, et al. Academic genealogy as an indicator of interdisciplinarity:an examination of dissertation networks in library and information science[J]. Journal of the Association for Information Science amnd Technology,2011,62(9):1808-1828.

⑤ MCWILLIAMS R, ALLAN Q. Embedding academic literacy skills:towards a best practice model[J]. Journal of University Teaching & Learning Practice,2014,11:22.

动影响着个人对工作的态度[①],因而学者的职业角色(X_6)对其引用行为产生影响。博士生和教师的引用行为具有较大的相似性,且前者对高质量论文和外文论文的偏好更大,其原因可能是博士生尚未形成稳定的研究领域,还处于从多个领域和各种途径广泛涉猎、博采众长的阶段。[②] 此外,学生、研究人员和教师投入更多的时间与精力进行科学研究,对各种类型参考文献的使用率和偏好普遍高于图书馆员和工程师;回归结果显示,研究人员对高质量信息没有明显的引用偏好($\beta=-0.154$),这可能与本领域研究人员多从事科技服务、技术应用等有关。

本研究按照我国的职称评审制度,将教师、研究人员及工程师的职称分为正高、副高和中级(X_8),其中,正高、中级职称学者平均引用约为 13 篇参考文献,且他们都偏好较老的文献。正高职称的学者自引较多(5.8%),而中级职称的学者较其他学者而言,明显偏好使用外文文献,且对 1、2 区期刊论文的使用偏好最大(11.2% 和 7.7%)。中级职称学者的上述引用偏好可能与鼓励学者多发表论文、发表高质量论文等的职称评定制度和奖励制度有关,激励政策强调、鼓励的相关做法对信息的有用性判定具有举足轻重的作用[③]。不同学衔的学者在期刊论文、专著、网络资源和学位论文引用率上也具有一定差异。

6.1.4.2　组织特征对引用行为的影响

处在不同组织环境中的学者也会呈现不同的引用行为。比如:高校、研究所和公共图书馆的作者对参考文献数量的偏好渐次降低;高校和研究所的学者引用外文参考文献(26.2% 和 29.7%)和学位论文(2% 和 3%)的比例显著高于公共图书馆的学者;就职于高校的学者比研究所、公共图书馆的学者更倾向于使用高质量的期刊论文信息。在不同层次的高校中:在 985 高校就职的学者引用参考文献较多(约 13 篇),对 1 区期刊论文的使用偏好也随着高校层次依次降低;在普通本科和专科学校就职的学者引用期刊论文较多(>63%),引用会议论文和学位论文较少,后者对网络资源也具有一定的引用率(20.7%)。在不同层次的公共图书馆中:市级图书馆就职的学者引用参考文献数量最多(约 8 篇),且主要

① LUO M. Structural equation modeling for high school principals' data-driven decision making: an analysis of information use environments[J]. Educational administration quarterly, 2008, 44(5): 603 - 634.

② ZUCKERMAN H A, MERTON R K. Age, aging, and age structure in science[M]. //The sociology of science: collected papers of R. K. Merton. Chicago: University Chicago Press, 1973: 497 - 559.

③ LUO M. Structural equation modeling for high school principals' data-driven decision making: an analysis of information use environments. [J]. Educational administration quarterly, 2008, 44(5): 603 - 634.

为 4 区的期刊论文(70.8%);省图的学者引用外文文献最多(11.4%),且省级图书馆的学者会一定程度地引用 1 区期刊论文。

　　引用行为嵌入于特定集体性的社会文化习惯中[①],学术共同体中特定的研究话题和知识结构影响着学者思考和行为的方式,从而影响信息的搜寻和使用[②]。研究结果显示,科研机构的类型(X_9)和层次(X_{10})对学者引用文献的数量、质量、语种、类型等产生显著影响,Taylor[③] 认为这些影响可能来自四个方面:组织的重要性(importance of organization)、历史和经验(history and experience)、利益单元(domain of interest),以及信息获取(access to information)。

　　高校、公共图书馆和研究所具有不同的结构和风格,比如,除科研工作外公共图书馆的学者还承担了较多的公共服务职能。不同层次的高校、研究所和公共图书馆在"科技强国"建设中承担着不同的责任,所处机构层次越高的学者,更倾向于引用较多文献且多为高影响力的会议论文、外文论文等。例如,以 985 高校和 211 高校为主导的"双一流"建设要求立足本土、放眼国际,必然会借鉴大量、高影响力的西方先进理论与技术;普通本科院校进一步提升学术水平的诉求及其奖励机制,也使得就职于普本的学者越来越重视对高质量信息的吸收和使用,回归结果证实了这一点($\beta=0.171$)。此外,不同机构中竞争环境、奖励机制也有差异。"历史和经验"指的是机构的学术积累,学术底蕴深厚的机构能解决更复杂的问题并对新兴技术具有较大包容性[④],这也能在一定程度上解释不同层级机构的学者引用行为的差异。

　　机构中各个职能部门或项目单元("利益单元",如课题组、教研室)有其自身的信息传播方式[⑤],而高校、研究所开设的课程、讲座、学术研讨活动等可以连接各个单元之间的弱关系,促进创新的扩散和转移[⑥],因为"弱关系"中往往存在着

　　① NICOLAISEN J. Citation analysis[J]. Annual review of information science & technology, 2007, 41(1): 609 - 641.

　　② SHIM J, PARK J H. Scholarly uses of TV content: bibliometric and content analysis of the information use environment[J]. Journal of documentation, 2015, 71(4): 667 - 690.

　　③ TAYLOR R S. Information use environments, in progress in communication science [M]. Norwich, NJ: Ablex, 1991: 217 - 255.

　　④ TAYLOR R S. Information use environments, in progress in communication science [M]. Norwich, NJ: Ablex, 1991: 217 - 255.

　　⑤ TAYLOR R S. Information use environments, in progress in communication science [M]. Norwich, NJ: Ablex, 1991: 217 - 255.

　　⑥ DURRANCE J C, SOUDEN M. WALKER D, et al. Community problem-solving framed as a distributed information use environment: bridging research and practice.[J]. Information research: an international electronic journal, 2006, 11(4): 262 - 262.

重要的、新颖的、有价值的信息①。对信息获取的感知易用性是影响信息使用的另一因素②。信息获取包括正式渠道和非正式渠道，前者可通过不同层次机构数据库的资源数量来反映，比如，985 院校南京大学的图书馆拥有外文电子资源 115 个、中文电子资源 67 个；211 工程院校南京师范大学的图书馆拥有外文电子资源 49 个、中文电子资源 56 个；普通院校南京信息工程大学的图书馆则仅拥有外文电子资源 25 个、中文电子资源 20 个；高层次院校多样的信息资源扩展了学者信息获取的渠道，有助于学者获取更多的会议论文、学位论文及网络资源等。此外，高校和研究所的学者常举办和参加跨地区、跨机构的学术会议等，学术共同体在"看不见的学院"中交换信息，跟踪前沿③，可进一步促进科学交流与知识扩散。

6.1.4.3　论题对引用行为的影响

开展不同主题研究的学者也表现出不同的引用行为。比如，开展用户信息行为、信息计量与评价、信息分析与竞争情报研究的学者引用较多（>13 篇），且开展前两类研究时学者更倾向于使用高质量的期刊论文（$\beta=0.228$ 和 0.234），而开展信息分析与竞争情报研究时更倾向于引用会议论文（10.6%）；此外，信息计量与评价研究引用期刊论文最多（69.7%），且多为来源期刊所发表的论文（7.6%）。进行文献学与目录学的研究时，学者引用的参考文献平均年龄最大（近 18 年），对专著的引用最多（65.8%），但对外文参考文献（3.7%）的偏好程度最低。开展信息检索相关研究时，学者对外文参考文献的偏好最高（46.4%），且对网络资源、学位论文和高质量论文（$\beta=0.147$）具有一定的引用偏好。回归分析显示，开展信息管理与资源建设研究对学者引用高质量信息具有正向最大影响（$\beta=0.307$）。开展信息服务研究时学者则倾向于借鉴较新的文献，而开展信息服务和信息组织研究的学者引用数量较小（<10 篇），此外，开展信息服务和图书馆管理研究的学者会更多地使用 4 区期刊论文（>56%）和网络资源。

不同文献类型中，综述引用的参考文献数量最多（>20 篇），且对会议论文（11.7%）引用的比例最高；实证研究的学者对学位论文具有更大的偏好；综述和实证研究类论文更倾向于引用外文文献和高质量论文；采用思辨方法开展研究的学者对高质量论文的引用偏好相对较低（$\beta=-0.324$）。包括文献研究、工作报道等在内的其他类型研究，学者对专著的引用率居首位（31.6%）。

① 翟学伟.社会流动与关系信任：也论关系强度与农民工的求职策略[J].社会学研究,2003,18(1)：1-11.

② TAYLOR R S. Information use environments, in progress in communication science[M]. Norwich, NJ：Ablex,1991：217-255.

③ ZUCCALA A. Modeling the invisible college[J]. Journal of the American Society for Information Science and Technology, 2006, 57(2)：152-168.

Taylor① 认为,用户感知到的、形成于其所在特定环境中的一系列问题能影响其对于信息是否有用的判断。问题的类型可以通过信息项(information terms)来描述,即通过用户搜寻和使用的信息来定义。Taylor② 将问题分为结构化/非结构化、复杂/单一、熟悉/新颖等维度。结构化的问题(如实证研究)往往需要逻辑、算法和硬数据(hard data)等来解决,而思辨研究可看成非结构化问题,问题本身会随着具体对象和情境的不同而发生变化;综述性论文则需要对相关领域的起源、理论、方法、现状、不足等进行系统性的回顾。因此,论文类型(X_{12})的不同造成了引用模式的差异(如引用信息类型和信息质量的偏好)。若将论题按"熟悉/新颖"维度进行划分,则可以解释研究主题(X_{11})的不同引发的差异。图书馆管理、信息服务等主题的研究引用的参考文献数量少,且多为期刊论文和网络资源,对会议论文、外文文献等关注较少,对高质量参考文献的偏好也较其他主题的研究小,出现这些现象可能是因为图书馆管理、信息服务等属于传统的、研究者较熟悉的主题,这类问题具有固定的解决模式③。根据"最省力原则",此类研究主题对信息的需求较为保守④。而包括数据挖掘、知识发现在内的信息分析研究和信息检索研究则更倾向于引用会议论文和外文论文,其引用参考文献的数量也较多,可能的原因是新颖、不确定的研究问题需要追踪前沿、旁征博引来助以解决⑤;同时,更新快、创新性高的用户信息行为、信息计量和信息检索等研究在开展时也需要借助高质量的、新颖的信息。

6.2　施引者引用判据研究

6.2.1　研究问题

文献计量研究中对学术论文被引影响因素的探索日益全面、深入,但这些影响因素与论文被引之间的关系是否真实地反映了施引者的引用意向仍不得而

---

① TAYLOR R S. Information use environments, in progress in Communication Science [M]. Norwich, NJ: Ablex, 1991: 217 - 255.

② TAYLOR R S. Information use environments, in progress in communication science [M]. Norwich, NJ: Ablex, 1991: 217 - 255.

③ TAYLOR R S. Information use environments, in progress in communication science [M]. Norwich, NJ: Ablex, 1991: 217 - 255.

④ AGADA J. Inner-city gatekeepers: an exploratory survey of their information use environment [J]. Journal of American Society for Information Science and Tehcnology, 1999, 50(1): 74 - 85.

⑤ BYSTRÖM K, JÄRVELIN K. Task complexity affects information seeking and use [J]. Information processing & management, 1995, 31(2): 191 - 213.

知。回答该问题的适合人选显然应该是施引者。为此,本研究从施引者的角度对学术论文引用判据(criteria)进行探索性研究。具体来说,本部分将解决以下研究问题:

(1) 科研人员引用学术论文时的判据有哪些?

(2) 判据的选择可能受到哪些因素影响?

6.2.2　研究设计

6.2.2.1　扎根理论流派的选择

扎根理论(grounded theory)是一种基于数据生成理论的探索性研究方法,适应于尚未被充分挖掘的研究主题。鉴于学界对学术论文的引用判据关注较少,本部分研究采用扎根理论方法。

扎根理论最早由 Glaser 和 Strauss[①] 于 1967 年提出,其核心思想是生成扎根于数据的理论。Glaser 和 Strauss 的经典扎根理论流派包含如下过程与规则:(1) 开展研究前,研究者可以有大致的研究方向,但切忌带有预设的具体研究问题,也无须进行文献综述;(2) 数据收集和分析同时进行;(3) 通过每一步的数据收集和分析形成分析性编码与类别,从而推动理论的涌现;(4) 持续比较法(constant comparing method)贯穿于整个分析过程;(5) 以生成理论为目标进行数据收集,即理论抽样(theoretical sampling)而非追求样本的代表性;(6) 在分析过程中撰写备忘录(memo-writing),从而精细化类别,明确属性,定义类别间的关系。上述过程有助于增加研究工作的分析性效能,对所研究现象产生抽象化、概念化的理解。扎根理论为质性研究提供了一套有力的方法学。一方面,强调研究者"保持开放的头脑"可保证其在研究过程中不受已有理论视角的影响,避免"先入为主"与"验证思维",从而产生新的理论。另一方面,强有力地立足于数据开展系统性分析也与不切实际的、演绎式推理形成明显差异。[②]

不过,经典扎根理论因在实际操作过程中具有较高难度而遭受不少诟病。其一,让研究者不带任何主观的、先入为主的假定而完全依赖于数据自然涌现的做法太过理想化,所有研究者都接受过学术训练,因而不可避免地拥有特定知识背景及思维方式。[③] 其二,如果研究者完全摒弃所有的理论基础,研究过程将变得毫无头绪,没有方向,特别是对于初学者来说,这不利于研究的推进。虽然

① GLASER B, STRAUSS A. The discovery of grounded theory [M]. Chicago, IL: Aldine Transaction,1967.

② CHARMAZ K. An invitation to grounded theory [M]. //Constructing grounded theory: a practical guide through qualitative analysis. Thousand Oaks, CA: Sage, 2006: 1-12.

③ 吴肃然,李名荟.扎根理论的历史与逻辑[J].社会学研究,2020(2):75-98.

Glaser 提出了理论敏感度(theoretical sensitivity)来解释研究者透过事物表象、挖掘深层内涵的能力[①],并指出初学者由于理论敏感度低而不适合做扎根理论研究,但理论敏感度并非生来就有,而是需要经过长期的学术训练而逐渐养成[②]。针对这一问题的讨论,使 Glaser 和 Strauss 逐渐产生了分野。

为了消除研究过程中的茫然感、增加可操作性,Strauss 和 Corbin[③] 提出了一种程序化水平更高、编码过程更系统的扎根理论。该流派的扎根理论将编码过程分为开放编码(open coding)、主轴编码(axial coding)及选择编码(selective coding)三阶段,并提出了一些分析策略和分析工具。分析策略包括询问问题、比较、关注词的多层含义、概念翻转(flip-flopping)等。分析工具则主要包括编码典范(coding paradigm)与条件矩阵(condition/consequential matrix),其中:典范包括条件、行为/交互及结果三个部分,为研究者提供了组织、联系概念的思路;条件矩阵则涵盖个人、团队、组织、社区、国家及国际等各个层面,并纳入了政治、文化、价值观、经济、历史等宏观因素。这些可能的条件帮助研究者识别行为交互过程中涉及的任何情形与结果,从而构建全面、系统的理论。Corbin 和 Strauss[④] 指出,使用编码典范的逻辑是帮助研究者思考组织概念的可能方式和概念间可能存在的联系,而如果只关注典范中的概念和关系或者只对这些特征进行编码则是完全错误的。可见,对编码典范的使用应当与原始数据有机结合。

随着 20 世纪六七十年代后现代主义思潮的兴起,理性主义受到冲击。Charmaz[⑤] 提出了"建构主义扎根理论",强调不存在客观事实,认为研究者不可能揭示出被访者的真实体验,而只是对被访者的意义进行多重建构。Charmaz 认为,数据和理论都不能被发现,由于研究者本身就处于自己研究的世界和收集的数据中,理论是研究者基于过去和现在与世界交互的经验、观点及研究习惯而建构出来的。因而,任何理论都是对现象的解释,而非真相。在建构扎根理论流派中,编码过程分为初始编码(initial coding)和聚焦编码(focused coding):初始编码要求研究者保持开放的头脑,对原始语料进行分析性思考,通过逐行编码、持续比较等方式,提取出所有相关的编码(鼓励使用 in vivo 编码);聚焦编码则从先前获得的、最有意义或出现频次最高的编码出发,对原始语料进行仔细审

---

① GLASER B G. Theoretical sensitivity [M]. Mill Valley, C A: Sociology Press, 1978.

② 贾旭东,谭新辉.经典扎根理论及其精神对中国管理研究的现实价值[J].管理学报,2010,7(5):656-665.

③ STRAUSS A, CORBIN J. Basics of qualitative research: grounded theory procedures and techniques[M]. Newbury Park, CA: SAGE,1990.

④ CORBIN J, STRAUSS A. Basics of qualitative research: techniques and procedures for developing grounded theory[M]. Fourth edition, CA: Sage, 2015.

⑤ CHARMAZ K. An invitation to grounded theory [M]. //Constructing grounded theory: a practical guide through qualitative analysis. Thousand Oaks, CA: Sage, 2006: 1-12.

查,这个过程要求研究者决定哪些初始编码具有最大的分析性价值,从而可以敏锐、全面地对原始数据进行组织。[①]

表 6.2-1 梳理了三大扎根理论流派的主要异同点。可以看出,虽然在三大流派内部存在着不小分歧,但反对社会科学中的"演绎-验证"逻辑,从数据材料中逐步归纳出理论仍是扎根理论的核心基础,数据收集与分析的迭代、理论抽样的使用、持续比较以实现概念化是扎根理论学家的共识。程序化扎根理论被认为是一套可以与定量匹敌的研究程序,由于其严谨性和可操作性,得到了最为广泛的认可与应用。[②] 基于此,本研究采用程序化扎根理论流派。

表 6.2-1 扎根理论三大流派的比较

流派	社会科学哲学	研究者的定位	前期文献的作用	编码步骤	相同点
经典扎根理论	批判实在论	发现理论	摒弃,在研究结束后开展文献综述	分为实质编码与理论编码,前者又包括开放编码和选择编码	理论的生成来源于数据、数据收集与分析迭代进行、理论抽样(饱和)、持续比较、撰写备忘录
程序化扎根理论	实证主义	发现理论	作为参考依据,在编码过程中适当借鉴	分为开放编码、主轴编码及选择编码,提出编码典范、条件矩阵等分析工具	
建构主义扎根理论	建构主义	建构理论	贯穿于整个研究	分为初始编码与聚焦编码,强调动名词编码、in vivo 编码和逐行编码	

6.2.2.2 访谈提纲设计

本部分研究采用半结构化访谈,通过一对一深度访谈和发放学生作业两种方式展开。初始访谈提纲的形成源于文献调研与专家咨询:首先,对前期引用行为研究及学术论文被引影响因素研究进行调研,梳理主要的研究内容与不足之处,提炼研究问题;在文献调研的基础上开展专家咨询,邀请 3 位情报学领域的专家对学术论文引用行为研究主题进行咨询。综合前两项工作,借助关键事件技术(critical incidence technique)拟定初始访谈提纲(表 6.2-2),即让被访者回忆最近阅读的文献和最近发表的学术成果。

[①] CHARMAZ K. Coding in grounded theory practice[M]. //Constructing grounded theory: a practical guide through qualitative analysis. Thousand Oaks, CA: Sage, 2016: 42-71.

[②] 吴肃然,李名荟.扎根理论的历史与逻辑[J].社会学研究,2020(2):75-98.

表 6.2－2　初始访谈提纲

本访谈将询问您在学术写作时与论文引用有关的问题。在访谈前请您打开最近阅读的论文,查看您近期的一项学术成果(如论文、专著、专利、报告等),以方便回答问题时进行查阅。如条件允许,欢迎您在谈话时分享电脑屏幕。

第一部分:阅读→引用
请您回忆最近阅读的学术论文,并回答:
1. 在阅读论文后,您如何决定是否引用该论文?
1.1 您倾向于引用具有哪些特征的论文?
1.2 您认为这些特征反映了论文的什么品质?
2. 是否有些论文您阅读了却决定不引用? 为什么?
3. 在学术写作时,您是否有时会大致浏览一下,未仔细阅读就直接引用某论文? 为什么?
第二部分:引用
请您对照近期撰写的一项学术成果的参考文献列表逐条回答:
4. 这篇论文的哪些特征让您决定引用它?

4.1 有哪些内容特征?
4.2 有哪些表面特征?
5. 还有哪些因素影响了您的引用决定?
5.1 有哪些学术共同体中的因素?
5.2 有哪些与个人相关的因素?
5.3 有哪些与引用过程/情境相关的因素?

　　为提高研究的内容效度,另外邀请 3 位专家对访谈提纲进行审查和评估,进而修订访谈提纲。结合访谈结果的编码与分析发现提纲中存在的问题,通过访谈与编码的迭代过程,最终完成访谈提纲的修订(表 6.2－3)。

表 6.2－3　最终访谈提纲

本访谈将询问您在学术写作过程中引用论文的有关问题。在访谈前请您打开最近阅读的论文,查看您近期的一项学术成果(包括论文、专著、专利、报告等),以方便回答问题时进行查阅。如条件允许,欢迎您在谈话时分享电脑屏幕。

论文是最主要的学术交流载体之一,比如期刊、会议及学位论文等。在学术研究时,科研人员通常会采用各种方式搜集相关的学术论文,然后对其进行阅读。下面请您回忆最近阅读的学术论文,并回答:
1. 在阅读某篇论文后,您如何决定是否引用?(比如:您阅读后面论文后要是否决定引用时,您的判断依据是什么?)
1.1 一般来说,您倾向于引用具有哪些特点的论文?(比如:在内容或形式上有哪些特点?)
1.2 您认为这些特点反映了论文的什么价值?(比如:反映了论文或撰写论文的人/机构或发表论文的出版物什么价值或特质?)
2. 是否有些论文您阅读后决定不引用? 为什么? 哪些因素促使您不引用该论文?(比如:您不引用是因为该论文具有哪些特点? 是因为哪些原因/因素?)

（续表）

3. 您是否有时会大致浏览某篇论文,未仔细阅读就直接引用? 一般什么情况下会这样做? 什么原因使您这么做?
科研人员通常以脚注或尾注的形式对所引用的论文进行标注。下面请对照您近期的一项学术成果的参考文献列表,随机选择其中的 10 篇论文并逐条陈述: 4. 这篇论文的内容上具有哪些特点让您决定引用它? 这篇论文在形式上具有哪些特点让您决定引用它? 5. 还有哪些因素影响了您的引用决定? 5.1 与学术共同体相关的因素(学术共同体包括您的导师、同学、领导、期刊编辑、期刊外审、盲审专家等等)? 5.2 与您自身相关的因素(比如您自身的学术水平、对领域的熟悉度、语言能力、检索能力、检索习惯、阅读习惯、兴趣等等)? 5.3 与引用过程/情境相关的因素(引用过程中还可能涉及的一些宏观的、环境因素,如时间是否充裕、研究问题难度如何等等)?

同时,为尽可能地收集更为丰富的研究数据,本研究还采用了给学生布置作业的方式:要求学生在完成课程论文时对其引用行为进行文字记录,以将其选择引用文献时的认知过程进行外显化,从而分析出选择判据。这种方法可以认为是一种"不出声"的"出声思维法"(think aloud)①。本部分的研究对象包括南京大学信息管理学院的本科生、研究生,以及南京大学教育科学系的本科生,课程作业题见表 6.2 - 4。

表 6.2 - 4　学生课程作业题

检索图书馆和相关的中外文数据库,比如 CNKI、万方、维普、ACM、ELSVIER、IEEE 等,从物理层和数据链路层所采用的不同技术比较 802.11、802.15 和 802.16 等三种不同的无线网络,探讨其中的原因和设计理念等的差异。 需要详细地说明所依据的参考文献,并请说明选择相关参考文献的依据。
围绕信息服务撰写课程论文,并逐条说明选择相关参考文献的依据。

6.2.2.3　数据收集与整理

本研究采用理论抽样方法选择访谈对象,该抽样方法采用数据分析与样本选择迭代的方式进行,从而不断丰富和完善概念的属性、维度及关系。该过程分为三阶段。(1) 开放抽样,选择能提供最丰富信息的被访者。由于引用行为是图书情报领域经典的研究主题之一,该领域的学者更能自觉地意识到引用选择

---

① 成颖.信息检索相关性判据及应用研究[D].南京:南京大学,2011.

判据,对需回答的问题具有较高的学术敏感性,故本阶段主要选择图书情报领域的科研人员。(2)关系与变异抽样,通过第一阶段样本的分析,相应地寻找其他访谈对象以发现更多的类属变异,如具有不同学术职称的科研人员。(3)区别抽样,在分析数据的基础上,以完善类属并建立不同类属之间的关系为目的选择新的被访者,如其他社会科学及自然科学的科研人员。样本数的确定根据理论饱和的要求,共选择 23 人,数据采集时间为 2020 年 6 月至 9 月。

　　在访谈开始前,研究者获得了参与者的知情同意;访谈结束后收集被访者的基本信息(表 6.2 - 5)。最长的访谈持续 56 分钟,最短的访谈持续 31 分钟,平均时长 39 分钟。访谈结束后随即对访谈录音进行转录和整理,形成 word 文档,有需核实的地方则对被访者进行回访以寻求其确认,将访谈记录导入 NVivo 11 软件。

表 6.2 - 5　访谈对象基本信息

序号	性别	年龄	职业	职称/年级	学科(教育部分类[①])
P01	女	34	老师	无	图书情报与档案管理
P02	女	26	学生	博士生	图书情报与档案管理
P03	女	24	学生	硕士生	图书情报与档案管理
P04	女	25	学生	博士生	图书情报与档案管理
P05	男	44	老师	副高	图书情报与档案管理
P06	女	40	老师	正高	图书情报与档案管理
P07	女	41	老师	正高	图书情报与档案管理
P08	男	25	学生	硕士生	法学
P09	男	26	学生	硕士生	公共卫生与预防医学
P10	男	26	老师	无	新闻传播学
P11	男	26	学生	硕士生	临床医学
P12	女	26	学生	博士生	生物医学工程
P13	女	29	老师	无	地质资源与地质工程
P14	男	25	学生	博士生	土木工程
P15	男	29	学生	博士生	公共管理
P16	男	26	学生	硕士生	口腔医学

①　学位授予和人才培养学科目录(2018 年 4 月更新),参见 http://www.moe.gov.cn/s78/A22/xwb_left/moe_833/201804/t20180419_333655.html。

（续表）

序号	性别	年龄	职业	职称/年级	学科（教育部分类）
P17	男	29	学生	博士生	材料科学与工程
P18	女	40	老师	无	地质学
P19	女	32	学生	博士生	教育学
P20	男	27	学生	博士生	计算机科学与技术
P21	女	42	老师	副高	中国史
P22	女	25	学生	博士生	应用经济学
P23	男	31	老师	副高	图书情报与档案管理

回收学生课程作业,对作业文本进行筛选,剔除列举参考文献、未报告参考文献选择原因等不合格的样本后,得到本科生样本 155 份、研究生样本 15 份,将课程作业文本导入 NVivo11 软件。在对课程作业文本进行分析时,仅考虑涉及学术论文引用判据的部分,而不考虑图书专著、网络资源等的引用。

6.2.3　研究结果

6.2.3.1　开放编码

在开放编码中,研究者逐字逐句地审视原始语料,从相关语料中抽取出初级代码;发掘语料中的事件、行为或交互,不断比较它们之间的异同,并赋予其概念化标签;在对新样本编码时,研究者迭代上述过程,并持续比较新生成的概念化标签与已有概念的异同,从而不断修订和丰富概念。为保证编码的信度,邀请另外两位研究者参与讨论和校验。本研究最终形成了 166 个概念,表 6.2-6 列举了部分概念的形成过程。开放编码的下一步是对概念进行范畴化。研究者对概念进行深入思考,比较概念间的异同,将具有相同内涵的概念进一步合并、抽象、提炼出范畴,本研究共得到 52 个范畴(表 6.2-7)。

表 6.2-6　部分概念的形成过程

原始语料	初级代码	概念
"我引一篇论文肯定是它跟我的思路是契合的,应该是契合的,我研究需要的,跟我的想法、观点是契合的。比如我熟悉的领域,一打开看这篇论文就说了一个跟我认知里面不一致的东西,比如我们用 A 方法,一看就特别扯,就 pass 了,你一下子就能判断它是不严谨,不科学,不对。"(P01)	思路契合	研究思路相关
	想法、观点契合	
	研究所需	内容相关
	熟悉的领域	领域经验
	方法不严谨	严谨科学
	方法不科学	
	错误	准确无误

（续表）

原始语料	初级代码	概念
"如果很多文献都相关,就是他们的研究内容如果类似的话,我会,首先会倾向于引用近几年的,因为近几年的话它代表的是最新的成果,如果太久的话,说不定会有变化什么的,其次就是,如果就是同时满足的话可能会看他们的质量如何,一般的话就会看一下他们的期刊如何,就是同等条件下我会倾向于引用期刊比较好的论文。"(P02)	研究内容相关	内容相关
	近几年的文献	新近发表
	最新成果	
	太久以前的文献	
	期刊比较好	期刊级别
"引用更多的是关注主题,如果他这个的主题跟我的研究不是很契合的话,我就不会引用。如果有很多都是主题相关的,我会去判断一下哪个是更经典的,就是一般说发表时间比较早的,而且是学界的一些大牛的论文,我会引用。"(P03)	主题契合	主题相关
	主题相关	
	经典文献	经典论文
	发表时间较早	新近发表
	学界大牛	作者权威
"如果是看作者的那种,我觉得也是看他权威不权威,比如做某个主题的研究时,你会经常看到某个人在这个领域内发文,可能会看到很多他的研究,那我在寻找下一个我需要引用的论文的时候,如果我看到是他写的论文,那我可能会觉得他是个专家,然后他写的论文会比较有说服力一点,就去引用了。"(P04)	作者权威	作者权威
	专家	
	在某领域发文多	作者发文量
	论文有说服力	结论具有说服力
"与其他研究重复,研究结果较早,被其他新的研究结果取代,或者是缺乏新意的论文就不引用了。"(P05)	与其他研究重复	结果重复
	研究结果过时	结果进步
	论文缺乏新意	新选题
"如果说是实证研究,我通过阅读他的论文,我看他的研究是否规范,研究是不是规范很大程度上决定了他的研究结果是不是可靠,如果说我发现,比如国内的论文篇幅都比较短,一项实证研究他甚至在方法部分的介绍只有一百、两百来个字,更多的是结果的部分,这种我就不会去引用了,因为它更像是一个黑箱出来的结果,就是完全没有什么可重复性,或者是让你有方法去验证它,所以我觉得像这些研究可靠性就差一点。"(P10)	实证研究	实证研究
	研究规范	研究方法规范
	结果可靠	结果可信
	篇幅短	篇幅
	黑箱	研究可重复
	无从验证	
"有些文章就是对我的参考意义不是很大,我就不会引用,跟我相似、挂钩的地方比较少,因为总是会有一些不相关的方面的东西。"(P14)	参考意义	作为范文学习
	相似	内容相关
	挂钩	
	不相关	

(续表)

原始语料	初级代码	概念
"引用论文我一般会选择具有理论又有实验室试验以及现场野外试验的论文,因为我们做的模拟都是区域性的,实验室的缩尺模型与野外现场还是有很大区别。形式上的话,希望是discussion 那部分内容更充实点。因为部分文章试验结果写得多,discussion 相对偏少。"(P18)	理论和试验	理论推导结合实践数据
	现场野外试验	研究方法选取合理
	讨论充实	丰富
		深入
……	……	……
合计	＞1 000 个初级代码	166 个概念

表 6.2－7　范畴及相应概念

序号	范畴	包含的概念	序号	范畴	包含的概念
1	主题新颖	前沿热点、新选题、新研究领域、思路独特、视角独特	11	排版整洁	排版整洁
2	结论新颖	结果重复、展望未来、结果进步	12	印刷精美	印刷精美
3	方法新颖	方法独特、方法先进	13	写作规范	篇章结构、专业术语
4	理论新颖	新理论、发展理论模型	14	阅读愉悦感	赏心悦目、引发兴趣
5	开创性	经典论文、开创性论文	15	知识获得	豁然开朗、拍案叫绝
6	新近发表	新近发表	16	内容相关	主题相关、研究设计相关、理论相关、研究思路相关、内容相关、参考文献相关
7	图表清晰	布局合理、结构清晰、直观	17	研究方向相关	作者研究方向相关、作者职业相关
8	图表美观	美观	18	发文范围相关	期刊发文范围相关
9	语言简明	通俗易懂、简明	19	论文影响力	转载频次、浏览频次、被引频次、广泛关注、广泛认可、代表性、引文质量
10	语言优美	生动形象、流畅	20	出版物影响力	期刊主办机构级别、期刊级别、核心期刊、期刊被收录情况、期刊影响因子、期刊分区、期刊权威、期刊口碑、期刊公认、期刊名气、会议权威、会议主办机构权威

序号	范畴	包含的概念	序号	范畴	包含的概念
21	作者影响力	作者研究水平、作者声望、作者知名度、作者权威、作者所在机构权威、作者机构知名度、作者职称、作者学历、作者职位、作者发文量、作者被引频次、作者机构等级、作者机构在该领域的发文量	31	主观规范	师门风格、导师建议、所在机构规定、同事建议、合作者建议、审稿人建议、答辩老师建议、公众号建议、编辑建议、投稿期刊要求、约定俗成
22	内容丰富	完善、多样、丰富、综合、概括	32	合作知识生产	交互式学习
23	内容翔实	详细、具体、深入	33	可获取性	易于获取、全文获取
24	信息容量	参考文献数量、篇幅	34	论文类型	综述、指南、学位论文、实证研究、验证性研究
25	方法可靠	研究方法规范、研究方法选取合理、理论推导结合实践数据、严谨科学、测量工具有效	35	支撑功能	佐证观点、验证结果、方法支撑
26	数据可靠	数据真实、准确无误	36	奠基功能	理论框架、选题来源
27	结论可靠	研究可重复、与现有观点一致、结果可信、结论有效、结论具有说服力	37	指导功能	补充知识面、作为范文学习、指导工程实践
28	逻辑合理	思路清晰、结构缜密、观点鲜明、观点堆砌	38	提供文献索引	提供相关文献
29	质量控制	合作、同行评议严格、基金项目	39	任务特征	研究阶段、撰写文献类型、撰写章节、引用目的、所需文献类型
30	熟悉度	学术传承、多次引用、熟悉的期刊、熟悉的作者、熟悉的来源学科、熟悉的语种、是我熟悉的参考文献、熟悉的写作模式	40	检索系统特征	检索系统功能

序号	范畴	包含的概念	序号	范畴	包含的概念
41	相关文献缺乏	没有替代文献	47	信息素养	检索能力、理解能力
42	时间压力	时间有限	48	外语水平	外语水平
43	学术年龄	就读年级	49	成就动机	改善论文印象、加大认可度
44	学术积淀	领域经验、主题经验、阅读面、发表经验	50	便利性动机	随机引用、方便引用、填充版面
45	研究领域	专业视角	51	取悦动机	目标期刊论文、答辩老师论文、潜在审稿人的论文
46	学术习惯	阅读习惯、写作习惯、检索习惯	52	互惠动机	学术团队互惠

　　根据程序化扎根理论,开放编码过程重在对细粒度的编码进行概念化和范畴化,继而通过主轴选择编码过程,逐步抽象出粗粒度的编码,以统领各范畴和概念,因而本研究在开放编码阶段暂未提炼出内涵过于广泛的编码,如"质量",而是留待后续编码。在原始语料中,被访者回忆如何选择引用文献时经常谈到文献的"质量"(如表 6.2 - 6,P02),而质量是一个宏观判据,具有丰富的内涵,被访者对质量的感知往往是模糊、片面的,因而他们在提到"质量"后,又紧接着回忆出一些具体的判据来判断质量,如期刊级别("可能会看他们的质量如何,一般的话就会看一下他们的期刊如何"[P02])、研究方法严谨("就觉得他们做的研究比较严谨,质量比较高"[P02])、篇幅长短及篇章结构("它在篇幅上,或者是格式上,给我感觉不是一篇质量很高的论文"[P02])。因此,本研究在开放编码阶段重点提取细粒度的判据,而随着编码过程的逐步推进,概念与范畴不断丰富、抽象,才最终形成完整、饱满的粗粒度判据。

6.2.3.2　主轴编码

　　主轴编码的目的是确定主范畴,即将范畴围绕主范畴组织起来。研究者采用"编码典范"作为主轴编码的工具,重新审视原始语料、思考与引用判据相关的条件、行为及结果,基于此对范畴进行整理、分类,从而提炼出主范畴[①]。同时,前期文献也可作为"编码典范",为主范畴的形成提供线索和指引[②]。表 6.2 - 8 展示了主范畴形成过程中的原始数据支持和前期文献支持。

---

　　① CORBIN J, STRAUSS A. Grounded theory research: procedures, canons, and evaluative criteria [J]. Qualitative sociology, 1990, 13(1): 3 - 21.

　　② 靳代平,王新新,姚鹏.品牌粉丝因何而狂热? ——基于内部人视角的扎根研究[J].管理世界, 2016(9):102 - 119.

表 6.2-8 主范畴及编码说明

序号	主范畴	包含的范畴	原始数据举例	前期文献举例
1	新颖性	新颖性判据涉及主题、结论、方法、理论、开创性及时间等6个方面,包含的范畴为:主题新颖、结论新颖、方法新颖、理论新颖、开创性、新近发表	·"在非经典的情况下我可能会优先考虑更新一点的文献,我觉得他们在前人的基础上站得更高一点,会更新颖一些。"(P03):新近发表→新颖性 ·"研究内容新颖,视角独特"(P21):主题新颖→新颖性	Wang 和 Soergel①、Smith②、Wang 等③、Yan 等④、李治和孙锐⑤、丁松云等⑥
2	可读性	可读性判据涉及图表、语言、排版、印刷及写作规范性等5个方面,包含的范畴为:图表清晰、图表美观、语言简明、语言优美、排版整洁、印刷精美、写作规范	·"根本驾驭不了那样的词汇……写得一塌糊涂,读得特别困难。"(P21):语言简明、语言优美→可读性	Hartley 和 Pennebaker⑦、McCannon⑧、Moradian 等⑨、Hall 和 Hanna⑩、姚丹等⑪

---

① WANG P, SOERGEL D. A cognitive model of document use during a research project. Study I: document selection[J]. Journal of the American Society for Information Science, 1998, 49(2): 115 - 133.

② SMITH R M. Chromatographic Novelty in Papers[J]. Chromatographia, 2014, 77: 651 - 652.

③ WANG J, VEUGELERSR, STEPHAN P. Bias against novelty in science: a cautionary tale for users of bibliometric indicators[J]. Research policy, 2017, 46: 1416 - 1436.

④ YAN Y, TIAN S, ZHANG J. The impact of a paper's new combinations and new components on its citation[J]. Scientometrics, 2020, 122(3): 895 - 913.

⑤ 李治,孙锐.社会互动对推荐系统用户感知及信息采纳的影响研究[J].情报学报,2019,38(11): 1138 - 1149.

⑥ 丁松云,王勇,柯青.情绪刺激对微博信息分享意愿的影响实证研究[J].现代情报,2019,39(3): 35 - 45.

⑦ HARTLEY J, PENNEBAKER S J. Style and substance in psychology: are influential articles more readable than less influential ones? [J]. Social studies of science, 2002, 32(2): 321 - 334.

⑧ MCCANNON B C. Readability and research impact[J]. Economics Letters, 2019, 180(7): 76 - 79.

⑨ MORADIAN S, KRZYZANOWSKA M K, MAGUIRE R, et al. Usability evaluation of a mobile phone-based system for remote monitoring and management of chemotherapy-related side effects in Canadian cancer patients[J]. JMIR Cancer, 2018, 4(2): e10932.

⑩ HALL R H, HANNA P. The impact of web page text-background colour combinations on readability, retention, aesthetics and behavioural intention[J]. Behaviour & information technology, 2004, 23(3): 183 - 195.

⑪ 姚丹,赵一鸣,邓胜利.社会化问答平台中问题属性对答案域的影响[J].图书情报知识,2016(3): 103 - 109.

（续表）

序号	主范畴	包含的范畴	原始数据举例	前期文献举例
3	愉悦感	愉悦感判据涉及阅读和知识获得等 2 个方面,包含的范畴为:阅读愉悦感、知识获得	• "如果你是审稿人,你看到这里绝对会拍案叫绝。"(P20):知识获得→愉悦感 • "他用很简单或者是很流畅的语言,能够让你了解他到底在传达什么东西……就是这种行云流水的感觉……我是真的有这种感受的……赏心悦目这个词来形容。"(P12):阅读愉悦感→愉悦感	Yang 等①
4	相关性	相关性判据涉及内容、作者及期刊等 3 个方面,包含的范畴为:内容相关、研究方向相关、发文范围相关	• "看他的相关性,就是说这个学者,他的内容是不是跟我相关。"(P10):内容相关→相关性 • "一些知名法官发表某个知名案件,或者某类型典型案件的案情介绍、审判思路、裁判要点。"(P08):研究方向相关→相关性	Wang 和 Soergel②、张贵兰等③
5	影响力	影响力判据涉及论文、作者及出版物等 3 个方面,包含的范畴为:论文影响力、出版物影响力、作者影响力	• "我可能就是会引用一些影响力比较高,或者是课题组的老师在这个领域比较有影响力的……另一方面是高影响力的期刊。"(P12):论文影响力、作者影响力、出版物影响力→影响力 • "比较关注一些高影响力的期刊……另外一个就是我们学界的一些大牛……他们都是在这个领域具有影响力的一些作者。"(P03):出版物影响力、作者影响力→影响力	Zha 等④、Qahri-Saremi 和 Montazemi⑤

① YANG S B, HLEE S, LEE J, et al. An empirical examination of online restaurant reviews on Yelp.com: a dual coding theory perspective [J]. International journal of contemporary hospitality management, 2016, 29(2): 817 - 839.

② WANG P, SOERGEL D. A cognitive model of document use during a research project. Study I: document selection[J]. Journal of the American Society for Information Science, 1998, 49(2): 115 - 133.

③ 张贵兰,周国民,潘尧,等.科学数据相关性标准使用特征[J].图书情报工作,2020,64(10):56 - 65.

④ ZHA X, YANG H, YAN Y, et al. Exploring the effect of social media information quality, source credibility and reputation on informational fit-to-task: moderating role of focused immersion[J]. Computers in human behavior, 2018, 79(2): 227 - 237.

⑤ QAHRI-SAREMI H, MONTAZEMI A R. Factors affecting the adoption of an electronic word of mouth message: a meta-analysis[J]. Journal of management information systems, 2019, 36(3): 969 - 1001.

（续表）

序号	主范畴	包含的范畴	原始数据举例	前期文献举例
6	全面性	全面性判据指论文内容的全面性，包含的范畴为：内容丰富、内容翔实、信息容量	• "因为它是一个探索性的、全面性的一个基础研究……就把它放进来了。"(P06)：全面性 • "他讲得比较全面，就是分成不同的点……"(P11)：内容翔实→全面性 • "综述就篇幅一般很长……他会从这个领域开始怎么发展出来的，然后大家每一次进步，研究到哪儿了，大家现在都在研究啥，有什么展望，都会有……综述就是很全面的介绍。"(P17)：信息容量、内容丰富→全面性	Filieri 和 Mcleay[①]、 Zhang 等[②]
7	可靠性	可靠性判据涉及方法、数据、结论、逻辑及质量控制等5个方面，包含的范畴为：方法可靠、数据可靠、结论可靠、逻辑合理、质量控制	• "同行评议的……一般都是两到三个评审员，比如他们几个都通过了，认为这个文章质量是可靠的。"(P19)：质量控制→可靠性 • "测评的工具是有效的，可靠的，然后整个研究过程是合理的，严谨的。"(P19)：方法可靠、逻辑合理→可靠性 • "因为它更像是一个黑箱出来的结果，就是完全没有什么可重复性，或者是让你有方法去验证它，所以我觉得像这些研究他的可靠性就差一点。"(P10)：结论可靠→可靠性	De Vellis[③]、李荣华等[④]

① FILIERI R，MCLEAY F. E-WOM and accommodation：an analysis of the factors that influence travelers' adoption of information from online reviews[J]. Journal of travel research，2013，53(1)：44-57.

② ZHANG Y，LI X，FAN W. User adoption of physician's replies in an online health community：an empirical study[J]. Journal of the Association for Information Science and Technology，2020，71：1179-1191.

③ DE VELLIS R F. Scale development：theory and applications[M]. 2nd ed. Thousand Oaks, CA：Sage Publications，2003.

④ 李荣华,曹高辉,江晨雨.低健康信息素养用户婴幼儿健康信息源选择影响因素研究[J].现代情报,2020,40(11):73-84.

（续表）

序号	主范畴	包含的范畴	原始数据举例	前期文献举例
8	低认知开销类判据	低认知开销类判据包含的范畴为：熟悉度、主观规范、合作知识生产、可获取性、论文类型	·"我以前多次引用过这篇文献……很大程度上，是我觉得这个论文已我已经看过一次了，我已经知道这个文章的水平了，我可以花更少的精力……也可以给我节省时间。"（P23）：熟悉度→低认知开销类判据	Huhn 等①、Fishbein 和 Ajzen②、Ranjan 和 Read③、Wang 和 White④
9	功能性	功能性判据指论文内容所具有的功能，包含的概念为：支撑功能、奠基功能、指导功能、提供文献索引	·"最重要的就是我的收获是很多的，对我现在的课题有一些具体的指导，或者是看他引的那些文献。"（P12）：指导功能、提供文献索引→功能性 ·"要不要引用这篇文献，是看它能不能论证我的一些观点，比如说前人做了什么研究来支持我的研究结论。"（P3）：支持功能→功能性	Tanhamtan 和 Bornmann⑤

---

① HUHN R，BRANTES FERREIRA J，ANGILBERTO S D F，et al. The effects of social media opinion leaders 'recommendations on followers' intention to buy[J]. Revista brasileira de gestão de negócios，2017，20(1)：57 - 73.

② FISHBEIN M，AJZEN I. Belief, attitude, intention, behavior[M]. Reading, MA：Addision-Wesley, 1975.

③ RANJAN K R，READ S. Value co-creation：concept and measurement[J]. Journal of the academy of marketing science，2016，44(3)：290 - 315.

④ WANG P，WHITE M D. A cognitive model of document use during a research project. Study II：decisions at the reading and citing stages[J]. Journal of the American Society for Information Science，1999，50(2)：98 - 114.

⑤ TAHAMTAN I，BORNMANN L. Core elements in the process of citing publications：conceptual overview of the literature[J]. Journal of informetrics，2018，12：203 - 216.

（续表）

序号	主范畴	包含的范畴	原始数据举例	前期文献举例
10	情境	情境对判据的选择产生影响,包含的范畴为:任务特征、检索系统特征、相关文献缺乏、时间压力	· "检索出来发现非常少,能检索出来的也就那么两三篇,那我肯定就用了。"(P01):相关文献缺乏→情境 · "比如 Scopus 它没有那么直接地让我看到这篇文献的被引量,我就没法通过引用率来判断了。"(P07):检索系统特征→情境	Courtright①、Zhang②
11	施引者特征	施引者特征对判据的选择产生影响,包含的范畴为:学术年龄、学术积淀、研究领域、学术习惯、信息素养、外语水平	· "我也并没有通篇去阅读,因为对这个领域相对比较了解……碰到能支持我论点的一些东西我就会去引用了。"(P16):领域经验→施引者特征 · "我可能会检索得不太全,就是拿到的文章并没有特别多。"(P11):信息素养→施引者特征	谢娟等③,Milojević④

① COURTRIGHT C. Context in information behavior research[J]. Annual review of information science and technology, 2007, 41(1): 273-306.

② ZHANG Y. Toward a layered model of context for health information searching: an analysis of consumer-generated questions [J]. Journal of the American Society for Information Science and Technology, 2013, 64(6): 1158-1172.

③ 谢娟,成颖,孙建军,等.基于信息使用环境理论的引用行为研究:参考文献分析的视角[J].中国图书馆学报,2018,44(5):59-75.

④ MILOJEVIĆ S. How are academic age, productivity and collaboration related to citing behavior of researchers? [J]. PLoS one, 2012, 7(11): e49176.

（续表）

序号	主范畴	包含的范畴	原始数据举例	前期文献举例
12	引用动机	引用动机对判据的选择产生影响,包含的范畴为:成就动机、便利性动机、取悦动机、互惠动机	• "有时候偷懒……我去找别的综述的一条参考文献,我搜过来,发现这个结论和我的是一致的,然后我就瞄一眼,就引上去了。"(P11):便利性动机→引用动机 • "我的文章里面要保障60%的引用都是A类,包括B类……审稿人看了以后,会觉得你的文章比较专业。"(P20):成就动机→引用动机 • "如果参考文献过多,或者我们会优先引用我们的合作者的,这很正常,因为他们也会经常地引用我们"(P20):互惠动机→引用动机	Bornmann和Daniel[1]、Lyu等[2]

6.2.3.3 选择编码

选择编码通过梳理"故事线"将范畴有机地联系起来。在得到了丰富的主范畴、范畴与概念后,研究者将视线聚焦于它们间的逻辑关系。通过重新审视原始语料和备忘录,不断比较主范畴、范畴及概念,研究者提炼出"学术质量""引用判据""影响因素"三个核心范畴,以呈现出引用判据的层次关系及影响因素对判断选择的作用(图6.2-1)。

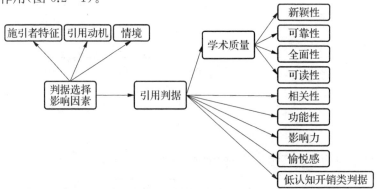

图6.2-1 引用判据及影响因素(核心范畴与主范畴)

---

① BORNMANN L, DANIEL H D. What do citation counts measure? A review of studies on citing behavior[J]. Journal of documentation, 2008, 64(1): 45-80.

② LYU D, RUAN X, XIE J, et al. The classification of citing motivations: a meta-synthesis[J]. Scientometrics, 2021126(4): 3243-3264.

　　当被问到"如何选择引用文献"时,被访者谈到了论文的"学术水平""写得很好""学术性""学术功底""学术价值"和"论文质量"等与质量相关的字眼。虽然单个被访者对质量的感知是具体、片面的,但随着编码的迭代进行和数据收集的不断推进,质量的内涵不断涌现、完善。因此,本研究提炼出"学术质量"这一核心范畴,统领"可靠性""全面性""新颖性"及"可读性"4 个主范畴。在前期文献中,我们也能发现子判据与质量的关系。比如,有研究认为可信赖性、真实性、可读性及完整性共同影响信息的质量[①];清晰的呈现形式增加可读性[②];此外,及时性、客观性[③]、准确性[④]也是影响质量的因素之一。

　　本部分的研究问题之一是探索科研人员引用学术论文时的选择判据,本部分研究的设计、实施及数据分析也都紧密围绕这一问题,最终得到了包括学术质量、影响力、相关性等在内的各个层次、不同粒度的判据。因此,本研究提炼出"引用判据"这一核心范畴,系统地梳理出科研人员引用学术论文时的判据框架。由图 6.2 - 1 可以看出,科研人员在决定是否引用某学术论文时,倾向于花费较长的精力和时间对学术论文本身的内容进行仔细阅读和思考,包括论文的学术质量、相关性及功能性,只有质量达到一定的水平、与科研人员的研究需要密切相关或能为科研人员提供支撑、奠基等功能的论文才会被引用。除了内容方面以外,科研人员还会通过考察影响力来判断是否引用,包括论文自身的影响力及其作者和出版物的影响力。此外,还有一类低认知开销的判据,主要涉及论文的类型、可获取性等表面特征,以及一些不需要科研人员独立、主动思考就能做出引用决定的情况,对这些判据的考察往往基于一些简单的线索,科研人员不需要花费较大的精力和时间对论文本身的内容进行审读。

　　围绕引用判据,本研究从条件、行为及结果等多个角度展开了分析,发现了科研人员的基本特征、引用动机及科研活动的情境对判据选择、使用的影响,故提炼出了"判据选择影响因素"这一核心范畴,作为对引用判据框架的补充。(1)施引者特征对判据选择的影响体现为学术年龄、学术积淀、信息素养等多个方

---

　　① BATES B R, ROMINA S, AHMED R, et al. The effect of source credibility on consumers' perceptions of the quality of health information on the Internet[J]. Med inform internet med, 2006, 31(1):45 - 52.

　　② SHEN X L, CHEUNG C, LEE M K O. What leads students to adopt information from Wikipedia? An empirical investigation into the role of trust and information usefulness[J]. British journal of educational technology, 2013, 44(3): 502 - 517.

　　③ ZHANG Y, LI X, FAN W. User adoption of physician's replies in an online health community: an empirical study[J]. Journal of the Association for Information Science and Technology, 2020, 71: 1179 - 1191.

　　④ SHEN X L, CHEUNG C, LEE M K O. What leads students to adopt information from Wikipedia? An empirical investigation into the role of trust and information usefulness[J]. British journal of educational technology, 2013, 44(3): 502 - 517.

面。有被访者指出,在对学术领域不太了解时,只能通过论文内容本身来做出是否引用的决定,因为还不知道领域内有哪些权威的作者和期刊,也就没有使用作者影响力、出版物影响力等判据的能力(如"因为我不是这个专业的,就不知道谁说的会比较专业"[P02])。而在学术领域耕耘了较长时间后,科研人员对领域内的作者、期刊、研究范式等都有了深入了解,掌握了判断作者、期刊权威性及影响力的能力,对论文本身的重视程度相对变低(如"我一般都是先看这个作者是谁,如果是我比较熟悉的作者的话,我可能就会看一下摘要和结论,有的时候再看一下方法"[P13])。(2)引用动机也会影响判据的选择,例如,当施引者具有较高的成就动机时,为了改善论文的整体印象,加大认可度,其对所引用的参考文献要求更高("看我的目标,我写的论文,要发表在什么档次的期刊上,如果是中文的话,我就什么都不管,比如写 SCI 的话,就会要筛一下,一般都是 IF 要 5分以上"[P11]);而当施引者为了图方便、偷懒而引用时,对判据的使用变得简单,特别是对于一些"无关紧要"的内容("基本上都是投稿前两三天加上去的,比如说那个文章要求 9 页,你还差了 1/4,那就参考文献多找点加进来"[P20])。(3)情境对引用判据选择的影响体现在任务特征、检索系统特征、相关文献量及时间压力 4 个方面。其中,任务特征又具有研究阶段、撰写文献类型、撰写章节、引用目的、所需文献类型 5 个不同方面,比如科研人员在撰写引言/背景部分时往往关注所引文献的新颖性,而在撰写结果、讨论部分时则更多地关注学术论文的功能性。检索系统特征的影响作用主要针对影响力判据,这是因为影响力判据中的多个子判据(如被引量、下载量、引文质量等)的获取依赖于检索系统的提供,当检索系统没有向读者展示这些信息时,读者自然就难以使用其作为判据。

6.2.3.4 理论饱和度检验

理论饱和意味着不再出现新的概念属性与维度,即所有概念已达到饱和。本研究中,数据收集与分析交替进行,上份样本的分析指导下份样本的收集,直至语料中不再出现新的概念方停止采样。前期数据收集中共获得了 21 个样本,为了检验该抽样过程所形成的编码体系是否达到饱和,本研究增加访谈了 2 个样本并对相应语料进行分析,并未发现新的概念、范畴或主范畴,这证明编码体系已饱和。现对新增访谈的原始语料进行例证。

"如果都契合的话,就比如说,发表在领域中比较有名的期刊,比如同样的近似的结果,一个发表在领域中前十的,一个发表在一百、两百之后,不太知名的期刊,二者的研究结果做出来差不多,那肯定是引用那个在比较知名的期刊上面的,因为做文献综述的时候就是把前人的结果、前人用过的方法总结一下,如果结果近似的话,那就引用比较权威的一个⋯⋯这个排名就是影响因子、引用数的排名。"(P22)

编码：

契合,内容相关→相关性

近似的结果、差不多,结果重复→结论新颖→新颖性

有名、知名,期刊知名度→出版物影响力→影响力

前十、一百、两百名,期刊影响因子,被引数→出版物影响力→影响力

权威,期刊权威→出版物影响力→影响力

做文献综述的时候,撰写文献类型→任务特征→情境

"因为你做的这些东西建模的时候会有一些计算方面的,就说需要找一个,把这个模型解出来,这个模型发表在了领域前五,但是特别偏理论的期刊上,我就是引用了它,我到时候模型一些细节计算的时候会用到它里面的一些方法。"(P22)

编码：

领域前五→期刊级别→出版物影响力→影响力

偏理论的期刊→期刊发文范围相关→相关性

计算细节、方法借鉴→方法支撑→支撑功能

"还有师门传承,我师兄发表的一个文章,因为我很确定他研究的东西跟我是一致的,不会出现观点不一致的,如果是别的团队的话我不一定知道,还是一个时间上的考虑,(省时)就更熟悉他的观点和认知。"(P23)

编码：

师门、师兄、很确定、更熟悉,师门传承→熟悉度→低认知开销类判据

观点不一致,研究思路相关→内容相关→相关性

我不一定知道,领域经验→学术积淀→施引者特征

时间上的考虑,方便引用→便利性动机→引用动机

"你说的这个引用的问题,我肯定要考虑的是时效性,因为我提出的是一个新问题,那按道理我这个引言的里面的参考文献也应该是最新的一些文献。不过如果是数据分析之类的文章,因为后面的数据分析不太在乎文章的新颖度了,数据分析更重要的是在引言和综述这两个方面,后面的那些论文更多的是经典的一些参考文献,比如什么模型,什么标准,这一类的参考文献没有一个严格的标准,就是新的好还是旧的好,主要就是适合吧,如果你用的是这个方法,那你肯定就找支持你这个方法的文献。"(P23)

编码：

发表时间新→时效性→新颖性

我提出的新问题→选题来源→奠基功能

模型、标准→方法支撑→支撑功能

经典论文→开创性→新颖性

方法适合→研究设计相关→相关性

6.2.4 讨论

6.2.4.1 引文选择判据

(1) 可读性

本研究中的可读性判据不仅包括前期文献中常见的语言文字可读性与复杂性,而且涵盖了图表、排版、印刷及写作规范等方面。前期研究普遍认为,可读性高的文本用语简洁,意思明确,易于阅读和理解[1];采用 Flesch 量表等方法能对可读性进行计算[2,3]。除语言外,本研究中科研人员认为直观且美观的图表使论文更可读:图表的直观体现出图表的内容质量,如描述是否清晰,逻辑是否合理;图表的美观则代表了图表的外部表现力,即,将好的内容以最符合读者审美的方式呈现。正如被访者所说,"图,首先肯定是跟专业相关,做得比较好、效果比较好的图,还有就是图比较漂亮、美观、布局合理,而且画出来的结果、结构很清晰,逻辑很强"(P13)。已有研究表明,文字的字体、大小及配色也能影响可读性感知,从而影响用户使用网页和电子设备的意愿[4,5]。本研究还发现了印刷与排版作为学术论文可读性的判据,该发现得到了 Yeung 等[6]研究的支持——编辑过程能提高论文的可读性。关于写作规范(专业术语),虽然前期研究多认为专业术语多的文字可读性差,但本研究发现,在学术论文中可适当使用专业术语。这是因为,领域有经验的学者对科学研究文献中复杂的专业术语早已有了先验知识[7],且可读性太高使文本显得过于随意,其可信度和质量容易受到读者的质疑[8]。

---

[1] 姚丹,赵一鸣,邓胜利.社会化问答平台中问题属性对答案域的影响[J].图书情报知识,2016(3):103-109.

[2] HARTLEY J, PENNEBAKER S J. Style and substance in psychology: are influential articles more readable than less influential ones? [J]. Social studies of science, 2002, 32(2): 321-334.

[3] MCCANNON B C. Readability and research impact[J]. Economics Letters, 2019, 180: 76-79.

[4] MORADIAN S, KRZYZANOWSKA M K, MAGUIRE R, et al. Usability evaluation of a mobile phone-based system for remote monitoring and management of chemotherapy-related side effects in Canadian cancer patients [J]. JMIR cancer, 2018, 4(2): e10932.

[5] HALL R H, HANNA P. The impact of web page text-background colour combinations on readability, retention, aesthetics and behavioural intention[J]. Behaviour & information technology, 2004, 23(3): 183-195.

[6] YEUNG A W K, GOTO T K, LEUNG W K. Readability of the 100 most-cited neuroimaging papers assessed by common readability formulae[J]. Frontiers in human neuroscience, 2018, 12: 308.

[7] DIDEGAH F, BOWMAN T D, HOLMBERG K. On the differences between citations and altmetrics: an investigation of factors driving altmetrics versus citations for Finnish articles[J]. Journal of the American Society for Information Science and Technology, 2018, 69(6): 832-843.

[8] 曾伟.基于 ELM 的在线评论有用性研究:商品类型的调节影响[J].现代情报,2014,34(12):148-153.

（2）相关性

相关性判据（relevance criteria）研究是图书情报领域经典的研究主题之一，不过本研究中得到的作为引用判据的相关性与经典的相关性判据存在差异。相关性包括三种成分：话题（topic）、任务（task）和语境（context）①。其中，话题是用户感兴趣的主题领域；任务是基于所获取的文献，用户将要开展的活动；语境则指除了话题和任务以外的、对信息搜寻的产生和信息搜寻结果评价产生影响的任何因素，比如用户已经看过的文献及用户的时间、费用等。虽然话题在相关性判据中一直占据主要位置②，但用户对相关性的感知往往结合其他两种成分。本研究的相关性是科研人员对论文与其研究内容是否相关的判断，对应相关性的话题和任务成分。由于本研究的问题是学术论文引用判据而非相关性判据，语境成分体现为引用判据选择的影响因素（施引者特征、引用动机、情境）。本研究的相关性包括三个范畴：内容相关、研究方向相关及发文范围相关，该结果得到了较多文献的支持。比如，在选择文献时，用户通常会关注文献的主题是否与自己的研究主题相关③；主题性在科学数据相关性的判断过程中具有锚定功能④。

（3）情境及施引者特征

情境（situation）和语境（context）有所区别。目前学界普遍认为，语境是更广泛的概念：语境往往包含多个情境，涉及宏观、中观和个体层⑤、⑥。Zhang⑦将语境分为 5 个方面：人口统计学、认知、情感、情境和社会环境。可见，语境既包括用户与信息发生交互的各类条件与环境，也涉及用户自身的人口统计学特征和心理特征，分别对应于本研究发现的引用判据选择影响因素——情境和施引者特征。

①　MIZZARO S. Relevance：the whole history[J]. Journal of the American Society for Information Science，1997，48(9)：810－832.

②　成颖.相关性判据研究综述(2000－2010)[J].情报杂志,2011,30(9):79－84,111.

③　WANG P，SOERGEL D. A cognitive model of document use during a research project. Study I：document selection[J]. Journal of the American Society for Information Science[J]，1998，49(2)：115－133.

④　张贵兰,周国民,潘尧,等.科学数据相关性标准使用特征[J].图书情报工作,2020,64(10)：56－65.

⑤　SONNEWARD D H. Evolving perspectives of human information behavior：contexts，situations，social networks and information horizons[M]. //WILSON T，ALLEN D. Exploring the contexts of information behaviour. London：Taylor Graham，1999：176－190.

⑥　JOHNSON J D. On contexts of information seeking[J]. Information processing & management，2003，39(5)：735－760.

⑦　ZHANG Y. Toward a layered model of context for health information searching：an analysis of consumer-generated questions[J]. Journal of the American Society for Information ence and Technology，2013，64(6)：1158－1172.

在引用学术论文时,常见的情境因素包括任务特征、检索系统特征、相关文献数量和时间压力。通过对原始语料的分析可发现,任务特征涉及 5 个维度:① 研究开展的时间,即选题、研究设计、研究实施和撰写论文这一时间维度,如被访者 P12 所说,"一般来讲,论文分两个部分,一个是在做研究之前的文献调研,一个是在实验过程中来找一些支撑观点的文献",在不同研究阶段阅读的论文成为正式引用的来源:"如果我找到了两个都比较符合的文献,我当然会倾向于选择期刊比较好的这个文献。"(P17)② 撰写的论文类型,比如学术用户在撰写综述和撰写实证论文时会采用不同的引用判据。③ 一篇文献中的不同部分,即引言、文献回顾、方法、结果及讨论这一论文结构维度,比如 P12 谈道:"在背景部分,我会引用一些影响力比较高,或者是课题组的老师在这个领域比较有影响力的文章","在实验论文中,我们会得到自己的一些结论,那么要证明这个观点是正确的、合理的话,就需要引用一些文献来证明你的观点,所以在 results 和 discussion 部分的话也会引用一些文献,那么这一段文献的挑选就在于是不是能佐证我的观点,所以去看这篇文章,确实有没有做,能够为我提供证据"。④ 论文某一部分中撰写的具体内容,即常识性或特别性内容,比如施引者只是为了佐证一些常识性的数据准则(如分隔点、临界值等),则只需引用经典文献即可。⑤ 现阶段需要的文献类型,比如 P17 当前的信息需求是找一篇相关的综述,故而不使用"出版物影响力"判据,因为"我们领域我知道的一些期刊,可能被引量不是很高,级别不是很高,但确实有的时候能约到一些大牛写综述,这种也是内容很好的",而如果是挑选实证研究论文,则会使用更为丰富的判据。不过,在这种情况下起着调节作用的还有可能是相关文献量的多少,因为在一个领域中的综述数量往往比实证研究数量少得多。

本研究发现的施引者特征包括学术年龄、学术积淀、研究领域、学术习惯、信息素养和外语水平,从不同层面体现出施引者的学术能力、经验和水平。属于不同学科的施引者对被引频次高低的感知不同,这是由于不同学科、领域的规模差异。比如 P17 谈道:"这篇论文的被引量特别高,有 125 次,在我们领域就算比较高的了,因为我们领域有点小众。"不同特征的施引者对引用判据的使用情况也不同,比如领域经验较少的施引者对期刊、作者、机构、论文等的熟悉程度较低,因此使用熟悉度判据的难度较大。ACRL 的信息素养标准包括 5 个方面:识别信息需求的能力;有效获取所需信息的能力;批判性地评价信息和信息源并将信息吸收到自己的知识体系中的能力;有效地使用信息完成特点目的的能力;合法、合理地获取、使用信息的能力。[①] 由于本研究具体到了学术用户引用论文这

---

① The Association of College and Research Libraries. Information literacy competency standards for higher education[J]. Teacher librarian,2000,9(4):63 - 67.

一情境下,施引者已经产生了特定的信息需求并即将通过引用论文实现特定目的,故得到的信息素养内涵小于 ACRL 的标准,仅包括检索能力与理解能力两个方面。

(4) 愉悦感、功能性及合作知识生产

愉悦感是本研究新发现的判据。在学术引用场景下用户的愉悦感不同于日常生活场景下的感知愉悦性(perceived enjoyment)。前者指阅读逻辑清晰、表达顺畅、文字优美的学术论文时用户感到的愉悦,以及阅读论文后收获了知识的满足感;后者则常用来表示使用信息技术设备、参与网络活动时感受到的有趣、放松和兴奋。[1][2]比如,对于移动健康设备,Liu 等[3]的研究发现感知愉悦性能直接影响用户的持续使用意图,也能通过感知有用性间接影响持续使用意图,结果提示移动健康设备提供商应设置更多游戏化和娱乐化的元素。同样地,对于科研人员来说,愉悦感是重要的引用判据,具有较强的文字能力、清晰的条理逻辑、丰富的研究内容与知识厚度,给读者带来了愉悦感,从而增加了引用的可能性。

前期研究对引文的功能进行了分类,而本研究中功能性是用户在判断是否引用时的判据,两者存在区别。引文功能的研究多采用 NLP 技术对引文的功能进行自动分类,比如批评、比较、使用、证实、基础、中立等可通过特征识别的固定类别[4]。然而,作为判据的功能性是一种主观的视角,是学术用户对论文是否具有某种功能的感知,难以用已知的文献计量特征进行描述和识别。功能性的子判据包括支撑功能、奠基功能、指导功能和文献索引功能。以指导功能为例,科研人员在阅读论文时,判断该论文能否扩充自己的知识面,能否作为范文学习其研究思路和写作方式,能否指导工程实践,从而决定是否引用。这是科研人员内部的认知活动,难以体现在其撰写的论文中。用户视角的功能性判据研究对引文功能的自动分类具有启发意义。

除主观规范外,本研究还发现了一种新的判据选择影响因素——合作知识

① SHIN D H. An empirical investigation of a modified technology acceptance model of IPTV[J],Behaviour & information technology,2009,28:4,361-372.

② LIN W S,CHEN H R,YANG M L. How do we learn to get success together through crowdfunding platform? From the perspectives of system learning and multi-motivations[J]. Telematics and informatics,2020,52:101428.

③ LIU F,NGAI E,JU X. Understanding mobile health service use:an investigation of routine and emergency use intentions[J]. International journal of information management,2019,45(APR.):107-117.

④ TEUFEL S,SIDDHARTHAN A,TIDHAR D. Automatic classification of citation function [C]. //Proceedings of the 2006 Conference on Empirical Methods in Natural Language Processing. Sydney,Australia:association for Computational Linguistics,2006:103-110.

生产。与主观规范强调个体对另一个体的影响不同,合作知识生产强调交互,个体在知识的生成中具有同等重要的作用。比如,有被访者提到,在组会这类学术研讨活动中,大家共同研读论文、积极表达自己的想法,最终产生集体智慧,从而更易成为引用的对象。组会或其他学术研讨活动可认为是一种交互式学习,对应于建构学习理论(constructivism learning theory)和学习社区理论(learning community theory)。① 交互式学习的过程也是一个合作知识生产的过程,知识在该过程中不断流动、演化并最终生产出来,成员间以知识为流动物质进行双向交互且交互中角色平等。②

6.2.4.2 引用行为模式

本项研究旨在探讨科研人员的引用判据,而没有涉及引用行为模式。不过,被访者在回答判据相关问题时也呈现出了部分行为模式。比如,(1)"大撒网式",即先阅读相关文献,然后在相关文献中挑选最权威的进行引用,当然,在阅读全文之前,在检索阶段通常已对标题和摘要进行过一定的过滤,如确定期刊权威性、被引频次等。(2)"聚焦式",即直接搜寻并阅读权威期刊,在权威期刊中找相关的内容进行引用。(3)"偷懒式",指随意、偷懒、方便类的引用行为,比如二次引用或间接引用,而与之相对的是溯源行为,即引用一手研究。被访者 P20 谈到,"百分之八九十"的情况是认真判断再引用,只有一些"边边角角"的内容会采用一种方便的做法,比较随意。(4)"搜索广度与深度权衡式",科研人员经常遇到一些对研究有启发但内容并不相关的文献,这反映出搜索深度与搜索广度的问题:搜索深度主要是科研人员在自己的领域中搜索,由此找到大量相关文献;但获得创新性的想法和研究思路更依赖于对其他领域的广度搜索,因为跨学科阅读可以引发创新性研究③。这种通过广度搜索找到的文献往往起到奠基作用和支撑作用(功能性判据)。正如 P02 所说,在不太相关的文献中也可以找到具有功能性的论文:"我引用了一些语言学的研究成果,其实跟我主题、专业也不算太相关,但是引用这篇的原因就是它可以帮助解释为什么是这个结果。"(5)替换行为,即科研人员在论文写作的最后将一些无关紧要的参考文献替换为"合作者的""课题组的""权威的"文献。(6)引文串(citation string),即同时引用多条参考文献的行为。对于引文串,不同的科研人员有不同的态度,比如:"一个观点后面拖十几个文献,当然

---

① DENG Y, SUN W, CHEN M, et al. Knowledge management and e-learning in virtual learning community based on social network analysis[J]. Library hi tech, 2019, 37(4): 906 - 917.

② RANJAN K R, READ S. Value co-creation: concept and measurement[J]. Journal of the academy of marketing science, 2016, 44(3): 290 - 315.

③ 吕冬晴,阮选敏,李江,等.跨学科知识融合对学术论文颠覆性创新的影响研究[J].情报学报,录用.

我个人不喜欢这种方法,因为一个观点十几个文献,读者还怎么看,难道从十几个文献里面去提炼这个观点吗?"(P17);也有科研人员认为,"其实引用文献没有限制,比如两组学者做出来相似的结果,其实都放在括号里就可以"(P22)。同时引用多篇参考文献的行为通常涉及引用判据的组合,可在后续研究中进一步探讨。

第 7 章　基于判据的施引者引用意向影响因素模型

7.1　施引者引用意向影响因素理论模型建构

7.1.1　理论基础

7.1.1.1　双路径模型

社会心理学研究采用双路径模型(dual-process models)来解释对人类感知和行为的影响过程。双路径模型认为,外部信息是态度改变及后继行为改变的主要驱动因素,这些信息给人们带来新的可能性,使他们重新审视自己先前的信念和态度并潜移默化地改变现有的行为。除了付出努力对外部信息进行处理外,双路径模型认为做决断时也依赖于一些不需要太多努力的启发式线索(heuristic cues)[①]。这种对信息不同努力程度的处理构成了所有双路径模型的核心。根据双路径模型,人们采取两种认知路径以形成对信息的态度。其一是中心路径,或称系统式处理,指人们认真、审慎地评价信息的有效性;其二是边缘路径,或称启发式处理,指人们利用启发式或简单的决策规则来评价信息有效性,边缘路径所需付出的认知努力少。

两条路径在信息处理过程中共同发挥作用,作用的形式包括增益效应、偏倚效应和削弱效应。① 增益效应。在信息的传递过程中,信息源最重要的一个特征是其可信度,用户对信息说服力的感知受到其信源可信度的影响。可信度是用户对信息源是否值得信任的判断,包括可信赖性和专业性两个维度,可用作用户评判信息的启发式线索。前者反映用户感知到的信源愿意告知真相的程度,后者反映信源得以知晓真相的资质和能力。相应地,这两类启发式线索可形成

---

① WATTS S A, WEI Z. Capitalizing on content: information adoption in two online communities [J]. Journal of the Association for Information Systems, 2008, 9(2): 73-94.

两种认知偏倚：报告偏倚(reporting bias)和知识偏倚(knowledge bias)①，即信源不愿传达事情的真相，其关于真相的知识是虚假的，从而影响用户对信息的态度。可信赖的、专业的信源使用户对信息产生积极的态度，此即启发式线索的增益效应。② 偏倚效应。启发式线索可以使用户对系统性线索的评判产生偏倚，特别是与评判相关的系统性信息不明确时。比如，可信赖的信源促使用户对其发表信息的质量和可信度产生推测和期待，从而认为"可信的人能提供高质量的知识"，"可信的人能提供可信的信息"。这些期待对系统性线索产生了偏倚作用，从而间接影响用户的态度。② Fogg③ 将网络信息的可信度分为4类，其中名誉可信度(reputed credibility)即用户在没有仔细审查信息内容的情况下由信源和责任者可信度衍生出的对该信息的信任。③ 削弱效应。信息的表达框架(framing)可以反映信息的整体极性(积极/消极)，大量研究表明用户对负面信息的关注度比正向信息的关注度更高，比如在网购时负面评论更有利于用户对商品做出切实、客观的评价④，因为人们认为评论者往往迫于社交规范的压力而不得不给出正面评论。然而也有研究发现，当控制了评论的质量后，负面评论不再有用，因为此时负面评论往往仅用来表达用户的失望情绪而无关于产品和服务的属性。⑤ 这种由质量(系统性线索)造成的信息极性(启发式线索)效用的减弱，称为削弱效应。⑥

　　精细加工可能性模型(elaboration likelihood model，ELM)是双路径模型的一种(图7.1-1)。⑦ ELM不仅解释了对人类感知和行为的影响过程，而且解释了为什么相同的影响过程在不同场景下给不同用户带来不同的结果。ELM认

　　① QAHRI-SAREMI H，MONTAZEMI A R. Factors affecting the adoption of an electronic word of mouth message：a meta-analysis[J]. Journal of management information systems，2019，36(3)：969 - 1001.

　　② WATTS S A，WEI Z. Capitalizing on content：information adoption in two online communities[J]. Journal of the Association for Information Systems，2008，9(2)：73 - 94.

　　③ FOGG B J. Prominence-interpretation theory：explaining how people assess credibility [C]. // CHI03 Extended Abstracts on Human Factors in Computing Systems，April 5—10，2003，Ft. Lauderdale，Florida：Association for Computing Machinery，2003：722 - 723. 参见 credibility.stanford. edu/pit.html or www.webcredibility.org/pit.html.

　　④ PARK C，LEE T M. Information direction，website reputation and eWOM effect：a moderating role of product type[J]. Journal of business research，2009，62(1)：61 - 67.

　　⑤ WU P F，VAN DER H，KORFIATIS N. The influences of negativity and review quality on the helpfulness of online reviews[C]. //International Conference on Information Systems (ICIS)：Shanghai，China：AIS，2011：1 - 10.

　　⑥ WU P F. In search of negativity bias：an empirical study of perceived helpfulness of online reviews[J]. Psychology & marketing，2013，30(11)：971 - 984.

　　⑦ PETTY R E. Personal involvement as a determinant of argument based persuasion[J]. Journal of personality & social psychology，1981，41(5)：847 - 855.

为态度的改变受到两条路径,即中心路径与边缘路径的影响,两者的区别是需要深入处理的信息量不同且个体对信息的"精细化"需求不同。[1] 中心路径要求用户批判性思考信息中的相关论断并且仔细审查这些论断的优劣与相关性,从而对目标问题做出知情决策。边缘路径则要求较少的认知努力,个体依赖于目标问题相关的线索而不是论断的质量,形成对其的态度。精细加工的可能性受到多种因素影响,比如认知需求、用户的专业性和卷入度(involvement),这些因素通过影响用户参与精细化的动机和能力来影响其精细化水平。比如,若用户深入某一话题,该话题的信息对其至关重要,他则会更愿意认真审视信息内容,继而做出判断;若用户是某一话题的专家,其采用中心路径处理信息的动机则会更强。

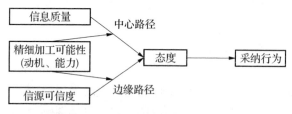

图 7.1 - 1 精细加工可能性模型(ELM)

系统启发式模型和精细加工可能性模型在实证研究中得到了广泛证实和应用。比如,网络论坛中用户对商品评论信息的采纳同时受到中心路径和边缘路径的影响[2],用户旅游产品的选择[3]及移动健康设备的使用[4]也是如此;网络游戏用户停止作弊行为的意图也受到技术优势、感知风险、信源可信度等因素的影响,以及自我效能、参与度(engagement)等因素的调节[5]。在 LIS 领域,Zha 等[6]的研究发现,信源可信度和声誉显著影响数字图书馆的使用意愿,且声誉的正向

① BHATTACHERJEE A, SANFORD C. Influence processes for information technology acceptance: an elaboration likelihood model[J]. MIS quarterly, 2006,30(4): 805 - 825.

② DAVIS J M, AGRAWAL D. Understanding the role of interpersonal identification in online review evaluation: an information processing perspective [J]. International journal of information management, 2018, 38(1): 140 - 149.

③ JOHN S P, DE'VILLIERS R. Elaboration of marketing communication through visual media: an empirical analysis[J]. Journal of retailing and consumer services, 2020, 54:102052.

④ MENG F, GUO X, PENG Z, et al. The routine use of mobile health services in the presence of health consciousness[J]. Electronic commerce research and applications, 2019,35(6/7): 100847.

⑤ WANG L, FAN L, BAE S M. How to persuade an online gamer to give up cheating? Uniting elaboration likelihood model and signaling theory[J]. Computers in human behavior, 2019, 96(7): 149 - 162.

⑥ ZHA X, LI L, YAN Y, et al. Exploring digital library usage for getting information from the ELM perspective[J]. Aslib journal of information management, 2016, 68(3): 286 - 305.

效应高于信息质量。此外,该研究新增信息需求作为精细化可能性的调节变量,并证实了信息需求对信息质量的正向调节以及对声誉的负向调节。

7.1.1.2　技术接受模型

信息技术有助于提升绩效。然而,绩效的提升往往受限于用户接受和使用信息技术的意愿,因而,解释用户对信息技术的接受成为经久不衰的议题。Davis[1] 提出了信息技术接受模型(Technology Acceptance Model,TAM)(图 7.1 - 2),认为信息技术的接受由感知有用性(perceived usefulness)和感知易用性(perceived ease of use)决定。前者指用户相信该信息技术有助于提升其工作绩效的程度,而后者是用户相信使用该信息技术不需要付出多大努力的程度。Davis 在关于两个信息系统的实证研究中均发现感知有用性对系统使用的影响高于感知易用性,后者的效应在回归分析中甚至被大幅削弱;这一现象表明,用户对一项信息技术的采纳主要是源于它的功能,其次才是实施这些功能的难易程度。该结果也提示,感知易用性可能是感知有用性的前驱因素,而非直接影响技术的使用。

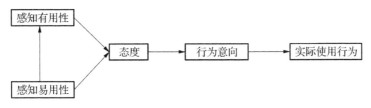

图 7.1 - 2　技术接受模型(TAM)

TAM 模型以理性行为理论[2](Theory of Reasoned Action,TRA)和计划行为理论[3](Theory of Panned Behavior,TPB)为基础。TRA 认为,人们倾向于做出具有积极信念和评价(行为态度)且符合他人期望(主观规范)的行为,外部因素通过行为态度和主观规范影响行为意向,继而影响实际行为。由于 TRA 只能解释完全由人类意志控制的行为,还存在主观规范与行为态度互相影响等问题,该理论的解释力大打折扣。学界对 TRA 的构念进行深化,并拓展了 TRA 的构念及其适用场景。[4] TPB 在 TRA 的基础上增加了新的预测变量——感知

①　DAVIS F D. Perceived usefulness, perceived ease of use, and user acceptance of information technology[J]. MIS quarterly, 1989, 13(3): 319 - 340.

②　FISHBEIN M, AJZEN I. BELIEF, Attitude, intention and behavior: an introduction to theory and research[M]. Reading, MA: Addison-Wesley, 1975.

③　AJZEN I. The theory of planned behavior[J]. Organizational behavior and human decision processes, 1991, 50(2): 179 - 211

④　于丹,董大海,刘瑞明,等.理性行为理论及其拓展研究的现状与展望[J].心理科学进展,2008,16(5):796 - 802.

行为控制(PBC),反映个体感知到的完成该行为的难易程度。PBC 既影响行为意向,又与行为意向一起共同预测实际行为;态度、主观规范及感知行为控制三者相互影响。

Venkatesh 和 Davis[①] 扩展 TAM 模型构建了 TAM2,在强制使用某信息技术的场景下,新增了主观规范作为行为意向的预测因素。与 TRA 一致,主观规范反映行为过程的社会影响,即个体感知到,对他而言非常重要的那些人认为他应该/不应该实施某项行为;主观规范包含两个层面,其一是对个体来说重要的人的行为信念,其二是个体愿意遵从这些重要参考人(important referents)的程度。Venkatesh 和 Davis 对 4 个组织中 4 项信息技术的研究发现,在强制使用信息技术的场景下主观规范对行为意向的影响更大,而在自愿使用的场景下感知有用性和感知易用性的作用更显著。此外,由于信息性社会影响(informational social influence)的存在,个体将重要参考人的信念吸收为自己的信念,即如果重要参考人认为某信息系统是有用的,个体也会相信该系统真正有用,从而产生使用意向;这种主观规范通过感知有用性间接影响行为意向的效应在强制场景和自愿场景中均存在。

TAM2 中感知有用性的预测因素还有形象(image)、工作相关性(job relevance)、输出质量(output quality)及结果明确性(result demonstrability)。其中,工作相关性指个体感知到的某项信息技术适用于其工作的程度,技术与个体工作的匹配度越高则感知有用性越高;输出质量则是指个体感知的信息技术能妥善完成工作任务的程度。两者的差别是:用户对工作相关性的判断是一种兼容性测试(compatibility test),即如果系统与工作不相关,则该系统将被排除在考察范围之外;而用户对输出质量的判断是一种营利性测试(profitability test),在多个与工作相关的系统中选择能带来最高产出质量的那一项。Venkatesh 和 Davis 的实证研究发现了工作相关性与输出质量影响感知有用性的交互效应,表明感知有用性的判断受到个体对工作目标与系统使用结果匹配程度的影响,也提示输出质量与工作相关性具有相当的重要性。

TAM、TAM2 和后继的 UTAUT[②]、TAM3[③] 已在学界产生了广泛的影响力。包括计算机科学、图书馆与信息科学、管理学、商学、教育学、电子工程、医学信息学、护理科学等在内的各领域学者对其进行了应用和扩展(基于 Web of

① VENKATESH V, DAVIS F D. A theoretical extension of the technology acceptance model: four longitudinal field studies[J]. Management science, 2000, 46(2): 186 - 204.

② VENKATESH V, MORRIS M G, DAVIS G B, et al. User acceptance of information Technology: toward a unified view[J]. MIS quarterly, 2003, 27(3): 425 - 478.

③ VENKATESH V, BALA H. Technology acceptance model 3 and a research agenda on interventions[J]. Decision sciences, 2008, 39(2): 273 - 315.

Science 引文分析)。关于信息技术接受系列模型的应用梳理与 meta 分析研究可见于 Weerasinghe 等[①]、King 和 He[②]、Holden 和 Karsh[③]，以及 Granić 和 Marangunić[④]等的综述。

7.1.1.3　信息采纳模型

信息采纳模型(Information Adoption Model，IAM)也是一种双路径模型(图 7.1 - 3)[⑤]。IAM 结合了 ELM 和 TAM[⑥]，认为信息采纳行为意向由感知有用性决定，而后者又取决于论断质量(argument quality)和信源可信度(source credibility)。论断质量捕捉个体在多大程度上认为信息是完整、一致和准确的，而来源可信度考察个体在多大程度上认为信息源是可信的、知识渊博的。IAM 认为，论断质量或信源可信度对感知有用性的影响取决于精细加工可能性(elaboration likelihood)，即个体的专业性和卷入度。具体来说：当个体的专业性和卷入度高时，中心路径启动、论断质量的重要性增加；相反，当个体专业性和卷入度都较低时，激活边缘路径，增强信源可信度。

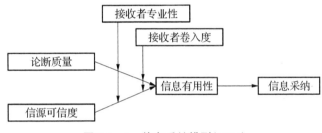

图 7.1 - 3　信息采纳模型(IAM)

学界主要使用该模型解释用户采纳信息的过程，比如，肯定在线产品评论(online product reviews)并购买产品。在信息技术接受的场景下，信息论断可能涉及系统接受产生的潜在收益、与可替代系统的比较、系统支持的可获取性

---

①　WEERASINGHE S, CHANDANIE M, HINDAGOLLA B. Technology acceptance model and social network sites (SNS)：a selected review of literature[J]. Library review, 2018, 67(3)：142 - 153.

②　KING W R, HE J. A meta-analysis of the technology acceptance model[J]. Information & management, 2006, 43(6)：740 - 755.

③　HOLDEN R J, KARSH B T. The technology acceptance model：its past and its future in health care[J]. Journal of biomedical informatics, 2010, 43(1)：159 - 172.

④　GRANIĆ A, MARANGUNIĆ N. Technology acceptance model in educational context：a systematic literature review[J]. British journal of educational technology, 2019(4)：2572 - 2593.

⑤　SUSSMAN S W, SIEGAL W S. Informational influence in organizations：an integrated approach to knowledge adoption[J]. Information systems research, 2003, 14(1)：47 - 65.

⑥　DAVIS F D. Perceived usefulness. perceived ease of use, and user acceptance of information technology[J]. MIS quarterly, 1989, 13(3)：319 - 340.

和质量等;而最常见的边缘线索是论断的来源,比如信息技术得到了名人专家的背书(endorsement)、背书者的喜爱度和亲和力等等。在学术场景下,施引者阅读后对学术论文进行引用,这也可以视为一种信息采纳过程。在对 IAM 的应用中,研究者们一方面结合 ELM 和双路径模型,丰富论断质量和信源可信度的维度,另一方面借鉴 TAM 系列模型,探索除了感知有用性外的其他解释变量,如社交规范性因素;此外,研究者们还探讨了时间压力、文化背景等其他可能的调节变量。① 目前,Sussman 和 Siegal 提出 IAM 的论文已被引 464 次(Web of Science,统计截至 2020 年 12 月),其中对其进行实质性应用与拓展的有 70 余篇。表7.1 - 1梳理了 IAM 研究涉及的预测变量、因变量、调节变量、控制变量及应用场景。

表 7.1 - 1　IAM 相关研究梳理

变量类别	变　　量	研究举例
预测变量	中心路径:论断质量(信息质量)、信息性(informativeness)、说服力、新颖性、及时性、相关性、准确性、完整性、易理解性 边缘路径:信源可信度、信源专业性、信源可信赖性、信源喜爱程度(likeability)、信源正直性、网络外部性、体裁一致性(genre conformity)、评论数量、参与者人数、感知相似性、评论极性、网络经验、机构等级	Chung 和 Han②,Gunawan 和 Huarng③,Zhang 等④,Shi 等⑤,Zhang 等⑥,Jin 等⑦,Ayeh⑧,

① SUN Y, WANG N, XIAO L S, et al. Bias effects, synergistic effects, and information contingency effects: developing and testing an extended information adoption model in social Q & A[J]. Journal of the Association for Information Science and Technology, 2019, 70: 1368 - 1382.
② CHUNG N, HAN H. The relationship among tourists' persuasion, attachment and behavioral changes in social media[J]. Technological forecasting and social change, 2017, 123: 370 - 380.
③ GUNAWAN D D, HUARNG K H. Viral effects of social network and media on consumers' purchase intention[J]. Journal of business research, 2015, 68(11): 2237 - 2241.
④ ZHANG K Z K, ZHAO S J, CHEUNG C M K, et al. Examining the influence of online reviews on consumers' decision-making: a heuristic-systematic model[J]. Decision support systems, 2014, 67: 78 - 89.
⑤ SHI X, ZHENG X, YANG F. Exploring payment behavior for live courses in social Q & A communities: an information foraging perspective[J]. Information processing & management, 2020, 57(40): 102241.
⑥ ZHANG K Z K, BARNES S J, ZHAO S J, et al. Can consumers be persuaded on brand microblogs? An empirical study[J]. Information & management, 2017, 55(1): 1 - 15.
⑦ JIN X L, CHEUNG C M K, LEE M K O, et al. How to keep members using the information in a computer-supported social network[J]. Computers in human behavior, 2009, 25(5): 1172 - 1181.
⑧ AYEH J K. Travellers' acceptance of consumer-generated media: an integrated model of technology acceptance and source credibility theories[J]. Computers in human behavior, 2015, 48(7): 173 - 180.

（续表）

变量类别	变　量	研究举例
预测变量	其他：信息影响、社会影响、黏性（attachment）、情感支持、信息有用性、主观规范、感知风险、满意、期望不一致、信息性任务适配（informational fit-to-task）、信任、感知易用性、感知愉悦性	Zha 等①， Yan 等②，Zha 等③，Zhang 等④
结局变量	行为改变、知识采纳、信息采纳、购买意图、欺骗行为、持续行为、使用意图、品牌形象	Shi 等⑤,Jin 等⑥
调节变量	接收者卷入度、接收者专业性、个人相关性、竞争、认知需求、时间压力、过去经验、感知价格、社会认可、沉浸体验、认知水平、健康意识、从众心理、信息需求、信息类型	Zhang 等⑦，Zha 等⑧，Yan 等⑨，Meng 等⑩，Zha 等⑪，Sun 等⑫

---

①　ZHA X，YANG H，YAN Y，et al. Exploring the effect of social media information quality，source credibility and reputation on informational fit-to-task：moderating role of focused immersion[J]. Computers in human behavior，2018，79(2)：227－237.

②　YAN Q，WU S，WANG L，et al. E-WOM from e-commerce websites and social media：which will consumers adopt? [J]. Electronic commerce research and applications，2016,17(1)：62－73.

③　ZHA X，LI L，YAN Y，et al. Exploring digital library usage for getting information from the ELM perspective[J]. Aslib journal of information management，2016，68(3)：286－305.

④　ZHANG Y，LI X，FAN W. User adoption of physician's replies in an online health community：an empirical study[J]. Journal of the Association for Information Science and Technology，2019,71:1179－1191.

⑤　SHI X，ZHENG X，YANG F. Exploring payment behavior for live courses in social Q & A communities：an information foraging perspective[J]. Information processing & management，2020,57(40)：102241.

⑥　JIN X L，CHEUNG C M K，LEE M K O，et al. How to keep members using the information in a computer-supported social network[J]. Computers in human behavior，2009，25(5)：1172－1181.

⑦　ZHANG K Z K，ZHAO S J，CHEUNG C M K，et al. Examining the influence of online reviews on consumers' decision-making：a heuristic-systematic model[J]. Decision support systems，2014，67：78－89.

⑧　ZHA X，YANG H，YAN Y，et al. Exploring the effect of social media information quality，source credibility and reputation on informational fit-to-task：Moderating role of focused immersion[J]. Computers in human behavior，2018，79(2)：227－237.

⑨　YAN Q，WU S，WANG L，et al. E-WOM from e-commerce websites and social media：which will consumers adopt? [J]. Electronic commerce research and applications，2016,17(1)：62－73.

⑩　MENG F，GUO X，PENG Z，et al. The routine use of mobile health services in the presence of health consciousness[J]. Electronic commerce research and applications，2019,35:100847.

⑪　ZHA X，LI L，YAN Y，et al. Exploring digital library usage for getting information from the ELM perspective[J]. Aslib journal of information management，2016，68(3)：286－305.

⑫　SUN Y，WANG N，XIAO L S，et al. Bias effects, synergistic effects, and information contingency effects：developing and testing an extended information adoption model in social Q & A[J]. Journal of the Association for Information Science and Technology，2019，70:1368－1382.

（续表）

变量类别	变　　量	研究举例
控制变量	性别、年龄、教育水平、收入、职业、疾病类型	Chung 和 Han[①]
应用场景	旅游、网购、网络游戏、在线音乐、品牌忠诚、社交媒体使用、电子健康、数字图书馆使用	Zhang 等[②]

7.1.2　研究假设

7.1.2.1　中心路径

在 6.2 节扎根分析，本研究梳理出了"学术质量"这一核心范畴，从而对全面性、可读性、新颖性及可靠性这 4 个主范畴进行抽象和汇总。"学术质量"衡量了学术论文内容的优劣及研究水平，可用于衡量论文的重要性和有用性。现有研究普遍认为质量是多维的概念[③]。根据 IAM，学术质量能正向促进用户对信息有用性的感知。

信息新颖性（novelty）体现信息是否更新、流行，能否反映产品或服务的最新状态；由于互联网与社交媒体的发展，用户可以方便地获取最新信息，从而增加他们在决策过程中采纳该信息的概率。[④] 不过，网络中也存在着几个月，甚至几年前的用户评论或回答，如果网站不能实现及时更新，用户便不会再次访问[⑤]。在问答类的网站中，信息的及时性、新颖性也能影响用户对信息质量的感知[⑥,⑦]。随着数字出版的不断繁荣，学术用户也能快速地获取、阅读最新发表的

---

① CHUNG N, HAN H. The relationship among tourists' persuasion, attachment and behavioral changes in social media[J]. Technological forecasting and social change, 2017, 123: 370 - 380.

② ZHANG K Z K, BARNES S J, ZHAO S J, et al. Can consumers be persuaded on brand microblogs? An empirical study[J]. Information & management, 2017, 55(1): 1 - 15.

③ SHEN X L, CHEUNG C, LEE M K O. What leads students to adopt information from Wikipedia? An empirical investigation into the role of trust and information usefulness[J]. British journal of educational technology, 2013, 44(3): 502 - 517.

④ FILIERI R, MCLEAY F. E-WOM and accommodation: an analysis of the factors that influence travelers' adoption of information from online reviews[J]. Journal of travel research, 2013, 53(1): 44 - 57.

⑤ HWANG J, PARK S, WOO M. Understanding user experiences of online travel review websites for hotel booking behaviours: an investigation of a dual motivation theory[J]. Asia Pacific journal of tourism research, 2018, 23(4): 359 - 372.

⑥ ZHANG Y, LI X, FAN W. User adoption of physician's replies in an online health community: an empirical study[J]. Journal of the Association for Information Science and Technology, 2019,71:1979 - 1191.

⑦ CHONG A Y L, KHONG K W, MA T, et al. Analyzing key influences of tourists' acceptance of online reviews in travel decisions[J]. Internet research: electronic networking applications and policy, 2018, 28(3): 564 -586.

学术文献,了解某主题、方法或理论的前沿与最新动态,对旧知识的扬弃与改进使新学术论文的质量增加。

可读性(readability)则指的是信息是否可读、易于理解,体现在语言、语义和词汇表达等方面。① 在线上健康咨询平台上,具有良好的组织结构和呈现形式的回答让患者觉得质量更高从而更易被采纳。② 对于学术论文而言,清晰、有逻辑的语言使学术用户更易理解和阅读;相反,如果专业术语过多,缺乏逻辑,排版混乱,学术用户便难以读懂,论文的质量和有用性水平降低。

全面性(completeness)体现信息的深度、宽度和范围,以及用户对信息丰富度的感知;全面性是最常见的质量维度。③ 在社会化问答社区中,全面性影响答案的质量,即提问者与回答者直接的交互、补充提问和后继回答越多,答案越容易被采纳。④ 在线评论可以对商品和服务的主要方面进行完整、详尽的介绍和分析,从而促进用户的决策制定,较线下社交网络中的口头推荐而言可以提供更丰富的信息。⑤ 还有研究发现信息全面性能正向影响用户对在线服务的满意度。⑥ 学术用户判断所阅读的论文是否综合、详尽:质量高的论文从各个角度对研究内容进行分析和梳理,并对研究问题进行深入探讨和详细说明;相反,质量低的论文往往浅尝辄止,不够翔实。⑦

可靠性(reliability)是实证研究的目标,为了保证研究得到的结论是可靠的,学者们采用规范严谨的方法、真实有效的数据,展现缜密清晰的逻辑,并接受团队和同行对其质量的把关。虽然日常行为中,普通用户往往对信息是否可信进

---

① FILIERI R, MCLEAY F. E-WOM and accommodation: an analysis of the factors that influence travelers' adoption of information from online reviews[J]. Journal of travel research, 2013, 53(1): 44 - 57.

② SHEN X L, CHEUNG C, LEE M K O. What leads students to adopt information from Wikipedia? An empirical investigation into the role of trust and information usefulness[J]. British journal of educational technology, 2013, 44(3): 502 - 517.

③ LUO C, LUO X, MA N. Exploring the determinants of information adoption: a comparative study of online store and third party forum[J]. Nankai business review international, 2019, 10(4): 618 - 634.

④ ZHANG Y, LI X, FAN W. User adoption of physician's replies in an online health community: an empirical study[J]. Journal of the Association for Information Science and Technology, 2019,71:1179 - 1191.

⑤ FILIERI R, MCLEAY F. E-WOM and accommodation: an analysis of the factors that influence travelers' adoption of information from online reviews[J]. Journal of travel research, 2013, 53(1): 44 - 57.

⑥ HWANG J, PARK S, WOO M. Understanding user experiences of online travel review websites for hotel booking behaviours: an investigation of a dual motivation theory[J]. Asia Pacific journal of tourism research, 2018, 23(4): 359 - 372.

⑦ SHEN X L, CHEUNG C, LEE M K O. What leads students to adopt information from Wikipedia? An empirical investigation into the role of trust and information usefulness[J]. British journal of educational technology, 2013, 44(3): 502 - 517.

行主观判断,而无法进行专业性评价,但经过专业训练的学术用户更加注重研究的可靠性。

经过上述分析,本研究建立了如下假设:

H1:全面性正向影响学术质量;

H2:可靠性正向影响学术质量;

H3:新颖性正向影响学术质量;

H4:可读性正向影响学术质量;

H5:学术质量正向影响信息有用性。

多项研究表明相关性是影响个体决策的重要因素,比如在制定旅游攻略时,消费者更喜欢与自己手头任务高度相关的信息,并通过这些信息对商品和服务进行评价[①];Zhang 等[②]用相关性表示用户所需要的内容与信息能提供的内容之间的一致程度,并通过研究发现当答案与提问及提问所在类别更相近时,用户更倾向于接受该答案。在 TAM2 中,工作相关性显著影响信息有用性,即信息技术与用户工作任务的匹配度越高,用户对其有用性感知越强。[③]

前项扎根研究表明,施引者在引用时判断该论文对其现有研究是否具有支撑、奠基、指导或提供文献索引的功能;这个过程需要施引者启动中心路径,消耗时间和精力,对论文内容进行仔细阅读和深入思考,从而做出判断。因此,功能性也是对学术用户感知和行为产生影响的因素之一,具有功能的论文有助于施引者形成、完善自身的研究。已有研究对无线电台 APP 的功能性进行了调查,并发现控制、集成功能显著影响用户对 APP 的接受意图,定时功能及交互功能显著影响用户实际的接受行为,而交互功能与音乐补充功能则显著影响用户的品牌忠诚度。[④] Tandon 等[⑤]的研究结合 UTAUT 模型也发现网站功能性正向促进用户的满意度。

---

① FILIERI R, MCLEAY F. E-WOM and accommodation: an analysis of the factors that influence travelers' adoption of information from online reviews[J]. Journal of travel research, 2013, 53(1): 44 - 57.

② ZHANG G, WEI F, JIA N, et al. Information adoption in commuters' route choice in the context of social interactions[J]. Transportation research part a: policy and practice, 2019, 130:300 - 316.

③ VENKATESH V, DAVIS F D.A theoretical extension of the technology acceptance model: four longitudinal field studies[J]. Management science, 2000, 46(2): 186 - 204.

④ CHAN-OLMSTED S, WANG R, HWANG K H. Millennials' adoption of radio station apps: the roles of functionality, technology, media, and brand factors[J]. Journalism & mass communication quarterly, 2020(1): 107769902095211.

⑤ TANDON U, KIRAN R, SAH A N. The influence of website functionality, drivers and perceived risk on customer satisfaction in online shopping: an emerging economy case[J]. Information systems and e-business management: special issue on emerging technologies for e-business engineering, 2018, 16:57 - 91.

通过上述分析,本研究做出如下假设:

H6:相关性正向影响信息有用性;

H7:功能性正向影响信息有用性。

7.1.2.2　边缘路径

与中心路径强调信息内容本身不同,边缘路径考察与信息相关的各类线索,从而评判信息,比如信源可信度[①]、声誉、吸引力、可信赖性及专业性等[②,③]。作者开展研究,撰写论文,学术期刊或会议录将这些论文发表出来,因此,学术用户通过论文、作者及出版物的影响力对信息做出判断。根据启发式系统模型(Heuristic Systematic Model),来源可信度可以正向影响论断质量,因为启发式处理过程影响了个体对论断质量的期待(expectation)和推论(inference),即个体认为来自高可信度信源的信息质量更高,而来自低可信度信源的相同信息则质量较低。[④] 这种效应被称为"偏倚效应"(bias effects)。在学术场景下,由于论文内容和论文作者、出版物相关的线索都可以被读者获取,读者可以将与论文来源相关的线索作为论文质量评价的参考。

Sun 等[⑤]人的研究将社会化问答社区中的信息分为搜索信息(search information)和经验信息(experience information)两类,前者仅通过搜索就能获得,后者则必须兼备相应的经验。研究表明不同类型的信息具有不同的价值,经验性信息通常更加主观,模糊,具有风险性。上述研究提示,用户对不同类型的信息感知有用性不同。在学术场景下,综述的被引量往往较研究论文更高,不同类型的文献出现在施引文献中的位置也不同,这说明它们具有不同的功能和用处。[⑥]

---

① SHI X, ZHENG X, YANG F. Exploring payment behavior for live courses in social Q & A communities: an information foraging perspective[J]. Information processing & management, 2020, 57 (4): 102241.

② ZHA X, WANG G, LI L, et al. Exploring digital library usage for getting information from the ELM perspective: the moderating effect of information need [J]. Aslib journal of information management: new information perspectives, 2016,68(3): 286 - 305.

③ ZHANG Y, LI X, FAN W. User adoption of physician's replies in an online health community: an empirical study[J]. Journal of the Association for Information Science and Technology, 2019, 71: 1179 -1191.

④ LEE W K. An elaboration likelihood model based longitudinal analysis of attitude change during the process of IT acceptance via education program[J]. Behaviour & information technology, 2012, 31 (12): 1161 - 1171.

⑤ SUN Y, WANG N, SHEN X L, et al. Bias effects, synergistic effects, and information contingency effects: developing and testing an extended information adoption model in social Q&A[J]. Journal of the Association for Information Science and Technology, 2019, 70: 1168 - 1182.

⑥ TAHAMTAN I, BORNMANN L. Core elements in the process of citing publications: conceptual overview of the literature[J]. Journal of informetrics, 2018, 12: 203 - 216.

同时,信息技术的可获取性也被证实会影响感知有用性。[1] 一项印度研究表明,基础设施的可获取性促进企业对宽带互联网的采纳,如果建立物理连接通路需要耗费过长时间,企业便不会使用宽带服务。[2] 是否有可供传递知识的内部软件显著影响员工的移动学习。[3] 类似地,只有可获取的学术论文才得以阅读、发掘潜在价值并利用,因而,可获取性影响施引者对学术论文价值和有用性的判断。

先前研究通过感知相似性来描述用户感知自己与信息相关属性的相似程度,这些属性包括人口统计学特征、心理特征和经历等。[4] 在前项扎根研究中,学术用户也报告了类似的判据——熟悉度,即对论文作者、出版物、来源学科、内容等方面的熟悉程度。人与人的关系可分为紧密和亲疏两类,有研究发现,具有亲密关系(即强联结)者对个体决策影响的程度更大,该结论也提示熟悉的人提供的信息感知有用性更强;Nunes 等[5]的研究得到了类似观点。

据此,本研究提出如下假设:

H8:影响力正向影响信息有用性;

H9:影响力正向影响学术质量;

H10:不同类型的论文信息有用性不同;

H11:熟悉度正向影响信息有用性;

H12:可获取性正向影响信息有用性。

7.1.2.3　信息有用性与信息易用性

根据 IAM,信息的有用性越高,用户对信息的采纳意向更强。[6] 大量实证研

---

① SHIN D H. An empirical investigation of a modified technology acceptance model of IPTV[J]. Behaviour & information technology,2009,28(4):361-372.

② FLETCHER J,SARKANI S,MAZZUCHI T A. A Technology adoption model for broadband internet adoption in india[J]. Journalism & mass communication quarterly,2014,17(3):150-168.

③ KUCIAPSKI M. Interaction enjoyment perspective in explaining technology acceptance:a study of employees' acceptance of M-Learning[C]. //Conference of the Association-for-Information-Systems (AMCIS),2020:8.

④ ZHANG K Z K,BARNES S J,ZHAO S J,et al. Can consumers be persuaded on brand microblogs? An empirical study[J]. Information & management,2017,55(1):1-15.

⑤ NUNES R H,FERREIRA J B,FREITAS A S D,et al. The effects of social media opinion leaders' recommendations on followers' intention to buy[J]. Revista brasileira de gestão de negócios,2017,20(1):57-73.

⑥ SUSSMAN S W,SIEGAL W S. Informational influence in organizations:an integrated approach to knowledge adoption[J]. Information systems research,2003,14(1):47-65.

究也证明了这一结论,比如 Sun 等[①]、Gökerik 等[②]及 Zhu 等[③]的研究。由此,本研究假设:

H13:信息有用性正向影响引用意向。

在 TAM 模型中,易用性是与有用性相对的概念,指用户认为使用该信息技术的容易程度。[④] 感知易用性越强,用户更愿意使用;Davis 认为,系统设计特征决定了系统的易用性,一个设计得好的系统可以减少用户的劳力,方便、快捷地帮助用户在界面上找到想要的内容或进行必要的操作。同时,感知易用性对感知有用性也具有正向影响。

对于学术论文而言,清晰、可读、易于理解的文字使施引者阅读、理解、引用起来更加容易;相反,烦冗的专业术语和“行话”(jargons)使文献资料的易用性降低。[⑤] 同时,信息技术的可获取性也影响用户对该技术易用性的感知。[⑥,⑦]在学术场景下,可获取性不仅指纸质、实体的文献资料,而且包括数字资料的授权获取和开放获取。有研究表明用户熟悉的可视化方式可以增加用户对系统易用性的感知[⑧],因为暴露于熟悉的刺激使用户的感知和认知过程更加简单、顺畅[⑨]。对于学术用户而言,熟悉作者、期刊及内容等也使其更顺利地

①　SUN Y, WANG N, SHEN X L, et al. Bias effects, synergistic effects, and information contingency effects: developing and testing an extended information adoption model in social Q & A[J]. Journal of the Association for Information Science and Technology, 2019, 70:1168－1182.

②　GÖKERIK M, GÜRBÜZ A, ERKAN I, et al. Surprise me with your ads! The impacts of guerrilla marketing in social media on brand image[J]. Asia Pacific journal of marketing and logistics, 2018, 30(5): 1222－1238.

③　ZHU D H, CHANG Y P, LUO J J. Understanding the influence of C2C communication on purchase decision in online communities from a perspective of information adoption model[J]. Telematics and informatics, 2016, 33(1): 8－16.

④　DAVIS F D. Perceived usefulness, perceived ease of use, and user acceptance of information technology[J]. MIS quarterly, 1989, 13(3): 319－340.

⑤　THONG J Y L, HONG W, TAM K Y. Understanding user acceptance of digital libraries: what are the roles of interface characteristics, organizational context, and individual differences? [J]. International journal of human-computer studies, 2002, 57(3): 215－242.

⑥　KARAHANNA E, STRAUB D W. The psychological origins of perceived usefulness and ease-of-use[J]. Informamtion & management, 1999, 35:237－250.

⑦　CHAU P Y K, LAI V S K. An empirical investigation of the determinants of user acceptance of Internet banking[J]. Journal of organizational computing and electronic commerce, 2003, 13(2): 123－145.

⑧　PERKHOFER L M, HOFER P, WALCHSHOFER C, et al. Interactive visualization of big data in the field of accounting: a survey of current practice and potential barriers for adoption[J]. Journal of applied accounting research, 2019, 20(4): 497－525.

⑨　QUISPEL A, MAES A, SCHILPEROORD J. Graph and chart aesthetics for experts and laymen in design: the role of familiarity and perceived ease of use[J]. Information visualization, 2015, 15(3): 238－252.

阅读和引用。

由此,本研究提出下列假设:

H14:可获取性正向影响信息易用性;

H15:熟悉度正向影响信息易用性;

H16:可读性正向影响信息易用性;

H17:信息易用性正向影响引用意向;

H18:信息易用性正向影响信息有用性。

7.1.2.4 愉悦感、主观规范及合作知识生产

前期研究中,愉悦感往往指日常生活中游戏、社交、旅游等娱乐活动带来的喜悦和趣味。已有研究表明,内容质量对态度具有正向影响,因为更好的内容能让用户觉得更开心,更享受[①];高质量的信息系统也能增加用户的愉悦感[②]。在6.2节扎根分析中,本研究发现施引者在阅读论文时会产生阅读愉悦感和知识获得感,从而引用该论文。这种愉悦不同于纯粹的娱乐,而是有赖于学术研究的质量和学术写作的质量,也正是如此,科研工作者才得以长期保持对科研的兴趣和热情。扎根研究的结果表明,论文的可读性能增加愉悦感,比如语言流畅、文笔优美、图表美观等特点;Yang 等[③]的研究也表明,可读性高的文本能引起读者情感和认知上的共鸣,从而带来愉悦感。

根据动机理论,愉悦感是一种内部动机而信息有用性是外部动机,愉悦感可以正向影响信息有用性[④];Al-Emran 等[⑤]和 Liu 等[⑥]的实证研究也证明了这一结

---

① SHIN D H. An empirical investigation of a modified technology acceptance model of IPTV[J]. Behaviour & information technology, 2009, 28(4): 361 - 372.

② LIAW S S, HUANG S M. An investigation of user attitudes toward search engines as an information retrieval tool[J]. Computers in human behavior, 2003, 19(6): 751 - 765.

③ YANG S B, HLEE S, LEE J, et al. An empirical examination of online restaurant reviews on Yelp.com: a dual coding theory perspective [J]. International journal of contemporary hospitality management, 2016, 29(2): 817 - 839.

④ LIAW S S, HUANG S M. An investigation of user attitudes toward search engines as an information retrieval tool[J]. Computers in human behavior, 2003, 19(6): 751 - 765.

⑤ AL-EMRAN M, AL-MAROOF R, AL-SHARAFI M A, et al. What impacts learning with wearables? An integrated theoretical model[J]. Interactive learning environments, 2020, 30(10): 1897 - 1917.https://doi.org/10.1080/10494820.2020.1753216.

⑥ LIU F, NGAI E, JU X. Understanding mobile health service use: an investigation of routine and emergency use intentions [J]. International journal of information management, 2019, 45 (APR.): 107 - 117.

论。此外,愉悦感也能直接增强用户使用 IPTV[①]、微博[②]、移动健康服务[③]及众包平台[④]等技术的意图。通过上述分析,本研究得出如下假设:

H19:可读性正向影响愉悦感;

H20:学术质量正向影响愉悦感;

H21:愉悦感正向影响信息有用性;

H22:愉悦感正向影响引用意向。

TRA 和 TPB 解释了主观规范对态度的影响,即具有重要性的他人认为个体应该/不应该做出行为。主观规范能预测用户对 Twitter 的有用性感知和使用意图[⑤];在网络社区中,用户之间关系的强度是行为决策的重要前驱因素[⑥],比如当同伴购买了某件产品时,用户购买该产品的意愿更大[⑦]。在学术场景下,具有重要性的学术同行能影响施引者对论文有用性的感知及引用该论文的意向,比如学者的同学、导师、合作者及期刊编辑等。由此,本研究做出假设:

H23:主观规范正向影响信息有用性;

H24:主观规范正向影响引用意向。

合作生产(co-production)源自价值共创领域,指消费者和企业间直接或间接的合作,或消费者参与产品设计的过程。[⑧] 合作生产是一个双向、平等的过程,涉及知识的分享和流动。在学术场景下,学术团队成员合作进行知识生产,比如开组会研讨论文时,成员们积极发言,贡献智慧,碰撞出思维的火花,从而最

---

①　SHIN D H. An empirical investigation of a modified technology acceptance model of IPTV[J]. Behaviour & information technology, 2009, 28(4): 361 - 372.

②　SHIAU W L, LUO M M. Continuance intention of blog users: the impact of perceived enjoyment, habit, user involvement and blogging time[J]. Behaviour & information technology, 2013, 32 (6): 570 - 583.

③　LIU F, NGAI E, JU X. Understanding mobile health service use: an investigation of routine and emergency use intentions [J]. International journal of information management, 2019, 45 (APR.): 107 - 117.

④　LIN W S, CHEN H R, YANG M L. How do we learn to get success together through crowdfunding platform? From the perspectives of system learning and multi-motivations[J]. Telematics and informatics, 2020, 52: 101428.

⑤　AL-DAIHANI S M. Students' adoption of Twitter as an information source: an exploratory study using the technology acceptance model[J]. Malaysian journal of library and information science, 2016, 21 (3): 57 - 69.

⑥　ZHU D H, CHANG Y P, LUO J J. Understanding the influence of C2C communication on purchase decision in online communities from a perspective of information adoption model[J]. Telematics and informatics, 2016, 33(1): 8 - 16.

⑦　GUNAWAN D D, HUARNG K H. Viral effects of social network and media on consumers' purchase intention[J]. Journal of business research, 2015, 68(11): 2237 - 2241.

⑧　RANJAN K R, READ S. Value co-creation: concept and measurement [J]. Journal of the academy of marketing science, 2016, 44(3): 290 - 315.

大限度地发掘论文的价值。这种双向的交互与单向影响(主观规范)不同。已有研究也表明,交互能引起积极态度和行为意图。[①,②]通过上述分析,本研究得到如下假设:

H25:合作知识生产正向影响信息有用性;

H26:合作知识生产正向影响引用意向。

7.1.2.5 调节变量

双路径模型认为个体的感知和行为决策受到两条路径的影响,即中心路径和边缘路径,且在不同场景和不同特征的个体中,两路径的作用程度存在差异。[③] 根据ELM,决定两路径重要性的因素是精细加工可能性,即个体的动机和能力。如果当前问题对个体至关重要,以致会为其带来一些不良后果,则个体被驱动,从而对论断的内容进行详细审查;如果当前问题无关紧要,则个体不会倾向于付出大量认知努力来完成不必要的任务。这里的假设是当前的问题具有难度且个体的认知、时间有限。同时,当个体具有较强的、对论断进行审查的能力时,也更有可能激发中心路径。根据IAM,个体前期的经验可以影响其处理当前问题的能力,因此经验丰富的个体更关注论断质量等中心路径而非信源可信度等边缘线索;另外,个体的卷入度越高,即当前问题与其个人的相关性越高,其动机越强烈,则信息的精细化处理程度越大。由此可见,动机和能力是影响认知路径的个体特征。在学术场景下,学术用户具有不同的研究水平和学术经验,因而在选择引用文献时产生不同的信息处理过程。

ELM假设个体当前面临的问题是困难的,也就是说,如果问题较容易,边缘路径就可能发挥更大的作用,因此情境因素也是调节变量之一。在6.2节扎根分析中,本研究发现了学术年龄、学术积淀、研究领域、学术习惯、信息素养和外语水平等6种施引者特征,成就动机、便利性动机、取悦动机和互惠动机等4类引用动机,以及任务特征、检索系统特征、相关文献缺乏和时间压力等4种情境特征,这些因素对引用意向的两条路径起着怎样的调节作用? 此为本部分将探索的研究问题。综上,本研究形成了假设模型图(图7.1-4)。

① YANG F, SHEN F. Effects of web interactivity: a meta-analysis[J]. Communication research, 2018, 45(5): 635-658.

② JIANG Z H, CHAN J, TAN B C, et al. Effects of interactivity on website involvement and purchase intention[J]. Journal of the Association for Information Systems, 2010, 11(1): 34-59.

③ BHATTACHERJEE A, SANFORD C. Influence processes for information technology acceptance: an elaboration likelihood model[J]. MIS quarterly, 2006, 30(4): 805-825.

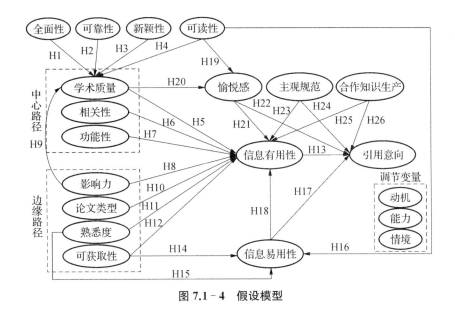

图 7.1－4　假设模型

7.2　施引者引用意向影响因素测量模型建构

为了对理论模型中的构念(construct)进行操作化测量,本部分探索各构念的测量方式。理论模型中的判据可通过现有研究发现的文献计量指标及扎根理论研究中的初级概念进行量化;理论模型中的其他构念则可通过借鉴已有研究并结合扎根理论研究中的初级概念进行量化。具体而言,本部分将解决以下研究问题:

(1)如何对论文被引影响因素计量指标进行编码?

(2)论文被引影响因素计量指标如何测量引用判据?

7.2.1　研究设计

本部分旨在基于文献计量研究中的论文被引影响因素集合,探索引用意向判据的形成性测量模型,宜从论文样本中编码出计量指标并采用主成分分析法对计量指标进行降维。

数据来源与编码同 5.1 节。统计分析方法包括主成分分析和多重对应分析。

主成分分析。变量数量较多往往不利于分析,可从多个变量中抽取出综合变量,使得综合变量尽可能多地包含原来所有变量中的信息,抽取出来的综合变量就是主成分。通过主成分分析可以达到降维的目的,也可将具有一定相关性的变量归纳在一起,厘清变量间的关系。本研究对连续变量、二元分类变量及有序多分类变量开展主成分分析。首先进行 KMO 和巴特利特检验,判断数据是否适合进行主成分分析。主成分个数的确定由累积方差解释、"特征值大于 1"准则及碎石图共同确定。由于本研究中各指标间数量级相差较大,需要对量纲进行标准化,故选择从相关性矩阵出发计算主成分,采用最大方差法进行因子旋转。主成分基于方差计算,剔除因样本量极端分布而造成方差为 0 的 3 个连续指标、5 个二分类指标及 2 个有序多分类指标,剩余 49 个指标纳入主成分分析。

多重对应分析。对应分析(correspondence analysis)是在因子分析的基础上发展起来的一种类别变量降维方法。对应分析结合了因子分析与多维尺度分析的优点,可基于变量间的交叉列联表,解释变量间及变量类别间的关系。研究 3 个或 3 个以上类别变量之间的关系,即多重对应分析。在 SPSS 软件中,对无序多分类变量的多重对应分析(即同质性分析)属于最优尺度法(optimal scaling)的一种情况,是一种对多个分类变量进行主成分分析的技术。剔除因样本量极端分布而造成方差为 0 的 3 个无序多分类指标,剩余 4 个指标进行多重对应分析。数据分析采用 SPSS 23.0 软件。

7.2.2 研究结果

7.2.2.1 线性主成分分析

KMO 和巴特利特检验结果见表 7.2-1。由表中可知,KMO 取样适切性量数大于 0.7,巴特利特球形度检验结果显著,这表明本部分的 49 个指标进行主成分分析是合适的。根据"特征值大于 1"的准则,从 49 个指标中提取出 15 个主成分,累积方差解释率为 70.755%(表 7.2-2);从碎石图中判断拐点处,发现可能适合的主成分个数是 5 个或 7 个(图 7.2-1)。为进一步确定主成分的个数,设定主成分个数为 5 和 7,得到的主成分累积方差解释率分别为 42.688%、50.051%,远低于累积方差解释率大于 70% 的要求[①]。综合考虑,提取出 15 个主成分(表 7.2-3)。

表 7.2-1 KMO 和巴特利特检验结果

KMO 取样适切性量数		0.715
巴特利特球形度检验	近似卡方	11 467.535
	自由度	1 176
	显著性	0.000

---

① 乔宝明.多元统计方法与计算[M].徐州:中国矿业大学出版社,2018.

表 7.2－2　累积方差解释率

序号	初始特征值			提取载荷平方和			旋转载荷平方和		
	总计	方差百分比	累积 %	总计	方差百分比	累积 %	总计	方差百分比	累积 %
1	7.637	15.586	15.586	7.637	15.586	15.586	6.020	12.285	12.285
2	4.839	9.876	25.462	4.839	9.876	25.462	5.000	10.204	22.489
3	3.667	7.484	32.946	3.667	7.484	32.946	2.489	5.080	27.569
4	2.519	5.140	38.086	2.519	5.140	38.086	2.348	4.792	32.361
5	2.255	4.602	42.688	2.255	4.602	42.688	2.315	4.725	37.085
6	1.912	3.903	46.591	1.912	3.903	46.591	2.290	4.674	41.760
7	1.696	3.460	50.051	1.696	3.460	50.051	2.034	4.151	45.911
8	1.521	3.104	53.155	1.521	3.104	53.155	1.854	3.783	49.694
9	1.474	3.008	56.163	1.474	3.008	56.163	1.829	3.732	53.426
10	1.306	2.666	58.829	1.306	2.666	58.829	1.661	3.390	56.816
11	1.293	2.638	61.466	1.293	2.638	61.466	1.652	3.371	60.187
12	1.249	2.548	64.014	1.249	2.548	64.014	1.444	2.946	63.134
13	1.165	2.377	66.392	1.165	2.377	66.392	1.299	2.650	65.784
14	1.087	2.218	68.610	1.087	2.218	68.610	1.296	2.645	68.429
15	1.051	2.145	70.755	1.051	2.145	70.755	1.140	2.326	70.755
16	0.985	2.009	72.764						
17	0.891	1.819	74.583						
18	0.887	1.810	76.393						
19	0.848	1.731	78.124						

（续表）

序号	初始特征值			提取载荷平方和			旋转载荷平方和		
	总计	方差百分比	累积%	总计	方差百分比	累积%	总计	方差百分比	累积%
20	0.841	1.716	79.840						
21	0.776	1.584	81.424						
22	0.754	1.539	82.963						
23	0.702	1.433	84.396						
24	0.665	1.357	85.754						
25	0.642	1.311	87.065						
26	0.613	1.251	88.316						
27	0.555	1.133	89.449						
28	0.539	1.099	90.548						
29	0.520	1.061	91.610						
30	0.499	1.019	92.629						
31	0.460	0.938	93.567						
32	0.456	0.931	94.498						
33	0.383	0.781	95.279						
34	0.368	0.751	96.031						
35	0.311	0.635	96.666						
36	0.276	0.564	97.230						
37	0.236	0.481	97.711						
38	0.209	0.427	98.138						

(续表)

序号	初始特征值			提取载荷平方和			旋转载荷平方和		
	总计	方差百分比	累积 %	总计	方差百分比	累积 %	总计	方差百分比	累积 %
39	0.186	0.380	98.518						
40	0.158	0.322	98.840						
41	0.136	0.278	99.117						
42	0.104	0.213	99.330						
43	0.090	0.184	99.514						
44	0.069	0.140	99.655						
45	0.066	0.135	99.789						
46	0.051	0.104	99.894						
47	0.028	0.057	99.951						
48	0.017	0.035	99.986						
49	0.007	0.014	100.000						

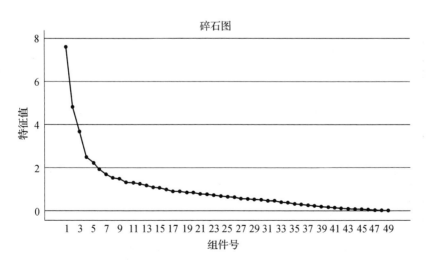

图 7.2 - 1　碎石图

表 7.2 - 3　旋转后的成分矩阵

指标名称	1	2	3	4	5	6	7	8	9	10	11	12	13	14	15
2 年被引量	0.950														
5 年施引期刊数	0.931														
2 年施引期刊数	0.928														
5 年被引量	0.901														
首年被引量	0.831														
首年施引期刊数	0.827														
下载量	0.730														
h 指数		0.883													
平均 h 指数		0.848													
h 最大值		0.844													
发文量		0.817													
前期被引量		0.808													
前期篇均被引量		0.590													

（续表）

指标名称	1	2	3	4	5	6	7	8	9	10	11	12	13	14	15
h 最小值		0.533													
跨省合作			0.885												
跨机构合作			0.864												
跨学科合作			0.683												
参考文献数				0.725											
会议论文比例				0.654											
外文参考文献比例				0.642											
论文篇幅				0.604											
作者年龄					0.824										
学术年龄					0.718										
工作年龄					0.696										
期刊论文比例						0.796									
网络资源比例						0.750									

（续表）

指标名称	1	2	3	4	5	6	7	8	9	10	11	12	13	14	15
期刊自引比例						0.462									
参考文献篇均被引							0.924								
参考文献总被引							0.915								
图表数								0.676							
作者数								0.628							
基金等级								0.401							
专著比例									0.818						
参考文献年龄									0.722						
论文年龄										0.688					
期刊年发文量										0.687					
是否开放获取											0.719				
索引数据库数											0.648				
是否同行评议											0.537				

(续表)

指标名称	1	2	3	4	5	6	7	8	9	10	11	12	13	14	15
稿件处理时间												0.758			
期刊影响因子												0.704			
关键词数													0.677		
标题长度													0.504		
首次被引年龄														0.571	
作者性别														0.528	
学位论文比例															0.720
摘要长度															0.511

注：旋转在 11 次迭代后已收敛；按绝对值排序；仅显示>0.4 的系数。

7.2.2.2 多重对应分析

将刊出顺序、文献类型、中图分类号及教育背景 4 个无序多分类指标纳入多重对应分析。迭代运算 58 次后达到收敛检验值,从模型摘要表中可以看出(表 7.2-4),两个维度一共解释了超过 76.7% 的方差,其中维度 1 解释了 40.2%,维度 2 解释了 36.5%,解释效果较好。结合区分测度结果表(表 7.2-5)与类别点联合图(图 7.2-2)可以看出,X_2 文献类型在两维度上的区分度测度最高,且其在维度 1 上的区分度较维度 2 更明显;而 X_1 刊出顺序在维度 1 上的区分测度非常低,相对而言,其在维度 2 上的区分度更明显(图中类别点更分散);X_9 中图分类号、X_{27} 教育背景在维度 1 上区分更明显。

表 7.2-4 多重对应分析模型摘要

维度	克龙巴赫 α 系数	方差所占百分比	
		总计(特征值)	惯量
1	0.504	1.608	0.402
2	0.419	1.458	0.365
总计	/	3.067	0.767
平均值	0.464[a]	1.533	0.383

注:a. 克龙巴赫 α 系数平均值基于平均特征值。

表 7.2-5 多重对应分析区分测量

序号	维度		平均值
	1	2	
X_1	0.028	0.470	0.249
X_2	0.544	0.459	0.502
X_9	0.541	0.276	0.408
X_{27}	0.495	0.253	0.374
活动总计	1.608	1.458	1.533

在类别点联合图中,落在从图形原点(0,0)出发相同方位上大致相同区域内的同一变量的不同类别具有相似的性质,从原点出发相同方位上大致相同区域内的不同变量的类别间彼此也有联系。同时,散点间距离越近,关联倾向越明显;散点离原点越远,关联倾向越明显。[①] 根据这一规则,将图 7.2-2 以原点为

---

① 杨丹.SPSS 宝典 [M].3 版.北京:电子工业出版社,2013:389-417.

中心分为四个象限,可发现:(1) 第一、二象限中类别点距离原点较近,这表明类别间关联不大;(2) 第三象限中管科、商学、计算机、F 距离较近且离原点较远,这表明具有管科、商学及计算机学科背景的图情研究人员更倾向于在图情期刊上发表经济相关的论文;(3) 第四象限中,中文、其他文献类型、其他中图分类号距离较近且离原点较远,这表明具有中国文学教育背景的图情研究人员在图情期刊上更倾向于发表翻译、书评、政策分析等类型的诸如 J(艺术)、I(文学)、K(历史、地理)类的文献。由此可见,X_{27} 作者教育背景与 X_9 论文的中图分类号两指标间具有一定相关性。

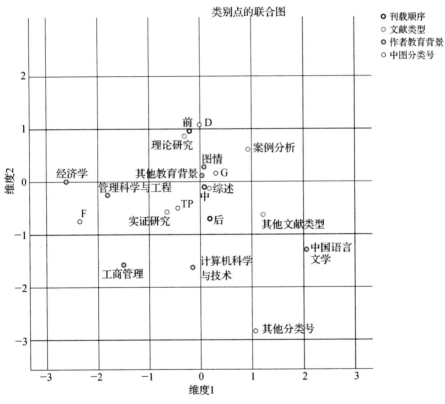

图 7.2 - 2　类别点联合图

7.2.2.3　判据的测量指标

通过主成分分析,本研究得到了 15 个主成分;通过多重对应分析,又发现了作者教育背景与论文中图分类号这两个指标间具有关联。16 个主成分仍然较多,不足以达到降维的目的;同时,还存在着主成分分析和多重对应分析未提取出的指标,以及由于导致方差为 0 而未纳入数据分析的指标。为了实现本研究的目的——考察所有文献计量指标所反映的因子并利用其测量引用判据,本研究对提取的主成分及剩余计量指标进行人工归并,并结合前项扎根研究得到的判据为主成分命名。

由表7.2-3可知,主成分分析提取的第1个主成分中包含被引量、施引期刊数及下载量相关的指标,体现了论文发表后被学界引用、阅读的程度,可命名为"论文影响力";第2个主成分涉及论文第一作者的发文量、被引量、h指数及合作者的h指数,这些指标从发文和被引两个角度考察了作者的影响力;第5个主成分涉及作者年龄、学术年龄及工作年限,反映了作者经验与水平;第14个主成分包括首次被引时间及作者性别两项指标,由于论文的首次被引时间体现了论文在学界的传播速度,而社交媒体、学术会议等渠道能够加速论文的传播,其与作者性别这一指标的关联可能解释了在使用社交媒体传播学术成果、参加学术会议等学术活动中的性别差异。相关的计量指标还有作者国籍、有无头衔、学历、毕业院校类型、职业及就职机构类型。上述指标共同反映了作者发文、被引、传播及学术水平等方面的影响力,故命名为"作者影响力"。

表7.2-3中提取的第3个主成分反映的是作者合作的情况,包括跨省合作、跨机构合作及跨学科合作,未纳入数据分析的"有无国际合作"指标也与之存在关联,同时,作者数指标也出现于第8个主成分;第8个主成分中还包含基金项目与图表数,由6.2节研究结果可知(表6.2-7),合作与基金项目都可以认为是论文质量的保证,即由多个作者共同完成的研究质量更高,经过了基金委员会专家评审的研究质量更高。此外,数据分析得到的第11个主成分中也包含了同行评议相关的指标,实际上,期刊是否开放获取本质上也与该期刊是否有同行评议等质量控制机制有关。基于此,将上述指标命名为"质量控制"。

由主成分分析提取出的第4、6、9、13、15个主成分主要反映了论文的篇幅、参考文献数量、不同类型参考文献所占的比例,以及摘要、题名长度和关键词数量,其中:论文的篇幅体现其整体工作量和知识量,篇幅长的论文所含的知识越丰富,研究工作越翔实;参考文献往往是论文的知识基础,多样的参考文献也体现出论文的深度;最后,题名、摘要及关键词等信息则直接反映了读者在文摘中能看到的信息量,并引发进一步全文阅读行为。未纳入主成分分析或多重对应分析的脚注数、附录数、公式数、是否结构化摘要、是否含致谢及文献类型指标也具有类似的内涵。因此,本研究将上述指标命名为"信息容量"。

此外,本研究将主成分分析提取出的第12个主成分及期刊发文量指标命名为"期刊影响力";借鉴前项扎根研究的结果,将第7个主成分与参考文献平均JIF、作者自引比例指标共同命名为"可靠性";多重对应分析提取出的主成分及"作者职业"可表明作者和论文内容的相关性,故命名为"相关性";最后,剩余的"论文年龄"指标及"刊出顺序"指标分别被命名为"新颖性"与"引发兴趣"。最终得到的主成分及其相应的指标见表7.2-6。

表 7.2－6　主成分命名及其相应指标

主成分名称	指　　标
论文影响力	2 年被引量、5 年施引期刊数、2 年施引期刊数、5 年被引量、首年被引量、首年施引期刊数、下载量
作者影响力	h 指数、平均 h 指数、h 最大值、发文量、前期被引量、前期篇均被引量、h 最小值;作者年龄、学术年龄、工作年龄;首次被引时间、作者性别;作者国籍、有无头衔、学历、职称、毕业院校类型、就职机构类型
质量控制	跨省合作、跨机构合作、跨学科合作;作者数、基金等级、图表数;是否开放获取、索引数据库数、是否同行评议;有无国际合作
信息容量	参考文献数、会议论文比例、外文参考文献比例、论文篇幅;期刊论文比例、网络资源比例、期刊自引比例;学位论文比例、摘要长度、专著比例、参考文献年龄;关键词数、标题长度;脚注数、附录数、公式数、是否结构化摘要、是否含致谢、文献类型
期刊影响力	稿件处理时间、期刊影响因子;期刊发文量
可靠性	参考文献篇均被引、参考文献总被引;参考文献平均 JIF、作者自引比例
相关性	教育背景、中图分类号、职业
新颖性	论文年龄
引发兴趣	刊出顺序

7.2.3　问卷设计

7.2.3.1　问卷第一部分

为考察科研人员引用意向的判据与影响因素,本研究设计了调查问卷。问卷第一部分采用关键事件技术,以阅读某篇特定的论文为关键事件,请参与者根据对该论文的回忆回答相应的问题。为使参与者充分置身于该论文中,本调查设置了 30 秒的回忆时间。

本部分问题中关于潜变量的部分采用李克特 5 级量表。本研究的潜变量可以分为两个部分,其一是来源 6.2 节扎根理论研究的判据,其二是在 7.1 节建模阶段引入的构念。对于来源于扎根研究的判据——新颖性、可读性、全面性、可靠性、相关性、功能性、熟悉度、作者影响力、论文影响力及出版物影响力,本研究采用扎根研究中的概念对其进行测量。在部分判据的概念层中出现了一些客观指标,比如论文的转载量、浏览量、被引量和期刊影响因子,这些客观指标往往在数据库中直接获得,而回答者难以感知、无法回答。因此在本部分问卷题项中舍弃这些客观的概念,而保留可感知的概念作为潜变量的题项(见表 7.2－7)。此外,还有两个判据——论文类型和可获取性,由于以特定论文为关键事件时这两个判据依据确定,故不适合在本部分提问。

表 7.2－7　问卷第一部分判据题项及说明

潜变量名称	题项	说　明	题项来源
新颖性 （PXY）	1. 该论文关注了本领域的前沿热点 2. 该论文选题有新意 3. 该论文报告了一项新的研究 4. 该论文的思路独特 5. 该论文的视角独特 6. 该论文与其他研究重复 7. 该论文对未来趋势进行了展望 8. 该论文的结果有突破 9. 该论文的研究方法独特 10. 该论文的研究方法先进 11. 该论文提出了新理论 12. 该论文发展了前期理论 13. 该论文是经典文献 14. 该论文具有开创性 15. 该论文是新近发表的	形成性量表,包括主题新颖、结论新颖、方法新颖、理论新颖、开创性及发表时间。	扎根研究的概念层
可读性 （PKD）	1. 该论文的图表布局合理 2. 该论文的图表结构清晰 3. 该论文的图表直观 4. 该论文的图表美观 5. 该论文语言通俗易懂 6. 该论文语言简明 7. 该论文语言生动形象 8. 该论文语言流畅 9. 该论文排版整洁 10. 该论文印刷精美 11. 该论文的结构规范 12. 该论文的专业术语准确	形成性量表,包括图表、语言、排版、印刷及写作规范	扎根研究的概念层
全面性 （PQM）	1. 该论文内容完整 2. 该论文内容多样 3. 该论文内容丰富 4. 该论文具有综合性 5. 该论文具有概括性 6. 该论文内容详细 7. 该论文内容具体 8. 该论文内容深入	反映性量表	扎根研究的概念层中可感知的概念

(续表)

潜变量名称	题项	说　明	题项来源
可靠性（PKK）	1. 该论文的研究方法规范 2. 该论文的研究方法合理 3. 该论文的研究方法科学 4. 该论文的研究方法严谨 5. 该论文的测量工具有效 6. 该论文的数据真实 7. 该论文的数据准确无误 8. 该论文的结果可重复 9. 该论文的结论得到了前期研究的支持 10. 该论文的结果可信 11. 该论文的结论有效 12. 该论文的结论有说服力 13. 该论文思路清晰 14. 该论文结构缜密 15. 该论文观点鲜明 16. 该论文纯属观点堆砌	形成性量表，包括方法可靠、数据可靠、结论可靠及逻辑合理。	扎根研究的概念层中可感知的概念
相关性（PRV）	1. 该论文的主题与我的研究相关 2. 该论文的研究设计与我的研究相关 3. 该论文的理论与我的研究相关 4. 该论文的研究思路与我的研究相关 5. 该论文的内容与我的研究相关 6. 该论文的参考文献与我的研究相关 7. 该论文作者的研究方向与我的研究相关 8. 该论文作者的职业与我的研究相关 9. 该论文发表的期刊与我的研究相关	形成性量表，包括内容相关、研究发现相关及发文范围相关。	扎根研究的概念层
功能性（GN）	1. 该论文佐证了我的观点 2. 该论文验证了我的研究结果 3. 该论文为我提供了方法支撑 4. 该论文为我提供了理论框架 5. 该论文是我选题的来源 6. 该论文补充了我的知识面 7. 该论文是我学习的范文 8. 该论文指导了工程实践 9. 该论文的参考文献为我提供了更多的文献线索	形成性量表，包括支撑功能、奠基功能、指导功能及文献索引功能。	扎根研究的概念层
论文影响力（PLW）	1. 该论文得到了广泛关注 2. 该论文得到了广泛认可 3. 该论文具有代表性 4. 该论文被高质量的文献引用	反映性量表	扎根研究的概念层中可感知的概念

(续表)

潜变量名称	题项	说　明	题项来源
出版物影响力（PCB）	1. 发表该论文的期刊/会议录权威 2. 发表该论文的期刊/会议录口碑好 3. 发表该论文的期刊/会议录得到学界认可 4. 发表该论文的期刊/会议录知名度高	反映性量表	扎根研究的概念层中可感知的概念
作者影响力（PZZ）	1. 该论文作者的研究水平高 2. 该论文作者的声望高 3. 该论文作者的知名度高 4. 该论文作者权威 5. 该论文作者的所在机构知名度高 6. 该论文作者的所在机构权威	反映性量表	扎根研究的概念层中可感知的概念
熟悉度（PSX）	1. 我熟悉发表该论文出版物（如期刊、会议录） 2. 我熟悉该论文的作者 3. 我熟悉该论文所属的学科 4. 我熟悉该论文的参考文献 5. 我熟悉该论文的写作模式 6. 我熟悉该论文的语种	反映性量表	扎根研究的概念层中可感知的概念
愉悦感（PYY）	1. 该论文引发了我的阅读兴趣 2. 该论文让我觉得赏心悦目 3. 该论文让我感到豁然开朗 4. 该论文令我不禁拍案叫绝	反映性量表	扎根研究中的概念层

本书7.1节构建理论模型时，引入了学术质量、感知有用性、感知易用性及引用意向4个构念。其中，学术质量在被访者的访谈被多次提及，故可根据其访谈原始语料的初级代码进行测量。感知有用性、感知易用性及引用意向的测量题项参考前期文献进行改写（见表7.2-8）。

本部分问题中关于调节变量的部分采用单项选择题，涉及的调节变量包括任务特征、相关文献量及时间压力。

表7.2-8　问卷第一部分其他构念题项及说明

潜变量名称	题项	说　明	题项来源
学术质量（PZL）	1. 该论文的质量高 2. 该论文的学术水平高 3. 该论文有学术价值 4. 该论文有意义	反映性量表	扎根研究的初级代码

（续表）

潜变量名称	题项	说　明	题项来源
感知信息 有用性 （PU）	1. 使用该论文中的信息能加快我的研究进度 2. 使用该论文中的信息能提高我的研究绩效 3. 使用该论文中的信息能使我的研究更加有效 4. 该论文中的信息对我的研究是有用的	反映性量表	Davis①，Venkatesh 和 Davis②，Tseng 和 Wang③，孙元④
感知信息 易用性 （PEOU）	1. 该论文清晰，可理解 2. 应用该论文不需要花费大量的脑力 3. 应用该论文是容易的 4. 易于在该论文中找到所需信息	反映性量表	Davis⑤，Venkatesh⑥，孙元⑦
引用意向 （CI）	1. 我已经/将要引用该论文 2. 我会在我的研究中使用该论文 3. 该论文的信息促使我对其进行引用 4. 对于该论文所属的研究主题，我经验丰富	反映性量表	Sussman 和 Siegal⑧，Tseng 和 Wang⑨

7.2.3.2　问卷第二部分

本问卷在第二部分考察科研人员常态性的引用意向，这一方面是由于部分判据无法通过关键事件进行测量，另一方面则是为了回答本研究的研究问题——如何通过文献计量指标测量引用判据。研究采用李克特 5 级量表就判据

---

① DAVIS F D. Perceived usefulness，perceived ease of use，and user acceptance of information technology[J]. MIS quarterly，1989，13(3)：319 - 340.

② VENKATESH V，DAVIS F D. A theoretical extension of the technology acceptance model：four longitudinal field studies[J]. Management science，2000，46(2)：186 - 204.

③ TSENG S Y，WANG C N. Perceived risk influence on dual-route information adoption processes on travel websites[J]. Journal of business research，2016，69(6)：2289 - 2296.

④ 孙元.基于任务—技术匹配理论视角的整合性技术接受模型发展研究[D].杭州：浙江大学，2010.

⑤ DAVIS F D. Perceived usefulness，perceived ease of use，and user acceptance of information technology[J]. MIS quarterly，1989，13(3)：319 - 340.

⑥ VENKATESH V. Determinants of perceived ease of use：integrating control，intrinsic motivation，and emotion into the technology acceptance model[J]. Information systems research，2000，11(4)：342 - 365.

⑦ 孙元.基于任务—技术匹配理论视角的整合性技术接受模型发展研究[D].杭州：浙江大学，2010.

⑧ SUSSMAN S W，SIEGAL W S. Informational influence in organizations：an integrated approach to knowledge adoption[J]. Information systems research，2003，14(1)：47 - 65.

⑨ TSENG S Y，WANG C N. Perceived risk influence on dual-route information adoption processes on travel websites[J]. Journal of business research，2016，69(6)：2289 - 2296.

及影响判据选择的因素进行提问。

对于判据——熟悉度、可获取性、文献类型和判据选择的影响因素——主观规范、引用动机和检索系统功能,本研究采用扎根研究中的客观概念及访谈原始语料中的初级代码进行测量(见表7.2-9)。

表 7.2-9 问卷第二部分来源于 6.2 节扎根研究中的题项及说明

潜变量名称	题项	说明	题项来源
熟悉度 (SX)	1. 我倾向于引用自己发表的论文 2. 我倾向于引用同一师门发表的论文 3. 我倾向于引用导师发表的论文 4. 我倾向于引用曾经引用过的论文 5. 我倾向于引用熟悉的期刊上发表的论文 6. 我倾向于引用熟悉的作者发表的论文 7. 我倾向于引用本学科的论文 8. 我倾向于引用参考文献我熟悉的论文 9. 我倾向于引用写作模式我熟悉的论文 10. 我倾向于引用语种我熟悉的论文	形成性量表	扎根研究的概念层中的客观概念
主观规范 (ZG)	1. 我倾向于根据师门的传统引用论文 2. 我倾向于根据导师的建议引用论文 3. 我倾向于根据所在机构的规定引用论文 4. 我倾向于根据同事的建议引用论文 5. 我倾向于根据合作者的建议引用论文 6. 我倾向于根据审稿人的建议引用论文 7. 我倾向于根据答辩老师的建议引用论文 8. 我倾向于根据公众号的建议引用论文 9. 我倾向于根据编辑的建议引用论文 10. 我倾向于根据投稿期刊的要求引用论文 11. 我倾向于根据约定俗成的规则引用论文(如投英文期刊引用英文论文)	形成性量表	扎根研究的概念层中的客观概念
可获取性 (HQ)	1. 我倾向于引用易于获取的论文 2. 我倾向于引用可获取全文的论文	反映性量表	扎根研究的概念层中的客观概念
文献类型 (DT)	1. 我倾向于引用综述型论文 2. 我倾向于引用基础研究论文 3. 我倾向于引用应用研究论文 4. 我倾向于引用综合研究论文	形成性量表	扎根研究的概念层中的客观概念

（续表）

潜变量名称	题项	说　明	题项来源
引用动机 （DJ）	1. 引用是为了增加论文的印象分 2. 引用是为了加大论文的认可度 3. 引用是为了填充版面 4. 我倾向于随意地引用论文 5. 我倾向于引用我要投稿的期刊上发表的论文 6. 我倾向于引用潜在审稿人的论文 7. 我倾向于引用答辩老师的论文 8. 我倾向于引用所在团队成员的论文	形成性量表，包括成就动机、便利性动机、取悦动机和互惠动机。	扎根研究的概念层中的客观概念
检索系统功能 （XT）	1. 我常用的检索系统展示了论文的被引量 2. 我常用的检索系统展示了论文的下载量 3. 我常用的检索系统展示了引用该论文的论文	特定路径的调节变量	扎根研究初始代码

本部分的其他题项来自本书 7.2.2 节的主成分分析。为探讨主成分分析中的文献计量指标是否确实对科研人员的引用决策产生影响，本研究进行了预调查。每一个文献计量指标对科研人员引用的影响程度分为"不影响""很少影响""有点影响""很大程度影响"。在南京大学的硕、博士研究生及老师中发放 172 份问卷，收回有效问卷 147 份，有效回收率 85.5%。其中，参与者的年龄为 21～41 岁，平均年龄 24 岁；男性参与者 68 人，女性参与者 79 人，参与者的学历为博士（$N=62$）和硕士（$N=85$），分布较均匀；大部分参与者无职称，少数为中级、副高级及正高级职称（见图 7.2 - 3）。此外，参与者的研究领域分布在哲学（$N=10$）、法学（$N=14$）、教育学（$N=6$）、文学（$N=31$）、历史学（$N=6$）、理学（$N=30$）、工学（$N=21$）、医学（$N=2$）、管理学（$N=23$）及艺术学（$N=4$）等 10 个学科门类。

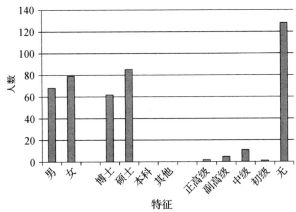

图 7.2 - 3　预调查参与者性别、学历及职称分布

在 82 个调查的计量指标中,每一个指标都有参与者选择"很大程度影响",其中:认为"作者性别""作者是否来自多个国家""论文结尾是否有致谢"及"论文参考文献中会议论文的比例"很大程度上影响了引用决定的最少,有 2 人;认为"论文是否发表于核心期刊"在很大程度上影响引用决定的最多,有 105 人;认为"作者的性别"对引用决定有点影响的最少,有 4 人;认为"论文的发表时间"对引用决定有点影响的最多,有 78 人。所有文献计量指标对引用决定"很少影响"或"不影响"的情况也存在。每个计量指标都对科研人员的引用决定产生不同程度的影响,这支持了本部分题项的合理性。预调查完整结果见附录。

7.2.3.3 问卷第三部分

问卷第三部分主要考察参与者的人口统计学特征及部分调节变量和判据选择影响因素。人口统计学特征及调节变量包括性别、年龄、最高学历、职称、从事研究年限、英语水平、学术积淀和信息素养。对合作知识生产的测量参考 Ranjan 和 Read[1] 的量表,该量表包含 3 个维度:知识(knowledge)、平等(equity)和交互(interaction),每个维度包含 4 个题项。由 3 名博士研究生对量表进行"背靠背"翻译,翻译完成后邀请一位图情领域专家加入讨论,经过研讨和协商,最终确定翻译题项(见表 7.2 - 10)。

表 7.2 - 10　问卷第三部分合作知识生产构念的测度题项

合作知识生产
知识
1. 在组会或其他学术研讨活动中,成员对我就学术问题提出的想法与建议持开放态度。 2. 在组会或其他学术研讨活动中,成员能为我提供丰富的学术信息。 3. 在组会或其他学术研讨活动中,为相关学术问题提供思路与建议,我愿意竭尽所能。 4. 在组会或其他学术研讨活动中,成员为我分享建议和想法提供了合适的环境与时机。
平等
1. 在组会或其他学术研讨活动中,成员能迅速地明白我的想法。 2. 组会或其他学术研讨活动的进行过程与我的需要契合。 3. 在组会或其他学术研讨活动的讨论环节中,成员认为我与他们同样重要。 4. 在组会或其他学术研讨活动的形成解决方案环节中,我与其他成员的角色是平等的。
交互
1. 在组会或其他学术研讨活动中,我可以顺畅地表达我特定的学术需求。 2. 在组会或其他学术研讨活动中,相关的学术信息能够传递到所有成员。 3. 在组会或其他学术研讨活动中,成员间就学术问题进行了充分的交流。 4. 在组会或其他学术研讨活动中,为取得最优效果,我积极主动地参与交流。

---

① RANJAN K R, READ S. Value co-creation: concept and measurement[J]. Journal of the academy of marketing science, 2016, 44(3): 290 - 315.

至此,本问卷的 3 个部分已全部设计完成。此外,问卷还设置了:一个筛选题,"您是否撰写过学术论文",回答"否"的问卷将自动判为无效问卷;两个反向测谎题,分别为 PXY6"该论文与其他研究重复"和 PKK16"该论文纯属观点堆砌",以尽可能地保证问卷数据的有效性。本问卷中的学术论文指正式出版的期刊论文或会议论文。

问卷初稿完成后,由 6 位图情领域学者和专家多次研讨、审读,修改题项、措辞及呈现方式,以保证问卷的内容效度,最终形成科研人员学术论文引用行为调查问卷初稿。

7.2.3.4　项目分析与信效度分析

根据量表开发的步骤,本研究收集小样本进行项目分析和信效度分析。将科研人员学术论文引用行为调查问卷录入问卷星软件;为鼓励科研人员参与调查,本研究为提交有效答卷的参与者提供 15～20 元奖励。有效答卷的筛选基于问卷中的筛选题、2 道反向测谎题和 2 道年龄题(异常值),并剔除填答呈现规律化、所有题目的答案全部相同、连续多题答案相同及回答时间少于 5 分钟或回答时间过长(比如大于 40 分钟)的问卷。最终收回有效问卷 112 份,样本量大小符合项目分析和信效度分析的要求(>100)[①]。将得到的问卷数据导入 SPSS。

(1)项目分析

项目分析(item analysis)包括项目难度和区分度分析。难度可通过信度来间接反映或由专家来评估[②]。本问卷在形成时经由博士生和领域专家审读,题项难度适中;本研究的调查对象为正式发表过论文的科研人员,与审读阶段的专家学者身份相近;正式发表过论文也说明其具有一定的学术能力和水平。此外,由有效问卷回收量和每题的答题率(100%)也可以看出本问卷难度适中,适合回答。

区分度分析(item discrimination),也叫鉴别力,指题项对被试者实际水平的区分程度。如果实际水平高的被试能通过某题项,而实际水平低的被试无法通过,则该题项的区分度较好。区分度的计算参考吴明隆[③]的步骤:

① 对量表中的 2 个反向题项进行反向计分;

② 求出各量表的总得分;

③ 将样本分别按各量表的总得分由高至低排列;

④ 找出得分排名前 30 和后 30 的样本,分为高低两组(112×27%≈30);

⑤ 以独立样本 t 检验考察两组间在每个题型上的差异;

⑥ 将 t 检验不显著的题项删除。

---

① 吴明隆.SPSS 统计应用实务[M].北京:中国铁道出版社,2001:30.

② 顾海根.应用心理测量学[M].北京:北京大学出版社,2010:202,218.

③ 吴明隆.SPSS 统计应用实务[M].北京:中国铁道出版社,2001:15.

通过分析发现,除可靠性量表的第 16 个题项(PKK16)外,所有的题项均在 0.001 水平或 0.01 水平上显著,这表明除 PKK16 外,所有题项均具有较高的区分度(表 7.2 - 11)。

表 7.2 - 11　项目分析结果

序号	量表名称	0.001 水平上显著的题项序号	0.01 水平上显著的题项序号	不显著的题项序号
1	新颖性(PXY)	1—15		
2	可读性(PKD)	1—12		
3	全面性(PQM)	1—8		
4	可靠性(PKK)	1—15		16
5	学术质量(PZL)	1—4		
6	相关性(PRV)	1—9		
7	功能性(GN)	1—9		
8	论文影响力(PLW)	1—4		
9	出版物影响力(PCB)	1—4		
10	作者影响力(PZZ)	1—6		
11	熟悉度(PSX)	1—6		
12	愉悦感(PYY)	1—4		
13	感知信息有用性(PU)	1—4		
14	感知信息易用性(PEOU)	2,3	1,4	
15	引用意向(CI)	1—3		
16	学术积淀(JD)	1—4		
17	熟悉度-计量指标(SX)	1—9	10	
18	主观规范(ZG)	1—7,9—11	8($p<0.05$)	
19	可获取性(HQ)	1,2		
20	文献类型(DT)	1—4		
21	引用动机(DJ)	1—8		
22	检索系统特征(XT)	1—3		
23	相关性-计量指标(RV)	1—3		
24	论文影响力-计量指标(LW)	1—11		
25	出版物影响力-计量指标(CB)	1—13		

(续表)

序号	量表名称	0.001 水平上显著的题项序号	0.01 水平上显著的题项序号	不显著的题项序号
26	作者影响力-计量指标(ZZ)	1—6,9—11,13—20	7,8,12	
27	全面性-计量指标(QM)	1—8,10—18	9	
28	可靠性-计量指标(KK)	1—16		
29	愉悦感-计量指标(YY)	1—4		
30	信息素养(SY)	1,2		
31	合作知识生产-知识(K)	1—4		
32	合作知识生产-平等(E)	1—4		
33	合作知识生产-交互(I)	1—4		

(2) 信度分析

在多题项量表中,内部信度非常重要。内部信度考察每个量表是否测量单一构念,即组成量表的题项的内在一致性程度。李克特量表的内部一致性通常用克龙巴赫 α 系数来计算。

表 7.2 - 12 展示了新颖性(PXY)量表的内部一致性结果,量表的整体 α 系数为 0.84($>$0.70),一致性较好。在新颖性量表的 15 个题项中,题项 6 与总得分之间的相关系数为 $r=0.188$,小于中等程度相关 $r=0.300$ 的准则[1],表明该题项与总得分之间的相关性较低。但删除该题项后 α 系数并没有突然增大,而是一直保持在$>$0.80;鉴于该题项属于反向测谎题,所以暂时保留,待后续验证性研究时再删除。

表 7.2 - 12 新颖性量表的内部一致性结果

题项编号	删除项后的标度平均值	删除项后的标度方差	修正后的项与总计相关性	删除项后的克龙巴赫 α 系数
PXY1	48.669 6	57.448	0.493	0.813
PXY2	48.812 5	57.505	0.444	0.815
PXY3	48.982 1	55.747	0.455	0.813
PXY4	49.142 9	55.079	0.493	0.810

---

① COHEN J. Statistical power analysis for the behavioral sciences[M]. New York: Psychology Press, 1988.

（续表）

题项编号	删除项后的标度 平均值	删除项后的标度 方差	修正后的项与 总计相关性	删除项后的 克龙巴赫 α 系数
PXY5	49.133 9	55.595	0.492	0.811
PXY6_reverse	49.419 6	59.363	0.188	0.830
PXY7	49.062 5	55.951	0.417	0.815
PXY8	49.241 1	55.049	0.521	0.809
PXY9	49.473 2	57.062	0.346	0.820
PXY10	49.535 7	54.125	0.509	0.809
PXY11	49.705 4	54.444	0.461	0.813
PXY12	49.285 7	55.089	0.470	0.812
PXY13	49.812 5	56.028	0.344	0.822
PXY14	49.562 5	52.591	0.641	0.800
PXY15	49.035 7	54.900	0.423	0.815

表 7.2 - 13 为可靠性（PKK）量表的内部一致性结果，量表整体的 α 系数为 0.877（＞0.70）。在可靠性量表的 16 个题项中，题项 16 未通过上一节的项目区分度分析；信度分析进一步发现，该题项与总得分的相关性较低，且删除该题项后 α 系数从原来的 0.8 数量级增加到 0.9 数量级，应予以剔除。但该题项属于反向测谎题，故暂时保留。

表 7.2 - 13　可靠性量表的内部一致性结果

题项编号	删除项后的标度 平均值	删除项后的标度 方差	修正后的项与 总计相关性	删除项后的 克龙巴赫 α 系数
PKK1	60.696 4	39.186	0.473	0.872
PKK2	60.616 1	38.635	0.611	0.868
PKK3	60.589 3	38.208	0.657	0.866
PKK4	60.732 1	37.441	0.653	0.865
PKK5	60.785 7	37.017	0.527	0.870
PKK6	60.714 3	36.116	0.677	0.862
PKK7	61.008 9	36.351	0.665	0.863
PKK8	60.937 5	36.474	0.577	0.867

（续表）

题项编号	删除项后的标度平均值	删除项后的标度方差	修正后的项与总计相关性	删除项后的克龙巴赫 α 系数
PKK9	60.821 4	37.247	0.532	0.869
PKK10	60.633 9	37.369	0.692	0.864
PKK11	60.616 1	36.851	0.697	0.863
PKK12	60.633 9	36.847	0.728	0.862
PKK13	60.544 6	38.376	0.697	0.866
PKK14	60.714 3	38.404	0.494	0.871
PKK15	60.562 5	38.807	0.508	0.871
PKK16_reverse	61.044 6	43.304	−0.120	0.913

表 7.2-14 展示了功能性（GN）量表的内部一致性结果，量表整体内部一致性为0.725（>0.70）。在 9 个题项中，题项 6 和题项 8 与总得分的相关性较低，且删除这两个题项后 α 系数增加的幅度比较大，故删除这两个题项。

表 7.2-14　功能性量表的内部一致性

题项编号	删除项后的标度平均值	删除项后的标度方差	修正后的项与总计相关性	删除项后的克龙巴赫 α 系数
GN1	29.830 4	17.728	0.394	0.701
GN2	30.044 6	16.638	0.456	0.689
GN3	29.526 8	17.333	0.577	0.673
GN4	29.500 0	18.090	0.476	0.690
GN5	30.294 6	15.741	0.478	0.686
GN6	29.294 6	19.957	0.222	0.726
GN7	29.544 6	18.106	0.454	0.693
GN8	30.133 9	18.099	0.240	0.738
GN9	29.258 9	19.040	0.416	0.702

表 7.2-15 为熟悉度（PSX）量表的内部一致性结果，整体 α 系数为0.716（>0.70）。其中，题项 6 与总得分间的相关性较低，且删除该题项后 α 系数增加的幅度较大，故删除题项 6。通过相同的判别方式，还删除了感知信息易用性量表中的题项 1 和 4（PEOU1、PEOU4）、熟悉度-客观量表中的题项 10（SX10）和主观规范量表中的题项 8（ZG8）。

表 7.2－15　熟悉度量表的内部一致性结果

题项编号	删除项后的标度平均值	删除项后的标度方差	修正后的项与总计相关性	删除项后的克龙巴赫 α 系数
PSX1	19.464 3	8.215	0.527	0.651
PSX2	20.035 7	7.963	0.408	0.707
PSX3	19.080 4	8.993	0.646	0.633
PSX4	19.517 9	8.342	0.520	0.654
PSX5	19.294 6	9.849	0.387	0.695
PSX6	18.901 8	10.648	0.299	0.715

　　从各量表的整体克龙巴赫 α 系数来看(表 7.2－16)，大部分量表的内部一致性较好(>0.70)，有的甚至非常高(>0.90)。不过，感知信息易用性、可获取性及文献类型量表的内部一致性较低。究其原因，首先，可获取性量表中只有 2 个题项，导致了内部一致性必然不高；其次，文献类型量表的每个题项分别对不同文献类型进行提问，属于形成性量表，其内部一致性较低反映出被试者对不同文献类型感知的差异，而非题项设置的问题；最后，感知信息易用性量表由前期文献中改写，在本研究中内部一致性较低的原因可能是题项 1"论文清晰、易理解"及题项 4"易于从该论文中找到所需要的信息"与可读性及学术积淀内涵重叠的原因，由于这两个题项与感知信息易用性的相关性较低，删除后可增加感知信息易用性量表的内部一致性。

表 7.2－16　各量表的整体克龙巴赫 α 系数

量表名称	题项数	α 系数	量表名称	题项数	α 系数
新颖性(PXY)	15	0.840	熟悉度-计量指标(SX)	10	0.810
可读性(PKD)	12	0.871	主观规范(ZG)	11	0.838
全面性(PQM)	8	0.785	可获取性(HQ)	2	0.492
可靠性(PKK)	16	0.877	文献类型(DT)	4	0.538
学术质量(PZL)	4	0.827	引用动机(DJ)	8	0.861
相关性(PRV)	9	0.869	相关性-计量指标(RV)	3	0.672
功能性(GN)	9	0.725	论文影响力-计量指标(LW)	11	0.925
论文影响力(PLW)	4	0.830	出版物影响力-计量指标(CB)	13	0.853
出版物影响力(PCB)	4	0.924	作者影响力-计量指标(ZZ)	20	0.915

（续表）

量表名称	题项数	α系数	量表名称	题项数	α系数
作者影响力（PZZ）	6	0.906	全面性-计量指标（QM）	18	0.937
熟悉度（PSX）	6	0.716	可靠性-计量指标（KK）	16	0.922
愉悦感（PYY）	4	0.749	愉悦感-计量指标（YY）	4	0.823
感知信息有用性（PU）	4	0.845	信息素养（SY）	2	0.793
感知信息易用性（PEOU）	4	0.604	合作知识生产-知识（K）	4	0.841
引用意向（CI）	3	0.838	合作知识生产-平等（E）	4	0.803
学术积淀（JD）	4	0.787	合作知识生产-交互（I）	4	0.872
			合作知识生产	12	0.916

（3）效度分析

内容效度（content validity）由专家系统地逻辑分析后做出评判；建构效度（construct validity）则采用探索性因子分析（exploratory factor analysis）。在确定因子分析样本量时，要求题项与被试者的比例大于1∶5，本问卷中最长的一个量表有20道题，因此样本量应大于100；受试总样本数不得少于100；综合两点可知，我们得到的112份有效问卷是适合的。[①]

本问卷中有10个反映性的构念，分别是学术质量（PZL）、论文影响力（PLW）、出版物影响力（PCB）、作者影响力（PZZ）、感知信息有用性（PU）、感知信息易用性（PEOU）、引用意向（CI）、信息素养（SY）、可获取性（HQ）及学术积淀（JD）。对这10个构念进行探索性因子分析，选择相关性矩阵进行运算，提取特征值大于1的主成分，并采用最大方差法旋转。得到KMO取样适切性量数为0.760，巴特利特球形度检验显著，表明进行主成分分析是合适的。

表7.2-17为旋转后的成分矩阵。以因子荷载大于0.4为准则，可以得到9个主成分，共解释了74.419%的总方差（＞50%）。可以发现，引用意向CI和感知信息有用性PU在同一个主成分中，而其他构念均作为独立的主成分被提取了出来。虽然CI和PU在同一个因子中，但由表中数据可知，CI的三个题项因子荷载均大于0.77，而PU的4个题项仅为0.46～0.64，这表明两者之间仍存在差异。综上可以认为，本问卷中10个反映性的量表均具有较好的建构效度。

①　吴明隆.SPSS统计应用实务［M］.北京：中国铁道出版社. 2001：31.

表 7.2 - 17　反映性构念主成分分析旋转后的成分矩阵

题项编号	成分序号[a]								
	1	2	3	4	5	6	7	8	9
PZZ2	0.905	−0.015	0.186	0.044	0.153	0.080	−0.013	0.090	−.0124
PZZ3	0.905	−0.046	0.161	0.055	0.115	0.078	0.024	0.063	−.0116
PZZ4	0.818	0.138	0.203	0.052	0.205	0.066	−0.046	0.028	−0.111
PZZ5	0.640	0.086	0.350	0.278	−0.119	0.094	0.342	0.028	0.061
PZZ6	0.568	0.158	0.421	0.302	−0.063	0.027	0.291	0.060	0.206
PZZ1	0.556	0.096	0.230	0.373	0.251	−0.026	0.088	−0.001	0.126
CI1	−0.091	0.835	0.206	0.111	0.021	0.115	0.024	0.080	−0.054
CI2	0.123	0.807	0.041	−0.037	−0.008	0.138	−0.080	0.294	−0.050
CI3	−0.017	0.773	0.079	0.102	−0.076	0.129	−0.037	0.006	0.341
PU4	0.086	0.636	0.175	0.107	0.108	−0.047	0.204	−0.053	0.268
PU3	0.167	0.635	0.064	0.108	0.375	−0.110	0.385	0.060	−0.125
PU2	0.175	0.560	−0.073	0.171	0.496	−0.088	0.325	−0.152	0.131
PU1	0.192	0.460	−0.039	0.172	0.415	−0.152	0.387	−0.220	0.167
PCB2	0.232	0.097	0.842	0.107	0.217	0.026	0.129	−0.149	0.040
PCB1	0.268	0.112	0.786	0.145	0.244	0.019	0.124	−0.127	0.041
PCB3	0.288	0.140	0.775	0.177	0.127	0.091	0.088	−0.100	0.028
PCB4	0.265	0.132	0.736	0.276	0.181	0.108	0.058	0.072	−0.029
PZL1	0.176	−0.039	0.129	0.778	0.103	0.166	−0.005	−0.002	0.074
PZL2	0.182	0.046	0.170	0.775	0.276	0.132	0.072	−0.081	−0.058
PZL3	0.161	0.339	0.184	0.693	0.206	0.084	−0.005	−0.143	0.014
PZL4	−0.049	0.206	0.206	0.659	0.207	−0.132	0.271	0.126	−0.005
PLW2	0.101	0.061	0.270	0.237	0.779	0.182	−0.022	0.066	0.007
PLW1	0.216	0.047	0.271	0.331	0.695	0.152	−0.108	0.050	−0.018
PLW3	0.163	0.006	0.375	0.241	0.608	0.044	0.271	0.033	0.089
PLW4	0.393	0.234	0.313	0.168	0.436	0.134	−0.114	0.055	−0.109
JD1	0.061	−0.008	0.142	0.085	0.074	0.832	0.140	0.065	0.063

（续表）

题项编号	成分序号[a]								
	1	2	3	4	5	6	7	8	9
JD4	0.017	0.011	0.028	0.201	0.167	0.762	0.104	0.034	−0.237
JD3	0.031	0.019	0.170	0.028	0.031	0.682	0.472	0.061	0.009
JD2	0.209	0.283	−0.154	−0.067	−0.013	0.649	0.015	0.085	0.272
SY2	−0.001	0.061	0.166	0.081	−.002	0.251	0.809	0.068	−0.078
SY1	0.107	0.153	0.122	0.067	0.051	0.371	0.724	−0.122	0.110
PEOU2	0.056	0.073	−0.122	0.010	−0.081	0.092	−0.024	0.892	0.073
PEOU3	0.128	0.114	−0.076	−0.061	0.156	0.063	0.012	0.861	0.109
HQ1	−0.082	0.076	−0.067	0.097	0.085	−0.001	−0.096	0.018	0.782
HQ2	−0.111	0.172	0.173	−0.083	−0.053	0.032	0.153	0.188	0.699

注:提取方法为主成分分析法。旋转方法为凯撒正态化最大方差法。a. 旋转在 10 次迭代后已收敛。

在对形成性量表进行因子分析时,熟悉度(PSX)、愉悦感(PYY)、相关性-计量指标(RV)及愉悦感-计量指标(YY)4 个量表分别析出了 1 个主成分,且均通过了 KMO 和巴特利特检验,累积方差解释率为 43.518%到 66.383%,这表明这 4 个量表的建构效度较好。

熟悉度-计量指标(SX)原有 10 个题项,SX10 在信度分析时已剔除;其余 9 个题项一共提取了 2 个主成分,累积方差解释率为57.764%(见表 7.2 - 18)。可将题项 1—3 命名为传承性熟悉(SX-interit)、题项4—9命名为经验性熟悉(SX-experien);该量表的因子结构清晰。与此类似的结果还有:主观规范(ZG)量表,原有 11 个题项,剔除在信度分析时就已剔除的 ZG8 后,共提取了 2 个主成分,累积方差解释率为 60.057%,其中题项 1—4 和题项5—7、9—11 可以分别解读为近距离/物理圈子的主观规范和来自远距离圈子的主观规范,该量表因子结构清晰;引用动机(DJ)量表,共 8 个题项,提取了 2 个主成分,累积方差解释率为64.894%,与假设的结构相比,该量表的因子结构仍然比较清晰,可将假设的 3 个维度统称为"策略性动机"(DJ-strategy),而最后一个维度仍为便利性动机(DJ-conveni);新颖性(PXY)量表原有 15 个题项,在信度分析中已删去 PXY6,从剩余的题项中共提取出 3 个主成分,累积方差解释率为 53.482%,与假设的 6 个维度相比,主成分分析的结果修正为 3 个维度,可分别命名为主题新颖、开创性成果及方法新颖,该因子结构比较清晰,包含了所有的题项且每个维度都可解释一定的总体方差。

表 7.2 - 18　熟悉度-客观(SX)量表的主成分分析结果

题项编号	成分序号[a]	
	1	2
SX5	0.814	0.176
SX8	0.724	0.149
SX7	0.711	0.088
SX6	0.706	0.224
SX9	0.687	0.030
SX4	0.607	0.268
SX2	0.095	0.888
SX3	0.303	0.768
SX1	0.101	0.703

注:提取方法为主成分分析法。旋转方法为凯撒正态化最大方差法。a. 旋转在 3 次迭代后已收敛。

其他构念的量表则根据效度分析结果增加、删除、修改了部分题项。

① 题项增加。以可读性(PKD)量表为例,由表 7.2 - 19 可知,PKD 共 12 个题项,提取了 3 个主成分,累积方差解释率为 67.375%。在第 3 章扎根研究中,可读性包含图表、语言、排版印刷及写作规范 4 个维度,而数据分析结果显示排版印刷的 2 个题项分别进入了语言和写作规范 2 个主成分。这可能是因为该维度只有 2 个题项,也有可能是受到了答题顺序的影响;因此,本研究对该量表进行修正,具体做法是在排版印刷维度、写作规范增加 2 个题项。其他 3 个因子结构比较好。

表 7.2 - 19　可读性(PKD)量表的主成分分析结果

题项编号	成分序号[a]		
	1	2	3
PKD3	0.878	0.251	0.099
PKD2	0.825	0.235	0.216
PKD4	0.806	0.175	0.089
PKD1	0.705	−0.045	0.340
PKD8	0.127	0.828	0.210
PKD6	0.261	0.818	0.122

（续表）

题项编号	成分序号[a]		
	1	2	3
PKD5	0.116	0.665	0.024
PKD7	−0.027	0.645	0.362
PKD9	0.385	0.620	0.336
PKD12	0.170	0.177	0.796
PKD11	0.275	0.116	0.770
PKD10	0.138	0.325	0.713

注:提取方法为主成分分析法。旋转方法为凯撒正态化最大方差法。a. 旋转在 5 次迭代后已收敛。

② 题项删除。以相关性(PRV)量表为例,共 9 个题项,提取了 2 个主成分,累积方差解释力为 66.075%。由表 7.2 - 20 可知,该因子结构与假设接近,包括内容相关、作者和期刊相关,但同时,题项 5 和 6 在两个成分上的因子荷载都比较大,应予以剔除。以同样的判别方式,还删除了全面性量表的题项 1(PQM1)、可靠性量表的题项 1、2、5(PKK1、PKK2、PKK5)、论文影响力-客观量表的题项 5(LW5)、出版物影响力-客观的题项 13(CB13)、作者影响力-客观的题项 16(ZZ16)、全面性-客观的题项 11、12、18(QM11、QM122、QM18)和可靠性-客观的题项 9、15(KK9、KK15)。

表 7.2 - 20　相关性(PRV)量表的主成分分析结果

题项编号	成分序号[a]	
	1	2
PRV2	0.837	0.186
PRV3	0.815	0.275
PRV4	0.809	−0.006
PRV5	0.563	0.555
PRV9	0.136	0.794
PRV8	−0.076	0.782
PRV7	0.432	0.680
PRV1	0.447	0.617
PRV6	0.570	0.608

注:提取方法为主成分分析法。旋转方法为凯撒正态化最大方差法。a. 旋转在 3 次迭代后已收敛。

③ 题项修改。以功能性(GN)量表为例(表 7.2 - 21),共 9 个题项,其中 GN6、GN8 在信度分析中已剔除;采用等量最大法选择后得到 2 个主成分,累积方差解释率为 62.880%;分析发现,GN4 在 2 个主成分上的因子荷载都很大,予以剔除。剔除 GN4 后,仍采用等量最大法旋转得到两个清晰的主成分,可命名为支撑功能,以及奠基和指导功能,基本符合假设。其中 GN3 在假设中是支撑功能,却进入了奠基和指导功能这一成分中,因此对 GN3 的说法进行修改。

表 7.2 - 21　功能性(GN)量表的主成分分析结果

题项编号	成分序号[a]	
	1	2
GN7	0.827	−0.049
GN9	0.781	−0.027
GN5	0.630	0.245
GN3	0.552	0.439
GN1	0.037	0.927
GN2	0.082	0.923

注:提取方法为主成分分析法。旋转方法为凯撒正态化等量最大法。a. 旋转在 3 次迭代后已收敛。

信度、效度分析的完整结果见附录。经过项目分析和信效度分析,对题项进行了删除、增加和修改,最终得到了科研人员学术论文引用行为调查问卷(见附录),供后续验证性研究使用。

7.3　基于判据的施引者引用意向影响因素模型验证

7.3.1　样本描述性统计

本研究将问卷录入问卷星软件,并通过社交网络在全国各高校师生中进行数据收集。数据收集时间为 2020 年 11 月,发放对象是至少发表过一篇学术论文的研究生和专家学者。为保证问卷数据的可靠性,剔除不符合要求的问卷。在本研究收集的 748 份有效问卷中,男性科研人员 358 名(47.9%),女性科研人员 390 名(52.1%),性别分别较为均衡。被调查的科研人员年龄最小 21 岁,最大 63 岁,平均年龄 31.1 岁,图 7.3 - 1 展示了被调查者的年龄分布。96.9％的科研人员具有博士或硕士学历,只有少数科研人员学历为本科或其他,就职称而言,25.7％的被调查者具有正高级或副高级职称,无学术职称的被调查者 377人,占比为 50.4％(图 7.3 - 2)。被调查者来自 13 个教育部学科门类(表 7.3 - 1),其中来自管理学的有 222 名,来自工学的有 119 名,而艺术学、哲学与军事学的样本较难获取,分别为 4、2、1 名。在被调查的 748 名科研人员中,自我感知的英语水平为 1～10 分(总分 10 分),平均 7.4 分;科研人员的学术年龄分布范围也较广(自研究生入学第一年算起),科研人员最长已从事了 37 年研究工作,而最短的刚进入研究生一年级,被调查者的平均学术年龄为 7.2 年。

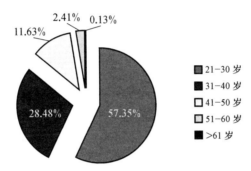

图 7.3 - 1　被调查者年龄分布图

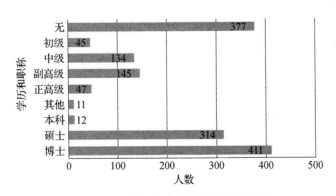

图 7.3 - 2　被调查者学历和职称分布图

表 7.3 - 1　被调查者的学科分布

序号	学科	人数	百分比
1	哲学	2	0.3
2	经济学	37	4.9
3	法学	14	1.9
4	教育学	60	8
5	文学	41	5.5
6	历史学	26	3.5
7	理学	71	9.5
8	工学	119	15.9
9	农学	95	12.7
10	医学	56	7.5
11	军事学	1	0.1
12	管理学	222	29.7
13	艺术学	4	0.5

7.3.2　测量模型分析

对反映性测量模型的分析采用验证性因子分析法,考察信度、收敛效度和区分效度。学术用户对影响力的感知来自论文、作者和出版物,故影响力变量(impact)由感知论文影响力(PLW)、感知出版物影响力(PCB)及感知作者影响力(PZZ)共同测量,三者均为反映性量表。对形成性测量模型考察指标共线性、权重及其显著性。

7.3.2.1　反映性量表

在反映性量表中,所有指标的因子荷载都大于 0.621,且大部分因子荷载大于 0.70,这表明量表具有较好的信度。以组合信度(composite reliability,CR)和克龙巴赫 α 系数衡量量表的内部一致性,由表 7.3 - 2 可知,所有的反映性量表 α 系数大于 0.70,CR 大于 0.85,低于 0.95,表明各题项间一致性较高但又不完全相同,具有较好的信度。[①]

---

① SARSTEDT M, RINGLE C M, HAIR J F. Partial least squares structural equation modeling [M]. //HOMBURG C, KLARMANN M, VOMBERG A E. Handbook of market research, Springer International Publishing AG, 2017. DOI: 10.1007/978 - 3 - 319 - 05542 - 8_15 - 1.

收敛效度(convergent validity)指量表通过解释其题项的方差而聚合在一起的程度,通过潜变量所有题项的平均萃取方差(AVE)来衡量。如表 7.3 - 2 所示,所有反映性量表的 AVE 都大于 0.50,这表明这些潜变量能较好地解释题项的方差,具有较好的收敛效度。

表 7.3 - 2　反映性量表的信度和收敛效度

潜变量名称	α 系数	CR	AVE
全面性(PQM)	0.868	0.897	0.557
学术质量(PZL)	0.921	0.944	0.808
影响力(IMPACT)	0.940	0.947	0.561
可获取性(HQ)	0.701	0.870	0.770
熟悉度(PSX)	0.780	0.850	0.532
愉悦感(PYY)	0.863	0.907	0.709
信息有用性(PU)	0.907	0.935	0.781
信息易用性(PEOU)	0.815	0.915	0.843
合作知识生产(KEI)	0.935	0.944	0.584
引用意向(CI)	0.905	0.941	0.841

区分效度表示潜变量的题项与其他潜变量的题项不相关的程度,采用 Fornell & Larcker 准则和 cross loadings 准则来衡量。[1] 由表 7.3 - 3 可知,处在对角线上的该变量 AVE 的平方根大于 0.7,且大于该变量与其他变量的相关系数[2];各题项的因子荷载都具有统计学意义,且在本潜变量上的荷载高于在其他变量上的荷载(表 7.3 - 4)。两项结果提示本研究的反映性量表具有较好的区分效度。

表 7.3 - 3　反映性量表的 AVE 平方根与相关系数

	CI	HQ	KEI	PEOU	PQM	PSX	PU	PYY	PZL	IMPACT
CI	0.917	0	0	0	0	0	0	0	0	0
HQ	0.162	0.877	0	0	0	0	0	0	0	0
KEI	0.21	0.187	0.764	0	0	0	0	0	0	0

① FORNELL C, LARCKER D. Evaluating structural equation models with unobservable variables and measurement error: a comment[J]. Journal of marketing research, 1981, 18: 39 - 50.

② CHIN W W. The partial least squares approach to structural equation modeling [M// MARCOULIDES GA. Modern methods for business research. Mahwah: Erlbaum, 1998: 295 - 358.

（续表）

	CI	HQ	KEI	PEOU	PQM	PSX	PU	PYY	PZL	IMPACT
PEOU	0.239	0.144	0.12	0.918	0	0	0	0	0	0
PQM	0.366	0.137	0.334	0.1	0.746	0	0	0	0	0
PSX	0.331	0.141	0.308	0.193	0.44	0.73	0	0	0	0
PU	0.66	0.128	0.263	0.202	0.508	0.417	0.884	0	0	0
PYY	0.496	0.112	0.277	0.107	0.588	0.478	0.692	0.842	0	0
PZL	0.381	0.166	0.321	0.036	0.682	0.4	0.535	0.642	0.899	0
IMPACT	0.41	0.166	0.293	0.072	0.594	0.544	0.525	0.61	0.685	0.749

表 7.3 - 4　反映性量表各题项的因子荷载

	CI	HQ	KEI	PEOU	PQM	PSX	PU	PYY	PZL	IMPACT
CI1	0.889	0.139	0.187	0.244	0.318	0.282	0.54	0.418	0.315	0.363
CI2	0.93	0.146	0.197	0.208	0.34	0.314	0.633	0.474	0.363	0.38
CI3	0.931	0.161	0.193	0.21	0.347	0.313	0.636	0.471	0.365	0.385
HQ1	0.154	0.878	0.119	0.152	0.075	0.096	0.084	0.059	0.066	0.085
HQ2	0.131	0.877	0.208	0.101	0.165	0.152	0.141	0.138	0.225	0.207
E1	0.17	0.156	0.724	0.132	0.226	0.304	0.224	0.246	0.226	0.227
E2	0.148	0.106	0.771	0.127	0.241	0.261	0.188	0.211	0.212	0.198
E3	0.179	0.155	0.806	0.102	0.234	0.259	0.212	0.221	0.22	0.194
E4	0.153	0.12	0.752	0.063	0.281	0.226	0.176	0.219	0.234	0.215
I1	0.174	0.134	0.776	0.076	0.245	0.232	0.218	0.219	0.247	0.234
I2	0.161	0.164	0.788	0.133	0.261	0.237	0.229	0.237	0.239	0.205
I3	0.141	0.137	0.798	0.123	0.26	0.2	0.199	0.178	0.225	0.183
I4	0.159	0.161	0.761	0.094	0.242	0.209	0.16	0.196	0.239	0.204
K1	0.148	0.146	0.704	0.056	0.283	0.254	0.196	0.183	0.297	0.259
K2	0.177	0.124	0.733	0.076	0.276	0.214	0.219	0.219	0.28	0.281
K3	0.164	0.17	0.755	0.036	0.268	0.212	0.188	0.18	0.264	0.245
K4	0.138	0.131	0.797	0.067	0.25	0.202	0.186	0.213	0.255	0.239

（续表）

	CI	HQ	KEI	PEOU	PQM	PSX	PU	PYY	PZL	IMPACT
PEOU2	0.182	0.137	0.085	0.903	0.062	0.174	0.153	0.061	−0.009	0.05
PEOU3	0.252	0.128	0.131	0.933	0.116	0.181	0.213	0.129	0.068	0.079
PQM2	0.202	0.032	0.227	0.093	0.693	0.317	0.316	0.391	0.438	0.405
PQM3	0.265	0.073	0.287	0.059	0.789	0.358	0.384	0.472	0.528	0.467
PQM4	0.183	0.084	0.18	0.107	0.666	0.246	0.268	0.31	0.343	0.336
PQM5	0.214	0.073	0.154	0.15	0.657	0.27	0.268	0.32	0.346	0.334
PQM6	0.326	0.137	0.291	0.07	0.825	0.352	0.442	0.46	0.567	0.463
PQM7	0.331	0.168	0.283	0.08	0.793	0.339	0.437	0.479	0.586	0.478
PQM8	0.334	0.12	0.277	0.016	0.781	0.382	0.467	0.561	0.644	0.557
PSX1	0.239	0.112	0.251	0.069	0.379	0.734	0.294	0.39	0.396	0.551
PSX2	0.178	0.013	0.133	0.158	0.288	0.638	0.251	0.32	0.215	0.381
PSX3	0.24	0.183	0.228	0.105	0.31	0.731	0.312	0.339	0.353	0.461
PSX4	0.28	0.06	0.247	0.194	0.34	0.784	0.335	0.364	0.241	0.311
PSX5	0.259	0.133	0.249	0.174	0.29	0.753	0.32	0.333	0.257	0.306
PU1	0.599	0.093	0.209	0.154	0.421	0.343	0.897	0.617	0.447	0.433
PU2	0.562	0.082	0.207	0.192	0.418	0.37	0.892	0.594	0.439	0.43
PU3	0.593	0.119	0.258	0.192	0.477	0.371	0.9	0.629	0.493	0.501
PU4	0.579	0.156	0.256	0.177	0.48	0.389	0.845	0.605	0.509	0.491
PYY1	0.472	0.122	0.259	0.059	0.493	0.439	0.579	0.831	0.556	0.5
PYY2	0.362	0.094	0.246	0.088	0.521	0.446	0.543	0.856	0.519	0.506
PYY3	0.443	0.075	0.223	0.088	0.495	0.394	0.636	0.884	0.587	0.532
PYY4	0.386	0.087	0.204	0.128	0.473	0.328	0.568	0.795	0.494	0.517
PZL1	0.351	0.145	0.29	0.005	0.642	0.384	0.495	0.598	0.906	0.642
PZL2	0.319	0.114	0.273	0.004	0.618	0.355	0.468	0.577	0.899	0.627
PZL3	0.35	0.165	0.298	0.051	0.611	0.339	0.471	0.56	0.906	0.608
PZL4	0.348	0.173	0.291	0.07	0.579	0.361	0.487	0.572	0.884	0.585

(续表)

	CI	HQ	KEI	PEOU	PQM	PSX	PU	PYY	PZL	IMPACT
PZZ1	0.316	0.114	0.25	0.032	0.531	0.44	0.445	0.532	0.606	0.807
PCB1	0.279	0.151	0.173	−0.002	0.449	0.377	0.396	0.478	0.546	0.762
PCB2	0.288	0.203	0.228	0.004	0.452	0.446	0.398	0.463	0.557	0.808
PCB3	0.32	0.161	0.232	0.028	0.459	0.446	0.432	0.489	0.582	0.809
PCB4	0.273	0.163	0.201	0.026	0.409	0.44	0.409	0.457	0.569	0.801
PLW1a	0.344	0.04	0.211	0.061	0.516	0.417	0.394	0.494	0.497	0.7
PLW2	0.353	0.08	0.215	0.051	0.536	0.404	0.44	0.534	0.533	0.73
PLW3	0.419	0.113	0.228	0.098	0.571	0.417	0.541	0.591	0.601	0.76
PLW4	0.344	0.07	0.144	0.051	0.443	0.261	0.387	0.399	0.404	0.621
PZZ2	0.264	0.103	0.217	0.077	0.383	0.396	0.304	0.386	0.443	0.752
PZZ3	0.258	0.105	0.218	0.095	0.35	0.4	0.305	0.366	0.42	0.739
PZZ4	0.287	0.103	0.243	0.103	0.393	0.403	0.33	0.394	0.449	0.76
PZZ5	0.283	0.174	0.247	0.102	0.349	0.391	0.316	0.377	0.455	0.727
PZZ6	0.254	0.129	0.275	0.056	0.336	0.448	0.334	0.36	0.43	0.687

7.3.2.2 形成性量表

形成性量表的评估与反映性量表的评估不同,主要考察指标共线性及权重大小的显著性。[①] 共线性分析需计算每一个题项的方差膨胀因子(VIF),一般认为,VIF 大于 5 表明题项间存在共线性。各题型的权重及其显著性判断法则为:若权重显著,则该题项应保留;若权重不显著但大于 0.50,则该题项可在理论和专家意见的支持下保留;若权重不显著且低于 0.50,则该题项应剔除。由表7.3－5可知,形成性量表中有 16 个题项存在共线性,93 个题项的权重不显著($p>0.10$)且低于 0.50,均予以剔除。由此,在后续的结构模型分析中采用合格的形成性指标对构念进行测量(表 7.3－6)。由于本研究的所有构念都采用被调查自评的方式获得,可能产生共同方法偏差(common method bias),采用 Harman 单因素法进行检验。在 SPSS 23.0 软件中纳入所有的量表题项进行主

---

① SARSTEDT M, RINGLE C M, HAIR J F. Partial least squares structural equation modeling [M]. //HOMBURG C, KLARMANN M, VOMBERG A E. Handbook of market research. Springer International Publishing AG, 2017. DOI: 10.1007/978－3－319－05542_8_15－1

成分分析，提取了 46 个主成分，其中累积方差解释率最大的主成分解释了 17.415% 的方差（<40%），这表明本研究不存在共同方法偏差的问题。

表 7.3 - 5　形成性量表的共线性和权重

题项	VIF	权重	显著性	题项	VIF	权重	显著性
CB1	2.093	0.235	**0.094**	KK10	1.944	0.121	0.663
CB10	3.759	0.073	0.648	KK11	2.392	0.12	0.657
CB11	3.259	−0.32	**0.040**	KK12	2.081	0.178	0.538
CB12	1.957	0.267	**0.067**	KK13	7.202	0.173	0.728
CB2	2.135	0.432	**0.001**	KK14	7.006	0.014	0.976
CB3	1.853	−0.262	**0.036**	KK16	1.781	−0.182	0.486
CB4	2.21	0.192	0.241	KK2	5.135	**0.849**	0.153
CB5	2.797	−0.081	0.648	KK3	3.394	0.273	0.481
CB6	2.404	0.285	**0.054**	KK4	3.949	0.991	**0.091**
CB7	2.295	0.231	0.118	KK5	4.349	**0.956**	0.104
CB8	2.173	0.186	0.175	KK6	2.392	0.417	0.245
CB9	2.018	0.222	**0.087**	KK7	2.881	0.214	0.498
DT1	1.334	0.285	0.239	KK8	2.06	0.161	0.533
DT2	1.293	0.65	**0.000**	LW1	2.089	0.732	**0.000**
DT3	1.462	0.026	0.916	LW10	5.837	0.074	0.822
DT4	1.697	0.301	0.230	LW11	5.792	0.455	0.181
GN1	2.311	0.036	0.633	LW2	2.249	0.048	0.832
GN2	2.437	0.115	0.136	LW3	3.965	0.247	0.343
GN3	1.618	0.342	**0.000**	LW4	3.983	0.281	0.279
GN5	1.469	0.147	**0.006**	LW6	3.635	0.122	0.650
GN7	1.504	0.338	**0.000**	LW7	5.719	0.072	0.842
GN9	1.531	0.389	**0.000**	LW8	5.742	0.28	0.461
KK1	3.933	0.167	0.667	LW9	5.192	0.023	0.952

（续表）

题项	VIF	权重	显著性	题项	VIF	权重	显著性
PKD1	4.109	0.03	0.791	PKK9	1.484	0.042	0.357
PKD10	1.749	0.03	0.686	PRV1	2.046	0.222	**0.040**
PKD11	2.005	0.139	**0.074**	PRV2	2.252	0.272	**0.009**
PKD12	4.627	0.269	**0.011**	PRV3	2.484	0.243	**0.020**
PKD13	1.071	0.061	0.190	PRV4	1.998	0.267	**0.006**
PKD14	4.563	0.231	**0.026**	PRV7	2.467	0.092	0.386
PKD2	5.904	0.041	0.749	PRV8	1.443	0.047	0.614
PKD3	6.094	−0.097	0.442	PRV9	1.488	0.196	**0.025**
PKD4	3.247	0.195	**0.039**	PXY1	1.516	0.09	0.186
PKD5	2.295	0.117	**0.078**	PXY10	2.573	−0.026	0.703
PKD6	2.363	0.124	**0.056**	PXY11	1.749	0.058	0.269
PKD7	1.766	0.274	**0.000**	PXY12	1.672	0.051	0.374
PKD8	2.325	0.139	**0.046**	PXY13	1.509	0.232	**0.000**
PKD9	2.038	0.122	0.118	PXY14	1.974	0.16	**0.007**
PKK10	3.126	0.099	0.216	PXY15	1.148	0.049	0.318
PKK11	3.642	0.079	0.313	PXY2	2.011	0.244	**0.000**
PKK12	3.071	0.232	**0.005**	PXY3	1.962	0.09	0.155
PKK13	2.935	0.121	0.164	PXY4	2.346	0.1	0.169
PKK14	2.847	0.19	**0.016**	PXY5	2.359	0.091	0.221
PKK15	2.253	0.326	**0.000**	PXY7	1.358	0.003	0.955
PKK3	2.753	0.2	**0.005**	PXY8	1.868	0.296	**0.000**
PKK4	3.105	0.152	**0.046**	PXY9	2.461	0.127	**0.056**
PKK6	2.52	0.017	0.785	QM1	2.649	−0.227	0.295
PKK7	2.461	0.04	0.530	QM10	1.877	0.3	0.113
PKK8	1.603	0.011	0.806	QM13	4.538	1.466	**0.076**

（续表）

题项	VIF	权重	显著性	题项	VIF	权重	显著性
QM14	7.065	0.178	0.841	ZG3	1.642	0.057	0.794
QM15	5.072	0.361	0.624	ZG4	2.078	0.121	0.612
QM16	4.263	−1.34	0.117	ZG5	2.381	0.232	0.359
QM17	2.523	0.259	0.641	ZG6	2.735	0.259	0.351
QM2	2.721	0.399	**0.077**	ZG7	2.503	0.17	0.521
QM3	2.66	0.674	**0.002**	ZG9	3.519	0.499	0.149
QM4	2.596	0.038	0.871	ZZ1	2.788	0.456	**0.058**
QM5	3.138	0.308	0.180	ZZ10	2.221	0.762	**0.000**
QM6	3.282	0.516	**0.026**	ZZ11	2.484	0.168	0.420
QM7	2.541	0.085	0.723	ZZ12	2.026	0.12	0.561
QM8	2.369	0.758	**0.000**	ZZ13	2.117	0.1	0.617
QM9	1.553	0.358	**0.046**	ZZ14	2.789	0.018	0.932
SX1	1.788	0.904	**0.000**	ZZ15	3.123	0.179	0.453
SX2	3.055	0.168	0.638	ZZ17	4.541	0.154	0.615
SX3	2.337	0.347	0.248	ZZ18	4.232	−0.307	0.341
SX4	1.41	0.087	0.541	ZZ19	6.018	**0.546**	0.167
SX5	1.592	0.237	0.213	ZZ2	3.534	−0.25	0.343
SX6	1.788	0.369	**0.038**	ZZ20	5.636	0.146	0.703
SX7	1.274	0.48	**0.002**	ZZ3	2.974	0.268	0.245
SX8	1.672	0.176	0.326	ZZ4	3.336	0.208	0.432
SX9	1.477	0.011	0.945	ZZ5	3.954	0.396	0.160
ZG1	1.616	0.221	0.333	ZZ6	3.548	0.476	**0.047**
ZG10	2.954	−0.068	0.815	ZZ7	11.284	0.174	0.654
ZG11	1.426	0.542	**0.002**	ZZ8	11.136	0.385	0.327
ZG2	1.91	0.104	0.675	ZZ9	2.069	0.151	0.414

表 7.3－6　测量模型分析后的形成性量表

潜变量名称	题项
出版物影响力（CB）	CB1、CB2、CB3、CB6、CB9、CB11、CB12
文献类型（DT）	DT2
功能性（GN）	GN3、GN5、GN7、GN9
可靠性-计量（KK）	KK2、KK4、KK5
论文影响力-计量（LW）	LW1
可读性（PKD）	PKD4、PKD5、PKD6、PKD7、PKD8、PKD11、PKD12、PKD14
可靠性（PKK）	PKK3、PKK4、PKK12、PKK14、PKK15
全面性-计量（QM）	QM2、QM3、QM6、QM8、QM9、QM13
熟悉度-计量（SX）	SX1、SX6、SX7
主观规范（ZG）	ZG11
作者影响力-计量（ZZ）	ZZ1、ZZ6、ZZ10
相关性（PRV）	PRV1、PRV2、PRV3、PRV4、PRV9
新颖性（PXY）	PXY2、PXY8、PXY9、PXY13、PXY14

7.3.3　结构模型分析

本研究对 7.1 节提出的假设模型进行了一定的扩展。首先,本研究将影响力作为二级概念,由论文、作者和出版物 3 个一级构念组成,后者可分别对论文、作者及出版物的影响力计量指标进行测量（LW、ZZ、CB）。根据 S-O-R (Stimulus-Organism-Response)理论,客观的计量指标,如被引量、期刊影响因子等,可视为引起学术用户心理和认知活动的刺激,因此本研究假设论文影响力 (LW)、作者影响力(ZZ)和出版物影响力(CB)提升感知影响力(研究假设 27—29)。其次,在 7.2.3.4 节项目分析与信效度分析时,全面性的计量指标(QM)被提取为 2 个成分,命名为信息容量（QM-informati）、内容翔实（QM-comprehen）,本研究加入了这 2 个潜变量,作为感知全面性的前驱变量(研究假设 30、31)。再次,熟悉度的客观指标被提取为传承性熟悉(SX-interit)和经验性熟悉(SX-experien)2 个主成分,从而形成了熟悉度的 2 个前驱变量(研究假设 32、33)。最后,根据 6.2 节扎根研究,可靠性的客观指标可被命名为质量控制 (KK-qualicontr),引发学术用户对可靠性的感知(研究假设 34)。据此,本研究在 SmartPLS 3.2.9 软件^①中构建了模型图(图 7.3 - 3)。

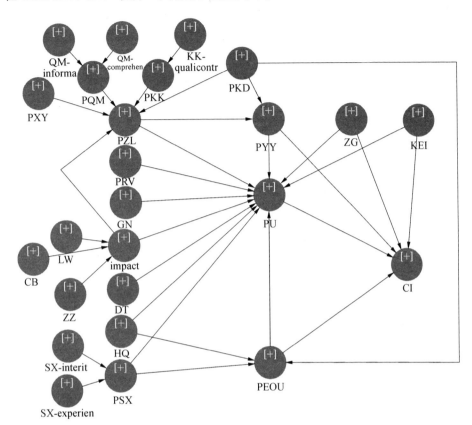

图 7.3 - 3　SmartPLS 模型图

对结构模型进行分析前须考察各潜变量的共线性(VIF)。研究发现,所有潜变量间的 VIF 均小于 3,这表明不存在共线性问题(VIF 结果见附录)。PLS - SEM 对结果模型的检验包括决定系数(R^2)、交叉验证冗余(Q^2)及路径系数等方面。

R^2 表示每个内源性变量被解释的方差,其值越高表明预测准确性越高。如表 7.3 - 7 所示,学术质量(PZL)70.2%的方差被解释,感知有用性(PU)60.1%的方差被解释,对两者的预测具有较好的准确性($0.50 < R^2 < 0.75$);愉悦感(PYY)和引用意向(CI)的 R^2 分别为 0.459 和 0.466,预测准确性中等;其他变量的 R^2 则相对较低。为了进一步探讨某个变量是否对内源性变量产生实质性的影响,本研究计算了 f^2,以揭示将该变量移除后 R^2 是否发生了显著的变化(见附录)。结果发现,可靠性(PKK)→学术质量(PZL)、学术质量(PZL)→愉悦感(PYY)、

①　RINGLE C M, WENDE S, BECKER J M. SmartPLS 3[M]. Boenningstedt:SmartPLS GmbH, 2015.电子全文见 http://www.smartpls.com。

愉悦感(PYY)→感知有用性(PU)及感知有用性(PU)→引用意向(CI)的 f^2 分别为 0.153、0.293、0.237 和 0.3,均大于阈值 0.15,这说明这 4 个变量对相应内源性变量具有中等程度的效应。[①] 同时,出版物影响力(CB)、功能性、感知易用性、全面性(PQM→PZL)、相关性、熟悉度(PXY→PEOU)、新颖性、影响力(IMPACT→PZL)及信息容量的 f^2 均大于 0.02,这表明这些变量对内源性变量的影响效应较弱。

表 7.3-7　内源性变量的 R^2

潜变量	R^2	调节 R^2
CI	0.466	0.462
PEOU	0.046	0.042
PKK	0.011	0.01
PQM	0.048	0.045
PSX	0.077	0.075
PU	0.601	0.595
PYY	0.459	0.457
PZL	0.702	0.7
IMPACT	0.131	0.127

另一种检验模型预测精度(predictive accuracy)的方法是 Q^2,该方法将原始数据点移除,对数据点和模型系数进行估算;以估算得到的系数为基础,采用 blindfolding 算法预测被移除的数据点。如果预测值和原始值的差异越小,Q^2 值越大,就说明模型的预测精度和相关性高。根据经验准则,某内源性变量的 Q^2 大于 0 表示路径模型对其的预测精度是可接受的。[②] 本研究进行 blindfolding 运算的省略距离设置为默认值 7,基于交叉验证冗余(cross-validated redundancy)进行计算。由表 7.3-8 可知,引用意向(CI)、感知易用性(PEOU)、可靠性(PKK)、全面性(PQM)、熟悉度(PSX)、愉悦感(PYY)、感知有用性(PU)、学术质量(PZL)及影响力(impact)的预测效果均较好。

① COHEN J. Statistical power analysis for the behavioral sciences[M]. 2nd ed.Mahwah: Lawrence Erlbaum Associates,1988.

② SARSTEDT M, RINGLE C M, HAIR J F. partial least squares structural equation modeling[M]. //HOMBURG C, KLARMANN M, VOMBERG A E. Handbook of market research. Springer International Publishing AG, 2017. DOI: 10.1007/978-3-319-05542-8_15_1.

表 7.3 - 8　内源性变量的 Q^2

潜变量	SSO	SSE	Q
CB	5 236	5 236	0
CI	2 244	1 391.073	0.38
DT	748	748	0
GN	2 992	2 992	0
HQ	1 496	1 496	0
KEI	8 976	8 976	0
LW	748	748	0
PEOU	1 496	1 441.228	0.037
PKD	5 984	5 984	0
PKK	3 740	3 716.572	0.006
PQM	5 236	5 101.128	0.026
PRV	3 740	3 740	0
PSX	3 740	3 598.065	0.038
PU	2 992	1 627.9	0.456
PXY	3 740	3 740	0
PYY	2 992	2 036.802	0.319
PZL	2 992	1 316.549	0.56
ZG	748	748	0
ZZ	2 992	2 992	0
impact	10 472	9 739.298	0.07
SX-interit	748	748	0
QM-informa	3 740	3 740	0
QM-detail	748	748	0
SX-experien	1 496	1 496	0
KK-qualicont	2 244	2 244	0

注:SSO 表示由剩余数据做出的平均预测误差平方和;SSE 表示预测误差平方和所剔除数据的真值与由剩余数据估计出的参数所计算的预测值的差的平方。[1]

---

① 宁禄乔,刘金兰.Stone-Geisser 检验在顾客满意度中的应用[J].天津大学学报(社会科学版),2008 (3):238 - 242.

本研究比较了路径系数的大小和显著性,显著性的计算采用 Boostrapping 算法,子样本设置为 500。由表 7.3-9 和图 7.3-4 可知,以显著性水平为 0.10,出版物影响力对影响力产生显著的正向影响(CB→IMPACT),路径系数为 0.318,这支持了假设 29,出版物影响力的指标主要包括出版物级别、发文量、影响因子及分区;不过,论文影响力(LW)、作者影响力(ZZ)对影响力均无显著影响,这拒绝了假设 27 和假设 28。在感知全面性(PQM)的两个计量指标前驱变量中,信息容量(QM-informa)具有显著的预测效应,路径系数为 0.219,而内容充实(QM-comprehen)则不显著,这支持了假设 30 而拒绝了假设 31,信息容量涉及的计量指标主要包括参考文献数量、参考文献多样性、参考文献国际化及论文篇幅。对于熟悉度(PSX),传承性熟悉(SX-interit)的计量特征和经验性熟悉(SX-experien)的计量特征均能显著正向影响熟悉度的感知,这支持了假设 32 和假设 33,表明自引、引用合作者、重复引用等文献计量特征显著影响用户对论文的熟悉度,即用户更熟悉自己或合作者发表的论文、之前多次引用过的论文,从而进行引用。最后,由合作、同行评议等计量特征构成的质量控制(KK-qualicont)对感知可靠性并无显著影响,这拒绝了假设 34。

表 7.3-9　路径系数的 Boostrapping 结果

假设	路径	初始样本	样本均值	标准差	T 统计量	P 值	假设检验
H1	PQM→PZL	0.152	0.159	0.041	3.742	0.000	支持
H2	PKK→PZL	0.389	0.382	0.044	8.887	0.000	支持
H3	PXY→PZL	0.178	0.178	0.032	5.623	0.000	支持
H4	PKD→PZL	−0.019	−0.021	0.035	0.53	0.596	拒绝
H5	PZL→PU	0.006	−0.001	0.044	0.139	0.889	拒绝
H6	PRV→PU	0.161	0.162	0.042	3.844	0.000	支持
H7	GN→PU	0.209	0.206	0.044	4.728	0.000	支持
H8	IMPACT→PU	0.083	0.094	0.048	1.727	0.085	支持
H9	IMPACT→PZL	0.265	0.27	0.037	7.163	0.000	支持
H10	DT→PU	−0.012	−0.014	0.027	0.431	0.667	拒绝
H11	PSX→PU	−0.035	−0.032	0.039	0.906	0.365	拒绝
H12	HQ→PU	−0.002	0.003	0.031	0.057	0.955	拒绝
H13	PU→CI	0.576	0.578	0.05	11.426	0.000	支持
H14	HQ→PEOU	0.103	0.108	0.051	2.034	0.043	支持

（续表）

假设	路径	初始样本	样本均值	标准差	T 统计量	P 值	假设检验
H15	PSX→PEOU	0.166	0.168	0.053	3.134	0.002	支持
H16	PKD→PEOU	0.01	0.013	0.048	0.216	0.829	拒绝
H17	PEOU→CI	0.108	0.108	0.03	3.599	0.000	支持
H18	PEOU→PU	0.085	0.084	0.025	3.417	0.001	支持
H19	PKD→PYY	0.245	0.244	0.04	6.078	0.000	支持
H20	PZL→PYY	0.5	0.504	0.036	13.825	0.000	支持
H21	PYY→PU	0.451	0.442	0.045	10.144	0.000	支持
H22	PYY→CI	0.093	0.088	0.051	1.826	0.069	支持
H23	ZG→PU	0.039	0.034	0.024	1.647	0.1	拒绝
H24	ZG→CI	0.022	0.019	0.029	0.745	0.457	拒绝
H25	KEI→PU	0.039	0.056	0.029	1.332	0.183	拒绝
H26	KEI→CI	0.014	0.027	0.034	0.408	0.684	拒绝
H27	LW→IMPACT	0.066	0.062	0.043	1.514	0.131	拒绝
H28	ZZ→IMPACT	0.022	0.039	0.045	0.502	0.616	拒绝
H29	CB→IMPACT	0.318	0.333	0.039	8.173	0.000	支持
H30	QM-informa →PQM	0.219	0.236	0.035	6.2	0.000	支持
H31	QM-comprehen →PQM	0.004	0.004	0.03	0.137	0.891	拒绝
H32	SX-interit →PSX	0.117	0.116	0.038	3.035	0.003	支持
H33	SX-experien →PSX	0.223	0.233	0.042	5.302	0.000	支持
H34	KK-qualicont →PKK	0.106	0.032	0.119	0.892	0.373	拒绝

全面性、可靠性、新颖性显著影响感知学术质量,其中可靠性的正向影响作用最大,三者的路径系数分别为 0.152、0.389 和 0.178,这支持了本研究的假设

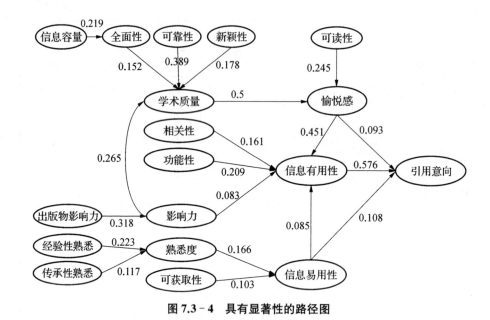

图 7.3 - 4　具有显著性的路径图

1—3。但假设 4 被拒绝,即可读性不影响学术质量。中心路径的判据相关性和功能性显著影响学术用户对论文有用性的感知,路径系数分别为 0.161 和 0.209,但学术质量对有用性的影响不显著,该结果支持了假设 6 和 7,拒绝了假设 5。影响力显著影响感知信息有用性,但影响效应较弱($b=0.083$),影响力对学术质量具有正向影响,路径系数为 0.265,该结果支持了假设 8 和 9。论文类型、熟悉度和可获取性对信息有用性均无显著影响,这拒绝了假设 10—12。感知信息有用性正向显著影响施引者的引用意向,路径系数为 0.576,这支持了假设 13,表明更有用的论文,更倾向于被学术用户引用。

　　虽然论文类型、可获取性及熟悉度对感知有用性的影响不显著,但后两者仍可以作为边缘性线索显著影响用户易用性的感知($b=0.103$ 和 $b=0.166$),这支持了假设 14 和 15。不过,假设 16 被拒绝,即可读性对感知易用性无显著影响。感知易用性显著正向影响引用意向($b=0.108$),且对感知有用性也有显著的正向作用($b=0.085$),这支持了假设 17 和 18。

　　虽然论文可读性对学术质量的作用不显著,但其显著影响愉悦感($b=0.245$),该结果支持了假设 19。学术质量虽然不直接影响感知信息有用性,但通过愉悦感($b=0.5$)间接影响信息有用性($b=0.451$),假设 20 和 21 得到支持。愉悦感正向显著影响引用意向,路径系数为 0.093,这支持了假设 22。此外,主观规范及合作知识生产对感知信息有用性、引用意向的作用均不显著,假设 23—26 被拒绝。

7.3.4　调节效应分析

7.3.4.1　动机的调节效应

（1）便利性动机

问卷中的 DJ3 和 DJ4 题项用于测量便利性动机。模型中添加便利性动机（DJ-convenien）对感知有用性的路径，并增加其对愉悦感、相关性、功能性和影响力与感知有用性促进作用的 4 个调节效应。根据 IAM，具有便利性动机的施引者只是为了图方便、省时间而引用，因而不愿意投入大量时间精力详细阅读论文的内容并进行思考，此时简单、方便的边缘线索被大量使用。因此，便利性动机被假设为负向调节中心路径（愉悦感、相关性、功能性→感知有用性）、正向调节边缘路径（影响力→感知有用性）。采用 boostrapping 计算调节效应的大小和显著性，结果如表 7.3－10 所示。研究显示，便利性动机对中心路径和边缘路径的调节效应均不显著（以 0.05 为显著性水平，下同）。

表 7.3－10　动机的调节效应分析结果

路径	初始样本	样本均值	标准差	T 统计量	P 值
DJ-conveni→PU	−0.041	−0.047	0.033	1.250	0.212
DJ-conveni* PYY→PU	0.029	0.010	0.069	0.425	0.671
DJ-conveni* PRV→PU	0.057	0.008	0.073	0.785	0.433
DJ-conveni* GN→PU	−0.097	−0.037	0.074	1.304	0.193
DJ-conveni* impact→PU	0.063	0.033	0.089	0.707	0.480
DJ-strategy→PU	−0.041	−0.046	0.033	1.241	0.215
DJ-strategy* PYY→PU	0.029	0.006	0.069	0.424	0.672
DJ-strategy* PRV→PU	0.057	0.006	0.073	0.786	0.432
DJ-strategy* GN→PU	−0.097	−0.041	0.073	1.328	0.185
DJ-strategy* impact→PU	0.063	0.041	0.092	0.688	0.491

（2）策略性动机

问卷中的 DJ1—2、DJ5—8 题项用于测量策略性动机，包含成就、互惠及取悦三个方面。在模型中添加策略性动机（DJ-strategy）对感知有用性的路径，及对中心路径和边缘路径的 4 个调节效应。根据 IAM，施引者认为引用对自己是重要的，不仅可以提高自己的论文水平，实现成就动机，而且可以达到学术团队互惠和取悦的目的，因此在引用时施引者会慎重考虑论文的内容、作者及出版物等线索。因此，策略性动机被假设为正向调节中心路径和边缘路径。由表

7.3－10可知,经过数据分析,策略性动机的调节效应也不显著。

7.3.4.2 能力的调节效应

（1）信息素养

本研究中的信息素养（SY）是科研人员自我感知的搜集和利用学术文献的能力,由问卷中的 SY1 和 SY2 题项测量。在模型中添加信息素养对感知有用性的路径及其对中心路径和边缘路径的调节效应。根据 IAM 和 ELM,接收者的能力影响精细化加工可能性,信息素养高的用户能获取到更多的相关信息,从而详细地阅读和比较相关信息,最终决定引用;相反,信息素养低的用户对内容的利用程度较低,只能采用信息的表面特征和与信源相关的特征进行判断。因此,本研究假设信息素养正向调节中心路径,反向调节边缘路径。由表 7.3－11 可知,经过分析发现信息素养的调节效应并不显著。

表 7.3－11 能力的调节效应分析结果

路径	初始样本	样本均值	标准差	T 统计量	P 值
SY→PU	−0.030	−0.030	0.027	1.081	0.280
SY* PYY→PU	−0.108	−0.044	0.091	1.187	0.236
SY* PRV→PU	−0.085	−0.080	0.086	0.988	0.324
SY* GN→PU	0.101	0.078	0.076	1.334	0.183
SY* impact→PU	0.048	0.042	0.066	0.716	0.474
researchage→PU	−0.038	−0.038	0.025	1.517	0.130
researchage* PYY→PU	−0.002	−0.000	0.008	0.205	0.838
researchage* PRV→PU	0.003	0.000	0.010	0.256	0.798
researchage* GN→PU	−0.013	−0.010	0.008	1.699	0.090
researchage* impact→PU	**0.024**	0.022	0.011	2.205	**0.028**
JD→PU	0.008	0.014	0.028	0.286	0.775
JD* PYY→PU	−0.004	−0.006	0.055	0.075	0.941
JD* PRV→PU	−0.115	−0.066	0.112	1.026	0.305
JD* GN→PU	0.020	0.032	0.051	0.389	0.697
JD* impact→PU	0.039	0.057	0.053	0.729	0.467
Englishlevel→PU	−0.018	−0.012	0.028	0.644	0.520
Englishlevel* PYY→PU	0.028	0.004	0.057	0.495	0.621
Englishlevel* PRV→PU	0.036	−0.010	0.063	0.571	0.568

（续表）

路径	初始样本	样本均值	标准差	T 统计量	P 值
Englishlevel* GN→PU	−0.026	0.012	0.043	0.609	0.543
Englishlevel* impact→PU	0.026	0.000	0.052	0.489	0.625
title→PU	0.037	0.038	0.024	1.529	0.127
title* PYY→PU	0.010	0.008	0.038	0.266	0.790
title* PRV→PU	0.030	0.013	0.044	0.685	0.493
title* GN→PU	0.017	0.017	0.037	0.457	0.648
title* impact→PU	−0.092	−0.086	0.048	1.924	0.055
education→PU	0.024	0.027	0.025	0.943	0.346
education* PYY→PU	−0.007	−0.078	0.091	0.079	0.937
education* PRV→PU	−0.032	0.027	0.095	0.342	0.733
education* GN→PU	0.035	0.051	0.098	0.360	0.719
education* impact→PU	0.037	−0.034	0.108	0.344	0.731

（2）学术年龄

本研究中的学术年龄指被调查者自就读硕士研究生起的年限，由问卷中填答的硕士研究生入学年份与 2020 年作差得到，本科或其他学历的被调查者本题为空。在模型中添加学术年龄与感知有用性的关系，并添加其对中心路径和边缘路径的调节效应。学术年龄也可以反映施引者的能力，在本领域长期耕耘的科研人员对领域的作者、团队、期刊、会议、机构等对象更为熟悉，往往立马就能识别出具有影响力的作者和出版物；同时，从事研究的年限越长，科研人员的学术经验更丰富，学术水平也相应地越高，对论文中的思路、方法等的理解越深刻。因此，学术年龄被假设为正向促进中心路径和边缘路径。由表 7.3-11 可知，学术年龄对中心路径的调节效应不显著，但正向调节边缘路径影响力对感知有用性的作用，这表明，对于科研人员来说，学术年龄越大，影响力对其判断论文感知有用性的价值越大。

（3）学术积淀

本研究的学术积淀反映了科研人员的主题经验、领域经验、发表经验及文献阅读面。在模型中添加学术积淀（JD）与感知有用性的路径，并增加其对中心路径和边缘路径的 4 个调节效应。学术积淀也可反映科研人员的经验和能力，根据 ELM，当接收者是领域内的专家时，其详细审查信息内容的动机更大，即经验越丰富的科研人员越倾向于采用中心路径对信息有用性进行判断；同时，与学术年龄类似,积淀越丰富的科研人员对领域越了解,论文、作者及出版物影响力判据对其的影响也越大。因此,本研究假设学术积淀正向调节中心路径和边缘路径。研究结果表明(表7.3-11),学术积淀的调节效应不具有统计学显著性。

(4) 英语水平

本研究中科研人员的英语水平为自我感知的英语水平得分,介于0~10分之间。在模型中添加英语水平指向感知有用性的路径,并增加其对中心路径和边缘路径的调节效应。英语水平是科研人员能力的一方面,能够影响精细加工可能性,在查找、阅读合理利用英文文献时,英语水平较高的科研人员对文献内容理解更深入,这有助于他们充分发掘文献的内在价值而加以引用;相反,英语水平较低的科研人员则容易出现阅读障碍,只能通过简单的信息线索做出判断。因此,本研究假设英语水平正向调节中心路径,负向调节边缘路径。数据分析结果表明(表7.3-11),英语水平的调节作用并不显著。

(5) 职称

本研究被调查对象的职称包括正高级、副高级、中级、初级和无,职称等级依次降低。在模型中添加职称与感知有用性的关系,并增加其对中心路径与边缘路径的4个调节效应。职称可以反映接受者的专业性,具有正高级职称的科研人员在本领域的专业性更高,根据IAM,专业性高的接收者更倾向于使用中心路径判断信息的有用性,而专业性低的接收者则更多地使用边缘路径。因此,在本研究中职称被假设为正向调节中心路径,负向调节边缘路径。然而,由表7.3-11可知,职称对中心路径和边缘路径的调节作用均不显著。

(6) 教育水平

本研究的问卷中将科研人员的教育水平分为博士、硕士、本科及其他4类。在路径模型中添加教育水平及其对中心路径与边缘路径的调节效应。与职称类似,教育水平也反映接收者的专业性,但与前者不同的是,职称专指科研人员参与学术研究的专业与权威,而教育水平是针对科研人员的受教育程度而言的,也就是说,受教育和参加科研工作并不能混为一谈。本研究假设教育水平正向调节中心路径,负向调节边缘路径,不过数据分析结果显示,假设不成立(表7.3-11),教育水平不具有调节效应。

7.3.4.3 情境的调节效应

本研究中考察的情境因素均为无序分类变量,不能直接作为潜变量,形成交叉项纳入模型;本研究采用分组路径比较来检验情境因素的调节效应。显著性水平为0.050,下同。在6.2节扎根研究中,被访谈者提到,当检索系统能提供下载量、被引量等线索的时候,倾向于根据这些线索对论文的影响力进行判断;该结果提示检索系统功能调节论文影响力与影响力感知之间的关系。而在7.3.3

节结构模型分析时,论文影响力对影响力感知的作用不显著,因而本研究尚无法检验检索系统功能的调节作用,可留待后继研究进行探索。

（1）研究阶段

本研究将样本按照研究阶段分为选题阶段、研究设计、研究实施及论文撰写4组,分别进行4次 PLS 分析,通过比较每组的路径系数大小和显著性判断研究阶段的调节效应,采用 Keil 等[①]的方法比较路径系数的差异是否显著（公式7.3 - 1、公式7.3 - 2）。

$$S_{\text{pooled}} = [(N_1 - 1)/(N_1 + N_2 - 2)] \times \sigma_1^2 + [(N_2 - 1)/(N_1 + N_2 - 2)] \times \sigma_2^2$$
（公式7.3 - 1）

$$t = (P_1 - P_2)/[S_{\text{pooled}} \times (1/N_1 + 1/N_2)] \quad （公式7.3 - 2）$$

式中,S_{pooled} 为方差的联合估计,t 服从自由度为 $N_1 + N_2 - 2$ 的 t 分布;N_i 为第 i 组数据集的样本量大小;σ_i 为第 i 组路径系数的标准误;P_i 为第 i 组的路径系数。

表 7.3 - 12　研究阶段调节效应分析结果

路径	选题阶段 ($N=248$)	研究设计 ($N=195$)	研究实施 ($N=114$)	论文撰写 ($N=191$)
PKK→PZL	**0.405(0.000)**	**0.205(0.028)**	**0.569(0.000)**	**0.276(0.001)**
PQM→PZL	**0.18(0.006)**	**0.258(0.007)**	0.045(0.577)	0.149(0.094)
PXY→PZL	**0.127(0.008)**	**0.148(0.016)**	**0.148(0.019)**	**0.275(0.000)**
PKD→PYY	**0.255(0.000)**	**0.294(0.000)**	0.035(0.767)	**0.301(0.000)**
PZL→PYY	**0.503(0.000)**	**0.451(0.000)**	**0.7(0.000)**	**0.474(0.000)**
GN→PU	**0.284(0.001)**	0.208(0.067)	0.087(0.310)	**0.196(0.008)**
PRV→PU	**0.141(0.030)**	0.122(0.170)	**0.265(0.004)**	**0.153(0.006)**
PYY→PU	**0.417(0.000)**	**0.547(0.000)**	**0.409(0.000)**	**0.375(0.000)**
PYY→CI	−0.052(0.531)	**0.21(0.035)**	0.226(0.128)	**0.222(0.008)**
CB→IMPACT	**0.423(0.000)**	**0.377(0.014)**	**0.522(0.000)**	**0.387(0.000)**
IMPACT→PU	0.08(0.236)	−0.067(0.629)	**0.194(0.098)**	**0.26(0.000)**
IMPACT→PZL	**0.256(0.000)**	**0.355(0.000)**	**0.224(0.019)**	**0.301(0.000)**

---

① KEIL M, TAN B C Y, WEI K K, et al. A cross-cultural study on escalation of commitment behavior in software projects[J]. MIS quarterly, 2000, 24(2): 299 - 325.

（续表）

路径	选题阶段 ($N=248$)	研究设计 ($N=195$)	研究实施 ($N=114$)	论文撰写 ($N=191$)
HQ→PEOU	0.15(0.310)	**0.241(0.000)**	**0.239(0.024)**	0.045(0.712)
PSX→PEOU	**0.219(0.038)**	**0.243(0.038)**	0.214(0.378)	−0.003(0.988)
PEOU→CI	0.094(0.122)	0.08(0.193)	0.087(0.277)	**0.122(0.015)**
PEOU→PU	**0.097(0.039)**	0.036(0.514)	0.039(0.520)	**0.151(0.000)**
PU→CI	**0.635(0.000)**	**0.53(0.000)**	**0.556(0.000)**	**0.537(0.000)**
QM-informa→PQM	**0.281(0.000)**	0.243(0.255)	0.418(0.339)	0.233(0.284)
SX-experien→PSX	0.204(0.054)	0.161(0.204)	**0.352(0.016)**	**0.375(0.000)**
SX-interit→PSX	0.12(0.248)	0.207(0.055)	0.217(0.325)	0.108(0.338)

注：括号外为路径系数，括号内为显著性水平。

由表 7.3－12 可知，可靠性对学术质量的正向作用（PKK→PZL）在研究实施阶段最高（$b=0.569$），选题阶段次之（$b=0.405$），两者具有显著差异（$t=2\,443.25$，$p<0.001$）。不过，新颖性对学术质量的正向作用（PXY→PZL）在论文撰写阶段最高（$b=0.275$），其他三个阶段路径系数均低于 0.150。研究实施阶段，学术质量对愉悦感的正向作用（PZL→PYY）最大，而选题阶段次之，两者间的差异具有统计学显著性（$t=2\,752.18$，$p<0.001$）。研究设计阶段，愉悦感对感知有用性的正向作用（PYY→PU）最大（$b=0.547$），其次是选题阶段（$b=0.417$）。上述结果表明处于不同研究阶段时，科研人员使用的判据和引用意向影响因素具有显著差异，其中，研究设计阶段愉悦感对感知有用性的提升作用更大；研究实施阶段科研人员更依赖于可靠性判据来判断学术质量，并更倾向于认为学术质量高的论文会为其带来科研的愉悦感；而在论文撰写阶段，科研人员倾向于使用新颖性判据。

（2）相关文献量

本研究考察了科研人员回忆的关键论文所属研究主题的相关文献量，分为非常少、比较少、适中、比较多及非常多 5 个选项。当相关文献量多的时候，可以来拿引用的备选文献也多，因此施引者充分根据信息内容和信息线索对文献进行判断和筛选。本研究为检验相关文献量这一情境因素是否存在调节效应，将回答非常少、比较少的样本分为一组，将回答非常多、比较多的样本分为一组，对两组分别进行 PLS 分析。

通过比较两组的路径系数与显著性发现（表 7.3－13），当相关文献量少的时候，学术质量对愉悦感（PZL→PYY）的影响程度更大（$\Delta b=0.100$，$p<0.001$），而

相关文献量较多时,可读性对愉悦感的正向作用(PKD→PYY)更大($\Delta b=$ 0.106,$p<0.001$)。同时,相关文献量少时,相关性判据对感知有用性的影响 (PRV→PU)更大($\Delta b=0.110$,$p<0.001$),感知有用性促进引用意向的作用 (PU→CI)也更大($\Delta b=0.152$,$p<0.001$)。由此可见,相关文献量正向调节可读 性对愉悦感的作用,而负向调节学术质量对愉悦感、相关性对感知有用性及感知 有用性对引用意向的作用。

表 7.3 - 13 相关文献量调节效应分析结果

路径	相关文献量少 ($N=181$)	相关文献量多 ($N=222$)	t(p 值)
PKK→PZL	**0.342(0.000)**	**0.341(0.000)**	15.928 17(0.000)
PQM→PZL	**0.194(0.012)**	**0.183(0.021)**	179.771 9(0.000)
PXY→PZL	**0.176(0.007)**	**0.121(0.049)**	1 389.301(0.000)
PKD→PYY	**0.179(0.013)**	**0.285(0.001)**	1 725.92(0.000)
PZL→PYY	**0.562(0.000)**	**0.462(0.000)**	1 714.533(0.000)
GN→PU	0.216(0.060)	0.128(0.089)	970.98(0.000)
PRV→PU	**0.212(0.006)**	**0.102(0.045)**	2 715.336(0.000)
PYY→PU	**0.483(0.000)**	**0.566(0.000)**	1 020.91(0.000)
PYY→CI	−0.035(0.705)	0.152(0.187)	1 669.09(0.000)
CB→impact	**0.369(0.000)**	**0.331(0.000)**	671.330 1(0.000)
impact→PU	0.037(0.661)	0.103(0.162)	1 064.82(0.000)
impact→PZL	**0.288(0.001)**	**0.331(0.000)**	665.195(0.000)
HQ→PEOU	0.132(0.098)	0.059(0.615)	694.838 8(0.000)
PSX→PEOU	0.226(0.191)	0.263(0.326)	69.582 9(0.000)
PEOU→CI	**0.189(0.006)**	0.056(0.453)	2 532.104(0.000)
PEOU→PU	−0.005(0.924)	**0.144(0.007)**	5 026.21(0.000)
PU→CI	**0.679(0.000)**	**0.527(0.000)**	1 441.436(0.000)
QM-informa→PQM	0.257(0.069)	0.264(0.114)	28.728 9(0.000)
SX-experien→PSX	0.227(0.097)	0.241(0.300)	36.520 6(0.000)
SX-interit→PSX	0.178(0.327)	−0.055(0.684)	933.031 5(0.000)

注:第二、三列括号外为路径系数,括号内为显著性水平。

（3）时间压力

本研究考察了科研人员在阅读关键论文期间所感受到的科研时间压力，分为非常紧张、比较紧张、适中、比较充裕及非常充裕 5 个选项。当科研时间紧张时，施引者无法仔细研读、深入思考学术论文和学术研究，因此往往借助于表面特征和简单的信息线索判断和筛选论文。本研究为检验时间压力是否存在调节效应，将回答非常紧张、比较紧张的样本分为一组，将回答非常充裕、比较充裕的样本分为一组，对两组分别进行 PLS 分析。

通过公式 7.3-1 和公式 7.3-2 比较两组的路径系数与显著性发现（表 7.3-14），当科研时间较为紧张时，可靠性判据对学术质量的感知（PKK→PZL）更重要（$\Delta b = 0.115, p < 0.001$），愉悦感对感知信息有用性的正向作用（PYY→PU）更大（$\Delta b = 0.174, p < 0.001$），这表明时间压力越大，可靠性和愉悦感判据的重要性越大，即时间压力正向调节可靠性对学术质量、愉悦感对感知有用性的作用。

表 7.3-14 时间压力调节效应分析结果

路径	时间紧张 （$N=225$）	时间充裕 （$N=167$）	t（p 值）
PKK→PZL	**0.473(0.000)**	**0.358(0.000)**	1 506.495(0.000)
PQM→PZL	0.107(0.101)	0.144(0.085)	653.154(0.000)
PXY→PZL	**0.135(0.008)**	**0.214(0.003)**	2 114.31(0.000)
PKD→PYY	**0.26(0.000)**	**0.292(0.000)**	607.387(0.000)
PZL→PYY	**0.465(0.000)**	**0.46(0.000)**	98.634 26(0.000)
GN→PU	0.053(0.529)	**0.362(0.000)**	3720.23(0.000)
PRV→PU	**0.247(0.000)**	0.104(0.211)	2 629.997(0.000)
PYY→PU	**0.556(0.000)**	**0.382(0.000)**	2 200.005(0.000)
PYY→CI	0.002(0.987)	−0.011(0.928)	111.293 4(0.000)
CB→impact	**0.426(0.000)**	**0.367(0.000)**	1 007.466(0.000)
impact→PU	0.057(0.484)	0.084(0.363)	346.712(0.000)
impact→PZL	**0.239(0.000)**	**0.262(0.003)**	370.406(0.000)
HQ→PEOU	**0.164(0.016)**	0.098(0.556)	435.506 6(0.000)
PSX→PEOU	0.243(0.029)	−0.267(0.399)	986.009 4(0.000)
PEOU→CI	**0.116(0.029)**	0.055(0.535)	1 172.974(0.000)
PEOU→PU	0.075(0.086)	0.02(0.736)	1 955.658(0.000)
PU→CI	**0.661(0.000)**	**0.634(0.000)**	273.506 2(0.000)

（续表）

路径	时间紧张 （$N=225$）	时间充裕 （$N=167$）	t（p 值）
QM-informa→PQM	**0.211(0.003)**	0.273(0.379)	135.121(0.000)
SX-experien→PSX	0.137(0.211)	**0.326(0.013)**	1 282.28(0.000)
SX-interit→PSX	**0.218(0.018)**	0.101(0.375)	1 079.09(0.000)

注:第二、三列括号外为路径系数,括号内为显著性水平。

7.3.5　中介效应分析

中介效应（mediation）描述两个变量间的关系是否由第三个变量中介,即外源性变量（exogenous construct）通过改变中介变量（mediator）,继而对内源性变量（endogenous construct）产生影响。如图 7.3 - 5 所示,p_3 表示 Y_1 对 Y_2 的直接作用,$p_1 \times p_2$ 是由 M 中介的间接作用,因此,Y_1 对 Y_2 的总效应为（$p_3 + p_1 \times p_2$）。Zhao 等[1]和 Hair 等[2]提出了判断中介效应的准则。① 当（$p_1 \times p_2$）显著时,判断 p_3 的显著性:在 p_3 显著的情况下,若（$p_1 \times p_2 \times p_3$）为正,则中介效应为补充性部分中介（complementary partial

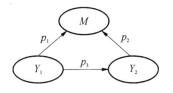

图 7.3 - 5　中介效应示意图

mediation）,若为负,则中介效应为竞争性部分中介（competitive partial mediation）;若 p_3 不显著,即直接效应不显著,则中介效应为完全中介（full mediation）。② 当（$p_1 \times p_2$）不显著时,无论 p_3 是否显著,中介效应均不存在。采用 SmartPLS 软件对模型图 7.3 - 3 中变量的中介效应进行检验,结果如表 7.3 - 15所示。

表 7.3 - 15　特定路径的中介效应结果

路径	初始样本	样本均值	标准差	T 统计量	P 值
PYY→CI (direct)	0.095	0.094	0.053	1.815	0.070
PYY→PU→CI (indirect)	0.263	0.26	0.031	8.473	0.000
PYY→CI (total)	0.358	0.354	0.048	7.461	0.000

①　ZHAO X, LYNCH J G, CHEN Q. Reconsidering baron and kenny: myths and truths about mediation analysis[J]. Journal of consumer research, 2010,37(2): 197 - 206.

②　HAIR J F, HULT G T M, RINGLE C M, et al. A primer on partial least squares structural equation modeling (PLS-SEM)[M]. 2nd ed. Sage: Thousand Oaks, 2017.

(续表)

路径	初始样本	样本均值	标准差	T 统计量	P 值
IMPACT→PU (direct)	0.086	0.098	0.042	2.065	0.039
IMPACT→PZL→PYY→PU (indirect)	0.059	0.059	0.011	5.462	0.000
IMPACT→PU (total)	0.145	0.157	0.041	3.534	0.000
PEOU→CI (direct)	0.11	0.109	0.031	3.562	0.000
PEOU→PU→CI (indirect)	0.05	0.05	0.016	3.173	0.002
PEOU→CI (total)	0.16	0.159	0.032	4.997	0.000
CB→IMPACT→PU (indirect1)	0.031	0.036	0.016	1.902	0.058
CB→IMPACT→PZL→PYY→PU (indirect2)	0.021	0.022	0.005	4.525	0.000
CB→PU (total)	0.052	0.058	0.017	3.082	0.002

7.3.5.1 愉悦感、信息有用性、引用意向

愉悦感对引用意向的直接促进作用为 $0.095(p=0.070)$;愉悦感与感知有用性间的路径系数为 $0.452(p<0.001)$,感知有用性影响引用意向的路径系数为 $0.581(p<0.001)$,故愉悦感对引用意向的间接作用为 0.263。因此,愉悦感对引用意向影响的总效应为 0.358,其中感知有用性的中介作用为补充性部分中介。

7.3.5.2 影响力、学术质量、愉悦感、信息有用性

影响力对感知有用性的直接作用为 $0.086(p=0.039)$;影响力与学术质量间的路径系数为 $0.264(p<0.001)$,学术质量影响愉悦感的路径系数为 $0.497(p<0.001)$,愉悦感增强感知有用性的路径系数为 $0.452(p<0.001)$,故影响力对信息有用性的间接作用为 0.059。因此,影响力对感知有用性作用的总效应为 0.145,其中学术质量、愉悦感的中介作用为补充性部分中介。

7.3.5.3 出版物影响力、影响力、学术质量、愉悦感、信息有用性

出版物影响力与感知信息有用性间无直接作用,但其间接作用存在两条路径:① 出版物影响力与影响力间的路径系数为 $0.356(p<0.001)$,影响力对感知有用性的直接作用为 $0.086(p=0.039)$,故出版物影响力对感知信息有用性的间接作用 1 为 0.031;② 出版物影响力与影响力间的路径系数为 $0.356(p<0.001)$,影响力与学术质量间的路径系数为 $0.264(p<0.001)$,学术质量影响愉悦感的路径系数为 $0.497(p<0.001)$,愉悦感增强感知有用性的路径系数为 $0.452(p<0.001)$,故出版物影响力对信息有用性的间接作用 2 为 0.021。因此,出版物影响力对感知有用性作用的总效应为 0.052,其中影响力、学术质量、愉悦

感的中介作用为完全中介。

7.3.5.4　信息易用性、信息有用性、引用意向

感知信息易用性对引用意向的直接促进作用为 $0.11(p<0.001)$；易用性与有用性间的路径系数为 $0.087(p=0.001)$，感知有用性影响引用意向的路径系数为 $0.581(p<0.001)$，故信息易用性对引用意向的间接作用为 0.05。因此，信息易用性对引用意向影响的总效应为 0.16，其中信息有用性的中介作用为补充性部分中介。

通过对模型中直接作用、部分中介作用和完全中介作用的汇总，可得模型中所有变量间的总效应（表 7.3 - 16）。

表 7.3 - 16　变量间的总效应结果

路　径	初始样本	样本均值	标准差	T 统计量	P 值
CB→CI	0.034	0.039	0.01	3.362	0.001
CB→PU	0.052	0.058	0.017	3.082	0.002
CB→PYY	0.047	0.05	0.009	4.949	0.000
CB→PZL	0.094	0.099	0.018	5.286	0.000
CB→IMPACT	0.356	0.371	0.038	9.436	0.000
GN→CI	0.12	0.12	0.031	3.844	0.000
GN→PU	0.207	0.205	0.046	4.551	0.000
HQ→CI	0.02	0.021	0.008	2.57	0.010
HQ→PEOU	0.123	0.135	0.039	3.118	0.002
HQ→PU	0.011	0.012	0.005	2.164	0.031
PEOU→CI	0.16	0.159	0.032	4.997	0.000
PEOU→PU	0.087	0.086	0.025	3.47	0.001
PKD→CI	0.091	0.091	0.018	5.035	0.000
PKD→PU	0.115	0.114	0.02	5.788	0.000
PKD→PYY	0.255	0.257	0.04	6.408	0.000
PKK→CI	0.067	0.065	0.013	5.193	0.000
PKK→PU	0.084	0.082	0.014	6.006	0.000
PKK→PYY	0.187	0.183	0.025	7.55	0.000

（续表）

路　径	初始样本	样本均值	标准差	T 统计量	P 值
PKK→PZL	0.376	0.367	0.043	8.838	0.000
PQM→CI	0.027	0.028	0.009	2.868	0.004
PQM→PU	0.034	0.035	0.011	3.063	0.002
PQM→PYY	0.074	0.078	0.022	3.357	0.001
PQM→PZL	0.149	0.156	0.041	3.597	0.000
PRV→CI	0.094	0.094	0.024	3.953	0.000
PRV→PU	0.161	0.162	0.037	4.357	0.000
PSX→CI	0.028	0.027	0.012	2.354	0.019
PSX→PEOU	0.177	0.17	0.068	2.597	0.010
PSX→PU	0.015	0.015	0.007	2.168	0.031
PU→CI	0.581	0.583	0.049	11.767	0.000
PXY→CI	0.032	0.032	0.008	3.825	0.000
PXY→PU	0.041	0.04	0.01	4.224	0.000
PXY→PYY	0.09	0.09	0.018	4.874	0.000
PXY→PZL	0.181	0.18	0.033	5.455	0.000
PYY→CI	0.358	0.354	0.048	7.461	0.000
PYY→PU	0.452	0.446	0.044	10.279	0.000
PZL→CI	0.178	0.177	0.03	6.022	0.000
PZL→PU	0.225	0.222	0.03	7.547	0.000
PZL→PYY	0.497	0.498	0.037	13.317	0.000
QM-informa→CI	0.006	0.006	0.002	2.533	0.012
QM-informa→PQM	0.219	0.235	0.036	6.013	0.000
QM-informa→PU	0.007	0.008	0.003	2.624	0.009
QM-informa→PYY	0.016	0.018	0.006	2.788	0.005
QM-informa→PZL	0.033	0.037	0.011	2.955	0.003

（续表）

路　径	初始样本	样本均值	标准差	T 统计量	P 值
SX-experien→CI	0.006	0.006	0.003	2.188	0.029
SX-experien→PEOU	0.038	0.039	0.016	2.436	0.015
SX-experien→PSX	0.216	0.237	0.054	3.978	0.000
SX-experien→PU	0.003	0.003	0.002	1.974	0.049
SX-interit→CI	0.004	0.003	0.002	1.803	0.072
SX-interit→PEOU	0.022	0.021	0.012	1.791	0.074
SX-interit→PSX	0.124	0.121	0.057	2.189	0.029
SX-interit→PU	0.002	0.002	0.001	1.614	0.107
IMPACT→CI	0.097	0.104	0.024	3.954	0.000
IMPACT→PU	0.145	0.157	0.041	3.534	0.000
IMPACT→PYY	0.131	0.133	0.02	6.411	0.000
IMPACT→PZL	0.264	0.268	0.037	7.173	0.000

7.3.6　讨论

7.3.6.1　判据的测量指标

本研究基于 6.2 节的扎根研究结果和 7.2 节对文献计量指标的主成分分析结果构建了引用判据和影响因素的测量模型。通过 7.2 节的项目分析、信效度分析及 7.3.2 节的验证性因子分析,本研究对提出的反映性量表和形成性量表进行了验证,由此形成了判据的量表(表 7.3 - 17),也回答了文献计量指标可以反映哪些判据的研究问题(表 7.3 - 18)。后继研究可以在类似的研究语境中使用这些量表,文献计量研究也可以通过用户视角的判据对计量的结果进行解释。

表 7.3 - 17　引用判据及影响因素量表汇总

潜变量名称	量表类型	题　项
新颖性	形成性	PXY2 该论文选题有新意 PXY8 该论文的结果有突破 PXY9 该论文的研究方法独特 PXY13 该论文是经典文献 PXY14 该论文具有开创性

（续表）

潜变量名称	量表类型	题 项
全面性	反映性	PQM2 该论文内容多样 PQM3 该论文内容丰富 PQM4 该论文具有综合性 PQM5 该论文具有概括性 PQM6 该论文内容详细 PQM7 该论文内容具体 PQM8 该论文内容深入
可读性	形成性	PKD4 该论文的图表美观 PKD5 该论文语言通俗易懂 PKD6 该论文语言简明 PKD7 该论文语言生动形象 PKD8 该论文语言流畅 PKD11 该论文的结构规范 PKD12 该论文的专业术语准确 PKD14 该论文的专业术语规范
可靠性	形成性	PKK3 该论文的研究方法科学 PKK4 该论文的研究方法严谨 PKK12 该论文的结论有说服力 PKK14 该论文结构缜密 PKK15 该论文观点鲜明
学术质量	反映性	PZL1 该论文的质量高 PZL2 该论文的学术水平高
学术质量	反映性	PZL3 该论文有学术价值 PZL4 该论文有意义
愉悦感	反映性	PYY1 该论文引发了我的阅读兴趣 PYY2 该论文让我觉得赏心悦目 PYY3 该论文让我感到豁然开朗 PYY4 该论文令我不禁拍案叫绝
功能性	形成性	GN3 该论文支撑了我的研究方法 GN5 该论文是我选题的来源 GN7 该论文是我学习的范文 GN9 该论文的参考文献为我提供了更多的文献线索

(续表)

潜变量名称	量表类型	题　项
相关性	形成性	PRV1 该论文的主题与我的研究相关 PRV2 该论文的研究设计与我的研究相关 PRV3 该论文的理论与我的研究相关 PRV4 该论文的研究思路与我的研究相关 PRV9 该论文发表的期刊与我的研究相关
熟悉度	反映性	PSX1 我熟悉发表该论文的出版物（如期刊、会议录） PSX2 我熟悉该论文的作者 PSX3 我熟悉该论文所属的学科 PSX4 我熟悉该论文的参考文献 PSX5 我熟悉该论文的写作模式
出版物影响力	反映性	PCB1 发表该论文的期刊/会议录权威 PCB2 发表该论文的期刊/会议录口碑好 PCB3 发表该论文的期刊/会议录得到学界认可 PCB4 发表该论文的期刊/会议录知名度高
论文影响力	反映性	PLW1 该论文得到了广泛关注 PLW2 该论文得到了广泛认可 PLW3 该论文具有代表性 PLW4 该论文被高质量的文献引用
作者影响力	反映性	PZZ1 该论文作者的研究水平高 PZZ2 该论文作者的声望高
作者影响力	反映性	PZZ3 该论文作者的知名度高 PZZ4 该论文作者权威 PZZ5 该论文作者的所在机构知名度高 PZZ6 该论文作者的所在机构权威
信息有用性	反映性	PU1 使用该论文中的信息能加快我的研究进度 PU2 使用该论文中的信息能提高我的研究绩效 PU3 使用该论文中的信息能使我的研究更加有效 PU4 该论文中的信息对我的研究是有用的

(续表)

潜变量名称	量表类型	题　项
信息易用性	反映性	PEOU2 应用该论文不需要花费大量的脑力 PEOU3 应用该论文是容易的
引用意向	反映性	CI1 我已经/将要引用该论文 CI2 我会在我的研究中使用该论文 CI3 该论文的信息促使我对其进行引用

表 7.3 - 18　判据与文献计量指标汇总

潜变量名称	题　项
出版物影响力	CB1 高级别期刊 CB2 高级别机构出版的期刊/会议录 CB3 核心期刊 CB6 本主题发文量高的期刊 CB9 分区 CB12 被权威数据库收录的期刊
论文影响力	LW1 被引量高
作者影响力	ZZ1 高职称 ZZ6 就职于高层次机构 ZZ10 国籍
可靠性	KK2 跨学科合作 KK4 跨省合作 KK5 跨国合作
全面性	QM2 参考文献中会议论文占比 QM3 参考文献中外文文献占比 QM6 参考文献中学位论文占比
全面性	QM8 参考文献中期刊自引占比 QM9 参考文献发表时间新 QM13 关键词数量
熟悉度	SX1 本人发表 SX6 熟悉的作者发表 SX7 本学科

（1）用户感知指标

本研究的结果支持了前期研究。就新颖性而言,化学领域色谱法研究的新颖性体现在向读者提供一种新的方法、技术或新路径,从而具有更广泛的价值和适用性,而不是报告既定方法在药学、生物化学、环境化学等领域的常规应用;对方法进行增量式的改进也不足以具备新颖性。① Yan 等②也认为,科学研究的新颖性来源于对已有知识的新结合及新知识的产生,后者包括新的研究发现、实验、方法和理论,且新概念和结论在学术论文中被提出。本研究发现,学术论文的新颖性体现在选题、结果和研究方法等方面,具有理论和方法的开创性,但不一定发表时间新,因为"高风险/高收益"的新颖性研究的发现往往会被延迟③。Wang 和 Soergel④在学术论文的阅读选择研究中也发现,用户倾向于阅读具有新内容而非自己已经读过的内容,不论论文的发表时间如何。

全面性体现信息的深度、宽度和范围,以及用户对信息丰富性的感知。在线上问答社区中,回答者不仅做出详细的回答,还针对提问者的追问和反馈进一步完善内容,并对提问者存在误解和疑惑的地方进行澄清和深入解释。⑤ 对于线上商品评论,用户也可以通过其他用户发表的各类评论对商品方方面面的属性和特征形成详尽、全面的了解,从而有助于其做出合理的决策。⑥ 本研究也发现,学术论文的全面性体现在其广度、深度和范围,内容丰富多样、翔实深入的论文全面性高。

可读性是指信息容易被阅读和理解的程度。部分研究使用 Flesch 易读性打分⑦来衡量文献的可读性,该打分表涉及字数、平均句子长度、各段平均句子数、被动句的比例等语言特征;此外还有 Linsear Write 等可读性计算方法⑧。随着数字出版的流行,越来越多的学者也关注到字体、颜色等可视化特征⑨。然而,本研究发现,使得学术论文清晰、可读、易理解的不只是语言和词汇表达的功

① SMITH R M. Chromatographic novelty in papers[J]. Chromatographia,2014,77:651-652.

② YAN Y,TIAN S,ZHANG J. The impact of a paper's new combinations and new components on its citation[J]. Scientometrics,2020,122(3):895-913.

③ WANG J,VEUGELERSR,STEPHAN P. Bias against novelty in science:a cautionary tale for users of bibliometric indicators[J]. Research policy,2017,46:1416-1436.

④ WANG P,SOERGEL D. A cognitive model of document use during a research project. Study I:document selection[J]. Journal of the American Society for Information Science,1998,49(2):115-133.

⑤ ZHANG Y,LI X,FAN W. User adoption of physician's replies in an online health community:an empirical study[J]. Journal of the Association for Information Science and Technology,2019,71:1179-1191.

⑥ FILIERI R,MCLEAY F. E-WOM and accommodation:an analysis of the factors that influence travelers' adoption of information from online reviews[J]. Journal of travel research,2013,53(1):44-57.

⑦ Flesch R. A New Readability Yardstick[J]. Journal of Applied Psychology,1948,32(6):221-23.

⑧ Mccannon B C. Readability and research impact[J]. Economics Letters,2019,180(7):76-79.

⑨ Moradian S,Krzyzanowska M K,Maguire R,et al. Usability evaluation of a mobile phone-based system for remote monitoring and management of chemotherapy-related side effects in Canadian cancer patients[J]. JMIR Cancer,2018,4(2):e10932.

效,还包括论文的图表和篇章结构。*Nature Neuroscience* 期刊编辑部对论文的字数和图表数设置了要求,从而督促作者提升论文正文和摘要的可读性①。

可靠性是一种因工作或表现良好而被信任或相信的品质。前期研究认为,可靠性和准确性是信息质量的子维度,客观、可靠、真实、值得信赖的信息源具有可信度(credibility)②。由此可见,可信度和可靠性既有相似之处也有不同,前者包含后者,即可信的信息不一定是可靠的。在学术场景下,科研人员倾向于不对信息是否值得相信进行主观判断,而是根据研究数据、方法是否准确科学,研究结果是否可验证、可重复等方面来进行客观评判。相反,在日常生活场景中,由于用户往往缺少客观判断信息可靠性和可重复性的能力,便借助信息是否由名人背书、发布信息的人是否可靠等特征来判断。日常生活场景中信息可信度被关注更多,比如有研究表明,在突发公共卫生事件的信息传播中,公众认为可验证、一致、合理、真实的信息是可信的。③ 本研究发现,方法严谨、设计缜密、结论可验证的学术论文具有可靠性。

愉悦是因外部事物和行为而产生的愉快、享乐的内心感受。前期研究对愉悦感的研究强调消遣、打发时间的娱乐性质,比如在线餐饮论坛中,形象化的就餐环境图片和食物图片使餐饮评论的趣味性增强④,能给人带来享乐和愉快的电子设备、游戏更能让用户接受和满意⑤。与前期研究不同,本研究在学术引用的场景下发现了愉悦感判据并将其定义为学术用户在阅读时和阅读后产生知识获得的快乐感,愉悦感由阅读兴趣、赏心悦目、拍案叫绝和豁然开朗 4 个题项测量。由于愉悦感是一种重要的内部动机(intrinsic motivation),与日常生活中的纯娱乐不同,科研人员枯燥乏味的研究工作中也充满着愉悦感和乐趣。

较多的研究采用计算和机器学习的方法揭示引文功能和极性,对引文功能

① YEUNG A W K, GOTO T K, LEUNG W K. Readability of the 100 most-cited neuroimaging papers assessed by common readability formulae[J]. Frontiers in human neuroscience,2018,12:308.

② CHOI W, STVILIA B. Web credibility assessment: conceptualization, operationalization, variability, and models[J]. Journal of the Association for Information Science and Technology,2015,66 (12):2399-2414.

③ 谢娟,李文文,沈鸿权,等.信息爆炸和信息不确定语境下的可信度判据研究:以 COVID-19 疫情为例[J].情报学报,2021,40(7):714-724.

④ YANG S B, HLEE S, HEE J, et al. An empirical examination of online restaurant reviews on Yelp. com: a dual coding theory perspective[J]. International journal of contemporary hospitality management,2017,29(2):817-839.

⑤ LIU F, NGAI E, JU X. Understanding mobile health service use: an investigation of routine and emergency use intentions[J]. International journal of information management,2019,45(APR.):107-117.

的自动识别能增加文献的索引和信息检索的性能。[①] 较少有研究从施引者的角度考察其对论文功能性的感知,而相较前者于通过引文语境(citation context)、语言学、语义学及引文出现的位置等客观特征来计算,施引者自己的感知往往更准确。一项研究对 *IEEE Transaction* 上 40 篇施引论文进行自动分析,发现超过 50% 的引用是对前期研究的"扩展",其次是"批评""比较"与"改进"。[②] 本研究从施引者的角度发现,科研人员的论文功能性判断主要是从方法支撑、选题来源、模板范文及提供更多相关文献 4 个方面考察。

就相关性而言,现有研究中有的揭示相关性判据,也有的聚焦于主题/内容相关性。前者认为对检索结果是否相关的判断是多维度的,涉及质量、时效、可获取、权威等方面[③],而后者注重信息内容是否与信息需求相关。本研究针对的是科研人员选择引用论文的场景,即此时论文的检索查询和阅读阶段大多结束,故而重点考察信息内容的相关性。由相关性量表可知,科研人员关注论文的主题/内容是否与当前所从事的科研工作相关,包括论文自身内容(如理论、方法)的相关及论文所在期刊发文范围的相关。

科研人员对论文的熟悉度由是否熟悉出版物、学科、作者、参考文献及写作模式来衡量。由测量题项可见,论文的熟悉度针对论文的表面特征和来源特征,而非本身内容,属于边缘路径的线索。日常生活信息行为场景中与熟悉度相近的概念是同质性(homophily)/相似性(similarity),指的是个体在性别、年龄、教育、生活方式、观点、经历及价值观等方面的相似程度,通过信源发布的信息及其个人描述(profile),用户发现与自己具有同质性的信源并形成偏好。[④] 如果买方感到自己与卖方具有较大的相似性,其形成并维持该买卖关系的意愿也更强。[⑤]

出版物影响力、论文影响力及作者影响力由声誉、口碑、认可度、知名度及权威等题项进行测量,这些题项均来自 7.1 节扎根研究中的访谈。学术质量的题项来自扎根研究中的访谈代码,有的被访者明确报告了其对质量的关注,有的则

---

① TAHAMTAN I, BORNMANN L. What do citation counts measure? an updated review of studies on citations in scientific documents published between 2006 and 2018[J]. Scientometrics, 2019, 121(5): 1635 - 1684.

② WANG W, VILLAVICENCIO P, WATANABE T. Analysis of reference relationships among research papers, based on citation context[J]. International journal on artificial intelligence tools, 2012, 21(2): 264 - 274.

③ 张贵兰,周国民,潘尧,等.科学数据相关性标准使用特征[J].图书情报工作,2020,64(10): 56 - 65.

④ GARG P, PANDEY A. Examining moderating role of personal identifying information in travel related decisions[J]. International journal of tourism cities, 2020, 6(3): 621 - 638.

⑤ ZHANG K Z K, BARNES S J, ZHAO S J, et al. Can consumers be persuaded on brand microblogs? An empirical study[J]. Information & management, 2017, 55(1): 1 - 15.

换用了其他说法,如"好的研究""好的论文""水平高的"等。本研究采用这些词语反映性地测量学术质量,与 Chou 等[①]研究对学术质量的反映性测量类似(有帮助的、有价值的和具有说服力的),而与直接通过学术质量的子维度(完整的、一致的和准确的)进行测量的做法不同[②]。信息有用性、信息易用性及引用意向的量表是在借鉴 TAM 系列模型的基础上,为适应本研究的场景而进行了改写。

(2)文献计量指标

刺激-机体-反应理论(SOR)是环境心理学的经典理论之一,该理论认为环境中的感觉因素激发了个体的情感反应,从而进一步引发个体接近或者规避环境的行为。[③] 该理论梳理了外部刺激、内部认知状态及行为反应的关系,即刺激-机体-反应。在学术论文引用的场景中,本研究发现的文献计量指标、用户选择判断及引用意向之间的关系可通过 SOR 框架解释。即,学术论文的特征、指标是科研人员接受的外部信息,这些信息刺激科研人员产生对学术论文影响力、可靠性及全面性的感知,从而引发引用或不引用的行为。本研究发现:期刊级别、出版机构级别、核心期刊、期刊在本主题的发文量、期刊分区及期刊收录情况刺激科研人员产生对出版物影响力的感知和判断;论文影响力的感知主要由论文被引量引发;相应地,职称、就职机构和国籍是作者影响力感知的刺激因素(表 7.3 - 18)。

另一方面,本研究得到的文献计量指标与引用选择判据间的关系,也有助于对文献计量研究结果的解释。比如,现有研究通过 meta 分析发现合作能促进论文的被引[④],并认为合作使得论文质量提高,可见性增强。本研究支持了这一结论,即跨国合作、跨学科合作及跨省合作反映论文的可靠性,多作者的知识融合及对论文的共同把关保障了论文质量,从而使得论文被引用的可能性更大。前期研究发现论文参考文献中专著占比多正向影响论文的被引量[⑤],本研究也支持了这一结果,认为论文参考文献中文献类型的多样性及论文的关键词数量反映论文的全面性,即参考文献丰富、关键词数量多的论文更具有广度和深度。最

① CHOU C H, WANG Y S, TANG T I. Exploring the determinants of knowledge adoption in virtual communities: a social influence perspective[J]. International journal of information management, 2015, 35(3): 364 - 376.

② ALPAR P, ENGLER T H, SCHULZ M. Influence of social software features on the reuse of business intelligence reports[J]. Information processing & management, 2015, 51(3): 235 - 251.

③ MEHRABIAN A, RUSSELL J A. An approach to environmental psychology[M]. The MIT Press, 1974.

④ SHEN H, XIE J, LI J, et al. The correlation between scientific collaboration and citation count at the paper level: a meta-analysis[J]. Scientometrics, 2021.

⑤ XIE J, GONG K, LI J, et al. A probe into 66 factors which are possibly associated with the number of citations an article received[J]. Scientometrics, 2019, 119: 1429 - 1454.

后,本研究发现本人、熟悉的作者及本学科发表能引发科研人员对论文熟悉度的感知,如前所述,熟悉度作为边缘线索引发后继的引用行为,该结果有助于解释前期研究中的自引、团队互引及学科自引[①]等现象。

7.3.6.2　引用意向影响因素及调节变量

本书7.3节基于748份问卷数据,采用PLS对假设模型进行了检验,发现中心路径和边缘路径均影响科研人员对信息有用性的感知,边缘路径引发信息易用性感知,从而进一步促进其引用学术论文的意向。其中,中心路径包括愉悦感、相关性和功能性对感知有用性的正向影响;边缘路径包括影响力对感知有用性的正向影响,以及熟悉度、可获取性对感知易用性的正向作用;总的来说,上述判据和影响因素对施引者引用意向的预测效果较好($R^2=0.466$,$Q^2=0.38$)。此外,本研究还证实了边缘路径对中心路径的"偏倚效应",即影响力对学术质量的显著影响。

（1）学术质量、愉悦感与引用意向

本研究发现可靠性、新颖性及全面性显著正向影响科研人员对论文学术质量的感知($R^2=0.702$)。可靠性是学术论文数据、方法规范严谨、严谨结果可靠的反映,可靠性越高,学术论文的质量越高。Choi 和 Stvilia[②] 的研究支持了这一结论,认为可靠性是信息质量的子维度;可靠的商品评论使用户购买的意愿增加[③]。新颖性是学术论文理论、方法、思路独特、新颖的体现,新颖性越高,学术论文的质量越高。已有研究表明,流通的、实时的(currency)信息具有较高的质量[④],对于学术论文而言,这种"流通"并非体现在发表时间上,而是体现为一种知识的更新与扬弃:继承并发扬有价值的理论和方法,将这些内容进行融合或应用于新的场景,舍弃不合理、不适用的内容,推动科学知识体系的不断演进。全面性体现学术研究的深度、广度和范围,内容翔实丰富的论文,学术质量越高。全面、完整、包含各类细节的网络商品评论正向促进商品评论的质量,从而帮助

---

① IOANNIDIS J P A. A generalized view of self-citation：direct，co-author，collaborative，and coercive induced self-citation[J]. Journal of psychosomatic research，2015，78(1)：7－11.

② CHOI W，STVILIA B. Web credibility assessment：conceptualization，operationalization，variability，and models[J]. Journal of the Association for Information Science and Technology，2015，66(12)：2399－2414.

③ ZHANG K Z K，ZHAO S J，CHEUNG C M K，et al. Examining the influence of online reviews on consumers' decision-making：a heuristic-systematic model[J]. Decision support systems，2014，67：78－89.

④ CHOI W，STVILIA B. Web credibility assessment：conceptualization，operationalization，variability，and models[J]. Journal of the Association for Information Science and Technology，2015，66(12)：2399－2414.

用户做出购买决策[①];在线医疗咨询社区中,医生回答的完整性影响用户对答案质量的感知[②];维基百科内容的完整性和格式影响大学生的信息有用性感知[③]。此外,在对客观计量指标的考察中本研究发现,表征信息容量计量指标的QM1—QM10(主要涉及参考文献数量、参考文献多样性、参考文献国际化及论文篇幅)显著影响用户对论文全面性的感知($b=0.219$)。

本研究发现学术质量和可读性正向影响科研人员的愉悦感($R^2=0.459$)。与研究假设相左的是,可读性对学术质量无影响,而是直接影响愉悦感。语言流畅、图表清晰美观的论文能激发科研人员的阅读兴趣,从而带来愉悦感;同时,可读性增强论文的条理和逻辑,使其更契合科研人员的学术思维和知识体系,有利于产生知识获得感和共鸣。本研究发现,学术质量正向影响愉悦感,从而间接增加信息有用性。该结果与假设中学术质量对信息有用性的直接作用不符,原因可能是兴趣在科研工作中具有突出地位[④]。随着我国整体科研水平和科研人员个人学术素养的不断提升,学术理论被不断借鉴和拓展,研究方法被接续使用和改进,高质量的研究成果越来越多[⑤],因此并非所有高质量的论文都有用,有用的论文应带来科研兴趣和快乐。此外,本研究发现,愉悦感既通过信息有用性间接增加引用意向,也能够直接正向影响引用意向。该结果支持了前期研究,比如Liu等[⑥]发现愉悦感正向影响移动电子健康设备的使用意愿;博客的感知愉悦性受到用户参与度和期望确认的影响,感知愉悦性越高,用户持续使用博客的意愿越强[⑦]。

---

① CHONG A Y, KHONG K K, MA T, et al. Analyzing key influences of tourists' acceptance of online reviews in travel decisions[J]. Internet research: electronic networking applications and policy, 2018, 28(3): 564-586.

② ZHANG Y, LI X, FAN W. User adoption of physician's replies in an online health community: an empirical study[J]. Journal of the Association for Information Science and Technology, 2019, 71: 1179-1191.

③ SHEN X L, CHEUNG C, LEE M K O. What leads students to adopt information from Wikipedia? An empirical investigation into the role of trust and information usefulness[J]. British journal of educational technology, 2013, 44(3): 501-517.

④ NYE C D, BUTT S M, BRADBURN J, et al. Interests as predictors of performance: an omitted and underappreciated variable[J]. Journal of Vocational Behavior, 2018, 108(OCT.): 178-189.

⑤ CREW B. The top 10 countries for scientific research in 2018 [EB/OL]. https://www.natureindex. com/news-blog/top-ten-countries-research-science-twenty-nineteen.

⑥ LIU F, NGAI E, JU X. Understanding mobile health service use: an investigation of routine and emergency use intentions[J]. International journal of information management, 2019, 45(4): 107-117.

⑦ SHIAU W L, LUO M M. Continuance intention of blog users: the impact of perceived enjoyment, habit, user involvement and blogging time[J]. Behaviour & information technology, 2013, 32 (6): 570-583.

（2）相关性、功能性与引用意向

相关性与功能性考察信息内容是否相关，是否具有满足科研工作需要的特定概念，属于中心路径因素，正向影响科研人员信息有用性的感知，并进一步促进引用意向。相关性高的论文，有用性越高，该结果与已有的在线商品评论采纳研究类似[1]，此外有研究发现，通勤者认为相关的交通信息质量高，从而更愿意采纳信息[2]；由于互联网中海量信息的存在，为了节省时间和精力，用户往往仅关注与其当前需要最相近的内容[3]。在学术场景中，用户通过主题是否相关来选择阅读文献[4]。

功能性是科研人员对某学术论文对其手头的研究工作是否具有支撑、奠基及文献线索等功能的判断，功能性强的论文有用性更高，其相应的引用意向也更强。功能性是产品的基本特征，用户依赖功能性来评价该产品是否能满足自身需求[5]，功能性往往被认为是多维度的，比如网站的安全、个性化定制及用户导航等功能使用户的满意度增强[6]。

（3）影响力及其偏倚效应

影响力涵盖论文、出版物和作者三个方面，其中，表征出版物影响力的 CB 指标（涉及出版物级别、发文量、影响因子及分区）显著影响用户对论文影响力的感知（$b=0.318$）。出版物影响力指标具有显著作用，而论文和作者影响力指标作用不显著，这说明出版物级别、影响因子等是当前科研人员常用的评价学术论文的方法，即"以刊评文"[7]，同时科研人员因深谙论文被引量等指标的弊端而避免"以引文评文"。

---

① CHEUNG C M, LEE MK, RABJOHN N. The impact of electronic word-of-mouth: the adoption of online opinions in online customer communities[J]. Internet research, 2008,18: 229 - 247.

② ZHANG G, WEI F, JIA N, et al. Information adoption in commuters' route choice in the context of social interactions [J]. Transportation research part a: policy and practice, 2019, 130: 300 - 316.

③ HWANG J, PARK S, WOO M. Understanding user experiences of online travel review websites for hotel booking behaviours: an investigation of a dual motivation theory[J]. Asia Pacific journal of tourism research, 2018, 23(4): 359 - 372.

④ WANG P, SOERGEL D. A cognitive model of document use during a research project. Study I: document selection[J]. Journal of the American Society for Information Science, 1998, 49(2): 115 - 133.

⑤ CHAN-OLMSTED S, WANG R, HWANG K H. Millennials' adoption of radio station apps: the roles of functionality, technology, media, and brand Factors[J]. Journalism & mass communication quarterly, 2020(1): 107769902095211.

⑥ TANDON U, KIRAN R, SAH A N. The influence of website functionality, drivers and perceived risk on customer satisfaction in online shopping: an emerging economy case[J]. Information systems and e-business management: special issue on emerging technologies for e-business engineering, 2018,16: 57 - 91.

⑦ 苏新宁,蒋勋.促进学术创新才是学术评价的根本[J].情报资料工作,2020,41(3):9 - 13.

影响力表征除了论文内容本身之外的表面特征和论文来源特征,激发科研人员认知处理的边缘路径,正向影响信息有用性感知及引用意向;同时,影响力对学术质量也具有显著的正向影响,该结果支持了边缘路径对中心路径的"偏倚效应"[①],即科研人员倾向于认为具有高影响力的作者和期刊发表的论文质量高。Sun 等[②]的研究支持了这一结论,发现在社会化问答社区中,回答数、论文数及粉丝数高的答题者发布的信息得分更高。由于这一"偏倚效应",影响力通过学术质量、愉悦感间接影响信息有用性及引用意向。最终,感知信息有用性这一变量有 60.1% 的方差被解释。

(4) 熟悉度、可获取性与引用意向

熟悉度是科研人员判断学术论文易用性的依据之一,熟悉的论文更易于使用。熟悉度对论文作者、所属学科、来源期刊及写作结构的感知,属于边缘路径因素,通过正向影响信息易用性促进引用意向。已有研究表明,用户对交互式可视化方式越熟悉,感知易用性越强[③];该结论在视觉设计的研究中也成立[④]。在学术引用场景中,由于相关文献往往比较多,科研人员倾向于自己熟悉的论文,从而快速过滤文献。此外,自引、引用合作者、重复引用等文献计量特征显著影响用户对论文的熟悉度,即用户认为自己或合作者发表的论文、之前多次引用过的论文更熟悉,从而进行引用。

本研究开展了后验分析(post doc analysis),试图解释这一结果,研究者在模型中添加熟悉度与学术质量间的路径,探讨熟悉度是否对学术质量感知产生偏倚。结果发现,该路径不显著($b = -0.031, p = 0.283$),这提示熟悉仅增加论文使用的方便程度(如快速地找到重点、顺畅地理解内容、驾轻就熟),而科研人员并不认为熟悉的论文质量一定高。熟悉度还可能通过增加科研人员的感知关系强度(tie strength)和信任来提升引用意向。不过,也有研究认为熟悉度与新颖性是一对平衡的判据,比如,如果只向用户推荐熟悉的产品以追求推荐的精确

① QAHRI-SAREMI H, MONTAZEMI A R. Factors affecting the adoption of an electronic word of mouth message: a meta-analysis[J]. Journal of management information systems, 2019, 36(3): 969 - 1001.

② SUN Y, WANG N, SHEN X L, et al. Bias effects, synergistic effects, and information contingency effects: developing and testing an extended information adoption model in social Q & A[J]. Journal of the Association for Information Science and Technology, 2019, 70: 1368 - 1382.

③ PERKHOFER L M, HOFER P, WALCHSHOFER C, et al. Interactive visualization of big data in the field of accounting: a survey of current practice and potential barriers for adoption[J]. Journal of applied accounting research, 2019, 20(4): 497 - 525.

④ QUISPEL A, MAES A, SCHILPEROORD J. Graph and chart aesthetics for experts and laymen in design: the role of familiarity and perceived ease of use[J]. Information visualization, 2015, 15(3): 238 - 252.

性,则用户的新颖性感知会下降,因此也需要为用户推荐新的产品。① 在视觉设计中,外行往往认为熟悉的设计更有价值,而设计专家则认为提高熟悉度会丢失设计的新颖性。②

(5)调节效应

本研究发现动机(策略性动机/便利性动机)对判据选择的中心路径和边缘路径调节效应不显著,即无论科研人员出于何种动机,愉悦感、相关性、功能性和影响力判据都对其引用决定具有重要作用。

在施引者特征因素中,学术年龄具有显著的调节效应,而信息素养、学术积淀、教育水平、职称及英语水平的调节作用不显著。学术年龄正向调节边缘路径影响力对感知有用性的作用,这表明对学术年龄越高的科研人员来说,影响力对其判断论文感知有用性的价值更高。学术年龄反映科研人员在某一领域耕耘的时间,学术年龄长的科研人员积累了丰富的学术知识和科研经验,学术能力也较高,而不一定在职称和教育水平上具有明显优势。基于丰富的学术知识和经验,科研人员对论文的认可度、代表性、作者及出版物的影响力了然于心,从而更善于使用影响力判据对信息有用性做出评价。现有研究也发现,学术年龄对质量、语种、数量、信息资源类型、论文新旧的引用偏好均产生显著影响。③ Milojević④采用科研人员发表第一篇论文和最近一篇论文的时间差表示其学术年龄,发现学术年龄长的施引者对领域内经典工作的了解更深,更多地引用发表时间旧的文献。

本研究采用分组路径比较发现,研究阶段、时间压力和相关文献量显著调节中心路径和边缘路径的作用。① 研究设计阶段愉悦感对感知有用性的提升作用更大;研究实施阶段科研人员更依赖于可靠性判据来判断学术质量,并更倾向于认为学术质量高的论文会为其带来科研的愉悦感;而在论文撰写阶段,科研人员倾向于使用新颖性判据。首先,研究设计阶段科研人员须广泛借鉴他人的研究对自己的思路进行调整和完善,此时阅读学术论文的收获感和快乐感更有助于消除对研究该如何做的困惑。其次,研究实施时科研人员往往已经有了较为明确的目的和可取的方法,通过借鉴规范严谨的其他研究中的操作细节,改善自

① 李治,孙锐.社会互动对推荐系统用户感知及信息采纳的影响研究[J].情报学报,2019,38(11):1138-1149.

② QUISPEL A, MAES A, SCHILPEROORD J. Graph and chart aesthetics for experts and laymen in design:the role of familiarity and perceived ease of use[J]. Information visualization,2015,15(3):238-252.

③ 谢娟,成颖,孙建军,等.基于信息使用环境理论的引用行为研究:参考文献分析的视角[J].中国图书馆学报,2018,44(5):61-77.

④ MILOJEVIĆ S. How are academic age,productivity and collaboration related to citing behavior of researchers? [J]. PLoS one,2012,7(11):e49176.

己的研究质量,增强成就感。最后,在论文撰写阶段,虽然研究过程已基本结束,但科研人员仍需汲取前沿研究的新颖的内容和观点。② 相关文献量正向调节可读性对愉悦感的作用,负向调节学术质量对愉悦感及相关性对感知有用性的作用。当科研人员能获得的相关文献较多时,具有较高学术质量的文献也较多,此时科研人员更注重论文的可读性,语言优美、图表美观的论文在高质量论文中脱颖而出,带来知识获得和阅读的双重愉悦。③ 时间压力正向调节可靠性对学术质量、愉悦感对感知有用性的作用,即时间压力越大,可靠性和愉悦感判据的重要性越大。由于科研时间紧张,留给学术质量评估的时间和精力减少,此时科研人员考察的关键是论文的可靠性,而轻视全面性和新颖性,因为可靠性是质量的根本保证①。为缓解时间压力,科研人员更注重论文的愉悦感,阅读有趣的、能带来知识收获的论文为紧张的科研工作带来调剂,此时愉悦感高的论文更容易被科研人员使用。

总的来说,与前期研究不同,本研究发现动机、能力和情境因素并不会抑制中心路径,促进边缘路径。在网购、社交媒体等日常生活场景中,若用户自己专业性不强,不愿付出时间精力,则中心路径的作用被削弱而边缘路径被激发,用户对信息的判断主要通过信息的表面线索和信源线索。②、③然而,在学术场景中,中心路径判据始终具有重要作用,只是中心路径中的不同判据重要程度发生了变化。虽然不能由动机和能力解释精细加工可能性,但科研与引用是一种职业活动(vocational behavior),任务复杂度增加精细加工可能性。④ 因此,当时间压力增加、相关文献量增多时,科研人员付出更大的认知努力以判断论文的可靠性、可读性和愉悦感。但任务难度过大、所需的认知努力过多,也会降低科研工作的效率,或迫使科研人员牺牲工作绩效。⑤

---

① BOBADILLA J, GUTIÉRREZA A, ORTEGA F, et al. Reliability quality measures for recommender systems[J]. Information sciences, 2018, 5: 145-157.

② CHOU C H, WANG Y S, TANG T I. Exploring the determinants of knowledge adoption in virtual communities: a social influence perspective[J]. International journal of information management, 2015, 35(3): 364-376.

③ LEONG L Y, HEW T S, OOI K B, et al. Do electronic word-of-mouth and elaboration likelihood model influence hotel booking? [J]. Journal of computer information systems, 2017:1-15.

④ WIRTH W, BOCKING T, KARNOWSKI V, et al. Heuristic and Systematic Use of Search Engines[J]. Journal of computer-mediated communication, 2010, 12(3): 778-800.

⑤ JIANG Z, BENBASAT I. The effects of presentation methods and task complexity on online consumers' product understanding[J]. MIS quarterly, 2007, 31(3): 475-500.

第8章 结 论

8.1 学术论文被引影响因素的 meta 分析

本书采用 meta 分析方法统合分析了论文篇幅与被引量之间的相关关系,并探讨了文献类型、论文质量等变量的调节效应。主效应分析结果显示:论文篇幅与被引量具有中度的正相关关系($r=0.310$),这表明论文篇幅越长,其被引量越大。调节效应分析显示:(1) 高质量论文(JCR1 区与 4 区)的篇幅与被引量的相关性较弱;(2) 文献类型的不同会引发论文篇幅与被引量相关程度的差异;(3) 引用时间窗的增加使论文篇幅与被引量的相关关系增强,本研究发现,随着时间的推移,篇幅与被引量的相关关系随之增强,这种增强在 6 年后的表现愈发明显,而 1~2 年和 3~5 年间变化不大;(4) 与总被引频次和篇幅之间的中度相关不同,年均被引频次与论文篇幅之间具有强正相关关系。

本书采用 meta 分析方法统合分析了下载量与被引量之间的相关关系,并探讨了论文质量等变量的调节效应。主效应分析结果表明:单篇论文下载量与被引量具有较强的正相关关系($r=0.593$),即论文下载量越大,其被引频次越高。本研究发现论文质量对二者相关关系存在较强的调节效应,论文质量越高,其下载后被引用的可能性也越大。引证时间窗、下载时间窗及下载数据源也存在一定的调节效应:(1) ScienceDirect 和 CNKI 数据库中的论文,其下载量与被引量相关性较高,而搜索引擎和开放存取平台的论文其下载量与被引量相关性较弱;(2)论文发表后,下载量与被引量的相关性逐渐增加,并在发表后第三年达到第一个高峰,随后其相关关系减弱,但在发表五年后,两者的相关关系再次加强;(3) 学术数据库(如 ScienceDirect 和 CNKI)中论文的下载与被引具有较强的相关关系,而期刊网站和开放存取平台中两者的相关性较弱。

本书使用 meta 分析对现有结果进行了量化总结,发现科研合作和被引频次间的相关系数为 0.146,呈正向弱相关关系。本研究通过亚组间方差分析发现了学科、国家、文献类型和引用源四个显著的调节变量,而合作类型、引用类型等变量对科研合作与被引频次间关系的影响不显著。具体来说:(1) 科研合作在社会科学、生命科学与生物医学领域与被引频次的相关性较大,在人文艺术科学领域、自然科学和应用科学领域收益较低;(2) 发达国家的平均效应量显著低于发展中国家;(3)科研合作与综述被引频次的相关性较小,而论文平均效应量较高;(4) 以 Web of Science 和 Scopus 作为引用源时,科研合作与论文被引频次的相关性往往较高,而对于其他引用源(如 PubMed、Google Scholar)来说则平均效应量较小。

8.2　论文特征与被引关系的深度发掘

期刊出版的数字化加速了学术交流的过程,改变了学术交流模式。作为数字化出版的产物,使用数据为科学计量学的发展带来了新的机遇。为探讨使用数据的实质及其用于科研评价的可行性和适用条件,本书以 SSCI 中 LIS 学科的论文为研究对象,分析其使用和被引的相关关系,以及论文质量、文献类型、子学科对两者关系的调节作用。研究表明:(1) 使用数据是非正式交流的产物,引用数据是正式交流的产物,两者在科学交流中呈现出互补关系,较之于引用数据,使用数据集更大,二者联合能对科学传播过程进行更为细致、全面的诠释;(2) 整体上,由于使用量和被引量具有强正相关关系,二者在传播维度可以互相替代,但微观层面两者的相关关系差异较大;(3) 在学术评价维度上,使用数据并不能代替被引量,二者面向的受众范围和记录的内容存在差异;(4) 在建立使用数据相关评价指标时,应充分考虑使用数据的统计特性、学科、文献类型及期刊类型的差异等因素;(5) 使用后是否引用受到论文质量的调节。

本书基于文化资本理论,探讨了文化资本能否增大论文影响力。首先将三种形态文化资本分别操作化为专业背景、毕业院校层次、就职机构层次、前期发文量、学历及职称六个指标,然后从 CNKI 中获取 CSSCI 收录的部分图书情报领域论文的数据对自变量及控制变量进行编码,通过负二项回归分析及模型的比较,证实了这三种形态文化资本对学术论文被引的显著影响,即验证了文化资本在论文影响力形成中的作用。研究拓宽了学术论文被引因素研究的视野,为文化资本理论在图书情报领域的应用做出了有价值的尝试,为寻求图书情报领域研究的理论基础进行了探索。研究的不足之处在于,未充分关注"学术资本"这一概念,未比较分析其与"文化资本"的关系,今后的研究可从"学术资本"视角获得更多的启发。此外,研究的数据仅来自国内图书情报领域,仍然需要学科更丰富、样本量更大的后继研究来证实本研究的相关结论。

在国内外学者的跨学科研究基础上,本书汇总了现有的跨学科分析单元,相较于传统的仅基于单一分析单元的 IDR,具有极大的优势。主要研究结果如下。(1) 整体上人文社会科学论文的跨学科性对被引有正向影响。(2) 对独著论文来说,采用专业度和跨学科数测度的作者跨学科性对论文被引均存在显著的正向影响,被引与跨学科性间呈线性关系;就合著论文而言,整体上跨学科性对被引的影响具有统计学的显著性,采用跨学科数测度的跨学科性显示二者间关系呈倒 U 形,通过欧氏距离测度的结果显示二者间存在显著的正相关关系。当纳入影响论文被引的 23 个控制变量后,作者跨学科性与论文被引之间无显著的相关关系。(3) 整体上主题跨学科性对被引的影响具有统计学的显著性,采用跨学科数测度的跨学科性显示二者间关系呈倒 U 形,通过欧氏距离测度的结果显示二者间存在显著的正相关关系。在纳入 23 个控制变量后,主题欧氏距离与论文被引之间的正向影响仍然成立。(4) 从知识输入层面来说,整体上参考文献跨学科性对被引的影响具有统计学上的显著性,采用跨学科数测度的跨学科性显示二者间关系呈倒 U 形;通过参考文献多样性测度的结果显示二者间存在正相关关系。在纳入 23 个控制变量后,参考文献跨学科性与论文被引之间无显著的相关关系。

在论文被引影响因素的逐步回归模型中,研究发现,46 个二元分析结果显著的变量,只有 6 个被回归模型筛选出成为具有显著影响的变量,这 6 个变量来自论文自身、作者、期刊、参考文献相关的 4 类影响因素。具体来说,回归模型显示:(1) 论文发表后 5 年的被引量在回归模型中具有最强的影响效应;(2) 除了 5 年被引量外,下载量对被引量的影响最大;(3) 参考文献中专著占比影响论文的被引量;(4) 回归模型也发现了 3 个作者特征对被引量的影响,即研究员相对于其他职业的 LIS 学者来说获得的被引量更多,高层级高校的作者所发表的论文获得的被引量更大,具有计算机科学与技术背景的学者在 LIS 期刊上的发文较难获得 LIS 领域学者的引用。

本书采用 4 层 BP 神经网络模型,基于 6 个论文特征、2 个期刊特征、9 个作者特征、8 个参考文献特征和 5 个被引相关特征对 CSSCI 数据库 2000—2013 年间收录的图书馆、情报与文献学学科的 49 834 篇论文的 5 年被引进行了预测。结果表明,对于被引预测有显著影响的 5 个基本特征为:"前 2 年被引""初次被引数""论文长度""出版月份"和"期刊自引率"。研究结果也表明,采用 BP 神经网络预测中文学术论文发表 5 年后的被引频次是可行的。与以往研究中用于英语论文预测的其他机器学习方法相比,该方法具有更好的性能,且泛化能力较强。

8.3 施引特征与论文被引的关系研究

本书基于信息使用环境理论,采用参考文献分析法,揭示了学者特征、组织环境特征及论题对学者引用行为的影响。研究发现:(1)教育水平高的学者,例如毕业于国外院校或 985 高校、具有博士学历的学者,所引用的参考文献数量多,质量高,他们对会议论文、外文论文和网络资源也存在较大偏好;(2)年轻的男性学者引用的参考文献数量较大,类型更丰富;(3)学生、研究人员和教师对各种类型参考文献的使用率和偏好普遍高于图书馆员和工程师;(4)中级职称的学者对外文文献、高质量文献的使用率显著高于正高和副高职称的学者;(5)学者所处机构类型和层次的不同影响着引用行为;(6)学者开展不同主题、不同类型的研究时引用行为也存在差异。研究结果表明:(1)信息使用环境理论(IUE)适合作为引用行为研究的分析框架,从二元分析和回归分析的结果可以看出,IUE 中的三类要素("用户及其特征""组织环境和条件""待解决的问题")均能对引用行为产生显著影响,而第四类要素"问题的解决方式"正是引用行为特征的具体呈现;(2)IUE 适合作为引用行为的理论解释,该理论中提出的学者对信息和风险的态度、组织环境中的文化习惯、信息获取渠道和知识经验的积累等构念,都可以作为不同类型学者引用行为差异的合理解释;(3)参考文献分析法为引用行为研究提供了新视角、新方法,可作为连接文献计量学与信息行为的桥梁。

研究结果提示:学术共同体应该积极鼓励对高质量的信息资源、外文论文、会议论文及网络资源的使用;高校、研究所及公共图书馆应该合理引进学者偏好的信息资源,并适当增加非正式信息获取渠道,促进知识的交流与扩散;此外,不同层次的学术机构都应积极开展有针对性的学术素养和信息素养教育,提高学者的科研能力和使用不同信息的能力等。本研究存在的不足是:基于论文、个人主页等渠道中只能获取到学者的基本人口学特征,IUE 框架中的非人口学特征有待通过问卷、访谈等方式获得;学者所处组织环境除局部的组织机构外,还有宏观的学术共同体,拟在后续研究中展开。

本书基于施引文献多样性指数提出施引文献跨学科测度,研究发现从知识输出层面来说,采用施引文献多样性和跨学科数测度的跨学科性对论文被引均存在显著的正向影响,被引与跨学科性间呈线性关系,施引文献多样性与被引间存在显著的正相关关系。在纳入 23 个控制变量后,施引文献跨学科性与论文被引之间存在显著的相关关系。在控制其他变量不变的情况下,施引文献跨学科性对论文被引的影响高于其他分析单元的影响,影响力大小仅次于期刊影响因子。

8.4 基于施引者引用意向视角的影响因素模型

本书开展扎根理论研究,探索性地发掘科研人员引用时选择文献的判据及影响判据选择的因素。数据收集采用半结构化访谈,通过一对一深度访谈及发放学生作业两种方式展开。经过3个月的理论抽样,本研究获得了23位科研人员的访谈数据,以及本科生学生作业155份、研究生学生作业15份。通过程序化扎根理论开展数据分析,在开放编码阶段,形成了166个概念和52个范畴,继而通过主轴编码提炼了12个主范畴,分别是:新颖性、可读性、愉悦感、相关性、影响力、全面性、可靠性、低认知开销类判据、功能性、情境、施引者特征及引用动机。在选择编码中,为呈现判据的层次关系及影响因素对判据选择的作用,提炼出学术质量、引用判据及影响因素等3个核心范畴。学术质量包含新颖性、可靠性、全面性和可读性等4个主范畴;引用判据包含学术质量、相关性、功能性、影响力和低认知开销类判据等5个主范畴;判据选择影响因素包含施引者特征、引用动机和情境等3个主范畴。其中,愉悦感是本研究新发现的判据,体现为科研人员的阅读愉悦感和知识获得感;新颖性、可读性判据也具有与前期研究中不同的内涵。鉴于引用在学术信息获取、阅读、使用这一链条中处于重要位置,对引用选择判据的充分发掘将有助于推动信息行为和文献计量两方面的研究。其一,从行为视角对科研人员的引用及文献间的引文关系进行解释,推动了引文理论的发展;其二,由于引用本身是一种对信息的使用,本研究也有助于更好地理解科研人员的信息使用行为,深化学术信息行为研究。

扎根研究还发现了影响科研人员判据选择的因素。首先,在引用学术论文时,常见的情境因素包括任务特征、检索系统特征、相关文献数量和时间压力。其次,影响判据选择的施引者特征包括学术年龄、学术积淀、研究领域、学术习惯、信息素养和外语水平,从不同层面体现出施引者的学术能力、经验和水平。最后,本研究还发现了一种新的影响因素——合作知识生产。与主观规范强调个体对另一个体影响不同,合作知识生产强调交互,与学术同行的交流、探讨有助于形成对文献的全面认识,从而影响施引者的引用行为。

本书基于信息采纳理论,对前项扎根研究中获得的判据及影响因素进行梳理,建立其间的联系并提出相应假设。为对结构模型中的构念进行操作化,除采用扎根研究中的概念及借鉴已有研究的量表外,需要通过学术论文被引影响因素指标。因此,本研究探讨了被引影响因素计量指标如何测量引用判据。刺激-机体-反应理论梳理了外部刺激、内部认知状态及行为反应的关系[①],可解释为什么论文的文献计量特征可以引发学术用户的感知和行为。在学术论文引用的场景中,科研人员接受的外部信息来自学术论文的特征和指标,比如作者、期刊来源、被引量等。基于科研人员原有的对这些特征和指标的重要性评价,外部信

---

① MEHRABIAN A, RUSSELL J A. An approach to environmental psychology[M]. The MIT Press, 1974.

息刺激科研人员产生对学术论文影响力、可靠性及全面性等的内部认知状态,从而引发引用或不引用的行为。在扎根研究的访谈中,科研人员在评价某一判据时往往也会说出是以哪些文献计量特征为线索的。因此,扎根研究得到的引用判据与文献计量研究得到的指标呈互相印证关系,为论文被引影响因素提供多元证据。

为验证假设模型,本书从全国多所高校中收集有效问卷 748 份。基于SmartPLS 的结构模型分析发现:(1) 前驱因素对学术质量、感知有用性的预测具有较好的准确性,对愉悦感和引用意向的预测准确性中等;(2) 可靠性对学术质量、学术质量对愉悦感、愉悦感对感知有用性及感知有用性对引用意向具有中度影响;(3) 引用意向、感知易用性、可靠性、全面性、熟悉度、愉悦感、感知有用性、学术质量及影响力的预测效果较好。

通过比较路径系数的大小和显著性对研究假设进行检验,研究发现:(1) 出版物影响力对影响力产生显著的正向影响,而论文影响力、作者影响力对影响力均无显著影响;(2) 信息容量对感知全面性具有显著的预测效应,而内容充实则不显著;(3) 传承性熟悉和经验性熟悉均显著正向影响熟悉度的感知;(4) 由合作、同行评议等计量特征反映的质量控制对感知可靠性并无显著影响;(5) 全面性、可靠性、新颖性显著影响感知学术质量,其中可靠性的正向影响作用最大,而可读性不影响学术质量;(6) 相关性和功能性显著影响学术用户对论文有用性的感知,但学术质量对有用性的影响不显著;(7) 影响力显著影响感知信息有用性,但影响效应较弱,影响力对学术质量具有正向影响,这支持了偏倚效应;(8) 论文类型、熟悉度和可获取性对信息有用性感知均无显著影响;(9) 可获取性、熟悉度显著影响用户易用性的感知,而可读性对感知易用性无显著影响;(10) 感知信息有用性、感知信息易用性显著正向影响科研人员的引用意向,且感知易用性对感知有用性也具有显著的正向作用;(11) 论文可读性显著影响愉悦感,学术质量通过愉悦感间接影响信息有用性;(12) 愉悦感正向显著影响引用意向,而主观规范及合作知识生产对感知信息有用性、引用意向的作用均不显著。

中介效应分析显示:(1) 愉悦感对引用意向影响的总效应为 0.358,其中感知有用性为补充性部分中介;(2) 影响力对感知有用性作用的总效应为 0.145,其中学术质量、愉悦感为补充性部分中介;(3) 出版物影响力对感知有用性作用的总效应为 0.052,其中影响力、学术质量、愉悦感为完全中介;(4) 愉悦感对引用意向影响的总效应为 0.16,其中信息有用性为补充性部分中介。此外,本书探讨了施引者动机、能力及情境的调节效应。(1) 虽然学术年龄对中心路径的调节效应不显著,但其正向调节边缘路径影响力对感知有用性的作用,这表明对于学术年龄越高的科研人员,影响力对其判断论文感知有用性的价值更高。

(2) 处于不同研究阶段时,科研人员使用的判据具有显著差异;研究设计阶段愉悦感对感知有用性的提升更大;研究实施阶段科研人员更依赖于可靠性判据来判断学术质量,并更倾向于认为学术质量高的论文会为其带来科研的愉悦感;而在论文撰写阶段,科研人员倾向于使用新颖性判据。(3) 相关文献量正向调节可读性对愉悦感的作用,而负向调节学术质量对愉悦感、相关性对感知有用性及感知有用性对引用意向的作用。(4) 当科研时间较为紧张时,可靠性判据对学术质量的感知更重要,且愉悦感对感知信息有用性的正向作用更大,这表明时间压力更大,即时间压力正向调节可靠性对学术质量和愉悦感对感知有用性的作用。

本书并未发现学术质量对感知信息有用性具有直接的显著作用,而是得到了学术质量通过愉悦感间接影响有用性的结果,凸显了兴趣在科研工作中的重要作用。新颖性、可靠性及全面性影响论文的感知质量,可读性影响论文的愉悦感,继而影响科研人员对论文有用性的感知及引用意向。这表明好的论文不仅具有较高的学术质量,更能激发科研人员的阅读兴趣,从而带来愉悦的享受;同时,在研究内容和写作中呈现出来的条理和逻辑,契合科研人员的思维和知识体系,有利于产生知识获得感和共鸣,带来行云流水、酣畅淋漓的阅读体验。

本书证实了信息使用模型(IAM)对学术引用行为的解释力,同时,由于该模型整合自精细加工可能性模型(ELM)和信息技术接受模型(TAM),本书对IAM进行了拓展,引入了中心路径、边缘路径、偏倚效应、信息易用性等 ELM 和TAM 中的构念。研究发现,科研人员使用的引用选择判据可分为中心路径和边缘路径,并对感知信息有用性和感知信息易用性发挥作用,从而影响引用意向,此外边缘路径对中心路径的偏倚效应也被证实存在于学术引用场景中。本书基于扎根理论研究,探索性地发掘出判据、影响因素和 IAM 系列模型的框架,这一假设模型对科研人员的引用意向具有较强的解释力,可启发后期研究进一步拓展引用行为理论和学术信息使用理论。

本书通过扎根理论分析得到了科研人员引用选择判据,这些判据可为提高学术素养、开展学术规范和学术能力训练提供借鉴。比如,首先,科研人员应同时注重图表的表现力(清晰美观)和质量(逻辑)两个方面,在写论文时多采用美观、逻辑性强的图,这可以增强论文的可读性、可靠性、质量及愉悦感,从而有助于论文被引用。其次,为增强学术论文的愉悦感,在撰写学术论文时,科研人员一方面要提升语言素养,提高写作能力,另一方面也要不断丰富研究内容、增加论文的"干货"。最后,学界应积极开展各类学术研讨活动,增强知识的流动、鼓励在交互中碰撞出思维的火花。通过合作知识生产得到的集体智慧,不仅在学术引用中具有重要作用,更能不断促进学术交流和学术繁荣。

学术质量、愉悦感与引用意向的关系具有实践启示。对于科研人员自身来说，写论文时要做到"讲好（形容词）故事"与"讲好（副词）故事"并重，即要保证研究的科学性和质量，还需以流畅、优美的语言、清晰美观的图表"把故事讲好"，增加论文的学术质量和愉悦感，从而增加被引。此外，本研究扎根理论分析和调节效应分析发现，与科研人员自身相关的因素会影响其引用行为，比如学术素养、学术年龄及英语水平等。针对影响引用行为的施引者特征和动机因素，导师在学术研究过程中可进行相应的学术培养，从而提高科研人员的学术水平。

本书的研究结果还将有助于学术图书馆及其他机构更好地为科研人员提供信息服务。这是因为，科研人员在引用时会根据特定的判据对学术论文进行选择，针对这些特定的学术论文特征进行文献资源建设，将为科研人员提供更具有用性的学术信息。比如，基于学术质量、愉悦感与引用意向的显著路径，信息检索系统中可增加用户打分的过滤项。当前大部分期刊已实现数字出版，用户可以在线阅读论文，在阅读后弹出提问框，询问用户的阅读愉悦感和知识获得感，并基于大量用户的打分数据在检索结果页面设置愉悦感得分过滤项，从而帮助其他用户快速找到学术质量高、可读性强的文献。这一做法基于社会化问答社区（Social Q & A）中用户对答案进行打分的思想，其数据可靠性保障机制和激励机制也可加以借鉴。

本书 7.3.4 节的调节效应分析的结果对学术信息服务也具有实践启示。现有工作更多地关注不同年龄、职称及学历的学术用户，本书调节效应分析的结果提示，学术年龄的影响应受到重视。学术年龄从科研人员就读硕士研究生的第一年开始计算，反映其在某领域中学习、浸淫的时间，是一个综合性的因素。学术年龄越长，研究者的知识越广博，科研经验和教学、工作经验越丰富，越有助于研究者综合素养的提升。相反，学术年龄的增加与职称、学历的提升并不成正比，很多老科学家的职称和学历并不一定最高，而职称与学历均已达到顶峰的研究者随着学术年龄的增长，仍然在不断积累、进步与提升。因此，本研究认为，学术年龄这一变量可以更好地反映科研人员的特征，有关的学术信息服务工作可通过学术年龄这一因素展开。

当时间压力较大且相关文献量较多时，愉悦感判据的重要性增强，这一结果提示在对学术用户提供个性化信息服务时要结合科研人员当前的任务，将学术质量与可读性并重，为科研人员提供质量高又写得好的文献，从而不仅满足学术用户对信息的需求，也帮助他们调节情感和心理状态，在繁重的科研工作中保持兴趣和动力。

科研人员的引用行为受到诸多因素的影响，这提示科研管理部门将引用行为影响因素纳入考虑，合理制定科研政策，适当应用评价性引文分析，建立科学的科研管理和评价体系。比如，可读性显著影响愉悦感，而后者又与学术质量一同作用于科研人员的引用意向,这提示我们,在科研评价工作中要突出可读性评价,将现有的语言层面的可读性指标扩展至图表、篇章结构及专业术语等方面,可读性强、易于理解的论文不仅能启发小学术圈,而且也能使大学术圈产生共鸣,从而产生更大的学术影响力甚至是社会影响力。基于用户、市场和专家等多元评价的创新方式有助于贯彻落实中共中央、国务院《关于分类推进人才评价机制改革的指导意见》[①]。

目前,"以刊评文"思想依然根深蒂固,出版物影响力能引发科研人员对学术论文影响力的感知,还对学术质量产生影响,即科研人员认为影响力高的作者及出版物发表的、影响力高的论文其学术质量也高。科研管理部门和科研机构要及时纠正不良导向,确立基于学术创新、学术质量和学术影响的"以文评文"制度[②]。科研人员也是各个领域的同行评议人,要对学术论文本身进行科学的评议,更要不受论文作者、机构的影响而进行公正的评价,杜绝受到先入为主的干扰和利益的驱使而产生"偏倚"。

本书存在几点不足。首先,通过扎根发现主观规范和合作知识生产可能影响科研人员对学术论文的引用,但验证研究发现两者的作用不显著。其次,基于论文被引影响因素全集构建形成性的测量量表,但在量表开发和验证阶段部分题项被剔除,未来需通过其他途径和方法探索这些指标对引用判据的作用。再次,本书探讨了不同研究阶段科研人员判据和引用意向的差异,但在实际中,选题、研究设计、研究实施和论文写作这 4 个研究阶段可能是交叉的,应借鉴科学研究周期理论清晰地对 4 个研究阶段进行界定,进而采用严谨的控制实验展开分析,这有助于深入发掘研究阶段的调节效应。从次,在扎根理论分析过程中,研究发现了部分引用行为模式。由于本书重点关注科研人员的引用判据而没有涉及引用行为模式的提问,仅能对被访者在回答判据相关问题时呈现出的行为模式进行分析,缺乏系统性。最后,本书聚焦于学术论文这一引用文献类型,未来有必要拓展引用文献类型,如数据、专著、网络资源等,结合动机理论、认知心理学、信息行为学的理论与方法对引用判据展开更为全面、深入的研究。

---

① 参见中共中央办公厅、国务院办公厅发布的《关于分类推进人才评价机制改革的指导意见》(http://www.gov.cn/zhengce/2018 - 02/26/content_5268965.htm)。

② 苏新宁,蒋勋.促进学术创新才是学术评价的根本[J].情报资料工作,2020,41(3):9-13.

参考文献

[1] 布尔迪厄.文化资本与社会炼金术:布尔迪厄访谈录[M].包亚明,译.上海:上海人民出版社,1997.

[2] 曹艺,王曰芬,丁洁.面向学术影响力评价的科技文献引用与下载的相关性研究[J].图书情报工作,2012,56(8):56-64.

[3] 陈芳.国际期刊论文的言据性分析:认知功能视角[D].杭州:浙江大学,2018.

[4] 陈宗胜.关于收入差别倒U曲线及两极分化研究中的几个方法问题[J].中国社会科学,2002(5):78-82,205.

[5] 陈祖琴,张艳琼.基于学科文献半衰期探寻我国新闻传播学科特征[J].图书与情报,2015(1):96-99.

[6] 成颖.相关性判据研究综述(2000—2010)[J].情报杂志,2011,30(9):79-84,111.

[7] 成颖.信息检索相关性判据及应用研究[D].南京:南京大学,2011.

[8] 储节旺,郭春侠.网上信息资源引用的现状、问题及对策[J].情报理论与实践,2000,23(3):230-231.

[9] 邓履翔,王维朗,陈灿华.欺诈引用:一种新的不当引用行为[J].中国科技期刊研究,2018,29(3):237-241.

[10] 丁松云,王勇,柯青.情绪刺激对微博信息分享意愿的影响实证研究[J].现代情报,2019,39(3):35-45.

[11] 董坤,许海云,罗瑞,等.基于科技文献内容分析的多维学科交叉主题识别方法研究[J].情报理论与实践,2018,41(5):131-136.

[12] 杜育红,赵冉.教育在经济增长中的作用:要素积累、效率提升抑或资本互补?[J].教育研究,2018,39(5):27-35.

[13] 方红玲.我国科技期刊论文被引量和下载量峰值年代:多学科比较研究[J].中国科技期刊研究,2011,22(5):708-710.

[14] 冯志刚,李长玲,刘小慧,等.基于引用与被引用文献信息的图书情报学跨学科性分析[J].情报科学,2018,36(3):105-111.

[15] 高辉.多重共线性的诊断方法[J].统计与信息论坛,2003,18(1):73-76.

[16] 龚凯乐,谢娟,成颖.中文期刊论文引文国际化多维分析:以图书情报与档案管理学科为例[J].情报科学,2019,37(3):127-135.

[17] 龚凯乐,谢娟,成颖,等.期刊论文引文国际化研究:以图书情报与档案管理学科为例[J].情报学报,2018,37(2):151-160.

[18] 古继宝,彭莉君,张淑林.全国优博论文作者与其本科毕业院校的关系研究[J].学位与研究生教育,2010(1):14-18.

[19] 古扎拉蒂,波特.计量经济学基础[M].费剑平,译.北京:中国人民大学出版社,2011.

［20］顾海根.应用心理测量学［M］.北京:北京大学出版社,2010:202,218.

［21］韩普,王东波.跨学科性的理论与实践研究综述［J］.情报学报,2014(11):1222-1232.

［22］韩毅,伍玉,申东阳,等.中文科研论文未被引探索Ⅰ:外部特征影响研究——以图书馆情报与文献学为例［J］.图书情报工作,2018,62(4):6-13.

［23］洪岩璧,赵延东.从资本到惯习:中国城市家庭教育模式的阶层分化［J］.社会学研究,2014,29(4):73-93,243.

［24］黄颖,高天舒,王志楠,等.基于Web of Science分类的跨学科测度研究［J］.科研管理,2016,37(3):124-132.

［25］黄颖,张琳,孙蓓蓓,等.跨学科的三维测度:外部知识融合、内在知识会聚与科学合作模式［J］.科学学研究,2019,37(1):25-35.

［26］贾旭东,谭新辉.经典扎根理论及其精神对中国管理研究的现实价值［J］.管理学报,2010,7(5):656-665.

［27］姜春林,刘学,张立伟.中文高被引期刊论文的参考文献也倾向于高被引吗?:以图书情报学为例［J］.情报杂志,2015,34(1):105-109.

［28］姜磊,林德明.参考文献对论文被引频次的影响研究［J］.科研管理,2015,36(1):121-126.

［29］蒋逸民.作为一种新的研究形式的超学科研究［J］.浙江社会科学,2009(1):8-16,125.

［30］金桥.上海居民文化资本与政治参与:基于上海社会质量调查数据的分析［J］.社会学研究,2012,27(4):84-104,243.

［31］靳代平,王新新,姚鹏.品牌粉丝因何而狂热?:基于内部人视角的扎根研究［J］.管理世界,2016(9):102-119.

［32］柯青,朱婷婷.图书情报学跨学科期刊引用及知识贡献推进效应:基于JCR社会科学版的分析［J］.情报资料工作,2017(2):12-21.

［33］李长玲,郭凤娇,支岭.基于SNA的学科交叉研究主题分析:以情报学与计算机科学为例［J］.情报科学,2014,32(12):61-66.

［34］李春玲.文化水平如何影响人们的经济收入:对目前教育的经济收益率的考查［J］.社会学研究,2003,18(3):64-76.

［35］李东,童寿传,李江.学科交叉与科学家学术影响力之间的关系研究［J］.数据分析与知识发现,2018,2(12):1-11.

［36］李江."跨学科性"的概念框架与测度［J］.图书情报知识,2014(3):87-93.

［37］李金碧.硕士研究生课程设置的反思与范式重构:基于后现代主义课程理论的视角［J］.教育研究,2017,38(4):49-54,116.

［38］李力.学术信息自我效能调节下科学文献引用行为规律研究［D］.武汉:武汉大学,2017.

［39］李荣华,曹高辉,江晨雨.低健康信息素养用户婴幼儿健康信息源选择影响因素研究［J］.现代情报,2020,40(11):73-84.

［40］李煜.文化资本、文化多样性与社会网络资本［J］.社会学研究,2001,16(4):52-63.

［41］李治,孙锐.社会互动对推荐系统用户感知及信息采纳的影响研究［J］.情报学报,2019,38(11):1138-1149.

［42］梁永霞,刘则渊,杨中楷.引文分析学的知识流动理论探析［J］.科学学研究,2010,28(5):668-674.

［43］刘伙玉.基于CNKI的图书、情报学与档案学学科文献半衰期分析［J］.图书与情报,2015(1):106-111.

[44] 刘庆荣,邓鹂鸣.中国硕士学生引用行为身份构建(英文)[J].中国应用语言学(英文),2019,42(3):365-385,401.

[45] 刘小宝.论"跨学科"的谱系[D].合肥:中国科学技术大学.

[46] 刘宇,李武.引文评价合法性研究:基于引文功能和引用动机研究的综合考察[J].南京大学学报(哲学·人文科学·社会科学版),2013,50(6):137-148,157.

[47] 罗楚亮,刘晓霞.教育扩张与教育的代际流动性[J].中国社会科学,2018(2):121-140,207.

[48] 罗力,张嫄.基于JCR的科研人员交流学术信息与引用研究成果行为的比较研究[J].图书情报知识,2008(5):56-61.

[49] 吕冬晴,谢娟,成颖,等.我国人文社会科学间跨学科模式研究[J].图书情报知识,2018,186(6):37-49,14.

[50] 吕冬晴,阮选敏,李江,等.跨学科知识融合对学术论文颠覆性创新的影响研究[J].情报学报,录用.

[51] 马凤,武夷山.关于论文引用动机的问卷调查研究:以中国期刊研究界和情报学界为例[J].情报杂志,2009,28(6):9-14,8.

[52] 孟大虎,王硕.文凭筛选、人力资本与大专毕业生就业[J].北京社会科学,2005(4):121-127.

[53] 米哈依洛夫.科学交流与情报学[M].徐新民,译.北京:科学技术文献出版社,1980.

[54] 牟象禹,龚凯乐,谢娟,等.论文被引频次的影响因素研究:以国内图书情报领域为例[J].图书情报知识,2018(4):43-52

[55] 倪延年.知识传播学[M].南京:南京师范大学出版社,1999.

[56] 宁禄乔,刘金兰.Stone-Geisser检验在顾客满意度中的应用[J].天津大学学报(社会科学版),2008(3):238-242.

[57] 牛昱昕,宗乾进,袁勤俭.开放存取论文下载与引用情况计量研究[J]中国图书馆学报,2012,38(4):119-127

[58] 潘婉茹,林栋."场域-惯习-资本"理论视角下博士研究生入学考试浅析[J].研究生教育研究,2016(5):33-37.

[59] 庞景安.中文科技期刊下载计量指标与引用计量指标的比较研究[J].情报理论与实践,2006,29(1):44-48.

[60] 戚尔鹏,叶鹰.基础学科论文的基金资助引用优势研究[J].大学图书馆学报,2015,33(6):11-16.

[61] 钱学森.交叉科学:理论和研究的展望[J].机械工程,1985(3):48.

[62] 乔宝明.多元统计方法与计算[M].徐州:中国矿业大学出版社,2018.

[63] 邱均平,曹洁.不同学科间知识扩散规律研究:以图书情报学为例[J].情报理论与实践,2012,35(10):1-5.

[64] 邱均平,陈晓宇,何文静.科研人员论文引用动机及相互影响关系研究[J].图书情报工作,2015(9):36-44.

[65] 邱均平,余厚强.跨学科发文视角下我国图书情报学跨学科研究态势分析[J].情报理论与实践,2013,36(5):5-10.

[66] 邱均平,曾倩.国际合作是否能提高科研影响力:以计算机科学为例[J].情报理论与实践,2013,36(10):1-5.

[67] 邱均平,周春雷.发文量和h指数结合的高影响力作者评选方法研究:以图书情报学为例的实证分析[J].图书馆论坛,2008,28(6):44-49.

［68］仇立平,肖日葵.文化资本与社会地位获得:基于上海市的实证研究[J].中国社会科学,2011(6):
121-135,223.

［69］商宪丽.基于 LDA 的交叉学科潜在主题识别研究:以数字图书馆为例[J].情报科学,2018,
36(6):57-62,125.

［70］邵瑞华,李亮,刘勰.学科交叉程度与文献学术影响力的关系研究:以图书情报学为例[J].情报杂
志,2018,37(3):146-151.

［71］宋娇艳.科研合作与学术水平:基于经济学期刊论文的实证研究[D].杭州:浙江大学,2017.

［72］宋雯斐,刘晓娟.基于 BKCI 的图书半衰期分析:以图书情报学学科为例[J].图书情报工作,
2016,60(12):124-129.

［73］苏芳荔.科研合作对期刊论文被引频次的影响[J].图书情报工作,2011,55(10):144-148.

［74］苏芳荔.引用认同和引证形象研究[D].南京:南京大学,2012.

［75］苏新宁,蒋勋.促进学术创新才是学术评价的根本[J].情报资料工作,2020,41(3):9-13.

［76］孙建军,鞠秀芳,裴雷,等.基于 CART 分类方法的期刊操纵引用行为识别建模研究[J].情报学
报,2013,32(10):1058-1067.

［77］孙书军,朱全娥.内容质量决定论文的被引频次[J].编辑学报,2010,22(2):141-143.

［78］孙厌舒.硕士生英语学术写作中的文献使用研究:文本借用、引用行为与学术适应[D].济南:山
东大学,2016.

［79］孙元.基于任务-技术匹配理论视角的整合性技术接受模型发展研究[D].杭州:浙江大学,2010.

［80］索传军,王雪艳.引用行为的演变趋势及其对引文评价的影响分析[J].图书情报工作,2019,
63(24):97-106.

［81］汤晓蒙,刘晖.从"多学科"研究走向"跨学科"研究:高等教育学科的方法论转向[J].教育研究,
2014,35(12):24-29.

［82］王俊菊,杨凯,孙田丰.英语研究生学术写作的文献引用特征研究[J].外语界,2017(5):56-64.

［83］王连喜,曹树金.学科交叉视角下的网络舆情研究主题比较分析:以国内图书情报学和新闻传播
学为例[J].情报学报,2017,36(2):159-169.

［84］王璐,马峥,潘云涛.基于论文产出的学科交叉测度方法[J].情报科学,2019,37(4):17-21.

［85］王前,李丽,高成锴.跨学科同行评议的合理性研究[J].科学学研究,2013,31(12):1792-1795.

［86］王迎军,陆岚,崔连广.实践视角下的管理学学科属性[J].管理学报,2015,12(12):1733-1740.

［87］魏建香,孙越泓,苏新宁.学科交叉知识挖掘模型研究[J].情报理论与实践,2012,35(4):76-80.

［88］魏建香,孙越泓,苏新宁.基于聚类分析的学科交叉研究[J].情报学报,2010,29(6):1066-1073.

［89］魏瑞斌.论文标题特征与被引的关联性研究[J].情报学报,2017,36(11):1148-1156.

［90］魏瑞斌,王炎.国外图书情报学期刊的零被引现象研究[J].情报杂志,2015,34(7):29-33.

［91］魏巍."跨学科研究"评价方法与资助对策[D].合肥:中国科学技术大学,2011.

［92］文雯,初静,史静寰."985"高校高影响力教育活动初探[J].高等教育研究,2014,35(8):92-98.

［93］吴明隆.SPSS 统计应用实务[M].北京:中国铁道出版社,2001:30.

［94］吴肃然,李名荟.扎根理论的历史与逻辑[J].社会学研究,2020,35(2):75-98,243.

［95］吴愈晓.中国城乡居民的教育机会不平等及其演变(1978—2008)[J].中国社会科学,2013(3):
4-21,203.

［96］习近平.在哲学社会科学工作座谈会上的讲话[M].北京:人民出版社,2016:1-29.

［97］肖红,袁飞,邹建国.论文引用率影响因素:中外生态学期刊比较[J].应用生态学报,2009,20(5):
1253-1262.

[98] 肖学斌,柴艳菊.论文的相关参数与被引频次的关系研究[J].现代图书情报技术,2016(6):46-53.

[99] 谢娟,成颖,李江,等.文化资本与论文影响力的关系[J].情报学报,2019,38(9):943-953.

[100] 谢娟,成颖,孙建军,等.基于信息使用环境理论的引用行为研究:参考文献分析的视角[J].中国图书馆学报,2018,44(5):59-75.

[101] 谢娟,龚凯乐,成颖,等.论文下载量与被引量相关关系的元分析[J].情报学报,2017,36(12):1255-1269.

[102] 谢娟,李文文,沈鸿权,等.信息爆炸和信息不确定语境下的可信度判据研究:以 COVID-19 疫情为例[J].情报学报,2021,40(7):714-724.

[103] 许海云,郭婷,岳增慧,等.基于 TI 指标系列的情报学学科交叉主题研究[J].情报学报,2015,34(10):1067-1078.

[104] 许海云,尹春晓,郭婷,等.学科交叉研究综述[J].图书情报工作,2015,59(5):119-127.

[105] 晏成步.大学教师学术职业转型:基于知识资本的审视[J].教育研究,2018,39(5):148-153.

[106] 杨丹.SPSS 宝典[M].3 版.北京:电子工业出版社,2013:389-417.

[107] 杨良斌.科研论文合作在跨学科研究中的作用分析[J].情报杂志,2013,32(6):80-84.

[108] 杨思洛.引文分析存在的问题及其原因探究[J].中国图书馆学报,2011,37(3):108-117.

[109] 杨思洛,邱均平,丁敬达,等.网络环境下国内学者引证行为变化与学科间差异:基于历时角度的分析[J].中国图书馆学报,2016,42(2):18-31.

[110] 姚丹,赵一鸣,邓胜利.社会化问答平台中问题属性对答案域的影响[J].图书情报知识,2016(3):103-109.

[111] 姚瑞卿,王嘉昀,许洁.中文核心期刊网络资源引文分析研究(2014—2018):以 10 种图情核心期刊为例[J].情报科学,2020,38(4):171-176.

[112] 叶春蕾.基于 Web of Science 学科分类的主题研究领域跨学科态势分析方法研究[J].图书情报工作,2018,62(2)127-134.

[113] 叶继元.引文的本质及其学术评价功能辨析[J].中国图书馆学报,2010,36(1):35-39.

[114] 叶鹰.国际学术评价指标研究现状及发展综述[J].情报学报,2014,33(2):215-224.

[115] 于丹,董大海,刘瑞明,等.理性行为理论及其拓展研究的现状与展望[J].心理科学进展,2008,16(5):796-802.

[116] 于洋,张睿军,杨亚楠.以情报学为视角的学科交叉研究[J].情报杂志,2013,32(2):1-5,33.

[117] 曾伟.基于 ELM 的在线评论有用性研究:商品类型的调节影响[J].现代情报,2014,34(12):148-153.

[118] 翟学伟.社会流动与关系信任:也论关系强度与农民工的求职策略[J].社会学研究,2003,18(1):1-11.

[119] 张贵兰,周国民,潘尧,等.科学数据相关性标准使用特征[J].图书情报工作,2020,64(10):56-65.

[120] 张金柱,韩涛,王小梅.利用参考文献的学科分类分析图书情报领域的学科交叉性[J].图书情报工作,2013,57(1):108-111,146.

[121] 张立,杨文涛,尤瑜,等.新闻传播类期刊论文被引频次影响因素的模糊评判与验证:基于 16 本 CSSCI 源刊的实证分析[J].出版发行研究,2018(5):65-69.

[122] 张琳,孙蓓蓓,黄颖.跨学科合作模式下的交叉科学测度研究:以 ESI 社会科学领域高被引学者为例[J].情报学报,2018,37(3):231-242.

［123］张敏,刘盈,严炜炜.科研工作者引文行为的影响因素及认知过程——基于情感结果预期和绩效结果预期的双路径分析视角[J].图书馆杂志,2018,37(6):74-84.

［124］张敏,夏宇,刘晓彤.科技引文行为的影响因素分析[J].情报理论与实践,2017,40(4):72-77.

［125］张敏,夏宇,刘晓彤,等.科技引文行为的影响因素及内在作用机理分析:以情感反应、认知反应和社会影响为研究视角[J].图书馆,2017(5):77-84.

［126］张敏,赵雅兰,张艳.从态度、意愿到行为:人文社会科学领域引文行为的形成路径分析[J].现代情报,2017,37(9):23-29.

［127］张天嵩,董圣杰,周支瑞,等.高级 meta 分析方法:基于 Stata 实现[M].上海:复旦大学出版社,2015.

［128］张小军.象征资本的再生产:从阳村宗族论民国基层社会[J].社会学研究,2001,16(3):51-62.

［129］张云,杨建林.从学科交叉视角看国内情报学的学科地位与发展思考[J].情报理论与实践,2019,42(4):18-23.

［130］章成志,吴小兰.跨学科研究综述[J].情报学报,2017,36(5):523-535.

［131］赵星.学术文献用量级数据 Usage 的测度特性研究[J].中国图书馆学报,2017,43(3):44-57.

［132］赵越,肖仙桃.基于主题因素分析的图书情报领域零被引现象研究[J].中国科技期刊研究,2017,28(7):641-646.

［133］周春雷.基于 h 指数的学术授信评价研究[D].武汉:武汉大学,2010.

［134］周晓英,董伟,朱小梅,等.图书馆学情报学高影响力论文特征及所反映的学科差异分析[J].中国图书馆学报,2012,38(4):99-109.

［135］朱大明.关于制定"科学引证行为准则"的探讨[J].科技导报,2007,25(14):72-74.

［136］朱伟珏.文化资本与人力资本:布迪厄文化资本理论的经济学意义[J].天津社会科学,2007(3):84-89.

［137］卓可秋.基于文献计量学的管理学学科半衰期研究[J].图书与情报,2014(4):55-60.

［138］邹永利,冯静娴,郑荟.学术文献的文体特征及其检索意义:计算机科学文献与相关新闻报道文体的比较研究[J].中国图书馆学报,2014,4(2):33-40.

［139］ABRAMO G, CICERO T, D'ANGELO C A. Assessing the varying level of impact measurement accuracy as a function of the citation window length[J]. Journal of informetrics, 2011, 5(4): 659-667.

［140］ABRAMO G, D'ANGELO C A, COSTA F D. Do interdisciplinary research teams deliver higher gains to science? [J]. Scientometrics, 2017, 111(1): 317-336.

［141］ABRAMO G, D'ANGELO C A, FELICI G. Predicting publication long-term impact through a combination of early citations and journal impact factor[J]. Journal of informetrics, 2019, 13(1): 32-49.

［142］ABRISHAMI A, ALIAKBARY S. Predicting citation counts based on deep neural network learning techniques[J]. Journal of informetrics, 2019, 13(2): 485-499.

［143］ABRIZAH A, NICHOLAS D, NOORHIDAWATI A, et al. Not so different after all: Malaysian researchers' cross-discipline view of quality and trustworthiness in citation practices[J]. Learned publishing, 2016, 29: 165-172.

［144］ABRIZAH A, NICHOLAS D, ZOHOORIAN-FOOLADI N, et al. Gauging the quality and trustworthiness in the citation practices of Malaysian academic researchers [J]. Pakistan journal of information management & libraries, 2016 (17): 126-136. http://ciber-research. eu/download/ 20160103-ICIML_Abrizah%20F_%20Niusha.pdf

[145] ADAIR J G, VOHRA N. The explosion of knowledge, references, and citations: psychology's unique response to a crisis.[J]. American psychologist, 2003, 58(1): 15 – 23.

[146] ADUSUMILLI P S, CHAN M K, BEN-PORAT L, et al. Citation characteristics of basic science research publications in general surgical journals[J]. Journal of surgical research, 2005, 128(2): 168 – 173.

[147] AGADA J. Inner-city gatekeepers: an exploratory survey of their information use environment [J]. Journal of American Society for Information Science and Tehcnology, 1999, 50 (1) : 74 – 85.

[148] AGUILAR I N, GANESH V, MANNFELD R, et al. Authorship trends over the past 30-years in the annals of biomedical engineering[J]. Annals of biomedical engineering, 2019, 47(5): 1171 – 1180.

[149] AHMED A, ADAM M, GHAFAR N A, et al. Impact of article page count and number of authors on citations in disability related fields: a systematic review article[J]. Iranian journal of public health, 2016, 45(9): 1118 – 1125.

[150] AHMED T, JOHNSON B, OPPENHEIM C, et al. Highly cited old papers and the reasons why they continue to be cited. Part II: the 1953 Watson and Crick article on the structure of DNA[J]. Scientometrics, 2004, 61(2): 147 – 156.

[151] AJZEN I. The theory of planned behavior[J]. Organizational behavior and human decision processes, 1991, 50(2): 179 – 211

[152] AKSNES D W. Characteristics of highly cited papers[J]. Research evaluation, 2003, 12(3): 159 – 170.

[153] AKSNES D W. A macro study of self-citation[J]. Scientometrics, 2003, 56(2): 235 – 246.

[154] AL-DAIHANI S M. Students' adoption of Twitter as an information source: an exploratory study using the technology acceptance model[J]. Malaysian journal of library and information science, 2016, 21(3): 57 – 69.

[155] AL-EMRAN M, AL-MAROOF R, AL-SHARAFI M A, et al. What impacts learning with wearables? An integrated theoretical model[J]. Interactive learning environments, 2020, 30(10): 1897 – 1917.

[156] ALLIK J, LAUK K, REALO A. Factors predicting the scientific wealth of nations[J]. Cross-cultural research, 2020, 54(4): 364 – 397.

[157] ALPAR P, ENGLER T H, SCHULZ M. Influence of social software features on the reuse of business intelligence reports[J]. Information processing & management, 2015, 51(3): 235 – 251.

[158] AMARA N, LANDRY R, HALILEM N, et al. What can university administrators do to increase the publication and citation scores of their faculty members[J]. Scientometrics, 2015, 103(2): 489 – 530.

[159] ANNE L. BUCHANAN, EDWARD A. GOEDEKEN. Scholarly communication among academic librarians[J]. Behavioral & social sciences librarian, 1996, 14(2): 1 – 15.

[160] ANTONIOU G A, ANTONIOU S A, GEORGAKARAKOS E I, et al. Bibliometric analysis of factors predicting increased citations in the vascular and endovascular literature[J]. Annals of vascular surgery, 2015, 29(2): 286 – 292.

[161] ARROW K J. Social choice and individual value[M]. 2nd ed. New York: Wiley, 1963: 1 – 8.

[162] ASHMAN, A B. A citation analysis of ETD and Non-ETD producing authors[J]. Reference librarian, 2013, 54(4): 297 – 307.

[163] ASUBIARO T. How collaboration type, publication place, funding and author's role affect citations received by publications from Africa: A bibliometric study of LIS research from 1996 to 2015[J]. Scientometrics, 2019, 120(3): 1261 - 1287.

[164] AYEH J K. Travellers' acceptance of consumer-generated media: an integrated model of technology acceptance and source credibility theories[J]. Computers in human behavior, 2015, 48(7): 173 - 180.

[165] BAI X M, ZHANG F L, LEE I. Predicting the citations of scholarly paper[J]. Journal of informetrics, 2019, 13(1): 407 - 418.

[166] BALDI S. Normative versus social constructivist processes in the allocation of citations: a network-analytic model[J]. American sociological review, 1998, 63(6): 829 - 846.

[167] BAMMER G. Enhancing research collaborations: three key management challenges [J]. Research policy, 2008, 37(5): 875 - 887.

[168] BARTNECK C, HU J. The fruits of collaboration in a multidisciplinary field [J]. Scientometrics, 2010, 85(1): 41 - 52.

[169] BATES B R, ROMINA S, AHMED R, et al. The effect of source credibility on consumers' perceptions of the quality of health information on the Internet[J]. Med inform internet med, 2006, 31(1): 45 - 52.

[170] BEALL J. Predatory publishers are corrupting open access[J]. Nature, 2012, 489(7415): 179.

[171] BEAVER D D. Does collaborative research have greater epistemic authority? [J]. Scientometrics, 2004, 60(3): 399 - 408.

[172] BELTER C W, KASKE N K. Alignment of citation behaviors of philosophy graduate students and faculty[J]. College & research libraries, 2016, 77(4): 410 - 422.

[173] BERGSTRA J, BENGIO Y. Random search for hyper-parameter optimization[J]. Journal of machine learning research, 2012, 13: 281 - 305.

[174] BHAT H S, HUANG L H, RODRIGUEZ S, et al. Citation prediction using diverse features [C]. //CUI P, DY J, AGGARWAL C, et al. IEEE International Conference on Data Mining Workshop. New York: IEEE, 2016: 589 - 596.

[175] BHATTACHERJEE A, SANFORD C. Influence processes for information technology acceptance: an elaboration likelihood model[J]. MIS quarterly, 2006, 30(4): 805 - 825.

[176] BIELINSKA-KWAPISZ A. Published, not perished, but has anybody read it? Citation success of finance research articles[J]. Applied financial economics, 2012, 22(20): 1679 - 1695.

[177] BIRNBAUM P H. Academic contexts of interdisciplinary research [J]. Educational administration quarterly, 1978, 14(2): 80 - 97.

[178] BISCARO C, GIUPPONI C. Co-authorship and bibliographic coupling network effects on citations[J]. PloS one, 2014, 9(6): e99502.

[179] BJARNASON T, SIGFUSDOTTIR I D. Nordic impact: article productivity and citation patterns in sixteen Nordic sociology departments[J]. Acta sociologica, 2002, 45(4): 253 - 267.

[180] BOBADILLA J, GUTIÉRREZA A, ORTEGA F, et al. Reliability quality measures for recommender systems[J]. Information sciences, 2018, 5: 145 - 157.

[181] BORENSTEIN M, HEDGES L V, HIGGINS J P T, et al. Introduction to meta-analysis[M]. West Sussex: John Wiley & Sons Ltd, 2009.

[182] BORENSTEIN M, HIGGINS J P T, HEDGES L V. Basics of meta-analysis: I2 is not an absolute measure of heterogeneity[J]. Research synthesis methods, 2017, 8: 5 - 18.

[183] BOLLEN J, DE SOMPEL H V, SMITH J A, et al. Toward alternative metrics of journal impact: a comparison of download and citation data[J]. Information processing & management, 2005, 41(6): 1419 - 1440.

[184] BOLLEN J, HERBERT V D S. Usage impact factor: the effects of sample characteristics on usage-based impact metrics[J]. Journal of the American Society for Information Science and Technology, 2008, 59(1): 136 - 149.

[185] BONZI S, SNYDER H W. Motivations of citation: a comparison of self citation and citation to others[J]. Scientometrics, 1991, 21(2).

[186] BORDONS M, APARICIO J, COSTAS R. Heterogeneity of collaboration and its relationship with research impact in a biomedical field[J]. Scientometrics, 2013, 96(2): 443 - 466.

[187] BORNMANN L. Scientific peer review [J]. Annual review of information science and technology, 2011, 45(1): 197 - 245.

[188] BORNMANN L. Alternative metrics in scientometrics: a meta-analysis of research into three altmetrics[J]. Scientometrics, 2015, 103(3): 1123 - 1144.

[189] BORNMANN L, DANIEL H D. Multiple publication on a single research study: does it pay? The influence of number of research articles on total citation counts in biomedicine[J]. Journal of the American Society for Information Science and technology, 2007, 58(8): 1100 - 1107.

[190] BORNMANN L, DANIEL H D. What do citation counts measure? A review of studies on citing behavior[J]. Journal of documentation, 2008, 64(1): 45 - 80.

[191] BORNMANN L, DANIEL H D. Citation speed as a measure to predict the attention an article receives: An investigation of the validity of editorial decisions at *Angewandte Chemie International Edition*[J]. Journal of informetrics, 2010, 4(1): 83 - 88.

[192] BORNMANN L, LEYDESDORFF L. Does quality and content matter for citedness? A comparison with para-textual factors and over time[J]. Journal of informetrics, 2015, 9(3): 419 - 429.

[193] BORNMANN L, LEYDESDORFF L. Skewness of citation impact data and covariates of citation distributions: a large-scale empirical analysis based on Web of Science data [J]. Journal of informetrics, 2017, 11(1): 164 - 175.

[194] BORNMANN L, LEYDESDORFFL, WANG J. How to improve the prediction based on citation impact percentiles for years shortly after the publication date? [J]. Journal of informetrics, 2014, 8(1): 175 - 180.

[195] BORNMANN L, MARX W. The proposal of a broadening of perspective in evaluative bibliometrics by complementing the times cited with a cited reference analysis[J]. Journal of informetrics, 2013, 7(1): 84 - 88.

[196] BORNMANN L, SCHIER H, MARX W, et al. What factors determine citation counts of publications in chemistry besides their quality? [J]. Journal of informetrics, 2012, 6(1): 11 - 18.

[197] BORNMANN L, WILLIAMS R. How to calculate the practical significance of citation impact differences? An empirical example from evaluative institutional bibliometrics using adjusted predictions and marginal effects[J]. Journal of informetrics, 2013, 7(2): 562 - 574.

[198] BORRONS M, GOMEZ I, FERNANDEZ MT. Local, domestic and international scientific

collaboration in biomedical research[J]. Scientometrics, 1996, 37(2): 279 - 295.

[199] BOSQUET C, COMBES P P. Are academics who publish more also more cited? Individual determinants of publication and citation records[J]. Scientometrics, 2013, 97(3): 831 - 857.

[200] BOTTING N, DIPPER L, HILARI K. The effect of social media promotion on academic article uptake[J]. Journal of the Association for Information Science & Technology, 2017, 68(3): 795 - 800.

[201] BOURDIEU P. Distinction: a social critique of the judgment of taste[M]. Cambridge, Mass: Harvard University Press, 1984.

[202] BOUKACEM-ZEGHMOURI C, BADOR P, LAFOUGE T, et al. Relationships between consumption, publication and impact in French universities in a value perspective: a bibliometric analysis [J]. Scientometrics, 2016, 106(1): 263 - 280.

[203] BOYCE P B, KING D W, MONTGOMERY C H, et al. How electronic journals are changing patterns of use[J]. Serials librarian, 2004, 46(1): 121 - 141.

[204] BOYACK K W, VAN ECK N J, COLAVIZZA G, et al. Characterizing in-text citations in scientific articles: a large-scale analysis[J]. Journal of informetrics, 2018, 12(1): 59 - 73.

[205] BOZEMANA B, CORLEY E. Scientists' collaboration strategies: implications for scientific and technical human capital[J]. Research policy, 2004, 33(4): 599 - 616.

[206] BOZEMAN B, FAY D, SLADE C P. Research collaboration in universities and academic entrepreneurship: the-state-of-the-art[J]. Journal of technology transfer, 2013, 38(1): 1 - 67.

[207] BRILLOUIN L. Science and information theory[M]. New York: Academic Press, 1956: 313 - 329.

[208] BRODY T, HARNAD S, CARR L. Earlier web usage statistics as predictors of later citation impact[J]. Journal of the American Society for Information Science and Technology, 2006, 57(8): 1060 - 1072.

[209] BROOKS T A. Private acts and public objects: an investigation of citer motivations[J]. Journal of the American Society for Information Science and Technology, 1985, 36(4): 223 - 229.

[210] BROOKS T A. Evidence of complex citer motivations[J]. Journal of the American Society for Information Science, 1986, 37(1): 34 - 36.

[211] BROWN C. Communication in the sciences[J]. Annual review of information science and technology, 2010, 44(1): 285 - 316.

[212] BUCKARMA E H, THIELS C A, GAS B L, et al. Influence of social media on the dissemination of a traditional surgical research article[J]. Journal of surgical education, 2017, 74(1): 79 - 83.

[213] BUELA-CASAL G, ZYCH I. Analysis of the relationship between the number of citations and the quality evaluated by experts in psychology journals[J]. Psicothema, 2010, 22(2): 270 - 276.

[214] BYSTRÖM K, JÄRVELIN K. Task complexity affects information seeking and use[J]. Information processing & management, 1995, 31(2): 191 - 213.

[215] CALLAERT J, GROUWELS J, LOOY B. Delineating the scientific footprint in technology: identifying scientific publications within non-patent references[J]. Scientometrics, 2012, 91(2): 383 - 398.

[216] CALLAHAM M, WEARS R L, WEBER E. Journal prestige, publication bias, and other characteristics associated with citation of published studies in peer-reviewed journals[J]. Journal of the

American Medical Association，2002，287(21)：2847 - 2850.

[217] CARTES-VELASQUEZ R，MANTEROLA C. Impact of collaboration on research quality：a case analysis of dental research[J]. International journal of information science and management，2017，15(1)：89 - 93.

[218] CASE D. Looking for information[M].2nd. UK：Academic Press，2007：14.

[219] CASE D O，HIGGINS G M. How can we investigate citation behaviour? A study of reasons for citing literature in communication[J]. Journal of the American Society for Information Science，2000，51(7)：635 - 645.

[220] CHAKRABORTY T. Role of interdisciplinarity in computer sciences：quantification，impact and life trajectory[J]. Scientometrics，2017，114(3)：1011 - 1029.

[221] CHAKRABORTY T，GANGULY N，MUKHERJEE A. Rising popularity of interdisciplinary research：An analysis of citation networks[C]. //IEEE. Sixth International Conference on Communication Systems and Networks，2014：1 - 6.

[222] CHAKRABORTY T，KUMAR S，GOYAL P，et al.Towards a stratified learning approach to predict future citation counts[C]. //Proceedings of the 14th ACM/IEEE-CS Joint Conference on Digital Libraries. IEEE Press，2014：351 - 360.

[223] CHANG Y W. The influence of Taylor's paper：question-negotiation and information-seeking in libraries[J]. Information processing & management，2013，49(5)：983 - 994.

[224] CHANG Y W，HUANG M H. A study of the evolution of interdisciplinarity in library and information science：using three bibliometric methods[J]. Journal of the Association for Information Science & Technology，2012，63(1)：22 - 33.

[225] CHAN-OLMSTED S，WANG R，HWANG K H. Millennials' adoption of radio station apps：the roles of functionality，technology，media，and brand factors[J]. Journalism & mass communication quarterly，2020(1)：107769902095211.

[226] CHARMAZ K. An invitation to grounded theory[M]. //Constructing grounded theory：a practical guide through qualitative analysis. Thousand Oaks，CA：Sage，2006：1 - 12.

[227] CHARMAZ K. Coding in grounded theory practice[M]. //Constructing grounded theory：a practical guide through qualitative analysis.Thousand Oaks，CA：Sage，2016：42 - 71.

[228] CHAU P Y K，LAI V S K.An empirical investigation of the determinants of user acceptance of Internet banking[J]. Journal of organizational computing and electronic commerce，2003，13(2)：123 - 145.

[229] CHEN C，LUO B，CHIU K，et al. The preferences of authors of Chinese library and information science journal articles in citing Internet sources[J]. Library & information science research，2014，36(3 - 4)：163 - 170.

[230] CHEN S，ARSENAULT C，LARIVIÈRE V. Are top-cited papers more interdisciplinary? [J]. Journal of informetrics，2015，9(4)：1034 - 1046.

[231] CHEN X，ENDER P B，MITCHELL M，et al. Regression with Stata Chapter 4-beyond OLS [EB/OL]. [2020 - 01 - 28]. https：//stats.idre.ucla.edu/stata/webbooks/reg/chapter4/regressionwith - statachapter - 4 - beyond - ols/.

[232] CHEUNG C M，LEE M K，RABJOHN N. The impact of electronic word-of-mouth：the adoption of online opinions in online customer communities[J]. Internet research，2008，18：229 - 247.

[233] CHINCHILLA-RODRIGUEZ Z, BENAVENT-PEREZ M, DE MOYA-ANEGON F, et al. International collaboration in medical research in Latin America and the Caribbean (2003—2007)[J]. Journal of the American Society for Information Science and Technology, 2012, 63(11): 2223 - 2238.

[234] CHI P S, GLANZEL W. An empirical investigation of the associations among usage, scientific collaboration and citation impact[J]. Scientometrics, 2017, 112(1): 403 - 412.

[235] CHI P S, GLANZEL W. Do usage and scientific collaboration associate with citation impact? [C]. //RAFOLS I, MOLAS GALLART J, CASTRO MARTINEZ E, et al. Proceedings of the 21st International Conference on Science and Technology Indicators. Valencia, Spain: Editorial Universitat Politecnica de Valencia, 2016: 1223 - 1228.

[236] CHIN W W. The partial least squares approach to structural equation modeling[M]. // MARCOULIDES G A. Modern methods for business research. Mahwah: Erlbaum, 1998: 295 - 358

[237] CHOI W, STVILIA B. Web credibility assessment: conceptualization, operationalization, variability, and models[J]. Journal of the Association for Information Science and Technology, 2015, 66(12):2399 - 2414.

[238] CHONG A Y L, KHONG K W, MA T, et al. Analyzing key influences of tourists' acceptance of online reviews in travel decisions[J]. Internet research: electronic networking applications and policy, 2018, 28(3): 564 - 586.

[239] CHOO C W. The knowing organization: how organizations use information to construct meaning, create knowledge, and make decisions[J]. International journal of information management, 1995, 16(5): 329 - 340.

[240] CHOU C H, WANG Y S, TANG T I. Exploring the determinants of knowledge adoption in virtual communities: a social influence perspective[J]. International journal of information management, 2015, 35(3): 364 - 376.

[241] CHUBIN D E, MOITRA S D. Content analysis of references: adjunct or alternative to citation counting? [J]. Social studies of science, 1975, 5(4): 423 - 441.

[242] CHUNG N, HAN H. The relationship among tourists' persuasion, attachment and behavioral changes in social media[J]. Technological forecasting and social change, 2017, 123: 370 - 380.

[243] CINCINNATO S, DE WEVER B, VAN KEER H, et al. The influence of social background on participation in adult education: applying the cultural capital framework[J]. Adult education quarterly, 2016, 66(2): 143 - 168.

[244] CLEMENTS J C. Open access articles receive more citations in hybrid marine ecology journals [J]. Facets, 2017, 2: 1 - 14.

[245] CLEVELAND W S. Graphs in scientific publications[J]. American statistician, 1984, 38(4): 261 - 269.

[246] COHEN J. Statistical power analysis for the behavioral sciences[M]. Psychology press, 1988.

[247] COOPER H M. Literature-searching strategies of integrative research reviewers: a first survey [J]. Science communication, 1986, 8(2): 372 - 383.

[248] CORBIN J, STRAUSS A. Grounded theory research: procedures, canons, and evaluative criteria[J]. Qualitative sociology, 1990, 13(1): 3 - 21.

[249] CORBIN J, STRAUSS A. Basics of qualitative research: techniques and procedures for developing grounded theory[M]. 4 ed. CA: Sage, 2015.

[250] COSTAS R, LEEUWEN T N V, BORDONS M. Referencing patterns of individual researchers: do top scientists rely on more extensive information sources? [J]. Journal of the Association for Information Science & Technology, 2012, 63(12): 2433 - 2450.

[251] COTTERALL S. The rich get richer: international doctoral candidates and scholarly identity [J]. Innovations in education & teaching international, 2015, 52(4): 360 - 370.

[252] COURTRIGHT C. Context in information behavior research[J]. Annual review of information science & technology, 2007, 41(1): 273 - 306.

[253] CRAIG FINLAY S, NI C, SUGIMOTO C. Different mysteries, different lore: an examination of inherited referencing behaviors in academic mentoring[J]. Library & information science research, 2018, 40: 277 - 284.

[254] CREASER C, OPPENHEIM C, SUMMERS M A C. What do UK academics cite? An analysis of references cited in UK scholarly outputs[J]. Scientometrics, 2011, 86(3): 613 - 627.

[255] CREW B. The top 10 countries for scientific research in 2018[EB/OL]. https: //www. natureindex.com/news-blog/top-ten-countries-research-science-twenty-nineteen.

[256] CRONIN B. The citation process: the role and significance of citations in scientific communication[M]. London: Taylor Graham, 1984. 转引自 MILOJEVIĆ S. How are academic age, productivity and collaboration related to citing behavior of researchers? [J]. PLoS one, 2012, 7(11): e49176.

[257] CROSSICK G. Monographs and open access[J]. Insights, 2016, 29(1): 14 - 19.

[258] CULLEN P W, NORRIS R H, RESH V H, et al. Collaboration in scientific research: a critical need for freshwater ecology[J]. Freshwater biology, 1999, 42(1):131 - 142.

[259] CUMMINGS J N, KIESLER S. Coordination costs and project outcomes in multi-university collaborations[J]. Research policy, 2007, 36(10): 1620 - 1634.

[260] DANG Q V, IGNAT C L. Quality assessment of wikipedia articles without feature engineering [C]. //IEEE/ACM Joint Conference on Digital Libraries (JCDL), 2016: 27 - 30.

[261] DANIEL S, JULIANA F, JENNIFER G, et al. Evaluating transdisciplinary science[J]. Nicotine & tobacco research, 2003, 5(Suppl_1): S21 - S39.

[262] DAVENPORT E, SNYDER H. Who cites women? Whom do women cite?: an exploration of gender and scholarly citation in sociology[J]. Journal of documentation, 1995, 51(4): 404 - 410.

[263] DAVIS F D. Perceived usefulness, perceived ease of use, and user acceptance of information technology[J]. MIS quarterly, 1989, 13(3): 319 - 340.

[264] DAVIS J M, AGRAWAL D. Understanding the role of interpersonal identification in online review evaluation: an information processing perspective [J]. International journal of information management, 2018, 38(1): 140 - 149.

[265] DAVIS V F D. A theoretical extension of the technology acceptance model: four longitudinal field studies[J]. Management science, 2000, 46(2): 186 - 204.

[266] DE SORDI J O, CONEJERO M A, MEIRELES M. Bibliometric indicators in the context of regional repositories: proposing the D-index[J]. Scientometrics, 2016, 107(1): 235 - 258.

[267] DE VELLIS R F. Scale development: theory and applications[M]. 2nd ed. Thousand Oaks, CA: Sage Publications, 2003.

[268] DEFAZIO D, LOCKETT A, WRIGHT M. Funding incentives, collaborative dynamics and

scientific productivity: evidence from the EU framework program[J]. Research Policy, 2009, 38(2): 293 - 305.

[269] DENG Y, SUN W, CHEN M, et al. Knowledge management and e-learning in virtual learning community based on social network analysis[J]. Library Hi Tech, 2019, 37(4): 906 - 917.

[270] DERVIN B. Given a context by any other name: methodological tools for taming the unruly beast[M]. //DERVIN B, FOREMAN-WERNET L, LAUTERBACH E. Sense-making methodology reader: selected writings of Brenda Dervin[M]. Cresskill, NJ: Hampton Press, 2003: 111 - 132.

[271] DI B M, FERRERAS J A. Publish (in English) or Perish: the effect on citation rate of using languages other than English in scientific publications[J]. Ambio, 2016: 1 - 7.

[272] DIDEGAH F, BOWMAN T D, HOLMBERG K. On the differences between citations and altmetrics: an investigation of factors driving altmetrics versus citations for Finnish articles[J]. Journal of the American Society for Information Science and Technology, 2018, 69(6): 832 - 843.

[273] DIDEGAH F, THELWALL M. Determinants of research citation impact in nanoscience and nanotechnology[J]. Journal of the American Society for Information Science and Technology, 2013, 64 (5): 1055 - 1064.

[274] DIDEGAH F, THELWALL M. Which factors help authors produce the highest impactresearch? Collaboration, journal and document properties[J]. Journal of informetrics 2013, 7: 861 - 873.

[275] DIDEGAH F, THELWALL M, GAZNI A. An international comparison of journal publishing and citing behaviours[J]. Journal of informetrics, 2012, 6(4): 516 - 531.

[276] DING Y, ZHANG G, CHAMBERS T, et al. Content-based citation analysis: the next generation of citation analysis[J]. Journal of the Association for Information Science and Technology, 2014, 65(9): 1820 - 1833.

[277] DONG Y X, JOHNSON R A, CHAWLA N V. Will this paper increase your h-index? [C]. // Proceedings of the European Conference on Machine Learning and Knowledge Discovery in Databases, 2015, Part Ⅲ: 259 - 263. doi: 10.1007/978 - 3 - 319 - 23461 - 8_26.

[278] DURRANCE J C, SOUDEN, M. WALKER D, et al. Community problem-solving framed as a distributed information use environment: bridging research and practice[J]. Information research: an international electronic journal, 2006, 11(4): 262 - 262.

[279] DUVAL S, TWEEDIE R. Trim and fill: a simple funnel-plot-based method of testing and adjusting for publication bias in meta-analysis[J]. Biometrics, 2000, 56(2):455 - 463.

[280] DUY J, VAUGHAN L. Can electronic journal usage data replace citation data as a measure of journal use? An empirical examination[J]. The journal of academic librarianship, 2006, 32(5): 512 - 517.

[281] ENDURI M K, REDDY I V, JOLAD S. Does diversity of papers affect their citations? Evidence from American Physical Society journals[C]. //YETONGNON K, DIPANDA A. International Conference on Signal-Image Technology & Internet-Based Systems. New York: IEEE, 2016: 505 - 511.

[282] ERICKSON B H. Culture, class, and connections[J]. American journal of sociology, 1996, 102(1): 217 - 251.

[283] FALAGAS M E, ZARKALI A, KARAGEORGOPOULOS D E, et al. The impact of article length on the number of future citations: a bibliometric analysis of general medicine journals[J]. PloS One, 2013, 8(2): e49476.

[284] FARNIA M, BAGHERI Z, SAEEDI M. Comparative citation analysis of applied linguistics research articles' introduction sections[J]. Brno studies in English, 2018, 44(1):27-42.

[285] FAZEL I, SHI L. Citation behaviors of graduate students in grant proposal writing[J]. Journal of English for academic purposes, 2015, 20: 203-214.

[286] FENG G, CHAO M, QINGLING S, et al. Succinct effect or informative effect: the relationship between title length and the number of citations[J]. Scientometrics, 2018, 116: 1531-1539.

[287] FILIERI R, MCLEAY F. E-WOM and Accommodation: an analysis of the factors that influence travelers' adoption of information from online reviews[J]. Journal of travel research, 2013, 53(1):44-57.

[288] FINFGELD-CONNETT D. A guide to qualitative meta-synthesis[M].New York: Routledge: 2018.

[289] FISHBEIN M, AJZEN I. Belief, attitude, intention and behavior: an introduction to theory and research[M]. Reading, MA: Addison-Wesley, 1975.

[290] FLESCH R. A new readability yardstick[J]. Journal of applied psychology, 1948, 32 (6): 221-23.

[291] FLETCHER J, SARKANI S, MAZZUCHI T A. A technology adoption model for broadband internet adoption in India[J]. Journal of global information technology management, 2014, 17(3): 150-168.

[292] FOGG B J. Prominence-interpretation theory: explaining how people assess credibility [C]. // CHI03 Extended Abstracts on Human Factors in Computing Systems, April 5 - 10, 2003, Ft. Lauderdale, Florida: Association for Computing Machinery, 2003: 722-723.

[293] FOLEY J A, DELLA S S. Do shorter *Cortex* papers have greater impact? [J]. Cortex, 2011, 47(6): 635-642.

[294] FORNELL C, LARCKER D. Evaluating structural equation models with unobservable variables and measurement error: a comment[J]. Journal of marketing research, 1981, 18: 39-50.

[295] FOX C W, PAINE C E T, SAUTEREY B. Citations increase with manuscript length, author number, and references cited in ecology journals[J]. Ecology & evolution, 2016, 6(21): 7717-7726.

[296] FRANCESCHET M, COSTANTINI A. The effect of scholar collaboration on impact and quality of academic papers[J]. Journal of informetrics, 2010, 4(4): 540-553.

[297] FRANDSEN T F, NICOLAISEN J. Effects of academic experience and prestige on researchers' citing behavior[J]. Journal of the Association for Information Science & Technology, 2012, 63(1): 64-71.

[298] FROGEL J A. Astronomy's greatest hits: the 100 most cited papers in each year of the first decade of the 21st century (2000—2009)[J]. Publications of the Astronomical Society of the Pacific, 2010, 122(896): 1214-1235.

[299] FROST C O. The use of citations in literacy research: a preliminary classification of citation functions[J]. Library quarterly, 1979, 49(4).

[300] FU H Z, FANG K, FANG C L.Characteristics of scientific impact of *Resources Conservation and Recycling* in the past 30 years[J]. Resources conservation and recycling, 2018, 137: 251-259.

[301] FU H Z, HO Y S.Collaborative characteristics and networks of national, institutional and individual contributors using highly cited articles in environmental engineering in Science Citation Index

Expanded[J]. Current Science, 2018, 115(3): 410 – 421.

[302] FU L D, ALIFERIS C F. Using content-based and bibliometric features for machine learning models to predict citation counts in the biomedical literature[J]. Scientometrics, 2010, 85(1): 257 – 270.

[303] GARCIA-AROCA M A, PANDIELLA-DOMINIQUE A, NAVARRO-SUAY R, et al. Analysis of production, impact, and scientific collaboration on difficult airway through the Web of Science and Scopus (1981—2013) [J]. Anesthesia and analgesia, 2017, 124(6): 1886 – 1896.

[304] GARFIELD E. Can citation indexing be automated? [J]. Essays of an information scientist, 1962, 1: 84 – 90.

[305] GARFIELD E. Is citation analysis a legitimate evaluation tool? [J]. Scientometrics, 1979, 1(4):359 – 375.

[306] GARG P, PANDEY A. Examining moderating role of personal identifying information in travel related decisions[J]. International journal of tourism cities, 2020, 6(3): 621 – 638.

[307] GAZNI A, DIDEGAH F. Investigating different types of research collaboration and citation impact: a case study of Harvard University's publications[J]. Scientometrics, 2011, 87(2): 251 – 265.

[308] GENG Q, JING R, JIN J, et al. Citation prediction and influencing factors analysis on academic papers[J]. Library and information service, 2018, 62(14): 29 – 40.

[309] GENG R B, BOSE I, CHEN X. Prediction of financial distress: an empirical study of listed Chinese companies using data mining[J]. European journal of operational research, 2015, 241(1): 236 – 247.

[310] GINGRAS Y, LARIVIÈRE V, MACALUSO B, et al. The effects of aging on researchers' publication and citation patterns[J]. PLoS one, 2008, 3(12): e4048.

[311] GLÄNZEL W, GORRAIZ J. Usage metrics versus altmetrics: confusing terminology? [J]. Scientometrics, 2015, 102(3): 2161 – 2164.

[312] GLÄNZEL W, SCHOEPFLIN U. A bibliometric study of reference literature in the sciences and social sciences[J]. Information processing & management, 1999, 35(1): 31 – 44.

[313] GLASER B G. Theoretical sensitivity[M]. Mill Valley, C A: Sociology Press, 1978.

[314] GLASER B, STRAUSS A. The discovery of grounded theory[M]. Chicago, IL: Aldine Transaction, 1967.

[315] GLYNN L. A critical appraisal tool for library and information research[J]. Library Hi Tech, 2006, 24(3): 387 – 399.

[316] GÖKERIK M, GÜRBÜZ A, ERKAN I, et al. Surprise me with your ads! The impacts of guerrilla marketing in social media on brand image[J]. Asia Pacific journal of marketing and logistics, 2018, 30(5): 1222 – 1238.

[317] GORRAIZ J, GUMPENBERGER C, SCHLÖGL C. Usage versus citation behaviours in four subject areas[J]. Scientometrics, 2014, 101(2): 1077 – 1095.

[318] GRANIC A, MARANGUNIC N. Technology acceptance model in educational context: a systematic literature review[J]. British journal of educational technology, 2019(4): 2572 – 2593.

[319] GRANT J, HOPKINS M, RAFOLS I, et al. The value of structural diversity: assessing diversity for a sustainable research base[R]. London: Digital Science and the Science Policy Research Unit, 2015.

[320] GUAN J, YAN Y, ZHANG J. The impact of collaboration and knowledge networks on

citations[J]. Journal of informetrics, 2017, 11(2): 407 – 422.

[321] GUNAWAN D D, HUARNG K H. Viral effects of social network and media on consumers' purchase intention[J]. Journal of business research, 2015, 68(11): 2237 – 2241.

[322] HAIR J F, HULT G T M, RINGLE C M, et al. A Primer on partial least squares structural equation modeling (PLS-SEM)[M].2nd ed. Thousand Oaks: Sage, 2017.

[323] HALL R H, HANNA P. The impact of web page text-background colour combinations on readability, retention, aesthetics and behavioural intention[J]. Behaviour & information technology, 2004, 23(3): 183 – 195.

[324] HAMMARFELT B. Harvesting footnotes in a rural field: citation patterns in Swedish literary studies[J]. Journal of documentation, 2012, 68(4): 536 – 558.

[325] HAN S, SHEN C, SHEN X, et al. A review of the major projects constituting the China Academic Digital Library[J]. The electronic library, 2008, 26(1): 39 – 54.

[326] HART R L.Collaboration and article quality in the literature of academic librarianship[J]. The journal of academic librarianship, 2007, 33(2): 190 – 195.

[327] HARTLEY J, SOTTO E, PENNEBAKER J. Style and substance in psychology: are influential articles more readable than less influential ones? [J]. Social studies of science, 2002, 32(2): 321 – 334.

[328] HARWOOD N. An interview-based study of the functions of citations in academic writing across two disciplines[J]. Journal of pragmatics, 2009, 41(3): 497 – 518.

[329] HASLAM N, BAN L, KAUFMANN L, et al. What makes an article influential? Predicting impact in social and personality psychology[J]. Scientometrics, 2008, 76(1): 169 – 185.

[330] HASLAM N, KOVAL P. Predicting long-term citation impact of articles in social and personality psychology[J]. Psychological reports, 2010, 106(3): 891 – 900.

[331] HE Z L, GENG X S, CAMPBELL-HUNT C. Research collaboration and research output: a longitudinal study of 65 biomedical scientists in a New Zealand university[J]. Research policy, 2009, 38(2):306 – 317.

[332] HEGARTY P, WALTON Z. The Consequences of predicting scientific impact in psychology using journal impact factors[J]. Perspectives on psychological science, 2012, 7(1): 72 – 78.

[333] HENRIKSE D. The rise in co-authorship in the social sciences (1980—2013) [J]. Scientometrics, 2006, 107(2): 455 – 476.

[334] HERNÁNDEZ-ALVAREZ M, SORIANO J M G, MARTÍNEZ-BARCO P. Citation function, polarity and influence classification[J]. Natural language engineering, 2017, 23(4): 561 – 588.

[335] HIGGINS J, THOMPSON S, DEEKS J, et al.Statistical heterogeneity in Systematic reviews of clinical trials: a critical appraisal of guidelines and practice[J]. Journal of health services research & policy, 2002, 7(1): 51 – 61.

[336] HIGGINS J P T, THOMPSON S G, DEEKS J J, et al[J]. Measuring inconsistency in meta-analyses.British medical journal, 2003, 327: 557 – 560.

[337] HJORLAND B. Relevance research: the missing perspective (s): "non-relevance" and "epistemological relevance"[J]. Journal of the American Society for Information Science, 2000, 51: 209 – 211.

[338] HODGE DR, VICTOR BG, GROGAN-KAYLOR A, et al. Disseminating high-impact social

work scholarship: a longitudinal examination of 5-year citation count correlates[J]. Journal of the Society for Social Work and Research, 2017, 8(2): 211-231.

[339] HOLDEN R J, KARSH B T. The technology acceptance model: its past and its future in health care[J]. Journal of biomedical informatics, 2010, 43(1): 159-172.

[340] HORNIK K, STINCHCOMBE M, WHITE H. Multilayer feedforward networks are universal approximators[J]. Neural networks, 1989, 2(5): 359-366.

[341] HU W C, THISTLETHWAITE J E, WELLER J, et al. 'It was serendipity': a qualitative study of academic careers in medical education[J]. Medical education, 2015, 49(11): 1124.

[342] HU Z, WU Y, SUN J. A survey-based structural equation model analysis on influencing factors of non-citation[J]. Current science, 2018, 114(11): 2302-2312.

[343] HUNTER J E, SCHMIDT F L. Methods of meta-analysis: correcting error and bias in research findings[M]. 2nd ed. Thousand Oaks, CA: Sage, 2004.

[344] HURLEY L A, OGIER A L, TORVIK V I. Deconstructing the collaborative impact: article and author characteristics that influence citation count[J]. Proceedings of the American Society for Information Science and Technology, 2013, 50(1): 1-10.

[345] HWANG J, PARK S, WOO M. Understanding user experiences of online travel review websites for hotel booking behaviours: an investigation of a dual motivation theory[J]. Asia Pacific journal of tourism research, 2018, 23(4): 359-372.

[346] IBANEZ A, BIELZA C, LARRANAGA P. Relationship among research collaboration, number of documents and number of citations: a case study in Spanish computer science production in 2000—2009 [J]. Scientometrics, 2013, 95(2): 698-716.

[347] IBANEZ A, LARRANAGA P, BIELZA C. Predicting citation count of Bioinformatics papers within four years of publication[J]. Bioinformatics, 2009, 25(24): 3303-3309.

[348] IOANNIDIS J P A. A generalized view of self-citation: direct, co-author, collaborative, and coercive induced self-citation[J]. Journal of psychosomatic research, 2015, 78(1): 7-11.

[349] IRIBARREN-MAESTRO T, LASCURAIN-SANCHEZ M, SANZ-CASADO E. Are multi-authorship and visibility related?. Study of ten research areas at Carlos Ⅲ University of Madrid[J]. Scientometrics, 2009, 79(1): 191-200.

[350] JABBOUR C J C, JABBOUR A B L S, DE OLIVEIRA J H C. The perception of Brazilian researchers concerning the factors that influence the citation of their articles: a study in the field of sustainability[J]. Serials review, 2013, 39(2): 93-96.

[351] JACSO P. metadata mega mess in Google Scholar[J]. Online information review, 2010, 34(1): 175-191.

[352] JAHANDIDEH S, ABDOLMALEKI P, ASADABADI E B. Prediction of future citations of a research paper from number of its internet downloads[J]. Medical hypotheses, 2007, 69(2): 458-459.

[353] JAMALI H R, NICHOLAS D, WATKINSON A, et al. How scholars implement trust in their reading, citing and publishing activities: geographical differences[J]. Library & information science research, 2014, 36: 192-202.

[354] JAMALI H R, NIKZAD M. Article title type and its relation with the number of downloads and citations[J]. Scientometrics, 2011, 88(2): 653-661.

[355] JESÚS R R, JOSÉ M S M. Patterns of the foreign contributions in some domestic vs.

international journals on earth sciences[J]. Scientometrics, 2004, 59(1), 95 - 115.

[356] JIANG Z, BENBASAT I. The Effects of presentation methods and task complexity on online consumers' product understanding[J]. MIS quarterly, 2007, 31(3): 475 - 500.

[357] JIANG Z H, CHAN J, TAN B C, et al. Effects of interactivity on website involvement and purchase intention[J]. Journal of the Association for Information Systems, 2010, 11(1): 34 - 59.

[358] JIN X L, CHEUNG C M K, LEE M K O, et al. How to keep members using the information in a computer-supported social network[J]. Computers in human behavior, 2009, 25(5): 1172 - 1181.

[359] JOHN S P, DE'VILLIERS R. Elaboration of marketing communication through visual media: an empirical analysis[J]. Journal of retailing and consumer services, 2020, 54: 102052.

[360] JOHNSON J D. On contexts of information seeking [J]. Information processing & management, 2003, 39(5): 735 - 760.

[361] JUNG Y, KIM J, KIM H. STM e-journal use analysis by utilizing KESLI usage statistics consolidation platform[J]. Collnet journal of scientometrics and information management, 2013, 7(2): 205 - 215.

[362] KAFES H. Citation practices among novice and expert academic writers[J]. Education and science, 2017, 42: 441 - 462.

[363] KARAHANNA E, STRAUB D W. The psychological origins of perceived usefulness and ease-of-use[J]. Informamtion & management, 1999, 35: 237 - 250.

[364] KATZ J S, MARTIN B R. What is research collaboration? [J]. Research policy, 1997, 26 (1): 1 - 18.

[365] KEIL M, TAN B C Y, WEI K K, et al. A Cross-cultural study on escalation of commitment behavior in software projects[J]. MIS quarterly, 2000, 24(2): 299 - 325.

[366] KETCHAM C M. The proper use of citation data in journal management[J]. Archivum immunologiae et therapiae experimentalis, 2008, 56(6): 357 - 362.

[367] KIM J. Aspiration for global cultural capital in the stratified realm of global higher education: why do Korean students go to US graduate schools? [J]. British journal of sociology of education, 2011, 32(1): 109 - 126.

[368] KING W R, HE J. A meta-analysis of the technology acceptance model[J]. Information & management, 2006, 43(6): 740 - 755.

[369] KINGMA D P, BA J. Adam: a method for stochastic optimization[C]. //The 3rd International Conference for Learning Representations, 2015, San Diego: arXiv: 1412.6980ss.

[370] KLEIN J T. Interdisciplinarity: history, theory, and practice[M]. Detroit: Wayne State University Press, 1990.

[371] KLEIN J T, HABERLI R, Scholz R W, et al. Transdisciplinarity: joint problem solving among science, technology, and society[M]. Basel: Birkhäuser, 2001.

[372] KLITZING N, HOEKSTRA R, STRIJBOS J W. Literature practices: processes leading up to a citation[J]. The journal of documentation, 2019, 75(1): 62 - 77.

[373] KNIEVEL J. Alignment of citation behaviors of philosophy graduate students and faculty[J]. Evidence based library and information practice, 2013, 8: 19 - 33.

[374] KOLER-POVH T, TURK Z. Information literacy of doctoral students in engineering and the librarian's role[J]. Journal of librarianship and information science, 2020, 52(1): 27 - 39.

［375］KOSTOFF R N. The difference between highly and poorly cited medical articles in the journal *Lancet*［J］. Scientometrics，2007，72(3)：513－520.

［376］KRAMPEN G. Acceleration of citing behavior after the millennium? Exemplary bibliometric reference analyses for psychology journals［J］. Scientometrics，2010，83(2)：507－513.

［377］KRAUT R E，GALEGHER J，EGIDO C. Relationships and tasks in scientific research collaboration［J］. Human－computer interaction，1987，3(1)：31－58.

［378］KRIZHEVSKY A，SUTSKEVER I，HINTON G. ImageNet classification with deep convolutional neural networks［C］.//Proceedings of the 25th International Conference on Neural Information Processing Systems-Volume 1，December 3－6，2012，Lake Tahoe，Nevada：Curran Associates Inc：1097－1105.

［379］KUCIAPSKI M. Interaction enjoyment perspective in explaining technology acceptance：a study of employees' acceptance of m-learning［C］.//Conference of the Association-for-Information-Systems (AMCIS)，2020，8.

［380］KUMAR R R，STAUVERMANN P J，PATEL A. Exploring the link between research and economic growth：an empirical study of China and USA［J］. Quality & quantity，2016，50(3)：1073－1091.

［381］KURTZ M J，BOLLEN J. Usage bibliometrics［J］. Annual review of information science and technology，2010，44(1)：1－64.

［382］KURTZ M J，HENNEKEN E A. Measuring metrics a 40-year longitudinal crossvalidation of citations，downloads，and peer review in astrophysics［J］. Journal of the Association for Information Science & Technology，2017，68(3)：695－708.

［383］KWAN B S C，CHAN H. An investigation of source use in the results and the closing sections of empirical articles in information systems：in search of a functional-semantic citation typology for pedagogical purposes［J］. Journal of English for academic purposes，2014，14：29－47.

［384］KWON S，SOLOMON G，YOUTIE J，et al. A measure of knowledge flow between specific fields：implications of interdisciplinarity for impact and funding［J］. PLoS one，2017，12(10)：e0185583.

［385］LACHANCE C，POIRIER S，LARIVIÈRE V. The kiss of death? The effect of being cited in a review on subsequent citations［J］. Journal of the Association for Information Science and Technology，2014，65(7)：1501－1505.

［386］LANCHO-BARRANTES B S，GUERRERO-BOTE V P，MOYA-ANEGÓN F. What lies behind the averages and significance of citation indicators in different disciplines?［J］. Journal of information science，2010，36(3)：371－382.

［387］LAPERCHE S，PILLONEL J. Data envelopment analysis of OR/MS journals［J］. Scientometrics，2005，64(2)：133－150.

［388］LARIVIÈRE V，ARCHAMBAULT É，GINGRAS Y. Long-term variations in the aging of scientific literature：from exponential growth to steady-state science (1900—2004)［J］. Journal of the Association for Information Science & Technology，2008，59(2)：288－296.

［389］LARIVIÈRE V，GINGRAS Y. On the relationship between interdisciplinarity and scientific impact［J］. Journal of the American Society for Information Science and Technology，2010，61(1)：126－131.

［390］LARIVIÈRE V，SUGIMOTO C R，BERGERON P. In their own image? A comparison of doctoral students' and faculty members' referencing behavior[J]. Journal of the American Society for Information Science and Technology, 2013, 64(5): 1045 - 1054.

[391] LARIVIERE V, SUGIMOTO C R, TSOU A, et al. Team size matters: collaboration and scientific impact since 1900[J]. Journal of the Association for Information Science and Technology, 2014, 66(7): 1323 - 1332.

[392] LEAHEY E. Gender differences in productivity: research specialization as a missing link[J]. Gender & society, 2006, 20(6): 754 - 780.

[393] LEAHEY E, BECKMAN C, STANKO T. Prominent but less productive: the impact of interdisciplinarity on scientists' research[J]. Administrative science quarterly, 2017, 62(1): 105 - 139.

[394] LEBEAU L, LAFRAMBOISE M, LARIVIERE V, et al. The effect of university-industry collaboration on the scientific impact of publications: the Canadian case, 1980—2005 [J]. Research evaluation, 2008, 17(3): 227 - 232.

[395] LEE S, CHOEH J Y. Predicting the helpfulness of online reviews using multilayer perceptron neural networks[J]. Expert systems with applications, 2014, 41(6): 3041 - 3046.

[396] LEE W K. An elaboration likelihood model based longitudinal analysis of attitude change during the process of IT acceptance via education program[J]. Behaviour & information technology, 2012, 31(12): 1161 - 1171.

[397] LEIMU R, Koricheva J.Does scientific collaboration increase the impact of ecological articles? [J]. Bioscience, 2005, 55(5): 438 - 443.

[398] LEONG L Y, HEW T S, OOI K B, et al. Do electronic word-of-mouth and elaboration likelihood model influence hotel booking? [J]. Journal of computer information systems, 2017: 1 - 15.

[399] LEVITT J M, THELWALL M. The most highly cited library and information science articles: interdisciplinarity, first authors and citation patterns[J]. Scientometrics, 2009, 78(1): 45 - 67.

[400] LEVITT J M, THELWALL M. Is multidisciplinary research more highly cited? A macrolevel study[J]. Journal of the American Society for Information Science & Technology, 2008, 59(12): 1973 - 1984.

[401] LEVITT J M, THELWALL M, OPPENHEIM C. Variations between subjects in the extent to which the social sciences have become more interdisciplinary[J]. Journal of the Association for Information Science and Technology, 2011, 62(6): 1118 - 1129.

[402] LEYDESDORFF L, RAFOLS I. Indicators of the interdisciplinary of journals: diversity, centrality, and citations J]. Journal of informetrics, 5(1), 87 - 100[J]. Journal of informetrics, 2011, 5(1): 87 - 100.

[403] LI B J, GU W W, LU Y H, et al. Exploring scientists' research behaviors based on LDA[C]. Intelligent Computing, Proceedings of the 2019 Computing Conference, Volume 2. Springer International Publishing, 2019: 178 - 189.

[404] LI C T, LIN Y J, YAN R, et al. Trend-based citation count prediction for research articles [C]. //Advances in Knowledge Discovery and Data Mining: 19th Pacific-Asia Conference, May 19—22, 2015, Ho Chi Minh City, Vietnam. Springer International Publishing, 2015, Part I: 659 - 671. doi: 10. 1007/978 - 3 - 319 - 18038 - 0_51.

[405] LI K, HE J.Medical statistics[M].Beijing: People's Medical Publishing House, 2013.

[406] LI L. Analysis of factors restricting the development of science and technology journals in China

参考文献

[J]. Publishing research quarterly, 2004, 19(4): 45-53.

[407] LIANG L M, ZHONG Z, ROUSSEAU R. Scientists' referencing (mis)behavior revealed by the dissemination network of referencing errors[J]. Scientometrics, 2014.

[408] LIAW S S, HUANG S M. An investigation of user attitudes toward search engines as an information retrieval tool[J]. Computers in human behavior, 2003, 19(6): 751-765.

[409] LICCARDO S, BRADBURY J. Black women scientists: outliers in South African universities [J]. 2017, 21(1): 1-11.

[410] LIN W S, CHEN H R, YANG M L. How do we learn to get success together through crowdfunding platform? From the perspectives of system learning and multi-motivations[J]. Telematics and informatics, 2020, 52: 101428.

[411] LIN W Y C, HUANG M H. The relationship between co-authorship, currency of references and author self-citations[J]. Scientometrics, 2012, 90(2): 343-360.

[412] LIM S, KWON N. Gender differences in information behavior concerning Wikipedia, an unorthodox information source? [J]. Library & information science research, 2010, 32(3): 212-220.

[413] LINE M B. The half-life of periodical literature: apparent and real obsolescence[J]. Journal of documentation, 1970, 26(1): 46-54.

[414] LIPETZ B A. Improvement of the selectivity of citation indexes to science literature through inclusion of citation relationship indicators[J]. American documentation, 1965, 16(2): 81-90.

[415] LIPSEY M W, WILSON D B. Practical meta-analysis[J]. Thousand Oaks, CA: Sage, 2001.

[416] LIU C L, XU Y Q, WU H, et al. Correlation and interaction visualization of altmetric indicators extracted from scholarly social network activities: dimensions and structure[J]. Journal of medical internet research, 2013, 15(11): e259.

[417] LIU F, NGAI E, JU X. Understanding mobile health service use: an investigation of routine and emergency use intentions[J]. International journal of information management, 2019, 45(APR.): 107-117.

[418] LIU M. A study of citing motivation of Chinese scientists[J]. Journal of information science, 1993, 19(1): 13-23.

[419] LIU X L, FANG H L, WANG M Y. Correlation between download and citation and download-citation deviation phenomenon for some papers in Chinese medical journals[J]. Serials review, 2011, 37(3): 157-161.

[420] LIU X L, GAI S S, ZHANG S L, et al. An analysis of peer-reviewed scores and impact factors with different citation time Windows: a case study of 28 ophthalmologic journals[J]. PLoS one, 2015, 10(8): e0135583.

[421] LOKKER C, MCKIBBON K A, MCKINLAY R J, et al. Prediction of citation counts for clinical articles at two years using data available within three weeks of publication: retrospective cohort study[J]. British medical journal, 336(7645), 655-657.

[422] LOMBARD M, SNYDER-DUCH J, BRACKEN C C. Content analysis in mass communication: assessment and reporting of intercoder reliability[J]. Human communication research, 2002, 28(4): 587-604.

[423] LONG R G, BOWERS W P, BARNETT T, et al. Research productivity of graduates in management: effects of academic origin and academic affiliation[J]. Academy of management journal,

• 397 •

1998，41(6)：704-714.

[424] LOUSCHER B M，ALLAREDDY A，ELANGOVAN S.Predictors of citations of systematic reviews in oral implantology：a cross-sectional bibliometric analysis[J]. Sage open，2019，9（1）：2158244019835941.

[425] LUNDYWAGNER V C，VEENSTRA C P，ORR M K，et al. Gaining access or losing ground? socioeconomically disadvantaged students in undergraduate engineering，1994-2003[J]. Journal of higher education，2014，85(3)：339-369.

[426] LUO C，LUO X，MA N. Exploring the determinants of information adoption：a comparative study of online store and third party forum[J]. Nankai business review international，2019，10(4)：618-634.

[427] LUO M. Structural equation modeling for high school principals' data-driven decision making：an analysis of information use environments[J]. Educational administration quarterly，2008，44(5)：603-634.

[428] LYU D，RUAN X，XIE J，et al. The classification of citing motivations：a meta-synthesis[J]. Scientometrics，2021，126(4)：3243-3264.

[429] MA N，GUAN J，ZHAO Y，et al. Bringing page rank to the citation analysis[J]. Information processing and management，2008，44(2)：800-810.

[430] MACDUFF C. An evaluation of the process and initial impact of disseminating a nursing e-thesis[J]. Journal of advanced nursing，2009，65(5)：1010-1018.

[431] MANSOURIZADEH K，AHMAD U K. Citation practices among non-native expert and novice scientific writers[J]. Journal of English for academic purposes，2011，10(3)：152-161.

[432] MCCALLUM A. Efficient clustering of high-dimensional data sets with application to reference matching[C]. //International Conference on Knowledge Discovery and Data Mining. DBLP，2000：169-178.

[433] MCCANNON B C. Readability and research impact[J]. Economics letters，2019，180：76-79.

[434] MCCUSKER D. What is the harm of gendered citation practices[J]. Philosophy of science，2019，86：1041-1051.

[435] MCWILLIAMS R，ALLAN Q. Embedding academic literacy skills：towards a best practice model[J]. Journal of university teaching & learning practice，2014，11：22.

[436] MEHRABIAN A，RUSSELL J A. An approach to environmental psychology[M].The MIT Press，1974.

[437] MENG F，GUO X，PENG Z，et al. The routine use of mobile health services in the presence of health consciousness[J]. Electronic commerce research and applications，2019，35(6/7)：100847.

[438] MILARD B，TANGUY L. Citations in scientific texts：do social relations matter? [J]. Journal of the Association for Information Science & Technology，2018，69(11)：1380-1395.

[439] MILOJEVIĆ S. How are academic age，productivity and collaboration related to citing behavior of researchers? [J]. PLoS one，2012，7(11)：e49176.

[440] MINGERS J，XU F. The drivers of citations in management science journals[J]. European journal of operational research，2010，205(2)：422-430.

[441] MIZZARO S. Relevance：the whole history [J]. Journal of the American Society for Information Science，1997，48(9)：810-832.

[442] MOED H F. Statistical relationships between downloads and citations at the level of individual documents within a single journal[J]. Journal of the American Society for Information Science and Technology, 2005, 56(10): 1088 - 1097.

[443] MOLDWIN M B, LIEMOHN M W. High-citation papers in space physics: examination of gender, country, and paper characteristics[J]. Journal of geophysical research-space physics, 2018, 123(4): 2557 - 2565.

[444] MONGEON P, PAUL-HUS A. The journal coverage of Web of Science and Scopus: a comparative analysis[J]. Scientometrics, 2015, 106(1): 213 - 228.

[445] MORADIAN S, KRZYZANOWSKA M K, MAGUIRE R, et al. Usability evaluation of a mobile phone-based system for remote monitoring and management of chemotherapy-related side effects in Canadian cancer patients[J]. JMIR Cancer, 2018, 4(2): e10932. doi: 10.2196/10932.

[446] MORAVCSIK M J, MURUGESAN P. Some results on the function and quality of citations [J]. Social studies of science, 1975, 5(1): 86 - 92.

[447] MRYGLOD O, KENNA R, HOLOVATCH Y, et al. Absolute and specific measures of research group excellence[J]. Scientometrics, 2013, 95(1): 115 - 127.

[448] MUNIZ F, CELESTE R K, OBALLE H, et al. Citation analysis and trends in review articles in dentistry[J]. Journal of evidence-based dental practice, 2018, 18(2): 110 - 118.

[449] MUST U. Alone or together: examples from history research[J]. Scientometrics, 2012, 91: 527 - 537.

[450] NATIONAL ACADEMY OF SCIENCES, NATIONAL ACADEMY OF ENGINEERING, INSTITUTE OF MEDICINE. Facilitating interdisciplinary research[M]. Washington DC: The National Academies Press, 2004.

[451] NAUDE F. Comparing downloads, mendeley readership and google scholar citations as indicators of article performance [J]. The electronic journal on information systems in developing countries, 2017, 78(4): 1 - 25.

[452] NEYLON C, WU S. Article-level metrics and the evolution of scientific impact[J]. Plos biology, 2009, 7(11): e1000242.

[453] NUNES R H, FERREIRA J B, FREITAS A S D, et al. The effects of social media opinion leaders' recommendations on followers' intention to buy[J]. Revista brasileira de gestão de negócios, 2017, 20(1): 57 - 73.

[454] NICOLAISEN J. Citation analysis[J]. Annual review of information science and technology, 2007, 41: 609 - 641.

[455] NIEDER C, DALHAUG A, AANDAHL G. Correlation between article download and citation figures for highly accessed articles from five open access oncology journals[J]. SpringerPlus, 2013, 2: 261.

[456] NOBLE J, DAVIES P. Cultural capital as an explanation of variation in participation in higher education[J]. British journal of sociology of education, 2009, 30(5): 591 - 605.

[457] NYE C D, BUTT S M, BRADBURN J, et al. Interests as predictors of performance: an omitted and underappreciated variable[J]. Journal of vocational behavior, 2018, 108(OCT.): 178 - 189.

[458] OECD. Interdisciplinary: problems of teaching and research in universities [R]. Paris: Organization for Economic Cooperation and Developmen, 1972.

[459] OLATOKUN W M, AJAGBE E. Analyzing traditional medical practitioners' information-

seeking behaviour using taylor's information-use environment model[J]. Journal of librarianship & information science, 2010, 42(2): 122 - 135.

[460] O'LEARY D E. The relationship between citations and number of downloads in *Decision Support Systems*[J]. Decision support systems, 2008, 45(4): 972 - 980.

[461] ONODERA N, YOSHIKANE F. Factors affecting citation rates of research articles[J]. Journal of the Association for Information Science and Technology, 2015, 66(4): 739 - 764.

[462] OPPENHEIM C, RENN S P. Highly cited old papers and the reasons why they continue to be cited[J]. Journal of the American Society for Information Science, 1978, 29(5): 225 - 231.

[463] PARK C, LEE T M, Information direction, website reputation and eWOM effect: a moderating role of product type[J]. Journal of business research, 2009, 62(1): 61 - 67.

[464] PARR N J, SCHWEER-COLLINS M L, DARLINGTON T M, et al.meta-analytic approaches for examining complexity and heterogeneity in studies of adolescent development[J]. Journal of adolescence, 2019, 77: 168 - 178.

[465] PENG T, ZHU J J. Where you publish matters most: a multilevel analysis of factors affecting citations of internet studies[J]. Journal of the American Society for Information Science and Technology, 2012, 63(9): 1789 - 1803.

[466] PERITZ B C. A classification of citation roles for the social sciences and related fields[J]. Scientometrics, 1983, 5(5): 303 - 312.

[467] PERKHOFER L M, HOFER P, WALCHSHOFER C, et al. Interactive visualization of big data in the field of accounting: a survey of current practice and potential barriers for adoption[J]. Journal of applied accounting research, 2019, 20(4): 497 - 525.

[468] PETERS H P F, VAN RAAN A F J. On determinants of citation scores: a case study in chemical engineering[J]. Journal of the American Society forInformation Science, 1994, 45(1): 39 - 49.

[469] PETRIC B, HARWOOD N. Task requirements, task representation, and self-reported citation functions: an exploratory study of a successful L2 student's writing[J]. Journal of English for academic purposes, 2013, 12(2): 110 - 124.

[470] PETRIC B. Rhetorical functions of citations in high-and low-rated master's theses[J]. Journal of English for academic purposes, 2007, 6(3): 238 - 253.

[471] PETTY R E. Personal involvement as a determinant of argument based persuasion[J]. Journal of personality & social psychology, 1981, 41(5): 847 - 855.

[472] PHERALI T J. Academic mobility, language, and cultural capital: the experience of transnational academics in British higher education institutions[J]. Journal of studies in international education, 2012, 16(4): 313 - 333.

[473] PIERCE S J. Boundary crossing in research literatures as a means of interdisciplinary information transfer[J]. Journal of the American Society for Information Science, 1999, 50(3): 271 - 279.

[474] POLYAKOV M, POLYAKOV S, IFTEKHAR M S. Does academic collaboration equally benefit impact of research across topics? The case of agricultural, resource, environmental and ecological economics[J]. Scientometrics, 2017, 113(3): 1385 - 1405.

[475] PONOMAREV I V, LAWTON B K, WILLIAMS D E, et al. Breakthrough paper indicator 2.0: can geographical diversity and interdisciplinarity improve the accuracy of outstanding papers prediction? [J]. Scientometrics, 2014, 100(3): 755 - 765.

［476］PORTER A L, CHUBIN D E. An indicator of cross-disciplinary research[J]. Scientometrics, 1985, 8(3): 161 - 176.

［477］PORTER A L, COHEN A S, ROESSNER J D, et al. Measuring researcher interdisciplinarity [J]. Scientometrics, 2007, 72(1): 117 - 147.

［478］PRABHA C G. Some aspects of citation behavior: a pilot study in business administration[J]. Journal of the American Society for Information Science, 1983, 34(3): 202 - 206.

［479］PUUSKA H M, MUHONEN R, LEINO Y.International and domestic co-publishing and their citation impact in different disciplines[J]. Scientometrics, 2014, 98(2): 823 - 839.

［480］QAHRI-SAREMI H, MONTAZEMI A R. Factors affecting the adoption of an electronic word of mouth message: a meta-analysis[J]. Journal of Management Information Systems, 2019, 36(3): 969 - 1001.

［481］QUISPEL A, Maes A, Schilperoord J. Graph and chart aesthetics for experts and laymen in design: the role of familiarity and perceived ease of use[J]. Information visualization, 2015, 15(3): 238 - 252.

［482］RAFOLS I, MEYER M. Diversity and network coherence as indicators of interdisciplinarity: case studies in bionanoscience[J]. Scientometrics, 2010, 82(2): 263 - 287.

［483］RANDIC M. Citations versus limitations of citations: beyond hirsch index[J]. Scientometrics, 2009, 80(3): 809 - 818.

［484］RANJAN K R, READ S. Value co-creation: concept and measurement[J]. Journal of the Academy of Marketing ence, 2016, 44(3): 290 - 315.

［485］RASCHKA S. Python machine learning[M].Packt publishing, 2014: 320 - 321.

［486］REECE-EVANS L. Gender and citation in two LIS e-journals: a bibliometric analysis of *Libres* and information research[J]. Libres, 2010, 20(1): 1 - 18.

［487］REPKO A F. Interdisciplinary research: process and theory[M].California: Sage, 2008.

［488］RHOTEN D, PFIRMAN S. Women in interdisciplinary science: exploring preferences and consequences[J]. Research policy, 2007, 36(1): 56 - 75.

［489］RIED L D, MCKENZIE M. A preliminary report on the academic performance of pharmacy students in a distance education program[J]. American Journal of Pharmaceutical Education, 2011, 68(3): 65.

［490］RINGLE C M, WENDE S, BECKER J M. SmartPLS 3[M]. Boenningstedt: SmartPLS GmbH, 2015.(电子全文见 http://www.smartpls.com。)

［491］RINIA E J, LEEUWEN T N V, RAAN A F J V. Impact measures of interdisciplinary research in physics[J]. Scientometrics, 2002, 53(2): 241 - 248.

［492］ROBSON B J, MOUSQUÈS A. Predicting citation counts of environmental modelling papers C3[C]. //Proceedings of the 7th international congress on environmental modelling and software: Bold visions for environmental modeling, iEMSs 2014, 3: 1390 - 1396.

［493］ROBSON B J, MOUSQUÈS A. Can we predict citation counts of environmental modelling papers? Fourteen bibliographic and categorical variables predict less than 30% of the variability in citation counts[J]. Environmental modelling & software, 2016, 75: 94 - 104.

［494］ROKACH L, KALECH M, BLANK I, et al. Who is going to win the next association for the advancement of Artificial Intelligence Fellowship Award? Evaluating researchers by mining bibliographic data[J].

Journal of the American Society for Information Science and Technology, 2011, 62(12): 2456 – 2470.

[495] ROLDÁN-VALADEZ E, RIOS C. Alternative bibliometrics from impact factor improved the esteem of a journal in a 2-year-ahead annual-citation calculation: multivariate analysis of gastroenterology and hepatology journals[J]. European journal of gastroenterology & hepatology, 2015, 27(2): 115 – 122.

[496] RONDA-PUPO G A. The effect of document types and sizes on the scaling relationship between citations and co-authorship patterns in management journals[J]. Scientometrics, 2017, 110: 1 – 17.

[497] RONDA-PUPO G A, DIAZ-CONTRERAS C, RONDA-VELAZQUEZ G, et al. The role of academic collaboration in the impact of Latin-American research on management[J]. Scientometrics, 2015, 102(2): 1435 – 1454.

[498] ROSENKRANTZ A B, PARIKH U, DUSZAK R. Citation impact of collaboration in radiology research[J]. Journal of the American College of radiology, 2018, 15(2): 258 – 261.

[499] ROSENTHAL R. meta-analytic procedures for social research[M]. Thousand Oaks, CA: Sage, 1991.

[500] ROTH C, WU J, LOZANO S. Assessing impact and quality from local dynamics of citation networks[J]. Journal of informetrics, 2012, 6(1): 111 – 120.

[501] ROUSSEAU R, DING J L. Does international collaboration yield a higher citation potential for US scientists publishing in highly visible interdisciplinary journals? [J]. Journal of the Association for Information Science and Technology, 2016, 67(4): 1009 – 1013.

[502] ROYLE P, KANDALA N B, BARNARD K, et al. Bibliometrics of systematic reviews: analysis of citation rates and journal impact factors[J]. Systematic reviews, 2013, 2: 74.

[503] RUMELHART D E, HINTON G E, WILLIAMS R J. Learning representations by back-propagating errors[J]. Nature, 1986, 323(6088): 533 – 536.

[504] SAHU S R, ANDA K C. Does the multi-authorship trend influence the quality of an article? [J]. Scientometrics, 2014, 98(3): 2161 – 2168.

[505] SAMRAJ B. Form and function of citations in discussion sections of master's theses and research articles[J]. Journal of English for academic purposes, 2013, 12(4): 299 – 310.

[506] SARSTEDT M, RINGLE C M, HAIR J F. Partial least squares structural equation modeling [M]. //HOMBURG C, KLARMANN M, VOMBERG A E. Handbook of market research, Springer International Publishing AG, 2017. DOI: 10.1007/978 – 3 – 319 – 05542 – 8_15 – 1.

[507] SCHLOEGL C, GORRAIZ J. Global usage versus global citation metrics: the case of pharmacology journals[J]. Journal of the American Society for Information Science and Technology, 2011, 62(1): 161 – 170.

[508] SCHLOEGL C, GORRAIZ J. Comparison of citation and usage indicators: the case of oncology journals[J]. Scientometrics, 2010, 82(3): 567 – 580.

[509] SCHLOEGL C, GORRAIZ J, GUMPENBERGER C, et al. Comparison of downloads, citations and readership data for two information systems journals[J]. Scientometrics, 2014, 101(2): 1113 – 1128.

[510] SCHUMMER J. Multidisciplinarity, interdisciplinarity, and patterns of research collaboration in nanoscience and nanotechnology[J]. Scientometrics, 2004, 59(3): 425 – 465.

[511] SHADISH W R, TOLLIVER D, GRAY M, et al. Author judgements about works they cite: three studies from psychology journals[J]. Social studies of science, 1995, 25(3): 477 – 498.

[512] SHEHATTA I, MAHMOOD K. Research collaboration in saudi arabia 1980—2014: bibliometric patterns and national policy to foster research quantity and quality[J]. Libri, 2016, 66(1): 13 - 29.

[513] SHEN H, XIE J, LI J, et al. The correlation between scientific collaboration and citation count at the paper level: a meta-analysis[J]. Scientometrics, 2021, 126: 3443 - 3470.

[514] SHEN X L, CHEUNG C, LEE M K O. What leads students to adopt information from Wikipedia? An empirical investigation into the role of trust and information usefulness[J]. British journal of educational technology, 2013, 44(3).

[515] SHI L. Textual appropriation and citing behaviors of university undergraduates[J]. Applied linguistics, 2010, 31(1): 1 - 24.

[516] SHI X, ZHENG X, YANG F. Exploring payment behavior for live courses in social Q & A communities: an information foraging perspective[J]. Information processing & management, 2020, 57(4): 102241.

[517] SHIAU W L, LUO M M. Continuance intention of blog users: the impact of perceived enjoyment, habit, user involvement and blogging time[J]. Behaviour & information technology, 2013, 32(6): 570 - 583.

[518] SHIM J, PARK J H. Scholarly uses of TV content: bibliometric and content analysis of the information use environment[J]. Journal of documentation, 2015, 71(4): 667 - 690.

[519] SHIN D H. An empirical investigation of a modified technology acceptance model of IPTV[J]. Behaviour & information technology, 2009, 28(4): 361 - 372.

[520] SILVERMAN R J. Higher education as a maturing field? Evidence from referencing practices [J]. Research in higher education, 1985, 23(2): 150 - 183.

[521] SIMONSOHN U, NELSON L D, SIMMONS J P. P-Curve: a key to the file-drawer[J]. Journal of experimental psychology, 2014, 143(2): 534 - 547.

[522] SIN S C J. International coauthorship and citation impact: a bibliometric study of six LIS journals, 1980—2008[J]. Journal of the American Society for Information Science and Technology, 2011, 62(9): 1770 - 1783.

[523] SINGSON M, SUNNY S K, THIYAGARAJAN S, et al. Citation behavior of Pondicherry University faculty in digital environment: a survey[J]. Global knowledge, memory and communication, 2020, 69 (4/5): 363 - 375.

[524] SKILTON P F. A comparative study of communal practice: assessing the effects of taken-for-granted-ness on citation practice in scientific communities[J]. Scientometrics, 2006, 68(1): 73 - 96.

[525] SLYDER J B, STEIN B R, SAMS B S, et al. Citation pattern and lifespan: a comparison of discipline, institution, and individual[J]. Scientometrics, 2011, 89(3): 955 - 966.

[526] SMALL H. On the shoulders of Robert Merton: towards a normative theory of citation[J]. Scientometrics, 2004, 60(1): 71 - 79.

[527] SMITH R M. Chromatographic novelty in papers[J]. Chromatographia, 2014, 77: 651 - 652.

[528] SO M, KIM J, CHOI S, et al. Factors affecting citation networks in science and technology: focused on non-quality factors[J]. Qual quant, 2015, 49(4): 1513 - 1530.

[529] SONNEWARD D H. Evolving perspectives of human information behavior: contexts, situations, social networks and information horizons[M]. //Wilson T, Allen D. Exploring the Contexts of

Information Behaviour. London: Taylor Graham, 1999: 176 - 190.

[530] SPIEGEL-ROSING I. Science studies: bibliometric and content analysis[J]. Social studies of science, 1977, 9(1): 97 - 113.

[531] STRAUSS A, CORBIN J. Basics of qualitative research: grounded theory procedures and techniques[M].Newbury Park, CA: SAGE, 1990.

[532] STREMERSCH S, CAMACHO N, VANNESTE S, et al. Unraveling scientific impact: citation types in marketing journals[J]. International journal of research in marketing, 2015, 32(1) 64 - 77.

[533] SUBOTIC S, MUKHERJEE B. Short and amusing: the relationship between title characteristics, downloads, and citations in psychology articles[J]. Journal of information science, 2014, 40(1): 115 - 124.

[534] SUD P, THELWALl M. Not all international collaboration is beneficial: the mendeley readership and citation impact of biochemical research collaboration[J]. Journal of the Association for Information Science and Technology, 2016, 67(8), 1849 - 1857.

[535] SUGIMOTO C R, LARIVIÈRE V. Measuring research: what everyone needs to know[M]. Oxford: Oxford University Press, 2018.

[536] SUGIMOTO C R, NI C, RUSSELL T G, et al. Academic genealogy as an indicator of interdisciplinarity: an examination of dissertation networks in library and information science[J]. Journal of the Association for Information Science & Technology, 2011, 62(9): 1808 - 1828.

[537] SUN Y Q, WANG N, SHEN X-L, et al. Bias effects, synergistic effects, and information contingency effects: developing and testing an extended information adoption model in social Q & A[J]. Journal of the Association for Information Science and Technology, 2019, 70(12): 1368 - 1382.

[538] SUSSMAN S W, SIEGAL W S. Informational influence in organizations: an integrated approach to knowledge adoption[J]. Information systems research, 2003, 14(1): 47 - 65.

[539] TAHAMTAN I, AFSHAR A S, AHAMDZADEH K. Factors affecting number of citations: a comprehensive review of the literature[J]. Scientometrics, 2016(107):1195 - 1225.

[540] TAHAMTAN I, BORNMANN L. What do citation counts measure? An updated review of studies on citations in scientific documents published between 2006 and 2018[J]. Scientometrics, 2019, 121(5): 1635 - 1684.

[541] TAHAMTAN I, ORNMANN L. Core elements in the process of citing publications: conceptual overview of the literature[J]. Journal of informetrics, 2018, 12: 203 - 216.

[542] TALKE K, SALOMO S, KOCK A.Top management team diversity and strategic innovation orientation: the relationship and consequences for innovativeness and performance[J]. Journal of product innovation management, 2011, 28(6): 819 - 832.

[543] TANDON U, KIRAN R, SAH A N. The influence of website functionality, drivers and perceived risk on customer satisfaction in online shopping: an emerging economy case[J]. Information systems and e-business management: special issue on emerging technologies for e-business engineering, 2018, 16: 57 - 91.

[544] TANG R, SAFER M A. Author-rated importance of cited references in biology and psychology publications[J]. Journal of documentation, 2008, 64(2): 246 - 272.

[545] TANG X, WANG L, KISHORE R. Why do is scholars cite other scholars? An empirical analysis of the direct and moderating effects of cooperation and competition among IS scholars on individual

citation behavior[C]. //Thirty Fifth International Conference on Information Systems, December 2014, Auckland, New Zealand: 1 - 18.

[546] TARABORELLI D. Soft peer review: social software and distributed scientific evaluation [C]. //HASSANALY P, RAMRAJSINGH A, RANDALL D et al. Proceedings of the 8th International Conference on the Design of Cooperative Systems, May 20 - 23 2008, Carry-le-Roue: 99 - 110.

[547] TAŞKIN Z, AL U. A content-based citation analysis study based on text categorization[J]. Scientometrics, 2017, 114(1): 335 - 357.

[548] TAYLOR R S. Information use environments, in progress in communication science[M]. Norwich, NJ: Ablex, 1991: 217 - 255.

[549] TENOPIR C, LEVINE K, ALLARD S, et al. Trustworthiness and authority of scholarly information in a digital age: results of an international questionnaire[J]. Journal of the American Society for Information Science and Technology, 2016, 67(10): 2344 - 2361.

[550] TEUFEL S, SIDDHARTHAN A, TIDHAR D. Automatic classification of citation function [C]. //Proceedings of the 2006 Conference on Empirical Methods in Natural Language Processing. Sydney, Australia: association for Computational Linguistics, 2006: 103 - 110.

[551] THE ASSOCIATION OF COLLEGE AND RESEARCH LIBRARIES. Information literacy competency standards for higher education[J]. Teacher librarian, 2000, 9(4): 63 - 67.

[552] THELWALL M. Are the discretised lognormal and hooked power law distributions plausible for citation data[J]. Journal of informetrics, 2016, 10(2): 454 - 470.

[553] THELWALL M, MAFLAHI N. Academic collaboration rates and citation associations vary substantially between countries and fields[J]. Journal of the Association for Information Science and Technology, 2020;71(8): 968 - 978.

[554] THELWALL M, SUD P. No citation advantage for monograph-based collaborations? [J]. Journal of informetrics, 2014, 8(1): 276 - 283.

[555] THELWALL M, WILSON P. Regression for citation data: an evaluation of different methods [J]. Journal of informetrics, 2014, 8(4): 963 - 971.

[556] THONG J Y L, HONG W, TAM K Y. Understanding user acceptance of digital libraries: what are the roles of interface characteristics, organizational context, and individual differences? [J]. International journal of human-computer studies, 2002, 57(3): 215 - 242.

[557] THORNLEY C, WATKINSON A, NICHOLAS D, et al. The role of trust and authority in the citation behaviour of researchers[J]. Information research, 2015, 20(3):1 - 21.

[558] TREGENZA T. Gender bias in the refereeing process? [J]. Trends in ecology & evolution, 2002, 17(8): 349 - 350.

[559] TSAY M Y. An analysis and comparison of scientometric data between journals of physics, chemistry and engineering[J]. Scientometrics, 2009, 78(2): 279 - 293.

[560] TSENG S Y, WANG C N. Perceived risk influence on dual-route information adoption processes on travel websites[J]. Journal of business research, 2016, 69(6): 2289 - 2296.

[561] TUAROB S, MITRA P, GILES C L. A classification scheme for algorithm citation function in scholarly works[C]. //Proceedings of the ACM/IEEE Joint Conference on Digital Libraries, 2013: 367 - 368.

[562] UTHMAN O A, OKWUNDU C I, WIYSONGE C S, et al. Citation classics in systematic reviews and meta-analyses: who wrote the top 100 most cited articles? [J]. PLoS one, 2013, 8(10): e78517.

[563] VALLE M, SCHULTZ K. The etiology of top-tier publications in management: a status attainment perspective on academic career success[J]. Career development international, 1996, 16(3): 220-237(18).

[564] VAN WESEL M, WYATT S, TEN HAAF J. What a difference a colon makes: how superficial factors influence subsequent citation[J]. Scientometrics, 2014, 98(3): 1601-1615.

[565] VANCLAY J K. Factors affecting citation rates in environmental science[J]. Journal of informetrics, 2013, 7(2): 265-271.

[566] VAUGHAN L, TANG J, YANG R. Investigating disciplinary differences in the relationships between citations and downloads[J]. Scientometrics, 2017, 111(3): 1533-1545.

[567] VENKATESH V. Determinants of perceived ease of use: integrating control, intrinsic motivation, and emotion into the technology acceptance model[J]. Information systems research, 2000, 11(4): 342-365.

[568] VENKATESH V, BALA H. Technology acceptance model 3 and a research agenda on interventions[J]. Decision sciences, 2008, 39(2): 273-315.

[569] VENKATESH V, DAVIS F D A Theoretical extension of the technology acceptance model: four longitudinal field studies[J]. Management science, 2000, 46(2): 186-204.

[570] VENKATESH V, MORRIS M G, DAVIS G B, et al. User acceptance of information technology: toward a unified view[J]. MIS quarterly, 2003, 27(3): 425-478.

[571] VIEIRA E S, GOMES J A N F. Citations to scientific articles: its distribution and dependence on the article features[J]. Journal of informetrics, 2010, 4(1): 1-13.

[572] VINKLER P. A quasi-quantitative citation model[J]. Seientometrics, 1987, 12 (1-2): 47-72.

[573] WAGNER C S, WHETSELL T A, MUKHERJEE S. International research collaboration: novelty, conventionality, and atypicality in knowledge recombination[J]. Research policy, 2019, 48(5): 1260-1270.

[574] WAKE S, WORMWOOD J, SATPUTE A B. The influence of fear on risk taking: a meta-analysis[J]. Cognition & emotion, 2020, 34(6): 1143-1159. doi: 10.1080/02699931.2020.1731428.

[575] WALLACE M L, LARIVIÈRE V, GINGRAS Y. Modeling a century of citation distributions [J]. Journal of informetrics, 2009, 3(4): 296-303.

[576] WAN J K, HUA P H, ROUSSEAU R, et al. The journal download immediacy index (DII): experiences using a Chinese full-text database[J]. Scientometrics, 2010, 82(3): 555-566.

[577] WANG B L, BU Y, XU Y. A quantitative exploration on reasons for citing articles from the perspective of cited authors[J]. Scientometrics, 2018, 116: 675-687.

[578] WANG D S, SONG C M, BARABASI A L. Quantifying long-term scientific impact[J]. Science, 2013, 342(6154): 127-132.

[579] WANG J. Unpacking the Matthew effect in citations[J]. Journal of informetrics, 2014, 8(2): 329-339.

[580] WANG J, THIJS B, GLÄNZEL W. Interdisciplinarity and impact: distinct effects of variety, balance, and disparity[J]. PLoS one, 2015, 10(5): e0127298.

[581] WANG J, VEUGELERSR, STEPHAN P. Bias against novelty in science: a cautionary tale for users of bibliometric indicators[J]. Research policy, 2017, 46: 1416-1436.

[582] WANG L, FAN L, BAE S M. How to persuade an online gamer to give up cheating? Uniting

elaboration likelihood model and signaling theory[J]. Computers in human behavior, 2019, 96(7): 149 – 162.

[583] WANG L, NOTTEN A, SURPATEAN A. Interdisciplinarity of nano research fields: a keyword mining approach[J]. Scientometrics, 2013, 94(3): 877 – 892.

[584] WANG L, THIJS B, GLÄNZEL W. Characteristics of international collaboration in sport sciences publications and its influence on citation impact[J]. Scientometrics, 2015, 105(2): 843 – 862.

[585] WANG M Y, YU G, AN S, et al. Discovery of factors influencing citation impact based on a soft fuzzy rough set model[J]. Scientometrics, 2012, 93(3), 635 – 644.

[586] WANG M Y, YU G, YU D R. Mining typical features for highly cited papers [J]. Scientometrics, 2011, 87(3), 695 – 706.

[587] WANG P, LI X. Assessing the quality of information on Wikipedia[J]. Journal of the Association for Information Science and Technology, 20 20, 71(1): 16 – 28.

[588] WANG P L, SOERGEL D. A cognitive model of document use during a research project. Study I: document selection[J]. Journal of the American Society for Information Science, 1998, 49(2): 115 – 133.

[589] WANG P L, WHITE M D. A cognitive model of document use during a research project. Study II: decisions at the reading and citing stages[J]. Journal of the American Society for Information Science, 1999, 50(2): 98 – 114.

[590] WANG Q, WALTMAN L. Large-scale analysis of the accuracy of the journal classification systems of Web of Science and Scopus[J]. Journal of informetrics, 2015, 10(2): 347 – 364.

[591] WANG W, VILLAVICENCIO P, WATANABE T. Analysis of reference relationships among research papers, based on citation context[J]. International journal on artificial intelligence tools, 2012, 21(02): 264 – 274.

[592] WANG X W, FANG Z C, SUN X L. Usage patterns of scholarly articles on Web of Science: a study on Web of Science usage count[J]. Scientometrics, 2016, 109(2): 917 – 926.

[593] WARREN J P. The end of national sociological traditions? The fates of sociology in English Canada and French Quebec in a globalized field of science[J]. International journal of Canadian studies, 2014(50): 87 – 108.

[594] WATTS S A, WEI Z. Capitalizing on content: information adoption in two online communities [J]. Journal of the Association for Information Systems, 2008, 9(2): 73 – 94.

[595] WEBSTER G D, JONASON P K, SCHEMBER T O. Hot topics and popular papers in evolutionary psychology: analyses of title works and citation counts in evolution and human behavior, 1979—2008[J]. Evolutionary psychology, 2009, 7(3): 348 – 362.

[596] WEERASINGHE S, CHANDANIE M, HINDAGOLLA B. Technology acceptance model and social network sites (SNS): a selected review of literature[J]. Library review, 2018, 67(3): 142 – 153.

[597] WESEL M V, WYATT S, HAAF J T. What a difference a colon makes: how superficial factors influence subsequent citation[J]. Scientometrics, 2014, 98(3): 1601 – 1615.

[598] WHITE M D, WANG P. A Qualitative study of citing behavior: contributions, criteria, and metalevel[J]. The library quarterly: information, community, policy, 1997, 67(2): 122 – 154.

[599] WILLETT P. Readers' perceptions of authors' citation behaviour [J]. Journal of documentation, 2013, 69(1): 145 – 156.

[600] WIRTH W, BOCKING T, KARNOWSKI V, et al. Heuristic and systematic use of search

engines[J]. Journal of computer-mediated communication, 2010, 12(3): 778 – 800.

[601] WONG T C, CHAN H K, LACKA E. An ANN-based approach of interpreting user-generated comments from social media[J]. Applied soft computing, 2017, 52: 1169 – 1180.

[602] WONG T C, CHAN A H S. A neural network-based methodology of quantifying the association between the design variables and the users' performances [J]. International journal of production research, 2015, 53(13): 4050 – 4067.

[603] WRAY K B.Scientific authorship in the age of collaborative research[J]. Studies in history and philosophy of science, 2006, 37(3): 505 – 514.

[604] WU C, YAN E, HILL C. Disciplinary knowledge diffusion in business research[J]. Journal of informetrics, 2017, 11(2): 655 – 668.

[605] WU L, HUANG M, CHEN C, et al. Citation patterns of the pre-web and web-prevalent environments: the moderating effects of domain knowledge[J]. Journal of the American Society for Information Science and Technology, 2012, 63(11): 2182 – 2194.

[606] WU P F. In search of negativity bias: an empirical study of perceived helpfulness of online reviews[J]. Psychology & marketing, 2013, 30(11): 971 – 984.

[607] WU P F, VAN DER H, KORFIATIS N. The influences of negativity and review quality on the helpfulness of online reviews[C]. International Conference on Information Systems (ICIS), 2011, Shanghai, China: AIS: 1 – 10.

[608] WUCHTY S, JONES B F, UZZI B. The increasing dominance of teams in production of knowledge[J]. Science, 2007, 316(5827): 1036 – 1039.

[609] XIE J, GONG K, CHENG Y, et al. The correlation between paper length and citations: a meta-analysis[J]. Scientometrics, 2019, 118(3): 763 – 786.

[610] XIE J, GONG K, LI J, et al. A probe into 66 factors which are possibly associated with the number of citations an article received[J]. Scientometrics, 2019, 119: 1429 – 1454.

[611] XIN S, PEPE A, BOLLEN J. How the scientific community reacts to newly submitted preprints: article downloads, Twitter mentions, and citations[J]. PLoS one, 2012, 7(11): e47523.

[612] XU L, FANG Q. Internationalization of Chinese STM journal publishing [J]. Publishing research quarterly, 2013, 29(2): 190 – 196.

[613] XU J, LI M, JIANG J, et al. Early prediction of scientific impact based on multi-bibliographic features and convolutional neural network[J]. Ieee Access, 2019, 7: 92248 – 92258.

[614] YAN Q, WU S, WANG L, et al. E-WOM from e-commerce websites and social media: which will consumers adopt? [J]. Electronic commerce research and applications, 2016, 17(1): 62 – 73.

[615] YAN R, HUANG C, TANG J, ZHANG Y, er al. To better stand on the shoulder of giants [C]. //Proceedings of the 12th ACM/IEEE-CS Joint Conference on Digital Libraries (JCDL'12). New York, NY: Association for Computing Machinery, 2012: 51 – 60.

[616] YAN Y, TIAN S, ZHANG J. The impact of a paper's new combinations and new components on its citation[J]. Scientometrics, 2020, 122(3): 895 – 913.

[617] YANG F, SHEN F. Effects of web interactivity: a meta-analysis[J]. Communication research, 2018, 45(5): 635 – 658.

[618] YANG S B, HLEE S, HEE J, et al. An empirical examination of online restaurant reviews on Yelp.com: a dual coding theory perspective [J]. International journal of contemporary hospitality

management，2017，29（2）：817－839.

[619] YEGROS-YEGROS A，RAFOLS I，D'ESTE P. Does interdisciplinary research lead to higher citation impact? The different effect of proximal and distal interdisciplinarity[J]. PLoS one，2015，10（8）：e0135095.

[620] YEUNG A W K，GOTO T K，LEUNG W K. Readability of the 100 most-cited neuroimaging papers assessed by common readability formulae[J]. Frontiers in human neuroscience，2018，12，12：308.

[621] YU T，YU G，LI P Y，et al.Citation impact prediction for scientific papers using stepwise regression analysis[J]. Scientometrics，2014，101（2）：1233－1252.

[622] ZHA X，LI L，YAN Y，et al. Exploring digital library usage for getting information from the ELM perspective[J]. Aslib journal of information management，2016，68（3）：286－305.

[623] ZHA X，WANG G，LI L，et al. Exploring digital library usage for getting information from the ELM perspective：the moderating effect of information need[J]. Aslib journal of information management：New information perspectives，2016.

[624] ZHA X，YANG H，YAN Y，et al. Exploring the effect of social media information quality，source credibility and reputation on informational fit-to-task：moderating role of focused immersion[J]. Computers in human behavior，2018，79（2）：227－237.

[625] ZHANG G，WEI F，JIA N，et al. Information adoption in commuters' route choice in the context of social interactions[J]. Transportation research part a：policy and practice，2019，130：300－316.

[626] ZHANG K Z K，BARNES S J，ZHAO S J，et al. Can consumers be persuaded on brand microblogs? An empirical study[J]. Information & management，2017，55（1）：1－15.

[627] ZHANG K Z K，ZHAO S J，CHEUNG C M K，et al. Examining the influence of online reviews on consumers' decision-making：a heuristic-systematic model[J]. Decision support systems，2014，67：78－89.

[628] ZHANG S F，YUAN C C，CHANG K C，et al. Exploring the nonlinear effects of patent H index，patent citations，and essential technological strength on corporate performance by using artificial neural network[J]. Journal of informetrics，2012，6（4）：485－495.

[629] ZHANG Y，LI X，FAN W. User adoption of physician's replies in an online health community：an empirical study[J]. Journal of the Association for Information Science and Technology，2020，71：1179－1191.

[630] ZHANG Y，SUN Y，XIE B. Quality of health information for consumers on the web[J]. Journal of the Association for Information Science and Technology，2015，66：2071－2084.

[631] ZHAO X，LYNCH J G，CHEN Q. Reconsidering Baron and Kenny：myths and truths about mediation analysis[J]. Journal of consumer research，2010，37（2）：197－206.

[632] ZHU D H，CHANG Y P，LUO J J. Understanding the influence of C2C communication on purchase decision in online communities from a perspective of information adoption model[J]. Telematics and informatics，2016，33（1）：8－16.

[633] ZONG Q J，SHEN H Z，YUAN Q J，et al. Doctoral dissertations of library and information science in China：a co-word analysis[J]. Scientometrics，2013，94（2）：781－799.

[634] ZUCCALA A. Modeling the invisible college[J]. Journal of the American Society for Information Science and Technology，2006，57（2）：152－168.

[635] ZUCKERMAN H A，MERTON R K. Age，aging，and age structure in science[M]. //The sociology of science：collected papers of R. K. Merton.Chicago：University Chicago Press，1973：497－559.

附录Ⅰ   问卷第二部分预调查结果

请回答:在引用学术论文时,以下指标对您引用决定的影响程度。

题目/选项	不影响(占比)	很少影响(占比)	有点影响(占比)	很大程度影响(占比)	平均
论文的发表时间	10(6.8%)	13(8.84%)	78(53.06%)	46(31.29%)	3.09
论文的分类号	47(31.97%)	51(34.69%)	38(25.85%)	11(7.48%)	2.09
论文的被引频次	9(6.12%)	20(13.61%)	48(32.65%)	70(47.62%)	3.22
论文第1次被引的时间	66(44.9%)	61(41.5%)	15(10.2%)	5(3.4%)	1.72
论文发表第1年内的被引频次	50(34.01%)	51(34.69%)	35(23.81%)	11(7.48%)	2.05
论文发表前2年内的被引频次	45(30.61%)	52(35.37%)	40(27.21%)	10(6.8%)	2.1
论文发表前5年内的被引频次	37(25.17%)	44(29.93%)	44(29.93%)	22(14.97%)	2.35
论文发表第1年内引用该论文的期刊数量	44(29.93%)	55(37.41%)	40(27.21%)	8(5.44%)	2.08
论文发表前2年内引用该论文的期刊数量	37(25.17%)	51(34.69%)	50(34.01%)	9(6.12%)	2.21
论文发表前5年内引用该论文的期刊数量	33(22.45%)	48(32.65%)	50(34.01%)	16(10.88%)	2.33
论文的下载频次	13(8.84%)	25(17.01%)	72(48.98%)	37(25.17%)	2.9
论文的社交媒体转载频次	37(25.17%)	48(32.65%)	44(29.93%)	18(12.24%)	2.29
论文的社交媒体浏览频次	53(36.05%)	41(27.89%)	40(27.21%)	13(8.84%)	2.09

(续表)

题目/选项	不影响（占比）	很少影响（占比）	有点影响（占比）	很大程度影响（占比）	平均
论文的篇幅	48(32.65%)	50(34.01%)	43(29.25%)	6(4.08%)	2.05
论文的摘要长度	59(40.14%)	57(38.78%)	26(17.69%)	5(3.4%)	1.84
论文的标题长度	64(43.54%)	55(37.41%)	24(16.33%)	4(2.72%)	1.78
论文是否采用结构化摘要	38(25.85%)	50(34.01%)	50(34.01%)	9(6.12%)	2.2
论文的关键词数量	51(34.69%)	61(41.5%)	27(18.37%)	8(5.44%)	1.95
论文中脚注的数量	58(39.46%)	51(34.69%)	28(19.05%)	10(6.8%)	1.93
论文中附录的数量	59(40.14%)	50(34.01%)	30(20.41%)	8(5.44%)	1.91
论文中公式的数量	56(38.1%)	56(38.1%)	32(21.77%)	3(2.04%)	1.88
论文中图表的数量	48(32.65%)	56(38.1%)	36(24.49%)	7(4.76%)	2.01
论文结尾是否含有致谢	100(68.03%)	36(24.49%)	9(6.12%)	2(1.36%)	1.41
论文的文献类型	31(21.09%)	27(18.37%)	64(43.54%)	25(17.01%)	2.56
论文是否经过同行评议	20(13.61%)	31(21.09%)	57(38.78%)	39(26.53%)	2.78
论文受到同行评议的时间	43(29.25%)	53(36.05%)	38(25.85%)	13(8.84%)	2.14
论文是否受到基金资助	49(33.33%)	54(36.73%)	34(23.13%)	10(6.8%)	2.03
论文是否受到高级别基金资助	45(30.61%)	44(29.93%)	36(24.49%)	22(14.97%)	2.24
论文是否开放获取	18(12.24%)	25(17.01%)	58(39.46%)	46(31.29%)	2.9
收录该论文的数据库数量	33(22.45%)	40(27.21%)	55(37.41%)	19(12.93%)	2.41
论文在期刊中刊载的顺序	61(41.5%)	42(28.57%)	34(23.13%)	10(6.8%)	1.95
论文是否为该期刊的封面论文	63(42.86%)	42(28.57%)	31(21.09%)	11(7.48%)	1.93

（续表）

题目/选项	不影响（占比）	很少影响（占比）	有点影响（占比）	很大程度影响（占比）	平均
论文所在期刊的级别	4(2.72%)	5(3.4%)	34(23.13%)	104(70.75%)	3.62
论文所在期刊的主办机构级别	9(6.12%)	11(7.48%)	50(34.01%)	77(52.38%)	3.33
论文是否发表于核心期刊	3(2.04%)	4(2.72%)	35(23.81%)	105(71.43%)	3.65
论文所在期刊的发文量	23(15.65%)	46(31.29%)	54(36.73%)	24(16.33%)	2.54
论文所在期刊在本领域的发文量	20(13.61%)	29(19.73%)	67(45.58%)	31(21.09%)	2.74
论文所在期刊在本主题的发文量	19(12.93%)	33(22.45%)	68(46.26%)	27(18.37%)	2.7
论文所在期刊的影响因子	9(6.12%)	14(9.52%)	44(29.93%)	80(54.42%)	3.33
论文所在期刊的分区	10(6.8%)	24(16.33%)	43(29.25%)	70(47.62%)	3.18
论文所在期刊是否被权威数据库收录	9(6.12%)	10(6.8%)	43(29.25%)	85(57.82%)	3.39
论文所在期刊的稿件处理时间	46(31.29%)	53(36.05%)	35(23.81%)	13(8.84%)	2.1
论文作者的教育背景	23(15.65%)	35(23.81%)	55(37.41%)	34(23.13%)	2.68
论文作者的职业	22(14.97%)	39(26.53%)	57(38.78%)	29(19.73%)	2.63
论文作者的职称	23(15.65%)	41(27.89%)	56(38.1%)	27(18.37%)	2.59
论文作者的学历	17(11.56%)	38(25.85%)	59(40.14%)	33(22.45%)	2.73
论文作者的职位	24(16.33%)	45(30.61%)	53(36.05%)	25(17.01%)	2.54
论文作者的学术头衔	15(10.2%)	33(22.45%)	64(43.54%)	35(23.81%)	2.81
论文作者毕业院校的层次	19(12.93%)	36(24.49%)	62(42.18%)	30(20.41%)	2.7
论文作者就职机构的层次	18(12.24%)	27(18.37%)	68(46.26%)	34(23.13%)	2.8

题目/选项	不影响（占比）	很少影响（占比）	有点影响（占比）	很大程度影响（占比）	平均
论文作者的性别	117(79.59%)	24(16.33%)	4(2.72%)	2(1.36%)	1.26
论文作者的国籍	83(56.46%)	41(27.89%)	20(13.61%)	3(2.04%)	1.61
论文作者的年龄	83(56.46%)	40(27.21%)	21(14.29%)	3(2.04%)	1.62
论文作者在本领域开展研究的时间	39(26.53%)	37(25.17%)	61(41.5%)	10(6.8%)	2.29
论文作者的工作年限	45(30.61%)	48(32.65%)	50(34.01%)	4(2.72%)	2.09
论文作者的发文量	30(20.41%)	35(23.81%)	72(48.98%)	10(6.8%)	2.42
论文作者在本主题的发文量	24(16.33%)	30(20.41%)	71(48.3%)	22(14.97%)	2.62
论文作者所在机构（团队）的发文量	27(18.37%)	37(25.17%)	65(44.22%)	18(12.24%)	2.5
论文作者的被引频次	16(10.88%)	27(18.37%)	61(41.5%)	43(29.25%)	2.89
论文作者发文的篇均被引频次	20(13.61%)	38(25.85%)	56(38.1%)	33(22.45%)	2.69
论文作者的 h 指数	27(18.37%)	37(25.17%)	65(44.22%)	18(12.24%)	2.5
多作者论文中 h 指数的平均值	37(25.17%)	40(27.21%)	59(40.14%)	11(7.48%)	2.3
多作者论文中 h 指数的最大值	39(26.53%)	44(29.93%)	52(35.37%)	12(8.16%)	2.25
多作者论文中 h 指数的最小值	42(28.57%)	54(36.73%)	43(29.25%)	8(5.44%)	2.12
论文的作者数量	46(31.29%)	59(40.14%)	39(26.53%)	3(2.04%)	1.99
论文作者所属的机构数量	55(37.41%)	56(38.1%)	33(22.45%)	3(2.04%)	1.89
论文作者所属的学科数量	50(34.01%)	60(40.82%)	34(23.13%)	3(2.04%)	1.93
论文作者是否来自多个省份	85(57.82%)	45(30.61%)	14(9.52%)	3(2.04%)	1.56

（续表）

题目/选项	不影响（占比）	很少影响（占比）	有点影响（占比）	很大程度影响（占比）	平均
论文作者是否来自多个国家	79（53.74%）	43（29.25%）	23（15.65%）	2（1.36%）	1.65
论文的参考文献数量	43（29.25%）	45（30.61%）	47（31.97%）	12（8.16%）	2.19
论文参考文献中会议论文的比例	56（38.1%）	53（36.05%）	36（24.49%）	2（1.36%）	1.89
论文参考文献中外文文献的比例	41（27.89%）	40（27.21%）	53（36.05%）	13（8.84%）	2.26
论文参考文献中期刊论文的比例	39（26.53%）	44（29.93%）	55（37.41%）	9（6.12%）	2.23
论文参考文献中网络资源的比例	36（24.49%）	49（33.33%）	51（34.69%）	11（7.48%）	2.25
论文参考文献中学位论文的比例	37（25.17%）	49（33.33%）	49（33.33%）	12（8.16%）	2.24
论文参考文献中图书专著的比例	41（27.89%）	47（31.97%）	45（30.61%）	14（9.52%）	2.22
论文参考文献中发表于该论文所在期刊的论文比例	43（29.25%）	59（40.14%）	38（25.85%）	7（4.76%）	2.06
论文参考文献的总被引频次	33（22.45%）	41（27.89%）	57（38.78%）	16（10.88%）	2.38
论文参考文献的篇均被引频次	37（25.17%）	37（25.17%）	59（40.14%）	14（9.52%）	2.34
论文参考文献所在期刊的影响因子	24（16.33%）	33（22.45%）	57（38.78%）	33（22.45%）	2.67
论文参考文献中该作者自己发表的文献的比例	30（20.41%）	54（36.73%）	51（34.69%）	12（8.16%）	2.31
论文参考文献的发表时间	28（19.05%）	42（28.57%）	57（38.78%）	20（13.61%）	2.47
小计	3 170（26.3%）	3 351（27.8%）	3 751（31.12%）	1 782（14.78%）	2.34

附录Ⅱ 问卷信效度分析结果

A 信度分析结果

A1 PXY 信度分析结果

题项编号	删除项后的标度平均值	删除项后的标度方差	修正后的项与总计相关性	删除项后的克龙巴赫 α 系数
PXY1	48.669 6	57.448	0.493	0.813
PXY2	48.812 5	57.505	0.444	0.815
PXY3	48.982 1	55.747	0.455	0.813
PXY4	49.142 9	55.079	0.493	0.810
PXY5	49.133 9	55.595	0.492	0.811
PXY6_reverse	49.419 6	59.363	0.188	0.830
PXY7	49.062 5	55.951	0.417	0.815
PXY8	49.241 1	55.049	0.521	0.809
PXY9	49.473 2	57.062	0.346	0.820
PXY10	49.535 7	54.125	0.509	0.809
PXY11	49.705 4	54.444	0.461	0.813
PXY12	49.285 7	55.089	0.470	0.812
PXY13	49.812 5	56.028	0.344	0.822
PXY14	49.562 5	52.591	0.641	0.800
PXY15	49.035 7	54.900	0.423	0.815

A2 PKD 信度分析结果

题项编号	删除项后的标度平均值	删除项后的标度方差	修正后的项与总计相关性	删除项后的克龙巴赫 α 系数
PKD1	44.562 5	27.113	0.481	0.865
PKD2	44.500 0	25.730	0.662	0.854

（续表）

题项编号	删除项后的标度平均值	删除项后的标度方差	修正后的项与总计相关性	删除项后的克龙巴赫 α 系数
PKD3	44.508 9	25.640	0.654	0.854
PKD4	44.616 1	26.275	0.554	0.861
PKD5	44.580 4	26.894	0.410	0.871
PKD6	44.580 4	25.561	0.644	0.855
PKD7	45.008 9	25.829	0.480	0.868
PKD8	44.500 0	27.135	0.614	0.859
PKD9	44.437 5	26.591	0.704	0.854
PKD10	44.758 9	25.680	0.562	0.861
PKD11	44.366 1	27.567	0.544	0.862
PKD12	44.455 4	27.457	0.527	0.863

A3　PQM 信度分析结果

题项编号	删除项后的标度平均值	删除项后的标度方差	修正后的项与总计相关性	删除项后的克龙巴赫 α 系数
PQM1	26.866 1	13.991	0.366	0.779
PQM2	27.375 0	10.723	0.695	0.721
PQM3	27.187 5	12.136	0.614	0.740
PQM4	27.383 9	11.122	0.612	0.739
PQM5	27.285 7	12.530	0.456	0.768
PQM6	26.964 3	13.801	0.561	0.760
PQM7	26.973 2	14.279	0.341	0.782
PQM8	27.339 3	13.668	0.328	0.786

A4　PKK 信度分析结果

题项编号	删除项后的标度平均值	删除项后的标度方差	修正后的项与总计相关性	删除项后的克龙巴赫 α 系数
PKK1	60.696 4	39.186	0.473	0.872
PKK2	60.616 1	38.635	0.611	0.868
PKK3	60.589 3	38.208	0.657	0.866
PKK4	60.732 1	37.441	0.653	0.865
PKK5	60.785 7	37.017	0.527	0.870

（续表）

题项编号	删除项后的标度平均值	删除项后的标度方差	修正后的项与总计相关性	删除项后的克龙巴赫 α 系数
PKK6	60.714 3	36.116	0.677	0.862
PKK7	61.008 9	36.351	0.665	0.863
PKK8	60.937 5	36.474	0.577	0.867
PKK9	60.821 4	37.247	0.532	0.869
PKK10	60.633 9	37.369	0.692	0.864
PKK11	60.616 1	36.851	0.697	0.863
PKK12	60.633 9	36.847	0.728	0.862
PKK13	60.544 6	38.376	0.697	0.866
PKK14	60.714 3	38.404	0.494	0.871
PKK15	60.562 5	38.807	0.508	0.871
PKK16_reverse	61.044 6	43.304	−0.120	0.913

A5 PZL 信度分析结果

题项编号	删除项后的标度平均值	删除项后的标度方差	修正后的项与总计相关性	删除项后的克龙巴赫 α 系数
PZL1	11.767 9	2.774	0.626	0.793
PZL2	11.964 3	2.215	0.741	0.742
PZL3	11.767 9	2.558	0.687	0.765
PZL4	11.616 1	3.158	0.592	0.813

A6 PRV 信度分析结果

题项编号	删除项后的标度平均值	删除项后的标度方差	修正后的项与总计相关性	删除项后的克龙巴赫 α 系数
PRV1	31.651 8	24.103	0.649	0.851
PRV2	31.794 6	24.471	0.631	0.853
PRV3	31.803 6	24.105	0.675	0.849
PRV4	31.973 2	25.360	0.467	0.868
PRV5	31.848 2	24.058	0.698	0.847
PRV6	31.785 7	24.044	0.748	0.844
PRV7	31.785 7	23.485	0.706	0.846

(续表)

题项编号	删除项后的 标度平均值	删除项后的 标度方差	修正后的项与 总计相关性	删除项后的 克龙巴赫 α 系数
PRV8	32.205 4	24.723	0.403	0.879
PRV9	31.937 5	24.059	0.568	0.859

A7　GN 信度分析结果

题项编号	删除项后的 标度平均值	删除项后的 标度方差	修正后的项与 总计相关性	删除项后的 克龙巴赫 α 系数
GN1	29.830 4	17.728	0.394	0.701
GN2	30.044 6	16.638	0.456	0.689
GN3	29.526 8	17.333	0.577	0.673
GN4	29.500 0	18.090	0.476	0.690
GN5	30.294 6	15.741	0.478	0.686
GN6	29.294 6	19.957	0.222	0.726
GN7	29.544 6	18.106	0.454	0.693
GN8	30.133 9	18.099	0.240	0.738
GN9	29.258 9	19.040	0.416	0.702

A8　PLW 信度分析结果

题项编号	删除项后的 标度平均值	删除项后的 标度方差	修正后的项与 总计相关性	删除项后的 克龙巴赫 α 系数
PLW1	10.919 6	4.453	0.724	0.755
PLW2	10.910 7	4.496	0.766	0.738
PLW3	10.687 5	4.974	0.620	0.803
PLW4	10.928 6	4.752	0.544	0.842

A9　PCB 信度分析结果

题项编号	删除项后的 标度平均值	删除项后的 标度方差	修正后的项与 总计相关性	删除项后的 克龙巴赫 α 系数
PCB1	12.071 4	4.427	0.838	0.898
PCB2	12.017 9	4.720	0.880	0.883
PCB3	12.080 4	4.975	0.808	0.907
PCB4	11.991 1	4.784	0.780	0.916

A10 PZZ 信度分析结果

题项编号	删除项后的标度平均值	删除项后的标度方差	修正后的项与总计相关性	删除项后的克龙巴赫α系数
PZZ1	18.267 9	15.946	0.617	0.906
PZZ2	18.642 9	12.826	0.868	0.869
PZZ3	18.607 1	12.871	0.840	0.874
PZZ4	18.598 2	13.432	0.776	0.885
PZZ5	18.214 3	14.764	0.711	0.894
PZZ6	18.205 4	15.696	0.658	0.902

A11 PSX 信度分析结果

题项编号	删除项后的标度平均值	删除项后的标度方差	修正后的项与总计相关性	删除项后的克龙巴赫α系数
PSX1	19.464 3	8.215	0.527	0.651
PSX2	20.035 7	7.963	0.408	0.707
PSX3	19.080 4	8.993	0.646	0.633
PSX4	19.517 9	8.342	0.520	0.654
PSX5	19.294 6	9.849	0.387	0.695
PSX6	18.901 8	10.648	0.299	0.715

A12 PYY 信度分析结果

题项编号	删除项后的标度平均值	删除项后的标度方差	修正后的项与总计相关性	删除项后的克龙巴赫α系数
PYY1	10.785 7	4.584	0.475	0.731
PYY2	11.142 9	4.250	0.546	0.696
PYY3	11.214 3	3.539	0.634	0.638
PYY4	11.830 4	3.025	0.586	0.686

A13 PU 信度分析结果

题项编号	删除项后的标度平均值	删除项后的标度方差	修正后的项与总计相关性	删除项后的克龙巴赫α系数
PU1	11.964 3	3.332	0.666	0.811
PU2	12.008 9	2.982	0.783	0.756
PU3	11.910 7	3.343	0.722	0.785
PU4	11.687 5	4.109	0.579	0.846

A14　PEOU 信度分析结果

题项编号	删除项后的标度平均值	删除项后的标度方差	修正后的项与总计相关性	删除项后的克龙巴赫 α 系数
PEOU1	10.714 3	4.314	0.180	0.647
PEOU2	11.580 4	2.048	0.587	0.337
PEOU3	11.678 6	1.860	0.637	0.278
PEOU4	10.866 1	4.117	0.231	0.627

A15　CI 信度分析结果

题项编号	删除项后的标度平均值	删除项后的标度方差	修正后的项与总计相关性	删除项后的克龙巴赫 α 系数
CI1	7.883 9	1.851	0.794	0.681
CI2	8.008 9	1.793	0.700	0.784
CI3	7.892 9	2.313	0.629	0.843

A16　JD 信度分析结果

题项编号	删除项后的标度平均值	删除项后的标度方差	修正后的项与总计相关性	删除项后的克龙巴赫 α 系数
JD2	8.205 4	6.129	0.443	0.808
JD1	9.000 0	5.135	0.746	0.657
JD3	8.767 9	5.261	0.620	0.722
JD4	9.383 9	5.680	0.588	0.738

A17　SX 信度分析结果

题项编号	删除项后的标度平均值	删除项后的标度方差	修正后的项与总计相关性	删除项后的克龙巴赫 α 系数
SX1	33.973 2	28.873	0.379	0.808
SX2	33.857 1	28.376	0.451	0.798
SX3	33.473 2	27.567	0.544	0.787
SX4	33.535 7	28.575	0.510	0.791
SX5	33.196 4	27.835	0.640	0.778
SX6	33.375 0	28.092	0.552	0.786
SX7	33.044 6	29.629	0.489	0.794
SX8	33.241 1	28.203	0.595	0.783

(续表)

题项编号	删除项后的标度平均值	删除项后的标度方差	修正后的项与总计相关性	删除项后的克龙巴赫 α 系数
SX9	33.500 0	27.982	0.517	0.790
SX10	33.169 6	31.620	0.244	0.817

A18　ZG 信度分析结果

题项编号	删除项后的标度平均值	删除项后的标度方差	修正后的项与总计相关性	删除项后的克龙巴赫 α 系数
ZG1	37.214 3	32.332	0.446	0.833
ZG2	36.660 7	32.046	0.552	0.821
ZG3	36.705 4	31.741	0.559	0.821
ZG4	37.169 6	32.250	0.477	0.829
ZG5	36.651 8	31.887	0.702	0.810
ZG6	36.473 2	32.558	0.722	0.811
ZG7	36.428 6	33.562	0.588	0.821
ZG8	37.776 8	36.283	0.163	0.855
ZG9	36.651 8	33.508	0.499	0.826
ZG10	36.464 3	32.882	0.604	0.818
ZG11	36.535 7	32.647	0.529	0.823

A19　HQ 信度分析结果

题项编号	删除项后的标度平均值	删除项后的标度方差	修正后的项与总计相关性	删除项后的克龙巴赫 α 系数
HQ1	4.089 3	0.514	0.345	0.0
HQ2	3.642 9	1.006	0.345	0.0

A20　DT 信度分析结果

题项编号	删除项后的标度平均值	删除项后的标度方差	修正后的项与总计相关性	删除项后的克龙巴赫 α 系数
DT1	11.535 7	3.116	0.246	0.556
DT2	11.160 7	3.397	0.379	0.426
DT3	11.205 4	3.516	0.249	0.529
DT4	11.151 8	3.211	0.475	0.352

A21 DJ 信度分析结果

题项编号	删除项后的标度平均值	删除项后的标度方差	修正后的项与总计相关性	删除项后的克龙巴赫 α 系数
DJ1	20.303 6	32.321	0.634	0.841
DJ2	19.580 4	35.867	0.446	0.860
DJ3	20.973 2	32.693	0.644	0.840
DJ4	21.428 6	33.472	0.533	0.852
DJ5	20.151 8	32.058	0.640	0.840
DJ6	20.392 9	31.646	0.715	0.831
DJ7	20.535 7	32.017	0.704	0.833
DJ8	20.258 9	33.437	0.541	0.851

A22 RV 信度分析结果

题项编号	删除项后的标度平均值	删除项后的标度方差	修正后的项与总计相关性	删除项后的克龙巴赫 α 系数
RV1	7.741 1	2.302	0.493	0.586
RV2	7.580 4	2.336	0.584	0.432
RV3	7.035 7	3.674	0.434	0.664

A23 LW 信度分析结果

题项编号	删除项后的标度平均值	删除项后的标度方差	修正后的项与总计相关性	删除项后的克龙巴赫 α 系数
LW1	34.857 1	59.853	0.700	0.918
LW2	34.946 4	59.204	0.725	0.917
LW3	35.910 7	61.523	0.468	0.931
LW4	35.946 4	61.421	0.489	0.929
LW5	35.562 5	61.167	0.599	0.923
LW6	35.160 7	58.749	0.805	0.914
LW7	35.071 4	58.175	0.809	0.913
LW8	35.107 1	59.250	0.784	0.915
LW9	35.080 4	58.417	0.833	0.912
LW10	35.062 5	59.068	0.762	0.915
LW11	35.062 5	58.275	0.812	0.913

A24 CB 信度分析结果

题项编号	删除项后的标度平均值	删除项后的标度方差	修正后的项与总计相关性	删除项后的克龙巴赫 α 系数
CB1	44.428 6	39.328	0.580	0.838
CB2	44.526 8	40.522	0.557	0.841
CB3	44.589 3	39.433	0.555	0.840
CB4	44.705 4	38.912	0.595	0.837
CB5	44.625 0	40.038	0.522	0.842
CB6	44.553 6	40.934	0.470	0.845
CB7	44.482 1	40.072	0.629	0.837
CB8	44.571 4	38.301	0.685	0.832
CB9	44.991 1	40.405	0.485	0.845
CB10	45.589 3	40.172	0.434	0.849
CB11	45.767 9	40.198	0.389	0.853
CB12	44.366 1	42.072	0.491	0.845
CB13	45.446 4	40.195	0.385	0.853

A25 ZZ 信度分析结果

题项编号	删除项后的标度平均值	删除项后的标度方差	修正后的项与总计相关性	删除项后的克龙巴赫 α 系数
ZZ1	65.026 8	135.540	0.733	0.906
ZZ2	64.946 4	136.141	0.707	0.907
ZZ3	65.339 3	136.046	0.673	0.908
ZZ4	64.857 1	138.610	0.655	0.908
ZZ5	64.794 6	137.876	0.712	0.907
ZZ6	64.812 5	137.865	0.702	0.907
ZZ7	66.437 5	147.762	0.254	0.919
ZZ8	66.410 7	146.226	0.316	0.917
ZZ9	65.803 6	143.943	0.400	0.915
ZZ10	65.535 7	143.855	0.411	0.915
ZZ11	65.741 1	140.968	0.505	0.912
ZZ12	64.464 3	149.764	0.337	0.915
ZZ13	64.964 3	141.152	0.563	0.911

（续表）

题项编号	删除项后的 标度平均值	删除项后的 标度方差	修正后的项与 总计相关性	删除项后的 克龙巴赫 α 系数
ZZ14	64.973 2	139.252	0.659	0.908
ZZ15	64.705 4	143.165	0.582	0.911
ZZ16	64.901 8	140.666	0.590	0.910
ZZ17	64.696 4	141.258	0.693	0.908
ZZ18	64.767 9	141.838	0.639	0.909
ZZ19	64.839 3	141.902	0.634	0.909
ZZ20	64.839 3	140.911	0.651	0.909

A26 QM 信度分析结果

题项编号	删除项后的 标度平均值	删除项后的 标度方差	修正后的项与 总计相关性	删除项后的 克龙巴赫 α 系数
QM1	50.089 3	154.641	0.620	0.935
QM2	50.517 9	153.495	0.689	0.933
QM3	50.035 7	157.909	0.541	0.936
QM4	50.258 9	153.689	0.666	0.933
QM5	50.758 9	151.896	0.731	0.932
QM6	50.464 3	153.548	0.690	0.933
QM7	50.250 0	153.631	0.661	0.934
QM8	50.267 9	154.486	0.637	0.934
QM9	49.651 8	164.950	0.312	0.940
QM10	50.491 1	154.703	0.711	0.933
QM11	50.625 0	152.723	0.800	0.931
QM12	50.803 6	153.799	0.754	0.932
QM13	50.660 7	156.803	0.654	0.934
QM14	50.732 1	156.054	0.674	0.933
QM15	50.678 6	155.355	0.705	0.933
QM16	50.732 1	156.432	0.672	0.933
QM17	50.875 0	156.651	0.631	0.934
QM18	50.089 3	157.866	0.591	0.935

A27 KK 信度分析结果

题项编号	删除项后的标度平均值	删除项后的标度方差	修正后的项与总计相关性	删除项后的克龙巴赫 α 系数
KK1	51.330 4	103.016	0.574	0.918
KK2	51.250 0	100.243	0.708	0.914
KK3	51.071 4	100.373	0.665	0.916
KK4	51.410 7	101.794	0.611	0.917
KK5	51.205 4	98.507	0.711	0.914
KK6	50.642 9	105.006	0.506	0.920
KK7	50.678 6	101.968	0.627	0.917
KK8	51.062 5	101.014	0.693	0.915
KK9	50.866 1	100.045	0.711	0.914
KK10	50.892 9	102.277	0.607	0.917
KK11	50.508 9	103.586	0.593	0.918
KK12	51.008 9	100.766	0.662	0.916
KK13	50.866 1	100.784	0.672	0.915
KK14	50.723 2	102.869	0.594	0.918
KK15	50.419 6	104.876	0.555	0.919
KK16	51.285 7	103.413	0.488	0.921

A28 YY 信度分析结果

题项编号	删除项后的标度平均值	删除项后的标度方差	修正后的项与总计相关性	删除项后的克龙巴赫 α 系数
YY1	8.866 1	6.459	0.670	0.766
YY2	9.196 4	6.195	0.838	0.688
YY3	9.330 4	6.998	0.634	0.782
YY4	8.767 9	7.477	0.473	0.854

A29 SY 信度分析结果

题项编号	删除项后的标度平均值	删除项后的标度方差	修正后的项与总计相关性	删除项后的克龙巴赫 α 系数
SY1	3.633 9	0.757	0.662	0.0
SY2	3.535 7	0.972	0.662	0.0

A30 K 信度分析结果

题项编号	删除项后的 标度平均值	删除项后的 标度方差	修正后的项与 总计相关性	删除项后的 克龙巴赫 α 系数
K1	12.125 0	3.047	0.610	0.827
K2	12.044 6	2.854	0.672	0.801
K3	11.883 9	3.185	0.666	0.805
K4	12.026 8	2.801	0.763	0.759

A31 E 信度分析结果

题项编号	删除项后的 标度平均值	删除项后的 标度方差	修正后的项与 总计相关性	删除项后的 克龙巴赫 α 系数
E1	11.875 0	2.705	0.533	0.792
E2	11.866 1	2.495	0.581	0.773
E3	11.732 1	2.432	0.767	0.683
E4	11.696 4	2.574	0.604	0.759

A32 I 信度分析结果

题项编号	删除项后的 标度平均值	删除项后的 标度方差	修正后的项与 总计相关性	删除项后的 克龙巴赫 α 系数
I1	11.955 4	3.412	0.676	0.855
I2	11.982 1	3.297	0.725	0.837
I3	12.026 8	2.819	0.819	0.796
I4	11.982 1	3.027	0.697	0.850

A33 KEI 信度分析结果

题项编号	删除项后的 标度平均值	删除项后的 标度方差	修正后的项与 总计相关性	删除项后的 克龙巴赫 α 系数
I1	43.705 4	28.858	0.655	0.909
I2	43.732 1	28.919	0.636	0.910
I3	43.776 8	27.382	0.750	0.904
I4	43.732 1	27.603	0.709	0.906
K1	43.830 4	28.539	0.617	0.911
K2	43.750 0	28.225	0.635	0.910
K3	43.589 3	28.803	0.675	0.908

（续表）

题项编号	删除项后的 标度平均值	删除项后的 标度方差	修正后的项与 总计相关性	删除项后的 克龙巴赫α系数
K4	43.732 1	28.054	0.703	0.907
E1	43.883 9	29.239	0.567	0.913
E2	43.875 0	28.651	0.602	0.911
E3	43.741 1	28.572	0.720	0.906
E4	43.705 4	28.768	0.635	0.910

B 效度分析结果

B1　PZL、PLW、PCB、PZZ、PU、PEOU、CI、SY、HQ、JD 效度分析结果

KMO 和巴特利特检验

KMO 取样适切性量数		0.760
巴特利特球形度检验	近似卡方	2 801.984
	自由度	595
	显著性	0.000

旋转后的成分矩阵[a]

题项	成分 1	成分 2	成分 3	成分 4	成分 5	成分 6	成分 7	成分 8	成分 9
PZZ2	0.905	−0.015	0.186	0.044	0.153	0.080	−0.013	0.090	−0.124
PZZ3	0.905	−0.046	0.161	0.055	0.115	0.078	0.024	0.063	−0.116
PZZ4	0.818	0.138	0.203	0.052	0.205	0.066	−0.046	0.028	−0.111
PZZ5	0.640	0.086	0.350	0.278	−0.119	0.094	0.342	0.028	0.061
PZZ6	0.568	0.158	0.421	0.302	−0.063	0.027	0.291	0.060	0.206
PZZ1	0.556	0.096	0.230	0.373	0.251	−0.026	0.088	−0.001	0.126
CI1	−0.091	0.835	0.206	0.111	0.021	0.115	0.024	0.080	−0.054
CI2	0.123	0.807	0.041	−0.037	−0.008	0.138	−0.080	0.294	−0.050
CI3	−0.017	0.773	0.079	0.102	−0.076	0.129	−0.037	0.006	0.341
PU4	0.086	0.636	0.175	0.107	0.108	−0.047	0.204	−0.053	0.268
PU3	0.167	0.635	0.064	0.108	0.375	−0.110	0.385	0.060	−0.125
PU2	0.175	0.560	−0.073	0.171	0.496	−0.088	0.325	−0.152	0.131
PU1	0.192	0.460	−0.039	0.172	0.415	−0.152	0.387	−0.220	0.167

(续表)

题项	成分 1	成分 2	成分 3	成分 4	成分 5	成分 6	成分 7	成分 8	成分 9
PCB2	0.232	0.097	0.842	0.107	0.217	0.026	0.129	−0.149	0.040
PCB1	0.268	0.112	0.786	0.145	0.244	0.019	0.124	−0.127	0.041
PCB3	0.288	0.140	0.775	0.177	0.127	0.091	0.088	−0.100	0.028
PCB4	0.265	0.132	0.736	0.276	0.181	0.108	0.058	0.072	−0.029
PZL1	0.176	−0.039	0.129	0.778	0.103	0.166	−0.005	−0.002	0.074
PZL2	0.182	0.046	0.170	0.775	0.276	0.132	0.072	−0.081	−0.058
PZL3	0.161	0.339	0.184	0.693	0.206	0.084	−0.005	−0.143	0.014
PZL4	−0.049	0.206	0.206	0.659	0.207	−0.132	0.271	0.126	−0.005
PLW2	0.101	0.061	0.270	0.237	0.779	0.182	−0.022	0.066	0.007
PLW1	0.216	0.047	0.271	0.331	0.695	0.152	−0.108	0.050	−0.018
PLW3	0.163	0.006	0.375	0.241	0.608	0.044	0.271	0.033	0.089
PLW4	0.393	0.234	0.313	0.168	0.436	0.134	−0.114	0.055	−0.109
JD1	0.061	−0.008	0.142	0.085	0.074	0.832	0.140	0.065	0.063
JD4	0.017	0.011	0.028	0.201	0.167	0.762	0.104	0.034	−0.237
JD3	0.031	0.019	0.170	0.028	0.031	0.682	0.472	0.061	0.009
JD2	0.209	0.283	−0.154	−0.067	−0.013	0.649	0.015	0.085	0.272
SY2	−0.001	0.061	0.166	0.081	−0.002	0.251	0.809	0.068	−0.078
SY1	0.107	0.153	0.122	0.067	0.051	0.371	0.724	−0.122	0.110
PEOU2	0.056	0.073	−0.122	0.010	−0.081	0.092	−0.024	0.892	0.073
PEOU3	0.128	0.114	−0.076	−0.061	0.156	0.063	0.012	0.861	0.109
HQ1	−0.082	0.076	−0.067	0.097	0.085	−0.001	−0.096	0.018	0.782
HQ2	−0.111	0.172	0.173	−0.083	−0.053	0.032	0.153	0.188	0.699

注:提取方法为主成分分析法;旋转方法为凯撒正态化最大方差法。a. 旋转在 10 次迭代后已收敛。

B2 PSX[a] 效度分析结果
KMO 和巴特利特检验

KMO 取样适切性量数		0.748
巴特利特球形度检验	近似卡方	136.661
	自由度	15
	显著性	0.000

a. 仅提取了一个成分,无法旋转此解。

B3　PYY[a] 效度分析结果

KMO 和巴特利特检验

KMO 取样适切性量数		0.719
巴特利特球形度检验	近似卡方	112.199
	自由度	6
	显著性	0.000

a. 仅提取了一个成分,无法旋转此解。

B4　RV[a] 效度分析结果

KMO 和巴特利特检验

KMO 取样适切性量数		0.631
巴特利特球形度检验	近似卡方	57.056
	自由度	3
	显著性	0.000

a. 仅提取了一个成分,无法旋转此解。

B5　YY[a] 效度分析结果

KMO 和巴特利特检验

KMO 取样适切性量数		0.703
巴特利特球形度检验	近似卡方	207.299
	自由度	6
	显著性	0.000

a. 仅提取了一个成分,无法旋转此解。

B6　PXY 效度分析结果

KMO 和巴特利特检验

KMO 取样适切性量数		0.766
巴特利特球形度检验	近似卡方	460.829
	自由度	91
	显著性	0.000

旋转后的成分矩阵[a]

题项	成分 1	成分 2	成分 3
PXY2	0.790	0.027	−0.035
PXY4	0.721	0.056	0.206
PXY5	0.639	0.158	0.144

（续表）

题项	成分1	成分2	成分3
PXY1	0.610	0.342	−0.061
PXY15	0.588	0.090	0.250
PXY3	0.575	0.210	0.077
PXY11	0.145	0.746	0.004
PXY7	0.095	0.685	0.028
PXY13	0.019	0.647	0.066
PXY12	0.115	0.646	0.167
PXY14	0.288	0.598	0.371
PXY8	0.325	0.558	0.088
PXY9	0.075	0.096	0.876
PXY10	0.240	0.180	0.859

注：提取方法为主成分分析法；旋转方法为凯撒正态化最大方差法。a. 旋转在5次迭代后已收敛。

B7 PKD效度分析结果

KMO和巴特利特检验

KMO取样适切性量数		0.840
巴特利特球形度检验	近似卡方	651.593
	自由度	66
	显著性	0.000

旋转后的成分矩阵[a]

题项	成分1	成分2	成分3
PKD3	0.878	0.251	0.099
PKD2	0.825	0.235	0.216
PKD4	0.806	0.175	0.089
PKD1	0.705	−0.045	0.340
PKD8	0.127	0.828	0.210
PKD6	0.261	0.818	0.122
PKD5	0.116	0.665	0.024
PKD7	−0.027	0.645	0.362
PKD9	0.385	0.620	0.336
PKD12	0.170	0.177	0.796

(续表)

题项	成分1	成分2	成分3
PKD11	0.275	0.116	0.770
PKD10	0.138	0.325	0.713

注:提取方法为主成分分析法;旋转方法为凯撒正态化最大方差法。a.旋转在5次迭代后已收敛。

B8　PQM效度分析结果
KMO和巴特利特检验

KMO取样适切性量数		0.761
巴特利特球形度检验	近似卡方	287.010
	自由度	28
	显著性	0.000

旋转后的成分矩阵[a]

题项	成分1	成分2
PQM4	0.867	0.102
PQM5	0.813	−0.071
PQM2	0.733	0.395
PQM3	0.673	0.365
PQM7	−0.046	0.830
PQM6	0.250	0.793
PQM8	0.087	0.621
PQM1	0.248	0.493

注:提取方法为主成分分析法;旋转方法为凯撒正态化最大方差法。a.旋转在3次迭代后已收敛。

B9　PKK效度分析结果
KMO和巴特利特检验

KMO取样适切性量数		0.888
巴特利特球形度检验	近似卡方	772.894
	自由度	78
	显著性	0.000

旋转后的成分矩阵[a]

题项	成分1	成分2	成分3
PKK6	0.848	0.052	−0.241
PKK7	0.830	0.052	−0.142
PKK8	0.800	−0.064	−0.022

(续表)

题项	成分1	成分2	成分3
PKK10	0.785	0.098	0.448
PKK11	0.700	0.256	0.494
PKK12	0.649	0.470	0.035
PKK9	0.609	0.120	0.249
PKK4	0.596	0.453	−0.384
PKK3	0.578	0.450	−0.286
PKK1	0.246	0.748	−0.111
PKK15	0.272	0.696	−0.008
PKK14	0.261	0.638	0.440
PKK13	0.489	0.590	0.345

注：提取方法为主成分分析法；旋转方法为凯撒正态化四次幂极大法。a. 旋转在4次迭代后已收敛。

B10 PRV 效度分析结果
KMO 和巴特利特检验

KMO 取样适切性量数		0.869
巴特利特球形度检验	近似卡方	475.287
	自由度	36
	显著性	0.000

旋转后的成分矩阵[a]

题项	成分1	成分2
PRV2	0.837	0.186
PRV3	0.815	0.275
PRV4	0.809	−0.006
PRV5	0.563	0.555
PRV9	0.136	0.794
PRV8	−0.076	0.782
PRV7	0.432	0.680
PRV1	0.447	0.617
PRV6	0.570	0.608

注：提取方法为主成分分析法；旋转方法为凯撒正态化最大方差法。a. 旋转在3次迭代后已收敛。

B11 GN 效度分析结果

KMO 和巴特利特检验

KMO 取样适切性量数		0.626
巴特利特球形度检验	近似卡方	200.907
	自由度	15
	显著性	0.000

旋转后的成分矩阵[a]

题项	成分 1	成分 2
GN7	0.827	−0.049
GN9	0.781	−0.027
GN5	0.630	0.245
GN3	0.552	0.439
GN1	0.037	0.927
GN2	0.082	0.923

注:提取方法为主成分分析法;旋转方法为凯撒正态化等量最大法。a. 旋转在 3 次迭代后已收敛。

B12 SX 效度分析结果

KMO 和巴特利特检验

KMO 取样适切性量数		0.774
巴特利特球形度检验	近似卡方	348.258
	自由度	36
	显著性	0.000

旋转后的成分矩阵[a]

题项	成分 1	成分 2
SX5	0.814	0.176
SX8	0.724	0.149
SX7	0.711	0.088
SX6	0.706	0.224
SX9	0.687	0.030
SX4	0.607	0.268
SX2	0.095	0.888
SX3	0.303	0.768
SX1	0.101	0.703

注:提取方法为主成分分析法;旋转方法为凯撒正态化最大方差法。a. 旋转在 3 次迭代后已收敛。

B13 ZG 效度分析结果

KMO 和巴特利特检验

KMO 取样适切性量数		0.835
巴特利特球形度检验	近似卡方	470.428
	自由度	45
	显著性	0.000

旋转后的成分矩阵[a]

题项	成分 1	成分 2
ZG6	0.786	0.344
ZG9	0.764	−0.009
ZG10	0.764	0.226
ZG7	0.738	0.188
ZG11	0.715	0.157
ZG5	0.666	0.472
ZG1	0.067	0.784
ZG4	0.073	0.765
ZG2	0.315	0.675
ZG3	0.327	0.630

注：提取方法为主成分分析法；旋转方法为凯撒正态化最大方差法。a. 旋转在 3 次迭代后已收敛。

B14 DJ 效度分析结果

KMO 和巴特利特检验

KMO 取样适切性量数		0.793
巴特利特球形度检验	近似卡方	445.982
	自由度	28
	显著性	0.000

旋转后的成分矩阵[a]

题项	成分 1	成分 2
DJ7	0.822	0.227
DJ6	0.813	0.254
DJ5	0.743	0.232
DJ2	0.656	0.024
DJ1	0.656	0.346
DJ8	0.521	0.394

题项	成分1	成分2
DJ4	0.132	0.938
DJ3	0.297	0.860

注:提取方法为主成分分析法;旋转方法为凯撒正态化最大方差法。a. 旋转在3次迭代后已收敛。

B15 LW 效度分析结果
KMO 和巴特利特检验

KMO 取样适切性量数		0.824
巴特利特球形度检验	近似卡方	1 347.363
	自由度	55
	显著性	0.000

旋转后的成分矩阵[a]

题项	成分1	成分2
LW9	0.904	0.159
LW8	0.891	0.096
LW7	0.881	0.161
LW6	0.855	0.198
LW11	0.851	0.215
LW10	0.832	0.163
LW1	0.789	0.119
LW2	0.742	0.255
LW5	0.508	0.470
LW3	0.128	0.964
LW4	0.151	0.958

注:提取方法为主成分分析法;旋转方法为凯撒正态化最大方差法。a. 旋转在3次迭代后已收敛。

B16 CB 效度分析结果
KMO 和巴特利特检验

KMO 取样适切性量数		0.795
巴特利特球形度检验	近似卡方	704.388
	自由度	78
	显著性	0.000

旋转后的成分矩阵[a]

题项	成分 1	成分 2	成分 3	成分 4
CB1	0.850	0.051	−0.050	−0.034
CB2	0.827	0.058	−0.029	−0.163
CB8	0.807	0.203	−0.051	0.288
CB7	0.711	0.038	0.184	0.396
CB3	0.710	0.047	0.378	−0.341
CB12	0.576	−0.088	0.279	0.323
CB4	0.576	0.147	0.566	−0.238
CB10	0.074	0.921	0.111	−0.008
CB11	0.026	0.887	0.149	0.015
CB9	0.367	0.673	−0.150	0.154
CB5	0.266	0.161	0.862	0.094
CB6	0.357	−0.016	0.574	0.480
CB13	0.202	0.408	0.067	0.572

注:提取方法为主成分分析法;旋转方法为凯撒正态化四次幂极大法。a. 旋转在 6 次迭代后已收敛。

B17 ZZ 效度分析结果

KMO 和巴特利特检验

KMO 取样适切性量数		0.830
巴特利特球形度检验	近似卡方	1944.106
	自由度	190
	显著性	0.000

旋转后的成分矩阵[a]

题项	成分 1	成分 2	成分 3	成分 4
ZZ2	0.884	0.169	0.166	0.100
ZZ5	0.865	0.151	0.066	0.245
ZZ6	0.839	0.130	0.132	0.222
ZZ1	0.801	0.320	0.099	0.176
ZZ3	0.787	0.147	0.236	0.119
ZZ4	0.755	0.329	0.079	0.090
ZZ19	0.271	0.861	−0.004	0.254
ZZ20	0.273	0.844	0.051	0.252

（续表）

题项	成分1	成分2	成分3	成分4
ZZ18	0.291	0.809	−0.051	0.341
ZZ17	0.268	0.697	−0.004	0.548
ZZ16	0.191	0.528	0.112	0.515
ZZ8	0.088	0.045	0.880	−0.172
ZZ7	0.055	0.023	0.866	−0.218
ZZ11	0.234	0.000	0.732	0.232
ZZ10	0.034	0.069	0.722	0.252
ZZ9	0.226	−0.077	0.672	0.149
ZZ15	0.263	0.245	0.018	0.768
ZZ13	0.160	0.190	0.212	0.749
ZZ14	0.226	0.344	0.188	0.728
ZZ12	0.075	0.286	−0.180	0.613

注：提取方法为主成分分析法；旋转方法为凯撒正态化最大方差法。a. 旋转在6次迭代后已收敛。

B18 QM 效度分析结果

KMO 和巴特利特检验

KMO 取样适切性量数		0.858
巴特利特球形度检验	近似卡方	1 137.126
	自由度	105
	显著性	0.000

旋转后的成分矩阵[a]

题项	成分1	成分2
QM4	0.804	0.208
QM6	0.734	0.275
QM7	0.727	0.261
QM3	0.715	0.108
QM1	0.685	0.261
QM10	0.627	0.391
QM2	0.621	0.421
QM5	0.617	0.463
QM9	0.588	−0.110

（续表）

题项	成分1	成分2
QM8	0.562	0.401
QM14	0.134	0.925
QM16	0.140	0.924
QM15	0.222	0.888
QM13	0.225	0.782
QM17	0.385	0.577

注：提取方法为主成分分析法；旋转方法为凯撒正态化最大方差法。a. 旋转在 3 次迭代后已收敛。

B19　KK 效度分析结果

KMO 和巴特利特检验

KMO 取样适切性量数		0.867
巴特利特球形度检验	近似卡方	895.364
	自由度	91
	显著性	0.000

旋转后的成分矩阵[a]

题项	成分1	成分2	成分3
KK2	0.833	0.197	0.218
KK3	0.786	0.046	0.357
KK5	0.739	0.382	0.162
KK4	0.704	0.370	0.044
KK1	0.695	0.038	0.312
KK8	0.587	0.378	0.255
KK14	0.037	0.863	0.271
KK13	0.152	0.807	0.348
KK12	0.357	0.775	0.116
KK16	0.305	0.640	−0.020
KK11	0.048	0.369	0.790
KK6	0.270	0.012	0.771
KK7	0.367	0.132	0.712
KK10	0.330	0.312	0.542

注：提取方法为主成分分析法；旋转方法为凯撒正态化最大方差法。a. 旋转在 6 次迭代后已收敛。

附录Ⅲ 科研人员学术论文引用行为调查问卷

科研人员学术论文引用行为调查问卷

尊敬的老师/同学:

　　您好!

　　为了了解科研人员引用学术论文的选择依据及影响因素,健全科学评价体系,建设良好的科研环境,我们开展了本项调查。本调查不用填写单位和姓名,预计将耽误您 15 分钟的宝贵时间。请根据您的实际情况填写。您的回答将代表众多与您一样的科研人员,恳请您认真完成。

　　我们在问卷末尾设置了 5~10 元的微信拼手气红包,以感谢您的支持与合作!

　　特别说明:本问卷的学术论文指正式出版的期刊论文或会议论文。

南京大学信息管理学院博士生

谢娟 xiejuan9503@163.com

筛选题:您是否撰写过学术论文?

A. 是(继续答题)

B. 否(感谢参与)

第一部分

　　请您回忆最近阅读的、印象最深刻的学术论文,并根据该论文回答本部分问题。

　　下面请您花一点时间回忆该论文。

请您根据对下列说法的同意程度打分,1 分表示完全不同意,5 分表示完全同意。

439

题项序号	题项	同意程度在增加				
		1	2	3	4	5
PXY1	该论文关注了本领域的前沿热点					
PXY2	该论文选题有新意					
PXY3	该论文报告了一项新的研究					
PXY4	该论文的思路独特					
PXY5	该论文的视角独特					
PXY6	该论文与其他研究重复					
PXY7	该论文展望了未来趋势					
PXY8	该论文的结果有突破					
PXY9	该论文的研究方法独特					
PXY10	该论文的研究方法先进					
PXY11	该论文提出了新理论					
PXY12	该论文发展了前期理论					
PXY13	该论文是经典文献					
PXY14	该论文具有开创性					
PXY15	该论文是新近发表的					
PKD1	该论文的图表布局合理					
PKD2	该论文的图表结构清晰					
PKD3	该论文的图表直观					
PKD4	该论文的图表美观					
PKD5	该论文语言通俗易懂					
PKD6	该论文语言简明					
PKD7	该论文语言生动形象					
PKD8	该论文语言流畅					
PKD9	该论文排版整洁					
PKD10	该论文印刷精美					
PKD11	该论文的结构规范					
PKD12	该论文的专业术语准确					

（续表）

题项序号	题项	同意程度在增加				
		1	2	3	4	5
PKD13	该论文有印刷错误					
PKD14	该论文的专业术语规范					
PQM2	该论文内容多样					
PQM3	该论文内容丰富					
PQM4	该论文具有综合性					
PQM5	该论文具有概括性					
PQM6	该论文内容详细					
PQM7	该论文内容具体					
PQM8	该论文内容深入					
PKK3	该论文的研究方法科学					
PKK4	该论文的研究方法严谨					
PKK6	该论文的数据真实					
PKK7	该论文的数据准确无误					
PKK8	该论文的结果可重复					
PKK9	该论文的结论得到了前期研究的支持					
PKK10	该论文的结果可信					
PKK11	该论文的结论有效					
PKK12	该论文的结论有说服力					
PKK13	该论文思路清晰					
PKK14	该论文结构缜密					
PKK15	该论文观点鲜明					
PKK16	该论文纯属观点堆砌					
PZL1	该论文的质量高					
PZL2	该论文的学术水平高					
PZL3	该论文有学术价值					
PZL4	该论文有意义					
PRV1	该论文的主题与我的研究相关					

(续表)

题项序号	题项	同意程度在增加				
		1	2	3	4	5
PRV2	该论文的研究设计与我的研究相关					
PRV3	该论文的理论与我的研究相关					
PRV4	该论文的研究思路与我的研究相关					
PRV7	该论文作者的研究方向与我的研究相关					
PRV8	该论文作者的职业与我的研究相关					
PRV9	该论文发表的期刊与我的研究相关					
GN1	该论文佐证了我的观点					
GN2	该论文验证了我的研究结果					
GN3	该论文支撑了我的研究方法					
GN5	该论文是我选题的来源					
GN7	该论文是我学习的范文					
GN9	该论文的参考文献为我提供了更多的文献线索					
PLW1	该论文得到了广泛关注					
PLW2	该论文得到了广泛认可					
PLW3	该论文具有代表性					
PLW4	该论文被高质量的文献引用					
PCB1	发表该论文的期刊/会议录权威					
PCB2	发表该论文的期刊/会议录口碑好					
PCB3	发表该论文的期刊/会议录得到学界认可					
PCB4	发表该论文的期刊/会议录知名度高					
PZZ1	该论文作者的研究水平高					
PZZ2	该论文作者的声望高					
PZZ3	该论文作者的知名度高					
PZZ4	该论文作者权威					
PZZ5	该论文作者的所在机构知名度高					
PZZ6	该论文作者的所在机构权威					
PSX1	我熟悉发表该论文的出版物（如期刊、会议录）					

（续表）

题项序号	题项	同意程度在增加				
		1	2	3	4	5
PSX2	我熟悉该论文的作者					
PSX3	我熟悉该论文所属的学科					
PSX4	我熟悉该论文的参考文献					
PSX5	我熟悉该论文的写作模式					
PYY1	该论文引发了我的阅读兴趣					
PYY2	该论文让我觉得赏心悦目					
PYY3	该论文让我感到豁然开朗					
PYY4	该论文令我不禁拍案叫绝					
PU1	使用该论文中的信息能加快我的研究进度					
PU2	使用该论文中的信息能提高我的研究绩效					
PU3	使用该论文中的信息能使我的研究更加有效					
PU4	该论文中的信息对我的研究是有用的					
PEOU2	应用该论文不需要花费大量的脑力					
PEOU3	应用该论文是容易的					
CI1	我已经/将要引用该论文					
CI2	我会在我的研究中使用该论文					
CI3	该论文的信息促使我对其进行引用					
JD2	对于该论文所属的研究主题,我经验丰富					

请根据该论文回答以下问题:

RW1. 阅读这篇论文时,我的研究阶段是
A. 选题阶段　　　B. 研究设计　　　C. 研究实施　　　D. 论文撰写

(若回答 D)RW2. 阅读这篇论文时,我撰写的文献类型是
A. 综述　　　B. 实证研究　　　C. 理论研究　　　D. 短讯等其他类型

(若回答 D)RW3. 阅读这篇论文时,我正在撰写的章节是
A. 引言　　　B. 文献回顾　　　C. 方法　　　D. 结果　　　E. 讨论　　　F. 结论

WXL1. 该论文所属研究主题的相关文献量
A. 非常少　　　B. 比较少　　　C. 适中　　　D. 比较多　　　E. 非常多

SJ1. 我开展这项研究的时间
A. 很紧张　　　B. 比较紧张　　　C. 适中　　　D. 比较充裕　　　E. 很充裕

第二部分

本部分旨在了解您的常态性引用意向。请您根据对下列说法的同意程度打分,1 分表示完全不同意,5 分表示完全同意。

题项序号	题项	同意程度在增加				
		1	2	3	4	5
SX1	我倾向于引用自己发表的论文					
SX2	我倾向于引用同一师门发表的论文					
SX3	我倾向于引用导师发表的论文					
SX4	我倾向于引用曾经引用过的论文					
SX5	我倾向于引用熟悉的期刊上发表的论文					
SX6	我倾向于引用熟悉的作者发表的论文					
SX7	我倾向于引用本学科的论文					
SX8	我倾向于引用参考文献我熟悉的论文					
SX9	我倾向于引用写作模式我熟悉的论文					
ZG1	我倾向于根据师门的传统引用论文					
ZG2	我倾向于根据导师的建议引用论文					
ZG3	我倾向于根据所在机构的规定引用论文					
ZG4	我倾向于根据同事的建议引用论文					
ZG5	我倾向于根据合作者的建议引用论文					
ZG6	我倾向于根据审稿人的建议引用论文					
ZG7	我倾向于根据答辩老师的建议引用论文					
ZG9	我倾向于根据编辑的建议引用论文					
ZG10	我倾向于根据投稿期刊的要求引用论文					
ZG11	我倾向于根据约定俗成的规则引用论文(如投英文期刊引用英文论文)					
HQ1	我倾向于引用易于获取的论文					
HQ2	我倾向于引用可获取全文的论文					
DT1	我倾向于引用综述型论文					
DT2	我倾向于引用基础研究论文					

（续表）

题项序号	题项	同意程度在增加				
		1	2	3	4	5
DT3	我倾向于引用应用研究论文					
DT4	我倾向于引用综合研究论文					
DJ1	引用是为了增加论文的印象分					
DJ2	引用是为了加大论文的认可度					
DJ3	引用是为了填充版面					
DJ4	我倾向于随意地引用论文					
DJ5	我倾向于引用我要投稿的期刊上发表的论文					
DJ6	我倾向于引用潜在审稿人的论文					
DJ7	我倾向于引用答辩老师的论文					
DJ8	我倾向于引用所在团队成员的论文					
XT_1	我常用的检索系统展示了论文的被引量					
XT_2	我常用的检索系统展示了论文的下载量					
XT_3	我常用的检索系统展示了引用该论文的论文					
XY_1	我倾向于引用新近发表的论文					
RV1	我倾向于引用教育背景与我相似的作者的论文					
RV2	我倾向于引用职业与我相关的作者的论文					
RV3	我倾向于引用主题分类与我的研究相近的论文					
LW1	我倾向于引用被引量高的论文					
LW2	我倾向于引用下载量高的论文					
LW3	我倾向于引用社交媒体转载量高的论文					
LW4	我倾向于引用社交媒体浏览量高的论文					
LW6	我倾向于引用发表后1年内被引量高的论文					
LW7	我倾向于引用发表后1年内被大量期刊引用的论文					
LW8	我倾向于引用发表后2年内被引量高的论文					
LW9	我倾向于引用发表后2年内被大量期刊引用的论文					
LW10	我倾向于引用发表后5年内被引量高的论文					
LW11	我倾向于引用发表后5年内被大量期刊引用的论文					

题项序号	题项	同意程度在增加				
		1	2	3	4	5
CB1	我倾向于引用高级别期刊的论文					
CB2	我倾向于引用高级别机构出版的期刊/会议录上发表的论文					
CB3	我倾向于引用核心期刊的论文					
CB4	我倾向于引用高发文量期刊上发表的论文					
CB5	我倾向于引用本领域发文量高的期刊发表的论文					
CB6	我倾向于引用本主题发文量高的期刊发表的论文					
CB7	我倾向于引用高影响因子期刊发表的论文					
CB8	我倾向于引用1区期刊发表的论文					
CB9	我倾向于引用2区期刊发表的论文					
CB10	我倾向于引用3区期刊发表的论文					
CB11	我倾向于引用4区期刊发表的论文					
CB12	我倾向于引用被权威数据库收录的期刊发表的论文					
ZZ1	我倾向于引用高职称作者的论文					
ZZ2	我倾向于引用高学历者的论文					
ZZ3	我倾向于引用职位高的作者的论文					
ZZ4	我倾向于引用有学术头衔的作者(如长江学者、院士等)的论文					
ZZ5	我倾向于引用毕业于高层次院校的作者的论文					
ZZ6	我倾向于引用就职于高层次机构的作者的论文					
ZZ7	我倾向于引用男性作者的论文					
ZZ8	我倾向于引用女性作者的论文					
ZZ9	我倾向于引用外籍作者的论文					
ZZ10	我倾向于引用本国作者的论文					
ZZ11	我倾向于引用年长的作者的论文					
ZZ12	我倾向于引用在本领域开展研究时间长的作者的论文					
ZZ13	我倾向于引用工作时间长的作者的论文					
ZZ14	我倾向于引用发文量高的作者的论文					
ZZ15	我倾向于引用在本主题中发文量高的作者的论文					

（续表）

题项序号	题项	同意程度在增加				
		1	2	3	4	5
ZZ17	我倾向于引用被引量高的作者的论文					
ZZ18	我倾向于引用篇均被引量高的作者的论文					
ZZ19	我倾向于引用 h 指数高的作者的论文					
ZZ20	我倾向于引用平均 h 指数高的作者的论文					
QM1	我倾向于引用参考文献数量多的论文					
QM2	我倾向于引用参考文献中会议论文占比大的论文					
QM3	我倾向于引用参考文献中外文文献占比大的论文					
QM4	我倾向于引用参考文献中期刊论文占比大的论文					
QM5	我倾向于引用参考文献中网络资源占比大的论文					
QM6	我倾向于引用参考文献中学位论文占比大的论文					
QM7	我倾向于引用参考文献中专著占比大的论文					
QM8	我倾向于引用参考文献中期刊自引占比大的论文					
QM9	我倾向于引用参考文献发表时间新的论文					
QM10	我倾向于引用篇幅长的论文					
QM13	我倾向于引用关键词数量多的论文					
QM14	我倾向于引用脚注数量多的论文					
QM15	我倾向于引用附录数量多的论文					
QM16	我倾向于引用公式数量多的论文					
QM17	我倾向于引用有致谢的论文					
KK1	我倾向于引用多作者合作发表的论文					
KK2	我倾向于引用跨机构合作发表的论文					
KK3	我倾向于引用跨学科合作发表的论文					
KK4	我倾向于引用跨省合作发表的论文					
KK5	我倾向于引用跨国合作发表的论文					
KK6	我倾向于引用经过同行评议的论文					
KK7	我倾向于引用经过长时间同行评议的论文					
KK8	我倾向于引用受到基金资助的论文					
KK10	我倾向于引用开放获取的论文					
KK11	我倾向于引用被多个数据库收录的论文					

（续表）

题项序号	题项	同意程度在增加				
		1	2	3	4	5
KK12	我倾向于引用图表数量多的论文					
KK13	我倾向于引用参考文献总被引量高的论文					
KK14	我倾向于引用参考文献平均被引量高的论文					
KK16	我倾向于引用参考文献中作者自引占比大的论文					
YY1	我倾向于引用刊出顺序靠前的论文					
YY2	我倾向于引用刊出顺序居中的论文					
YY3	我倾向于引用刊出顺序靠后的论文					
YY4	我倾向于引用期刊的封面论文					

第三部分个人信息

SYZ1 您的性别：A. 男　　B. 女

SYZ2 您的出生年份？_____（填空）

SYZ3 您的最高学历：A. 博士（含在读）　B. 硕士（含在读）　C. 本科　D. 其他

SYZ4 您的职称：A. 正高级　B. 副高级　C. 中级　D. 初级　E. 无

SYZ5 您所处的学科领域：

哲学、经济学、法学、教育学、文学、历史学

理学、工学、农学、医学、军事学、管理学、艺术学

SYZ6 您的硕士研究生入学年份？_____年（填空）

SYZ7 如果满分是 10 分，那么您认为您的英语水平是多少分？_____分（填空）

```
  |----|----|----|----|----|----|----|----|----|
  1    2    3    4    5    6    7    8    9    10
```

请您根据对下列说法的同意程度打分，1 分表示完全不同意，5 分表示完全同意。

题项序号	题项	同意程度在增加				
		1	2	3	4	5
JD1	我的领域研究经验丰富					
JD3	我的文献阅读面广					
JD4	我发表论文的经验丰富					
SY1	我的文献检索能力强					
SY2	我的阅读理解能力强					

请您根据参加组会或其他类似的学术研讨活动时的感受对下列说法的同意程度打分，1 分表示不同意，5 分表示同意。

题项序号	题项	同意程度在增加				
		1	2	3	4	5
K1	在组会或其他学术研讨活动中,成员对我就学术问题提出的想法与建议持开放态度。					
K2	在组会或其他学术研讨活动中,成员能为我提供丰富的学术信息。					
K3	在组会或其他学术研讨活动中,我愿意竭尽所能地为相关学术问题提供思路与建议。					
K4	在组会或其他学术研讨活动中,成员为我分享建议和想法提供了合适的环境与时机。					
E1	在组会或其他学术研讨活动中,成员能迅速地明白我的想法。					
E2	组会或其他学术研讨活动的进行过程与我的需要契合。					
E3	在组会或其他学术研讨活动的讨论环节中,成员认为我与他们同样重要。					
E4	在组会或其他学术研讨活动的形成解决方案环节中,我与其他成员的角色是平等的。					
I1	在组会或其他学术研讨活动中,我可以顺畅地表达我特定的学术需求。					
I2	在组会或其他学术研讨活动中,相关的学术信息能够传递到所有成员。					
I3	在组会或其他学术研讨活动中,成员间就学术问题进行了充分的交流。					
I4	在组会或其他学术研讨活动中,为取得最优效果,我积极主动地参与交流。					

附录Ⅳ 潜变量的 VIF 结果

表 1 所有潜变量的 VIF 共线性分析结果

VIF

潜变量	CB	CI	DT	GN	HQ	KEI	LW	PEOU	PKD	PKK	PQM	PRV	PSX	PU	PXY	PYY	PZL	ZG	ZZ	IMP-ACT	SX-interit	QM-informat	QM-compreher	SX-experien	KK-qualicontr
CB	0	0	0	0	0	0	0	0	0	0	0	0	0	0	0	0	0	0	0	1.419	0	0	0	0	0
CI	0	0	0	0	0	1.14	0	0	0	0	0	0	0	0	0	0	0	0	0	0	0	0	0	0	0
DT	0	0	0	0	0	0	0	0	0	0	0	0	0	1.417	0	0	0	0	0	0	0	0	0	0	0
GN	0	0	0	0	0	0	0	0	0	0	0	0	0	2.241	0	0	0	0	0	0	0	0	0	0	0
HQ	0	0	0	0	0	0	0	1.047	0	0	0	0	0	1.338	0	0	0	0	0	0	0	0	0	0	0
KEI	0	0	0	0	0	0	0	0	0	0	0	0	0	1.231	0	0	0	0	0	0	0	0	0	0	0
LW	0	0	0	0	0	0	0	0	0	0	0	0	0	0	0	0	0	0	0	1.391	0	0	0	0	0
PEOU	0	1.054	0	0	0	0	0	0	0	0	0	0	0	1.104	0	0	0	0	0	0	0	0	0	0	0
PKD	0	0	0	0	0	0	0	1.295	0	0	0	0	0	0	0	1.669	2.802	0	0	0	0	0	0	0	0
PKK	0	0	0	0	0	0	0	0	0	0	0	0	0	0	0	0	2.969	0	0	0	0	0	0	0	0
PQM	0	0	0	0	0	0	0	0	0	0	0	0	0	0	0	0	2.809	0	0	0	0	0	0	0	0
PRV	0	0	0	0	0	0	0	0	0	0	0	0	0	1.888	0	0	0	0	0	0	0	0	0	0	0
PSX	0	0	0	0	0	0	0	1.266	0	0	0	0	0	1.678	0	0	0	0	0	0	0	0	0	0	0
PU	0	2.018	0	0	0	0	0	0	0	0	0	0	0	0	0	0	0	0	0	0	0	0	0	0	0

附录Ⅳ 潜变量的 VIF 结果

潜变量	CB	CI	DT	GN	HQ	KEI	LW	PEOU	PKD	PKK	PQM	PRV	PSX	PU	PXY	PYY	PZL	ZG	ZZ	IMP-ACT	SX-interit	QM-informat	QM-compreher	SX-experien	KK-qualicontr
PXY	0	0	0	0	0	0	0	0	0	0	0	0	0	0	0	0	1.823	0	0	0	0	0	0	0	0
PYY	0	1.962	0	0	0	0	0	0	0	0	0	0	0	2.129	0	0	0	0	0	0	0	0	0	0	0
PZL	0	0	0	0	0	0	0	0	0	0	0	0	0	2.39	0	1.669	0	0	0	0	0	0	0	0	0
ZG	0	1.079	0	0	0	0	0	0	0	0	0	0	0	1.302	0	0	0	0	0	0	0	0	0	0	0
ZZ	0	0	0	0	0	0	0	0	0	0	0	0	0	0	0	0	0	0	0	1.219	0	0	0	0	0
IMPACT	0	0	0	0	0	0	0	0	0	0	0	0	0	2.491	0	0	0	0	0	0	0	0	0	0	0
SX-interit	0	0	0	0	0	0	0	0	0	0	0	0	1.182	0	0	0	0	0	0	0	0	0	0	0	0
QM-informat	0	0	0	0	0	0	0	0	0	0	1.032	0	0	0	0	0	0	0	0	0	0	0	0	0	0
QM-compreher	0	0	0	0	0	0	0	0	0	0	1.032	0	0	0	0	0	0	0	0	0	0	0	0	0	0
SX-experien	0	0	0	0	0	0	0	0	0	0	0	0	1.182	0	0	0	0	0	0	0	0	0	0	0	0
KK-qualicontr	0	0	0	0	0	0	0	0	0	1	0	0	0	0	0	0	0	0	0	0	0	0	0	0	0

VIF

附录 V 潜变量的 f^2 结果

表 1 所有潜变量预测效应的 f^2

f^2

潜变量	CB	CI	DT	GN	HQ	KEI	LW	PEOU	PKD	PKK	PQM	PRV	PSX	PU	PXY	PYY	PZL	ZG	ZZ	IMP-ACT	SX-interit	QM-informat	QM-compreher	SX-experien	KK-qualicontr
CB	0	0	0	0	0	0	0	0	0	0	0	0	0	0	0	0	0	0	0	0.086	0	0	0	0	0
CI	0	0	0	0	0	0	0	0	0	0	0	0	0	0	0	0	0	0	0	0	0	0	0	0	0
DT	0	0	0	0	0	0	0	0	0	0	0	0	0	0	0	0	0	0	0	0	0	0	0	0	0
GN	0	0	0	0	0	0	0	0	0	0	0	0	0	0.052	0	0	0	0	0	0	0	0	0	0	0
HQ	0	0	0	0	0	0	0	0.011	0	0	0	0	0	0	0	0	0	0	0	0	0	0	0	0	0
KEI	0	0	0	0	0	0	0	0	0	0	0	0	0	0.003	0	0	0	0	0	0	0	0	0	0	0
LW	0	0	0	0	0	0	0	0	0	0	0	0	0	0	0	0	0	0	0	0.004	0	0	0	0	0
PEOU	0	0.021	0	0	0	0	0	0	0	0	0	0	0	0.017	0	0	0	0	0	0	0	0	0	0	0
PKD	0	0	0	0	0	0	0	0	0	0	0	0	0	0	0	0.07	0	0	0	0	0	0	0	0	0
PKK	0	0	0	0	0	0	0	0	0	0	0	0	0	0	0	0	0.153	0	0	0	0	0	0	0	0
PQM	0	0	0	0	0	0	0	0	0	0	0	0	0	0	0	0	0.025	0	0	0	0	0	0	0	0
PRV	0	0	0	0	0	0	0	0	0	0	0	0	0	0.036	0	0	0	0	0	0	0	0	0	0	0
PSX	0	0	0	0	0	0	0	0.022	0	0	0	0	0	0.002	0	0	0	0	0	0	0	0	0	0	0

附录Ⅴ 潜变量的 f^2 结果

f^2

潜变量	CB	CI	DT	GN	HQ	KEI	LW	PEOU	PKD	PKK	PQM	PRV	PSX	PU	PXY	PYY	PZL	ZG	ZZ	IMP-ACT	SX-interit	QM-informat	QM-comprehen	SX-experien	KK-qualicontr
PU	0	0.3	0	0	0	0	0	0	0	0	0	0	0	0	0	0	0	0	0	0	0	0	0	0	0
PXY	0	0	0	0	0	0	0	0	0	0	0	0	0	0	0	0	0.056	0	0	0	0	0	0	0	0
PYY	0	0.008	0	0	0	0	0	0	0	0	0	0	0	0.237	0	0	0	0	0	0	0	0	0	0	0
PZL	0	0	0	0	0	0	0	0	0	0	0	0	0	0	0	0.293	0	0	0	0	0	0	0	0	0
ZG	0	0.001	0	0	0	0	0	0	0	0	0	0	0	0.003	0	0	0	0	0	0	0	0	0	0	0
ZZ	0	0	0	0	0	0	0	0	0	0	0	0	0	0	0	0	0	0	0	0	0	0	0	0	0
IMPACT	0	0	0	0	0	0	0	0	0	0	0	0	0	0.006	0	0	0.113	0	0	0	0	0	0	0	0
SX-interit	0	0	0	0	0	0	0	0	0	0	0	0	0.014	0	0	0	0	0	0	0	0	0	0	0	0
QM-informat	0	0	0	0	0	0	0	0	0	0	0.049	0	0	0	0	0	0	0	0	0	0	0	0	0	0
QM-comprehen	0	0	0	0	0	0	0	0	0	0	0	0	0	0	0	0	0	0	0	0	0	0	0	0	0
SX-experien	0	0	0	0	0	0	0	0	0	0	0	0	0.05	0	0	0	0	0	0	0	0	0	0	0	0
KK-qualicontr	0	0	0	0	0	0	0	0	0	0.011	0	0	0	0	0	0	0	0	0	0	0	0	0	0	0